ADVERTISING

广告学

曾凡海 ◆ 主编

清華大学出版社
北 京

内 容 简 介

本书以广告运作为中心，完整阐释了广告理论及活动的全貌，具有理论体系完整、操作策略得当、案例切实新颖的特点。通过阅读此书，读者能够比较迅速地掌握广告的主要理论和策略技巧。本书可作为高等院校市场营销、工商管理、艺术设计、广告学等专业的教材，也可作为广告、公关等公司进行职业教育和岗位培训教材。

图书在版编目（CIP）数据

广告学/曾凡海主编. —北京：清华大学出版社，2015

ISBN 978-7-302-41476-6

Ⅰ.①广⋯　Ⅱ.①曾⋯　Ⅲ.①广告学—高等学校—教材　Ⅳ.①F 713.80

中国版本图书馆 CIP 数据核字（2015）第 212467 号

责任编辑：朱敏悦
封面设计：汉风唐韵
责任校对：王凤芝
责任印制：刘海龙

出版发行：清华大学出版社
　　　　网　　　址：http://www.tup.com.cn，http://www.wqbook.com
　　　　地　　　址：北京清华大学学研大厦 A 座　　　　邮　　编：100084
　　　　社 总 机：010-62770175　　　　邮　　购：010-62786544
　　　　投稿与读者服务：010-62776969，c-service@tup.tsinghua.edu.cn
　　　　质 量 反 馈：010-62772015，zhiliang@tup.tsinghua.edu.cn
印　刷　者：清华大学印刷厂
装　订　者：北京市密云县京文制本装订厂
经　　销：全国新华书店
开　　本：185mm×260mm　印　张：23.5　插　页：4　字　数：558 千字
版　　次：2015 年 10 月第 1 版　　　　印　次：2015 年 10 月第 1 次印刷
印　　数：1～2500
定　　价：49.00 元

产品编号：063291-01

前　言

　　广告是商品经济的产物，已有数千年的历史。在激烈竞争的市场经济中，广告既是企业促销商品、拓展市场的工具，又是消费者感知市场变化、合理选择商品的工具，还是展示社会文明、传承社会文化的手段。"不做总统，就做广告人"成为许多人的梦想。但是，一般人只是惊叹于五彩的广告作品中出奇的创意和精美表现，而对隐藏在广告作品后面的规律、流程、策略并不熟悉。

　　广告学是广告实践的理论概括和总结，是研究广告活动的历史、理论、策略和方法、经营管理的一门综合性学科，旨在揭示广告活动的规律，从而为科学地进行广告活动提供理论指导。

　　市场上广告学的教材多姿多彩，各有千秋。在多年的广告学教学中，笔者使用过的教材也有十多种，但总感觉或者体系过杂（如有的教材包含的"品牌管理"、"CIS"等与广告活动并无直接关系的章节），或者教材的逻辑思路与广告活动的顺序不一致（如不少教材将属于广告实践中前期活动的"广告调查"、"广告策划"等章节放在"广告效果"、"广告管理"之后），或者较多的篇幅偏重于广告的设计制作而难以适应市场营销、工商管理等专业的教学需要。鉴于此，笔者依据多年教学的体会，在借鉴多种版本的广告学教材特色的基础上，编写了本教材。

　　本书以广告的实际运作为中心，以广告传播的基本模式为框架，按照"广告是什么（第一章，广告与广告学）→谁做广告（第二章，广告主体）→对谁做广告（第三章，广告客体）→如何做广告（第四章，广告策划）→广告传播什么（第五章，广告主题）→广告如何传播（第六、七、八章，广告创意和广告表现）→广告通过什么来传播（第九章，广告媒体）→广告传播得怎么样（第十章，广告效果）→广告如何传播得更好（第十一章，广告管理）"的思路展开，逻辑清晰，结构完整。

　　本书以提高学生对广告的认知能力和操作能力为宗旨，具有以下特色：

　　1. 在章节设置上，紧紧围绕广告的实践活动展开，对那些虽然与广告活动有关但并不属于直接的广告活动的相关内容（如 CIS、营销、品牌等）均不设置专章，在章节顺序上尽量与广告实践的顺序一致。

　　2. 在内容安排上，注重策略、技巧、方法等内容的阐述，减少纯理论部分的内容，突出了操作性和实践性；注重新理论、新案例、新动态的介绍，突出了时代感；正文中以"阅读资料"的形式穿插丰富多彩的相关案例、相关知识及最新动态，突出了生动性和趣味性。

　　3. 在结构安排上，在完整的理论框架下，每章都由"学习目标"、"导入案例"、"本章小结"、"重要术语和理论"、"复习思考题"和"案例分析"几部分组成。"学习目标"使学生明确本章的学习要求，"导入案例"可以激发学生对该章内容的兴趣，"本章小结"与"重要术语和理论"使学生能提纲挈领地掌握该章的核心内容，"复习思考题"方便学生对该章的学习情况进行检验，案例分析能检验学生对所学理论的应用能力。这样的结构安排，能较好地适应教学的需要。

4. 在编写视野上，力求以网络化、全球化为背景，将对广告学理论与策略的阐述置身于网络化、社会化的传播环境和全球化的国际背景，力求清晰地呈现中国广告理论与实践的发展趋势。

本书在编写过程中参考和借鉴了大量的广告学文献，采用了部分优秀的广告作品。对于参阅和引用的作品，有的已在书中直接注明，有的列为参考文献，在此向所有有关文献的作者表示衷心的感谢。

本书可作为高等院校市场营销、工商管理、艺术设计、广告学等专业的教材，也可作为广告、公关等公司进行职业教育和岗位培训教材。

由于编者水平有限，书中难免错误遗漏之处，敬请广大读者指教匡正。

曾凡海

2015 年 7 月于广东工业大学龙洞校区

目　录

享受广告作品的魅力

广告作品 1　反腐倡廉广告

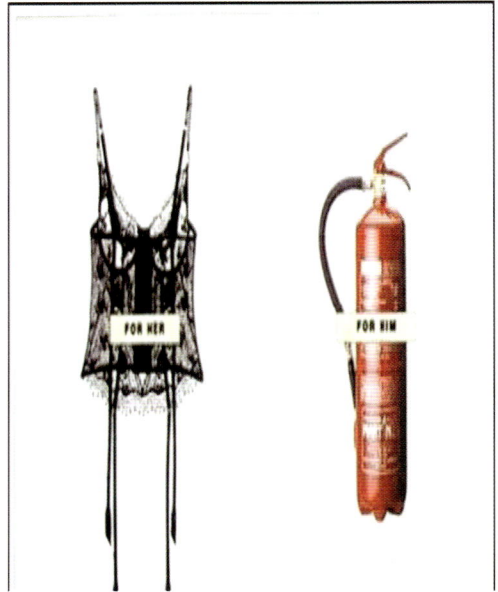

广告作品 2　性感内衣广告

广告作品 3　呼唤手写书信广告

广告作品 4　护肤品广告

广告作品5　打破玻璃就可拿走钞票的玻璃广告

广告作品6　电池广告

广告作品7　果汁广告

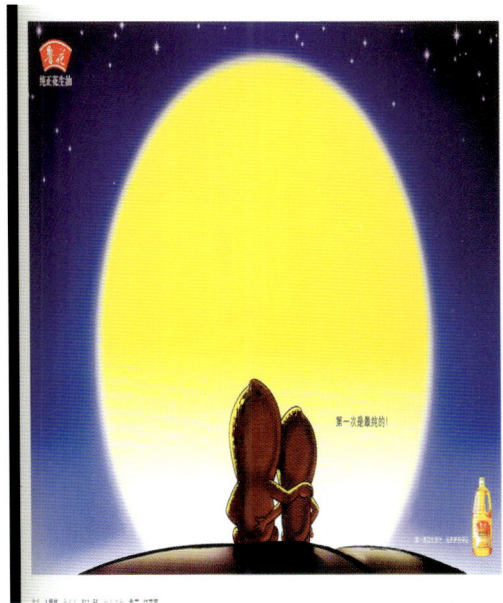

广告作品8　花生油广告

广告作品 9　洗发水广告

广告作品 10　玉米粥广告

广告作品 11　电视机广告

广告作品 12　卫生巾广告

广告作品 13　安全套广告

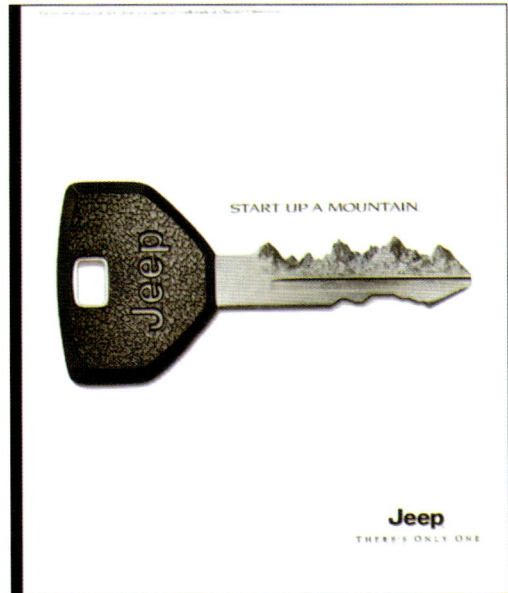

广告作品 14　汽车广告

广告作品 15　香水广告

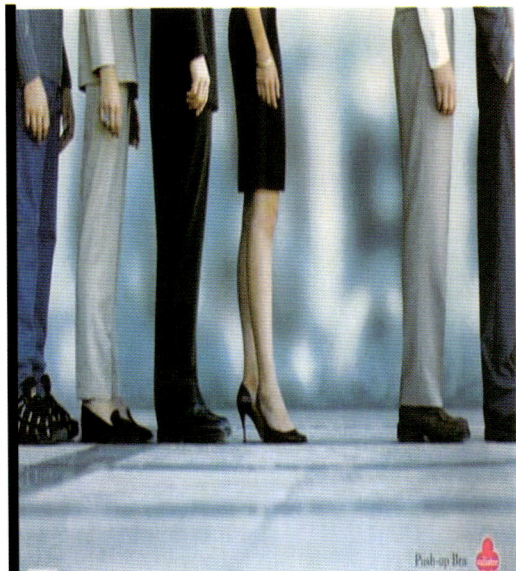

广告作品 16　丰胸广告

品味广告大师的风采

大卫·奥格威

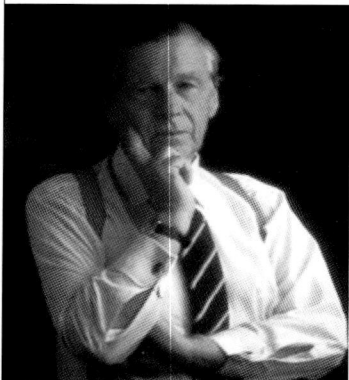

大卫·奥格威（David Ogilvy，1911—1999）被誉为"广告教父"，是现代广告业的传奇人物，他一手创立了奥美广告公司，开启了现代广告业的新纪元。他被《时代周刊》称为"当今广告业最抢手的广告奇才"，美国《广告周刊》说："奥格威以他敏锐的洞察力和对传统观念的抨击照亮了整个广告行业，令任何广告人都无法企及。"奥格威的广告信条在广告界被称为"神灯"。例如，

"不要设计那些你甚至不愿你的家人看到的广告。"

"广告业需要注入大量的天才。而天才极有可能在不循规蹈矩者、特立独行者与反叛不羁者中产生。"

"成功的关键在于允诺给消费者好处——诸如更好的味道、清洗得更白、每一加仑可以多跑些路、肤色更好等。"

"大部分广告方案都太复杂。它们反映了太多目标，而且试图迎合太多的客户主管的不同的看法。企图涵盖太多的东西，就什么事也成不了。这样的广告看上去就像是一个委员会的会议记录。"

威廉·伯恩巴克

威廉·伯恩巴克（Willam Bernbach，1911—1982）是著名的DDB广告公司的创始人之一。伯恩巴克一贯认为，广告最重要的东西就是要有独创性和新奇性。因为世界上形形色色的广告之中，有85%根本没有人去注意，真正能够进入人们心智的只有区区15%。正是根据这一无情的数字比例，伯恩巴克才坚持把独创性和新奇性作为广告业生存发展的首要条件。他说：

"令一个广告、一个人或一件商品起眼，成功，先要替它建立自我的独特个性。否则，它永远都不会被人注意。"

"洞察人性之最，是成功传达者的高招所在。写作人所关心的是他用什么素材来写他的作品；读者所关心的是他从阅读之中得到什么素材。因此，广告人真正要看懂观众心理，了解他们怎样看、怎样听——怎样接收传播讯息。"

他去世前不久，有人问他预期20世纪80年代的广告变化是什么，他回答说："十亿年来，人类的本性从没改变过，再过十亿年，也是一样，只有表面的东西会改变。"

克劳德·霍普金斯

克劳德·霍普金斯（Claude C. Hopkins, 1866—1932）是现代广告的奠基人，被大卫·奥格威视为创造现代广告的六大巨人之一。他发明了新产品强行铺货的方法、试销、用兑换券散发样品、广告文案研究，对奥格威等广告人产生了重要的影响。他对广告业提出的原则有：

"透过广告活动测试，几乎所有问题都可在极短时间、花费不高下获得解答，而不是靠争论。"

"要是可能，我们尽量在广告中塑造一个人的人格，靠一个人的成名使他的产品成名。"

"简短的广告是不获鼓励的，任何有效的广告都必须详述一个完整的故事。"

奥格威这么评价霍普金斯："摒除我那个时代英国文案人员虚伪、地区性的假文学，将所有思绪集中，奠定广告是为销售的原则，克劳德·霍普金斯的'广告的科学'改变了我人生的方向。"

霍普金斯出版了名著《科学的广告》和《我的广告生涯》。在这两部影响深远的著作中，他将优惠券、测试营销、邮寄营销和免费试用品等广告理念和一系列广告原则阐述得极为简练深刻。大卫·奥格威将《科学的广告》列为奥美公司员工七本必读书之首。

李奥·贝纳

李奥·贝纳（Leo Burnett, 1891—1971）是芝加哥广告的领导者，被誉为美国20世纪60年代广告创作革命代表人物之一，为美国广告"开辟了任何人都不能想象的那么多的可能性"，对美国广告业的发展产生过重要影响。他曾为"万宝路"牌香烟创立了男性香烟的性格；一个美国西部牛仔的形象，把在美国市场上占有率不及1%的香烟推到世界销售的第一位。

李奥·贝纳在广告创作上的出色表现，使他成为最早获得纽约文案俱乐部所颁发的"杰出撰稿人"之一，在谈到自己广告创作的成功之道时，李奥·贝纳认为关键在于注意研究商品本身的独特性，市场上的各种商品，无论是一个大饼，还是一辆汽车，一般说来，只要它能够存在，都有某种特定的因素在起作用，使得制造商去生产它，使得消费者去不断购买它，而广告人的责任就是去尽力发掘这一客观存在的东西，同时，采用适当的手段去表现，以引起人们的注意。出色的广告人有各种各样，但是最好的广告人必须具有把已知的东西与可信的东西放在一起重新组合的能力，这样才能真正打动人心。

李奥·贝纳的经验之谈至今仍对后来人有着重要的借鉴作用。

罗瑟·瑞夫斯

罗瑟·瑞夫斯是广告界公认的大师，广告科学派的忠实卫道士，也是获得"纽约广告名人堂"荣誉的5位广告人之一。瑞夫斯提出了著名的"USP理论"，即"独特销售主题"，他运用这一独特理论为M&M巧克力豆策划了"只溶于口，不溶于手"的经典广告案例。

瑞夫斯一直宣称自己是科学派鼻祖霍普金斯的信徒。他认为，广告创作应该多讲点科学和研究，少讲点艺术，他甚至略带偏激地说："创意在广告里是一个最危险的词。"

瑞夫斯认为，每一种商品都应该拥有自己的独特性，并通过足量的重复，把这种独特性传递给受众。瑞夫斯的"USP理论"的核心就是发现商品独一无二的好处和效用，并有效地转化成广告传播的独特利益承诺、独特购买理由，进而诱导消费者，影响消费者的购买决策，从而实现商品的销售。"USP理论"的运用，可以使广告活动发挥得更有效，是使成千上万的广告策划成功的一个秘诀。

瑞夫斯一直认为，广告的成功与否取决于商品是否过硬，是否有自己的特点。他说："M&M巧克力豆之所以不溶化，是因为有糖衣。发现这一事实是世界上最容易的事情，而事实已经存在于商品本身之中。"

艾·里斯

艾·里斯（Al Rise），定位之父，营销史上的传奇大师，全球最顶尖的营销战略家。2008年，作为营销战略领域的唯一入选者，艾·里斯与管理学之父彼得·德鲁克、GE前CEO杰克·韦尔奇一起并列美国《广告时代》评选的"全球十大顶尖商业大师"。

20世纪70年代，艾·里斯提出"定位"（Position）概念，在国外被认为是广告策划最基本的方法之一。

所谓"定位"，就是用广告为产品在消费者心中找一个位置。这个位置一旦确立，就会使人们在消费时，首先考虑某一品牌的产品。定位并不改变产品本身，而是要在顾客心理占领一个有利的地位。

艾·里斯的定位主要包括以下方法：

领导者定位。一般来说，越早进入消费者脑中的品牌越具优势。

跟进者定位。跟进者的产品在消费者心目中一般被认为是模仿，哪怕这种产品也许更好。所以跟进者如想在市场上站住脚，应重新寻找位置。

创建定位秩序。一个企业要在市场上站住脚，在很多情况下必须把竞争者在人们心中已经占据的位置重新定位，创造一种新秩序。新秩序的建立是个冲突过程，它可能使一个企业一夜成名。

第一章　广告与广告学

【学习目标】

【知识目标】掌握广告的含义和构成要素，理解广告学与相关学科之间的关系，了解广告的基本类型和发展历程。

【技能目标】能结合实际说明广告的基本功能，养成收集和鉴赏经典广告作品的习惯。

【导入案例】

一次关于广告概念的调查

1932 年，美国《广告时代》周刊决定推出一项调查活动，这是一个十分简单有趣而又有挑战性的活动：寻求广告的概念。自从 1792 年本杰明·富兰克林创办《宾夕法尼亚日报》开创现代广告业以来，广告已经在美国人的生活中司空见惯，众多商家都开始通过报纸、杂志、广播等多种媒体宣传产品，促进销售。同时，广告公司和广告商也应运而生，他们代理商家的广告业务，促进了广告业的发展。广告正以崭新而富有活力的形式影响着人们的生活，而一些公司的成功经验，无疑极大地刺激了人们对于广告的好奇心。鉴于此，《广告时代》周刊推出的这项活动自然十分吸引人们的眼球。

果不其然，消息一传出，人们立刻投入极大的关注，关于广告的各种各样的解释像雪片一样飞进编辑部办公室。刊物工作人员忙碌地拆阅着信件，记录着各种概念，不时争论着，希望自己手里的概念是最准确、最合理的。这时，刊物负责人走进来招呼大家说："大家停一停，现在我们来统计一下，看看收到了多少信件。你们可以念一念自己认为最准确最有趣的概念。"于是，办公室内热闹起来，大家你争我抢地念着收到的信件：

"广告是一种说服性的武器。"

"凡是以说服的方式（不论是口头方式或文字图画方式），有助于商品和劳务的公开销售，都可以称为广告。"

"广告是广告主有计划地通过媒介传递商品或劳务信息，以促进销售的大众传播手段。"

各种不同的解释听起来都有些道理，但是，到底哪一种才最准确呢？大家都拿不定主意。正在这时，一位工作人员又捧着一大摞信件走进来，满头大汗地说："要是再不公布答案，我们就没法进行其他工作了。"看来，不管准确与否，必须要公布答案了。刊物工作人员经过再三推敲，终于确定了他们认为最准确的答案。第二天，《广告时代》周刊刊登了广告的概念：**个人、商品、劳务、运动以印刷、书写、口述或图画为表现方法，由广告者出费用作公开宣传，以促成销售、使用、投票或赞成为目的。**

终于，征求广告概念的活动结束了，但是，人们对于广告的热情依然十分高涨，他们在观察着、谈论着、渴望着，他们已经十分明确地认识到，广告，是一种实现目标的有效手段，是经济社会里最为活跃的一分子。

资料来源：陈胜光.《关于广告学的 100 个故事》，南京大学出版社 2009 年版

　　当代社会是一个到处充满着广告的社会，地球就像一个巨大的广告显示屏，不断

地向人们传递着形形色色的广告信息。不管喜欢不喜欢、接受不接受，人们都无法摆脱广告的影响。随处可见的广告就像空气一样，无处不在，无时不有。透过广告这个令人目不暇接的信息窗口，我们不仅看到一个光怪陆离的商品世界，更品味到人类丰富多彩的文明生活。

然而，我们对广告既熟悉又陌生，只知其然而不知其所以然。因此，我们需要揭开广告神秘的面纱，了解它，认识它，应用它。

第一节 广告及其功能

一、广告及其要素

1. 广告的含义

汉语中，"广告"的字面意思就是"广而告之"。英文中的"广告"是"advertising"，它源于拉丁语的"adverture"，意思是"大喊大叫"和"引起注意"。在1300—1475年间，"advertising"演变为"advertise"，指"一个人注意某件事"，后来演变为"引起别人注意"，"通知别人某件事"。直到17世纪末，英国开始进行大规模的商业活动，"advertise"一词便广泛用来表示"刊登广告"的行为，由此形成的"advertising"也成为"广告"的专业词汇。

广告有广义和狭义之分。广义的广告是"广而告之"，指将某件事情或消息广泛地告诉公众的信息传播活动，如政府发布的公告、单位或个人发布的通知、启事等；狭义的广告主要指商业广告，其最终目的是推销商品或服务。通常所说的广告，主要指商业广告。

随着广告的不断发展和对社会影响程度的加深，对广告内涵的界定也多种多样。下面是对广告含义的几种代表性的揭示：

（1）1890年以前，西方社会普遍认为广告是有关商品或服务的新闻（News about product or service）。

（2）1894年，有美国"现代广告之父"之称的阿尔伯特·拉斯克（Albert Lasker）认为，"广告是印刷形态的推销手段"。这个定义含有"在推销中劝服"的意思。

（3）1932年，美国专业广告杂志《广告时代》公开向社会征求的广告定义是："由广告主支付费用，通过印刷、书写、口述或图画等，公开表现有关个人、商品、劳务或运动等信息，用以达到影响并促成销售、使用、投票或赞同的目的。"

（4）1948年，美国营销协会形成了一个有较大影响的广告定义：广告是由可确认的广告主，对其观念、商品或服务所作之任何方式付款的非人员式的陈述与推广。

（5）美国广告协会对广告的界定是：广告是付费的大众传播，其最终目的为传递情报，改变人们对广告商品之态度，诱发其行动而使广告主得到利益。

（6）1988年版的《韦伯斯特辞典》认为，广告被认为是运用媒体而非口头形式传递的具有目的性信息的一种形式，它旨在唤起人们对商品的需求并对生产或销售这些商品的企业产生了解和好感，告之提供某种非营利目的的服务以及阐述某种意义和见解等。

（7）《简明大不列颠百科全书》（第 15 版）对广告的定义是：广告是传播信息的一种方式，其目的在于推销商品、劳务服务、取得政治支持、推进一种事业或引起刊登广告者所希望的其他的反应。广告信息通过各种宣传工具，传递给它所想要吸引的观众或听众。广告不同于其他传递信息的形式，它必须由登广告者付给传播的媒介以一定的报酬。

（8）我国在 1995 年 2 月 1 日实施的《中华人民共和国广告法》中称"广告"指商品经营者或者服务提供者承担费用，通过一定媒介和形式直接或者间接地介绍自己所推销的商品或者所提供的服务的商业广告。

综合以上对广告含义的多种表述，我们可以把广告定义为：广告是广告主以付费的方式，通过一定的媒体有计划地向受众传递有关商品、劳务和其他信息，借以影响受众的态度，进而诱发或说服其采取购买或其他支持性行动的信息传播活动。

2. 广告的构成要素

从上述广告的定义可以看出，一项广告活动一般具备以下要素：

（1）广告主体。广告主体（Advertisement Subject）是广告信息传播活动的传送者，包括广告活动的提议者、策划者、创意者和实施者。在广告活动中，广告主体主要有三种：广告主、广告经营者和广告发布者。就功能而言，广告主是广告活动的发起者和广告信息、广告费用的提供者，广告经营者和发布者是满足广告主的广告需要的服务提供者。广告主体构成了广告活动中的组织结构。一条广告信息在传达给消费者之前，需要经过广告主、广告经营者、广告发布者之间的互动运作。

（2）广告中介。广告中介是传递广告信息的载体。广告中介包括经常用来传递广告信息的广播电视、报纸杂志、网络等传播媒介和企业为提升形象或促销商品而策划的宣传活动等。传播媒介是传递广告信息的物质载体，它在广告主和公众之间起着沟通双方信息的作用，使双方在互动中获得关于商品的共识；宣传活动是传递广告信息的形式载体，由于其浓郁的感性色彩和娱乐功能，能够把信息融入活动之中，使受众在不知不觉中受到影响，因而成为广告传播日益重要的中介。

（3）广告信息。广告信息是广告所要传达的主要内容，是广告主通过广告媒介向公众传递的经济信息和观念信息的总称，包括商品信息、劳务信息和观念信息等。商品信息是与广告商品直接相关的信息，包括产品的外观、质量、性能、产地、用途、价格及购买时间、地点等；劳务信息是指各种服务性行业（如文娱活动、旅游服务、医疗保健、金融保险、信息咨询等）提供的服务活动信息；观念信息是通过广告活动倡导某种意识，使受众从态度上信任某一企业，在情感上偏爱某个品牌，在思维上形成某种习惯，从而形成有利于广告主的消费观念。

（4）广告客体。广告的客体就是广告作用的对象，即接收广告信息的受众。从表面上来看，广告通过传播能够对所有接触到广告的受众发生作用，因而，所有受众都能够成为广告的客体。但依据科学的广告观念，广告的目的应该是针对特定的目标消费者进行诉求并对他们发生作用，而不应该是针对所有的人进行诉求。因此，我们可以把广告客体分为所有接触到广告的实际客体（Actual object）和作为广告活动的特定诉求对象的目标客体（Target object）。准确地确定广告的目标受众是决定广告传播成败的一个关键因素。

（5）广告费用。广告费用就是进行广告活动所必需的投入。在广告活动中，无论是广告调研还是广告的设计制作，无论是聘请广告代言人还是广告的媒体投放，都需要相应的费用支出。支出广告费的目的是扩大商品的销售，获得更大的收益。因此，广告主支出广告费的行为是一种投资行为。为了降低成本，提高广告投资的收益率，广告主在进行广告活动时应编制广告预算，有计划、有步骤地进行广告活动。

二、广告的功能

广告的功能是指广告的作用和效能。广告是社会经济发展和信息交流的产物，也积极作用于其赖以存在和发展的经济、社会和文化环境，具有广泛的影响和作用。托马斯·奎因在《广告学》中这样描述广告的多重作用："广告对不同的人有不同的意义。它是一笔业务，一种艺术形式，一个制度，以及一种文化现象。对跨国公司的CEO来说，广告是重要的营销工具，它能帮助公司建立品牌知名度和品牌忠诚度；对零售商来说，广告是让人们光顾自己商店的招牌；对广告公司的艺术总监来说，广告是对一个设想的创造性表达；对媒介策划者来说，广告是公司利用大众媒介向现有和潜在的客户传递信息的方式；对于网站经理来说，广告是吸引网民浏览其网站的方法；对于学者和音乐馆馆长来说，广告则是一件重要的文化作品、教科书和历史的记录。"[1] 具体来说，广告的功能表现在：

（一）营销：广告的工具性功能

1. 广告：企业促销的基本手段

（1）传播信息，沟通产销关系。在商品的供求之间存在的一个重要矛盾就是信息的不对称。生产者生产的商品不被需求者所了解，需求者也不知道生产者是否有商品供应，供应的商品有什么特色和功能。正如西方流行的一句名言所说：商品如果不做广告，就好像一个少女在黑暗中向你暗送秋波。广告是连接商品供求关系的纽带。生产者利用广告发布商品的相关信息，需求者通过广告获得商品的供应信息。于是，供求双方的产销关系就建立起来了。企业利用广告为商品找到了销路，拓展了市场。

（2）降低成本，促进销售。市场营销告诉我们，企业的传播沟通手段包括广告、公共关系、人员推销和销售促进。广告的最主要特点就是广而告之。因其传播范围的广泛性使广告传播的相对成本远比其他传播手段要低。例如，可口可乐每年的巨额广告费平均分摊到每一个顾客身上的只有 0.3 美分，但如果用人员推销实现其相同的销售额，其成本则需要 60 美元。据统计，在发达国家，投入 1 元广告费可收回 20～30 元的收益，比值是 1:20～1:30；在中国，广告投入与收益之比为 1:10～1:20。所以，从投资的观点看，企业的广告支出就是花一定的钱赢得更多的钱。

（3）塑造形象，提升品牌。当今的时代是一个形象至上的时代。对企业而言，形象就是销量，形象就是市场占有率，形象就是顾客忠诚度，形象就是企业竞争力。企业越来越重视形象的塑造，通过塑造形象提升品牌价值，通过提升品牌价值来赢得市场地位。从心理学上讲，企业形象是企业的相关要素在公众心目中留下的印象。广告正是传播企业的形象要素从而使公众认知企业的重要手段。企业通过广告展示其产品的独特功能或造型、员工的敬业精神和高超的技术水平、企业独特的经营理念、现代

---

① 托马斯·C. 奎因. 广告学［M］. 沈阳：东北财经大学出版社，2010：7.

化的设备、优美的厂区环境等，使公众对企业及其产品产生美好的联想。可见，广告能够极大地提升企业的知名度和美誉度，从而提升企业的品牌价值。可口可乐之所以成为世界上品牌价值最高的品牌，有效地利用广告在形象塑造中的重要作用是一个重要原因。

2. 广告：影响消费需求的主要途径

广告对企业促销商品所产生的作用是通过影响消费者的购买需求来实现的。广告对消费者的消费需求的影响主要体现在：

（1）提供信息，指导消费。这是一个商品相对过剩的时代。面对琳琅满目的商品，如果没有广告所提供的相关信息，消费者就会无所适从，茫然无措。正是通过广告，消费者知道了市场的流行趋势，知道了不同产品之间的差别，知道了某品牌产品的主要特色等，因而有了选择、比较不同品牌的商品相对充分的信息。广告是消费者获取商品信息的主要渠道。当然，从对消费者购买行为所发挥的作用来讲，广告对消费者主要起告知的作用。就消费者对商品的态度和行为而言，来自消费者的同学、同事、家人或其他消费者的评价等口碑信息的影响更大。

（2）刺激需求，促进购买。通过广告对商品或服务特色的传播，可以有效地刺激消费者的潜在需求，激发其购买行为的产生。广告刺激的消费需求，包括刺激初级需求（Primary demand）和刺激选择性需求（Selective demand）两个层次。所谓刺激初级需求是指通过广告传播，促使消费者产生对某类商品的需求，如消费者通过看汽车的广告，产生了对汽车这类商品的需求；所谓刺激选择性需求，是指通过广告宣传，使消费者对特定品牌的商品产生需求，引导消费者认牌购买，如当消费者产生了对汽车的需求以后，通过看比亚迪汽车的广告而对比亚迪牌汽车产生了需求。各个品牌的商品生产者都希望加大广告宣传的力度以刺激和引导消费者购买自己的品牌，并因此形成市场上最直接、最激烈的竞争关系。

（3）培养消费观念，创造市场机会。广告培养消费观念，一般通过观念广告来实现。观念广告是通过提倡或灌输某种观念和意见，试图引导或转变公众的看法，影响公众的态度和行为的广告。观念广告传达的观念有两种，一是消费性观念，二是社会性观念。消费性观念广告是引导消费者改变原有的消费观念，树立新的消费观念和消费方式；社会性观念广告是指在广告中发表对某一社会性问题的意见，以影响舆论，从而形成一种时尚和流行，为企业的营销服务。广告通过不断地诉求新的消费观念和新的生活方式，从而不断地影响消费者的生活观念，转变其生活方式，从而形成巨大的市场机会。所以说，广告是欲望的制造者。

（二）经济和文化：广告的社会性功能

1. 广告是促进经济发展的重要手段

在市场营销的意义上，广告的主要功能是促进商品交换，实现商品的价值。在买方市场环境中，企业的营销职能获得了比生产职能更加重要的地位。广告通过促进商品交换的实现使企业的持续经营和发展成为可能，从而也使一个国家或地区经济的持续发展成为可能。随着市场竞争的不断加剧，广告越来越成为推动经济发展的重要手段。从世界范围来看，广告最发达的国家或地区也就是经济发展水平最高的国家或地区。中国目前已经成为世界第四大广告市场，这正是中国经济快速发展的反映。因此，我们可以把广告与经济发展的关系描述为：经济越发展→商品供应越充足→市场竞争越激烈→广告竞争越激烈→广告创新越充分→广告水平越高→广告效果越好→商品交换越充分→经济更加发展。这样就形成了社会经济发展与广告发展之间彼此促进、相互推动的互动发展机制。

2. 广告以其特殊的方式参与社会文化的建设

（1）美化环境，丰富生活。广告是一种艺术。一则优美的广告作品也是精美的艺术品，在发挥其营销功能的同时以音乐、色彩、绘画等艺术手法陶冶着人们的情操，丰富了人们的生活。路牌广告、售点广告、交通广告、霓虹灯广告交相辉映，美化了市容环境，装扮了城市形象，丰富了人们的生活。因此，从这个意义上来说，广告是现代城市的脸，它集中反映了一座城市从市容市貌到政治、经济和文化的整体形象。

（2）影响意识形态和道德观念。广告作为一种广泛应用、无孔不入的传播手段，在传递商业信息的同时还传递着各种潜在的文化信息，如价值观念、道德规范、社会准则、生活方式等。广告不仅通过传递商品信息引导消费和改变需求，促使受众改变生活方式和消费情趣，而且通过传播先进、文明的生活观念和消费文化，影响人们的价值观、世界观和人生观，使人们在获得物质享受的同时，在精神上理解产品、鉴赏产品、美化生活。它所倡导的生活理念、价值取向、行为规范及行为准则，影响着人们对真善美的追求。广告在传播过程中涉及的思想、意识、观念、道德等，通过人们长期的耳濡目染，在精神上、情感上亦会默认，思想上就会不知不觉地发生变化。

正如美国历史学家大卫·波特所说："现代广告的社会影响力可以与具有悠久传统的教会及学校相匹敌。"据调查，一个美国人从出生到18岁在电视中看到的广告达1800多个小时，相当于一个短期大学所用的学时。由此可见，广告在一个人的成长过程中有着多么深远的影响。商品广告是消费潮流的引导者，直接影响人们的价值观念和生活态度；企业形象广告突出了企业的经营理念和价值观念，也是社会价值观念的塑造者。如中国移动公司的"沟通从心开始"、海尔公司的"真诚到永远"、广州好迪公司的"大家好才是真的好"等展现企业形象的广告口号，也成为人们在工作、生活中遵循的重要法则；社会公益广告，如绿色环保广告、禁毒广告、遵守交通规则的广告、弘扬社会正能量的广告等，直接倡导积极向上的价值观念和健康的生活态度，是社会主义精神文明建设的重要组成部分。

（3）传承与传播了社会文化。在现代社会，广告作为一种信息传播方式，已成为传播新知识、新技术和新观念的重要载体。在广告领域有"不做总统，就做广告人"这句名言，正如美国前总统富兰克林·罗斯福所说："若不是有广告来传播高水平的知识，过去半个世纪各阶层人民现代文明水平的普遍提高是不可能的。"广告记录了人类的伟大创造，是社会成果的一种展示，是人类所创造的物质文化、精神文化的反映，是连接物质与精神、商品与文化的桥梁。因此，广告具有强烈的文化意义和鲜明的文化属性，它是传播商品、服务信息的一种手段，也是文化传播的一个重要的渠道。随着广告对人们的生活渗透程度的不断提高，广告越来越成为人们开阔视野、丰富思想、增长知识的重要来源，也是人们认知社会历史文化和风土人情的重要途径。可以说，广告既是社会传统文化的传承者，也是社会新文化的传播者。

（三）广告的社会伦理冲突

广告的营销功能与广告的社会文化功能具有天生的社会伦理冲突。广告的营销功能以促进商品的销售、追求最大限度的利润为目的，这就决定了广告"王婆卖瓜，自卖自夸"的本质特点，决定了广告不可能是"完全的信息"，决定了广告误导，甚至欺诈不明真相的消费者的可能性，对人们正常的工作、生活和学习造成干扰的可能性，采用暴露的性诉求或者夸张的恐怖表现等严重违背社会的公序良俗的可能性。因此，广告在发挥其营销功能的同时，就天然地存在着与社会道德规范甚至法律规范的冲突。

避免广告与社会伦理规范和法律规范冲突的有效办法是提高广告传播者的社会责任感，提高其道德自律性。只有广告传播者不仅以利润最大化作为广告传播的目标，更要自觉遵守符合社会责任原则的伦理标准，以对消费者负责、对社会负责的高度责任感进行广告活动，才能使广告行为与社会的伦理规范相一致。

三、广告的类型

为了适应广告策划的需要，我们可以按照不同的目的与要求将广告划分为不同类型。合理准确的分类可以为广告策划提供基础，为广告设计和制作提供依据，使整个广告活动顺利进行，从而取得最佳的广告效益。

1. 广告的目的性分类：商业广告和非商业性广告

从广告的最终目的划分广告，可以把广告划分为营利性广告和非营利性广告两大类。营利性广告的目的是通过宣传推销商品或劳务，从而取得利润；非营利性广告是指不以营利为目的而发布的广告，如公益广告、寻人启事、招聘广告、征婚广告等。

2. 广告传播策略分类：商品广告、企业形象广告和企业观念广告

商业广告的最终目的都是为了促销商品，取得利润。但达到其最终目的的手段却具有不同的形式。以此来区分商业广告，可以分为商品广告、企业形象广告和企业观念广告。

商品广告是以销售商品为目的，以诉求商品的相关属性和特点为手段的广告形式。此类广告又可分为三类：

（1）告知型广告。通过告知消费者商品的性质、品牌、用途和价格等，促使消费者对商品产生初级需求，属于开拓性广告。

（2）劝说型广告。这是以说服消费者为目标，通过突出商品的特色，刺激其产生选择性需求和"认牌购买"，属于竞争性广告。

（3）提示型广告。这是在消费者已习惯于使用和购买某种广告商品后，广告主为了保持消费者的购买习惯，刺激重复购买，以防止消费者发生偏好转移而采取的广告形式。

企业形象广告是以建立商业信誉为目的的广告。它不直接介绍商品和宣传商品的优点，而是重点宣传企业的经营理念、企业的历史与成就、经营管理水平等，其目的是提升企业自身的形象，以强化消费者对企业的认同和好感，从而达到促销商品的目的。

企业观念广告不仅不直接宣传商品，甚至不直接宣传企业本身，而是通过表明企业对某个问题的看法触发公众的联想，在潜移默化中影响公众的观念和态度。观念广告传达的观念一般有消费性观念和社会性观念两种。消费性观念广告是引导消费者改变原有的消费观念，树立新的消费观念和消费方式。社会性观念广告是指在广告中发

表某一社会性问题的意见,以影响舆论,达到改变特定的政策或法规的目的,从而为企业的营销服务。例如,美国伯明翰钢铁公司通过企业观念广告向美国人民公告其对进口钢铁的看法,从而赢得公众支持,使美国的保护钢铁工业的法案得以顺利通过,就是典型的一例。

3. 广告的传播对象分类:消费者广告、集团用户广告和媒介性广告

企业的经营行为面对着多种主体。不同的主体对象所处的地位不同,其购买商品的目的、购买习惯和消费方式等都有所不同。广告活动必须针对不同的对象采取不同的诉求,以提高广告的有效性。

消费者广告也称为商业零售广告,其诉求对象为最终消费者,此类广告占广告的绝大部分。

集团用户广告的诉求对象为工商企业及非营利性组织,旨在向使用产品的工业用户、非营利性组织和经销商品的商业企业推销其产品。广告多采用报导式,对产品介绍比较详细。

媒介性广告的诉求对象是对社会消费习惯具有影响力的职业团体或专业人员,通过他们来影响最终消费者。这类广告主要用于推广专业性比较强的产品。

4. 广告的覆盖范围分类:全球性广告、全国性广告、区域性广告和地方性广告

全球性广告是随着国际市场一体化的发展而出现的广告形式。一般选择具有国际性影响力的广告媒介进行发布,广告的产品多是通用性强、销售量大、选择性小的具有国际影响的产品。

全国性广告一般选择全国性的传播媒介发布广告,其目的是激起国内消费者的普遍反响,产生对其产品的广泛需求。这种广告所宣传的商品也多是通用性强、销售量大、选择性小的商品,或者是专业性强、使用区域分散的商品。

区域性广告一般选择区域性的广告媒体进行传播,其传播范围在一定的区域内。这类广告经常为配合差异性市场营销策略而展开。

地方性广告比区域性广告传播范围更窄,市场范围更小,选用的媒介多是地方性传播媒介。这类广告多为配合密集型市场营销策略的实施,广告宣传的重点是促使人们使用地方性产品,或认店购买。

5. 广告的传播媒体分类:印刷广告、电波广告、网络广告、户外广告

根据广告所选用的媒体,可以把广告分为报纸、杂志等印刷广告,广播、电视等电波广告,网络广告及户外广告等。广告可以采取一种媒体进行传播,也可以使用多种媒体相互补充和配合,进行整合营销传播(IMC)。

6. 广告的诉求方式分类:理性诉求广告和感性诉求广告

按照广告的诉求方式来分类,是指广告采用什么样的表达方式以引起消费者的购买欲望并采取购买行动的一种分类方法。它可以分为理性诉求广告与感性诉求广告两大类。

理性诉求广告是定位于受众的理智动机,通过真实、准确、公正地传达企业、产品、服务的客观情况,使受众经过概念、判断、推理等思维过程,理智地作出决定的广告诉求形式。例如,以保鲜或省电为主要诉求的冰箱广告,以安全或省油为主要诉求的汽车广告都是理性诉求广告。

感性诉求广告采取感性的说服方式，向消费者动之以情，使他们对广告产品产生好感，进而产生购买行为。例如，戴比尔斯钻石以"钻石恒久远，一颗永流传"诉求爱情的广告，腾讯QQ以"弹指间，心无间"诉求亲情的广告，都是感性诉求广告。

第二节 广告的发展

一、广告的产生与发展

广告是商品经济的产物，随商品交换的产生而产生，随社会经济、文化的发展而发展。

广告自产生之后，在商品经济的发展和科学技术进步的不断推动下，经历了三次历史性的飞跃：从早期传播范围非常狭窄的叫卖广告、实物广告等原始广告到传播范围得到广泛扩大的印刷广告的出现，是广告发展的第一次飞跃；从传播时效相对不足的印刷广告到传播速度得到大幅提升的广播、电视等电子广告的出现，是广告发展的第二次飞跃；从以单向传播、受众被动接收广告信息为特点的报纸杂志、广播电视等传统媒体为载体的广告形式到以互动传播为特色的网络广告、手机广告等社会化广告的出现，是广告发展的第三次飞跃。

（一）广告的"原始"传播时期（原始社会到 15 世纪印刷术的应用之前）

从原始社会后期广告的出现到 15 世纪中期印刷术的应用之前，是广告发展的早期阶段。这一时期，一方面，由于生产力的发展导致剩余产品的出现和社会分工的存在，社会产生了商品交换的需求，于是就自然产生了广告；另一方面，由于在自然经济条件下商品交换的规模极其有限，不需要用大量的广告对需求进行刺激，技术发展的限制也没有可利用的在传播上具有较强的广泛性和实效性的媒介，所以，这一时期的广告还以口头广告、实物广告、文字广告等简单的广告形式为主，传播范围非常狭窄。

1. 口头广告

我们经常说"卖什么吆喝什么"，口头广告就是叫卖广告，是世界上最古老的广告形式。口头广告出现于原始社会末期，兴盛于奴隶社会和封建社会，并一直延续至今。走街串巷的小贩、卖蔬菜水果的摊贩常以吆喝叫卖来招揽生意。《韩非子·难一》中"自相矛盾"的故事正是对王婆卖瓜式的口头广告的深刻揭示。诗人屈原在《天问》中的"师望在肆鼓刀扬声"就是描写姜太公曾隐居市井，操屠夫之业，"鼓刀扬声"以招揽顾客的场景。宋代孟元老的《东京梦华录》写道："季春万花烂漫，卖花者以马头竹篮铺排，歌叫之声，清奇可听。"卖花人的歌叫声就是口头广告。公元 1141 年，法国的贝星州出现了一个由 12 人组成的口头广告组织，与商店签订合同收取报酬，帮助商店进行广告宣传。后来，小商贩把这种广告的吆喝配上曲调广为流传。1258 年，国王发布《叫卖人法则》加以规范。当时流行的卖扁桃的小调是这种口头广告的典型："生活艰难，道路坎坷！好心人啊，你在何方？发发善心，行行好吧！甜美扁桃，扁桃甜美！"随着口头叫卖广告的发展，这种叫卖声又配上敲打声和乐器声，将简单的叫卖广告又发展到声响广告，如卖油郎的"油梆子"、货郎的"拨浪鼓"等。现在商店里播放的广告歌曲、广告音乐则是口头广告发展的现代形式。

2. 实物广告

实物广告就是以要交换的实际物体作为广告的一种形式。《诗经》中有"氓之蚩蚩,抱布贸丝"之语,其中的"布"就是实物广告。清乾隆年间李斗的《扬州画舫录》中记载,"苏州人以无色粉糍状人形貌,谓之捏像"。摊贩把捏好的人像插在架子上,以吸引人购买,这是典型的实物广告。现代商店的橱窗广告,正是实物广告的现代形式。除橱窗陈列以外,现代社会还有许多实物广告的形式,如巨型可乐罐等产品的实物模型,中药店外悬挂的药葫芦、理发店外的三色柱之类的实物标志等。

3. 旗帜广告

旗帜广告又称幌子广告,常用在茶肆酒楼。例如,《韩非子·外储说右上》中记载:"宋人有沽酒者,升概甚平,遇客甚谨,为酒甚美,悬帜甚高,著然不售。"这种高悬的旗帜,顾客远见便知,升旗有酒出售,降旗则无酒出售。宋代张择端的《清明上河图》展现了当时汴京众多商店悬挂旗帜的场景。《水浒传》中"武松打虎"之前饮酒的

图 1-1 旗帜广告:三碗不过岗

酒店门前挑着一面"三碗不过岗"的招旗。唐代杜牧在《江南春绝句》中也有"千里莺啼绿映红,水村山郭酒旗风"的名句。

4. 招牌广告

招牌广告是古代常用的广告形式。起初是一种无字的布帘,后来发展为在布帘上写上店铺的名号,继而又以木牌做成门匾,成为今天仍然各处可见的各式招牌。《清明上河图》中,"王家罗匹帛铺"、"刘家上色沉檀香铺"、"杨家应症"等招牌广告,生动地体现了北宋京城的市井生活。明代画家仇英的作品《南都繁会景物图卷》中店铺林立,车马行人摩肩接踵,标牌广告林林总总。据统计,画面上的招牌、旗

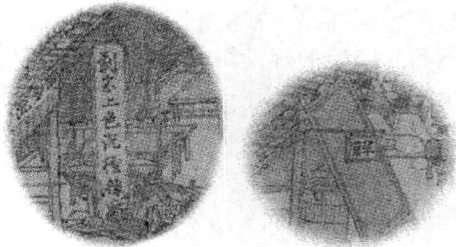
图 1-2 《清明上河图》中的招牌广告

帜共有 109 种之多,生动地再现了明代招牌、旗帜的繁荣景象。

5. 文字广告

最早的文字广告是在埃及废墟中发现的一份悬赏——捉拿一名叫谢姆的逃奴,距今已有 3000 多年的历史。在意大利的庞贝古城,考古学家在纵横交错的街道建筑的墙壁和柱子上发现了各种文字广告和图案,甚至还有竞选人争取选票的竞选广告。据记载,古罗马的儒略·恺撒面对即将来临的战争,经常通过散发各种传单来开展宣传活动,以便获得民众的支持。这是传单广告形式在西方的最早使用。在我国,文字广告常用对联的形式出现,如印染店的"欲化人身作蝴蝶,不劳织女绣鸳鸯",杂货店的"货无大小皆添够,物纵零星不厌烦",饺子店的"宇内江山如是包括,人间骨肉同此

团圆"等。

6. 名人广告

《战国策·燕策》记载："人有卖马者，比三旦立市，人莫之知，往见伯乐曰：'臣有骏马，欲卖之，比三旦立市，人莫与言。愿子环而视之，去而顾之，臣请献一朝之贾。'伯乐及还而视之，去而顾之，一旦而马价十倍。"同样一匹马，伯乐未看之前，在市场上三天卖不出去；伯乐看了之后，价格涨了十倍卖出去了。可见，古代的名人也是非常具有广告效应的。

从原始广告的产生到印刷术的发明，广告走过了漫长的岁月，出现了多种多样的形式。但是传播范围有限，还不具备现代广告的特点，是广告发展的早期阶段。

阅读资料

古诗词中的广告

中国是诗礼之国，古代的文人雅士、醉仙骚客，无不与诗结下不解之缘。在中国源远流长的文化中，由于诗的精炼与含蓄，有些诗不仅有极高的艺术欣赏价值，用作广告也能起到神奇的作用。

三国时，曹操所著的《短歌行》就为杜康酒做了很好的广告：

慨当以慷，忧思难忘，何以解忧，唯有杜康。

到了唐代，诗人辈出，广告诗也极负盛名。李白的《客中行》和杜牧的《清明》是其中的杰出代表。

兰陵美酒郁金香，玉碗盛来琥珀光。但使主人能醉客，不知何处是他乡。

——李白《客中行》

清明时节雨纷纷，路上行人欲断魂。借问酒家何处有，牧童遥指杏花村。

——杜牧《清明》

到了宋代，著名诗人苏东坡曾专门为民间小吃饺子写了广告诗：

纤手搓来玉色匀，碧油煎出嫩黄深。夜来春睡知轻重，压匾佳人缠臂金。

在明代，诗人苏平写的一首豆腐诗很出名：

传得淮南术最佳，皮肤褪尽见精华。一轮磨上流琼液，百沸汤中滚雪花。瓦罐浸来馔有影，金刀剖破玉无暇。个中滋味谁得知，多在僧家与道家。

清朝的著名诗人杨静亭为绍兴小吃山楂蜜糕作的广告诗很有特点：

南楂不与北楂同，妙制金糕数汇丰。色比胭脂甜若蜜，解醒清食有兼功。

（二）广告的平面传播时期（15世纪中期印刷术发明到20世纪初）

追溯最早采用印刷技术制作的广告，就是如今保存在中国历史博物馆的北宋时期济南刘家针铺的雕刻铜版广告。该广告图文并茂。标题是"企业"名称"济南刘家功夫针铺"，中心位置绘有产品"商标"——白兔捣药图，广告正文宣传商品质量"收买上等钢条，造功夫细针，不误宅院使用"。并说明了经营方法和优惠措施"转卖米贩，别有加饶"（客户转手贩卖，可以享受优惠价格）。图案左右标注广告随文"认门前兔儿为记"。广告包含店名、正文、随文和商标，形式上已经是一则完整的商品广告。

图1-3 济南刘家功夫针铺广告

公元 11 世纪中期，北宋的毕昇发明了活字印刷。以后，活字印刷术传入欧洲。1450 年，德国工匠谷登堡发明了铅字印刷术，并得到广泛应用，这成为早期广告时期与近代印刷广告时期的分水岭，标志着人类广告从狭窄范围向大众范围传播的迈进。

17 世纪，一种重要的广告媒体——报纸出现了。由于报纸具有发行量大、传播范围广的特点，许多商人开始在报纸上刊登广告，于是开创了报纸广告的新纪元。1622 年，第一张英文报纸《新闻周报》在伦敦出版，1625 年 2 月 1 日，《新闻周报》上刊登了乔治·马赛林的新书介绍，这被认为是世界上第一则报纸广告。1666 年，《伦敦报》首开广告专栏，其他报纸竞相效仿，报纸广告从此迅速发展起来。到 1840 年，美国发行的报纸多达 12300 余种，有的报纸竟然拿出 2/4，甚至 3/4 的版面刊登广告。我国的报纸广告出现在鸦片战争前后。1815 年 8 月 5 日，英国传教士马礼逊和米怜创办了我国第一家中文报纸《察世俗每月统计传》，该报刊登的"先贴"是我国最早的报纸广告。

在报纸发展的同时，杂志也陆续出现。最早的杂志广告大约产生于 17 世纪末到 18 世纪初。1710 年，英国《观察家》杂志曾经刊登过茶叶、咖啡、巧克力的广告和拍卖物品、房产、书刊及成药的广告。美国的杂志大多出版于 18 世纪初，这些早期出版的杂志多数不刊登广告。直到 19 世纪中叶，美国经济开始走向繁荣，杂志广告才逐步发展起来。最早在我国境内出版的第一家中文杂志是 1833 年在广州创办的《东西洋考每月统计传》月刊，内容有社会新闻、宗教、政治、科学和商业动态等。"五四运动"前后，各种刊物纷纷面世，大多刊登广告，作为解决经费来源和改善员工生活的措施。

报纸和杂志的出现，为广告提供了新的媒介。到 19 世纪中叶，报纸、杂志逐渐成为广告的主流媒体，广告发生了具有重大历史意义的飞跃。

与此同时，广告代理公司也开始出现。1868 年，在美国出现了首家具有现代意义的广告公司——艾耶父子广告公司，它被广告历史学家称为"现代广告公司的先驱"。此后，广告公司如雨后春笋般涌现。根据 1922 年出版的《美国广告代理年鉴》，美国当时的广告代理公司达到 1200 家。为规范广告公司的收费，1917 年美国广告公司协会成立，呼吁把广告公司的代理佣金固定在 15%，同年美国的报纸出版商协会予以认可，标志着以 15% 为标准的代理佣金制在美国的确立。此后，15% 的代理佣金制成为国际通行惯例。西方也开始了广告理论的研究，其他的广告形式，诸如路牌广告、橱窗广告、霓虹灯广告等也相继问世。广告进入一个真正意义上的大众化时期。

（三）广告的电波媒体时期（20 世纪初至 20 世纪 80 年代）

随着科学技术的快速发展，进入 20 世纪后，广告进入更加繁荣兴盛的时代。1922 年，美国创建的第一家商业无线电台 WEAF 正式开播商业广告。1923 年 1 月 23 日，中国第一座广播电台"中国无线电公司广播电台"在上海开播，并在节目间插播广告，这是中国最早的广播广告。在 20 世纪 20~30 年代，广播是主要的广告媒体。

1927 年，英国广播公司在伦敦设立了世界上第一座电视台并开始播放广告。美国在 1938 年已有 19 家电视台，1941 年开始播放广告。20 世纪 50 年代彩电技术问世以后，电视广告的发展更加迅速。到 20 世纪 70 年代，电视成为仅次于报纸的第二大广告媒体。1958 年，我国第一座电视台在北京建立。1979 年 1 月 28 日，上海电视台播出的参桂补酒广告是我国"文革"后的第一则电视广告。此后，电视广告在我国发展成为占主导地位的广告形式。

广播、电视的异军突起开创了广告发展史上新的里程碑，形成了报纸、杂志、广播、电视四大媒体占据广告市场主导地位的局面。在广播、电视广告时期，世界各地的广告公司如雨后春笋般兴起。新的广告形式不断涌现，广告理论研究也不断深入，广告逐渐成为社会经济中的一个重要的行业。

（四）广告的网络社会化媒体时期（20世纪80年代至今）

20世纪80年代之后，以计算机和网络技术为代表的科学技术的飞速发展，改变了企业的经营方式，也改变了人们的交流方式。网络逐渐成为继第一媒体报纸杂志、第二媒体广播、第三媒体电视之后的第四大媒体，广告产生了一次新的飞跃。随着通信技术的发展，手机也从"旧时王谢堂前燕"逐渐"飞入寻常百姓家"。与此同时，上网本、平板电脑等移动终端设备的快速发展推动了移动互联网的广泛兴起，广告进入新兴媒体时代。作为新兴媒体，网络和手机的一个重要特点就是交织着个性化和社会化的双重特征。在网络新媒体环境下，广告传播不再是信息的单向传递、受众被动接收信息的过程，也是广告传播者与广告信息接受者之间互动的过程，是广告信息接受者参与广告制作、传播并彼此交流的过程。

网络的出现也推动了媒体的细分化。电视、报纸等大众媒体的受众越来越被台式电脑、手机、平板电脑等设备分流，媒体不断细分化、社会化，受众越来越碎片化。因而，如何使多种媒体传递同一声音的整合营销传播（IMC）成为传播的挑战和趋势。

同时，经济全球化也推动了广告的国际化。工商企业的跨国化经营产生了广告国际化传播的需求。广告公司也逐渐走上了世界舞台，成为跨国化经营的一支重要队伍。

阅读资料

2014年我国广告行业发展趋势分析

一、"变化"的广告业

如今，对于广告业发展趋势的探讨似乎笼罩着前所未有的不确定性。从不同视角去思考这一命题，往往会得到既看似合理又相互迥异的结论。

首先是广告学界研究视角的多元，早在数年前，日本学者植田正也就从广告业务角度着眼，提出：未来"广告公司的业务领域，将不仅仅局限于广告的策划制作实施、促销、网络广告、DM的策划与制作、企业CI等，而应该是'整体营销管理'"，并且强调，广告公司"将面对更多来自咨询公司的挑战"。中国学者则多从产业转型、拐点等视角来思考广告产业趋势。例如，中国传媒大学黄升民教授提出："当下中国广告产业处于转型的关键时期，面临着四个方面的调整：一是经济大环境的变化；二是消费市场呈现出疲软的态势；三是媒介也在转型；四是广告业自身，如操作流程、核心技术的变化。"这些变化令"传统广告人很难应对"。总体可见，中外学术界对于传统广告产业的发展普遍流露出一定程度的忧思，忧思的根源，被归咎为广告业正在经历着的种种变化。变化，意味着未知和不确定，不可避免地为本文探讨的主题蒙上了一层神秘面纱。

其次是广告业界实践的变迁，据宇博智业市场研究中心发布的《2012—2016年中国广告行业投资分析及未来发展趋势研究报告》分析数据显示，2013年中国广告经营额处在下行通道，电视经营额1100多亿元，第一次出现负增长，同比下降2.75%；报纸下降9.17%；而网络广告经营额虽然高达838多亿元，同比增长45.85%，但其增长率也出现缓慢递减的趋势。此外，2013年广告6.84%的增长率第一次低于 GDP 的增长率，成为业界热议的话题。与此同时，连海外广告发达国家中，广告经营格局也在发生悄然变化，美国市场调研公司 eMarketer 预测：2018 年，电视广告的比例将降至 36.1%，低于数字媒体 36.4% 的份额，新媒体广告对传统媒体广告的冲击已经形成全球共识。与此同时，作为广告信息源头，企业的广告态度变化也在不断撩拨着敏感的产业神经，从 2012 年开始，宝洁、万事达、亿滋国际、海尔等知名企业纷纷进行互联网营销转型，甚至出现了"不做硬广"等备受关注的言论。令很多人开始担忧传统广告的发展前景。

可以看出，当前关于广告业趋势的研究焦点，集中表现为广告活动中各种变化要素的追随、感知和分析，由此形成了各有侧重的观点。然而，越是身处变化繁多的时代，就越需要我们确立全面的观察视角，从广告产业的发展规律、产业逻辑、理论逻辑层面思考，既要观察到变化，也要看到变化背后始终坚守不变的根基；既要关注到变化带来的新方向，也要看到造成变化的深层次根源。换言之，唯有从"变"与"不变"两个层面进行思考，把握"变化"背后的"不变"，才能拨开缭乱的面纱，较为准确地描绘出广告业的发展趋势。

二、"不变"的广告业

现阶段思考广告业发展趋势，洞悉行业"不变"的本质，比单纯关注行业"变化"的表象更为重要。因此，我们需要理性、深入地分析当前广告业种种变化的发生根源，才能发现"变化"表象背后保持"不变"的产业要素。

1. 如何看待广告的跨媒体迁移

新媒体广告对传统媒体的冲击是现阶段广告业研究的重要命题。近年来争论的焦点，往往集中于新媒体广告对传统媒体的广告预算分流。例如，来自阳狮集团的数据显示，2013 年以来，万事达集团从传统媒体的广告预算中转出了 5 亿多美元，其中 3/4 流入了网络视频。类似的数据在网络上比比皆是，很多文章甚至由此断言：新媒体广告将会替代传统广告。2013 年 3 月，素以严肃、专业著称的《哈佛商业评论》杂志甚至打出了"传统广告已死"的骇人标题。

对于广告的跨媒体迁移，不能简单地将之理解为新旧媒体之间的替代性竞争，因为广告传播的核心目标是与消费者形成良性沟通。而当前出现的广告跨媒体迁移正是在混合媒体环境下，为实现这一目标而进行的一系列尝试，表象是广告传播渠道迁移，根源则是对于受众聚集平台的重新开发和追踪。因此，不能简单地从广告活动迁移来定论未来新旧媒体广告竞争的结果，而是应当看到，无论媒体形态如何变化，广告信息与受众沟通的有效性将始终是广告活动持久不变的衡量标准和主要目标。

2. 如何看待广告专业技术的演进

从"精准营销"到"互联网思维"，广告的专业技术和知识体系似乎发生着剧烈的变化。传统的广告学通过一系列市场调研方法，进行消费者研究，用科学的方式解决了寻找市场需求的问题，是其区别于"巫术"、具有科学性的重要依托。在此基础上进行的创意表现和媒体选择才有了基础和支撑。这种以科学研究为基础的专业技术是广告专业理论的核心。

反观当前，广告的专业技术变得非常模糊，从消费者研究层面来看，传统的市场调研方法已经不足以在碎片化的受众行为和海量的媒体资源中准确锁定目标消费者，于是，大数据分析开始受到关注。如何有效分析互联网带来的开放聚集效应生成的海量用户数据，成为决定新时期广告营销效果的关键。然而，在广告专业技术日趋"高深莫测"的同时，广告传播中的"非科学"特征也日趋突出，最直接的表现就是在"互联网思维"指引下的新兴广告方式：小米手机、凡客诚品、雕爷牛腩等成功案例似乎更多依赖于创意氛围的营造和价值认同的汇聚，给新时期的广告活动蒙上了一层神秘面纱。

一边是专业技术不断高深化，另一边又是传播过程的日益"巫师化"，二者同时搅动着广告产业的发展趋势。需要警惕的是，当前无论是大数据的分析技术和分析模式，还是海量数据本身，都不掌握在传统广告公司的手中，如果说传统的市场调研方法不再适用，最应当具备广告专业技术的广告公司自然难逃知识体系过时、专业技术滞后的窘境。

无论是高深的大数据技术，还是接近"巫术"的广告方式，广告传播的真正价值依然都在于最大限度地吸引眼球和传递信息。这是广告活动的根本，也将是未来广告产业发展中始终不变的目标，未来这一标准仍将长期保持不变。因此，广告公司专业能力的重塑，关键是要找到在新技术环境下与受众沟通的方式和创意，如果只忙于跟随和适应技术巨头们的创新步伐，广告公司专业技术空心化的现象将日趋突出。

3. 如何看待广告创意能力的拓展

传统的广告创意，重点在于对产品卖点的艺术化呈现，考验的是艺术设计层面的创意和想象。而当前在智能手机等广告平台上，技术在创意中的作用正在日趋突出。例如，奔驰针对旗下 smart 轿车开发的"奔驰 smart"应用，将车辆知识和性能融入游戏之中，广告创意的过程就是游戏开发的过程。类似这样的应用，还包括上海奕动广告公司开发的"可口可乐圈"和新加坡通信公司 Starhub 开发的"帮助盲人逛超市"等。这些应用除了传统创意设计和配色之外，还充分利用了手机等移动终端能够随时摄像、快速分享的功能特点，广告公司提供给客户的，已不仅仅是画稿上的草图或脚本上的分镜头演示，而是一整套从创意到技术的解决方案。

无论广告创意能力如何拓展，决定广告创意趋势和价值的始终是受众的注意力和使用习惯，当前基于新兴媒体平台的广告产品只是为此进行的试验，上文列举的数个案例，在 APP 商店中应用者寥寥无几，真实下载次数很少。因此，广告从业者不应当过分放大新技术在广告产品设计中的作用，而是应当重点研究不同品类广告受众的媒体接触行为和使用习惯，无论技术怎么变，了解受众注意力和使用习惯始终是广告创意的基础。

在当前广告活动剧烈变化的表象之下，广告业真正的理论逻辑和商业逻辑并未发生本质变化：受众注意力在哪里，广告就会在技术和创意层面追溯到哪里；受众的使用习惯和审美情趣如何变化，广告创意就会在技术和创意层面进行相应的调整。因此，现阶段媒体、技术和创意变迁都只是产业表象的变化和操作手段的更新，广告业的本质追求依然如故。

资料来源：《2014 年我国广告行业发展趋势分析》，http：//www.chinabgao.com/k/guanggao/13420.html

二、广告发展的驱动因素

从前述的广告发展过程，我们可以看出广告发展的动力机制在于：

1. 商品经济的发展是推动广告发展的最根本的动力

商品经济是交换经济。广告产生于商品交换的需要，为商品交换服务。在自然经济中，自给自足是主体，商品交换的规模和范围都非常有限。这样的经济形态产生了对广告一定的需求，但这种需求并不强烈。因此，商品交换推动了广告的产生，并以原始的形式逐渐发展。随着社会经济进入商品经济时代，商品交换的规模和范围都空前扩大，特别是市场从卖方市场向买方市场转变使企业之间的竞争不断加剧，广告逐渐成为企业推广商品、进行市场竞争的主要手段。广告获得了快速发展的空前的动力。经济发展的国际化带来商品交换的国际化，商品交换的国际化推动广告的国际化。可见，正是商品经济的发展推动了广告的发展，商品经济是推动广告发展最深层的、最根本的动力。可以预见，随着中国经济的快速发展，中国的广告也必将获得快速发展，并在世界广告市场上占据更加重要的地位。

2. 科学技术的进步是推动广告发展的重要力量

首先，科学技术的进步促进了生产力的发展，是推动商品经济发展的主要动力。

其次，科学技术的进步促进了信息传播技术的变革，也促进了广告传播媒介的变革，从而实现了广告传播一次又一次的飞跃。印刷术的出现把广告带进平面广告时代；

广播、电视的出现把广告带入电波广告时代；网络、手机的出现，又把广告带入社会化传播的时代。媒体技术的每一次重大革新都成为广告传播方式发生重大变革的契机和推动力。

最后，科学技术的进步也为广告提供了新型的广告表现方式和手段。电脑技术和网络技术的应用带来了 flash 动漫广告、旗帜广告等新型的广告形式，并使消费者参与广告制作成为可能；摄影技术的提高、新型绘画材料的发明、电子显示屏、车载电视等传播设备的出现，都不断丰富了广告的表现形式和传播手段，提高了广告的感染力和影响力。

3. 消费的发展是推动广告发展的又一重要驱动力

消费的发展一方面表现为消费水平的提高及由此带来的市场范围的扩大、消费层次的提升，另一方面表现为消费者素质的不断提高。消费者是广告传播的受众，是广告活动的出发点和归宿。广告效果的好坏正是通过消费者对广告商品的态度和消费行为体现出来的。在消费水平较低、消费者的成熟度也较低的情况下，酒好不怕巷子深，是消费者在寻求商品，广告没有存在的必要；在消费水平提高以后，消费者从量的满足时代进入感性消费时代，从获得性消费变为选择性消费和个性化消费。广告就越来越成为消费者获得商品信息的基本来源。消费者成熟度日益提高，对广告的鉴赏水平也不断提高。这促使广告无论在信息的真实性，还是广告的艺术表现形式、广告传播的时间和空间选择等方面都要随消费者的发展而发展。

4. 企业经营观念的转变和管理水平的提高是推动广告发展的重要推动力

企业是广告活动的主要需求者、发起者和广告费用的承担者。所以，广告的发展与企业的经营观念和管理水平密切相关。在卖方市场条件下，企业奉行生产观念和产品观念，对广告没有太多的需求，所以广告发展也就缺少最基本的动力。市场形态从卖方市场向买方市场转化，不断提升市场竞争力逐渐成为企业最基本的行为准则。广告作为一种有效的营销工具，也逐渐成为受企业重视的市场竞争手段。企业对广告的需求不断强化，对广告的投入不断加大，其广告观念和广告管理水平也日趋科学化，从而使广告发展获得了重要的源泉。

5. 专业广告公司的发展是推动广告发展的主体力量

专业广告公司的出现是广告发展的产物，使广告日趋专业化，从而提升了整个广告的运作和管理水平。在广告代理制出现之后，广告公司日益成为进行广告提供的主体力量。广告公司的不断发展使广告公司之间的竞争不断加剧，促使广告公司为提升自身的竞争实力而不断进行广告表现和广告投放的创新，这都极大地推动了广告的发展。

6. 广告理论的发展为广告发展提供了指南

与广告发展相伴随的是，人们对广告运作规律研究的不断深入。广告理论是对广告实践的总结，也是指导广告实践，使其更加科学化、有效化的重要力量。

阅读资料

20 世纪全球百年最佳广告

美国《广告时代》杂志对 20 世纪全球广告业做了一次回顾性的评选，其标准是：影响力、持久力、认知率和文化上的冲击力。

排名	公司品牌	广告策划案
1	德国大众	"小即是好。"
2	可口可乐	"享受清新一刻。"
3	万宝路香烟	"万宝路的男人。"
4	耐克	"说做就做。"
5	麦当劳	"你理应休息一天。"
6	迪比尔斯	"钻石恒久远，一颗永留传。"
7	通用电气	"GE 带来美好生活。"
8	米勒牌淡啤酒	"美妙口味不可言传。"
9	克莱罗染发水	"她用了？她没用？"
10	艾维斯	"我们正在努力。"
11	美国联邦快递公司	"快腿勤务员。"
12	苹果电脑	"1984 年。"
13	阿尔卡—舒尔茨公司	"多种广告。"
14	百事可乐	"百事，正对口味。"
15	麦氏咖啡	"滴滴香浓，意犹未尽。"
16	象牙香皂	"100% 的纯粹。"
17	美国捷运公司	"你知道我吗？"
18	美国征兵署	"成为一个全才。"
19	Anacin 去痛片	"快、快、快速见效。"
20	滚石乐队	"感觉是真实的。"

资料来源：中国广播网 http：//www. cnr. cn/2004news/guanggao/sxkd/200302/t20030219_ 91715. html

第三节　广告学的性质和理论基础

一、广告学的性质

广告学是关于广告现象及其运动规律的理论体系，包括广告运作的特点和规律、广告表现的策略与技巧、广告效果的评估与改进等多方面的内容。从时间上看，广告学是一门年轻的学科；从内容上看，广告学是一门综合性的边缘学科；从特色上看，广告学是充满科学和艺术的双重属性的学科。

1. 广告学是一门以广告为研究对象的学科

广告学是一门独立的学科，是研究广告活动的历史、理论、策略、制作与经营管理的科学，研究的中心问题是探讨和揭示广告活动的基本规律。它着重研究以下内容：

（1）广告的基本理论。包括广告的基本概念、广告的基本功能、广告心理、广告与相关学科之间的关系等。这是广告学的核心内容和理论基础；

（2）广告运作的基本原理和策略。该部分内容侧重于广告的运作层面，包括广告战略的制定与实施、广告定位、广告主题与创意、广告表现的策略与技巧、广告媒体选择、广告效果评估等；

（3）广告市场与广告组织。主要研究广告市场的构成及运行特点，广告主、广告公司、广告媒体在广告市场中的作用及活动方式等；

（4）广告发展规律。主要研究广告发展的历史、推动广告发展的条件及广告发展的趋势等；

（5）广告管理。主要研究完善广告的管理机制的途径，旨在促进广告的健康发展。

2. 广告学是一门年轻的学科

如前所述，广告作为一种社会活动已有悠久的历史。但是，广告发展成为一门学科理论，则是 20 世纪的产物。其发展经历了创立、成熟和创新三个阶段。

（1）广告学的创立阶段：19 世纪末至 20 世纪 30 年代

19 世纪末 20 世纪初，西方市场经济得到快速发展。在这种背景下，广告活动开始沿着职业化、规范化的方向发展。一批专家学者开始进行广告研究，陆续出版和发表了一些学术著作和文章。例如，1895 年，美国明尼苏达大学的心理实验室盖尔设计了一些问卷对消费者心理和行为进行调查，这个调查被视为广告人对广告运作理论和原则进行科学研究的开端。1898 年，美国学者 E. S. 路易斯提出了 AIDA 法则，为科学的广告运作提供了依据。1900 年，美国明尼苏达大学的盖尔出版了《广告心理学》一书，把心理学的内容作为广告学说的重要组成部分来看待，强调商品广告的内容应该使消费者容易了解，并应适当运用心理学原理以引起消费者的注意和兴趣。1903 年，美国西北大学校长、心理学家狄尔·斯科特出版了《广告学原理》一书，对广告学应该发展成为一门科学这一观点进行了全面论述。一般认为，《广告心理学》和《广告学原理》的正式出版，标志着广告学的学科体系初步形成。

自 19 世纪末到 20 世纪 30 年代，这个时期广告理论研究的特点是提出问题，简单论证，理论比较零散，尚未形成完整学科体系。值得一提的是，1902 年至 1905 年间，美国的宾夕法尼亚大学、加利福尼亚大学、密歇根大学相继设置了广告课程，这对广告学的发展起到了极大的推动作用。一方面，系统广告知识的专业讲授，促使大学的教师更加注意对广告实践经验的全面总结；另一方面，出于专业教学的需要，学者们也都自觉地加强了对现实广告现象与广告理论的专题研究。

（2）广告学的成熟时期：20 世纪 30 年代到 60 年代

随着西方经济的繁荣，广告业得到快速发展，广告学的研究也取得了突破性进展，广告学学科体系也趋向完备。

这一时期，随着西方资本主义走向繁荣，营销学、传播学两门学科逐渐形成。其理论和方法被引入广告实践，极大地增强了广告活动的有效性，从而将广告战略和方法技巧置于科学化的基础上。至此，广告学的基本理论框架基本形成，以心理学、传播学、市场营销学的基本理论为支柱的广告学理论体系逐步建立起来，广告学也基本完成了从其他学科中分离出来的过程，进而形成了相对独立、完整的学科体系。

这一时期，广告大师们从不同的角度提出了丰富多彩的广告理论，丰富了广告学的理论宝库。例如,约翰·肯尼迪创立了情理广告学派,他为广告下了"纸上推销员"的著名定义;克劳德·霍普金斯发展了情理广告,成为情理派的代表人物,他的《科学的广告》一书是美国修学广告的学生的必读书;李奥·贝纳建立和发展了"芝加哥广告学派",在广告表现上提出"我们力求更为坦诚而不武断。我们力求热情而不感情用事";罗瑟·瑞夫斯首创了广告是"独具特点的销售说辞"(Usp)的理论;威廉·伯恩巴克提出了广告写作一定要有创造力、独创性与新奇性的 ROI 理论;大卫·奥格威创立了"形象设计"理论,被誉为"形象设计时代的建筑大师",他的《一个广告人的自白》自 1962 年出版至今已被译成 20 余种文字,在美国,它的销量已逾 30 万册;乔治·葛里宾(George Gribbin)认为"写好广告与写其他任何东西的要点,都是写作者要做到了解别人,对别人洞察入微,并对他们有同情心"。

这一时期,美国纽约曼哈顿区的麦迪逊大道(Madison Avenue)出现了许多著名的广告公司总部,因而,这条街道成为美国广告业的代名词。

(3)广告学的创新时期:20 世纪 70 年代以后

20 世纪 70 年代以后,随着新技术革命席卷全球,广告理论出现了不断创新的趋势,广告学研究向多元化方向发展,广告学的学科体系的内涵和外延均得到强化和延伸。20 世纪 70 年代初,艾·里斯和杰·特劳特提出了"定位"理论;20 世纪 80 年代,CI 作为一种系统的形象战略被应用于广告领域;品牌管理理论随着消费者品牌观念的加强而逐渐成为广告运作的有机组成部分;20 世纪 90 年代,整合营销传播(IMC)在广告领域掀起波澜。同时,广告媒体的研究、广告心理的研究、广告运动策略、广告经济学、广告社会学、广告文化学、发展广告学如雨后春笋般出现,丰富、促进了广告学基本理论,又同时推动了广告事业的发展。

3. 广告学是一门独立的、综合性的边缘学科

广告学的发展过程是广泛吸收其他诸多社会科学和自然科学的相关成果的过程,这使广告学成为一门融社会科学与自然科学于一体的综合性边缘学科。广告学涉及营销学、管理学、文化学、社会学、经济学、心理学、传播学、文学、语言学、统计学、美学、声学、光学、电学等众多学科,与这些学科之间存在着密切的关系。广告学在吸收这些学科的研究成果的基础上逐渐形成了自己独立的学科体系。因此,就其性质而言,广告学是一门独立的、综合性的边缘学科。

认识广告学的独立性便于我们准确地理解广告学学科体系的相对独立性和完整性,正确认识广告学的性质特征;认识广告学的综合性,便于我们更好地理解广告学与其他学科的多学科融合和交叉,从而准确地把握广告学学科体系的内涵和外延。

4. 广告学具有科学和艺术双重属性

关于广告学的属性,在广告学发展史上有"广告科学派"、"广告艺术派"之分。

"广告科学派"以美国的广告大师克劳德·霍普金斯为代表。1925 年他出版了《科学的广告》一书,对广告学是一门科学进行了系统的阐述。以后的许多学者,如大卫·奥格威等都从不同的角度阐释了这一观点。广告科学派的主要观点有:

广告是一门科学,其形成是建立在科学技术进步和广告运作日益规范化的基础上,建立在广告理论与实务工作者借助科学的技术手段和方法把广告的实践经验上升到理论高度的基础上,具有完整的理论体系和学科框架,反映了广告活动的客观规律,具

有科学性。

"广告艺术派"以乔治·路易斯和詹姆斯·韦伯·扬为代表，其主要观点包括：

广告是打破陈规的艺术，而非建立定理的科学。艺术是广告活动的生命，广告是用艺术的手法，如音乐、美术、摄影、造型等诸多艺术形式来传递广告信息，吸引并影响公众的。艺术是广告活动的生命。

二、广告学的基本原理

（一）广告的基础理论

1. 压力反应理论（Pressure response theory）

压力反应理论是把心理学、物理学、市场营销学等学科的研究成果应用于广告与销售的关系上。该理论把广告假设为能对消费者施加压力，从而对其产生影响以达到目的。该理论从不同的市场环境、不同的经营策略集中研究广告与销售量的关系，认为销售量与广告费用成正比。因此，广告主依据投入的广告费就能预测到产品的销售量。广告主之所以愿意投入大量的广告费，其随之而来的销售量增幅是重要的诱因。

压力反应理论在广告领域流行较广。但是，这一理论把广告对产品销售量的影响过于简单化，未能对广告影响消费行为的机制作出全面的解释，忽视了影响消费行为的其他因素，特别是忽视了广告创意、广告表现对广告效果的作用。同时，这种理论还对企业产生一种错觉，以为只要加大广告费用开支就能带来更多的销售量。

2. 主动学习理论（Action learning theory）

与"压力反应理论"相反，主动学习理论假设广告能将产品或服务的信息有效地传播给消费者，使他们认识其特性与优异之处，影响其对产品的印象。有了良好的印象，就会驱使消费者采取购买行动，这是产品销售增加的基本原因。显然，该理论将广告的效用寄托于广告本身，认为只有能产生"学习功效"的广告才是有效的广告。

主动学习理论以 AIDMA 论和 L&S 模式为代表。AIDMA 即引起注意（Attention）、激发兴趣（Interest）、激发欲望（Desire）、强化记忆（Memory）和激发行为（Action），是由 AIDA 公式发展而来的。这一理论广为流行，对广告业的发展起了重要的作用。L&S 模式是由罗伯特·J. 勒韦兹（Robert J. Lavidge）和加里·A. 斯坦纳（Gary A. Steiner）于 1961 年在美国期刊《市场杂志》上提出来的，即"勒韦兹和斯坦纳模式"，该模式认为消费者对广告的反应由认知反应、情感反应和意向反应三部分组成，认知反应包括知晓和了解，情感反应包括喜欢和偏好，意向反应包括信服和购买。

图 1-4　主动学习理论模式

随着广告业的发展和市场的发展变化，主动学习理论的不足之处也逐渐呈现出来。主要表现在其不足以解释所有的消费行为。例如，消费者在购买日常生活用品时未必需要经过 AIDMA 过程。同时，模式中的次序也并非都是规律性的，因为许多消费信息是不知不觉地存在于消费者心目中的，消费者并没有真正的学习过。这些购买过程中就与主动学习理论不一致了。

3. 低度投入理论（Low involvement theory）

低度投入理论着重于解释消费者低程度关心的购买行为，以美国的科鲁曼为代表。这种理论认为，低度投入学习的特征就是受众不大具备知觉上的防卫机能。如果像电视那样将广告反复呈现于观众前面，会导致受众不知不觉地把相关商品的信息纳入短期记忆，并会有一部分移入长期记忆。接着又对知觉结构产生影响，感觉到广告所介绍的商品的利益。如果说消费者对某种商品的态度发生转变，那只是对该商品的知觉结构发生变化。而对该商品的态度只有在购买并使用了该商品，发现了该商品的优缺点后才形成或改变的。

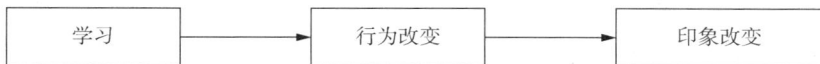

学习	→	行为改变	→	印象改变

图 1-5　低度投入理论模式

4. 消除不满理论（Dissonance reduction theory）

所谓不满是指消费者在购买过程中，感到所放弃的购买机会比实际购买的结果更好而产生的不满情绪。消除不满论认为：当消费者对某购买选择感到不满意时，他们就会改变对有关信息的印象，并主动去寻找资料加强其印象的改变。在消费者的态度中，认知面比情绪面更容易发生变化。因此，作为广告策划者，必须充分考虑和研究这方面，采取有效的策略消除消费者的情绪不满，使其变化趋于对广告推销的产品或服务产生好感。

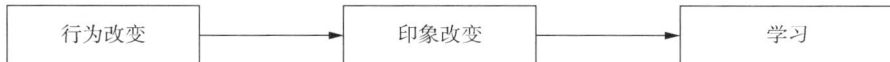

行为改变	→	印象改变	→	学习

图 1-6　消除不满理论模式

消除不满论的代表人物阿塞尔（Assael. H）在其所著的《消费者态度和市场行为》（*Consumer Behavior and Marketing Action*）一书中，较充分地阐述了消除不满论的理论观点：

（1）态度比消费者需求更容易改变。要改变消费者现有的态度比较容易，但要创造需求就较难；

（2）认知态度比感情态度更容易改变。消费者对某一品牌整体的评价不易很快改变，但该产品所持有的各方面特性较易改变消费者的信念。

（3）弱势态度比强势态度容易改变。刚投入市场的商品品牌比评价已稳定的长寿命品牌更容易改变消费者的态度。

（4）消费者未具确实信心的态度容易改变。消费者对某一产品品牌未具备充分信心予以高评价，并有所混淆不清或误解时，可传递有关广告信息以改变其评估。

（5）明确的信息容易改变其态度。在市场竞争激烈、传递的信息繁杂时，消费者的态度容易被比较明确的信息所影响。

（6）参与度越低态度越易改变。当消费者对该商品的关心或知识较多时（即关心与参与较高时），偏向于只听自己所赞成的意见；相反，对该商品领域参与度较低时，较容易形成新的态度。

（7）信念、评价对立时较容易改变态度。例如，某消费者既喜欢大功率空调却又担心耗电大，这时消费者会将两种对立的想法中任何一种给予变化，从不安定的心理走向安定心理。这些状况，态度就比较容易引起改变。

各种态度的改变，都与消费者存在某种不满有关，广告的策划必须设法消除消费者的不满。

上述广告理论各有所长，分别从不同的角度阐述了广告影响消费者的行为的机制。但又各有不足，其共同的问题就是过分简化了消费行为，忽视了其他营销因素对消费行为的影响，忽视了消费者心态与消费模式的有机结合。

（二）广告运作理论

1. 广告营销理论

20 世纪前半期的广告基本都是以推销商品为目的的广告，广告的基本原理就是推销术的基本原理，广告研究的中心问题就是如何使广告在推销商品的过程中发挥更大的作用。

1904 年，肯尼迪提出"广告是印在纸上的推销术"。1923 年，霍普金斯提出"广告是推销术的一种，它的基本原则就是推销术的基本原则"。20 世纪 50 年代罗瑟·瑞夫斯提出的 USP 理论、20 世纪 60 年代大卫·奥格威提出的品牌形象理论和 20 世纪 70 年代由里斯（Ries AL）和特劳特（Trout Jack）提出的定位理论，分别从不同的角度阐述了广告以销售商品为目的的主题，成为所处时代的代表性理论。

（1）USP 理论。20 世纪 40 年代，罗瑟·瑞夫斯在霍普金斯科学的广告理论的基础上，依据广告实践首次提出了 USP（Unique Selling Proposition，独特的销售主张）理论，并在 1961 年出版的《广告的现实》（*Reality in Advertising*）一书中进行了系统的阐述。他认为，一个广告中必须包含一个向消费者提出的销售主张，这个主张要具备三个要点：一是利益承诺，强调产品有哪些具体的特殊功效和能给消费者提供哪些实际利益；二是独特，这是竞争对手无法提出或没有提出的；三是强而有力，所强调的主张必须聚焦在一个点上，集中打动、感动和吸引消费者来购买相应的产品。并且，USP是消费者从广告中得到的东西，而不是广告人员硬性赋予广告的东西。

USP 理论的核心之处在于挖掘产品功效中的特质，从而提出其他竞争对手不能或不会提出的销售主张，从而造成产品的差异化，强调产品本身引发人们的兴趣，而不是广告本身。USP 理论尽管是以产品为本位探求推销产品的方法，但其主张挖掘产品自身的独特之处，寻找消费者最容易接受的利益点作为广告诉求点的方法，则使之成为美国 20 世纪 70 年代广告定位理论的源头。

（2）品牌形象理论。品牌形象论（Brand Image）是大卫·奥格威（David Ogilvy）在 20 世纪 60 年代中期提出的广告理论，是广告创意策略理论中的一个重要流派。品牌形象论的基本要点是：①为塑造品牌服务是广告最主要的目标，广告就是要力图使品牌具有并且维持一个高知名度的品牌形象；②任何一个广告都是对品牌的长期投资，广告应该尽力去维护一个好的品牌形象，而不惜牺牲追求短期效益的诉求重点；③随着同类产品的差异性减小，描绘品牌的形象要比强调产品的具体功能特性重要得多；④消费者购买时追求的是"实质利益＋心理利益"，对某些消费群来说，广告尤其应该重视运用形象来满足其心理的需求。

在品牌形象理论的基础上，20世纪60～70年代，美国Grey广告公司提出了"品牌性格哲学"，日本小林太三郎教授提出了"企业性格论"，从而形成了广告创意策略中的又一流派——品牌个性论（Brand Character）。该理论在回答广告"说什么"的问题时，认为广告不只是"说利益""说形象"，而更要"说个性"。由品牌个性来促进品牌形象的塑造，通过品牌个性吸引特定人群。这一理论认为，在与消费者的沟通中，从标志到形象再到个性，"个性"是最高的层面。品牌个性比品牌形象更深入一层，形象只是造成认同，个性可以造成崇拜；强调品牌个性，品牌应该人格化，以期给人留下深刻的印象；应该寻找和选择能代表品牌个性的象征物，使用核心图案和特殊文字造型表现品牌的特殊个性。

（3）定位理论。1969年美国著名营销专家艾·里斯（Al Ries）与杰克·特劳特（Jack Trout）在美国《产业行销杂志》（Industrial Marketlng Mgazine）发表了一篇《定位是人们在今日模仿主义市场所玩的竞赛》的文章，开始使用"定位"（positioning）一词。1981年两人合著出版了《定位：头脑争夺战》，系统阐述了定位理论。里斯和特劳特认为，消费者有五大思考模式：消费者只能接受有限的信息；消费者喜欢简单，讨厌复杂；消费者缺乏安全感；消费者对品牌的印象不会轻易改变；消费者的想法容易失去焦点。因此，营销应通过广告宣传，用新颖、别致的东西在消费者心目中留下一个恰当的位置。"定位是你对未来的潜在顾客的心智所下的功夫，也就是把产品定位在你未来潜在顾客的心中。"定位的基本原则不是去创造某种新奇的或与众不同的东西，而是去操纵人们心中原本的想法，去打开联想之结。定位的真谛就是"攻心为上"，消费者的心灵才是营销的终极战场。

定位理论的核心观点包括：①广告的目标是使某一品牌、公司或产品在消费者心目中占有一席之地；②广告应将重点集中在一个狭窄的目标上，在消费者的心智上下功夫；③应该运用广告创造出独有的位置，特别是"第一说法、第一事件、第一位置"；④广告表现出的差异性，是要显示出品牌之间的类的区别；⑤定位一旦建立，只要消费者产生相关的需求，就会首先想到广告产品，达到"先入为主"的效果。在《广告攻心战略——品牌定位》一书中，艾·里斯和杰·特劳特详细地论述了广告定位的方法，即领导者定位、跟随者定位、比附定位和重新定位。

定位理论的提出，给营销、广告领域带来了一次影响深远的革命。2001年，"定位理论"击败了瑞夫斯的"USP理论"、奥格威的"品牌形象理论"、科特勒的"营销管理理论"、迈克尔·波特的"价值链理论"，被美国营销学会评选为有史以来对美国营销影响最大的观念。

除上述理论以外，比较著名的以推销商品为重心的理论还有"4P"原理，"产品生命周期"原理，李奥·贝纳的"固有刺激法"，威廉·伯恩巴克的"实施重心法"、"ROI"法则等。

2. 广告的传播学原理

广告活动是一种信息传播活动，因此，传播理论既是广告活动的理论支柱之一，又极大地影响着广告学的发展。

传播（Communication）源于拉丁语Communi，最早由美国的乔·马歇尔（John Marshall）在1938年8月提出来。美国的拉斯韦尔将复杂的传播现象提炼为五个基本的要素：传播主体、传播内容、传播媒介、传播客体和传播效果，即"谁通过什么渠道向谁说了什么，有什么效果（Who/Through which channel/To whom/Say what/With what effect）"，从而创立了有名的"5W 模式"。广告学借鉴了"5W 模式"，对广告传播的五个要素即广告主、广告信息、广告媒体、广告客体和广告效果之间的关系进行了系统的研究。依据传播学的相关理论，广告传播要充分考虑以下原理：

（1）广告传播的"诱导性"原理。广告信息作为外界刺激作用于受众并引起预期的观念改变和购买行为，这是一个可以通过多种手段诱导实现的心理渗透过程，诱导力的大小取决于信息的诱导性强弱的程度。广告的一切努力几乎都同提高广告诱导力有关，因此，诱导性原理被人们视为进行广告策划和广告表现的重要依据。

（2）广告传播的"二次创造性"原理。广告传播是一个完整的创造性过程。这种创造性不仅表现在传播者在广告策划、广告制作、选择传播媒介等方面的创新性思维与活动，还体现在广告信息的接受者方面。广告受众接受信息的过程是一个创意的思维过程。面对扑面而来的广告信息，广告受众根据自己的生活经验加以选择性地注意、选择性地记忆，而后通过记忆、联想等一系列心理活动，作出自己的判断和反应。

（3）广告传播的"文化同一性"原理。从文化的角度来看，广告传播是一种文化活动，因此，广告传播的效果同传授双方的文化状况密切相关。广告信息在传播中能否被接受或接受到何种程度，客观上要求传播者与接受者有共同的文化基础。要实现有效的传播，广告信息的制作者、传播者与其接受者应具备共同的价值观念、类似的行为模式以及其他文化方面的共同性。广告制作者应有极强的文化意识，要清醒地看到广告传播在本质上也是一种文化交流，时时从文化的角度去关照广告信息接受者，从文化的角度去研究广告传播成败的深层次原因。

（4）广告传播的整合性原理。整合营销传播（IMC）是在 20 世纪 80 年代中期由美国营销大师唐·舒尔茨提出和发展的，其核心思想是：以整合企业内外部所有资源为手段，再造企业的生产行为与市场行为，充分调动一切积极因素以实现企业统一的传播目标，最终与消费者建立长期、双向、牢固的合作关系。IMC 从广告心理学入手，强调与顾客进行多方面的接触，并通过接触点向消费者传播一致的清晰的企业形象。这种接触点小至产品的包装色彩、大至公司的新闻发布会，每一次与消费者的接触都会影响到消费者对公司的认知程度，如果所有的接触点都能传播相同的正向的信息，就能最大化公司的传播影响力。依据 IMC 的原理，广告传播要符合以下要求：广告信息必须清晰、一致且易于理解；必须利用多种媒体并使各种媒体的信息高度一致地进行传播；广告传递的信息必须简明、有说服力，把各种传播活动整合起来形成强大的冲击力；双向传播是建立和维持营销关系的必然要求。

（5）广告传播中的议题设置。在产品同质化程度不断提高、广告竞争日益激烈的广告环境下，要让消费者持续地关注某一品牌的商品十分困难。采用议题设置的传播方式就是通过大众传播媒介提出精心选择的某一问题，将公众的注意力引向对这一问题的讨论，让目标消费者在参与这一问题的讨论中领悟到与这一议题有关的某一品牌产品的优越性。传播学理论认为，媒介对某个问题的重视程度与大众对该问题的重视程度具有高度的一致性。议题设置的实质就是通过大众传播媒介的权威性和影响力，来影响受众的认识能力，从而形成"媒介效应"。

（6）广告传播中的意见领袖。在广告对象中，总有一些人更经常地接触媒体，更关注某类广告，也更乐于向其他成员传播有关信息，发表看法，从而影响他人对产品的认知和态度。这些人被称为意见领袖。意见领袖在广告传播中的作用主要体现在：其一，使广告信息得到更加广泛扩散；其二，强化、弱化或曲解原有广告信息；其三，意见领袖的社会影响，使他们比广告主更能得到消费者的信赖。因此，广告应充分考虑意见领袖对传播的影响和如何发挥他们的作用。

3. 其他相关学科对广告学提供的理论支持

如前所述，心理学应用于广告，是广告学形成的标志之一。广告要最大限度地发挥其作用，必须深入研究消费心理，使广告所传递的信息符合消费者心理活动的规律；广告学与公共关系相互作用，产生了公关广告；广告与管理学、文化学、美学、文学等学科具有广泛深入的联系。

本 章 小 结

广告是广告主通过媒体有计划地向公众传递广告信息以影响受众的态度和行为的信息传播活动，广告主体、广告中介、广告客体、广告信息、广告费用构成了广告活动的基本要素；广告既具有促进销售、影响需求等工具性功能，又具有促进经济发展、参与文化建设等社会性功能，两者之间存在着天生的社会理论冲突。广告可以依据传播目的、传播策略、传播范围、传播媒体等标准分为多种类型，这些类型都是广告发展的结果。广告发展经历了"原始"传播时期、平面传播时期、电波传播时期和网络社会化传播时期四个阶段，经济发展、技术进步、消费水平的提高、广告公司的发展等是驱动广告发展的主要因素。

广告学是关于广告现象及其运动规律的理论体系，是一门年轻的、独立的、综合性的、具有科学和艺术双重属性的边缘学科，心理学、营销学、传播学的相关理论为广告学的发展提供了丰富的理论基础。

重要术语和理论

广告主体、广告客体、广告信息、压力反应理论、主动学习理论、低度投入理论、消除不满理论、USP 理论、品牌形象理论、定位理论、整合营销传播

复习思考题

1. 请结合某品牌的某一则具体的广告活动，说明广告的构成要素。
2. 请你依据广告的发展过程及其驱动因素，谈谈你对中国广告未来发展趋势的看法。
3. 列出压力反应理论、主动学习理论、低度投入理论和消除不满理论的主要观点。
4. 请你想一想最近一个月所看的广告，举例说明哪些广告属于理性诉求的广告，哪些广告属于情感诉求的广告。
5. 广告存在着天生的社会理论冲突。请你想一想：究竟是广告的积极作用大于消

极作用，还是相反？请你分别从两方面列出三个以上的理由。

【案例分析】

商务部全球投放广告提升中国制造形象

2009 年 11 月，我国政府推出一系列全球广告，试图提升"中国制造"的国际形象。

据报道，美国有线新闻网（CNN）从这个星期起开始在亚洲市场播出一则 30 秒的商业广告，内容是宣传在全球化大背景下，"中国制造"产品其实也是世界上各个贸易体共同分工协作、盈利共享的事实。当然，该广告也有利于重新打造与巩固"中国制造"在全球市场上的声誉。

片长 30 秒"世界合作"是主题

通过观看视频，可以发现这则 30 秒的广告围绕"中国制造，世界合作"这一中心主题，强调中国企业为生产高质量的产品，正不断与海外各国公司加强合作。

广告一个个画面集中展现了"中国制造无处不在的身影"，"中国制造，世界合作"的理念贯穿整个广告。

一天之计在于晨，清晨跑步的运动员所穿的运动鞋是"中国制造"，但是"综合了美国的运动科技"；日常家庭中所用的冰箱印着"中国制造"的标签，但是融合了欧洲风尚，为您储存美味的食品。

一个类似 iPod 的 MP3 播放器上用英文标注"在中国制造，但我们使用来自硅谷的软件"，体现了爱音乐也爱中国制造的理念。

就连法国顶级模特儿所穿的知名品牌服装也由"中国制造"，而广告最后出现的飞机画面，是融合全球各地工程师的结晶，更是展现了"世界合作"这一理念。

投放对象国际主流媒体是重点

该广告被认为是中国政府的首个品牌宣传活动。这则广告是由国际知名传播集团宏盟集团持股的 DDB 国安广告制作公司历时数月精心策划制作，广告中多个场景在国外实地拍摄完成。

据美国一家专门跟踪传媒与广告市场动态的网站披露，该 30 秒的广告片由中国商务部会同 4 家中国行业协会共同委托制作。除了在亚洲播出外，接下来还计划在包括北美、欧洲等中国的主要贸易对象地区播出。

而 4 家中国行业协会包括：中国广告协会商会、中国商务部机械和电子产品进出口商会、中国商务部轻工工艺品进出口商会、中国商务部纺织品进出口商会。

这一广告攻势的主要诉求是竭力在海外宣传中国品牌，提升外国人对中国制造产品的认知度，使他们不再仅仅将中国看成一个成本低廉的市场。商务部目前已购买了为期 6 周的广告时段，一些国际主流媒体如 CNN（美国有线电视网）将是重点投放对象。

国家战略展现我国"软实力"

对于商务部启动"中国制造"海外宣传一事，国务院发展研究中心产业经济研究部副部长石耀东博士认为是好事。石耀东说："商务部这一行为，体现了我国政府的一种战略关切，展现了中国制造的软实力。但我们同时也要意识到，一次广告宣传可能会换来品牌的关注度，但品牌忠诚度的培养则是一个长期的过程。"

知名品牌专家曾朝晖认为，在面临新的世界形势之际，中国的这一宣传举措，对建立良好的国家形象，无疑具有积极的意义。当然，这还需要很好的创意，商务部如果能面向全球公开征集广告方案，效果肯定会更好。

资料来源：http：//news. sina. com. cn/c/2009 - 11 -30/083519155485. shtml

思考题

1. 你如何看待商务部启动"中国制造"海外宣传，推出一系列全球广告？
2. 广告在现代社会经济生活中的作用是什么？
3. 请分析该广告活动中的广告要素。

第二章 广告主体

【学习目标】

【知识目标】掌握广告公司的组织结构类型及运行程序，理解企业的广告观念与广告决策的关系，了解广告市场的构成要素及运行机制，了解媒体广告组织和广告社团的基本职能。

【技能目标】能结合实际说明企业的广告观念对其广告决策的影响；能为某一品牌的广告活动提出选择恰当的广告代理商的合理依据。

【导入案例】

挑选广告机构：内部还是外部

广告计划的第一步是用内部广告团队还是用外部广告公司。有的公司有一批内部人员开发整合营销传播计划和广告计划。部分原因是部门内部人员更理解公司的使命和营销信息。这些公司的管理者相信，他们可以通过把某些业务外包和聘请少量营销专家及广告专家开发出有效的广告计划。撰写文案和拍摄、录制、编辑广告，以及安排、买卖媒体时间（电视和广播）和广告位（杂志、报纸、广告牌）等工作可以外包出去，而 IMC 的其他工作则由内部完成。

最近，加拿大财产及灾害保险业经历了历史上最糟糕的两年。加拿大最大的保险公司之一——协邦保险（Co - operators）的管理层厌倦了与广告公司打交道。这些广告公司似乎根本不了解协邦保险公司或整个保险行业存在的问题。于是，协邦公司成立了一个内部营销团队，任务是重振公司的知名品牌，把品牌认知与特定的属性联系起来。该团队通过内部研究和数据挖掘描绘了公司顾客的特征，并聘请了一名顶尖创意总监帮助创作新广告。结果就产生了名为"Heritage"的电视广告。这个广告及配套宣传材料的焦点是一个农场主协会，协会成员信赖一个有同情心、友善、喜欢分享、正直诚实的加拿大保险公司。广告及整个传播活动非常成功。

但是，由内部人员负责广告创作也有缺点。问题之一是，公司可能变得因循守旧，意识不到其他促销或广告机会。内部团队也可能不具备足够的专业知识来完成所有必要的职能。结果可能变成削减广告成本，而不是利用广告公司的知识和专长。在全球市场中，公司内部成员缺乏对国外目标市场的语言、习惯和购买行为的必要了解，所以必须有所选择。

而管理层应该考虑以下因素：①公司规模；②可以投入媒体的资金量；③客观性；④产品的复杂程度；⑤创造力。

从公司规模上看，小客户对广告公司通常没有吸引力，因为没有多大收益。从投入媒体的资金来看，小客户对广告公司而言似乎不经济，因为更多的资金必须花在制作广告而不是购买媒体时间或广告位上。在这方面，有一个 75—15—10 经验法则，即 75% 的资金用于购买媒体时间或广告位，15% 的资金用于支付广告公司进行创意，10% 用于广告的实际制作。但对于小客户来说，资金分配比率更可能是 25—40—35，即 75% 的资金用于广告创意和制作上，只有 25% 的资金用于购买媒体。因此，除非 75% 的广告预算可用于购买媒体，否则明智的做法可能就是由内部团队或小广告公司负责所有的广告活动。

与内部团队相比，广告公司更可能客观公正。内部创意人员很难不偏不倚，不受组织内其他人的影响。组织内的其他人可能并不完全理解广告艺术层面。外部创意人员就不会面临这些影响和压力。

复杂产品的广告只是不同的情况，因为外部广告公司的人一开始可能难以理解这一复杂的产品。让他们尽快熟悉情况，往往要花费相当多的时间和资金。因此，对于一些更复杂的产品来说，任用内部团队可能会更好；而一些通用的或更标准化的产品更适合聘用外部广告公司。

最后一个要考虑的问题是创意力。广告公司声称它们能提供更好的创意，许多时候的确如此。但是，内部团队也可以只在广告设计阶段聘用兼职创意人员。因此问题就变成了是把整个项目外包出去，还是只使用广告公司的创意人员及其他专家。

如果最终决定选用外部广告公司，那么为了利用广告和传播计划扩大受众，公司就得投入大量资源。

资料来源：［美］Kenneth E. Clow. 冷元红译，广告、促销与整合营销传播，清华大学出版社 2008 年版

第一节　广告产业与广告市场

市场经济的不断发展，企业广告意识的不断强化，广告公司和广告从业人员的不断增加，广告经营活动的不断发展，科学技术的不断进步，新型媒体形式的不断涌现，信息革命爆发，广告业日益成为独立的现代信息服务业。广告作为服务业具有自身独特的性质和运行特点。

一、广告行业的性质

广告从最初单纯的信息传播开始，经历了漫长的发展过程，不断走向产业化并最终成为独立的产业，在社会、经济和文化发展中发挥着重要作用。

在大众传播媒体出现之前的广告因其零星性和非专业性、非职业性而不具有独立的产业性质。以报纸的出现为起点，大众传播媒体不断涌现，经济发展所导致的市场竞争的加剧促使企业的广告意识不断强化，具有现代意义的广告公司如雨后春笋般涌现，专业的广告人越来越把广告当作终身的职业追求，广告业逐渐变成一个独立的新兴产业。

1. 广告业属于服务行业

通常，人们习惯于把广告分为商业广告和非商业广告。在商业广告中，各类企业、非企业性经济单位或集团、个人委托广告代理公司进行广告传播，其目的在于促进商品或服务销售。非商业广告一般包括政治广告和公益广告。政治广告推介的是政治观点、政治主张或政治人物；公益广告推介的是有利于人类社会的道德观念、行为规范和思想意识，以维护社会公众利益为目的。无论是商业广告还是非商业广告，本质上都是一种大众传播活动，它最终是想改变或强化人们的观念和行为。广告经营主体正是通过这种代理服务，达到广告主所期望的这种改变。

因此，广告作为现代产业，属于第三产业中的服务业。在广告传播过程中，广告公司通过广告代理服务收取服务费，即广告主支付广告费委托广告公司实施传播推广，广告公司通过市场调查分析、策划、制作表现、广告发布、效果评估等一系列服务行为帮助广告主达成期望的目标，这一过程具有典型的服务性行业的一般特征。

2. 广告业属于创意产业

20 世纪 90 年代，英国最早将"创造性"概念引入文化政策文件，并且在 1998 年

出台的《英国创意产业路径文件》中明确提出了"创意产业"这一概念，指起源于个体创意、技巧及才能，透过智慧财产权的生成与利用，而有潜力创造财富和就业机会的产业。广告业作为服务性产业，它不同于一般的劳务服务。广告活动是信息传播活动，广告的服务形式是提供经过基于市场调研基础上的信息传播方案以影响广告受众的观念和行为。由于广告主体的多样性及广告竞争的剧烈性，使得广告信息无所不在。在广告受众被众多的广告信息所包围的背景下，广告的效果往往具有不确定性。因此，为达到广告传播的目的，创造性成为广告活动的每一个环节和每一个方面的本质要求。在整个广告运动过程中，广告调研、广告策划、广告主题提炼、广告创意构思、广告制作表现、广告投放、广告效果评估等每一个环节，都是充满了创新思维的环节，整个广告运动过程形成了一个严密的、创造性的信息运动过程。在这个信息运动过程中，科学性与艺术性相互交织。因此，广告业属于知识密集、人才密集、技术密集的创意产业。广告业通过广告经营的活动形式，提供一种高智力高技术的服务，这是广告业区别于一般性服务行业的重要方面。

二、广告市场及其运作

1. 广告市场的构成

从经济学的观点看，市场一般是由以下因素构成的：用于交换的商品、商品的供求双方、商品价格的决定机制。广告市场的构成要素包括：

（1）广告主。广告主旨为推销商品或者提供服务，自行或者委托他人设计、制作、发布广告的法人、其他经济组织或者个人。广告主是整个广告活动的起点。广告主发起广告活动，在广告市场的交易中扮演"购买者"的角色。广告主的广告需求，是整个广告活动展开的基点。在广告市场中，广告主的多少、购买力的强弱决定了广告市场容量的大小。广告主的购买力决定于广告主对广告的渴望程度，由此形成广告主的广告意识。广告主的广告意识越科学，广告市场的规范化程度就越高。

（2）广告公司。广告公司是广告市场的经营主体之一，包括综合型广告公司和有限服务型广告公司。在广告市场的整体活动中，广告公司与广告主形成委托代理关系，通过专业化的广告运作为广告主争取目标受众以实现广告目标，为广告媒介提供广告投放业务，以此获取经济收益。广告公司在与广告主和广告媒介的交易行为中，实现了广告市场环环相扣的有序运作。因此，在广告市场中，广告公司居于核心地位。

（3）广告媒介。在广告市场中，广告媒介通过出卖版面或时段来获取经济收益，是广告媒体资源的供应者、广告信息的发布者。在广告传播过程中，广告媒介起重要的渠道作用。借助广告媒介，广告公司向目标受众传递广告信息；借助于不同类型的广告媒介，广告信息会到达不同的广告受众；广告媒介的性质、市场定位、传播范围、表现形态，直接决定了广告传播的效果。

（4）广告受众。广告活动的目的是通过影响广告受众的观念或行为来达到广告目标。广告受众是整个广告活动的终点，也是广告活动效果好坏的最终评价者。广告受众通过广告认知广告商品的相关信息，并依据自身需求条件做出相应的消费决策。因此，在广告活动中，必须加强对广告受众的研究，使广告符合广告受众的消费心理和媒体习惯，这是实现广告活动的预期目标的重要前提。同时，要努力提高广告受众的广告意识，以更好地拓展广告市场的潜力。

2. 广告市场的运行机制

在广告市场中，各构成要素既存在着共同的利益，也存在着各自的利益要求。各构成要素之间进行的互动与交换关系形成了广告市场的运行机制。从本质上看，广告市场的运行机制实际上是广告市场各要素之间利益的动态平衡机制。

在广告市场中，广告主发起广告活动、支付广告费，广告公司提供广告代理服务，构成第一重委托代理关系；广告公司承揽业务，制作广告作品，通过购买广告媒介的时段或版面，代表广告主投放广告，与广告媒介之间形成第二重委托代理关系和交换关系。在这双重代理关系和交换关系中，广告公司居于核心地位；广告媒介通过出卖媒介资源，发布广告信息，传达给广告受众，从而完成广告交易行为。

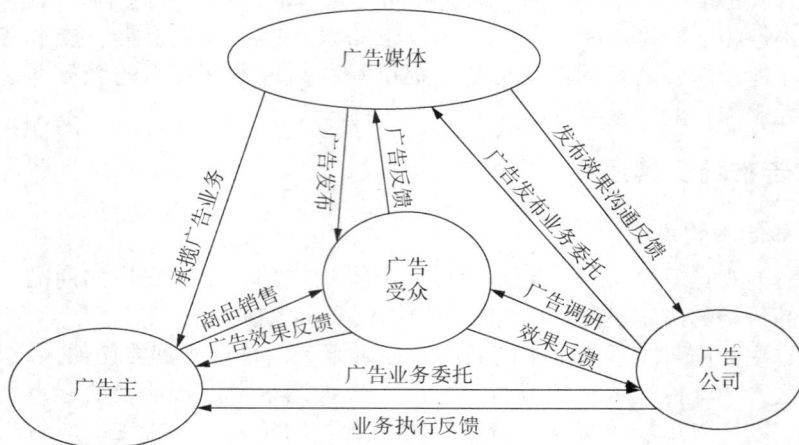

图 2-1 广告市场的运行机制

在国际上，一般实行广告代理制。广告公司（广告代理方）受广告主和媒介机构（广告被代理方）的委托，在受委托的权限内，全权开展广告活动，完成广告业务的各环节，并在广告运作方案实施后，广告公司从媒介刊播费中提取一定比例（一般为15%）的佣金作为酬金。广告代理制是现代广告业发展的方向，它明确了广告主、广告商和媒介机构之间的市场职能，有利于广告定位和策划建立在更加客观和科学的基础上，提高广告的宣传效能，规范广告市场，保证广告业的健康发展。

阅读资料

中国广告行业未来发展趋势

（1）未来几年广告市场发展空间巨大

广告业作为服务性产业，其发展与国民经济发展水平正相关。随着我国国民经济的持续稳定发展，消费品种的日益丰富以及市场竞争的加剧，广告主将不断增加广告投放量，从而促进广告市场规模的不断扩大。同时，《关于促进广告业发展的指导意见》提出："到2015年，广告业营业额相对 GDP 比重力争达到 1.5%"的发展目标。而 2010 年，我国广告业营业额占 GDP 的比例尚不到1%，与美国等广告业发达国家 2%的占比存在较大差距。因此，政府需要在未来数年内继续扶持广告产业。在政策外部的支持和市场内在的需求相结合下，未来几年我国广告市场的发展前景利好，市场规模有大幅增长的潜力。

（2）行业面临重新洗牌，整合与集中是必然选择

资源整合与业务集中并行将是广告市场的未来发展趋势。广告市场资源整合速度将进一步加快，谁能拥有强大的资金实力，掌握更多的媒体资源，并且具备不断扩充的能力，谁就在未来的竞争中掌握主动权。扩张与集中是广告产业未来发展的主旋律，并逐渐衍生出两支重要的力量：一是外资集团通过资本运作不断兼并收购中国本土的优质广告企业，最终逐渐形成大型广告集团；二是中国本土企业通过几年来和国外广告巨头博弈积累经验，不断地发展壮大，进而整合其他广告公司，形成具有本土特色的广告集团。

（3）资本化经营成为广告公司发展的助推力

面对稀缺的媒体资源以及激烈的市场竞争，雄厚的资金实力无疑是保障、支撑广告公司发展的重要条件之一。而单纯依靠内生增长提供发展资金已经无法满足广告公司快速成长的需要。通过发行上市筹集发展资金已成为行业内共识，并纷纷付诸实践。2001年以来，白马户外、大贺传媒、分众传媒、航美传媒、华视传媒、中视金桥、广而告之、昌荣集团和省广股份等行业内优秀公司先后登陆资本市场，筹集发展资金。通过上市筹资，并运用收购兼并等资本化经营手段，这些公司实力不断增强。因此，资本化经营是国内广告公司发展壮大的一个有效途径。

（4）电视媒体在未来几年仍将维持其主导地位

电视媒体在中国广告市场中居于主导地位，2005年至2010年其占主要广告媒体市场规模的比例为43.45%、42.92%、42.76%、44.65%、44.64%和47.07%，其间虽有波动，但始终保持份额第一的市场地位。尽管面临如户外广告以及以互联网为代表的新媒体的冲击，但由于电视媒体具有普及率高、受众群体庞大、成本低等诸多优势，在未来几年仍将是广告主广告投放的首选媒体之一，其主导地位仍将得以延续。同时，央视作为优质、高端、稀缺的电视媒体资源，随着其专业化运作水平的提高以及媒体资源的优化，其第一电视媒体的地位在未来几年也将得以维持。

（5）新兴技术催生新兴媒体，并加速各类媒体全面融合

网络技术、通信技术、多媒体技术等新兴技术将不断催生出以互联网、移动终端和户外电子媒体等为代表的新兴媒体形式。这些媒体具有无法比拟的高速、精准、高效特征，能极大地提高广告信息的传输能力和表现形式。新兴技术可以实现文字、语音、图像等多类型信息的同时传输，并将各种媒体形式在单一渠道中集中展现出来，有效地增加传统媒体所不具备的互动性和精准性。新兴技术将有利于电视媒体、平面媒体、互联网媒体之间的融合，使广告产业更加集约化，促进广告多种表现形式间全面融合。

资料来源：《2012—2013年中国广告行业未来发展趋势分析》http://www.askci.com/news/201204/27/271556627729.shtml

第二节　广　告　主

一、广告主的类型

广告主是为推销商品或者提供服务，自行或者委托他人设计、制作、发布广告的法人、其他经济组织或者个人。它是市场经济及广告活动的重要参与者，它可以是法人，也可以是自然人。广告主从不同的角度可以分为不同类别。

（一）广告主的性质分类

根据广告主经营性质的不同，可分为企业、社会团体或事业单位、一般公民。

1. 企业

企业是指具有法人资格的各种类型的公司（无限责任公司、有限责任公司、股份有限公司、个人独资公司、合伙人企业）。企业做广告一般都是为了推销其商品或服务。在社会经济生活中，企业是最大的广告主，其目的在于用广告为其产品或品牌创造知名度与美誉度，创造更好的市场机会。企业是我们以下所重点关注的广告主。

2. 政府机构和社会团体

政府机构和社会团体（各种行业协会、学会、联合会等）也是重要的一类广告主。这类广告主做广告的目的通常是为了维护公众利益，引导或改变人们行为。从本质上讲，政府社团广告与企业广告的目的都是向目标受众传播信息，劝服行为。但政府社团广告不以营利为目的，追求的是社会公众利益，这和企业的商业性广告具有本质的区别。

3. 事业单位

事业单位是指国家财政拨款的单位，包括医院、学校、文化出版等。随着事业单位在激烈的市场竞争环境下也逐渐引入企业管理制度，广告成为事业单位参与市场竞争的有力手段。

4. 一般公民

一般公民所做的广告主要是集中于一些个体信息的传播上，如寻人、征婚、寻租和招租的等。这类广告一般不必经由广告经营者代理，可以由媒体直接承揽。

（二）广告主的经营内容分类

根据广告主的经营内容不同，可分为生产商、销售商和服务商。

1. 生产商

生产商主要包括从事生产资料生产的企业和从事消费资料生产的企业。从事生产资料的企业，如钢铁、机床、炼油等企业，这类广告主的产品不直接销售给居民，促销方式以人员销售为主，广告投入在其销售额中所占比重较低，广告媒介大多选择本行业的专业媒介或直邮广告。从事消费资料生产的企业是目前市场上数量最大的广告主。从广告投放量看，这类广告中药品、食品、饮料、化妆品、洗涤用品、电器、通信产品等位居前列。这些产品为大众消费品，一般选择网络、电视、报纸、杂志、广播、户外等大众媒体发布广告。

2. 销售商

销售商是指购买了生产者的商品后再转卖给消费者的商业机构或个人，如百货店、超市、专营公司等。销售商销售的商品种类繁多，且一般都有生产商提供广告支持，所以，销售商针对特定产品的广告一般比较少。销售商的广告更多地展现自身的经营特色和良好服务，以塑造良好的企业形象为主要目标。

3. 服务商

随着市场经济的发展，银行、保险公司、物流公司、旅行社、航空公司、通信服务提供商等服务行业的竞争加剧，这类企业的广告意识增强，广告投入也逐年加大。

（三）广告主的地区分类

根据经营规模或范围的不同，可以把广告主分为全球性广告主、全国性广告主和区域性广告主。

1. 全球性广告主

全球性广告主的营销网络遍布世界各地，一般委托在全球有执行能力的全球性广告公司代理广告，以便保持其广告和策略的一致性。

2. 全国性广告主

全国性广告主的营销着眼于全国市场，是广告市场的主流，其广告投入费用占全国同行的前列。

3. 区域性广告主

把市场范围确定在几个省或一个省以内的企业一般可称为区域性广告主。区域性广告主的广告目标群为当地的消费者，因此一般选择当地媒体作为广告宣传的媒体。

二、企业广告主的广告观念与广告行为

广告观念是人们对广告的看法和态度。一般来说，广告活动应该按照广告主的意图来进行。因此，广告主的广告意识对广告活动会产生举足轻重的影响。作为广告市场重要组成部分的企业广告主，它们是广告行为的发起者、广告信息的发出者、广告费用的支付者。因此，企业广告主的广告意识与广告行为，既关系到企业自身的生存和发展，也直接影响和制约着广告市场的健康发展。

企业广告观念的误区

随着市场环境的变化和企业经营观念的发展，企业对广告的认识有一个逐步提升的过程。在我国广告业跌宕起伏的过程中，总体上看，企业对广告的观念还普遍存在着一些误区：

1. 仅把广告当作传递信息的工具

在激烈的市场竞争中，广告已经成为企业塑造形象、提升品牌的有力手段。但是，一些企业的广告意识比较滞后，仅将广告当作一种简单的信息传递工具，做广告的目的就是告知产品或服务的相关信息。这类广告主往往不重视广告战略和策略的制定，对广告设计和制作也要求不多。

2. 仅把广告当作推销商品的工具

有些企业把广告仅仅当作刺激消费者的购买欲望、促进商品销售的工具，没有系统的广告战略，只是在产品出现滞销或者当令的季节才投放广告，期望达到立竿见影的效果；广告缺乏系统的广告策划，偏重于平铺直叙的直接宣传和推销。这种以追求眼前利益为出发点，以自我为导向、缺乏对消费者的利益充分关注的广告，是难以达到理想的广告效果的。

3. 仅把广告当作万能的促销工具

近年来，一些企业以大量的广告宣传作为占领市场的手段取得了成功，因而导致了"不管企业的产品和服务质量如何，只要大量投放广告，就不愁卖不出去"的"广

告万能"的误解,许多企业纷纷把广告作为拯救企业的"灵丹妙药"。具有这种广告意识的企业对广告投入缺乏理性的判断,盲目地将广告投入、广告效果与企业的经营效果画等号。这类企业不是把主要精力放在研发新产品、提高产品及服务质量上,而是不惜投入巨额广告经费在众多的广告媒体上投放广告。这类企业没有认识到广告只是一种传播沟通手段。企业应该是先有良好的产品和服务,然后再利用广告进行推广,而不能把广告当作万能的工具。

4. 把广告当作随机的推广工具

这类企业同样缺乏系统的广告战略规划,只是把广告当作随机使用的推广工具。企业的经济条件好的时候广告投入就比较多,经济条件差的时候就少做广告,甚至不做广告;商品销售差的时候就大量做广告,商品销售好的时候就少做广告,甚至不做广告。这种随机的广告行为因为缺乏系统的广告规划,所以广告诉求的主题和风格都缺乏一致性,特别不利于品牌形象的塑造。

5. 把广告当作一种随意的推广工具

作为广告主的企业对广告代理制的认识不足,不能充分认识到它们从广告代理制的推行中得到的利益和好处。这类企业在广告活动中更多地从节约成本的角度,而不是从专业的角度考虑,由自己的广告部承担全部或者大部分广告行为,而不是委托专业的广告公司代理。一般而言,企业的广告部门不论是人员还是技术手段总体上都不如专业的广告公司,所以,在激烈竞争的广告市场上,其广告作品要赢得受众的青睐是非常困难的,其广告效果也就难以保证了。

在市场竞争日趋激烈、广告媒体不断细分、广告供给不断增加的背景下,广告主要想使广告活动达到预期的目标,获得理想的投资收益,必须树立正确的广告观念,从市场营销的角度正确理解广告,将广告视为市场营销的一种工具而不是解决企业销售问题的"万能钥匙";企业的一切广告活动必须以消费者的需求为中心而不是以企业自身为中心;企业必须注重管理和服务水平的提升,注重广告的战略规划和长期效应,注重广告与其他营销手段的整体协调,注重广告策略的有效应用。

三、企业的广告决策

企业的广告决策主要是确立企业广告的总体战略目标,以及为实现这一战略目标将采取的战略手段,以指导企业的整体广告活动。这对企业的广告运作来说,具有根本性、全局性的重大战略意义。

(一)企业营销战略与广告战略决策

市场营销战略是指企业在现代市场营销观念下,为实现其经营目标,对一定时期内市场营销活动所进行的总体设想和规划。企业的营销战略决策包括目标市场的选择、市场定位等决策。营销战略的产生是建立在对公司总体状况的分析之上的,包括宏观环境、市场状况、产品状况、竞争状况、分销状况等,并综合各种状况对其优势、威胁、机会、问题加以总结,最后确定出营销目标和实现这一目标的基本战略。通常,营销战略对产品的状态和市场方式已经有所规定,也就从根本上限定了相应的营销沟通方法和沟通步骤。广告作为对营销战略的一种贯彻,其策略的运用直接受到营销战略的影响。

在市场竞争格局中，通常依据市场占有率将市场上的企业分为四种类型：市场主导者、市场挑战者、市场追随者和市场补缺者。四种不同的角色决定了其不同的营销战略，进而决定了其相应的广告策略。

市场主导者雄居市场主导地位，具有不可替代的核心竞争力，通常在价格变化、新产品开发、渠道布局和促销力度上对其他公司都具有导向性作用，其他公司在市场战略上不是挑战它就是跟随它，或者干脆避开它，其战略重点是为了保持并扩大自己的优势。著名的市场主导者，如饮料行业的可口可乐、日化行业的宝洁公司、通信行业的中国移动等。这些公司的广告从不理会竞争者，而只是强调自身的优势。例如，可口可乐在广告中强调"只有可口可乐才是真正的可乐"，中国移动通信公司在广告中一再强调自己是"移动信息专家"等。这种超越性的广告策略表明了市场领先者在竞争中的绝对优势。

市场挑战者的战略重点是夺取市场份额以取代市场主导者，其广告策略具有强烈的攻击性，甚至采用比较广告的手法。例如，百事可乐的许多广告都一直剑指可口可乐。在20世纪60年代推出的"年轻一代的选择"的广告定位时，就暗指可口可乐是老年一代的选择。

市场跟随者在营销战略上大多采取模仿市场领先者的做法。这类公司既要避免与对手正面交锋的竞争风险，又要力图分享市场的回报。研究表明，市场追随者虽然在市场规模上比市场领先者要小，但其获利能力却并不低，有时甚至比市场主导者更高。

市场补缺者把自己的目标放在尚未被覆盖的市场空隙，致力于寻找一个或者多个补缺基点，在被市场其他主体放弃或忽略的领域负担起专家的使命。

广告主在广告战略的选择和制定时，一定要对自己的营销战略有比较深入的理解和认识。广告战略只有符合营销战略的要求，才能对营销战略目标的实现起到积极的促进作用。

（二）企业产品策略与广告策略

企业的产品策略是企业营销策略的一个组成部分，它所涉及的核心问题是产品特质与产品定位。企业在制定产品策略时，必须要明确一系列具体问题：产品是生活必需品还是奢侈品，消费者对产品的认知程度如何，产品处于生命周期的什么阶段，消费者购买产品的主要动机及影响其购买的主要因素等。对产品的确切认识是制定科学的广告策略的基础。例如，在广告策划中，产品生命周期的不同阶段的广告策略往往具有不同的特点。

一般来说，处在投放期的产品尚未被市场广泛认知，广告策略的重点是创造产品的知名度，应以告知型广告为主，侧重介绍产品的新特性和新功能；在成长期的产品已经建立了一定的知名度和声誉，但也面临着一定的市场竞争的压力，广告策略的重点应该是塑造自身的独特性以吸引消费者购买；在成熟阶段的产品销售增长缓慢，市场竞争激烈，广告策略的重点就是保持其市场地位；处于衰退期的产品销售及利润的出现下降，企业或减少其广告支出，或试图通过广告对产品进行再定位使其重新焕发生机，广告策略的重点是唤起消费者对广告的记忆。

（三）企业形象策略与广告策略

企业形象策略是企业为了实现其经营目标所采取的一种沟通方式。与纯粹的促销广告不同的是，企业形象策略一般是为了提升公司或品牌知名度、美誉度和信任感。所以，塑造企业形象的广告通常以理念诉求与情感诉求为主，以便对目标消费者产生某种移情作用，最终达成对广告内容的信赖和偏好。为了实现这一使命，许多公司及品牌的形象广告都特别强化其社会责任感、对消费者的某种承诺或经营理念等象征性内涵。例如，中国移动通信公司的"沟通从心开始"、广州好迪的"大家好才是真的好"、海尔公司的"真诚到永远"等。这种形象宣言体现了企业的价值追求，往往能够赢得消费者的好感。

现代营销理论认为，消费者购买产品并不仅仅追求其功能价值，更追求其心理价值和象征价值。随着消费水平的提高，消费者追求产品精神上的满足感越来越重于功能上的满足感。所以，企业在将产品推向市场时，通过持续的广告传播策略赋予自身或产品一种具有丰富精神内涵的独特形象，可以更好地赢得消费者的青睐。正如大卫·奥格威在《一个广告人的自白》中所说："每个广告作为对品牌商誉长期投资的一部分，必须被看作对品牌形象这一复杂象征的贡献。"

企业的形象广告往往是企业理念与企业精神、企业形象的某种浓缩，塑造品牌形象就是企业形象战略在广告策略中的最集中的体现。在我们今天所看到的一些最成功的品牌中，无不对这一结论给予了证明。例如，百事可乐为了把自己包装成年轻一代"崇尚自由，否定传统"的形象，在亚太市场上，它用王菲、陈慧琳以及郭富城等著名歌星作为广告代言人，淋漓尽致地表达了自己的年轻个性。而宝洁公司在产品的推广过程中则始终坚持一种真实质朴的风格，用一种最具说服力的示范来向人们展示它的产品，采用的广告代言人都是白领女性，这些特定的白领一族在生活中亲近而富有示范效应，由她们率先使用产品似乎代表了现代生活中进步与文明的追求。这种对品牌形象的追求，大大地强化了广告的内涵，使广告的促销意义显得更加宽泛，更具有参与性。

企业形象策略与企业广告策略既有区别又有联系：

（1）形象策略是企业实现营销目标的一种沟通方式，在很大意义上，企业形象策略直接决定了企业的广告策略，并通过广告策略加以体现。

（2）企业为了实现形象传播，常常运用形象广告、公益广告等形式对其精神和理念加以阐释。

（3）企业形象策略在广告策略中持之以恒的运用，是贯彻在具体产品广告中的品牌形象塑造。一个成功的品牌必然具有某种特有的个性和品格，而这种个性和品格中所折射出来的就是企业的形象追求。

（4）企业在进行形象策略运用时，关键是要找到切实而易于为社会接受的形象切入点。形象的表现要完整、清晰、一致，切忌片断性的堆积和模糊零乱。

（四）企业广告预算与广告费用控制

企业广告预算是企业在营销中对市场投入产出的一种基本分析，因此必须建立在经济学的边际效益分析理论的基础之上。企业要实现销售就必须保持一定量的广告。依据收益最大化的理论，如果广告产生的边际收益大于所增加的广告投入，那么企业就应该考虑对某一品牌、某一区域或某一媒体增加广告预算；反之，相应的广告预算就应当适当减少。但是，这种假设是把广告看作促进销售的唯一因素，销售额的变化完全是广告投入变化的结果。显然，在大多数情况下这种假设并不合理。

早在 20 世纪 30 年代，美国学者 Lydia Pinkham 就提出了广告"累积效果"的概念。经济学家 Joel Dean 也认为，广告具有的"长期效果"应归于资本预算，因为近期的广告支出是为了远期效果而不仅仅指销售方面，而且还包括广告对消费行为的影响，这与品牌形象塑造有必然联系。

由于广告预算是一种经费支出，企业在广告规划上虽然也将其看作一种资本投资，但在预算管理和会计核算上仍将其作为当前的一项费用。所以，企业对广告的投入一方面要与其营销战略目标结合，另一方面也要从当前开支的实际可能出发。企业广告的预算控制就是在这两者之间进行合理地分配。

四、企业的广告管理

在企业的营销活动中，企业的广告部承担着十分重要的责任。但是如前所述，广告是一件复杂的专业性工作，需要各方面专业知识，企业的广告部一般结构比较简单，人员数量和专业化水平都比较有限，比较缺乏深刻的广告思维和独到的广告观念，因此，在广告活动中，广告部并不能取代广告代理公司。一般而言，企业会把监督的责任交给企业的广告部，而把策划、创意、制作等业务委托给专业的广告公司。企业广告管理担负着广告最后决策的责任。

为有效履行上述职责，企业必须采取合理的广告管理形式和部门设置：

（一）企业广告管理的形式

在企业广告实践中，广告管理形式大概可分为宣传型、销售配合型和营销型三种类型。

1. 宣传型的广告管理

这种管理模式是将企业的广告部作为企业行政管理部门的一个分支机构，主要履行企业广告宣传、新闻宣传、公关宣传等方面的职能。企业广告部作为企业的行政职能部门而非业务职能部门而存在。

2. 销售配合型的广告管理

这是企业普遍采用的一种广告管理模式。企业的广告部从属于企业的销售部门而非行政部门，其功能定位于销售配合。企业的销售部门一般都下设市场调研、产品开发、销售和广告促销等分支部门。见图 2-2。

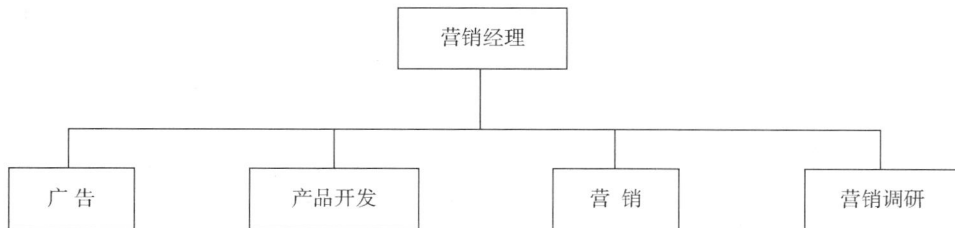

图 2-2　以职能为基础的营销组织结构

在这种管理模式下，企业的广告部是在营销经理的管理下，与营销部的其他职能互相配合与协调，共同为企业的营销服务。

在具体运作中，有以市场为基础的管理组织和以产品为基础的管理组织两种不同的组织类型。

美国的大部分消费品营销组织都使用以产品为基础的组织类型结构，即"品牌经理制"。"品牌经理制"最早于 1929 年出现在美国的 P&G 公司。公司为改变新产品佳美皂销售情况不佳的局面，特别指定一位年轻经理负责该产品的宣传和促销工作，大获成功。于是，其他公司纷纷效仿，"品牌经理制"获得大面积推广。

到 20 世纪 90 年代初，"品牌经理制"已不太能够适应市场的新发展，一些企业又在品牌经理的上设置部门品牌经理，负责同类产品不同的品牌的广告与营销市场，见图 2-3。

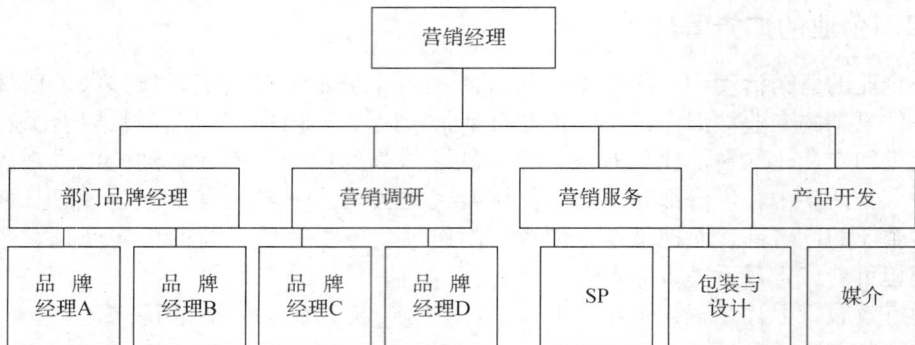

图 2-3　以产品为基础的营销组织机构

在上图所示以产品为基础的组织结构模式下，某品牌的具体广告宣传和促销，责任在品牌经理。品牌经理负责某产品种类广告和促销工作；营销经理直接对总经理负责。由于品牌的广告宣传和营销，与营销服务相分离，不论是品牌经理还是部门品牌经理，都必须通过营销经理才能取得营销服务的配合与支持，使营销服务更好地服从于品牌广告宣传与营销的需要。营销经理依然是企业的广告主管。

目前，国内企业则比较多地采用以市场为基础的广告管理与组织结构模式，如图 2-4 所示。

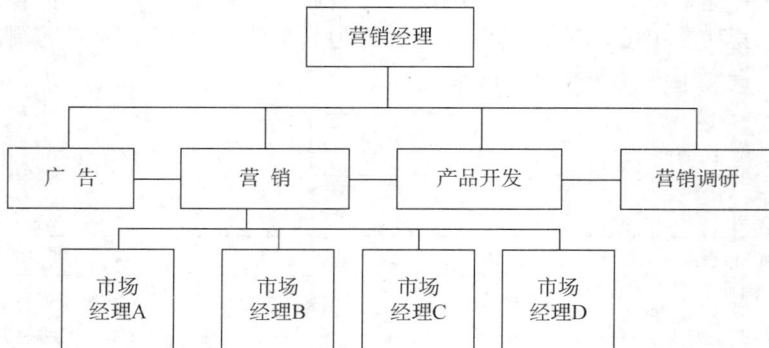

图 2-4　以市场为基础的组织结构模式

在图 2-4 所示以市场为基础的组织结构模式下，企业的广告部门既是企业的广告管理部门，又是企业的广告执行与营销服务机构，即在营销经理的主管下，依据企业的营销目标，制订广告计划和其他营销推广计划，组织并实施企业的整体广告活动，管理和协调各市场的广告宣传，并结合各市场的实际，具体实施各市场的广告活动。其广告管理与执行表现出明确的层级性。

上述广告管理的不同模式各有优势。其共同优势则在于注重广告对企业销售的配合，在于能更好地把握和发挥广告的销售力和直接的销售效果。但也存在明显的不足，一是由于过分强调广告对销售的配合，影响企业广告的长期规划管理，不利于企业整体形象推广和品牌体系的建立，不利于广告对企业长远发展战略的配合；二是由于管理与执行层次过多，导致企业广告宣传的零乱与分散，影响企业广告宣传的整体效果，并会造成各品牌、各阶段、各市场广告宣传的较大无计划投入。

3. 营销型广告管理

随着广告在企业发展中的地位和作用的进一步提升，企业广告管理模式也逐渐由销售配合型向营销管理型转化。与此相适应，企业广告组织结构也随之发生变化。

营销管理型的广告管理模式是以营销为基础导向的。它把企业广告从具体的销售层次分离出来，使其既不归属于企业的行政部门，也不从属于企业的销售部门，而是提升为企业中与生产、销售、人事、财务等几大职能部门相等的宏观决策和组织管理，不仅作为企业营销的重要推广组织，还作为企业实施整体发展战略的重要组成部分，不仅参与企业营销的宏观决策、推广管理与组织的实施，更参与企业整体发展战略的决策、推广管理与组织实施。这是在企业主管直接控制下的一种管理模式与运作机制。

这种广告管理模式减少了企业广告管理的层次，将企业广告管理中的宏观决策、组织管理与具体实施连为一体，有利于加强企业广告管理运作中的统一性、整体性和长远规划性，有利于企业广告资源的充分利用和合理调配，有利于企业广告作用的全面发挥和有效运用。目前，我们许多企业，特别是一些大型的企业，正开始尝试建立这种更高层次的企业广告管理模式。

（二）企业广告部门的主要职责

企业广告部门是企业内部的重要职能部门。其广告活动需要在专业广告公司、媒体或其他广告服务部门的配合下完成。从这个意义上说，企业的广告活动是企业内部广告组织和企业外部广告部门相互配合的整体活动。

因此，企业广告部门职能的多少与企业是否委托专业广告公司代理广告活动密切相关。如果企业没有委托专业广告公司代理广告业务，那么企业广告部门就要承担企业与广告相关的各种广告业务和活动；如果企业委托了专门的广告公司代理广告业务，企业广告部门就要承当制定广告预算、选择广告代理公司、制订和实施企业的广告规划等职责。在目前的市场环境中，大多数企业选择了将广告业务委托给专业广告公司代理的做法。因此，企业广告部门的主要职责具体包括以下几方面。

1. 参与企业的营销战略的制定

广告是企业最重要的促销手段之一。企业广告组织对企业的内部环境和外部条件有比较全面的了解和独到的认识，其意见和建议能使企业的营销决策更加适应市场环境，更具有科学性和针对性。

2. 制订和实施企业的广告规划

这是企业广告部门的最基本工作，是企业广告工作的实体内容。主要包括：（1）广告市场调研。这是广告规划的基础性工作。主要包括调查分析目标市场、产品（企业）的优势与不足、广告的环境等；（2）确定广告目标，即确定是通过广告宣传促进产品的销售，还是提高企业的知名度和美誉度，提升企业形象；（3）编制广告的计划书。这是为实现广告目标而采取的一系列具体的、可操作性强的步骤安排，是围绕企业广告目标而进行的具体广告活动；（4）编制广告预算。即确定广告的预算额度及媒体的分配状况。科学合理的广告预算能使广告活动达到最佳的效果。（5）制订广告刊播计划。媒体刊播计划是广告刊播的媒体分配和时间安排。（6）确定广告效果的测定方案。

3. 选择广告代理公司

在广告代理制条件下，由广告主委托广告公司实施广告计划，广告媒体通过广告公司承揽广告业务。因此，在一定的程度上，企业广告活动的效果取决于对广告代理公司的选择。企业在选择广告代理公司时，必须考虑以下几方面。

（1）广告公司的规模。一般而言，广告预算较大的企业倾向于选择规模较大的广告公司，广告预算较小的企业倾向于选择规模较小的广告公司。对广告服务的范围要求越广的企业，倾向于选择综合性广告公司为其提供包括广告调查、广告策划、广告设计和制作、媒体购买和广告投放、广告效果评估等在内的全方位、全过程的广告服务；对广告服务的范围要求相对较少的企业，则倾向于选择提供有限服务型的广告公司。

（2）广告公司的水平和实力。现在的广告公司多如牛毛，在广告预算一定的条件下，选择一家创意和制作水平都相对较好的广告公司的确也不是一件容易的事。但一般可从以下几方面进行判断：其一，看广告公司的广告业务记录。广告公司做过哪些有影响的广告？广告创意和广告表现的水平如何？从已有的广告作品来判断广告公司的实力是一条有效的途径。其二，看广告公司的现有客户。如果广告公司的现有客户都是一些赫赫有名的大公司，如可口可乐、摩托罗拉、宝洁等，其实力一定不会很差。其三，看广告公司的团队构成。如果一个广告公司大腕云集，构成合理，应该具有较强的实力。其四，看广告公司的获奖状况。获奖的广告项目和作品的数量及档次是广告公司的实力和水平的最好标志。

（3）广告公司对广告产品及其行业的熟悉程度。广告成功的前提是到位，即广告的市场定位准确，广告的诉求和表现能较好地适应广告的市场环境。这就要求广告人员对广告产品的性能特点、需求者的购买动机及消费特点、广告产品的行业结构及其竞争状态、国家的相关政策等有充分的理解和认识。广告设计人员对广告产品及其行业的熟悉程度越高，其各项服务工作就越得心应手，广告就越能达到预期的结果。

（4）产品和人员的相容性。一般不宜和竞争对手选择同一家广告公司，以避免利益上的冲突；同时，要选择具有较好的合作精神，注重信誉，能够保守商业秘密的广告公司。

（5）广告公司的地理位置。尽可能选择距离较近、交通比较便利的广告公司，以便于将来在业务合作中的相互沟通。

（6）广告公司与媒体的关系。广告的投放离不开媒体。如果广告公司与媒体关系密切，就能为企业在投放的版面、时间、频率等方面为企业争取到更为有利的条件。

（三）企业广告部门的内部设置

许多规模较大的工商企业设有广告部，或设立附设广告公司，办理广告业务。这些工作过去由业务部门或销售部门承担，现在因为专业化分工的发展，而出现单独设立广告部门的趋势，其负责人也多为企业的高层领导人物，增加了广告业务在全盘经营中的重要性，提高了广告工作的地位。

企业广告部门的内部机构的设置决定于企业的规模的大小、产品线的多少、企业业务的地域分散程度、企业的客户状况及其他需要。

一般来说，企业广告部门的设置主要有以下几种类型：

（1）职能型组织模式。根据广告业务的专业化分工原则设立企业的广告部门，广告活动按照职能的不同分别由不同的人员或部门承担（图2-5）。这种形式应用范围较为广泛，特别是在规模相对较小的企业中最为常见。

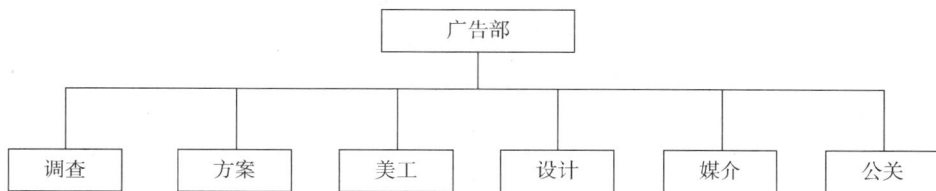

图2-5　职能型组织模式

（2）产品型组织模式。根据企业的产品类别设立企业的广告部门，比较适用于生产的产品种类相对较多、产品特性与广告的职能关联性比较大的企业。（见图2-6）

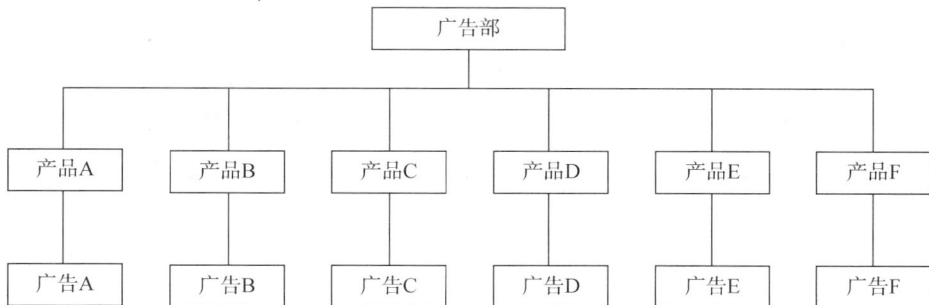

图2-6　产品型组织模式

（3）区域型组织模式。区域性组织模式主要按产品销售地区市场的分布来设立，这种模式适用于市场占有率大，销售地区较广的企业，也适用于产品销售地区比较分散、产品销售环境差异性较大的企业及开拓新的区域市场的企业。这种形式可以根据各地的市场特点和文化环境采取不同的广告战略和策略，使广告的针对性更强，效果更显著。见图2-7。

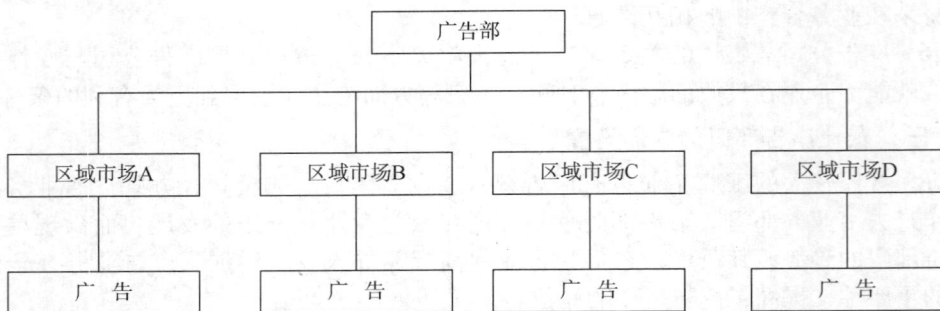

图 2-7 区域型组织模式

（4）媒体型组织模式。根据企业广告活动所选用的媒体的种类进行职能划分和组织分工，即企业广告部按照广告媒体的不同分别设立报纸广告子部、杂志广告子部、广播广告子部、电视广告子部、网络广告子部和户外广告子部等（见图 2-8）。这种形式比较适合于广告预算较大，采用媒体种类较多的企业。其优势在于：可以根据广告信息内容的性质（情感诉求还是理性诉求）和各种媒体的广告特性来决定使用媒体的种类及其组合。同时，各媒体的广告子部分别与相应的媒体机构建立广告业务联系，有利于加强与媒体的沟通，密切与媒体的关系。

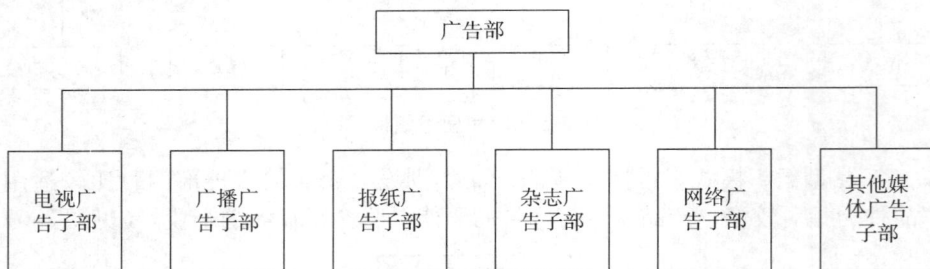

图 2-8 媒体型组织模式

（5）广告对象型组织模式。主要根据不同的广告对象（工业用户、农业用户、消费品用户等）来进行职能划分和分工（如图 2-9）。这种形式主要适用于大型的跨行业的企业或尽管产品种类单一，但产品应用范围较广的企业。

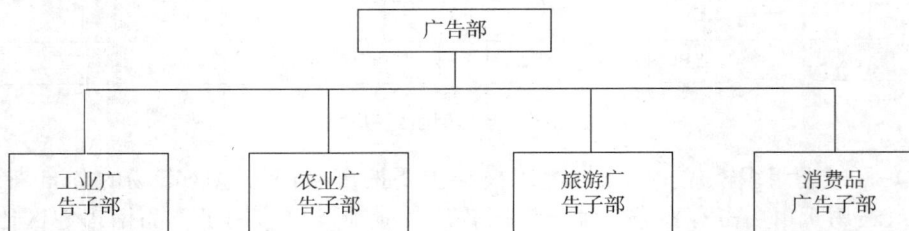

图 2-9 广告对象型组织模式

随着广告业的完善和发达，企业的广告组织大多数已经独立门户，比较正确地归属到相应的部门下，或直接由最高负责人管理。由于同质化产品剧增以及激烈的市场竞争，迫使企业走上以营销为导向的现代企业之路。这样一来，广告在企业的地位也随着提高。同时，对企业广告部门人员的专业知识的要求也相对提高。这就要求在企业从事广告的人员必须具备行政管理的专才，才能维持本部门有效运作；必须具备营销观念，以便向本企业和广告代理公司提供正确的营销方向及广告目标；必须具备广告实务经验，唯有深入了解广告运作，才能有效监督广告代理公司的工作状态及效果。

虽然广告主的广告部门的组织管理形式不同，但广告管理的层级基本是一样的，即由企业主管、广告主管、广告执行三级管理。企业主管是企业负责人，他们对企业整体经营负责，担负着审核广告决策的责任。广告主管在企业广告管理中处于承上启下的位置，负责组织企业广告运作，对广告战略决策进行综合，并向企业主管提出建议。广告执行人员在企业广告管理中负责各项具体工作的联系、安排和选择。在企业广告的三级管理中，企业主管是关键，他们需要了解企业的市场营销策略，具有丰富的营销沟通经验，同时对广告的运作、广告代理公司的选择等方面也要熟悉。

五、做一个好的广告主

广告主的广告活动成功与否，不仅与广告公司的广告策略及作品有极大的关系，而且与广告主自身的各种因素密不可分。

奥格威在《一个广告人的自白》中就"如何做一个好客户"写道："我要写下 15 条规则，假若我是客户，我会遵照这些规则和我的广告公司打交道。"他提出的 15 条原则，对于如何做一个好客户是十分有帮助的。以下是做一个好的广告主应具备的基本条件。

1. 最高决策者必须扮演重视广告的角色

广告主的负责人，必须强迫自己下功夫对广告代理工作的复杂性、公司广告活动的规模、广告活动对企业的重要性、公司内部广告活动的现状等方面，进行比较深入的了解。

2. 企业及产品具有发展潜力

假如一个广告主的广告费在同行中可以名列前茅，但其产品却无前途，那么即使这家广告主的钱再多，也不是好广告主。大多数广告主及其广告公司花费过多的时间在重振遇到麻烦的产品上，却只花很少的时间去为已经获得成功的产品更上一层楼而动脑筋。在广告业，看一个人是不是有胆识，就看他是不是能面对测试的不利结果舍卒保帅继续向前。

3. 企业有健全的财务制度和良好的信用

许多广告公司在与广告主接触时会遇到这种现象，要么凭几个人的口头承诺就可以支付大笔款项，要么付款时或者提前，或者推迟。这些现象表面看来对广告活动的策划与实施无伤大雅，实际上常常是双方未来扯皮的隐患。健全的财务制度是广告主稳靠的保证。信用好的广告主会按劳付酬，而不讲信用的广告主，却常常在广告公司提供了调查、策划、制作、促销等多项服务后，只付一种或一部分费用，以此搪塞广告公司。

4. 企业有健全、合理的广告审查制度

广告主内部各部门扮演的角色要明确，不能有关、无关的部门都对广告公司的工

作进行决定性干涉。奥格威对这个问题也深有感触："我知道有一位广告主，在自己的广告里搞了五道关卡来审查确认他的广告公司为他制作的广告方案，每道关卡还都有改动和否定广告方案的权力。这种做法会产生严重的后果。它会使秘密信息泄露出去，把有能力的人拴在一个又一个没有必要的审查作品的会议里，把原来简明朴素的方案搞得面目全非。"

5. 尊重与广告公司的合作、尊重广告人的劳动

有些广告主自认为是拿钱的，很少去替广告公司设身处地地着想。这样，广告主与广告公司之间不可能有一个好的关系，工作自然会打折扣。

6. 有完善的市场营销战略与策略

没有营销战略与策略，就要求制定广告战略与策略，这样的广告主一定是不合格的广告主。广告主没有明确的营销目标，每次广告方案做出来，可能承办的人说很好，但更高层的主管却说不好。如果没有确定的营销思路，仅着眼于广告活动，问题就会出现。

7. 有选择广告公司的标准

这就要求广告主负责广告的人一定要懂得广告，并且要懂得如何善用广告公司。广告主要能够依据自己的企业形态、经营方式、公司大小和预算的多少等来订出自己选用广告公司的标准。这样，即使公司负责广告的人变了，但选择广告公司的标准不会变。广告主要向广告公司全面彻底地介绍自己的情况，确保广告公司有利可图，以效果而不是以费用评价广告活动，不要和广告公司斤斤计较等。

第三节 广告公司

一、广告公司的发展

广告公司是专门经营广告业务的组织，是广告业的核心组织，是广告行业的主要支柱。现实生活中大量的广告业务和广告创新活动都是由广告公司发起和完成的。在广告市场中，广告公司居于广告主和广告媒体之间，为广告主提供广告调查、广告策划、广告设计和制作及广告投放等广告服务，为广告媒体承揽广告业务，同时向广告媒体购买广告时间和广告版面。

最早的广告经营业的雏形可以追溯到 1630 年的法国，而广告公司的真正出现则是在 19 世纪中叶，即印刷媒体出现以后。自 1841 年美国的费城诞生了世界上第一家广告公司以来，广告公司主要经历了由媒介代理到客户代理、由单纯的媒介版面销量到提供全面的专业服务代理的演变。从 19 世纪中叶到现在，根据广告公司经营的内容和特点，广告公司的发展大致可以分为以下几个阶段：

1. 版面销售时代

从 19 世纪中叶到 20 世纪初，这是广告公司的形成和发展时期。这一时期，广告公司的主要业务是为媒体出售广告版面。1841 年，沃尔尼·B. 帕尔默开始为"镜报"销售版面，并自称"报纸广告代理人"，从而宣告了广告代理业的诞生。此后，广告代理

商日益增多。这个阶段的主要特征是广告公司作为媒体的版面销售代表，先从媒体处批发版面，然后卖给广告主，从中获利。

2. 版面经纪人时代

随着商品经济的发展，企业之间的竞争加剧，企业的广告活动也更加频繁，对媒介的版面需求加大，原本为一家报纸销售版面的广告公司进而为多家报纸和杂志销售版面，从而成为版面经纪人（Space Broker）。这时的广告公司不再是某个媒介的业务代表，而是以批发价大量购买媒介版面，再将其分割高价出售给广告主，赚取差价。如 1865 年，美国的 Rowell 创办的"广告批发代理"，向 100 多家报社预定固定的广告版面，然后再将其卖给不同的广告主。

早期的广告公司，不论是独家媒体的代理还是多家媒体的代理，不论是版面零售还是版面批发，其实质都只是单纯的媒体代理，和现代的全面服务的广告公司具有极大的差别。

3. 技术服务时代

19 世纪后期，企业的广告活动日益频繁，企业对广告运作，如广告策划、广告制作和媒介计划等方面的要求日益增加。因此，为广告主提供技术服务的广告公司应运而生。这时的广告公司逐渐由以前站在媒介的立场转向站在广告主的立场上为广告主提供服务，从媒体的业务代表转向成为广告主的业务代表，业务范围从只推销版面转向提供广告设计和广告制作等技术服务。

4. 全面服务的广告代理公司时代

进入 20 世纪后，随着买方市场的出现，西方企业的营销观念逐渐转向市场营销观念，为消费者提供满意的产品和服务成为企业市场营销的重点。适应这种形势的变化，广告公司开始设置市场调查机构，为企业开展市场调查，帮助企业制订广告计划，撰写广告文案，进行广告设计和制作，研究广告效果等，其服务范围涉及市场营销的所有领域。从而，广告公司进入全面服务时代。其标志就是大型综合型广告代理公司的诞生。

二、广告公司的地位和作用

广告活动是通过广告主、广告公司、广告媒体和广告受众四者之间的互动展开的。广告主是广告信息的发布者，广告受众是广告信息的接收者，广告媒体是广告信息的传播载体，而广告公司则是这三者的连接中枢。

1. 专业广告服务的提供者

对广告主来说，广告公司能够以其客观的立场和专业化的广告人才和设备为广告主进行完善的广告设计和广告规划，提供高质量的广告服务；可以凭借其丰富的人力、财力和设备资源，为客户提供全方位的广告服务和与广告有关的一切市场营销服务；可以使广告主将大量的广告业务委托给广告公司来完成，从而省去雇佣大量广告人员、购买大量设备、设置庞大广告机构的开支，极大地节约广告费用。

2. 广告媒体生存和发展的基础

对广告媒体来说，广告公司是其主要的业务来源。在一定的意义上，广告公司是广告媒体生存和发展的基础。具体而言，广告公司对广告媒体的作用主要表现在以下几方面：

（1）争取广告客户。广告客户特别是广告费投入较大的客户，往往将广告业务委托给提供全面服务型的广告公司承办。这样，广告公司就成为广告媒体的主要业务来源，直接决定了广告媒体的发展规模；

（2）代理制作广告。广告公司在广告设计制作方面，技术力量一般比媒体雄厚。广告公司可以充分发挥自己的专业特长，弥补广告媒体在这方面的不足；

（3）减少广告媒体的风险。在广告代理制的条件下，媒体之间由以前相互争夺广告客户的竞争关系转变为合作关系，从而减少了媒体之间的竞争风险；广告公司帮助媒体守法把关，减少了媒体在广告审查方面的法律风险；媒体与广告客户之间的债务关系变成广告公司与广告客户之间的债务关系，减少了广告媒体的资金风险；广告公司与广告媒体建立长期稳定的业务关系，从而减少了广告媒体业务不足的风险。

（4）通过广告公司争取客户，可以使广告媒体减少机构设置，节约经营费用。

3. 广告信息的提供者

对广告受众来说，广告公司是广告信息的提供者。广告公司的广告创意和广告表现水平直接影响到广告受众对广告信息的关注、理解和接受程度。

三、广告公司的种类

按照业务范围的差别，广告公司一般可以分为综合型广告公司和专业型广告公司两大类。

1. 综合型广告公司

综合型广告公司是可以向广告主提供全方位、全过程的广告代理服务的广告公司。这类公司一般规模较大，有各种专门的人才和机构，因此能够经营各种类型、各个行业的广告，如国内广告和国际广告、印刷广告和电波广告等。

全面代理服务是综合型广告公司的主要特征。具体来说，主要包括以下几方面的业务：

（1）进行产品研究。主要研究广告产品的性能、质量、功能特色等，与竞争产品相比的优势和不足，从而确定产品的市场目标，为广告主提供制订广告计划的客观依据。

（2）市场调查与预测。通过分析市场调查资料，确定目标市场的现实消费者和潜在消费者、影响市场销售的各种环境因素及其变化，从而使广告主的广告战略更加具有针对性。

（3）分析产品的销售方式。对广告产品的销售渠道和销售网络进行分析，提出与各种销售渠道和销售方式相适应的广告宣传建议。

（4）广告媒体调查。对各种广告媒体的覆盖范围、受众状况、使用成本等情况进行调查研究，为广告主制订广告投放计划提供科学的依据。

（5）制订广告计划。根据广告主的广告目标和广告预算条件，确定广告活动的具体步骤。

（6）实施广告计划。广告计划经过广告主的认可后，广告公司必须将其付诸实施，包括广告设计和制作、广告文案的撰写、广告的投放和监测、广告效果的评估等。

（7）其他服务。广告是企业的促销组合的手段之一。要使广告更好地发挥作用，必须使广告和企业的人员推销、公共关系和销售促进等其他促销手段相互配合，进行整合营销传播。

2. 专业型广告公司

专业型广告公司是主要从事某一类广告业务或只经营广告活动的某一部分业务的广告公司。专业广告公司是广告发展后分工的产物，其主要特点就是以自己在广告活动某些方面的专业特长为广告主提供专业化的服务。现代的专业广告公司主要有以下几类：

（1）广告调查和监测公司，即主要向广告主提供有关广告信息搜集和反馈的广告公司，主要有：市场信息，如广告受众的特点及竞争者的情况等；媒介信息，如各类媒体的主要特性等；广告效果的监测，如对广告投放后的受众的注意、记忆等心理效果和广告的促销效果的调查等。广告调查公司由于处于广告主和广告设计制作公司以外的第三者的位置，因此能够相对客观地提供广告活动的有关信息，从而提高广告主广告决策的正确性。

（2）广告策划公司，即专门为广告主进行广告及营销策划和咨询服务的广告公司。由于广告策划是综合型广告公司的主干业务，因此，专营广告策划的广告公司相对较少。

（3）广告设计制作公司，即主要为广告主提供广告作品的创意、设计和制作业务的广告公司。这类广告公司一般由影视行业的艺术创作和传播技术工作者开办，拥有较强的专业影视广告制作能力。

（4）专业媒体代理公司。这类公司主要进行各类媒体的代理业务。媒体自营广告业务会造成垄断经营和恶性竞争，走代理经营之路是广告发展的必然趋势。

阅读资料

2014 年中国十大广告公司排名

1. 奥美广告公司
2. 分众传媒控股有限公司
3. 盛世长城国际广告有限公司
4. 广东省广告股份有限公司
5. 广州喜马拉雅广告有限公司
6. 阳狮广告（上海）有限公司
7. 安吉斯媒体（上海）
8. 华扬联众数字技术股份有限公司
9. 广东英扬传奇广告有限公司
10. 麦肯·光明广告有限公司

资料来源：前瞻产业研究院《2015—2020 年中国广告行业市场前瞻与投资战略规划分析报告》，http://www.qianzhan.com/guide/detail/250/140915-52dee227.html

四、广告公司的组织结构与职能划分

管理学中所讲的组织结构，就是指一个组织对于工作任务所进行的分工、分组及协调合作的结构安排。组织设计的任务包括：把为达到组织目标所需要完成的各项业务活动按一定的标准进行在细分基础上的组合，形成不同的部门；赋予各部门和岗位相应的职责和权利；规定组织活动中垂直方向的隶属关系和水平方向的分工协作关系。

（一）设计组织结构必须考虑的因素

斯蒂芬·罗宾斯认为，管理者在进行组织结构设计时，必须考虑 6 个关键因素：工作专门化、部门化、命令链、控制跨度、集权与分权、正规化。下表表明了这些因素对重要的结构问题可能提供的答案。

表 2-1　设计组织结构需要回答的 6 个关键问题

关键问题	答案提供
1. 把人物分解成各自独立的工作应细化到什么程度？	工作专门化
2. 对工作进行分组的基础是什么？	部门化
3. 员工个人和工作群体向谁汇报工作？	命令链
4. 一位管理者可以有效地指导多少位员工？	控制跨度
5. 决策权应该放在哪一级？	集权与分权
6. 应在多大程度上利用规章制度来指导员工和管理者的行为？	正规化

工作专门化的实质是一个人不是完成一项工作的全部，而是把工作分解成若干步骤，每一步骤由一个人独立去做。就其实质来讲，一个人只完成工作活动的一部分，而不是全部活动。一旦通过工作专门化完成任务细分之后，就需要按照类别对它们进行分组以便使共同的工作可以进行协调。

工作分类的基础是部门化（departmentalization）。在管理中，部门化的方法可以是多种多样的，职能部门化、地区部门化、顾客部门化。产品部门化、过程部门化及综合部门化是部门化的主要方法。

命令链（chain of command）是一种不间断的权力路线，从组织最高层扩展到最基层，明确谁向谁报告工作。它能够回答员工提出的这种问题："我有问题时，去找谁？""我对谁负责？"

控制跨度主要回答一个主管可以有效地指导多少个下属？这种有关控制跨度（span of control）的问题非常重要。因为在很大程度上，它决定着组织要设置多少层次，配备多少管理人员。在其他条件相同时，控制跨度越宽，组织效率越高；集权和分权主要解决的是权力的划分问题。

集权化（centralization）是指组织中的决策权集中于一点的程度。这个概念只包括正式权威，也就是说，某个位置固有的权力。一般来讲，如果组织的高层管理者不考虑或很少考虑基层人员的意见就决定组织的主要事宜，则这个组织的集权化程度较高；相反，基层人员参与程度越高，或他们能够自主地作出决策，组织的分权化（decentralization）程度就越高。

正规化（formalization）是指组织中的工作实行标准化的程度。如果一种工作的正规化程度越高，就意味着这项工作的执行者对工作内容、工作时间、工作手段的自主权越小。

（二）广告公司的结构类型

和其他任何正式组织一样，广告公司进行组织设计时，也必须充分考虑上述各相关的因素。这里我们更多地关注广告公司的部门化问题。

广告公司的部门划分主要取决于广告公司的规模、客户分布状况、战略布局等情况。一般来说，广告公司的结构类型有以下几种：

1. 按职能划分的广告公司

按职能划分部门是广告公司广泛采用的一种方法。从广告业务的运作流程来看，首先由客户服务部承接广告客户的广告业务，再与各部门人员联系，拟定广告计划，由市场调研部门进行广告调查，由创作部门进行广告设计和制作，由媒介部门进行广告投放及监测。因而，广告公司最基本的部门主要有五个：客户服务部、市场调研部、创作部、媒介部和为公司正常运转提供服务的管理部门。

（1）客户服务部。客户服务部是直接与广告客户接触、联系的业务部门，是广告公司业务的"龙头"。它对外代表广告公司，是广告公司与客户联系的纽带；对内代表客户，负责对客户进行信息反馈，对广告的设计、制作和实施进行监督。

在西方，客户服务部的人员一般称作 AE（Account Excecutive）。AE 在业务方面一般需具备 5A（Analysis，Approach，Attach，Attack，Account）的素质和能力，即分析、接触、联系、攻击和计算能力。这是一个极具挑战性的角色。《当代广告学》的作者威廉·阿伦斯说："AE 更像一名战略家，而不是附议者。他必须比以往任何时候都更精通于各种媒介，能够表现出本公司的创意既能满足客户的营销需求，又符合市场的产品需求。这意味着他必须既有开创精神，又勇于承担责任；既会盘根问底，又要机智得体；既风度翩翩、口齿伶俐，又明察秋毫，宽宏大量；既善解人意，能说会道，又合情合理，小心周到——集所有于一身。还有，他必须准时完成工作，而且不超出预算。"[①]

作为广告公司的龙头部门，客户服务部主要有以下职能：①充当客户和广告公司之间的联络人。根据客户的要求，随时与广告公司内部的广告作业人员接触，沟通广告经营者、广告制作人员和广告策划人员之间的信息；②分析广告主商品和劳务的主要优势和不足，明确其市场竞争的地位；③确定广告商品现实及潜在的目标市场，把握销售的可能地区、销售量、季节变动及市场竞争能力；④保证广告账款及时收回，维护广告公司的利益。

（2）市场调研部。市场调研部主要根据广告活动的要求，进行有关产品情况、目标市场和竞争状况的调查，了解消费者的兴趣偏好及发展动态，测定广告投放的效果，并就有关的市场问题提供咨询建议，为广告公司制定广告的战略和策略提供客观的依据。市场调研部的人员必须掌握市场调研的基本手段和方法，必须懂得统计学、社会学、心理学等知识，具有实事求是的工作作风，有较强的分析能力和灵活的工作技巧，善于根据不同的调研对象、场合和目标，不断变换调研方法，以期获得市场调查的最佳结果。

（3）创作部。创作部是广告公司的核心部门。对于广告公司而言，广告作品就是广告公司的最终产品，直接体现广告公司的管理水平和综合实力。而广告作品的好坏关键在于创作部门。

---

① 威廉·阿伦斯著. 当代广告学［M］. 北京：中国人民大学出版社，2014：65.

创作部门的灵魂人物是创意总监（Creative Director，CD）。创意总监必须具有较高的综合素质。奥美广告公司对创意总监的要求是：①一个优秀的心理学家；②拥有高标准的工作能力和意识；③一个有效的经营管理者；④具有策略思考（如产品定位、广告定位等）的能力；⑤具有从事调查研究的能力；⑥精通电视、广播和印刷业务，精通制图和设计，既会做包装广告，又会做其他产品的广告；⑦工作努力，行动机敏，不冲动，愿意与别人合作，一旦拥有成绩，愿意同别人分享荣誉，而一旦有失误，也愿意承担责任；⑧一个优秀的演说家、卓越的教员和伯乐，对人生和事业充满乐趣。

广告创作部门负责广告的创意、设计、创作和制作，由广告文案人员和广告设计人员共同组成。创作又可分成文稿、画面和制作合成几个部分。广告文稿的创作是广告创意的关键，要用创造性的思维和精练的语言来表达；广告画面要求富有艺术性、情趣和联想；最后将文稿和画面合成，完成广告创作。

（4）媒介部。媒介部是广告公司传播信息的通道，由媒介策划人员、媒介购买人员及媒介分析人员组成。在新兴媒介不断涌现、受众的细分程度越来越高的情况下，媒介的选择和购买变得也越来越复杂，对媒介人员的要求也越来越高。正如威廉·阿伦斯所说："如果预算紧张，则要求媒介策划人员要有匠心独具的思维，进行艰苦的谈判并注意到每一个细微之处。在这个专业化的时代，广告主真正需要的专家应该是那些知道如何将广告事务与其他营销传播工具结合起来，并能巧妙地为他们解决媒介难题的特殊通才。如今，许多产品的成功都得益于创造性的媒介购买而非巧妙的广告本身。"[①] 媒介部门的主要职责是：负责与媒体的联系，为客户选择最有效媒体；负责广告作品在选定媒体上的投放，制订刊播计划和媒体预算的分配方案；负责监测刊播计划的实施及完成情况等。

（5）管理部门。管理部也称行政部，主要从事公司的科学化和规范化的行政管理工作。一般下设人力资源、后勤、财务、行政等具体部门。

下图所示的广东晓升广告有限公司的组织架构体现了职能型广告公司的主要特点：

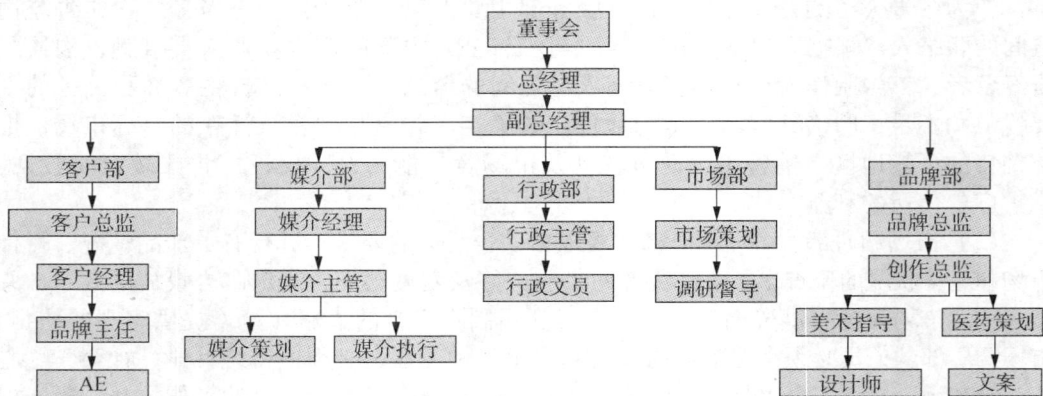

图 2-10　职能型广告公司的组织架构

2. 按客户划分的广告公司

按客户设置的组织结构，也称为小组作业式组织结构，它是在广告公司内部再设

---

① 威廉·阿伦斯著．当代广告学［M］．北京：中国人民大学出版社，2014：65．

立若干个在业务上相互独立的广告部门，每一部门内部都分设有客户服务人员、媒体人员、创作人员、广告制作人员等，独立地与客户联系，并从事制订广告计划、进行广告创意、创作广告作品和选择广告媒体等广告活动。

按客户设置部门的最大优点是广告公司能够针对广告客户的不同需要提供个性化服务，也有利于调动公司内部各个局部人员的积极性，从而提高广告活动的质量和水平。但这种设置也导致了公司资源的分散，不利于公司内部资源的充分利用。另外，如果客户转换广告公司，这个部门就可能被撤销，造成公司人员安排的困难。

3. 按地区划分的广告公司

按地区划分部门的广告公司主要适用于地理上比较分散的全国性以及全球性的广告公司。例如，一些来我国投资的跨国广告公司往往在一个大城市注册一个合资公司，然后在其他大城市成立分公司，各部门、分公司之间既是一个整体，又相对独立，在业务上相互分工。其部门的设立和分布随业务的需要进行。例如，盛世长城广告公司分别在北京、上海和广州设立了分公司，主要就因为在广州有其主要客户 P&G，其另一个重要客户西安杨森在北京设有大的客户服务部。

在按地区划分部门的情况下，由于广告公司与客户处于同一地区，所以既能加快沟通的速度和准确性，又能感受同一地区的文化和市场环境，因而能够达到较好的交流效果；同时，在经济上也能节约公司的营运成本。但这种设置由于各分公司在地域上的分散，也增加了管理上的难度。

4. 矩阵式广告组织结构

矩阵式组织结构的设计，目的在于要兼得职能式和产品式（项目式）职能划分的优点。因为职能式划分与产品式的优缺点正好为互补型。同时，此种结构最突出的特点就是打破了单一指令系统的概念，而使管理矩阵中的员工同时拥有两个上级。这种结构形式于 20 世纪 50 年代在美国开始出现，60~70 年代开始流行。矩阵式组织结构的主要适用于以下情况：

（1）产品线之间存在着共享资源的压力。该组织通常是中等规模，拥有中等数量的产品线。在不同产品共同灵活地使用人员和设备方面，组织有很大压力；

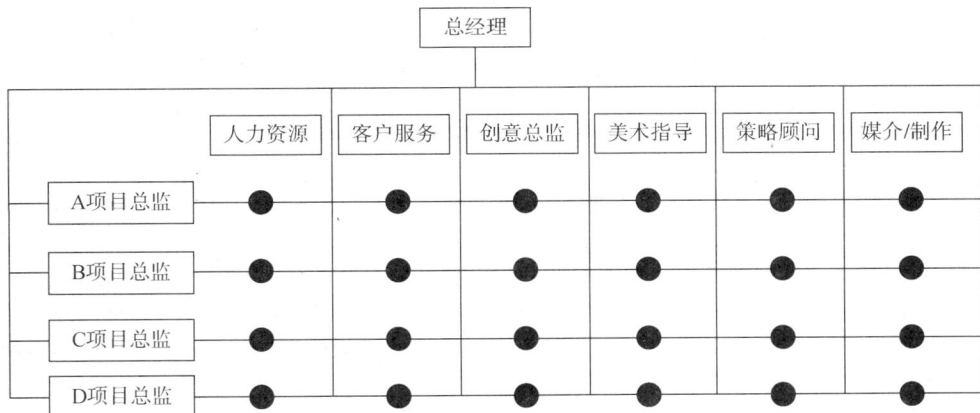

图 2-11 矩阵式广告组织的构架

（2）环境对两种或更多的重要产品存在要求。当环境一方要求专业技术知识，另一方面又要求每个产品线能快速作出变化时，就需要矩阵式结构的管理；

（3）组织所处的环境条件是复杂和不确定的，要求组织能迅速应变。频繁的外部变化和部门之间的高度依存，要求无论在纵向还是横向方面要有大量的协调与信息处理。下图是矩阵式组织结构的基本框架。

五、广告公司的发展趋势

随着科学技术的进步、经济的快速发展及全球化水平的提高，广告公司面临着日新月异的发展环境：广告竞争日益加剧、广告主的广告意识不断增强、大众媒体日益分众化、广告受众的广告鉴赏水平不断提高、政府对广告的管理越来越规范……这一切既给广告公司带来巨大的挑战，也给广告公司提供了凤凰涅槃的机遇。我国广告公司的未来发展，将呈现出以下主要趋势：

1. 广告公司在规模和业务上分化的趋势会日益加剧

规模及业务的分化是国内广告公司应对竞争的必然之路。未来的广告公司将出现"大公司将越来越大，小公司则越来越小"、"大公司越来越全，小公司越来越专"的局面。一些大的广告公司会通过自我发展和资本运作等形式向集团化和全面服务型的代理广告公司发展，依靠规模经济和范围经济提升竞争力，增强对抗性。就广告公司发展中已经呈现出的特征而言，广告公司的集团化主要有三种：以业务的互补性或上下游合作为目标的集团化、以媒体资源的规模化为主要目标的集团化和以区域性整合为主要目标的集团化。不管采取哪种方式，都将给广告公司管理的规范性和科学性、业务的专业性等方面带来巨大的变化；另一些广告公司会走更加专业化的道路，向媒介代理公司、广告策划公司等专业公司发展，依靠特色化的服务增强灵活性和实效性，通过业务的分化和集中找到并强化核心的竞争优势。

阅读资料

宏盟与阳狮合并，将为成全球最大广告公司

2014 年 1 月，欧盟反垄断监管机构周四批准了美国广告业巨头宏盟集团（Omnicom）和法国阳狮集团（Publicis）总额达 350 亿美元的合并交易，该交易将创造出全球最大的广告公司。

欧盟反垄断机构无条件批准了这一交易。宏盟和阳狮目前分别是世界第二和第三大广告公司，合并后的新公司规模将超过目前排在第一位的英国 WPP 集团。

欧盟在一份声明中表示："合并后的企业仍将面临来自数个竞争对手的足够竞争，其中包括大型的互联网广告集团。如果合并后的企业上调价格或降低服务质量，消费者将能够选择其他广告公司的服务。"

阳狮和宏盟集团是在 2013 年 7 月达成以全股票交易形式进行的合并计划。阳狮集团和宏盟集团的股东将各持有合并后的公司 50% 的股份。新公司将取名为阳狮宏盟集团（Publicis Omnicom Group）。阳狮集团的首席执行官莫里斯·利维（Maurice Levy）以及宏盟集团 CEO John Wren 将担任新公司的联席首席执行官。

合并后的公司总部将位于荷兰，而运营点将依然在巴黎和纽约。

在此之前，美国、韩国、加拿大、印度、土耳其和南非等国的监管机构已批准了此项交易。

资料来源：http://money.163.com/14/0110/08/9I7EHMG200251LK6.html

2. 广告公司的专业化水平要求更高

广告主和广告受众的广告水平的提高、广告竞争水平的加剧表明了这样一个最简单的事实：只有专业化才能生存。在未来的广告市场上，仅仅依靠模仿、跟随策略立足市场的广告公司将逐渐丧失生存和发展的空间。逐渐摆脱服务中的盲目模仿现象，把创新作为追求的目标，通过服务理念、服务方式、服务风格的创新，打造自身特色化、专业化的形象，成为广告公司的生存之道。

3. 广告公司会更加注重人力资源管理

专业化的服务需要专业化的人才，人才决定广告公司的专业化水平。为此，对于以知识密集、技术密集和人才密集为特征的广告公司来说，会更加把提升人员的素质作为提升公司竞争力的主要手段。这表现在：一是吸引更加专业化、高素质的广告人才的加盟；二是加大对公司人员的培训力度，致力于打造学习型组织；三是建立合理的激励体系，营造良好的公司文化以稳定员工队伍。

4. 虚拟化的广告公司将逐渐显现

随着网络经济的发展和信息技术的日新月异，构建虚拟企业、进行虚拟经营，逐步成为网络经济条件下许多企业谋求发展的必然选择。作为以创新为主要特色的广告公司，更会把虚拟化经营作为提升竞争力的重要手段。虚拟企业一般具有功能上的不完整性、地域上的分散性和组织结构上的非永久性的特点。

广告公司的虚拟化，主要从以下几个方面体现出来：

（1）功能的虚拟化。在网络经济的条件下，广告公司面对的是一个开放的系统。这一系统不仅能够提供公司所需的各种资源，也为公司之间的合作提供了充分有效的保障。在互联网和电子商务的框架下，广告公司可以只保留实现其目标的核心职能，而对其他自身缺少比较优势的职能则可以借助外界的力量进行组合集成，从而实现真正的强强合作。

（2）组织的虚拟化。市场竞争的加剧决定了网络经济中"速度制胜"的特点。但传统的带有明显的"金字塔"型的组织结构灵活性低，市场响应速度慢。因此，适应"快鱼吃慢鱼"的环境，广告公司将根据目标和环境的变化对组织结构不断进行动态调整和再组合，以增强其柔性和适应性。虚拟公司中的工作人员根据某一任务需要临时组织合成虚拟工作组，工作组中员工之间的关系都是同事关系而不是上下级关系，从而形成了平等开放的工作氛围。当公司出现战略目标调整、业务内容更换或者目标市场移位等情况时，即可解散现有的虚拟组织，再构建一个更具活力的虚拟组织。

（3）地域的虚拟化。功能及组织的虚拟化，以及网络技术的支持，使空间距离不再成为广告公司经营的障碍。这对于按地区划分组织结构的广告公司提供了新的选择。传统按地区划分的广告公司必须根据广告主的分布来设立组织结构，以便于与广告主的沟通。网络"天涯若比邻"的特点，使广告公司可以成为一种超越现实空间的组织，可以与网络所及的任何空间地域的广告客户提供代理服务，与相距万里的其他虚拟组织进行全方位的合作。

（4）人员虚拟化。人员虚拟化是一种借脑、集智的活动。虚拟化广告公司在人力资源管理上的一个重要选择就是借助外部的人力资源以弥补自身的不足。

5. 建立与媒体的新型战略伙伴关系

随着广告竞争的加剧、广告主和广告受众的成熟度的不断提高，广告公司将日趋重视提升专业服务能力，凭借自身的专业实力和良好的信誉、规范化的运作赢得媒体信任，有的将通过大批量购买、公关深度沟通、提供附加增值服务等措施增强与媒体的深度合作关系；有的将不断向价值链上游延伸，通过垄断性占有和整合媒体资源、与媒体合作共同开发市场、自主开发媒体资源等方式整合价值链，拓展盈利空间；有的将通过买断媒体时段、节目、版面的方式，深度介入媒体的内容经营、广告销售层面，致力于维护与媒体的战略性合作关系，提升与媒体合作中的话语权。这些变化将从根本上改变传统广告公司仅仅作为媒介代理的角色。

6. 本土化与国际化的融合

经济国际化的结果之一是广告的国际化，或者说，广告国际化本身就是经济国际化的重要组成部分。国内竞争国际化和国际竞争国内化是经济国际化条件下市场竞争的主要特点。在广告国际化中，一方面，国际4A公司大举进入中国，力图分享随中国经济快速发展所带来的巨大的广告盛宴。在这一过程中，本土化是这些广告公司不得不进行的战略选择。可以说，本土化的程度和水平决定了国际4A广告公司在中国广告市场的竞争地位和竞争实力。近年来众多跨国公司的广告频频出现伤害中国人的自尊心、损害消费者利益的事件，充分暴露出4A公司在本土化上的软肋。因此，深入研究中国文化，真正读懂中华民族，从而进一步提升本土化水平是4A广告公司仍然需要做好的一张考卷；另一方面，对本土广告公司来说，不论是在国内市场，还是将来走向国际市场，所面临的竞争都是国际性的竞争。因此，进一步向国际4A公司学习，提升其广告运作的能力和水平是本土广告公司面临的重要挑战。从标杆管理的角度来说，国际4A公司就是本土广告公司的"标杆"。当然，当本土广告公司走向国际大舞台时同样也面临着在当地市场的"本土化"问题。

因此，4A公司日益本土化，本土广告公司越来越国际化，最终殊途同归，成为高度本土化的国际广告公司或高度国际化的本土广告公司。

第四节　媒体广告组织与广告社团

一、媒体广告组织

媒体广告组织是指广告发布单位设置的广告部门。在广告组织中，媒体广告组织是随着市场经济的发展，广告业务量的不断增加，专业化分工的日益加剧而产生的。在广播、电视、报纸和杂志四大媒体中，报纸最早出现，所以媒体广告组织最先诞生在报刊部门。在早期，报刊发行的企业广告是由编辑审定的。后来，随着广告数量的不断增加，报刊开始设立专职的广告组织，并成为其组织结构中不可缺少的组成部分。随着广播、电视的出现，也相继诞生了广播广告组织和电视广告组织。

（一）媒体广告组织的组织机构

1. 印刷媒体的广告组织

印刷媒体主要是报纸、杂志等以印刷形式传播信息的媒体。广告组织在媒体组织中的地位和隶属关系如何，一般应根据印刷媒体的类型、规模、性质等因素来考虑。

一般来说，广告组织的设置有两种类型：

（1）列举制。在总编辑下设编辑部、广告部、发行部等主要业务部门，再在广告部按专业分工设立具体的职能部门。见图 2-12。

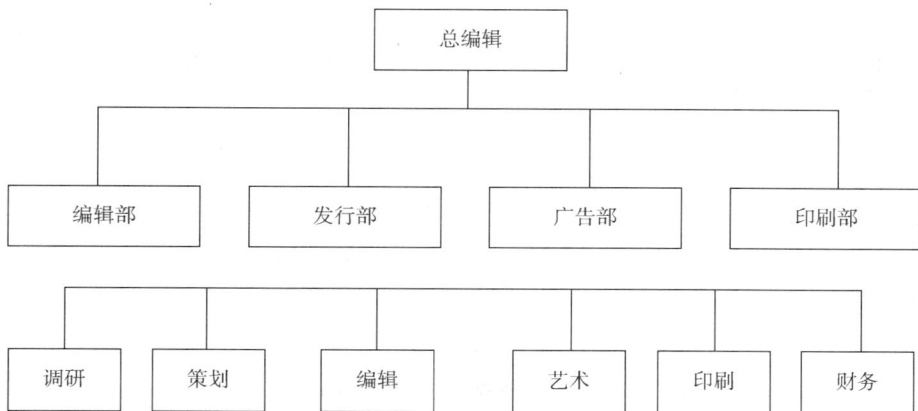

```
                          总编辑
        ┌───────────┬──────────┬──────────┐
      编辑部      发行部      广告部      印刷部
              ┌─────┬─────┬─────┬─────┬─────┐
            调研   策划   编辑   艺术   印刷   财务
```

图 2-12　列举制

（2）综合制。综合制经常为区域性或地方性媒体所采用，通常是在总编辑下设编辑部，编辑部下设广告组，广告组内再根据专业分工的原则设具体的职能科室。见图 2-13。

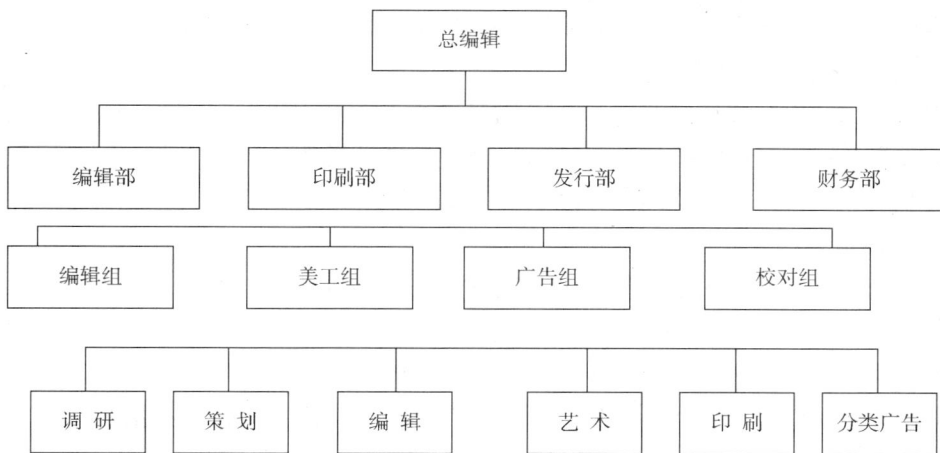

```
                          总编辑
        ┌───────────┬──────────┬──────────┐
      编辑部      印刷部      发行部      财务部
        ┌─────┬─────┬─────┬─────┐
      编辑组  美工组  广告组  校对组
              ┌─────┬─────┬─────┬─────┬─────┐
            调研   策划   编辑   艺术   印刷  分类广告
```

图 2-13　综合制

2. 电波媒体的广告组织

电波媒体又称时间媒体，主要是指广播、电视等以电波形式传播信息的媒体。其机构设置与印刷媒体大致相同，多采用在总编辑下设广告部（科），广告部再根据需要设职能科室的形式。广播媒体的业务量一般较大，职能机构设置比较健全。一般在广告部下设业务、编辑、导演、录音、制作合成和财务等部门，并按行业设立专业广告小组。电视媒体的机构设置与广播基本相同，但增加了摄影、摄像和美工等部门。图 2-14 为广播媒体的机构设置。

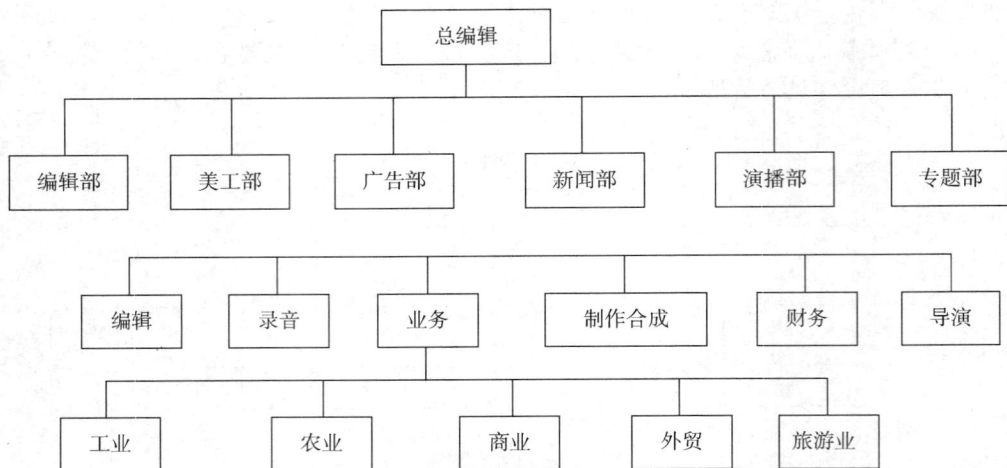

图 2-14　广播媒体的广告机构设置

（二）媒体广告组织的主要职能

在广告代理制条件下，媒体广告组织在广告运作中主要承担以下职责：

1. 审查广告的合法性

媒体广告组织要依据广告管理的有关规定，查验即将发布的广告的有关证明，审查广告内容。对证明不全或内容不符合广告法规及有关规定的广告，不予发布。

2. 发布广告

广告媒体是广告刊播的具体手段和载体。广告媒体的广告来源主要有两个方面：一是直接受理广告客户的广告；二是广告公司代理承揽的各项广告业务。在广告代理制中，媒体的主要广告来源是广告公司代理的广告。

3. 开展媒体广告效果的调查研究

准确把握媒体的发行量、收视率、视听众的主要特性等数据，为广告公司和广告客户制订广告投放计划提供依据。

4. 设计制作广告

如果委托单位没有提供已经制作完成的广告作品，那么媒体广告部门还必须设计和制作广告，如报纸、杂志广告文案的撰写，广播、电视广告脚本的撰写、录音录像、剪辑合成等。在设计制作时，要充分把握广告客户的营销战略和广告目标，确保广告作品充分体现广告客户的广告意图。

5. 收集广告反馈信息

广告发布后，媒体广告组织要及时对受众的反馈进行收集，及时了解广告效果，并及时反馈给广告主，以便对广告方案进行调整和优化。

二、广告社团

广告社团是民间自发组织起来的、非营利性的从事广告理论研究和广告业务活动的广告行业协会组织和学术组织，如广告协会、广告业联谊会、广告业联合会、广告学会等。广告社团具有广泛性、松散性、服务性、非营利性等特征，其任务一般是代理政府对广告行业进行管理，实行行业自律，开展对外联络，召开学术性会议等，以推进广告业的健康发展。

（一）国际性的广告社团组织

1. 国际广告协会

国际广告协会（International Advertising Association，IAA），创建于1938年，当时称出口广告协会，1954年改为现名，总部设在纽约，是一个广告主、广告公司、媒体、学术机构以及营销传播界唯一的全球性广告组织，也是全世界唯一在96个国家和地区拥有会员、涉及品牌创建和营销传播领域的全球性行业协会。该协会现拥有会员2800多名个人会员，93个公司会员，35个团体会员，遍布世界75个国家和地区。协会的宗旨是把广告、公共关系、销售促进、广播、市场调查等有关的从业者及有兴趣的人们联合起来，交流经验和情报，探讨学术理论，提高世界广告和行销技术水平，组织国际会议和专题展览。协会的最高机构为世界代表大会，下设理事会、执委会、秘书处等机构。

协会的目的：①方便会员交流知识、经验和思想，以提高他们的熟练程度和技术水平。②同其他组织合作，以推进广告的标准和实践。③在任何时候、任何地方出现新潮流，或出现可能性、新技术或新方法，需要进行探讨时，发动和组织研究与分析。主要刊物有《国际广告协会航空通讯》（双月刊）、《国际广告协会情报摘要》（双月刊）、《比较广告》。

2. 国际ABC组织

ABC（Audit Bureau of Circulations），即发行量稽核局。ABC制度于1914年首创于美国，其宗旨是保障广告主的利益，防止广告公司和媒介代理由于数据失实而造成的策划失误。由于美国ABC制度取得重大成就，其他各国相继跟进。例如，法国、瑞士、日本、菲律宾、澳大利亚等国相继设立ABC组织。在法国的倡议下，1963年在斯德哥尔摩召开了第15届国际广告协会大会，成立了发行稽核局联会（International Federation of Audit Bureaus of Circulation，IFABC）。其目的在于促进各国会员间交换经验及消息，促使发行稽核报告书统一化，鼓励其他国家成立ABC组织，谋求各国广告协会之间的合作，成为各团体会员之间的协调中心。国际发行量稽核局联合会（IFABC）的诞生，标志着ABC制度已经得到世界范围的认可。

3. 世界广告行销组织

世界广告行销组织是由世界各地著名的广告公司组成，总部设在伦敦，是一个颇有影响力的世界性广告行业组织。该组织对会员提供业务上的帮助，并协助开拓国际市场，由世界各地著名的广告公司定期培训会员，举办各种讲习班，定期提供世界各地最新广告表现技术和经济动态信息。

（二）国内广告行业组织

世界各国为了规范广告行为，加强广告行业自律，都建立了相应的广告行业组织。美国的广告代理公司较早成立了多种行业协会组织，并通过这些协会组织协调各方面的关系，为会员制定行为规范。美国主要的协会组织有：美国广告联盟（AAF）、美国广告协会（AAA）和美国广告代理协会（American Association of Advertising Agencies，4A）。4A 成立于 1917 年，在广告界享有盛誉。其协会成员承担着全美 70% ~ 80% 的广告业务量。20 世纪 80 年代起，国际 4A 广告公司纷纷进入中国。从日本电通（Dentsu）公司开始为日本家电产品在中国市场做广告起，全球前 10 名广告公司全部在中国设立了合资公司。这 10 家广告公司都是 4A 的成员。英国在 1926 年就成立了广告协会（AA），1926 年设立广告标准局，成为英国广告业自我管理体系的最高机构。日本也在 1953 年 10 月成立了"全日本广告联盟"（简称全广联），建立了日本广告业界的全国性组织。

随着广告业的发展及其规范性的要求，我国在 20 世纪 80 年代建立了广告行业组织。

1. 广告行业组织：中国广告协会

中国广告协会（简称中广协），创立于 1983 年 12 月 27 日，是广告经营单位联合组成的行业组织，是代表政府对广告行业进行指导、协调、咨询、服务活动和执行行业自律的广告行业组织。其主要任务是：

（1）宣传贯彻国家有关广告的方针、政策、法规，坚持社会主义经营方向，维护社会主义广告的真实性，提高广告的思想性和艺术性，发展民族风格，推动社会主义广告健康发展；

（2）调查研究国内外广告发展趋势，传播信息，开展咨询服务，促进广告的现代化；

（3）在广告业务，经营方面协调广告经营单位之间的关系，加强协作，对体制、价格和发展规划向政府提出建议；

（4）组织广告工作经验交流，进行业务指导，注意宣传优质名牌产品、新产品和国内外先进科学技术，为促进生产发展和提高经济效益服务；

（5）培训广告人才，提高广告工作人员的思想水平，艺术水平和业务能力，举办优秀广告作品、先进设计展览，开展学术交流；

（6）开展国际交往，加强同国外广告行业组织的联系，维护会员的正当权益。

2. 广告学术组织：中国广告学会

中国广告学会主要由广告行业中有关广告理论研究、广告管理部门联合组成的民间学术研究组织，是从事广告创意、设计、制作、理论研究、教育工作者以及广告专业企业、兼营单位、大专院校有关广告专业科系等组成的团体。其目的是联络上述广告人员和组织，积极开展广告理论的学术研究，提高广告的专业水平和理论水平。中国广告学会的主要任务是：

（1）积极开展广告学术交流活动，探讨社会主义广告的性质、方向和任务，及时总结实践经验，不断提高理论水平；

（2）举办广告设计作品展览，普及广告知识，传播、推广先进的设计思想和优秀的艺术技术；

（3）召开学术年会，评选优秀论文和作品，向有关部门推荐、发表，并给予一定的奖励；

（4）积极开展国际广告学术交流，加强同港澳地区和国外广告界的友好联系；

（5）编辑出版广告学术书刊并交换有关资料；

（6）举办为广告工作者服务的事业和活动。

本 章 小 结

广告业作为服务业具有自身独特的性质和运行特点。广告主、广告公司、广告媒介和广告受众构成了广告市场的基本要素，广告市场的运行机制实际是广告市场各要素之间利益的动态平衡机制。广告主是广告活动的发起者，包括企业、社会团体或事业单位、一般公民。企业是最主要的广告主。企业广告主的广告意识与广告行为直接影响和制约着广告市场的健康发展。企业的广告决策要依据企业营销战略、产品策略和形象策略进行，并采取合理的广告管理形式和部门设置。

广告公司是广告业的核心组织，按业务范围一般分为综合型广告公司和专业型广告公司两大类。职能型结构、客户型结构、地区型结构、矩阵式结构是广告公司组织结构的主要形式，客户服务部、市场调研部、创作部、媒介部和管理部门是广告公司五个最基本的职能部门。媒体广告组织是广告发布单位设置的广告部门，广告社团则是民间自发组织起来的从事广告理论研究和广告业务活动的广告行业协会组织和学术组织。

重要术语和理论

广告市场的运行机制、广告观念、广告战略决策、广告费用控制、广告管理、综合型广告公司、专业型广告公司、客户服务部、AE、创意总监、4A公司、虚拟化广告公司、媒体广告组织、列举制、综合制、广告社团

复习思考题

1. 广告行业的广告主、广告公司、广告媒介和广告受众彼此是一种什么样的关系？

2. 像联想、海尔这样的大公司每年在广告上的花费非常巨大，但它们的大多数广告仍然依赖广告公司。为什么这样的大公司不能完全靠自己的广告部门做广告呢？

3. 如果你为小米手机挑选一家广告代理公司来策划一项广告活动，你认为选择的最重要的依据有哪些？

4. 请简要说明你对广告公司未来发展趋势的看法。

5. 为了使企业的广告决策更加合理、科学，你觉得企业应该树立什么样的广告观念？

【案例分析】

在 4A 广告公司实习

1. 态度决定一切

第一天来到公司，先看了留在电脑硬盘里的文件和资料，是我的前任实习生留下的，发现几份她做的翻译和创意构思。

没过多久，小组长 F 就给我一份南非导演的电视画面处理意见要我翻译校对，很长，看上去也很复杂，需要耐下心来仔细翻译。这份 treatment 已经有人翻译过了，但是因为原件修改过，所以需要再校对一遍。也许是第一天实习，有点紧张也有点心急，校对好了之后没有自己好好检查一遍就给了 F。不一会儿，问她是否还有其他事情可以帮忙，她和我说刚才的文件还有问题，要我再仔细看一下。

我静下心来重新仔细看了本来的译文，也把自己不确定的内容用铅笔勾出，准备等会儿好好请教别人。耐心检查的结果是，果然发现了几处本来没有发现的错误。不知不觉弄了将近一个半小时，直到自己确认再也没有其他问题了，我接到的第一个任务终于告一段落。从这天开始，我知道作为文案千万不能心急，要仔细耐心，还需要严谨认真。往往一个细小的文字错误，都会造成很大的代价。

2. 识车 ABC·小栏目里有大学问

今天又接到了一个新任务：识车 ABC 小栏目。这是一个每天群发给组内所有成员的邮件，主要介绍的是汽车方面的小知识。因为我们服务的客户是汽车，而大家对于汽车的了解并没有达到完全专业的角度，有时难免有一些盲区需要解答。所以我要做的就是用浅显简单的语言给大家介绍一些普及性的汽车知识。对于汽车了解本来也有限的我，现在不但要收集资料，还要负责消化讲解一些技术含量较高的内容。对我来说，这是一个不小的挑战。但同时，它也是让我最快熟悉环境、了解客户的最佳途径。

这几天大家都在做一部新车的广告，小组长 F 拿了一张纸，画了几个具有特色的技术用语给我，让我上网或者查阅报纸杂志后给大家详细解答一下这几个技术难点。具体制作这个小栏目的是我，负责的则是另一位文案 E，有什么问题我也可以向她请教。

我选择了其中一个比较"扭矩、功率、马力"三者关系的题目来作为第一次主题。大家平时工作都很繁忙，"识车 ABC"这个栏目的副标题是"每天一点轻松记"。把复杂的汽车术语用浅显有趣的方式告诉大家，让大家在工作之余既能学到东西，又感觉轻松有趣是它的目的。

E 给我看了几份我的前任制作的邮件，并说如果我有更好的意见或者方法，可以自己设计规划。为了让它看上去更轻松有趣，我决定改变过去单纯介绍汽车知识的方式，用两个人物对话的方式取而代之，一个代表专业知识的"D 博士"——D 本来就是 DOCTOR 的首字母，他象征着权威和专业；还有一个对汽车一窍不通的小姑娘 Ivy，是我的英文名，代表像我这样对汽车知之甚少的菜鸟们。把我自己的英文名字放在其中，我想可以在邮件里稍微介绍一下自己，也可以让大家对我这个新人有所了解。

正式动手上网查了资料才发现，理清"扭矩、功率、马力"这三者的关系并不是一件简单的事情。我尝试着先理清其中两者，但是这个过程就又牵涉进了更多的概念。本来预定一页纸的容量，一共花了差不多两页半纸才讲清楚。我给 E 看了之后，她向我提了建议，说可以把搜集到的资料重新整理，分几期完成做成一个专题，这样既能保证概念清晰，又能保持连续性。根据她的提议，我制订出了第一周"识车 ABC"的计划。

3. 你会看 BRIEF 吗？

识车 ABC 栏目走上了正轨，每天除了花费在上面的时间，就是看一些汽车杂志或者上网浏览相关内容。这个时候，我非常希望能够参与一些公司的具体业务。每天早上早早来到公司的我，渐渐发现，还有一个人比我更早到。他就是我们 team 的文案 D。

一天早上，我看见小组长 F 桌子上放着一张 PPT 做成的文字的 BRIEF，就试探着问了一下是否可以拿去复印并且帮忙想一些东西。D说可以，我便拿来在自己位子上研究起来。这份BRIFE的主要意思是，新车需要上市，需要创意部门根据三个方向构思相关的创意内容。

我在脑子里想了一会儿，大致想到5个创意，有平面，也有电视广告片（TVC）。再自己整理了一下，就打印出来给F看了。她因为有事情做，就让我把这些给组内的一名美术指导T看。T和我说了几个广告中特别忌讳的地方，比如不能出现竞争品牌产品、别人用过的元素需要慎用、广告创意必须和产品本身的风格相一致等。

我回到自己位子上反复琢磨他的话，此时文案D跑来问我能否把我想的东西给他看看。我说好。过了一会儿他笑着说："你想的东西有自己的想法，但是不会看BRIEF。"我很诧异，问他怎么叫不会看。他说，如果我仔细看了BRIEF之后就会发现，这次需要想的创意是平面稿，不需要TVC，但我想的里面却有4个都是TVC的创意，只有一个是平面，最重要的BRIEF标题没有看清楚。我恍然大悟。

慢慢地，我掌握了BRIEF中肯定会出现，也是需要关注的几个关键点：背景、创意要求、目的、定位、TONE&MANNER（风格）、利益与支持、要求、形式、时间安排等。重要的BRIEF会用打印纸写清楚具体要求，小的BRIEF有时候就是一张手写的单子。这是我第一次对什么是BRIEF有了完整的认识，也是真正进入广告公司运作的第一步。

4. 广告标题长什么样

之前对广告的印象，除了各种媒体上的广告，就是市面上买到的夏纳的获奖集锦，但是细究起来却是所知甚少。

一次，文案D给我看了一份BRIEF：客户产品需要应用到一个特殊的群体——警察。我们的任务就是为此想一句广告标题。"是广告标题HEADLINE，而不是广告语SLOGAN。"D特地和我补充了一句。我不知道这两者有什么区别，在学校里的时候，广告学的老师也没有说过。想了半天，还是大着胆子问了一句："广告语和广告标题有什么区别？"D很吃惊："你要是问小组长这个问题就要死了。简单来说，广告语是一个品牌或者产品的类似身份标志的话，而广告标题针对的是具体的活动。比如，'给你一颗奔腾的芯'就是intel的广告语，而我们这个具体活动需要的就是一句广告标题。回头自己去看些广告的基本参考书吧。"虽然对两者区别还是模棱两可，抱着试试看的态度，还是开始着手眼前的这份BRIEF。

偷偷瞄了一眼D写的东西，发现很多都是两个四字，中间加了一个逗号的形式，读上去很有气势。我也照着这样写了几个，拿给D看了之后他说："能不能想想其他的形式，也不一定就要这种格式。最好的文案应该都是朗朗上口又很简单的。"我突然想起很多香港的电视剧或者电影是以警察这类人群作为主角的，这些影视剧的名字应该可以拿来参考一下。

自己一共整理了大概十几句交给了D。D肯定了其中提出新方向的文案，但是觉得有些词语似乎还需要推敲，现在还有些粗糙。我问他能否看一下他写的文案，他很大方地给了我。我发现其中有一句读上去感觉最好，虽然也是两个四字中间隔了逗号的结构，但是看上去不生硬，又给人感觉英气十足、不造作。我和他说觉得这句最好。他笑了笑说："我也觉得，准备拿它作为首选和客户提案了。你再自己想想吧，就当练手。"说完D就走了。听说后来提案很顺利，客户对那句话也很满意。

5. 革命靠自觉·实习靠主动

来了差不多一个多星期，因为坐在办公室最边远的角落，和组内的其他人都隔着板，参与的东西又不多，总感觉和大家的沟通还不够。为了更快的和周围的同事认识，也为了参与更多的公司的工作，我决定主动出击去介绍自己。但是，我一个小小的实习生，凭什么让大家认识我呢？我绞尽脑汁，终于想到一个办法。"识车ABC"的栏目一直在进行。一次，文案E曾经和我提起，可以问问大家对这个栏目有什么要求，需要知道什么确切的知识等。我决定利用这个机会推销自己，顺便给这个小栏目设计一张平面广告。

在一开始接触汽车之前，我自己总觉得其中的学问很深，涉及的专业术语也多，很多地方看了也不明白。我想，其他人应该也有差不多的感觉。于是，我上网找了一张鬼魂的图片，在下面又加上这么几行字："汽车不是鬼魂，它虽然没血没肉，但是由切实可见的零件构成。有还不了解的汽车小知识吗？每日发到你邮箱的小栏目'识车ABC'将为你解答。"

在页眉和页脚处又分别写上征询意见表和我的联系方式，打印出来，复印了几份，从办公室的一角出发，向小组内的其他人走去。我把征询表交给他们的时候，大家都很客气地收了下来。给我的感觉是，他们平时并不是很在意这个小栏目。我暗自琢磨，也许是"群发邮件"这个形式的关系：邮件虽然方便接受，但是并不方便查找，如果内容与现在大家手头的工作没有直接关系，没过几天就很容易被人遗忘了。也许以后，我还要想一个让大家查找更加方便的形式，也许网络会是个不错的主意。一边想着，一边已经把手头的征询表发完了。我和他们说，三天之后我会来回收这份表，他们可以把自己的意见写在空白处。

刚走回到自己的位子上，就过来一个人。他笑着问我："你是新来的实习生吗？"我点点头。他继续说："我觉得你的态度很好，也很认真。我是隔壁组的小组长，以前也是文案，不过明天要离开这家公司了。"隔壁的小组长主动来和我说话，让我有些喜出望外，就询问了他的名字。不问不知道，原来他还是朋友的朋友，世界真小。"以后有机会多联系。"他笑着和我打了招呼。后来和朋友说起这件事情，他说："广告圈子很小的，天涯何处不相逢呢。"想想也觉得有道理。不管怎么说，我的这次自我推销，好像还是起到一点作用的。

6. 广告语长什么样

上次写了广告标题，终于有机会写一下广告语了。

这几天在收集同类产品的广告文案，包括广告语、广告标题、内文等。熟读唐诗三百首，不会写诗也会吟，我也想通过这个办法慢慢掌握文案学习的方法。这次的任务是为新产品写一条富有气势，又结合产品特点的广告语。在吃午饭之前，我把想的5条给了D看。他说不够，让我再想，并且补充说："你最好多想些新的方向。"在下午六点之前，我把自己想的成果给了D。他和我一条条分析："这条和其他广告的一句话太像了；这条没有自己的概念，不知道说什么，也没有突出产品特点；这条太拗口，不够白；这条太长，广告语最长不能超过十字……"一共近30句话，被他称为符合基本规范的大概只有两句。其实我自己心里知道，一句是我自己想的，另外一句还是"改装"了别人的成果。心里有些闷，也有些不服气，觉得广告文案这个东西似乎是公说公有理，婆说婆有理的。于是便提出是不是给小组长F看一下。"好啊，"他大方地说，"你再打印一张，放在她桌子上吧。"我照做了。第二天，小组长F拿着我写的东西来和我一句句分析。突然发现，和昨天D说的是一样的。F在纸旁写了三个英文单词：

SIMPLE（简单）、UNIQUE（独特）、SELLING POINT（有卖点）。她说这是衡量好文案的标准。我看着这三个简单的英文，知道要完全做到也不是容易的事情，自己在文案方面真的还需要好好修炼。

7. 初探命名

对SLOGAN和HEADLINE有了大致的认识之后，再重新看杂志报纸上的平面广告，感觉就一目了然了很多。在平时也更加注意摘录自己看到的一些好的广告文案。一开始是汽车的文案，搜集了大概有20多页的A4纸，中英文都有。碰到英文的文案，还自己尝试着把它翻译成中文。后来，开始搜集《ARCHIVE》等广告杂志上的好文案，类别也从汽车扩大到了方方面面。每天把这些资料翻出来看一下，一来避免自己以后想出来的文案和这些撞车，二来也希望借此提升自己的文案写作能力。没过几天，又有一份新的BRIEF来了，是一个关于命名的任务。原来的产品有了升级版，需要想一个新的英文命名，既要延续过去的风格，又要突出新车型的变化。

D让我一起参与，但我不知道该从哪里入手。先打开金山词霸，想了几个与之相关的中文字，然后查找对应的英文，再用英文词典查看具体意思，避免含有负面含义。这样大概想了15个左右的英文命名，交给D，他说我想的东西还缺乏品质感，缺少尊贵的感觉，而这恰恰是我们的品牌风格。我有些糊涂，因为BRIEF上写着，除了延续尊贵感觉之外，还需要进取感。这其中的尺度究竟该如何把握呢？我看了他想的大概20个左右的命名，其中很多涉及了古希腊的英雄名字或者圣经上的人名，还有一些是抽象名词。当时的我没有做一件很重要的事，追问他这些英语单词是怎么想到的。

资料来源：http：//bbs. cn. yahoo. com/message/read_ – _ 220. html

思考题

1. 请归纳文中提到的广告公司的业务内容。
2. 你认为广告公司最重要的部门是什么？为什么？
3. 通过作者的实习经历和体会，你觉得如何才能成为一个成功的广告人？

第三章 广告客体

【学习目标】

【知识目标】掌握广告目标客体的主要特征，掌握提高广告注意、广告记忆，促进广告联想、提高广告说服效果的策略；理解广告客体的主要心理特征和心理过程，了解广告注意、广告记忆、广告联想、广告态度和说服的心理机制和影响因素。

【技能目标】能对某商品的广告客体进行合理分析，并撰写广告客体研究报告；能针对该广告客体提出具体的提高广告注意、广告记忆的方法和促进积极联想和积极态度的策略措施。

【导入案例】

2015 年中国消费者的八大消费趋势

2015 年，中国消费者会有哪些变化？最近，昌荣传播市场与媒体研究中心揭示了消费者消费趋势的八大动态：

趋势一：智能时代，智能生活

随着可穿戴设备的发展，智能化产品瞬间席卷消费者生活的各个领域，引领消费者向智慧型消费演进。智慧型消费者呈现出三个重要特征：他们善用技术，能够更快速地将新技术应用到自己的生活中，而淘汰原有的技术应用；他们聪明购物，在消费过程中尽可能地甄选最优策略；他们有更强的参与性，努力争取将自己的想法变为现实。

趋势二：移动购物者崛起

从刚刚过去的 2014 年双十一各大电商平台的销售战绩中，我们看到移动购物已强势崛起并正在趋于常态化。未来，消费者不再是"去购物"，他们随时随地都"在购物"。在移动端，消费者正在表现出有别于 PC 端的消费行为：分享模式下的情景即时消费，即消费行为的源起、发生、延续均是以分享为核心，包含了情景消费、社交分享、评价口碑等行为。随时随地、线上线下自由切换。

趋势三：全民购，购全球

中国的网络零售呈现出两大新亮点：全民购，随着互联网的普及，使很多乡镇的消费者得以与都市同龄人获得相同的产品信息和消费机会，极大地激发了农村市场的消费潜力。同时，网购人群正在纵向渗透，中老年人、年轻人正在积极主动地加入网购的大潮中；购全球，消费者正在从原始的海淘代购模式向专业的全球消费扩展，跨境网购的种类更加丰富，从以前的奢侈品到现在的运动、数码、农产品，中国消费者正在更快地融入国际消费市场。

趋势四：精明个性的高端消费者

随着政府反腐政策的持续推进，奢侈品在中国公款、礼品消费市场受到严重打压，理性的自用型消费成为奢侈品未来在中国市场的主要消费类型，除了政策影响外，自用型消费背后更凸显出中国高端消费者正在日趋成熟和理性。他们为自己的成就感而购买奢侈品，要先于为社会地位购买。他们依据个人品位来消费奢侈品，特别是随着新一代财富新贵的崛起，他们对产品、品牌有了自己的评价，与人所共知的老牌奢侈品相比，他们更欣赏具有强烈现代感的小众品牌、设计师品牌。在日常消费中，他们将更多的关注投入延续最佳生活状态的投资上，未来他们对健康相关的投入将逐渐提高。

趋势五：Running man 跑起来

今年，雾霾的问题在"APEC 蓝"的映衬下，更加受到关注。与之前躲避的态度不同，越来越多的消费者意识到，提升自身健康水平，增强抵抗力的重要性，尽管天气经常不如人愿，但是挡不住全国人民追求健康的步伐。另外，互联网的发达使消费者面对面交流的能力日渐低下，都市孤独冷漠症的问题突出，挥洒汗水以跑步为共同兴趣而集结成群成为都市人群的新目标，其中夜跑族更成为年轻人的时尚，这背后显现出来的是消费者更积极的生活态度，倡导积极面对生活将成为未来中国消费者的主流价值观。

趋势六：品牌迁徙

互联网让中小品牌或新品牌与消费者如此接近，消费者更容易、也更愿意尝试新品牌，尤其是通过社交渠道进行售卖的新兴中小品牌。网络购物发展越来越成熟，共同的消费行为积累了大量可以被后进消费者直接查看的口碑评价记录。具有一定社交功能的电商平台正在缩短消费者的购买路径，简化购买决策过程。很多新品牌正是借此实现营销突破，赢得了市场和消费者，甚至颠覆了行业领导品牌。在互联网营销革命的冲击下，这只是新一轮品牌全面变革的预演和前奏。

趋势七：社群效应

社会化网络媒体的出现改变了人与人、品牌与粉丝之间的沟通方式。双向沟通模式不仅形成低成本、大规模的虚拟社群阵营，也让粉丝与品牌的沟通更加平等而直接。随着社会化媒体的发展，网络社群正在瓦解并超越传统社会结构，越来越多的消费者在消费决策中更愿意相信来自其他消费者的评价，而非品牌的自我宣传。借由粉丝力量成长起来的小米手机，让我们看到了粉丝对品牌形成认同和归属感后身体力行，形成了主动传播品牌的动力，证明了粉丝对于品牌的反哺价值。

趋势八：消费明星

火爆荧屏的《爸爸去哪儿》开启了大众娱乐新方式——消遣明星。但与以往娱乐明星的方式不同，人们越来越关注明星光环背后的故事。随着人们对明星的追随深入骨髓，他们的消费视野也扩张到明星生活消费上。明星们进一步意识到自身品牌的商业开发价值，借此开发出很多有形的消费商品和服务。很多明星开起了自己的淘宝店，推出自己的原创品牌，让人们的生活可以紧跟时尚潮流，全身闪耀着偶像的光影。

在信息透明化的市场环境中，最出类拔萃的品牌，将是那些把坦诚相见彻底透明这一概念运用起来，以消费者利益为考虑并能把这一点精准、实时传递给消费者的品牌。

资料来源：《2015 年中国消费趋势预测》 http://www.southmoney.com/caijing/caijingguanch/201501/264017.html，此处有删减

第一节 广告客体的类型与特点

一、广告客体及其类型

广告的客体就是指广告作用的对象，即接收广告信息的受众。广告活动由广告主和广告公司来运作，针对目标市场中的消费者进行信息的发布。这就产生了传和受的关系。广告主和广告公司作为信息的发送方，广告受众作为信息的接受方，形成一个传播的过程。传者和受者的信息沟通是通过传播过程来完成的。

从表面上看，广告通过大众媒介和非大众媒介传播，能够对所有接触到广告的媒介受众发生作用，媒介的所有受众都能够成为广告的客体。但从科学的角度来讲，广告是针对特定的目标消费者进行诉求并发生作用的，并不是针对所有的人进行的。因

此，可以把广告的客体分为实际客体和目标客体。

广告的实际客体（Actual object）就是通过广告媒介接触到广告的受众。与一般的大众传播的受众相比，广告的受众范围面更为广泛。除了电视、广播、报纸等大众媒介的受众以外，一些小众媒介，如路牌、传单、橱窗、霓虹灯等的受众都属于广告客体的组成部分。

广告的目标客体（Target object）就是广告的诉求对象，也就是根据广告的目标要求来确定广告活动的特定诉求对象。就商业广告来说，广告的目标客体主要有四种类型。

1. 普通消费者

即为满足个人生活需要而购买商品的消费者大众，由个人和家庭组成，是广告活动的主要传播对象，也是广告的主要行动对象。在极其宽泛的"消费者广告"这个名目下，广告主可以对受众特征进行更为精细的区分，诸如男性、24~45岁、年收入超过5万元等。普通消费者既是广告的主要行动对象，又是生产企业和商业企业最终以其产品和服务满足其需求的对象。

2. 生产企业

包括生产设备、原材料和软件等生产资料的生产者，是大宗货物购买者。针对这类受众的产品和服务虽然主要是人员销售，但利用广告可以在潜在购买者中传递产品信息，创造知名度和美誉度，培养积极态度。

3. 商业企业

包括零售商、批发商等。商业企业既是生活资料生产企业的受众，又是生产资料生产企业的受众。生产企业只有通过商业企业的销售活动，产品才会到达消费者和用户，因此，生产企业的广告必须针对市场中的商业环节，充分激发商业企业经销商品的积极性。同时，广告的条款在双方的合作合同中也占有很重要的地位。一般情况下，如果生产企业不能提供充分的广告支持，商业企业就只能自己出钱进行广告宣传，这样就增加了经销商的经营成本。因此，提供充分的广告支持也成为生产企业吸引商业企业积极经销商品的重要条件。

4. 专业人员

医生、律师、会计、教师等接受过特殊培训或持有证书的专业人员，构成了广告的特殊目标受众。一方面，这类受众具有特殊的兴趣和需求，针对这类人员的广告应着重表现专门为满足其需求而设计的产品和服务，且在广告中使用来源于专业人员公认的专业术语和特殊的环境；另一方面，由于这些专业人员具有专业的权威性和影响的广泛性，又往往成为其他消费者或用户购买行为的重要影响者。例如，很多消费者常从牙科医生那里寻求牙膏、牙刷及其他口腔护理产品的购买建议；很多消费者在购买婴儿尿布和其他婴儿护理品时常从儿科医生那里寻求建议，等等。因此，将专业人员单独划分并进行研究是十分必要的。

广告的目标客体的多样性决定了广告活动的复杂性。企业的某一广告活动，可能以普通消费者为目标对象，也可能以生产企业、商业企业、专业人员为目标对象。具体如何决定，取决于企业在特定营销环境下的广告目标。由于普通消费者是所有产品和服务的最终消费者，生产企业、商业企业对产品的需求是由普通消费者的需求派生出来的，因此，企业的广告活动最终都要以普通消费者产生实际的购买行为为宗旨，普通消费者是企业广告活动的最终归宿。所以，下文所研究的广告客体主要围绕普通消费者展开。

二、广告客体的多重角色

1. 社会角色

广告的客体首先是作为社会生活中的人而存在的。马克思曾说过："人是社会关系的总和。"作为社会成员，广告客体在特定的社会环境中生活，与周围的人和事发生着各种各样的联系，因而有其自身的社会角色和与此相联系的心理和行为，而这些又直接影响到他们的消费习惯、购买决策过程。因此，在分析广告受众时，必须充分考虑到消费者所扮演的社会角色，"社会的人"是广告客体最基本的角色。

每个人在社会中都扮演着各种不同的角色，如儿子、父亲、学生、员工等。每一种角色都包括三个层面，即理想角色，表明他人或社会对个人的期望；知觉角色，即人们自身或与其直接相关的人对其角色的评价和期待；扮演角色，即一个人实际怎样担任自己的角色。人们扮演其角色的行为既决定于社会的期望和自身的理解，也决定于自身扮演角色的能力和外部环境所带来的压力与机会。

特定的角色与特定的社会地位相联系，因此，一个人也就有多种不同的社会地位，如企业管理者、市长、家长等。不同的人对各种地位的认识和追求不一样，每个人的心目中都存在着一个地位的序列。例如，有的人将权力地位放在第一位，有的人将财富地位放在第一位，有的人则把在家庭中的位置放在第一位。

人们的消费行为在很大程度上决定于他（她）所扮演的社会角色及所处的社会地位。例如，作为儿子为妈妈购买生日礼物和作为哥哥为弟弟购买生日礼物，其考虑的因素和购买的对象都可能有非常大的差别。因此，在进行广告诉求对象的选择时，必须对他们的社会角色进行理性、准确的判断。

同时，社会阶层是影响人的行为的又一重要因素。社会阶层是指全体社会成员按照一定等级标准划分为彼此地位相互区别的社会集团。日本著名社会学家富永建一认为，"所谓社会阶层，指社会资源分配的不平等状态。这里的社会资源，是对物质资源（财富）、关系资源（权力和声望）和文化资源（知识和教养）的统称。"不同社会阶层的人们的消费行为具有明显的差异，包括以下几点：①支出模式上的差异。不同社会阶层的消费者所选择和使用的产品是存在差异的，如有的产品如奢侈品、到国外度假更多地被上层消费者购买，而另外一些产品，如廉价服装等则更多地被下层消费者购买。②休闲活动上的差异。在不同阶层之间，休闲活动的类型差别非常大。例如，打高尔夫球、玩游艇和房车等经常是上层消费者的休闲方式，而逛街、打扑克等则更多的是下层消费者的休闲方式。③信息接收和处理上的差异。下层消费者的消费信息主要来源于企业的营销活动，对误导和欺骗性信息缺乏甄别力，在购买决策过程中对亲戚、朋友提供的信息依赖性比较强；中上层消费者则会更主动地搜集搜集信息，对信息的甄别能力比较强。随着社会阶层的上升，消费者获得信息的渠道会不断增多。④购物方式上的差异。人们的购物行为会因社会阶层而异。一般而言，人们会形成哪些商店适合哪些阶层消费者惠顾的看法，并倾向于到与自己社会地位相一致的商店购物。

可见，一定的社会阶层决定了客体的观念和行为。明确广告客体的社会阶层，就可以更准确地把握客体的消费观念、媒体习惯和消费行为，从而使广告活动更有针对性。

2. 消费者角色

广告客体是企业营销的对象，是产品和服务的消费者，而广告为作为营销组合的要素而存在。作为消费者的客体，有其特定的消费需求、消费心理和消费行为，其消费需求是决定广告传播什么样的信息，即广告的诉求策略最为重要的依据。因此，"消费者"是广告客体的核心角色，只有作为消费者的广告受众才是有意义的。

消费者行为理论表明，消费者的购买决策包括"5W1H"，即谁买（Who）、为什么买（Why）、买什么（What）、在什么时间买（When）、在什么地点买（Where）和如何买（How），在购买行为中可能扮演着倡议者、影响者、决定者、购买者和使用者等不同的角色，其购买行为包含着确认问题→收集信息→评估选择→决定购买→购后行为五个阶段，在这一过程中会受到文化因素、社会因素、个人因素和心理因素的影响。依据消费者介入程度的深浅和品牌差异的大小，其购买行为又分为复杂的购买行为、减少失调感的购买行为、寻求多样化的购买行为和习惯性购买行为。

为了实现广告的目标，广告人员必须准确地把握消费者的需求、消费者的心理和购买行为。因此，消费者行为理论就成了广告人员进行广告客体分析的基本依据。

3. 传播受众角色

广告是一种传播活动，广告客体是广告传播的对象，同时也是大众传播的对象，因此，"传播的受众"是广告客体的又一角色。一般来说，广告信息是在接触媒介的过程中接收到的，只有先成为传播媒介的受众，才能进入广告受众这一角色。媒介受众对传播媒介的需要、接触媒介的习惯、通过媒介获取信息的行为方式，是影响其能否成为广告受众的重要因素。要使广告信息得到有效的传播，必须对作为传播受众的广告客体进行充分的研究。

依据传播学的相关理论，影响传播效果的受众方面的因素包括以下几方面：

（1）受众的心理定势。人们在理解活动开始之前，都会不同程度地根据自己的生活经验而预先设定理解对象的应有面貌。这种预先设定事物格局的心理定势常常把理解导向理解者本人所期待的方向，结果导致对真实对象的歪曲。

（2）受众的文化背景。受众的行为、观念、习惯是特定文化塑造和熏陶的结果，其对事物的理解也就不可避免地带有鲜明的文化烙印。

（3）受众的情绪和态度。愉快的情绪、友好的态度会使受众对理解对象产生积极、正面的理解；反之，则会产生消极、负面的理解。

（4）受众对信息的选择性。选择性是受众接受、理解和储存信息的基本特性，包括选择性接触、选择性理解和选择性记忆三方面。选择性接触是人们尽量接触与自己的观点相吻合的信息，而避开相抵触的信息的一种本能倾向；选择性理解是受众总是依据自己的价值观和思维方式对接触到的信息进行与自己原有的认识一致的，而不是冲突的解释的一种倾向；选择性记忆是受众从已被接收和理解的信息中选出对自己有用、有利、有价值的信息储存在大脑中的过程。这一过程是在无意识中进行的。

（5）受众对传播媒介的接触习惯和认识。不同的受众有不同的媒介习惯，由此决定了受众对不同的媒介具有不同的接触率，由此带来了不同的传播效果。同时，传播媒介在受众看来越可信，越权威，传播的动机越无私、客观，传播的说服效果就越好；反之就越差。

广告客体的多重角色都对客体如何接受广告信息、如何受到广告影响具有重要作用。只有把握广告客体所承担的各种角色的内涵，才能对广告客体有完整的理解。

三、广告客体的特征

1. 集群性

广告受众接触广告信息，往往是以个体、家庭的形式出现，处于分散的状态。但由于受到受众个体的特性、社会、经济和文化等多种因素的影响和制约，他们又会形成观念和行为相近或相同的群体，如学生与商人、白领与蓝领、高收入者与低收入者等。这些群体会产生相近或相同的消费特征，而不同的消费群体也成为不同企业或同一企业不同产品的目标市场，也就成为不同广告的诉求对象。因此，广告客体，不是单个的社会人、单个的消费者，而是一个具有相同或者相近的观念和行为的群体。广告活动中的广告战略、广告策略等方面的决策也要依据这个群体中具有普遍性的特征进行。

2. 自主性

作为广告客体受众的每一个人，都是有血有肉、有情有欲的生命个体，他们有强烈的自主意识、创造意识、自尊心理，他们对传播信息的选择、理解和判断，并不轻易被传播者所左右或支配。他们对广告信息的接受从来就不是强制的、被动的、消极的、盲从的，而是自觉自愿的、积极主动的、自主自由的。在广告活动中，广告主以广告受众的需求、喜好为指向，广告公司和广告媒介的工作成效最终要受到广告受众的检验。

3. 互动性

在广告传播过程中，广告受众是受作用的一方，无处不在，无时不在。广告信息作为社会文化的一部分，不仅改变着广告受众的消费观念和消费行为，使其发生趋向于企业预期的变化，也潜移默化地影响着广告受众的价值观念、道德观念和社会行为。但实际上，广告受众在此过程中却是能动的，他们能够对广告活动中的广告信息及信息发送方产生反作用。一方面，广告受众消费需求的扩展，消费欲望的增加，以及消费心理和行为的改变，会促进企业进行生产和销售的革新、广告策略的调整，以及广告信息传播质量的改进；另一方面，广告受众的媒介接触心理和媒介接触行为又是制定广告说服策略和传播策略的根本依据。因此，广告客体对媒介和社会的发展也起到了很大的促进作用。所以，作为客体的广告受众与作为主体的广告主和广告公司之间存在着密切的互动关系。

第二节　广告客体的心理特征及过程

一、广告客体的心理特征

广告人员在广告活动中准确地把握广告客体在年龄、性别、职业、地域等方面的心理特征，是科学进行广告决策的前提和基础。

（一）广告客体的年龄心理特征

广告客体年龄结构的不同会直接带来消费心理、情绪和行为的差异，因而会影响到他们对产品的使用以及相应的产品广告的接受程度。所以，把握不同年龄阶段广告受众的心理特点，针对不同年龄阶段的广告客体在心理特征上的差异进行广告活动，能收到事半功倍的广告效果。

阅读资料

麦当劳广告：对准青少年

麦当劳把目标市场设定在少年儿童和年龄不超过35周岁的青壮年。35岁以上的成年人构成了美国总人口的42%，但在麦当劳的食品销售额中只占23%，年龄在15岁以下的青少年构成了公司销售总额的20%，其余57%由年龄在16~34岁的青壮年构成。因而麦当劳将广告对准青少年，并塑造出家喻户晓的麦当劳叔叔、汉堡神偷、吉士汉堡市长、巨无霸警长、奶昔小精灵等广告形象，来吸引青少年顾客。

以年龄作为划分依据，可以将广告受众划分为儿童期（6~12岁）、青少年期（13~30岁）、中年期（31~59岁）和老年期（60岁以上）。以上各阶段的广告受众分属于生理、心理、职业、地位发展的不同阶段，在兴趣、爱好、阅历等方面都具有很大的差异，具有各自不同的、独特的心理特点。

1. 儿童期的心理特征

儿童时期，生理和心理的发育还不成熟，体现出以下与广告相关的心理特征：（1）形象思维较好。相对于抽象思维而言，儿童的形象思维更发达；（2）无意注意是儿童注意的主要形式；（3）好奇心强，有强烈的求知欲望；（4）模仿能力强，特别是喜爱模仿喜欢的英雄偶像、喜爱的动画形象；（5）对父母和家庭的依赖性强，渴望受到家人、特别是父母的关注；（6）辨别是非能力弱，容易在观念、行为和语言等方面被误导。

针对儿童的广告，应力求做到：以形象化为主要手法，以鲜艳的色彩、活泼的音乐和动画的形式吸引其注意力；广告语言要简明且朗朗上口，符合儿童的语言特点；广告在活动性、对比性和强度性方面带有更多的夸张色彩和神奇色彩，以增强广告的趣味性；同时采用深受儿童喜爱的卡通人物，如奥特曼、孙悟空、变形金刚、蓝精灵等作为广告形象，等等。

阅读资料

向儿童进行广告诉求的五点经验

对于如何向儿童诉求，肯·罗曼和珍·曼丝在《如何做广告》中总结了五点经验：

1. 使产品有意思，使广告有趣味。如电视广告有时广告主角是以动画的方式表现的，通过有趣的动漫人物造型吸引孩子们的注意；

2. 展现产品的真实情况。儿童喜欢现实真实。调查表明，儿童对广告的信任和喜好程度正相关，相信广告内容的儿童会比较喜欢广告；

3. 为产品创造人物个性。孩子也是好简恶烦的，有个性的产品才能赢得他们的喜爱；

4. 音乐是关键。事实上，音乐是共同的语言；

5. 填用角色。例如，儿童会模仿年龄稍大的儿童。所以儿童广告中不应该表现不适宜的行为，包括饮酒与吸烟等。

资料来源：肯罗曼和珍·曼丝：《如何做广告》，台湾滚石，1996年版。

---

2. 青少年的心理特征

青少年时期心理的最大特点表现在情绪、情感上，主要呈现以下特征：（1）充满热情，富有朝气。年轻是青少年的最大优势，青少年时期是活力四射的时期，是热情奔放的时期，是对一切美好的事物充满好奇并大胆追求的时期；（2）大胆求新，追求时尚。青少年思想活跃，对未来充满希望和幻想，具有冒险精神，对新事物、新知识大胆追求，极具创造性；（3）追求个性，表现自我。青少年处于由不成熟向成熟的过渡时期，自我感知加强成了其急迫的心理需求，追求独立自我，喜欢与众不同；（4）容易冲动，有明显的情绪化倾向。青少年的思想情感、志趣爱好、性格气质还不稳定，因而重感觉，易冲动。加上年轻的优势，特别"敢以青春赌明天"；（5）性机能逐渐成熟，性意识日益觉醒，对异性越来越关注和好奇，异性具有越来越大的吸引力；（6）追星意识较强。

针对青少年的广告，需要注意以下几点：（1）采用流行的语言、音乐和实力派的广告形象，使广告富有动感，充满活力；（2）在广告中突出产品的创新性和新奇性，创造时尚和流行；（3）广告设计的节奏要求简单明快，具有强烈的煽动性和情绪感染力；（4）适当使用异性形象或异性欣赏的情节，在符合审美和伦理规范的前提下使用"性"元素；（5）采用在青少年心目中具有较高的认知度和好感度的名人代言。

阅读资料

流行音乐与青少年的模仿性消费行为

近期，匹兹堡大学有新的一项研究发现，歌词当中带有酒类的品牌，一些青少年听了就更容易酗酒。而通过对流行乐的观察，研究人员发现青少年平均每天会看见八种以上的酒类品牌广告。

青少年热衷于模仿偶像的行为，在饮料的选择上也是如此。不过，说唱歌手们喜欢的可不是苏打水、软饮料，而是低度酒和香槟。

2001—2010年，一个著名干邑品牌出现在无数的说唱歌曲里。2003年，美国歌手"50分"的一首《In Da Club》让数百万人在过生日时选择喝某品牌的朗姆酒，原因仅仅是歌词里的"We gon sip Bacardi like ish yo birthday"。而另一位顶尖说唱歌手 Jay－Z 的歌里则频频出现他最爱的香槟，MV里也常有他最爱的香槟品牌出镜。Jay－Z 的妻子，巨星碧昂斯，在她2013年的单曲 Drunk in Love 中也提到了这款香槟，让她所有的粉丝都知道这是"碧碧的选择"。

研究同时表明，自20世纪70年代，嘻哈（Hip－hop）音乐中出现酒以来，这一元素在音乐中频频出现，在说唱乐中出现的次数增长了四倍以上。

本次研究的领导人员，匹兹堡大学医学院（Pittsburgh University's School of Medicine）儿科和医药学的副教授布莱恩·派穆克（Brian Primack）说："青少年每年要通过音乐接触三千余种酒类品牌。这是一个极易受到酒精负面影响的年龄段。"

另一位儿科教授认为，品牌介绍具有广告效应，不管是否出于有意，这种效应都是存在的。

调查显示，美国59%的少年（15～23岁）买过酒，其中18%的人每月都购买，而37%的人因为酒精有过伤病等问题。这份线上线下同时进行的调查还给出了出现过酒的流行歌曲的名字，询问受众是否听过以及是否喜欢。另外，还提供了测试，以便受众回忆起那些提到酒的歌。

结果表明，能完整回忆起歌里的酒的人，其买酒的概率是其他人的两倍。即便加入年龄、社会地位、亲朋饮酒情况等参照项，结果依然不变。另外，这些人也更有可能酗酒。

派穆克教授补充说，研究中一个令人惊讶的结果是，流行乐掺杂的酒精品牌给青少年带来的影响，不亚于身边的人饮酒带来的同化作用。平均每天有八个酒精品牌在少年们面前出现。这是基于每天2.5小时的平均音乐曝光、平均每小时提及3～4个品牌得出的结果。对一些人而言，这个数据可能还少了点。听这些歌的年轻人，喝酒、酗酒行为更为常见。

资料来源：http://news.qiuyi.cn/qwfb/2014/0418/31918.html

3. 中年期的心理特征

中年人已进入最具有经济实力和社会地位的年龄阶段，一方面是最有消费力的群体；另一方面中年人又肩负着抚养子女、赡养老人的重任，加上经济短缺时代养成的节俭习惯，其自身消费一般不太张扬，更多的是关注家庭消费。其心理特征主要有：（1）注重理性。四十而不惑。中年人已具有丰富的生活阅历，见多识广，是理性的消费者；（2）注重传统文化和家庭关系；（3）处于事业的黄金时代，对身份感的追求比较强烈。

针对中年人的广告，对产品的功能介绍不可夸张失实，广告语言力求使他们产生共鸣；可采用传统文化、民族文化符号来诠释产品的内涵或营造消费情境；采用普通消费者的消费经历证明；突出产品所带来的身份感和地位感等。

4. 老年期的心理特征

当人进入老年期后，要经历体力、社会地位的衰减带来的无助感和寂寞感，收入水平相对下降所带来的经济上的紧迫感，其主要心理特征包括：（1）对历史悠久的老字号产品有强烈偏好。老年人在长期的生活经历中已经形成了一定的思维定式和消费习惯，对新产品、新品牌往往持怀疑态度，而对历史悠久的产品或品牌则有更多的信任感；（2）对广告的信任度相对较低，如果说年轻是青少年的年龄优势，那么年老就是老年人的年龄优势。年老代表阅历，代表经验，代表智慧。老年人习惯于按自己的经验来处理事情，广告的影响力相对有限，但也并非不受广告的影响；（3）具有一定的补偿消费心理，老年人辛苦了一辈子，在经济条件许可的条件下希望对自己过去过分节俭的生活予以补偿，因而也开始注重物质和精神生活上的享受；（4）注重健康、保健。随着身体状况的不断变化，老年人对其身体的保健颇为关注。

针对老年人的广告，可以强调产品的方便、舒适性；突出健康类产品的保健功效；宣扬孝文化，营造历史感和怀旧情绪；迎合具有补偿消费心理的老年人的积极消费观念，鼓励其自我意识的觉醒；广告基调或宁静祥和以适应老年人平和的心境，或喜庆吉祥以迎合老年人的对美好征兆的期望。

（二）广告客体的性别心理特征

人类社会由男人和女人组成。由于两性本身及社会分工的不同，社会对其评价系统和价值取向也不同，因此形成了不同的消费心理特征和广告接受心理特征。

1. 女性的心理特征

传统的女性是被动的、依赖的，注重人际关系和群体活动，一般是家庭日常生活用品购买的决定者、实际购买者和主要使用者。现代女性独立性越来越强，通常扮演着家庭角色、职业角色、学习角色、社交角色等多种角色。其心理特征主要表现在：（1）爱美，虽然说爱美之心人皆有之，但以女性为甚。爱美是女人的天性，女性是美丽的囚徒。一个有关美丽的承诺往往可以使女性消费者怦然心动，慷慨解囊。因此，针对女性的广告要特别强调产品所引起的对身体的美的功效，满足女性对外在美的追求；（2）情绪化，行为和态度易受消费情境的影响，特别是购物场所的灯光、音乐、POP、商品的包装及堆头等情境因素的影响。因此，对女性的广告，要加强直观形象的影响和温馨氛围的营造，增强情绪感染力；（3）感情丰富，女性对事物比较敏感，感情丰富且易受感染。因此，情感诉求的广告对女性具有强大的影响力；（4）对价格比较敏感，女性对价格因素较男性敏感，力图以最少的支出获取尽可能多的产品和服务。

因此，在广告中突出价格优势能有效地刺激女性的购买欲望。

2. 男性的心理特征

现在社会仍是以男性占主导地位的。刚强、大气、独立是对男性主要的社会期望，事业发展和社会地位往往成为衡量男性的价值的重要标准。在消费心理上，男性往往具有以下特征：（1）期望产品能体现阳刚之气。刚强是男性美的主要象征，因此男性都希望商品能显示其男子汉的阳刚之气。以男性为主要受众的广告应赋予产品更多的男性气质，向男性受众传递使用该产品所获得的成功、自信的感觉及粗犷帅气的形象。（2）注重事业和社会地位。曾经有一句话讲："男人通过征服世界来征服女人，女人通过征服男人来征服世界。"对男人而言，事业是其立身之本。成功的事业也才能带来一定的社会地位。因此，在广告中突出产品的名贵性和身份感，突出产品作为事业成功的标志和社会地位的象征，往往对男性具有较大的吸引力。如劳力士手表以"劳力士——财富、权势与地位的象征，有名望的人士引以为荣。要登大雅之堂，就买劳力士"进行诉求，突出其名贵身份，尽管价格昂贵也赢得了不少男士的青睐。（3）偏重于理性。男性比女性更注重商品的实际效用和内在品质，属于理智型的消费者，因而成为耐用消费品（房屋、家电等）的直接或主要的决策者。因此，高档耐用消费品的广告最好以男性为主要诉求对象，并以理性诉求为基本的诉求方式，提供尽可能详尽、准确的产品相关属性的信息。

（三）广告客体的地域心理特征

不同的地域有不同的自然条件、经济发展水平和文化特点，由此形成了不同地域的广告客体各具特色的心理特点。

1. 城乡居民的心理特点

城乡二元结构仍是中国社会的一个典型特征。城市高楼大厦林立，居民有较高的收入水平，网络生活成为越来越流行的生活方式，新观念、新事物不断涌现。农村基础设施落后，不少家庭没有电视和电话机，农民的收入还处在较低的水平。由此形成了城乡居民不同的消费结构和消费观念。

城市居民与报纸、杂志、电视、网络等大众媒体接触频繁，乐于接受新的消费观念和消费方式，注重个性，注重享受和自我发展。因此，针对城市居民的广告宜选择报纸、电视，特别是网络等媒体，倡导新的消费观念，突出商品的档次和个性特征，突出商品对其自我提升的积极作用。

农村居民与报纸、网络的接触机会相对较少，与电视、广播等媒体有较多的接触。随着手机的不断普及，移动网络成为接触机会不断增加的新兴媒体。墙体等户外媒体也是较常接触的媒体；注重商品的实用性，对价格比较敏感。因此，针对农村居民的广告宜选择电视、广播等大众媒体和墙体等户外媒体，重点突出产品的功能优势和价格优势。

2. 东西方广告受众的心理特点

东西方的不同的地域环境和历史进程形成了文化传统和风俗习惯，也形成了东西方不同的思维方式、审美情趣和价值观念。

东方文化强调整体，重视家庭与亲情，注重集体主义，比较含蓄、沉稳，注重写意性和直觉性。因此，针对东方文化的广告需要注重深厚的人情味，"重群体、轻个体"，采用比较直白的手法将产品的独特属性或品牌口号进行直截了当地告知，或者进行情感氛围的营造。例如，国内几乎所有的名酒广告都采用了极力渲染亲情，讲求一团和气诉求方式。

西方文化崇尚英雄主义，强调个体的独立和主体作用，重视个性的张扬，注重写实性和逻辑性。因此，针对西方文化的广告应更多地注重创意，采用幽默、风趣的表现风格，突出个性，宣扬英雄主义的情结。如万宝路的广告，塑造了一个美国西部牛仔的形象：一个目光深沉、皮肤粗糙、浑身散发着粗犷、原野、豪迈英雄气概的男子汉，袖管高高卷起，露出多毛的手臂，手指间总是夹着一支冉冉冒烟的万宝路香烟，跨着一匹雄壮的高头大马驰骋在辽阔的美国西部大草原。这则广告人物个性鲜明，赢得了广泛赞誉。

（四）广告受众的收入心理特征

收入是消费的经济基础。在社会生活中，不同的收入水平是形成不同的社会阶层的最主要的因素，不同的社会阶层具有不同的价值观、兴趣爱好和行为方式，具有不同的心理特点。

高收入阶层具有雄厚的经济基础，因而注重产品的高档性和象征性，对名牌产品和奢侈品、炫耀性商品具有浓厚的兴趣，不介意产品的高价；注重投资和生活的品位。以高收入的人群为受众的广告要突出产品的档次和华贵，以身份和地位的标志、事业成功的象征为主题。

中等收入阶层一般为工薪阶层，收入水平一般，既注重生活质量又时刻节约开支。因此，比较注重实用和实惠的产品，对价格比较关注，不太注重产品的档次。所以，针对中等收入阶层的广告要突出产品的实用性和低价，以性价比为广告诉求的重心。

低收入阶层主要是失业下岗人员、只有退休金而没有其他收入来源的退休人员、有较重的抚养或赡养负担的人员及家庭出现变故的人员等。这些人员较低的收入水平决定了其消费的理性，注重实用性而不注重象征性和自我表现性，甚至不太注重商品质量，具有一定的从众心理。因此，针对低收入阶层的广告要以低价为诉求重点，以机会的稀缺性激发起"抢购"的欲望。

（五）广告客体的职业心理特征

三百六十行，每一种职业都有相应的职业角色和要求。职业代表了一个人的社会地位和收入水平，因而也直接决定了他（她）的价值观、消费结构和心理特征。下面仅从"白领"阶层和"蓝领"阶层两方面做简要分析。

白领阶层一般指企业中以从事脑力劳动为主的中上层人员，如管理人员、技术人员和其他专业人员。他们工作条件较好，经济收入和社会地位较高。白领阶层的消费倾向于小资情调，追求精致时尚，注重消费的品位。针对白领阶层的广告应突出商品的品味和时尚性，突出产品的使用氛围。

蓝领阶层主要是以体力劳动为主人员，他们具有较低的收入水平、文化水平和技能水平。蓝领阶层的消费一般不注重档次，但城市的生活环境使其在购买生活必需品时仍比较注重对品牌的选择。

二、广告客体的需求心理

（一）需求

广告主进行广告宣传，其最终目的都是希望消费者购买广告所宣传的产品或劳务，而消费者之所以采取购买行为，是出于某种动机，而这种动机又必然源于某种需求心理。因此，广告诉求所给予消费者的承诺能否满足消费者的某些需要和动机，是广告能否取得成功的关键。

需要是个体在一定的条件下感到某种短缺而期望获得满足的一种状态，是机体延续和发展生命对所必需的客观事物的欲求的反映，是机体自身或外部条件的要求在大脑中的反映。依据马斯洛的需求层次说，人的需要分为五个阶梯层次，从低到高依次为：生理需要，如食物、水、住所、空气、性等；安全需要，如保护、秩序、稳定等；社交需要，如爱情、友谊、归属等；尊重需要，如包括自尊和希望得到别人的尊重两方面；自我实现的需要，如实现某种理想或抱负、取得某种成就等。

这五个层次是从低级（生理性）需要到高级（心理性）需要呈上升状的，并且有时是几种需要并存的。任何一种需要浮现在意识中的可能性，取决于更具优势的需要的满足或不满足状况。占优势的需要将支配一个人的意识。当一种需要得到满足时，另一种更高级的需要就会出现，转而支配意识，并推动行为的产生。值得注意的是，并不是一种需要得到全部满足后才出现另一种需要。大多数情况下，人们的每种需要都是部分得到满足，部分没有得到满足。如一般的美国人，生理需要大约满足了85%，安全需要满足了70%，社交需要满足了60%，尊重需要满足了40%，自我实现的需要满足了10%。

在当今社会，人们的消费越来越从追求量的满足转向质的满足和感性消费。在感性消费时代，心理需求对人们的购买行为的影响越来越大。因此，广告应重点针对人们的心理需求进行诉求。

（二）动机

动机是直接推动一个人进行活动、以获取满足其需要的事物的内部动因或动力，它是行为的直接原因。作为一种活动的动力，动机具有三种功能：第一，引起和发动个体的活动；第二，指引活动向某一目标进行；第三，维持、增加或制止、减弱活动的力量。正是由于具有这些作用，动机的性质和水平也必然会影响到活动的水平和效能。消费者的动机是其决定购买的重要因素。

动机来源于内部的驱动力和外部的诱因。内部驱动力是驱使人们产生行为的内部动力，这种驱动力产生的基础是需要。需要越大，内部的驱动力也越大。与人的需要分为生理性需要和社会性需要相对应，人的内部驱动力也分为生理性驱动力和心理性驱动力。生理性驱动力由生理性需要产生，受外界的影响较小，且比较稳定；心理性驱动力由社会性需要产生，受周围环境的影响较大，且易于变化。诱因是能引起人们的动机和行为的外部刺激。诱因按性质可分为两类：一类是人们因趋向或获得它而得到满足的正诱因，另一类是人们因逃离或回避它而得到满足的负诱因。

动机的不同来源形成了消费者购买动机的多种模型，主要有：

（1）本能模式。人类为了维持和延续生命，有饥饿、冷暖、行止、作息等生理本能。这种由生理本能引起的动机叫作本能模式。其具体表现有维持生命动机、维护生命动机、延迟生命动机等。这种为满足生理需要而产生的购买动机驱动的购买行为，具有经常性、重复性和习惯性的特点。

（2）心理模式。由人们的认识、情感、意志等心理活动引起的购买动机叫作心理模式的动机，包括由人的喜怒哀乐等情绪引起的情绪动机，由人的道德感、理智感、美感等高级情感引起的情感动机，由人们对商品的客观认识、理性思考而产生的理智动机三种类型。

（3）社会模式。人们的动机和行为不可避免地会受到来自社会的影响。这种后天的、由社会因素引起的动机叫作社会模式。社会模式的行为动机主要受社会文化、社会风俗、社会阶层和社会群体等因素的影响。社会模式是后天形成的动机。由社交、归属、自主等需要引起的购买动机，属于基本的社会性动机；由成就、威望、荣誉等引起的购买动机，属于高级的社会性动机。

（4）个体模式。个体差异是引起消费者不同的购买动机的根源。这种主要由消费者个体因素引起的行为动机叫作个体模式。消费者个体因素包括年龄、性别、性格、气质、兴趣、爱好、能力、修养等方面。个体模式比上述的心理模式、社会模式更具有差异性，其购买行为具有稳固性和特殊性。

在现实生活中，人的需要与动机的系统模式表现为购买心理规律。它具有求实、求廉、求新、求异、求美等心理特点，以及求知、求情、求乐的心理惯性特点，从而对人的购买行为进行指导。广告宣传，也就是通过购买心理规律的这些特性而对人的需要和动机施加影响力。

一般而言，不同的商品的广告应根据商品的使用价值和诉求对象的不同，来分别考虑如何作用于人的需要和动机。在这些不同的广告宣传中，始终贯穿着两种影响人的需要和动机的方式，即激发消费动机和推动目标选择。

一个人的多数需要在大部分时间内都是潜伏着的。在特定的时间内，任何一类特殊需要的激发都需要由内在刺激和外部环境变化的刺激来激发。激发动机的方式有三种：生理激发、认知激发和环境刺激激发。由于人的理智要求、情绪要求与商品本身的不一致或不同步，广告通过向目标受众进行理性或情感诉求，从而对人的需要和动机施加影响来激发其潜在需要。

广告的另一种影响人的需要和动机的方式就是推动目标的选择。目标是被激励行为所追求的结果，人的全部行为几乎都要受到目标的指引。对于任何特定的需要来说，都有着各不相同的适宜目标。每个人的目标选择，决定于其生活经验、经济条件、身体条件、文化观念，以及目标在物理和社会环境中的可接近性。因此，广告必须以让消费者选择所宣传的商品为目标。广告活动的一切环节和方面都必须以推动这一目标的实现为宗旨。同时，广告还必须明确所宣传的商品与广告客体的需求之间的关系，进行准确的广告定位，解决他们所担心的问题，激起他们对广告商品的浓厚兴趣。同时，还必须注意人的需要和动机的变化性，从而在广告中注意改变宣传策略，使广告产品保持长销不衰的势头。

阅读资料

人类动机的清单与广告吸引力

人类学家认为广告信息必须有吸引人的某种理由，在以下被称为人类动机的清单中列举了15种在广告中经常使用的吸引力：

1. 对性的需求。令人惊讶的是，调查发现，电视广告中只有2%用这种吸引力，也许人们认为它可能会将人的注意力从产品本身引开。

2. 交往的需求。大量的广告使用这种方法：你正在寻找友谊，广告商逆向地利用这一点，让你担心如果不使用某种产品就会失去朋友。

3. 养育的需求。每当你看到一条小狗或者一只小猫或者一个小孩，就会激发你的母性或者养育的本能。

4. 对指导的需求。一位父亲或者母亲的形象会激发你照顾别人的愿望。

5. 攻击性的需求。每个人都有获得平衡的愿望，一些广告满足你这种欲望。

6. 成就感的需求。获得某种产品就仿佛获得了完成某种困难事情或取得成功的能力，体育明星经常代表这类产品。

7. 占有欲的需求。我们在广告中能找到我们缺乏的能力：掌握的可能性。

8. 出人头地的需求。我们想被人美慕和尊敬，想具有较高的社会地位。有品位的瓷器和古典的钻石提供了这种可能性。

9. 被注意的需求。我们需要人们的注意，我们希望被注视。化妆就是追求这种愿望的自然表现。

10. 自立的需求。在一个拥挤的环境中，我们想脱颖而出，成为一个纯粹独立的人。这个愿望也可以反用：如果你不是用某种特定的产品，你就无法真正独立。

11. 逃避的需求。逃跑是非常有吸引力的，你可以想象你未经历过的冒险，逃避的想法也令人喜悦。

12. 安全感的需求。摆脱威胁保证安全是许多保险和银行广告的吸引力所在。

13. 审美感的需求。美丽吸引着我们，古典艺术或者舞蹈使我们感到富有创造力和充实。

14. 满足好奇心的需求。人们相信并且事实也证明信息可以量化，数字和图表使我们的选择看起来更科学。

15. 生存需求。例如，睡眠、吃饭和喝水的需求。果汁面包的广告在半夜就特别有吸引力。

资料来源：Jib Fowles, "Advertising Fifteen Basic Appeals", American Mass media: Industries And Issues, pp. 46 – 52

三、广告客体的心理活动过程

（一）广告发挥作用的模型

面对广告，消费者是一个积极的反应主体，不是一个被动的接受者。消费者在接受广告信息时，广告首先引起他的注意，进而认知广告内容，再借助外部环境因素和内在的心理因素对广告内容进行评价，进而对购买意向和购买行为进行决策。这一过程既是广告对广告客体发挥作用过程，也是广告客体在广告的作用下对广告及广告商品的心理变化过程。这一过程大致可以分为认知过程、情绪过程和意志过程阶段。在这些不同的阶段中，受众的心理行为直接地反映出受众个体的心理特征。

上述消费行为过程客观地揭示了广告对目标受众可能发挥的积极作用：①唤起消费者的潜在需要，使其产生购买欲望，进而激发起购买动机；②提供有关商品的信息，加深广告客体对广告商品的认知；③确认商品的品牌，以便选择特定的商品。因此，成功的广告必须能迅速吸引消费者的注意，引发其兴趣，使其正确地理解广告中的信息，从而影响其情感和态度，激发其购买欲望，并在有意或无意中对广告进行记忆，最终在强烈的购买动机驱使下完成购买行为。

（二）广告客体的心理过程

1. 认知过程

消费者购买行为的心理活动是从对商品的认知过程开始的。这一过程是消费者对商品的个别属性（如形状、大小、颜色、气味等的各个不同感觉）相互间加以联系和综合的反映过程，是消费者购买行为的重要前提和基础。

在这一过程中，消费者通过自身的感觉、记忆和思维等心理活动，通过感性认识和理性认识两个阶段来完成认知过程的全部内容。

感知是消费者对商品的外在特征和外部联系的直接反映，是原始形态的，是对商品认识的初级阶段。这一阶段包括感觉和知觉两个环节。

消费者对商品的感觉过程，是商品直接作用于消费者的感官并加以刺激而引起相应反应的过程。在这一过程中，消费者获得有关商品的各种信息，是消费者接触商品的最简单的心理过程。因此，对商品广告来说，只有使消费者对广告及广告商品产生一个良好的感觉，进而才能说服消费者购买。所以，研究广告的认知过程首先就要研究感觉的产生机制及作用。

根据研究，人们凭感觉接受外界的信息，83%来自视觉，11%来自听觉，3.5%来自嗅觉，1.5%来自触觉，还有1%来自其他。在消费行为中，消费者借助感觉来接受有关商品的各种不同信息，并通过神经系统将信息感觉传递到神经中枢，产生对商品个别的、孤立的和表面的心理印象。感觉尽管是对商品个别属性的反映，但它是消费者认识商品的起点，是整个心理过程的基础。因此，广告在设计制作方面必须注重对商品细节的表现，最大限度地给予广告受众良好的感知，从而给消费者产生一见钟情、先入为主的效果。

在消费者对商品产生感觉之后，消费者的意识还会随着对感觉材料的综合处理，把商品所包含的许多不同的特征和组成部分加以解释，在头脑中形成进一步反映商品的整体印象。这一过程就是消费者的知觉过程。在这一过程中，消费者在头脑中形成了对商品的完整形象，从而对商品的认识更进了一步。可见，知觉是人脑对感觉刺激进行选择、组织和解释，使之成为一个有意义的、连贯的现实映像的过程。当然，在日常生活中，消费者对商品从感觉到知觉的认识过程，在时间上几乎是瞬间或同步完成的。

在知觉过程中，消费者会产生知觉的偏见。知觉的偏见是人们在感知广告或商品的时候，由于特殊的主观动机或外界刺激，对其产生一种片面的或歪曲印象的心理过程。产生知觉偏见的常见原因包括：（1）首因效应，即第一印象的强烈影响。事物给人最先留下的印象往往有强烈的作用，左右着人们对事物的整体判断，影响着人们对事物以后发展的长期看法；（2）近因效应，即最近或最后印象的强烈影响。事物给人留下的最后印象往往非常深刻，难以消失；（3）晕轮效应，即一种以偏概全、以点概面的片面知觉。人们在认识事物或人的时候，往往会从对象的某些突出的特征或品质推广为对象的整体印象和看法，从而掩盖了对象的其他特征或品质，形成某种幻化的知觉；（4）定型作用，即固定的僵化印象对人的知觉的影响，也称"刻板印象"。人们往往自觉不自觉地凭借自己以往形成的固有经验和固定的看法去判断评价某类人或事物的特征。

在消费行为中，消费者还会借助于记忆，对过去曾经在生活实践中感知过的商品、体验过的情感或有关的知识经验，在头脑中进行反映。它包含对过去所经历过的事物或情感或知识经验的识记、保持、回忆和认识等过程，在消费者的购买行为中起着促进购买行为的作用。因此，在广告宣传中，采取强化记忆的手段来强化认知是相当重要的。

在消费者发生对商品的表象认识，并在神经中枢中建立起对商品的印象之后，就会把对商品的认识过程更向前推进一步，使认知过程从表象形式向思维过渡，进一步认识商品的一般特性和内在联系，从而全面地、本质地把握住商品的内在品质。这一思维过程是理性认识阶段。在这一过程中，消费者对商品在神经中枢中进行概括，产生间接的反映，从而间接地理解和把握那些没有感知过的或根本不可能感知的事物。在这一过程中，消费者还始终保持着与感知、表象的联系，即保持着商品的个别属性与整体形象的联系，以继续发挥感知和表象的认识功能，从而使认识的两个阶段互相转化，交替发展，相互制约和相互促进，完成对商品的认知过程。在广告活动中，必须根据商品的性质和广告对象的思维特点，为消费者提供生动的思维材料，以刺激广告对象的思维活动，形成有利于产生消费行为的理性认识。

感性认识和理性认识都是受众对企业形象、商品形象的认识活动，都是为了弄清商品的相关属性而产生的心理活动，统称为受众心理的认知过程。在此基础上，受众对商品产生信任情感，采取购买行为。广告宣传对公众施加影响的基础就是认知过程，其结果就是引起受众对广告商品的高度注意，强化受众的记忆心理。

2. 情绪过程

消费者对商品的认知过程，是产生购买行为的前提。但其实际购买行为还会受到生理需求和社会需求的支配，两者构成其物质需求的强度。由于生理需求和社会需求会引起消费者产生不同的内心变化，从而形成对商品的各种情绪反应。消费者对待商品是否符合自己的需要而产生的行为态度，是消费者的情绪过程，这一过程贯穿于购买心理活动中的评价阶段和信任阶段，对购买活动具有重要影响。如果情绪反应符合或满足了其消费需要，就会产生愉快、喜欢等积极态度，从而导致购买行为；反之，如果违反或不能满足其消费需要，则会产生厌恶态度，就不会产生购买欲望。

消费者的情绪表现，一般通过其神态、表情、语气和行为等来表达。各种情绪的表达程度也有着明显的差异，大致可以分为积极的、消极的和中性的三大类。

消费者的情绪表现，受到多重因素的影响。这些因素也成为广告活动中诱导消费者的情绪反应，从而促使其产生积极情绪的基本途径。

购买现场的环境条件是影响消费者情绪的重要因素。宽敞明亮、色彩柔和、美观典雅、气氛祥和的商场会引起消费者愉快、舒畅的情绪反应，使消费者处于喜悦、欢快的积极情绪之中，从而刺激消费者的购买欲望；反之，环境条件差的场所则会使消费者产生厌恶、烦躁的情绪。

商品本身是影响消费者情绪的另一因素。当商品与消费者的期望一致时，就会产生积极的情绪，从而促进购买的产生；反之，就会形成消极情绪，打消购买的欲望。在现实的购买活动中，消费者的情绪变化是随着对商品的认识过程变化而变化的。随着对商品的认识的深入，消费者会产生对商品的"满意—不满意"、"愉快—失望"这样的对立性质的情绪变化。如在购买商品时，消费者发现某种商品的外观好，则会引起愉快情绪，但在深入认识商品时，发现商品的品质较差，则会转变情绪，产生对商品的不满意态度。

消费者本人在购买商品时的情绪状态，如欢愉、开朗、振奋或忧愁、悲观等，是影响其情绪的第三个因素。这种情绪状态来源有多方面，如消费者的生理特点、性格倾向、生活经历、事业成败、道德观念、社会地位、理想信念、生活环境、身体状况和社会关系等。

消费者的情绪活动，具体可以分为情绪和情感两方面。

情绪是在消费者的自然需要是否获得满足的情况下产生的。当广告诉求内容能满足消费者的生理与心理需要时，消费者会出现积极的情绪体验；反之，就可能出现消极的情绪体验。

情感与消费者的社会需要紧紧联系在一起的，具有较大的稳定性。消费者的社会性情感可以分为三类：道德感、理智感和美感。道德感是消费者依据社会道德的行为规范去评价事物时产生的一种情感反应，如服务人员的热情、礼貌就会使消费者产生诸如赞赏、友谊、满足和归属的感觉，并以愉悦、兴奋和欣喜的情绪反应表现出来；理智感是消费者的求知欲望得到满足时产生的一种情感。消费者对一些结构新奇、功能特殊、性能复杂的商品进行认识活动时所产生的疑惑、求知、好奇和自信、犹豫等都属于理智感，这些都可能促使消费者作出某种情绪反应；美感是消费者出于审美的需要，对客观事物或社会现象进行评价时产生的心理体验。消费者对于一些造型独特、色彩艳丽、包装精美的商品往往会产生积极的审美体验。

在广告中，积极向上的主题、真实健康的内容、幽默的语言等都能使消费者产生积极的情绪反应。因此，在广告活动中，要重视对消费者积极情绪和情感的开发，以便有效地促进其购买行为。

3. 意志过程

在购买活动中，消费者表现出来的有目的地和自觉地支配和调节自己的行为，努力克服心理障碍和情绪障碍，实现其既定购买目的的过程，是消费者心理活动的意志过程。它对消费者在购买活动中的行动阶段和体验阶段有着较大影响。

消费者的意志过程具有两个基本特征：一是有明确的购买目的；二是排除干扰和困难，以实现既定的目的。

消费者对商品的意志过程，一般是在有目的的购买活动中明显地体现出来的。在有目的的购买行为中，消费者总是在经过思考之后提出明确的购买目标，然后有意识、有计划地去支配自己的购买行为的。消费者的这种意志与目的性的联系，集中地体现了人的心理活动的自觉能动性。这种能动性主要表现在帮助消费者在实现购买目的的过程中克服各种阻挠和困难，使购买目的顺利实现。

在意志活动过程中，消费者要排除的干扰和克服的困难是多种多样的，如价格过高、售后维修不方便、商品存在着某些缺憾等。这些障碍既有内在原因造成的，也有外部因素影响的结果。在广告活动中，要加强对受众的心理影响，以坚定受众对企业及其商品的意志信念，促成广告目标的实现。

总而言之，消费者心理活动的认知过程、情绪过程和意志过程，是决定购买的心理活动过程的统一，是密不可分的三个环节，其关系为：意志过程有赖于认知过程，并促进认知过程的发展和变化。同时，情绪过程对意志过程也具有深刻的影响，而意志过程又反过来调节情绪过程的发展和变化。

第三节　广告客体的心理反应

一、广告注意

广告信息的成功传递往往首先作用于消费者的视觉和听觉，继而激发其心理感应，促进一系列的心理活动，最后导致消费者的购买行为。可见，广告对消费者的心理活动与行为的作用过程包括以下几个阶段：诉诸感觉，引起注意；赋予特色，激发兴趣；创造印象，诱导欲望；加强记忆，确立信念；坚定信心，促成行动。从该过程中可以看出，商业广告在完成由诉求到购买行为的过程中，对消费者的心理活动具有十分明显的诱导作用。实践证明，进行广告活动，必须充分研究消费者心理活动的特点与规律，巧妙地应用心理学原理，增强广告的表现力、吸引力和诱导力，才能使广告具有冲击力，取得理想的传达效果。引起消费者的极大注意，是所有广告取得成功的基础。因此，在广告活动中，有意识地强化广告的刺激，吸引消费者对广告的关注，是一个极为有效的心理方法。

（一）注意及其特征

注意是人们的心理或意识活动对一定对象的指向和集中，它是一种最基本的心理现象，体现了人的主观意识对客观事物的警觉性和选择性。

一般来说，注意主要由两种因素引起：一是客观刺激的深刻性，如外界刺激的强烈程度以及刺激物的突然变化等；二是主体的主观意向性，如因生理需要、生活需要、兴趣爱好等原因而自觉地促使意识活动集中于某种对象。

从注意产生的生理和心理机制可以看出，注意具有两个明显的特点：一是指向性，二是集中性。指向性表明的是人的心理活动所具有的选择性，即在某一瞬间把心理活动有选择地指向某一对象，而同时离开其他对象；集中性表明的是人的心理活动在某一时间内只集中在少数对象上，对其他事物往往视而不见，听而不闻。在广告活动中，充分地利用注意的这两个特点，可以使消费者专注于广告宣传的对象，使之摆脱与广告宣传无关的其他事物的干扰，从而使广告的内容在消费者的心理活动中得到清晰、鲜明的反映。

注意在人的心理活动中占据着重要的地位，发挥着一系列重要的功能。首先是选择功能，即选择有意义的、符合需要的和与当前活动相一致的有关刺激或影响，避开或舍弃无关的、非本质的、附加的和与之竞争的各种刺激和影响，抑制对它们的反应；其次是保持功能，即令注意的对象的印象或内容维持在意识中，一直保持至达到目的为止；最后是调节和监督功能，即控制心理活动向着一定方向或目标进行。在这些功能中，对活动进行调节和监督是注意最重要的功能。

（二）注意的形式

当周围环境出现某种新奇的刺激物时，人们就自然地把注意指向这种刺激物，并试图认识它。而当人们没有外部环境的某种刺激，而是有预定的目的时，就会针对特定的需要指向预设的目标。因此，根据注意产生的有无目的和意志努力的程度不同，一般把注意分为无意注意和有意注意两种形式。

无意注意是事先没有预定的目的，也不须作任何意志努力的注意。它是一种定向反射，是由于环境中的某种变化所引起的有机体的一种应答性反应。当外界环境发生的变化作用于有机体时，有机体把相应的感觉器官朝着变化的环境。借助这种反射通常可以全面地了解刺激物的性质、意义和作用；使有机体适应新的环境变化，并确定活动的方向。

引起无意注意的原因包括客观刺激物本身的特点和人的主观状态两方面。

刺激物的特点包括：①刺激物的大小。刺激物本身及其与竞争物相比较的大小决定其是否更容易获得注意。一项对刊物不同篇幅大小的广告效果进行的对照试验中发现，半页大小的注意值平均分数是13.5，而全页广告的平均分数则是25.9。②同时起作用的各种刺激物之间的对比关系。对比度越大，越突出的刺激物更容易引起注意。③刺激物的位置。毫无疑问，容易看到的刺激更容易引起注意。研究表明，在杂志广告中，位于刊物前面，尤其是右侧位置的广告更能吸引读者的注意。④刺激物的活动和变化。大量的生活经验表明，运动的、变化的物体比静止不动的物体更容易引起注意。例如，当我们仰望星空的时候可能并不会特别注意某一颗星星，但如果一颗流星划过天空，则会特别引起注意。⑤刺激物的新异性。显然，新颖独特的物体要比习以为常的物体更容易引起注意。

人的主观状态包括：①人们对刺激物的兴趣、需要和态度。无论是物质需求，还是精神需求，凡是符合一个人的兴趣、爱好和需要的东西，往往更能引起注意。如游戏爱好者对一款新出的网络游戏的注意，一个足球爱好者对一场精彩的足球比赛的注意等。②人的情绪和精神状态。能够激起人们的某种情绪的刺激物更容易引起注意。如一款造型独特的手机让人感觉特别惊奇和欣喜。同时，人们在精神愉悦、心情舒畅时往往能注意到平时不太注意的东西，而在心情沮丧、烦躁不安时一些平时很注意的事物也常常被忽视。③人的知识和经验。一个人的知识经验对注意的影响主要表现在保持注意，特别是对新奇事物的注意方面。如一个建筑工人可能对施工过程中挖掘出来的残砖断瓦视而不见，而一个文物工作者则可能对这些残砖断瓦欣喜若狂。

有意注意是一种自觉的、有预定目的的、在必要时还需要付出一定的意志努力的注意，是根据人的主观需要把精力集中在某一事物上的心理现象，是一种主动的、服从于一定目的要求的注意。有意注意有两个显著的特征：一是目的性，即它要注意什么，不是由刺激物本身的特点决定的，而是由预先拟定的任务决定的；二是意志性，即为了实现目的和任务，就要排除干扰，克服各种困难，作出一定的意志努力。因此，有意注意也被称为主动的注意。相对于无意注意而言，它主要受人的主观因素的影响，客观外在因素的影响要小得多。因此，凡是能满足其物质和精神需要的广告均能引起消费者的注意。例如，一个打算购房的消费者往往会对房地产广告特别注意，并在位置、价格、质量、售后服务等方面进行全面的比较。

（三）增强广告被注意的策略

人们在日常生活中，每天要接触大量的广告信息。调查表明，一个美国人平均每天要接触到3000多条各种各样的广告信息，但能引起注意、有模糊意识的最多只有100多条，能留下深刻印象并有清晰感觉的只有10多条。因此，广告界流行这样一句话：使人注意到你的广告，就等于你的产品推销出去了一半。可见，在广告活动中，充分运用注意的心理功效是提高广告效果的基本途径。根据注意产生的原因及特点，广告活动中要吸引和维持消费者的注意，一般可采取以下策略。

1. 增大刺激物的强度

刺激达到一定的强度会引起人们的注意。刺激物在一定的限度内的强度越大，人对这种刺激物的注意就越强烈。心理试验表明，广告版面或面积增大10倍，消费者对广告的注意力会相应增加7倍。因此，在广告活动中，可以有意识地增大广告对消费者的刺激效果和明晰的识别性,使消费者在无意中引起强烈的注意。增大广告刺激强度的途径表现在多方面:大标题、明亮艳丽的色彩、超大的显示屏幕、超大的广告规格。例如,2013 年 5 月,加多宝公司在广州越秀山的电视塔上做了一个被称为"史上最大红罐"的霓虹灯广告。在朦胧的夜色中,一个载着"加多宝"名字的巨大红色灯塔照亮了半个羊城,十分耀眼。

2. 增大刺激物之间的对比

刺激物中各元素的显著对比往往也容易引起人们的注意。在一定限度内,这种对比度越大,人对这种刺激所形成的条件反射也越显著,从而达到"鹤立鸡群"、"万绿丛中一点红"的效果。在广告活动中,可以有意识地突出各种刺激物之间的对比关系和差别。例如,运用画面布局中的色彩对比、字体对比、空白对比、图案对比、光线的明暗对比与强弱对比,音响、语调的节奏对比与高低对比等手法。同时,除了强化在广告本身各元素之间他对比外,还要强化广告与周围环境因素的对比,以增强广告的易读性、易视性,从而引起消费者的兴趣。

3. 提高广告的感染力

刺激物的强度和对比度是引起人们的注意基本条件,但若刺激物缺乏引起人们兴趣的感染力,引起的注意也是短暂的。在广告设计中,采用新奇的艺术构思、风格独特的艺术表达、投其所好的广告主题,有意识地增大广告各组成部分的感染力,激发消费者对广告的各种信息的兴趣,是保持消费者的注意的有效手段。例如,在喷气式客机刚刚投入民航使用时,以色列航空公司飞往伦敦的航班广告就十分别出心裁:"从 12 月 23 日起,大西洋的面积将缩小 20%。"以大西洋的面积缩小突出飞机的速度更快,使消费者不仅对飞机的高速留下深刻的印象,而且还特别能激起消费者跃跃欲试的好奇心。

4. 突出刺激对象

在其他条件相同的情况下,注意度的高低与被注意对象的多寡成反比。对象越多,注意力越分散,对象少则有利于集中注意力。突出刺激对象的第二个方面是广告画面安排要恰当。要把所广告的商品、图画、照片和文字等放在视觉的中心上,并进行有序安排,使画面保持均衡、相称、统一和和谐。

5. 使刺激物富有动感

一般而言,运动变化的刺激物要比静止不动的刺激物更容易引起人们的注意。因此,在广告活动中,要尽可能使广告活动起来,以动态的广告形式来吸引人们的注意。

6. 运用口号和警句

用一句名言隽语,或一段特别精美的文字,使之看起来特别醒目,读起来朗朗上口,想起来回味无穷,并便于记忆,使人一想起这一句话,就联想到所广告的产品,这样能很好地提高广告效果。

7. 利用悬念

好奇是人的普遍的心理现象。悬念就是采用一些合理的、但却又是有违常规的广告设计,充分利用人们的好奇心以博取消费者的注意。例如,某烟草公司在中东市场推出的广告为:"禁止吸烟,连皇冠牌香烟也不例外。"这种违反常规的新奇做法,就使消费者对皇冠牌香烟充满了好奇。

8. 突出广告主题

要吸引消费者的注意力，不仅要使消费者注意到广告，更重要的是要注意到广告所宣传的商品。这就要求突出广告的主题。突出广告主题要从两方面考虑：其一，使人的感知和思维注意到广告所宣传的产品，避免被广告代言人、广告中的其他背景因素喧宾夺主；其二，广告宣传的主题目标要单一，且符合消费者的需要倾向和兴趣特点，避免目标多元化造成混乱。据一些心理学家的调查研究，下列题材最能引起人们的兴趣和注意：与人们的身体健康有关的；关系到人们的经济利益的；关于儿童的成长和生活的；能刺激人的欲望的；能给人以安全感的；能给人以美的享受的；有助于增强人们进取心的；能给人以舒适愉快的；有助于提高人们工作效能的；有助于促进社交活动的；能激发人们的自尊心和自爱意识的；能给人以同情和慰藉的……

二、广告记忆

记忆是人们在过去的实践中所经历过的事物在头脑中的反映。对于广告信息的记忆是消费者思考问题、作出购买决策的必不可少的条件。在广告设计制作中，应根据人类的记忆规律，有意识地增强易于为消费者记忆的效果。

（一）广告记忆的过程

记忆不是一瞬间的活动，而是一个从"记"到"忆"的过程。广告的记忆过程一般可以分为识记、保持、再认和回忆四个基本环节（见图3-1）。广告识记就是识别和记住广告，把不同的广告区别开来、使记忆在头脑中不断积累的过程；广告保持是巩固已得到的广告信息的过程；广告回忆是把过去发布过的广告进行回想的过程；而广告再认则是当过去作过的广告再度出现时能把它认出来的过程。对广告的记忆过程进行研究，其目的是系统地了解广告对记忆进行促进的全过程，充分利用广告促进记忆的作用，进行广告设计，以求获得更好的广告效果。

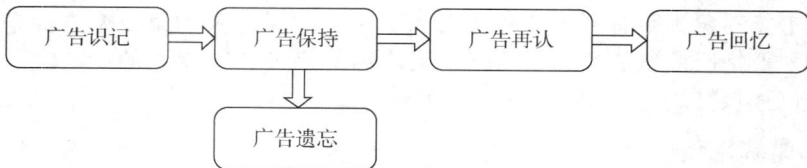

图3-1　广告记忆的基本过程

1. 广告识记

广告识记包括广告的识别和记忆两方面。它是人们将不同的广告区别开来，并将注意的广告信息在头脑中储存的过程。理论上，可以把广告识记分为有意识记和无意识记、机械识记和意义识记。

广告的无意识记是事先没有自觉的和明确的目的、不用任何有助于识记的方法，也没有经过特殊的意志努力的识记。无意识记具有极大的选择性。一般而言，那些具有重大意义，适合人的兴趣、需求和欲望、目的和任务，能激起人们的积极情绪活动的广告，对人的影响很深，容易被无意识记。人的许多知识、经验是通过无意识记积累起来的。人们记住的许多广告，往往是由于媒体的反复传播，通过"潜移默化"的作用，被人们无意识地识记下来的。

广告的有意识记则是具有明确的识记目的，运用一定的方法、经过一定的意志努力的识记。有意识记广告是一种复杂的智力活动和意志活动，要求有积极的思维活动和意志努力。它在广告宣传中具有重要意义，人们掌握系统的知识、系统的广告内容，主要依靠有意识记。

机械识记和意义识记的区分标准是识记者是否了解了广告的意义。机械识记是在对广告的内容、意义没有理解的情况下，依据广告的某些外部联系机械重复进行识记。意义识记，则是在对广告意义、内容理解了的情况下，依思维活动，揭示广告内在的本质联系，找到广告中的新材料与自己的知识的联系，并将其纳入个人已有知识系统。运用这种识记，广告内容易于记住，保持时间长，并且易于提取。大量的事实证明，意义识记在全面性、速度、准确程度和巩固程度上，都比广告的机械识记好。

2. 广告保持和广告遗忘

人们所记忆的信息内容在头脑中保存的时间有长有短。根据信息内容被保存时间的长短，可以把记忆分为瞬时记忆、短时记忆和长时记忆。瞬时记忆保持的时间极短，通常为1秒钟左右。在瞬时记忆的条件下，人们一般能记住7~8个单位的信息。短时记忆所保持的时间大约在1分钟内，其记忆的内容大部分要遗忘消失，还能记住的信息，则进入长时记忆。长时记忆对信息内容保持的时间较长，可以保持几小时、几天、几个月，甚至几年、几十年乃至终生等。

可见，消费者通过广告识记所获得的广告信息最终形成两种结果：广告保持和广告遗忘。

广告保持是过去接触过的广告印象在头脑中得到巩固的过程，它是大脑把广告信息进行编码、储存的过程；相反，广告遗忘则是对识记过的广告不能再认或回忆、或表现为错误的回忆的现象。广告保持和广告遗忘是相反的两个过程。它们对广告学的意义在于，广告保持不仅能巩固广告识记，而且是实现广告再认或回忆的重要保证；而广告遗忘则为在广告活动时如何防止发生这种现象提供了理论依据。

德国心理学家艾宾浩斯（Hermann Ebbinhaus）对记忆的遗忘现象进行了比较深入的研究，提出了著名的艾宾浩斯曲线。艾宾浩斯曲线告诉人们，遗忘是有规律的，遗忘的进程是不均衡的。一般在记忆的初级阶段遗忘的速度很快，后来逐渐减慢，到了一定的时间后几乎就不再遗忘了。这就是遗忘的"先快后慢"的规律。

表3-1 遗忘规律

时间间隔	记忆保持率
初始记忆	100%
20分钟后	58.2%
1小时后	44.2%
1天后	33.7%
2天后	27.8%
1个星期后	25%
1个月后	21%

广告遗忘的原因主要有衰退和干扰两种，衰退是由于广告记忆痕迹得不到强化逐渐减弱以至消失的结果；而干扰则是在广告学习和广告回忆之间的这一段时间内受到其他刺激的影响。遗忘即是衰退的结果，也是干扰的结果。遗忘是有规律的，它是时间的衰竭函数。因此，我们在广告宣传中，可以根据遗忘规律有针对性地安排广告的重播时间，以强化广告的记忆和保持。

3. 广告再认和广告回忆

对过去经历过的广告宣传重新出现时能够识别出来就是广告再认；而对过去出现和经历过的广告能够回想起来，则是广告回忆。消费者在选购某种商品时，往往要把储存在大脑中的有关商品的信息进行回忆，以指导购买决策。对广告的再认和回忆都取决于对旧广告的识记和巩固程度。若识记清晰、保持巩固，则再认或回忆就容易；否则，就很困难。借助于广告的再认或回忆，可以有效地巩固广告效果。

广告记忆过程的四个基本环节是彼此联系的完整过程。没有对广告信息的识记，就谈不上对广告信息的保持；没有对广告信息的识记和保持，就没有对广告信息的再认和回忆。可见，对广告信息的识记和保持是广告信息再认和回忆的前提和基础，而对广告信息的再认和回忆则既是广告信息识记和保持的结果和表现，又是对广告信息识记和保持的进一步巩固和强化。

（二）影响广告记忆的因素

广告记忆的建立和衰减往往会因为以下因素的不同而有所差异。这为我们提高广告的记忆效果提供了基本的思路。

1. 受众对产品关心程度的差异

广告对低关心度产品产生的作用较大，从媒体发布到销售额增加之间的时间差较短，且受众的遗忘速度较快；广告对高关心度产品所能产生的作用则相对较小，从媒体播出到销售额增加的时间差较长，但遗忘速度较慢。

2. 产品的购买周期

一般来说，购买周期较短的产品遗忘速度较慢，购买周期较长的产品遗忘速度则比较快。

3. 受众对产品的熟悉度

新产品需要较长的时间建立受众记忆，现有产品则因为受众较熟悉而只需要相对较短的时间。

4. 品牌形象的鲜明程度

形象独特鲜明的品牌记忆建立较快，且衰退较慢；形象一般的品牌则需要较长的时间建立记忆，且记忆衰退较快。

5. 市场竞争环境

如果市场上品牌选择较多，各品牌之间的相互替代性较高，那么，建立记忆所需的时间就较长。

6. 创意的冲击力

广告创意越独特，冲击力较强，受众越容易形成记忆；广告创意的冲击力越弱则越需要较长时间建立记忆，同时记忆衰退也较快。

7. 媒体干扰度的大小

媒体环境的干扰度越高，特别是同类的竞争品牌所形成的直接干扰度越大，建立记忆所需的时间就越长。

8. 媒体传播频率的高低

媒体传播的频率越高，建立记忆所需要的时间就越短；反之，媒体传播的频率越低，所需要的时间就越长，且记忆衰退也越快。

（三）增强广告记忆的策略

在广告中为了增强消费者对广告内容的记忆，可以采取以下几方面的策略。

1. 适当重复广告内容

现代认知心理学对记忆的研究表明，外部信息要进入人的长时记忆系统，其最重要的条件就是重复。重复不仅可以加深对广告内容的记忆，还可以使受众增加对广告的亲切感。但是，随着重复次数的增加，不仅会增加广告费用，受众对该广告的注意程度也会逐渐降低。因此，在广告活动中有意识地适当重复对于提高广告记忆的效果是非常必要的。

广告重复一般有四种形式：其一，在同一媒体上重复刊播同一广告，这是广告中最常用的方法；其二，在不同媒体上重复刊播同一主题的广告，进行整合营销传播，使受众分别在不同的时间、地点、情境中，用不同的感官接受到同一品牌的广告信息，这是非常有效的广告传播策略；其三，在一则广告中对某一重要内容（如商品品牌、广告主题等）加以重复；其四，在同一媒体上进行系列广告宣传。系列广告的每一则广告分别从不同的角度来介绍产品，这样，通过连续的系列广告，既可以加深消费者对品牌的印象，又可以让消费者对产品有一个全面的认识。

重复广告内容，要注意重复的技巧。其一，重复的频率要有所变化。根据前述的艾宾浩斯曲线，遗忘的速度是先快后慢的。因此，一则新广告在刊播之初重复率要高，以后逐渐减少，直至保持在某一频率水平；其二，重复的内容要有所变化。一则广告刊播数次之后，要在内容和形式上有一定的变化，以保持受众对广告的热情。同时，在变化中又要保持广告主题和基本的表现风格不变，以保持广告的连续性，便于受众存储记忆。

2. 适当减少广告信息的数量

在同一时间内，信息数量与记忆效果成反比。因此，广告中所传递的信息只有简单、易识别、易理解，才容易被记忆。这要求：其一，使广告目标单一，主题单一，突出重点；其二，使广告内容简洁、易懂。在广告中，主题思想越明确，词句文字越简洁，画面越单一，记忆效果越好。一般地，广告标题或广告宣传主句字数不宜太多。研究表明，少于六个字的广告标题，读者的记忆率为34%，而多于六个字的标题，读者的记忆率则只有13%。

3. 充分利用形象记忆优势

在人的记忆中，语言信息量与图像信息量的比例是1：1000。因此，在广告宣传中，要尽可能运用直观、形象的信息传递，充分发挥形象记忆的独特作用，如优美的广告画面、个性化的广告文字、形象直观的现场示范等。

4. 广告形式新颖独特

新颖独特的信息在记忆中不易受其他信息的干扰，记忆比较牢固，且容易回想。因此，采用新颖独特的广告形式是提高广告记忆度的有力手段。这包括三方面。

（1）表现形式新颖独特。广告重在创意、表现，新颖独特的表现形式，有利于提高受众的记忆度。如生力青啤的网络广告：打开网页，一个调皮的卡通从显示屏的上方沿着一根绳子掉下来，然后走出画面，走到桌面的"垃圾桶"旁边，放一把火，把垃圾桶烧掉；另一个生力青啤卡通从屏幕下方爬上来，走到"我的文档"处，向其随意拉尿。这种新颖的表现方式，生动地表现了生力青啤"有点野哟"的个性，给消费者留下了深刻的印象。

（2）媒体形式独特。新颖独特的媒体的形式，本身就是一个好广告，能给消费者留下深刻的印象。如把整栋大楼全部包起来做广告，在太空中做广告等，独具特色的创意媒体广告都能达到非常高的记忆度。

（3）编排形式新颖。心理学研究表明，一则材料开头与结尾部分的记忆度最高，中间部分的记忆度最低。因此，广告必须把最重要的信息放在开头或结尾，如果一则广告能够首尾呼应地突出同一重点信息，则更容易使消费者记住有效的信息。同时，内容相似的广告应尽量避免时间与空间位置的接近，并且广告应避免雷同与模仿，以免使消费者误解，并造成记忆混乱。

5. 使广告语言富有节奏和韵律

研究表明，诗歌在学习 5 天后，还能记住 80%，散文能记住 40%，无意义的音节只能记住 20% 左右。原因在于诗歌有韵律，而散文没有韵律，诗歌、散文有意义，容易记住。因此，在广告设计中，要多创作一些读起来朗朗上口、节奏鲜明、富有韵律的广告语言。被人们广泛记忆的广告语言大多具有这一特点，如铁达时手表的广告："不在乎天长地久，只在乎曾经拥有"，飞亚达手表的广告："一旦拥有，别无所求"，双星鞋的广告："穿上双星鞋，潇洒走世界"等。

6. 设置具有鲜明特征的广告信息

设置鲜明特征，就是为记忆过程的识记、再认、回忆或追忆提供线索，从而使记忆过程顺利完成。广告宣传中的这一手段，是与形象记忆策略密切相关的。在广告中设置鲜明特征的广告信息，包括企业标志、独特的广告口号、独特的象征色、个性化的背景音乐等。

7. 提高消费者对广告内容的理解

意义记忆是广告记忆的重要方式，而意义记忆发挥作用的基础，就是让消费者理解广告的内容。一则广告特别要让人们理解三个方面的内容：用途、使用方法及购买途径。例如，一个"强力万能胶"的广告：一枚金币被用胶粘在墙上，宣布谁揭下金币，金币归谁所有，一时间观众如云。许多大力士费了九牛二虎之力也只能"望币兴叹"，扫兴而归。这一广告使人们充分认识了"强力万能胶"的神奇功效，从而留下了深刻的印象。

8. 创造让受众的多种感官同时参与记忆的传播环境

心理学研究表明，视觉识记的效果为 70%，听觉识记效果为 60%，视觉与听觉双重识记的效果为 86.3%。从数据可得知，多种感官同时参加的识记，记忆效果优于单一感官的识记。为了帮助受众更好地记住广告内容，应尽量考虑广告载体是否能更好地调动受众的多种感觉通道，激发多种感官的同时作用，加深印象。因此，视听两用媒体传播的记忆效果要比单一的视觉媒体或听觉媒体好，展览会等综合性媒体的传播具有更加有效的记忆效果。

9. 增加广告的感染力以激发消费者的情绪记忆

消费者在记忆时往往把体验过的情感和情绪作为记忆的内容，如一次快乐的购物行动，一种温馨的购物环境，一件心满意足的产品等。但是消费者也会记住一些让他产生忧虑、不愉快的情景。因此，在广告传播时适当地增强广告肯定或否定的感染力，能有效地提高消费者的记忆度。例如，"万宝路"广告中运用美妙的画面和富于感染力的解说词带给消费者一种粗犷、新奇的西部感受，很好地吸引了观众，从而在消费者的脑海中留下了深深的印象。同时，研究发现，有时使用否定感染力比使用肯定感染力具有更好的效果。消费者往往会记住那些宣传"如果不使用某某产品就会产生某种不利后果"的广告。

10. 巧用名人代言

人物在广告中是将广告产品与消费者的实际生活联系起来的黏合剂。在名人广告中，名人既是一种广告信息的传播者，又作为被传播的信息。名人代言广告不仅仅是依靠传播广告信息来说服消费者，更是依靠名人自身的形象和名气来影响消费者。因此，创造性地使用对广告传播有一定价值的人物，对促进广告的注意程度，扩大广告的知名度，提升广告的记忆度都有非常积极的作用。

三、广告联想

(一) 联想及其类型

1. 联想

人们所处的环境是由无数客观事物构成的五彩缤纷的客观世界。客观事物之间的彼此联系反映在人们的大脑中，就会形成心理现象的联系，即联想。联想就是人们在回忆时由当时感觉的事物回忆起有关的另一件事、或者由所想起的某一件事物又记起了有关的其他事物的一种神经联系。巴甫洛夫的条件反射理论认为，联想是神经中已经形成的暂时联系的复活。"暂时神经联系乃是动物界和人类本身最一般的生理现象，而且它同时又是心理学者称为联想的心理现象……这两者完全是融合一片、彼此互为吸收的，并完全是同一种东西。"因此，人们也把条件反射的建立看成联想的形成。

2. 联想的主要类型

依照反映事物间联系的不同，联想可以分为接近联想、类比联想、对比联想和关系联想四种类型，也称为四大联想律，即接近律、类比律、对比律和关系律。

(1) 接近联想。指人们对在时间或空间上接近的事物所形成的联想，由一个事物想到另一个事物。如到了广州，就会想到五羊雕塑、白云山风景区，这是空间接近产生的联想；而"冬天已经来了，春天还会远吗？"则是时间接近所产生的联想。

(2) 类比联想。指人们由对某一事物的感知立即引起对性质上、形态上相似的事物的回忆。如"十八的姑娘一枝花"是把姑娘与娇艳的鲜花进行类比,"德芙"巧克力的广告"牛奶香浓,丝般感受",则是运用丝绸的质地与巧克力的纯正口味进行类比。

(3) 对比联想。指人们对于性质或特点相反的事物所产生的联想。如肥胖想到苗条,由热想到冷等。

(4) 关系联想。指人们依靠事物间的各种关系而产生的联想。这里所说的关系,不是事物间一般的关系,而是彼此影响比较大的关系。主要有:①部分与整体关系联想。如由轮胎想到汽车,由手机想到摄像头的像素等;②因果关系联想。例如,购买了某品牌的打印机,提高了办公效率;③情感关系联想。例如,席梦思床垫可以联想到舒适、温馨的美好感受;④习惯性关系联想。例如,广告以《小苹果》的乐曲作为前奏或背景音乐,时间久了,人们由于习惯的关系,只要一听到这一乐曲就会联想到这一广告产品。

联想的四种类型各有特色,但无论是哪种联想,都可以帮助人们从别的事物中得到启迪,促成人的思维活跃,引起感情活动,并从联想中加深对事物的认识。在广告宣传中,有意识地运用这种心理活动的重要功能,充分地利用事物间的联系形成各种联想,可以扩展思想,诱发积极情感,加强刺激的深度和广度,促进消费者产生购买欲望。

(二) 引发广告联想的策略

运用刺激联想的广告设计,实际上是对有关商品信息的升华,是具体和抽象的综合表现的广告手法。在广告中激发联想以提高广告效果的策略很多,具体包括:

1. 用消费者喜爱并且熟悉的形象暗示产品的属性

如某品牌门锁的平面广告的创意是:一把锁锁住了大门,孙悟空正挥舞着他的如意金箍棒在砸门锁。旁边写着孙悟空的一句旁白:"此锁这般坚固,俺老孙也难对付。"广告运用人们熟悉且喜爱的孙悟空来表现,很能激发人们对该锁的坚固性的联想:连孙悟空都无可奈何的锁那是多坚固啊!

2. 采用耐人寻味、寓意深刻的语言

运用耐人寻味、寓意深刻的语言,可以激发人们对产品使用效果的丰富联想。如西方某美容院的广告:"请你千万不要和从这个美容院里出来的少女调情,因为她也许是你的老祖母。"这句话非常耐人寻味。把老祖母变成了连自己都认不出来的少女,足见该美容院的美容技术是如何高超。再如,"碧桂园,给你一个五星级的家"。"五星级的家",使人们对碧桂园温馨、舒适的居住环境充满了联想。

3. 将使用商品前后的不同效果加以对照

将使用商品前后的不同效果加以对照、比较,以激发消费者对产品独特功效的联想。如化妆品的广告,广告中的画面是一幅别具一格的女士头像,左半侧布满皱纹,右半侧青春靓丽。通过左右两侧的对比,消费者很容易地联想到,要想使自己青春靓丽、永葆青春,就必须使用这种化妆品,从而对该种化妆品产生了强烈的购买欲望。

4. 把广告主题寓于美妙动人的传说故事之中

把广告主题寓于美妙动人的传说故事之中,使消费者在动人的故事营造的氛围中产生美好的联想，从而对广告商品充满期待。例如，黑人牙膏的广告运用一千零一夜的童话故事来表现。一个王子爱上了一个公主，半夜进入公主的卧室要亲吻公主，却因为口臭被公主拒绝。王子赶快跑回来用黑人牙膏刷牙，然后再去亲吻公主，这次公主抱住王子亲吻，不忍撒手了。通过这样一个美丽的童话故事，人们对黑人牙膏带来的美好感觉产生了无限的遐想。

5. 运用特殊的色彩或音响

运用画面的特殊色彩，或利用广告的特殊音响，营造一种独特的情调，以增强广告的感染力，诱发消费者的联想。例如，日本"柔和七星"（MILD SEVEN）香烟的系列广告，主体画面不是蓝天、白云，就是大海、冰川，色彩总是蓝色与白色，让人感到无比的宁静与柔和，从而联想到这种香烟的醇正柔和。

6. 充分注意联想的制约因素

心理学研究表明，一个事物可能引起多种联想，具体引起什么联想是由联想的强度和人的定向兴趣两方面的因素决定的。理解制约联想的因素，对于广告设计中有效地运用联想具有重要意义。例如，一则传达某品牌电池作为其主要信息的电视广告，创意是借助猫与老鼠的电动玩具来衬托特定电池的动力作用。其本意是想通过逻辑关系，使受众产生联想，即电动玩具的动力是来自电池。但是，很多受众对该广告的兴趣却集中在电动玩具本身。原因是猫与老鼠的接近联想强度，远大于所期望的逻辑或因果联想强度。如果该广告的主要内容是指向电动玩具，而不是电池，那么，它也许就成了一则成功的广告。由此可见，在设计广告引发消费者的联想时要充分考虑其适用性。同时，消费者的定向兴趣是制约联想的重要因素。人们的定向兴趣受年龄、职业、文化程度等因素制约。同一事物因年龄、职业、文化程度所引起的联想就有所不同。例如，一般来说，儿童的联想大多是身边的具体东西，即时间和空间上更接近的东西，而成人的联想还能以抽象的观念表现出来。例如，白色，儿童可能倾向于联想到雪、白糖；而成人却联想到纯洁、神圣等品质，即内涵、性质上类似；再比如，形容词"深的"，成人更多地会联想到"浅的"，儿童则容易联想到"洞"。联想的职业差别也是明显的。例如，对于有一定文化修养的人，梅花容易使他们想起梅的铮铮铁骨、不畏严寒的品质和形象，而对一些商人来说，梅花的"梅"字与倒霉的"霉"同音，因而容易视为不吉利，成了忌语。在广告中运用激发联想的策略时，要重视各行各业、不同文化、年龄的特点，注意禁忌语与禁忌形象。

因此，在广告中充分发挥联想的心理功能，必须以充分地研究广告目标市场的消费习惯、消费水平和消费趋势为基础，掌握广告目标消费者的心理需求，从而有针对性地利用各种易于创造和激发联想的广告因素，使广告信息取得联想效果，适应消费者的知识经验和审美欲求，使之产生对产品的信服、向往，刺激其产生有益的共鸣和感情冲动，从而促进其信心，最终导致消费行为。

四、广告态度

（一）广告态度及其构成要素

1. 广告态度

心理学认为，态度是个体对某种对象的稳定的心理倾向。当一个人对某人、某物、某事或某种观念进行评价时，总表现出一定程度的倾向性。这种倾向性就是态度。态度通常具有以下六个方面的特性：

（1）对象性。任何态度一定是针对特定的对象的，它可能是具体的人物、事件，也可能是抽象的观念、理论；

（2）习得性。态度不是天生具有的，而是后天学习获得的。不管是肯定的还是否定的态度，都是在实践中逐步形成的；

（3）稳定性。态度一旦形成，不会轻易改变；

（4）内在性。态度是内在的体验，只能通过语言、行为、表情等间接地推测；

（5）结构性。态度由认知、情感和行为的倾向性构成，彼此间协调一致；

（6）方向性。情感上的好恶，表现出态度的方向性。好恶的程度则反映了态度的强度。

广告的终极目的是刺激消费者的购买行为。在这个过程中，广告通过对消费者诱发注意，引起受众对相关信息产生兴趣，激起受众积极、正面的联想，从而达到改变受众的态度和消费行为的目的。消费者的行为取决于消费者的态度。消费者的态度是消费者在接触广告信息后对广告和广告商品所形成的一种肯定或否定的心理倾向和行为倾向。如果消费者在接触广告信息后，对广告及广告商品作出了积极、肯定的评价，并产生好感，就可能购买它；反之，若作出了消极、否定的评价，并产生厌恶感，就会拒绝购买。

2. 广告态度的构成要素

消费者对广告的态度由认知要素（Congnition）、情感要素（Affect）和行为倾向要素（Behavior）三部分构成，这三种构成要素被称为 ABC 态度模型。

认知要素是消费者对广告及广告商品的认识，这是形成态度的基础。任何态度的产生都以对广告及广告商品的认识为前提。从来没看过某个广告，从来没听说过某种商品，是无法对其形成态度的。

情感要素是消费者对所接触的广告及其商品在认知的基础上所形成的情绪或情感体验（即喜欢还是厌恶）。消费者对某则具体广告或商品的态度是由其情感强度决定的，情感强度一般可用语义差别法（很好、好、较好、一般、较差、差、很差）进行测定。

行为倾向要素是消费者对广告及广告商品将作出何种反应的倾向。它是消费者行为反应的准备状态。如果消费者通过接触某则广告或广告商品，对其有了充分的认知，并产生了美好的情绪和情感体验，则有可能产生购买意向。否则，则可能产生拒绝购买的倾向。

广告态度的认知、情感和行为倾向三个要素，彼此联系又相互区别，三者构成一体。认知要素是态度形成的基础，只有在对广告或广告商品有了一定的认知以后，才能对其作出相应的评价，并获得相应的情绪和情感体验（情感要素），并形成行为倾向。情感要素是态度的核心。积极的情感既可以促进认知的提高，又促进购买意向的产生。行为倾向是态度的外在表现，对认知和情感也具有进一步促进的作用。

（二）以改变态度为中心的说服模型

美国心理学家霍夫兰德（C. I. Hovland）对态度改变进行了深入的研究，提出了以改变态度为中心的说服模型，将与说服效果有关的因素全部囊括进去。在这个模型中，外部刺激由说服者、说服信息和说服情境组成。其中，说服者的影响力取决于其专业程度、可靠性和他是否受欢迎；说服对象的特点包括其投入或承诺、是否对说服有免疫力以及人格特征。在态度改变的过程中，被说服者首先要学习信息的内容，在学习的基础上发生情感转移，把对一个事物的情感转移到与该事物有关的其他事物之上。当接收到的信息与原有的态度不一致时，便会产生心理上的紧张，一致性机制便开始起作用。说服的结果主要有两个：一是态度的改变，一是对抗说服，包括贬低信息来源、故意扭曲信息和对信息加以拒绝掩盖。

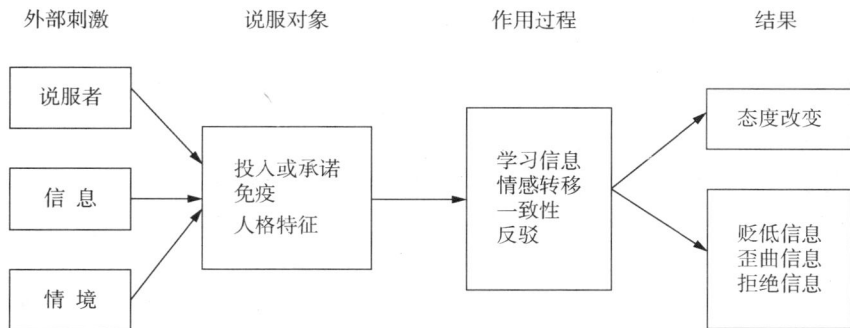

图 3-2　基于霍夫兰德观点的说服模型

霍夫兰德把整个劝说宣传过程看成是一个信息的传递沟通过程，这一过程包括信息的传播者（劝说者）、传播过程、接受者及传播情境四个方面。这一研究对于研究消费者态度的改变很有指导性。

1. 传播者的特性

在信息传播过程中，信息传播者自身所具备的各种特点常常起到很重要的作用。信息传播的最终目的是要使被劝说者接受传播的信息。传播者主要从两个方面来影响他人态度的改变：一是可信度，二是吸引力。

（1）传播者的可信度。影响传播者可信度的因素主要有：

① 专家身份。由专家所传播的信息比没有专家身份的人所传播的信息，更可能被人们认为是有权威的、更能被接受的。使传播者具有专家身份的因素很多，如受过的教育、专业训练、个人经验、社会背景、从事的社会职业等。这些个人属性使他在被劝说者的心目中成为某方面的权威形象。

② 社会身份。社会身份是传播者所具有的社会地位、社会名望、知名度及年龄、经验等。事实表明，在一些不属于或不涉及专业性知识内容的问题上，具有较高社会身份的人比社会身份低微的人具有更大的影响和说服力；

③ 可靠性。可靠性是传播者自身被他人相信和信赖的程度，它会影响态度改变的效果。与传播者的可靠性有关的因素包括两个方面：一是传播者的个人属性，如人格特质、外表、讲话时的表情和态度等。二是听众所知觉的传播者的动机。如果传播者被认为怀有个人目的，其说服力就会大大降低。

（2）传播者的吸引力。传播者的吸引力是促使信息接受者认同并改变其态度的一个重要因素，传播者的吸引力不仅源于其人格特质，而且源于其和信息接受者之间的相似性。

① 人格特质。使传播者具有吸引力的人格特质，包括仪表体态、言谈举止以及能力等，会提高说服的效果。

② 相似性。指传播者自身的身份、职业、年龄、性别、出生地等背景及态度、观点等与被劝说者有相似或相近的特征，强化说服者与被说服者之间的相似性是增加吸引力的一种方式。一般来说，相似性越高，越会导致信息接受者态度的改变。

③ 漂亮。研究表明，外表漂亮的人在说服方面具有更大的优势。

2. 信息的传播

传播信息本身影响说服效果的因素包括它的内容、组织及呈现方式。包括：

（1）诉诸恐惧的传播信息。在信息传播过程中，传播的信息可能是诉诸情绪的（如在广告中威胁消费者如果不用其产品可能产生严重后果），也可能是诉诸理性的（如在广告中突出产品的优点和使用它的好处）。研究表明，诉诸恐惧会引起听众的注意和产生唤起状态，唤起的结果是提高了个体对他所处情境中将要发生的事情的兴趣。在适当的水平上，唤起恐惧的广告比那些几乎不会引起任何恐惧的广告更能导致态度的改变。

（2）信息的传播方式。在广告传播过程中，有的广告单方面的宣传有利于证实自己的主张或是赞同自己主张的各种看法和论据，对不同立场的观点则绝口不提，称为单向传播（one – sided communication）；有的广告则包含了正反两种立场，称为双向传播（two – sided communication）。不同的传播方式对态度改变的作用是不同的。研究表明，当消费者原有态度与广告信息较为一致时，单向传播效果显著；当消费者原有态度与广告信息矛盾时，则双向传播更为有效。

（3）信息传播的顺序。不同的信息传播顺序对于信息接受者会产生不同的影响。如在单向传播的广告中，是开门见山地提出自己的主张好还是将自己的观点放在最后说比较好？在双向传播的广告中，是先叙述产品的优点好还是缺点好？在心理学研究中，将先呈现信息比后呈现的传播信息产生较大影响的结果称为首因效应；反之，后呈现的传播信息具有较大影响力的称为近因效应。研究表明，当两个相反的观点先后紧接着呈现给消费者，然后即刻给予态度测验，发现近因效应比较明显，但延长信息呈现与态度测评之间的时间间隔时，则首因效应比较明显。

（4）信息传播的渠道。广告传播过程总是借助于一定的传播手段进行的，不同的传播手段对于说服效果的影响是不同的。早期研究表明，生动形象的视觉信息的说服效果最好，听觉信息次之，书面语信息最差。但近期研究发现，在说服信息非常复杂的时候，不生动的传媒（书面信息）的说服效果较好；而当呈现信息比较简单的时候，传播媒介以视觉最好，听觉次之，书面语最差。

3. 被劝说者因素

显然，在考虑说服效果的时候不能忽视信息接受者自身的影响作用。这种影响作用表现在以下几个方面。

（1）信息接受者对信息的选择性曝光。通常一个人会有所选择地将自己暴露于立场与他的态度相一致的传播信息中，这就是选择性曝光（Selective explore）。影响选择性曝光的因素除了立场的一致以外，还有信息的可用性和信息内容的新奇性。当信息的主题涉及被传播者自身的利害关系时，当信息的内容是被说服者没接触过的新奇信息时，往往更能引起他们的注意。

（2）原有态度。一个人原有的对某一对象的相关态度会对他是否接受劝说产生影响。此外，人们具有的一些自小形成并保持一生的态度是难以改变的，而那些对一时一事的态度则比较容易改变。

（3）说服感受性（persuasibility），即一个人接受或拒绝一般说服信息的倾向。有的人易于被说服，有的人则顽固的不接受任何劝说。一个人的说服感受性一方面具有某种程度的一致性，另一方面又具有相当程度的情境变异性。

（4）被说服者的心情。研究表明，心情好的人更容易接受他人的说服性观点。

（5）被说服者的自我卷入程度。自我卷入程度体现了被说服者对原有态度的信奉程度，它与相关问题在被说服者个人生活中的重要性有关。一般来说，自我卷入程度低的人，态度较容易发生改变；自我卷入程度高的人，态度不容易发生改变。

（6）被劝说者的信息加工。研究表明，个体对劝说信息的接受方式多种多样，有的信息可能是通过记忆产生影响，有的信息则可能是在最初的感知中就产生了影响。个体对信息进行加工处理的方式不同，不可避免地也会影响到信息的劝说效果，从而影响到态度的改变。

4. 情境因素

信息传播总是在一定的社会情境中进行的，不同社会情境下的信息传播对态度的影响效果不一样。

（1）信息繁多的情境。在信息繁多的情境中，单一信息的说服效果受到其他信息影响和制约，如果各种信息之间的相似或一致性越多、越明显，那么其中某一信息的说服效果就会得到增强和提高；反之，如果各种信息之间的差异或矛盾越多、越大，则其中每个单一信息的说服效果就会因此而降低和被削弱。

（2）令人分心的情境。当消费者注意力分散时，会降低或削弱说服效果。因此，广告应对消费者进行单个劝说或单一信息的劝说，避免其注意力的分散。

（3）信息重复的情境。多次重复某一信息会加深人们对它的印象，巩固记忆，增强该信息对人们的影响，从而有助于态度的改变。但是，重复的作用也是有限度的，过多的重复则可能会引起相反的效果，从而引起的厌烦情绪以及继之而起的逆反心理。

（三）广告态度改变与说服策略

广告态度改变指消费者已经形成或原先持有的态度发生了变化。态度的改变既包括由肯定向否定转变，或由否定向肯定转变，又包括肯定或否定程度上的发展。前者是态度性质上的改变，即质的改变；后者是态度在程度上的变化，即量的改变。根据态度的各构成成分之间的内在一致性原理、霍夫兰德和詹尼斯的态度改变说服模式，以下策略是改变消费者的广告态度的有效策略：

1. 坚持以受众为中心设计广告策略

在设计广告策略时，必须充分研究受众的特点的以下四个方面：

（1）消费者对原有信念的信奉程度。如果消费者对某种信念信奉程度很高，要改变其态度将相当困难；反之，改变其态度相对会容易一些。

（2）预防注射。预防注射是指受众是否曾经构筑过对相反论点的防御机制。如果受众还没有预防注射，改变其态度则相对容易；反之，改变其态度则将非常困难。

（3）介入程度。受众对某一购买问题或某种想法的介入程度越深，其信念和态度可能就越坚定，从而使得改变其态度就越困难；反之，则可能更容易被说服。

（4）人格因素。人格因素包括自尊、智力和性别差异等。研究表明，低自尊者较高自尊者更容易被说服，因为前者不太重视自己的看法，遇到压力时很容易放弃自己的意见；相反，高自尊者往往很看重自己的观点与态度，在遇到他人的说服或攻击时，常会将其视为对自身价值的挑战，所以不会轻易放弃自己的观点。可见，在改变消费者态度时，必须深入研究消费者，针对不同特点的消费者采取不同的说服方式。

2. 积极改变消费者的认知

改变态度的一个常用和有效的方法是改变态度中的认知成分。有四种基本的改变消费者态度中的认知结构的广告策略：

（1）改变信念。该策略是改变消费者对于品牌或产品一个或多个属性的信念。例如，许多消费者认为国产汽车不如日本制造的汽车省油。因此，可以设计广告以改变这种信念，让消费者觉得国产汽车同样很省油。

（2）转变权重。消费者认为产品的某些属性比其他一些属性更重要。例如，喜欢照相的消费者认为手机摄像头的像素比手机的游戏功能更重要。广告可以说服消费者认为自己产品相对较强的属性是该类产品最重要的属性。例如，美国克莱斯勒汽车公司是最先将安全气囊作为标准配备的汽车制造商之一，于是，它在广告中就极力强调这一点，让消费者感到安全气囊是汽车的重要部分。

（3）增加新信念。这种改变态度中的认知成分的方法是在消费者的认知结构中添加新的信念。例如，"百威"啤酒在广告中强调新鲜是好啤酒的一个重要标志。

（4）改变理想产品的标准。例如，许多企业正在迎合环保组织所倡导的理想产品的概念，如最低限度的包装、制造过程无污染、可回收材料的再利用以及使用寿命结束后的无污染处置等。

3. 有效选择信息源

广告的说服效果与信息源的有效性密切相关。在选择广告代言人时，必须特别重视以下几个因素：

（1）代言人的权威性。指代言人在有关领域或问题上的学识、经验和资历。研究表明，权威性与说服效果正相关。"舒适达"牙膏请牙医做广告，就具有较好的说服效果；

（2）代言人的可靠性。指代言人在信息传递过程中能否做到公正、客观和不存私利与偏见；

（3）代言人外表的吸引力。指代言人是否具有一些引人喜欢的外部特征。研究表明，代言人的外表吸引力与说服效果正相关；

（4）对代言人的喜爱程度。指受众对代言人的正面或负面情感。受众对代言人的喜爱程度可能是基于其外表魅力，但更可能是基于其举止、谈吐、幽默感和品德等因素。因此，在设计广告策略时，要综合考虑，尽量选择具有权威性、可靠性，并具有外表吸引力的人来代言，并要评价受众对该代言人的情感。

4. 选择有效的广告传播方式

传播方式主要包括媒体类型和诉求方式等。媒体的类型与广告的说服效果密切相关，这是因为各种媒体的权威性和可靠性存在着差异。因此，要综合考虑各种媒体的权威性、可靠性、受众的接触面、接触频率等指标。在诉求方式上，要综合考虑产品和顾客的特点，灵活运用感性诉求和理性诉求的方式，或者将两种方式相结合。

5. 设计良好的传播情境

情境因素是广告出现的环境，既包括环境中独立于中心刺激物的因素，也包括受众身体状况、情绪等个人特征。研究表明，出现在正面情境中的广告获得的评价也越正面和积极。因此，要充分利用背景引发效应（Contextual Priming Effects），使广告与其他积极的广告一起出现，或者将广告安排在深受受众喜爱的节目的前后。同时，可采用明快的色彩、温馨的构图和活泼的背景音乐以充分激发受众的积极情绪；突出商品和广告主题，避免受众分心；并在不改变广告主题的前提下对广告的表现形式经常做一些调整，以避免或减少受众的厌倦感。

6. 努力改变消费者的情感

现在，企业越来越试图在不直接影响消费者的信念或行为的条件下赢得他们对于品牌或产品的好感。在广告中可以使用以下三种方法增强消费者对产品的好感：

（1）利用条件反射。根据条件反射理论，企业将受众所喜欢的某种刺激，如一段动听的音乐、一幅美丽的图画，不断与企业的产品或品牌名称同时播放。经过一定的时间后，与该音乐、图画相联系的正面情感就会转移到品牌上。

（2）激发对广告本身的情感。喜欢一则广告能导致对产品的喜爱倾向。对广告的这种正面情感也可能提高购买介入程度或激发有意识的决策过程。使用幽默、名人或情绪诉求也可以增加受众对广告的喜爱。

（3）更多接触。有证据表明，更多的接触能够导致情感的产生。也就是说，向消费者不断地、适量地、充满善意地展示某种品牌能使消费者对该品牌产生更积极的态度。

7. 合理引导消费者的行为

改变行为也能够直接导致情感或认知的形成。消费者经常在事先没有认知和情感的情况下尝试购买和使用一些便宜的新品牌或新型号的产品。在广告活动中经常伴以优惠券、免费试用、购物现场展示、搭售以及降价都是引导消费者试用新产品的常用的技巧。

本 章 小 结

广告的客体是接收广告信息的受众，分为实际客体和目标客体。广告客体扮演着多重角色，具有集群性、自主性、互动性的特征。广告人员在广告活动中准确地把握广告客体在年龄、性别、职业、地域等方面的心理特征，是科学地进行广告决策的前提和基础。

广告诉求能否满足广告客体的需要和动机，是广告能否取得成功的关键。广告客体对广告及广告商品的心理变化过程分为认知过程、情绪过程和意志过程三个阶段。在广告活动中，有意识吸引消费者对广告的关注，有意识地增强消费者对广告记忆的效果，有意识地激发消费者对广告的各种积极联想，是提高广告效果的重要手段。

消费者对广告的态度由认知要素、情感要素和行为倾向要素三部分构成。霍夫兰德把整个态度改变说服过程看作是一个包括信息的传播者（劝说者）、传播过程、接受者及传播情境四个方面的信息传递沟通过程。这一模型对于改变消费者的广告态度、提高说服效果具有重要的指导作用。

重要术语和理论

广告客体、广告客体的多重角色、购买动机的多种模型、广告作用模型、广告心理过程、广告注意、广告记忆、广告联想、广告态度、霍夫兰德说服模型、ABC 态度模型

复习思考题

1. 区分广告客体的多重角色对广告活动有什么意义？
2. 回想你最近看到的 2～3 则广告，你为什么看它们？你的动机是什么？
3. 你最近注意到什么广告了吗？你为什么会注意到它？请分析该广告吸引你的注意的原因。
4. 回想一个你印象最深刻的广告，请分析该广告让你经久不忘的原因。
5. 有什么广告让你产生负面联想了吗？如何在广告中利用联想的作用？
6. 写下你认为重要的两种跑鞋的属性，并分别给它们以权重。如果对于某品牌的跑鞋，你看重的这两种属性都很一般，而它优异的其他属性你赋予的权重又较低时，广告应如何作才能改变你对它的态度？

【案例分析】

微信探路"朋友圈"里的"软广告"

"你被分到了哪个'阶级'？"这是 2015 年 1 月下旬微信朋友圈广告上线后风靡一时的话题。自从可口可乐、vivo 手机和宝马这三个品牌的广告进入微信广告内测阶段之后，每个人都在依据自己收到的广告来寻找自己所处的"阶层"：收到宝马的是"土豪"或"高富帅"，收到 vivo 手机的是中产阶级，收到可口可乐的是"屌丝"……如果你没有收到任何广告，那就说明你已经被忽略不计了。

微信"朋友圈"这种"强链接"的"熟人社交"平台，给很多品牌的营销提供了想象的空间，而这种"信息流广告"模式也能为商家带来同样的想象吗？

"朋友圈"的"熟人传播"

微信"朋友圈"迅速取代微博成为最 IN 的社交网络，原因在于它不是"弱联系"的，类似于

微博那样的广场围观式社交平台，而是一个基于天然的通讯录联系人形成的"强联系"的"熟人社交"平台。"熟人"社交并非没有先例，国外社交网站 Facebook 也用过相同的做法。"但是在中国，情况有些许不同"，中欧国际工商学院的营销学教授向屹认为，相比于国外成熟的法治社会，中国人还是更愿意信熟人，微信依靠朋友圈做推广，其作用要大于 Facebook 和 Twitter 等国外网站，"中国是一个以人际关系，特别是熟人关系为基础的社会，相比于硬广告，人们还是更愿意相信与自己有强联系的熟人的态度。人们会觉得收到来自熟人的消息是一则已经进行过一层过滤的广告，可信度比较大。"

理论上来说，通过用户长时间积累的行为"痕迹"作为数据基础，以大数据技术进行挖掘，可以比较精确地评估出某个特定用户的消费能力。但据了解，每个微信用户收到推送广告的概率与朋友圈里的成员对该条广告的态度有关：若你朋友圈里的成员对该条广告毫无兴趣，没有进行评论或者点赞转发这样的互动，那么你收到这条广告的概率只有 20%，若你朋友圈中的成员与这条广告互动频繁，点赞转发不断，则你收到这条广告的概率将暴涨至 95%。如此的话，上述那个划分"阶级"的标准就似是而非，精准与否就不言而喻了。

朋友圈广告推出之后，腾讯方面一直对其三缄其口，表示这只是内测阶段，关于投放规则、标准等信息均属外界臆测。但我们观察到在这个"内测阶段"挑选的三个广告主，也是有一定层次的：可口可乐是一个比较大众的消费品；vivo 手机的知名度在手机市场上还不如苹果、三星和小米这样的一线品牌；宝马虽然知名度高，但由于产品高端，距离感强。向屹认为，这或许是微信的一种策略："通过这一轮的投放，可以分层次地评估广告传播的效果。对于 vivo 智能手机，可以评估它的品牌知名度有没有提高，对于宝马和可口可乐，可以评估它在人群中的品牌认可度和忠诚度有无提高。"

信息流广告的兴起

微信朋友圈广告是一种很典型的"信息流广告"，虽然基于朋友圈进行投放，但并没有改变它"信息流"的本质。顾名思义，信息流广告指的是嵌入用户每日接触的大量信息流之中的广告推广行为。与弹出式广告不同，为了避免打扰到用户的体验，信息流广告试图通过收集到的用户信息、历史记录、社交关系和地理位置进行有针对性的投放，力求与用户"想要的"一致。

信息流广告开始被频繁地使用，与移动互联网的兴起有很大关联。Newcast 中国区营销群总监顾如怡女士介绍说："移动互联网使屏幕变得更小，以往 PC 页面上的广告尺寸对手机屏幕来说很不合适，传播效果大打折扣。这时候就需要一种新的广告形式，来与社交媒体和移动终端的属性匹配。"信息流广告第一次被大面积应用是在国外社交网站 Twitter 上。2011 年 7 月，Twitter 推出了 Prompted Tweets，广告以 1/10 到 1/20 的频率出现在普通推文当中，展示形式与普通推文类似，加上了"prompted"字眼。

随后，Facebook 也开始进行信息流广告的投放。在 2012 年上市之前，Facebook 推出了为移动设备设计的广告平台，在 news-feed 信息流中植入广告。什么样的人能收到什么样的广告，Facebook 的计算方法远比微信朋友圈复杂。Facebook 内部采用一个指标"Engagement"来评价一个内容是否会吸引当前用户，它决定一个内容是否出现在用户的 news-feed 中，以及出现在什么位置。Engagement 这个指数是通过以下几个互动行为的加权公式算出的：喜欢、分享、点击、评论，至于这四个维度经过什么样的加权公式来计算，这是 Facebook 内部最大的秘密，而且这个加权公式是动态的，随时可能调整。

目前，信息流广告已成为了 Facebook 最大的收入来源和主要的盈利模式。向屹向记者介绍了一组数字："Facebook 在全球有 13.5 亿用户，其中移动用户占 11.2 亿，可见信息流广告的体量；2014年第三季度，移动端广告为 Facebook 带来的收入是 19.5 亿美元，占整体收入的 66%。"

信息流广告的未来

在业界看来，微信朋友圈进入信息流广告的行列，是经过一番慎重考虑的。与 Facebook 的掌门人扎克伯格类似，微信掌门人张小龙也是一个十分珍视用户体验的人。信息流广告会不会侵入朋友圈？这是业内曾经被讨论过的话题。在此之前，微信的业务一向集中在即时通信、移动电商、O2O、LBS（基于位置服务）和移动支付，现在微信加入信息流广告的行列，瞬间增大了信息流广告在中国的体量。顾如怡说："如今微信在全球已经拥有11.2亿用户，其中月活跃用户4.4亿，日均分享总次数达到30亿。而在这样庞大的数字中，76.4%的用户习惯于使用朋友圈来查看朋友动态或进行分享，由此可见单就微信的信息流广告市场就已非常庞大。"

但在业界专家看来，朋友圈的信息流广告并非没有风险。相比于Banners（横幅）和文字链，在移动终端信息流广告的确是很有竞争力的传播手段；但与谷歌的"关键词"广告相比，信息流广告毕竟是一种植入，不论方式有多么巧妙，它在原生性上依然不及关键词广告，不能完全避免干扰用户体验的风险。

对于信息流广告干扰用户体验的风险，Facebook曾经的做法也是谨慎的。2013年9月，Facebook宣布制订新的news-feed广告策略，将更加注重用户对所接收广告的回馈意见，减少侵扰性广告的投放量。"在决定把哪类广告显示给哪类人群时，我们会考虑用户隐藏某类广告的频率。如果用户总是隐藏电子类的广告，我们就会减少这类广告对这类用户的投放。"

来自腾讯官方的声音称，微信会追求广告主利益与用户体验的平衡，每个用户48小时之内只会收到一条推送广告。

在顾如怡看来，微信真正应该关注的是对朋友圈广告既不排斥也不热衷的用户感受。她评论道："对于热衷于此的用户，推送次数再频繁也无妨，对于不感冒的用户，推送次数增加了也达不到传播效果；关键要留意介于中间的既不排斥也不热衷的用户，很有可能在投放时间缩短、频次增加的基础上使其感到厌烦而对平台丧失兴趣。"顾如怡还认为，以目前微信的官方报价，有这般媒体投放实力的客户还是少数，但想必也都是极其看重投资回报效益的，如果未来频次增多也很有可能意味着广告的宣传及关注效果降低了。

朋友圈广告会一直火下去么？回归常态后会是怎样？其实微信的朋友圈也有它的隐忧。随着朋友圈的扩张，陌生的面孔是逐渐增多的，朋友圈成员之间原本的强联系正渐渐变弱，疏离感加强，传播效果不免会打折扣。顾如怡表示："从首批广告的传播效果来看，人们不知不觉已经成为广告主口碑营销的工具，这就是earned media，赢得媒体，实现最大化的传播效果。然而，如果微信未来的一些做法引起一部分用户的反感，一旦社交平台上的广告没能引发大规模的群体参与热情，或者在内容沟通创意上没有找到足够引起共鸣的点，新鲜感一过，大家也就审美疲劳回归常态。"在顾如怡看来，这类广告形式最适宜那些想要快速建立品牌关注度的广告主，"以付费式的社交媒体操作对于品牌有极大的助力。微信信息流广告给品牌提供了更多付费社交的广告机会，这对于增强品牌知名度和传播高质量内容来说是非常有利的途径。"

此外，能否最大程度地来精准投放也是摆在微信面前的课题。顾如怡说："有效的信息流广告要能为消费者提供真正需要而且不必过多去考虑并选择的产品。"显然，这也许会发生在将来，但还不是现在。从微信朋友圈广告公布的定向标准来看，涵盖用户的年龄、性别、地域、操作系统、网络状况和用户兴趣，这些标准与新浪微博和人人网的定向标准并无太大差异。"虽然目前微信的用户总数已经达到可提供海量的累积数据，但微信仍然尚未对庞大数据进行系统性的标签化管理，故目前还无法达到真正精准的投放，这也解释了为何第一批微信广告引来了用户激烈的讨论，因为很多用户收到的信息流广告与品牌锁定用户在人群归属上是有一定程度的落差的。"顾如怡评价道。

当然，对于腾讯来讲，有一个事实或许可以减轻一点压力。向屹说："微信与Facebook和Twitter不同，它只是腾讯公司旗下的一个产品，另外两个必须指望着这类广告模式赚钱，而微信则不然，可以游刃有余地进行一些试验和探索性工作。比如抢红包，就是腾讯在微信上进行的一种商业模式的试验。"向屹认为，腾讯只需要用微信来黏住尽可能多数量的用户，就可以用其他方式来创收。

朋友圈广告推出之后，腾讯方面一直对其三缄其口，表示这只是内测阶段，并透露朋友圈广告采用了"更加智能"的技术来确保用户体验和投放的精准性。信息流广告在中国究竟能走多远？内测结束之后微信将如何出招？我们拭目以待。

资料来源：http：//www.siilu.com/20150310/126817.shtml

思考题

1. 微信为什么要探路"朋友圈"里的"软广告"？其依据是什么？
2. 你对微信"朋友圈"里的"软广告"是什么态度？为什么？
3. 请对微信"朋友圈"里的"软广告"的广告客体的特征进行简要分析。
4. 你觉得微信"朋友圈"里的"软广告"能成功吗？为什么？

第四章 广告策划

【学习目标】

【知识目标】掌握广告广告策划的基本概念和程序，理解广告策划的地位和作用；了解广告运动的特点和流程。

【技能目标】培养初步的广告策划能力；学会撰写广告策划书。

【导入案例】

百万包下成都媒体，只为找到"紫薇"

2014年10月28日，成都两家媒体《成都商报》和《华西都市报》均整版刊登了一则寻人广告，大意是：某位自称赵先生的富二代花百万包下成都媒体，只为找到"紫薇"。具体经过是赵先生开着自己的白色玛莎拉蒂于10月15日在荷塘月色不小心剐擦了一位名叫"紫薇"的女孩，遂对其一见钟情。之后连续13天在荷塘月色等待紫薇再次出现，无果，只得寻求媒体帮助重金寻找"紫薇"。同日，在成都某高架桥上突然出现数辆举着"找紫薇，200万"广告牌的豪车，一度造成交通拥堵。

此后，多家楼盘以"紫薇"身份回应，一时不知道到底谁真是"紫薇"。金科广告回应内容为"谢谢小白哥，但因人在东方雅郡已有真爱，望勿扰！"；汉正广场说"紫薇"本人正在汉正广场买商铺；北欧知识城也不甘示弱，主动提供线索声称已经在项目所在地找到富二代寻觅的"紫薇"；龙湖时光星座用微信稿告诫大众，"紫薇"眼中的高富帅不是打广告的富二代，而是金楠天街的时光星座。此外，还有"紫薇"在蓝光买铺，"紫薇"住建发决堅……一时间出现"多角恋爱"状况。而真正的广告主于29日下午正式对外发声，揭晓此次娱乐事件的最终答案：成都保利在城东三圣乡的新项目紫薇花语即将开盘。

资料来源：《2014年10个地产广告经典策划案例》http：//mp. weixin. qq. com/s？__biz＝MjM5Nzc5MzMw0Q＝＝&mid＝202003690&idx＝1&sn＝e2abf83d4c84a4aaf6965b43fad72023&3rd＝MzA3MDU4NTYzMw＝＝&scene＝6#rd

第一节　广告策划概述

一、广告策划的内涵

广告策划是广告活动的灵魂和核心。这一战略思想最早是由英国的广告专家斯坦利·波利特在20世纪60年代提出的。这一思想提出之后，逐渐影响到整个英国的广告界，并传播到国外。最早接受广告策划的理念并付诸实施的是美国智威汤逊广告公司，该公司在1968年第一个设立"业务策划"部门。同年，斯坦利·波利特在与他人合作创立的伦敦博厄斯·马西来·波利特（BMB）广告公司实施策划活动，并逐渐影响到整个英国广告界，伦敦的多数广告公司开始设置业务策划（Account Planner，AP）职务。随着智威汤逊广告公司的成功运作，广告策划从 20 世纪 80 年代逐渐进入美国的广告公司，90 年代普遍进入广告公司，成为广告公司的一个关键职位。这样，广告公司逐渐形成了以广告策划为主体，以广告创意为中心的广告管理体系。可以说，广告策划的提出使广告行为进入了一个崭新的境界，广告策划的思想及其运作是现代广告活动科学化、规范化的标志之一。

策划一般指对未来活动的整体筹划或谋划，含有打算、运筹和计划等含义。作为一种创造性的思维和谋略性决策，策划思想和策划活动古已有之。我国古代的"先谋后事者昌，先事后谋者亡"、"运筹帷幄之中，决胜千里之外"、"多算胜，少算不胜"等名言警句充分体现了策划的地位和作用。

所谓广告策划，就是根据广告主的营销战略和广告目标，在广告调查的基础上，制订出一个与市场情况、产品状态、消费群体相适应的经济有效的广告计划方案，并加以评估、实施和检验，从而为广告主的整体经营提供经济有效的广告活动方案的决策过程。广告策划的实质是对广告活动过程进行的整体策划，它是一个动态的过程，要完成一系列的广告决策，主要包括确定广告目标、明确广告诉求的对象、制定广告战略、确定广告主题、制定广告策略、构思广告创意、选择广告媒介、评估广告效果等。它是对企业广告活动的战略、策略及工作计划进行的整体运筹规划。通过广告策划工作，使广告准确、独特、及时、有效地传播，以帮助企业达到刺激需要、诱导消费、促进销售、开拓市场的目的。

广告策划可分为单项广告策划和整体广告策划两种。单项广告策划，即单独地为一个或几个单一性的广告活动进行策划；整体广告策划是系统性的广告策划，即为企业在某一时期的总体广告活动策划。如果广告主基于长远发展的目的，策划在相当长的时期内按照一定的广告战略持续开展一系列有机联系的广告活动，这称为广告运动策划。显然，广告运动策划是整体的广告策划。

二、广告策划的地位和作用

（一）广告策划的地位

1. 广告策划在广告活动中居于核心地位

一方面，从广告策划的全过程看，广告策划指导广告调查，决定广告活动的目标和内容，决定广告主题和广告创意的基本思路和方向，安排了广告效果测定的视角和原则。可见，广告策划支配和制约了广告活动的所有方面。另一方面，从广告管理的角度看，广告策划也必须由企业的决策层亲自掌握，以确保广告活动真正为广告主的利益服务。

2. 广告策划在企业营销活动中居于服从地位

企业在对营销的宏观环境和微观环境深入分析的基础上确定目标市场和市场定位，然后围绕其定位制定了以产品策略、价格策略、渠道策略和促销策略这 4P 为主要内容的营销组合策略。广告属于企业营销组合中促销组合的组成部分，它必须服从企业营销战略和策略的要求。广告策划必须与企业营销的其他策略要素相协调，并共同为实现企业的营销目标和营销战略的意图服务。当然，广告策划本身又具有一定的主动性和创造性，这是实现企业营销目标不可缺少的条件。

3. 广告策划以为企业的经营活动服务为宗旨

广告策划以促进企业的产品销售为目的。有效的广告策划能提高产品销量，极大地扩大生产规模，缩短商品的销售周期，加快资金周转，提高经济效益。可见，广告策划从企业的整体利益出发，从产品的研发、生产、销售到企业形象的塑造，广告策划都处于异常重要的地位。

（二）广告策划的作用

在广告活动中，广告策划主要发挥着以下几方面的作用：

1. 保证广告活动的目标性

广告活动方案是依据企业的营销战略或品牌战略等目标制定的。广告策划过程运用科学的研究和分析方法，事先将各项活动作出周密细致的安排，每一项活动紧紧围绕最终的总体目标而展开，具有共同的指向性，确保广告目标得以实现。

2. 保证广告活动的计划性

广告策划能够提高企业对市场的应变能力，将各种不利的因素减少到最低程度。通过科学的广告策划，既可以选择明确的广告目标和诉求对象，防止广告活动的盲目性，也可以制定有效的广告战略和策略，选择有效的广告媒介，从而使广告活动的进程和计划周详缜密，防止或减少广告媒介资源的浪费。

3. 保证广告活动的创造性

广告活动的创造性是促成广告达到目标的关键要素。通过广告策划，可以把各个方面、各个领域的智慧聚集起来，充分发挥广告策划团队集思广益、取长补短的优势，激发灵感和创意，保证整个广告活动的每一个环节都有高水平的创意，把广告对消费者的说服效力发挥到极致。

4. 保证广告工作的连续性

广告的根本目标是促进产品销售和塑造品牌形象。要达到这样的目的，仅凭一两次广告活动是不能奏效的，而必须通过长期的努力和持续的积累。广告策划可以协调各个方面的资源，确保广告活动的一致性和连续性。

5. 保证最佳的广告效果

做好广告策划，充分发挥广告活动各个环节的优势，有助于使广告活动更加合理，减少广告的浪费，减少广告的污染，从而取得最佳的广告效果。

第二节　广告策划的流程

广告公司接受广告主的委托，从广告主那里承接广告业务是广告公司业务活动的起点，也是广告策划的前提。广告公司承接广告业务一般分三个步骤：（1）广告公司与客户接触与沟通，了解客户委托代理的意图和愿望，并向客户全面推介本公司；（2）广告公司就客户拟代理的业务，收集相关的客户资讯和市场资讯，为代理业务的开展作初步准备；（3）召开客户和广告公司双方高层管理人员和相关业务人员共同出席的客户说明会，由客户代表正式说明委托代理的业务内容及相关情况，完成客户与广告公司高层与深层的沟通与交流。这一阶段，以客户下达正式的代理委托书为工作目标。

广告公司正式代理客户的广告业务后，就要按照客户的广告意图进行广告活动。而首要的，就是要就如何完成客户的广告委托拟定一个整体的、系统的广告方案。广告公司拟定广告活动的方案的过程就是广告策划过程。

不同的行业、同一行业的不同企业、同一企业的不同产品，广告策划的内容、范围、方法都是有所差别的。但是，任何广告策划都是按照一定的程序，有计划、有步骤地进行的。一般来说，广告策划的流程包括以下几个阶段。

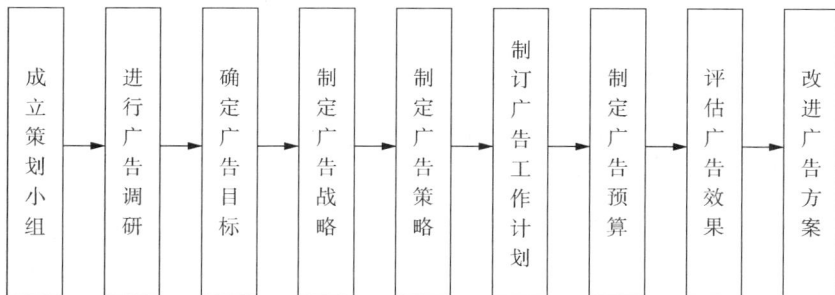

成立策划小组 → 进行广告调研 → 确定广告目标 → 制定广告战略 → 制定广告策略 → 制订广告工作计划 → 制定广告预算 → 评估广告效果 → 改进广告方案

图 4-1　广告策划的流程

一、成立策划小组

广告公司成立广告策划小组，组织各部门进行具体的策划工作。策划小组需要集聚多方面的人士组成。如果实行 AE（Account Executive）制度或者 AP（Accounting Planning）制度，则主要有：

1. 业务主管（Account Executive，AE）

一般由业务部门经理、创作总监或副总经理甚至总经理担任，负责与广告主的联络和业务洽谈，保证广告客户在广告公司的活动得以开展。业务主管的水平是衡量一个广告公司策划能力的标志之一。

2. 策划人员（Idea Man）

一般由策划部的正副主管和业务骨干担任，主要负责撰写广告计划。当 AE 无暇编拟广告计划时，策划人员要在把握全盘的情况下负责代为编拟。因此，策划人员要有统筹全局的能力，能够统摄各方面的意见和智慧，编拟具体的广告计划并推行实施。

3. 文案撰写员（Copy Writer）

专门负责各类文案的撰写。文案撰写人员要具有较强的消化与撰写文字的能力。消化是能迅速地阅读有关资料并能提炼出其精华，撰写是能用恰当的语言写出震撼受众心灵的文字。

4. 美术设计人员（Art Director，AD）

负责各种视觉形象的设计。美术设计人员需要具有较强的领悟能力和将创意转化为文字和画面的能力。

5. 市场调查人员（Market Surveyer）

专门负责广告调查的人员。要求具有进行广告调查、进行市场分析、撰写市场分析报告的能力。

6. 媒介联络人员（Media Man）

专门负责广告媒介的分析和购买工作。要求熟悉每一种媒介的优势、劣势及其价格，与媒介部门具有良好的关系，并能按照广告战略和策略的要求购得所需媒介的时间或空间。

7. 公共关系人员（Public Relations）

在举办广告活动时，公关人员负责协调与有关方面的公共关系，以获得各方面的支持与配合。

8. 心理学研究人员（Psychologist）

心理学研究员着重于研究消费者的消费心理和动机。在广告策划实践中，心理学研究员发挥着越来越重要的作用。

二、进行广告调研

企业的广告活动是从广告调研开始的。广告调研是广告策划、广告创作、广告投放及广告效果测定等一系列广告活动的开端。

（一）广告调研的内容

1. 广告环境调研

广告环境是影响和制约广告活动的各种因素的总和。广告环境有两个层次的意义：一是指由传播体制、传播媒介、广告产业、广告主、广告对象及竞争品牌等因素构成的广告传播环境；二是指由经济、科技、文化、政治、法律等因素构成的广告的一般社会环境。广告活动必须深入研究广告环境所带来的广告机会和威胁。

（1）广告的宏观环境调研。调研广告的宏观环境，重点要对以下环境要素进行调查研究。

①人口环境。人口环境是指人口的数量、分布、年龄和性别结构等情况。营销宏观环境的首要因素是人口环境，因为市场正是由人构成的。人口的规模与增长率、年龄结构与民族结构、教育程度、家庭结构等人口统计的主要特征与趋势是制定营销决策最重要的客观依据，也是形成不同的广告反应行为最重要的变量。因此，人口因素是广告活动最重要的环境因素，有效的广告活动以对人口环境因素的深入调研为条件。

②自然环境。广告策划要充分考虑气候、地理位置、地形地貌、资源状况等自然因素。一方水土养一方人。一定的自然条件代表一定的资源禀赋，特定的资源状况形成特定的经济形态和生活方式，由此形成特定商品的需求状况和营销机会。在海南，保暖用品的市场机会小；在内蒙古，抽湿机的市场机会小。"四川人不怕辣，湖南人怕不辣，贵州人辣不怕。"中国的川湘滇黔等省，辣味有广泛的市场机会，而在广东等地区，清淡却是饮食的主要特色。

③政法环境。政治环境指一定时期内的政治形势、政策、重大政治活动及事件等。与其他环境因素相比，政治因素并不直接作用于广告，但它对社会生活和经济发展有着巨大影响力的无形力量。同时，广告也可以直接利用政治所带来的经济机会、利用政治性题材进行广告活动。法律环境指一定时期颁布与实施的与广告活动有直接或间

接关联的法律法规等。法律既通过规范广告主的经营行为影响商品的市场的供求状态，又直接规范着广告主体的广告行为。

④ 社会文化环境。社会文化环境是广告传播与社会文化的关系，主要包括文化特点、风俗习惯、流行时尚、节令节日、宗教信仰等。广告要有针对性地向目标消费者进行诉求，必须研究文化、社会阶层、参照群体、社会运动等因素。

⑤经济环境。经济环境包括经济制度、经济发展阶段和购买力状况等内容。广告是社会和经济发展的晴雨表。广告活动如何展开，分析经济环境是最重要的内容。分析经济环境，最核心的是分析社会的购买力。因此，要重点调研经济发展、通货膨胀等状况。

（2）广告的传播环境调研。广告的传播环境是直接影响广告传播效果的环境因素，它们对广告效果具有最为直接的制约作用。

① 市场总体状况调研。包括对市场动向、市场规模、市场结构、市场占有率、市场发展趋势等方面的分析和研究。这些是广告定位的重要依据。

② 目标消费者调研。消费者调研是广告策划最根本的出发点。企业的产品不可能满足所有消费者的需要，而只能满足一部分消费者的需要。这要求企业根据消费者的人口统计变量、地理变量、心理变量和行为变量等对消费者进行市场细分，明确产品的主要消费者是谁，其消费行为和广告行为具有什么特点，以便有针对性地进行广告策划和广告活动。

③ 竞争环境调研。在任何市场上企业都面临着竞争。依据迈克尔·波特的"五力分析模型"，企业面临着来自现有企业、潜在加入的企业、生产替代品的企业、供应商和需求者五个方面的竞争。市场竞争的激烈程度决定了企业的产品未来发展空间的大小。依据菲利普·科特勒的观点，企业面临的竞争主要可以分为四个层次：第一，提供的产品功能、质量等因素基本相同，但具有不同的品牌的品牌竞争，如麦当劳与肯德基的竞争；第二，提供的产品在质量、功能等方面相同，但存在款式、规格差别的产品形式的竞争，如4.5寸屏的手机与5.5寸屏的手机之间的竞争；第三，满足同一需要的不同产品（即替代品）之间的竞争，如高铁与民航之间的竞争关系；第四，争夺同一资源的愿望竞争，如电影院和歌厅之间就消费者在同一晚上是去看电影还是去K歌展开竞争。显然，竞争的激烈程度决定了某一时期某类广告的供应量，由此决定了广告受众对特定广告的注意度。竞争调研包括对竞争对手的来源、竞争对手的市场地位、产品的优劣势、营销组合策略等。

④ 广告媒体环境调研。广告费用的70%～80%是媒体费用。所以，媒体调研在广告调研中占有特别突出的地位。主要调研媒体的性质、发行量（传播范围）、读者（观众）层次、收视率（阅读率）、发行周期、广告价格等。这些是制订媒体计划的基本依据。

2. 广告主的基本情况调研

（1）企业经营情况调研。企业经营情况调研通过对企业的发展的历史与现状、企业的经营规模与经营特色、企业的管理方式与管理水平、企业的市场地位等的认知，可以突出企业的竞争优势，为拟定广告主题和广告创意提供充分的依据。如"兰陵美酒，中国老字号"突出了企业悠久的历史；香港恒生银行"充满人情味，服务态度最佳的银行"突出了其服务优势。

（2）企业形象调研。企业形象既是确定广告主题的重要依据之一，又是激发消费者消费欲望的重要因素。企业因为在消费者心目中具有美好的形象而使消费者产生"爱屋及乌"的效果。因此，企业必须了解自己在社会公众中的形象如何。企业形象调研主要调研企业的品牌形象、技术形象、市场形象、员工形象、服务形象、未来形象、企业家形象等。这些具体表现为衡量形象好坏的两个指标：企业知名度和企业美誉度。企业知名度是一个企业被公众知晓的程度，是衡量企业形象的量的指标；企业美誉度是一个企业被公众喜爱、赞美的程度，是衡量企业形象质的指标。通过对企业形象的调研，准确地把握企业在公众心目中的形象状况，找出形象差距，从而通过企业有效的管理策略和广告策略达到提升企业形象的目的。

3. 广告商品调研

广告的重点和目的是促进商品的销售。要在广告投放的有限时间和空间内给受众留下深刻的印象，激起强烈的购买欲望，就必须准确传递产品所具有的、能满足消费者需要的独特属性。要做到这一点，就必须对产品的属性有充分的了解。正如美国的广告学家威廉·伯恩巴克所说："如果我要给任何人忠告的话，那就是在你开始工作之前，先要彻底地了解你所要广告的产品，你的聪明才智、你的煽动力、你的想象力和创造力，都是从对产品的了解中产生。"广告产品的调研包括既要对商品的生产特点、外观特点、生命周期、供求状况、竞争商品等的调研，也要对商品的个性内涵和商品的精神意义进行调研。在消费者越来越重视其精神需要的满足的市场环境中，对商品的精神内涵的挖掘显得更加重要。

4. 广告传播调研

（1）广告主题调研。确立广告主题是广告表现的第一步。在对产品、消费者的特征及竞争者的广告策略充分把握的基础上，可以采取与消费者面谈测试等方法，找到最能打动消费者的广告主题。

（2）广告作品投放前的测试。对广告作品进行投放前的消费者反应测试，目的在于了解广告作品对广告意图的表达是否准确到位、表现策略是否具有冲击力等，以避免造成浪费。实验室测验现场测试是两种基本的测试方法。实验室测验就是在实验室将广告作品呈现给被测试者，分别从被测试者在注意、情绪、态度、记忆、行动等不同层面上的反应，测定广告作品的传播和促销效果；现场测试是将广告作品投放到选定的实验市场后，由调研人员访问接触到该作品的受众，来判断广告作品正式投放后的效果。

（3）广告活动的事中监测和事后评估。事中监测包括对广告活动过程中广告执行情况的跟踪监测和对广告效果的事中测评两方面，如检测媒体的播出是否按时按量，广告投放是否引起不良反应等，以便及时发现问题，修正广告方案。广告活动的事后评估是对广告投放后的传播效果、经济效果和社会效果进行的综合测定，其目的是通过客观地评价广告活动的实际效果，为以后的广告决策提供依据。

（二）广告调研的方法

作为调研的一个领域，广告调研的方法与市场营销的调研方法基本相同，但在调研的具体内容和侧重点上，广告调研有自己的特点。

1. 设计合理的广告调研程序

广告调研一般可以分为调研准备、调研实施和调研分析总结三个阶段。

调研准备阶段的主要任务是制订调研计划。广告调研计划的内容一般包括：依据广告的目的确定调研课题，确定调研的项目和范围，设计调研问卷将调研内容具体化，计划调研的开始和结束时间，确定调研对象，选择调研方法，确定调研机构，编制调研预算等。

广告调研的实施阶段的任务就是组织调研人员，按照调研计划的要求，系统地搜集相关资料。

分析和总结阶段的实质是对广告调研的数据进行分析处理，得到调研结果，这是广告调研的最后一个环节，包括整理分析调研资料、撰写调研报告、总结调研中的经验教训三方面的内容。

2. 选择恰当的广告调研方法

广告策划所需要的资料一般有两种类型：一手资料和二手资料。一手资料是调研人员通过对调研对象实际调查而获得的资料，二手资料是调研人员通过搜集各种文献、档案获得的资料。由于获得二手资料具有速度快、成本低、时间短的优点，所以，广告调研的一般原则是先搜集二手资料，只有当二手资料不能满足广告策划的需要的时候才搜集一手资料。

（1）二手资料的搜集方法。搜集二手资料的方法称作文案调查法或间接调查法，它是利用企业内部和外部现有的各种信息、情报，对调查内容进行分析研究的一种调研方法。文案调查包括对广告主内部资料的收集和外部资料的收集两个方面：

内部资料的收集主要是收集调研广告主经营活动的各种记录。主要包括：业务资料，如订货单、进货单、发货单、合同文本、发票、销售记录、业务员访问报告等；统计资料，如企业生产、销售、库存等各种数据资料和统计分析资料等；财务资料，主要是企业财务部门提供的各种财务、会计核算和分析资料；企业积累的其他资料，如平时剪报、各种调研报告、顾客意见和建议等。

外部资料的收集主要是收集广告主所面临的广告环境方面的资料，主要有以下途径：统计部门以及各级、各类政府主管部门公布的有关资料；专业信息咨询机构、各行业协会提供的资料；书籍、报纸、杂志所提供的文献资料；各种促销会议以及学术性会议上所发放的资料；互联网数据库所提供的相关资料等。

由于二手资料属于历史资料，并非完全针对广告策划的需要。因此，在运用二手资料时，需要对其质量进行评估，包括：①内容，资料是否可靠、全面，精确满足广告活动的要求；②水平，资料的专门化程度如何；③重点，资料是否针对与广告活动最有关的各个方面；④时间，资料所涉及的时期是否适当，有没有时过境迁；⑤准确，资料是否真实可信；⑥方便，资料能否既迅速又低成本地获得等。

（2）一手资料的搜集方法。搜集一手资料的方法也称实地调研方法或直接调研法。实地调研是指由调研人员亲自搜集第一手资料的过程。当市场调研人员得不到足够的第二手资料时，就必须收集原始资料。一般来说，直接面对被调查对象的调研方法，都是实地调研的方法，如在商业区进行街访、在居民家里面对面访问、在会议室举行消费者焦点小组座谈、在商店内实施消费者观察等。访问法是最常用的一种实地调研方法，包括面谈、电话访问、信函调查、会议调查和网上调查等；观察法是调研人员在现场从侧面对被调查者的情况进行观察、记录来收集资料的一种方法，一般包括直接到现场查看以获取资料的观察法和利用摄像头、照相机、扫描仪等仪器进行观察的间接观察法；实验法是通过实验对比来获得资料的方法，主要有销售地区实验、广告信息实验、媒体效果实验等。

影响实地调研成败的关键因素是被调研者是否愿意并能够提供所需要的信息。因此，调研人员的调研技巧就异常重要。加强对调研人员的培训，使其熟练掌握各种调研技巧，是确保实地调研达到预期目标的关键。

在广告调研的基础上，广告策划小组要对广告主及其广告产品进行 SWOT 分析，这包括企业资源分析和外部环境分析两方面。企业资源分析主要从企业历史、规模、技术、形象、产品特色等方面挖掘其明显优于竞争对手的竞争优势 S（Strength）和明显不如竞争对手的竞争劣势 W（Weakness）。外部环境分析主要从企业所面临的政治、经济、社会文化、竞争状况、市场变化趋势等方面寻找有利于企业的机会 O（Opportunity）和不利于企业的威胁 T（Threat）。

阅读资料

广告调研使速溶咖啡走出困境

咖啡是西方人日常生活中常饮的饮料，产销量十分巨大。风靡世界的雀巢速溶咖啡，今天被人们奉为饮料佳品，但它刚问世时，却一度遭受冷落。

20 世纪 40 年代，为了适应人们生活的快节奏，雀巢公司率先研制出了速溶咖啡并投入市场。这种速溶咖啡免去磨咖啡豆、煮咖啡等烦琐的制作工序，只要用开水一冲即可享受一杯香浓美味的咖啡，而且保持了普通咖啡的优点。但是不久，雀巢公司就发现，尽管速溶咖啡有简单、快捷、方便等许多优点，而且符合人们快节奏的生活实际，但速溶咖啡在市场上还是遇到了强有力的抵制，虽然花在速溶咖啡广告上的钱比普通咖啡广告上的钱多得多，可是人们仍然购买普通咖啡而不购买速溶咖啡，速溶咖啡的消费量仅占整个咖啡消费量的极小部分。

为弄清速溶咖啡为什么受到消费者的排斥，雀巢公司进行了大量的调查，后来又求助于消费心理学家才恍然大悟。原来，雀巢公司在促销时只抓住了现代人生活节奏加快的特点，而忽略了支配消费行为的一个重要潜在因素——消费者的心理和民族传统习惯。以前烹制一手好咖啡是贤惠、勤劳主妇的象征，而主妇之所以不愿购买速溶咖啡，是因为在她们看来只图省事，有违传统美德。人们也普遍认为购买速溶咖啡的妇女不是一名好妻子，也就是说，速溶咖啡的产品形象是它的使用者是懒惰的家庭主妇。而当时速溶咖啡的广告中大量采用快速、方便、省事、经济等词语来描述速溶咖啡，加重了速溶咖啡的不利形象。与此相反，普通咖啡的广告一再强调咖啡的味道、芳香和醇厚，使人置身于它的香味和令人愉快的煮咖啡的乐趣中，人们也认为速溶咖啡缺乏温暖感。

根据消费心理学家的这一发现，雀巢公司立即调整广告宣传，重新进行广告策划，改变原来不利的产品形象，宣传的重点由只强调其省时、方便转到既强调省时、方便，可以腾出更多精力去做其他事情，创造更多的财富和生活乐趣，同时又强调从速溶咖啡中同样可以尝到新鲜咖啡醇美、清香而浓郁的味道。使速溶咖啡饱含感情色彩，并且具有能代表更高的社会地位的形象。根据这一宣传宗旨，公司挑选最具温柔、善良、贤惠形象的女模特，为速溶咖啡做广告，广告媒体以杂志为主。于是，"雀巢咖啡"在各种妇女杂志刊登色彩鲜艳、内涵丰富的全页广告：颗粒饱满的棕色咖啡作为背景陪衬着热气腾腾的咖啡，广告上"百分之百的纯正咖啡"、"满足你的咖啡瘾"等广告词十分醒目，并告诉人们，这就是美好温馨的生活。广告一出，由于迎合了人们的心理和消费习惯，消除了人们认为饮用速溶咖啡是懒惰的表现的误解和心理疑虑，速溶咖啡的消费量迅速增加，速溶咖啡的新形象获得了广大公众的认可。

资料来源：http://www.51diaocha.com/20124/1335602370395213.shtml

三、制定广告战略

广告策划小组在进行 SWOT 分析之后，就要拟定具体的广告战略。广告战略是企业营销战略的重要组成部分，是对整个广告活动的指导思想、目的、原则进行的总体设计，是广告策划的中心环节，是决定广告成败的关键。广告战略规定了广告活动的整体走势和运作方向，广告活动的所有策略都必须以广告战略的思想为指导，为实现广告战略的目标服务。

广告战略一般可以分为三部分：基本战略、表现战略和媒体战略。基本战略即产品的营销战略；表现战略包括确定广告主题、进行广告创意、采取恰当的诉求方式和表现形式等；媒体战略就是确定媒体的选择与组合、制定信息传播战略等。具体而言，广告战略包括明确广告目标，确定广告对象，进行广告定位、确定广告主题等方面。

（一）明确广告目标

广告目标是广告主希望通过广告达到的某种特定效果。广告策划必须设立恰当的目标，策划的结果应该能够实现所确定的广告目标。因此，明确广告目标是制定广告战略的第一步。

1. 广告目标的类型

在广告活动中，企业的广告目标是多种多样的，如传递商品信息、促进商品销售、树立品牌形象等。但总体而言，广告目标可以分为三种类型。

（1）提供信息，即企业通过广告活动向受众提供商品及企业营销活动的各种信息，包括介绍有关新产品信息，推介产品的新用途，说明价格的新变动，宣传产品的制造过程，描述可提供的服务，减少目标受众的顾虑，树立企业形象等。

（2）说服购买，即企业通过广告活动建立本企业的品牌偏好，改变顾客对本企业产品的态度，鼓励顾客放弃竞争者品牌转而购买本企业品牌，说服顾客接受推销访问，诱导顾客立即购买。这种广告的核心目的在于建立选择性需求，使目标消费者从选择竞争对手的品牌转向选择本企业的品牌。西方的广告主甚至在广告中拿自己的品牌与若干其他品牌进行直接比较，以己之长攻人之短，以突出自己品牌的优越性来说服目标消费者。

（3）提醒使用。以提醒、提示为目标的广告也叫提示型广告，包括提醒消费者在近期或不远的将来将用得着某产品，如在冬季到来之前提醒人们不久将要穿御寒衣服等，并提醒消费者可到何处购买该产品；提醒消费者在某种产品生命周期的成熟阶段或衰退阶段仍能想起这种产品，从而维持较高的知晓度，如可口可乐公司在淡季耗费巨资在杂志上做彩色广告以提醒广大消费者时时刻刻不要忘记可口可乐；通过持续的广告强化消费者的观念，其目的在于使现有消费者确信他们所作出的选择是正确的，如美国汽车制造商常常用广告描述其顾客对于他们已购买的汽车很满意，以加强其购买选择。

2. 确定广告目标的方法

1961年，罗伯特·J. 莱维奇和加里·A. 斯坦纳在美国的《市场杂志》上提出了"从知名到行动的进展"层级模型。他们认为，广告是一种必须把人们推上一系列阶段的力量：第一，在最初阶段，人们完全不知道某种商品品牌或企业的存在；第二，对产品的存在已经知晓，但到购买还有一大段距离；第三，对产品进行了了解，开始接近购买；第四，使产品与自身利益相联系后，更接近购买；第五，对于产品产生偏好，离购买有一步之遥；第六，产生购买欲望，相信购买为明智之举，开始行动；第七，产生实际购买行为。

同样在 1961 年，美国学者科利创造了 DAGMAR 理论，即"制定广告目标以测定广告效果"。他认为"广告目标是记载对行销工作中有关传播方面的简明陈述"，他提议采用商业传播的四阶段理论去分析消费者在知觉、态度或行动上的改变。因此，广告要达到的目标就是：

认知（Awareness）。潜在顾客首先一定要对某品牌或公司的存在"认知"；

了解（Comprehension）。潜在顾客一定要了解这个品牌或企业的存在，以及这个产品能为他做什么；

信服（Conviction）。潜在顾客一定要达到一心理倾向并信服想去购买这种产品；

行动（Action）：潜在顾客在了解、信服的基础上经过最后的激励产生购买行为。

科利提出了确定广告目标的"6M"法，认为应该从六个方面来收集所需要的资讯，以便经过系统化的研究来为界定广告目标过程中遇到的许多问题找出答案。这"6M"是：

①商品（Merchandise）。所要销售的产品和服务的主要诉求点是什么？

②市场（Market）。广告信息所达到的对象是什么人？

③动机（Motives）。目标受众为何购买？

④信息（Message）。所要传达的主要创意、情报、态度如何？

⑤媒体（Media）。用什么手段使信息达到诉求对象？

⑥测定（Measurement）。广告信息所达到目标受众的程度如何？

科利提出来的 6M 方法现已被业界广泛应用，成为确定广告目标的经典策略。

阅读资料

飞利浦电动剃须刀的广告目标与策略

20 世纪 90 年代，荷兰飞利浦电子集团花了 4000 万美元在全球推广"让我们做得更好"这句广告语。1995 年，它的广告费已占到产品销售净额的 12%。随着飞利浦电动剃须刀一系列新产品的不断开发成功，销售业绩迅速上升，需要不断更新的广告来配合。它的国际代理机构 DMBB 这样描述飞利浦的广告目标及策略：

①吸引年轻一代的新用户，为此，推出低价格的 Tracer 产品，并且分开做广告；

②鼓励那些对湿剃与干剃各自优点都不太明白的人开始使用飞利浦电动剃须刀；

③在那些干剃习惯已稳固建立的国家同它的重要竞争者"百灵"相对抗，提高产品的领导地位。

这些目标通过下面的广告策略来传达：

由于飞利浦电动剃须刀的高技术和高质量，消费者察觉到使用它会获得最舒服的剃须感受。无论何时何地，它都是你最亲密的剃须刀。

在广告策略执行时，就要考虑因社会习惯、行为、情趣不同带来的地区差别：在那些干剃习惯已经建立的地区，飞利浦电视广告主要集中传达其产品的内在质量以及超越对手的利益，比如双重功效系统和充电水平显示器。这些广告向人们演示优雅的现代商人使用优雅、现代的电动剃须刀。而广告里的性别联系不占支配地位。在那些目前还是湿剃占支配地位的国家，如南欧部分国家所做的广告中，广告将集中传达这样的信息——使用了该剃须刀的潇洒男子对一位漂亮女士将更具吸引力，当然不仅是因为他刮得更干净的脸。产品的特殊品质则放在第二位。

在 Tracer 产品的广告里：一辆摩托车和 Tracer 的两轮之间画上平行线，以示两者均是 16～20 岁的现代青年男性向女孩表现他们的锐气与殷勤的上佳表现物。针对全世界青年男性的共性，Tracer 产品向他们承诺他们所期待的"成功者面容"。

资料来源：纪华强，《广告战略与策略》，东北财经大学出版社 2002 年 6 月版，第 82 页

（二）明确广告对象

广告对象就是广告的目标受众，是广告的诉求对象，是广告信息的接收者。确定广告对象，就是解决"向谁广告"的问题。准确地确定广告对象是广告策划中最重要的决策之一。如果广告对象发生偏差，广告主题的确定、广告创意的风格选择、广告表现的手段和方式、广告媒体的选择等都将出现偏差，也就难以达到预期的广告目标。确定广告对象应考虑以下内容：广告应该将哪些人确定为目标对象，这些人最关心的问题是什么，有什么样的消费水平和媒体习惯等。

如前文所述，广告的任务是为营销战略服务的。因此，商品现实的和潜在的购买者就是广告的目标对象。广告要达到充分为营销战略服务的目的，必须使广告信息与目标消费者充分接触。因此，广告的目标对象必须与企业的目标市场保持一致。所以，企业按照地理变量、人口统计变量、心理变量和行为变量进行市场细分，选择目标市场的方法，也就是确定广告的目标对象的方法。

需要特别注意的是，有些产品的目标消费者与广告对象是完全一致的，也就是说，商品的购买者就是实际的使用者。但有些产品的目标消费者与广告的对象并不一致，如婴幼儿用品、老年保健品等，这些产品的实际购买者往往不是实际使用者。因此，需要对购买行为的参加者进行充分的分析，以便准确地确定广告对象，确保广告的效果。

（三）进行广告定位

定位理论的创始人艾·里斯和杰·特劳特曾指出："'定位'是一种观念，它改变了广告的本质。""定位从产品开始，可以是一种商品、一项服务、一家公司、一个机构，甚至于是一个人，也许可能是你自己。但定位并不是要你对产品做什么事。定位是你对未来的潜在顾客心智所下的功夫，也就是把产品定位在你未来潜在顾客的心中。所以，你如把这个观念叫作'产品定位'是不对的。你对产品本身，实际上并没有做什么重要的事情。"可见，广告定位是现代广告理论和实践中极为重要的观念，是广告策划人员根据目标消费者的利益要求与偏好，确定企业或产品在目标消费者心目中的位置的过程，其目的就是为企业和产品创造特色，提升其市场竞争力。定位战略的本质就是根据目标消费者的价值需求对产品或品牌内涵所作出的一种界定，其目标是让每个目标顾客都能将企业品牌与其他竞争品牌相区别，并且认可这种品牌。一个品牌的定位必须是清晰的，必须能够最有效地吸引目标消费者。从某种意义上讲，一个品牌的定位就是建立品牌与消费者某种特别的联系，这种联系可能来自产品的物理属性、使用场合、销售的商店，也可能来自消费者的生活方式和自身形象等。但是，建立这种联系并不是对产品去做什么，而是通过广告等传播活动去影响消费者的观念，从而影响其消费行为。可见，广告定位战略对整个广告活动的开展至关重要。

广告定位应从目标消费者的价值偏好出发，可以是功能性的、象征性的或者体验性的。具体而言，广告定位可以通过下列不同的方法来实现：

（1）通过产品特征或顾客利益定位。在广告实践中应用最多的定位战略就是将某一事物与产品特征和消费者利益相联系。在市场上，佳洁士牙膏一直依靠"防龋齿"的定位而成为行业领先者，红牛饮料以一句"你的能量超乎你的想象"而在补充能量的功能饮料中深入人心。

（2）以价格和质量定位。商品的价格和质量是消费者关注的两个重要方面。多年来，神舟电脑一直以低价作为特色吸引消费者；张裕葡萄酒则一直在广告中突出"百年张裕"，以悠久的历史突出其品质；加多宝凉茶的广告则一直强调"配方正宗"。由于质量与价格总是保持着同向的关系，所以，同时定位于高质量和低价格则是比较困难的。

（3）以使用场合定位。将产品与某种特定的使用场合联系起来，能起到很好的效果。绿箭香口胶在广告中总是把自己定位于在社交场合清新口气的一种随身用品，蒙牛早餐奶则定位于早餐食品。

（4）以产品的使用者定位。强生公司洗发水的广告定位是经常洗发而需要温和香波的人群；金利来则定位于"男人的世界"；捷卡系列运动表的定位是"现代中学生的运动表"。

（5）以产品类别定位。类别定位力图在消费者心目中造成该品牌等同于某类产品的印象，以成为某类产品的代名词或领导品牌。有些时候，将产品定位于某一类别往往能带来巨大的市场机会。如五谷道场方便面定位于"非油炸"的方便面；喜之郎以"果冻布丁喜之郎"的广告诉求而成为果冻布丁的代表。

（6）以文化象征定位。用文化象征来形成品牌特色，能很好地满足目标消费者的精神需要。戴比尔斯钻戒以"钻石恒久远，一颗永流传"而成为爱情的象征；宝马汽车以"驾驶的乐趣"而带给爱车一族无限的遐想。

（7）以竞争对手定位。在有些情况下，以竞争者为对象，采用针锋相对的定位方式，更能突出产品相对于竞争产品的优势。比较性广告是竞争性定位的典型形式。当宣称有四种水果的娃哈哈果汁进入市场的时候，就直接针对比它先进入市场的农夫果园"三种水果在里面，喝前摇一摇"的诉求，强调"三种水果就想打发我？三种不够味，四种才甜蜜，四种水果还高钙！"显然，娃哈哈通过与农夫果园的对比，突出了自己的特色。

（8）市场领导者定位。这是确定产品在市场上的首要位置的定位方式。当可口可乐在广告中强调"只有可口可乐，才是真正的可乐"的时候，就把自己定位成了衡量其他可乐类饮料的标准；加多宝也一直将自己定位于国内市场凉茶的领导者，以其70%的市场占有率领先于其他凉茶品牌。

阅读资料

红罐王老吉的广告定位策略

2002年以前，从表面上看，红色罐装王老吉（以下简称红罐王老吉）是一个活得很不错的品牌，在广东、浙南地区销量稳定，盈利状况良好，有比较固定的消费群，其销售业绩连续几年维持在1亿多元。发展到这个规模后，加多宝的管理层发现，在所有困扰企业继续成长的障碍中，最核心的问题是企业不得不面临一个现实难题——红罐王老吉当"凉茶"卖还是当"饮料"卖？

在广东，传统凉茶（如颗粒冲剂、自家煲制、凉茶铺煲制等）因下火功效显著，消费者普遍当成"药"服用，无须也不能经常饮用。而"王老吉"这个具有上百年历史的品牌就是凉茶的代称，可谓说起凉茶就想到王老吉，说起王老吉就想到凉茶。因此，红罐王老吉受品牌名所累，并不能很顺利地让广东人接受它作为一种可以经常饮用的饮料，销量大大受限。

而在加多宝的另一个主要销售区域浙南，主要是温州、台州、丽水三地，消费者将红罐王老吉与康师傅绿茶、旺仔牛奶等饮料相提并论，没有不适合长期饮用的禁忌。加之当地在外华人众多，经他们的引领带动，红罐王老吉很快成为当地最畅销的饮料。面对消费者这些混乱的认知，企业用什么办法改变消费者的态度，明确王老吉的核心价值，并与竞争对手区别开来呢？

如果用凉茶概念来推广，加多宝公司担心其销量将受到限制；但作为"饮料"推广又没有找到合适的区隔。因此，在广告宣传上不得不模棱两可。

2002年底，加多宝找到成美营销顾问公司。成美经初步研究后发现，红罐王老吉虽然销售了7年，其品牌却从未经过系统、严谨的定位。研究中发现，广东的消费者饮用红罐王老吉主要是在烧烤、登山等场合，其原因不外乎"吃烧烤容易上火，喝一罐先预防一下"、而在浙南，饮用场合主要集中在"外出就餐、聚会、家庭"。在对当地饮食文化的了解中，研究人员发现，该地区消费者对于"上火"的担忧比广东有过之而无不及。

消费者的这些认知和购买行为表明，消费者对红罐王老吉并无"治疗"要求，而是作为一种功能饮料购买。购买红罐王老吉的真实动机是用于"预防上火"。那么红罐王老吉改变原来宣传上模棱两可的局面，而突出"怕上火，喝王老吉"的定位宣传才是当务之急，于是成美决定在红罐王老吉的多个属性中突出预防上火的权重，品牌定位"防上火的饮料"，独特的品牌价值在于——喝红罐王老吉能预防上火，让消费者无忧地尽情享受生活：吃煎炸、香辣美食、烧烤、通宵达旦看足球。

紧接着，成美为红罐王老吉制定了推广主题"怕上火，喝王老吉"，在传播上尽量凸显红罐王老吉作为饮料的性质。在第一阶段的广告宣传中，红罐王老吉都以轻松、欢快、健康的形象出现，避免出现对症下药式的负面诉求，从而把红罐王老吉和"传统凉茶"区分开来。

为更好地唤起消费者的需求，电视广告选用了消费者认为日常生活中最易上火的五个场景：吃火锅、通宵看球、吃油炸食品薯条、烧烤和夏日阳光浴。画面中，人们在开心享受上述活动的同时，纷纷畅饮红罐王老吉。结合时尚、动感十足的广告歌反复吟唱"不用害怕什么，尽情享受生活，怕上火，喝王老吉"，促使消费者在吃火锅、烧烤时，自然联想到红罐王老吉，从而促成购买。

资料来源：《红罐王老吉品牌定位战略》，http://money.163.com/08/0523/18/4CL80SSB002524TH.html

（四）广告媒体战略

在广告活动中，媒体是花费最多的领域，也是决定广告表现形式和手段的关键。随着媒体类型和数量的不断增加，媒体策划日益重要。广告媒体战略是围绕广告的目标受众、广告区域、发布时机、发布方式等进行的媒体策划活动，目的是在恰当的广告预算条件下，通过选择恰当的媒体组合以达到广告的战略目标。广告的媒体战略包括确定媒体的类型及其组合方式、媒体目标、媒体地区分配、媒体评价指标选择等。媒体战略的具体内容参见第9章。

（五）广告创作战略

广告创作是针对目标消费者的需求，采取富有创意的说服方式，使消费者的认知、态度和行为发生有利于企业的改变的过程。广告创作战略包括广告创意战略和广告表现战略，具体包括确定广告主题和表现形式、确定广告创意的基本方向、确定广告文案基本风格和广告的基本格调等多方面的内容。广告创作战略的具体内容可参见广告主题（第5章）、广告创意（第6章）和广告表现（第7、8章）的相关解析。

（六）销售推广战略

销售推广战略是企业营销组合战略的组成部分。在媒体不断细分、社会化媒体不断涌现的背景下，企业为了达到理想的效果，需要策划一些其他方式的推广活动与广告活动相互配合，进行整合营销传播。销售推广战略包括销售促进（SP）战略、公共关系（PR）战略和店内行销支持（In store Merchandising Support，IMS）战略。销售促进战略应确定销售促进的任务和形式，与广告的配合方式，消费者和中间商销售促进的基本方向等。公共关系战略的关键是确定公共关系的目标、对象，与广告活动配合的方式等；IMS 是整体广告活动在商店部分的表现。美国广告界的一项调查表明，60%的消费者都是在进入店铺后看到商品才决定购买的品牌。因此，IMS 战略已经成为抓住非计划购买者的重要手段。IMS 战略要决定店面设计、内部装潢、货架摆设、POP、色彩、音乐等，其核心是设计一个诱人、舒适、让人情不自禁购买的消费者空间，以最大限度地提高消费者购买的概率。

四、制定广告策略

广告策略是指广告策划者在广告信息传播过程中，为实现广告战略目标所采取的对策、方法和手段。一般来说，广告活动中的策略包括以下几方面：

（一）产品的广告策略

配合产品策略而采取的广告策略，策略重点是宣传介绍企业的产品及性能，突出产品给目标消费者带来的价值；策略手段是根据产品的不同生命期进行不同的宣传和进行不同的市场定位；策略目标是促使更多的顾客认识企业的产品，扩大销量。

1. 产品不同生命周期阶段的广告策略

针对产品所处的生命周期的不同特点，采取相应的广告策略。投放期和成长期的前期的广告以创造知名度为目标，以较多的广告投入为保证，以多媒体的相互配合为方式，以告知为主要诉求方式，重点突出新旧产品的差异，以吸引目标消费者的关注；成长期后期和成熟期的广告以引导消费者认牌购买、巩固和扩大市场占有率为目标，以突出特色、树立形象为重点，展开竞争性的广告宣传，突出本企业的产品与其他品牌产品的差异性；衰退期的广告策略广告目标是维持产品的市场地位，保持产品的销售量或延缓销量的下降，主要策略是以长期、间隔、定时发布广告的方法，及时唤起注意，巩固习惯性购买，诉求的重点是突出产品的销前和售后服务，保持企业荣誉、稳定产品的晚期使用者及保守者。

2. 产品的广告定位策略

产品的广告定位策略是广告定位战略的具体细化，主要分为两大类：实体定位策略和观念定位策略。

实体定位策略就是在广告宣传中突出商品的新价值，强调与同类商品的不同之处和所带来的更大利益，主要包括：在广告中突出商品的特异功效的功效定位；强调产品具体的良好品质的品质定位；将商品定位在最有利的市场位置上的市场定位；以低价或者高价为特色的价格定位等。

观念定位策略是突出商品的新意义、改变消费者的习惯心理、树立新的商品观念的广告定位策略，如逆向定位策略、是非定位策略等。逆向定位是借助于有名气的竞争对手的声誉来引起消费者对自己的关注、同情和支持，或承认产品的缺陷来突出其优势，以达到以退为进的目的定位策略；是非定位则是从观念上人为地把商品市场加以区分的定位策略，如 20 世纪 60 年代，美国的七喜（7up）通过广告把饮料分为可乐型饮料和非可乐型饮料，而把自己定位于非可乐型饮料上，获得了巨大的成功。

（二）市场广告策略

广告作用的发挥不仅取决于广告产品，更取决于目标消费者的态度。因此，企业在广告产品的基础上要有效地运用市场广告策略。市场广告策略是紧密结合市场行情而采取的一种广告促进策略，包括目标市场定位策略和广告促销策略。

1. 目标市场定位策略

目标市场是企业在市场细分的基础上决定进入的子市场。企业依据细分市场来制定营销策略，一般可分为无差别市场策略、差别市场策略和集中市场策略。因此，也就相应地需要制定无差别市场广告策略、差别市场广告策略和集中市场广告策略与之相适应。

无差别市场广告策略就是企业面向整个市场，运用多种媒体组合做同一主题内容的广告宣传。这种策略一般适用于消费者需求差异不大的产品，或处于引入期与成长期初期的产品，或市场竞争不激烈的产品。

差别广告市场策略则是企业针对细分的目标市场，运用不同的媒介组合，做不同主题的广告宣传。这种策略能有针对性地满足不同消费者的需求，是在产品进入成长期后期和成熟期后采用的广告策略。这时，产品竞争激烈，市场需求分化，各目标市场各具不同的特点，所以广告设计、主题构思、媒介组合、广告发布等也都各不相同。

集中市场策略是企业在细分市场的基础上，把广告主题以统一的内容与形式集中在一个或几个细分的目标市场的策略，其目的是在较小的细分市场中占有较大的份额。

上述 3 种广告策略既可独立运用，也可综合利用，灵活掌握，主要根据企业的基本情况而定。

阅读资料

嘉士伯啤酒的差异化市场广告策略

嘉士伯啤酒在啤酒业中可算是世界级的一颗明星，它的目标市场深入世界大部分国家和地区，与世界各地区的广大消费者结下了一生的情缘。

在一次为配合在不同国家销售所发起的广告运作中，嘉士伯以洗练而干净的风格，以酒瓶摆成不同的样式作为画面的主体形象，独具匠心。在俄罗斯的广告中，嘉士伯的酒瓶瓶颈不见了，因为它顶出了天；在意大利的广告中，嘉士伯酒瓶被彻底倒了过来；在列支敦士登的广告中，嘉士伯酒瓶小得出奇……广告以各个国家的人文特色为沟通基点。俄罗斯以生产成人玩具而驰名世界；尼泊尔边境有高耸入云的世界最高峰——珠穆朗玛峰；意大利有著名的比萨斜塔；澳大利亚人有喝啤酒一饮而尽的习惯；列支敦士登是世界著名的袖珍国家。

同样的产品面向几个细分市场，嘉士伯分别针对各个子市场的不同特点，采取不同的广告宣传，争取更多的消费者，这正是差别性市场广告策略的具体表现。

---

2. 促销广告策略

促销广告策略是一种紧密结合市场营销策略而采取的广告策略，它不仅告知消费者购买商品的利益，而且结合市场营销的其他手段，给予消费者更多的附加利益，以吸引消费者对广告的兴趣，推动商品销售。促销广告策略，包括以广告赠券、折价购买或赠送礼品等为手段的馈赠广告，以出资赞助文艺节目的制作及播出、有奖猜谜、有奖征答等为手段的文娱广告；以抽奖中奖形式进行促销广告的中奖广告；通过赞助体育比赛、运动队来提高知名度和影响力的体育赞助广告；通过赞助社会公益事业来树立企业形象的公益广告等。

（三）广告发布时间策略

广告发布时间策略是配合营销时机而采取的广告策略，是对广告发布的具体时间、频率以及广告节目内容编排的次序等内容所采取的策略。常见的广告发布时间策略有广告时序策略、广告时机策略、广告时限策略和广告频率策略。

1. 广告发布的时序策略

指广告发布和其他相关活动在时间上的配合，包括提前策略、同步策略和延迟策略。在产品尚未正式上市就发布上市广告，或者广告对促销活动进行提前预告，采用的是提前策略；在产品上市的同时发布广告，或者在促销活动开始的同时发布广告，采用的是同步策略；在产品正式上市之后发布广告以使消费者按照广告诉求指名购买产品，采取的是延迟策略。

2. 广告发布的时机策略

主要决定投放广告的恰当时机。一般把握以下原则：季节性商品应在旺季之前推出广告，在旺季结束前停止广告；非季节性商品可选择特别节庆或竞争品牌未有积极动作期间推出广告；流行性商品要在流行的热潮到来之前迅速推出广告；与特殊节日密切相关的商品（如端午节的粽子、中秋节的月饼等）一般以在节令前一个月或半个月开始广告为最佳时机；重大促销活动广告可在活动前一周开始预告为活动造势，并在活动期间适时推出；特殊时机广告（如利用世界杯等重大事件进行的广告活动）可选择重大事件发生时或电视特别节目及卫星转播时投放。

库恩广告时机模型可以为我们选择恰当的广告时机提供参考。该模型认为，确定广告发布时机应考虑三个要素：购买者的流动率。这是指新顾客在市场上出现的速率。速率越高，广告越是应该连续不断；购买频率，指某一时期内购买者平均购买产品的次数。购买频率越高，广告就应该越是连续不断；遗忘率，指购买者遗忘某种品牌的速率。遗忘率越高，广告就应该越是连续不断。对于经常购买、季节性强、价格低廉的日用品而言，正确的广告时机取决于广告的延续力（广告支出的作用随时间的推移而逐渐衰退的速度）和顾客选择品牌的习惯行为（和广告投放水平无关的品牌延续购买量）。如果没有广告延续力和习惯性购买，最佳的广告时机应该与预期的销售季节变化相一致。如果存在广告延续力和习惯购买，最好的广告时机变动要领先于销售变动。广告的支出高峰应在销售高峰之前出现，而广告低潮则应在销售低潮来到之前出现。延续力越高，领先时距也应越长；习惯性购买越多，广告支出应越稳定。

3. 广告发布的时限策略

广告发布的时限策略是对广告发布持续时间的长短决定技巧。广告发布总的持续时间由广告活动总体的持续时间和广告主可能支付的广告费用决定。在总的时限内，广告的发布是否分成不同长度的时间单元，各单元的持续时间如何要根据广告目标的要求来进行。

4. 广告发布的时点策略

广告发布的时点策略是对广告在某种媒体发布的具体时间和时段的选择策略。广告在不同媒体发布的时间要按照媒体组合的原则来确定，在各媒体发布的时段则要按照不同时段受众的媒体接触情况来确定。一般来说，广告应该选择诉求对象媒体接触最为集中的时段发布。

5. 广告发布的频率策略

广告发布的频率策略是对特定时间内广告在某一媒体上展露次数的决定策略。广告的诉求效果受广告发布频率的影响，但并不是广告发布频率越高广告的诉求效果就越好。广告发布的频率要依据目标受众的接受程度、广告预算的多少、广告的时机等多种因素来决定。

阅读资料

受众在不同广告频次下可能的广告反应

第一次广告出现——他没注意；

第二次广告出现——"又一个新牌子"；

第三次广告出现——"它到底有什么好？"

第四次广告出现——"让我再仔细看看"；

第五次广告出现——"有道理"；

第六次广告出现——"我有点心动了"；

第七次广告出现——"我真应该有一个"；

第八次广告出现——"明天得去买个试试"。

资料来源：舒咏平《广告心理学教程》，北京大学出版社 2010 年 9 月版，第 358 页

（四）广告发布的空间策略

广告空间策略的应用关系到广告送达目标对象的范围，是广告主根据特定的广告目标对广告的位置和范围进行谋划安排，以使广告活动达到预期效果的广告策略。广告空间策略包括广告进入策略、广告覆盖策略和广告位置策略。

1. 广告进入策略

广告进入策略是将广告推入目标市场所采取的策略。企业进入目标市场时，可以先用探查策略对该市场的消费习惯、消费水平和消费心理进行了解，然后采用相应的策略进入。企业广告进入目标市场可采用全面铺开式，也可采用重点突破式。在多品种系列、多目标市场的情况下，也可采取将不同系列的广告在不同的目标市场上交替轮番投放的轮番进入的策略。

2. 广告覆盖策略

广告覆盖策略就是决定如何使广告覆盖目标市场的策略。企业利用全国性媒体，每一次做广告都向整个目标市场全面进攻的策略是全国性覆盖策略；同时覆盖几个销量高的主要市场，而放弃其他市场的策略是重点性覆盖策略；将全国分为若干个地区，逐一实行集中覆盖，然后逐步向其他地区转移的策略是渐进性覆盖策略；在出现偶发事件和临时市场变化的情况下对某一地区或某种特定的消费群体有针对性地进行覆盖，采用的是特殊性覆盖策略。

3. 广告位置策略

广告位置策略包括两方面：广告的空间位置策略和广告的版面位置策略。

当企业设置户外广告牌、电子显示屏，或购买公交线路投放广告时，空间位置的

选择直接决定了广告在目标消费者中的接触率，因而也就决定了广告的效果。毫无疑问，企业应该选择目标消费者比较集中的区域确定广告投放的区域，选择客流量比较大、注意度比较高的地方作为具体的位置选择。

在企业投放印刷广告，特别是报纸和杂志广告时，位置安排、版面大小的选择均有很强的技巧。就广告版面的大小而言，一般来说，新产品上市或重大促销活动的告知性广告，往往使用大版面；产品在成熟期和衰退期的提醒式广告，可使用小版面。就广告的版面位置而言，杂志的广告位置一般分为封面、封底、封二、封三、扉页、内页等。这一顺序也是广告效果由大到小、费用由高到低的顺序。此外，在同一版面中，一般而言，上比下好，中间比上下好，大比小好，横排字左比右好，竖排字右比左好。报纸的广告位置一般可分为正版、非正版、专页广告版（即全页广告）、夹缝版等。在同一版内的不同位置，广告效果也不同。版内位置越符合读者的目光落实位置和视觉规律，广告效果就越好。

阅读资料

一直美广告覆盖北京地铁全线

2014 年 6 月 26 日，一直美产品广告覆盖北京地铁全线，得到了很大的反响。车厢、月台、通道、长廊、扶梯侧墙等陆续展示了一直美的形象。

北京地铁客流量大，每天乘坐地铁出行的人次都以百万计，受众人群广，人流量大、集中，又较为封闭，乘客长时间与一直美信息交流，乘客在行程中完全置身其中，全程接受一直美品牌信息，使乘客对一直美的形象过目不忘。

资料来源：http：//mp. weixin. qq. com/s?　biz = MzA4NzQ3NzE4NQ = = &mid = 203576843&idx = 1&sn = 0a10a9ed187dd87c4e13aec2e6d4d878&3rd = MzA3MDU4NTYzMw = = &scene = 6#rd

---

（五）广告表现策略

广告表现策略是广告概念形象化的过程，包括确定广告诉求的方式、确定和实施广告表现的策略等内容。

广告的诉求方式就是广告作品陈述信息的形式，它体现了整个广告的宣传策略。恰当的广告诉求会对消费者产生强烈的吸引力，激发起消费欲望，从而促使其实施购买商品的行为。理性诉求和感性诉求是广告诉求的两种基本方式。理性诉求广告诉诸目标受众的理性思维，以理服人，侧重于从产品的质量、功能、价格等方面说服目标消费者；感性诉求广告主要诉诸消费者的感性思维，以情动人，侧重于从情感上打动目标消费者。如果用理性诉求传达信息，以感性诉求激发受众的情感，就属于情理交融的诉求方式了。

确定了广告诉求方式之后，就要进行广告的创意构思。广告创意构思的主要任务就是形成广告表现的方案，包括确立广告宣传的"概念"，形成广告宣传口号，围绕广告宣传概念构思广告表现情节或图案等。

广告创意方案确定后，就要进行广告表现的实施过程。广告表现的实施就是运用广告语言、广告图案、广告色彩及声音等手段将广告创意表达出来。这是广告创意方案的物化过程，是广告主题的艺术化过程，其结果就是设计出富有特定风格的广告作品。

广告表现的具体策略，参见本书的第 6 章（广告创意）、第 7、8 章（广告表现）

的详细阐释。

五、制订广告工作计划

经过详尽周密的广告战略与策略策划以后，就需要为本次广告活动制订一个具体的广告工作计划。广告工作计划是执行广告策略的实施计划，是对广告活动的全面、系统的安排，主要包括确定广告调查、策划等活动的具体时间、人员安排，确定广告发布的时机及时期安排，以及配合广告所开展的促销活动的时间及方式安排等。

六、制定广告预算

广告预算是企业在一定时期内投入广告活动的费用计划，它规定在广告计划期内从事广告活动所需的经费总额、使用范围和使用方法，是企业广告活动得以顺利进行的保证，也是评价广告效果的重要依据。

1. 广告预算的依据

企业的广告费用，包括广告活动中所需的各种费用。主要有市场调研费，一般占广告预算总额的 5% ~ 10%；广告设计制作费，一般占广告预算总额的 5% ~ 10%；广告媒介费用，一般占广告预算总额的 70% ~ 80%；广告管理费用，一般占广告预算总额的 2% ~ 5%。

编制广告预算，确定多少广告费总额才算合理，至今仍无科学的计算标准。为了使广告预算符合广告计划的需要，在编制广告预算时应考虑以下四个方面。

（1）预测。通过对市场变化趋势的预测、消费者需求预测、市场竞争性发展预测和市场环境的变化预测，对广告任务和目标提出具体的要求，制定相应的策略，从而较合理地确定广告预算总额；

（2）协调。把广告活动和促销活动结合起来，同时，实施媒介组合，使各种广告活动紧密结合，有主有次，合理地分配广告费用；

（3）控制。根据广告计划的要求，合理地有控制地使用广告费用，及时检查广告活动的进度，发现问题，及时调整广告计划；

（4）评价。要确定广告经费投入时机和效果评价的方法。

2. 广告预算的方法

制定广告预算，要采用正确的方法，以保证广告预算编制的科学性。常用的广告预算的编制方法有销售额百分比法、销售单位法，目标任务法、竞争对抗法和量力支出法等。

（1）销售额百分比法。以一定期限内的销售额的一定比率计算出广告费总额。由于执行标准不一，又可细分为计划销售额百分比法、上一年销售额百分比法和近三年平均销售额百分比法、计划销售增加额百分比法四种。

广告预算 = 计划（上年度/近 3 年）销售额 × 广告费占销售额的百分比

例：某企业近 3 年平均销售额为 800 万元，决定 2016 年要投入的广告费用占销售总额的 5%，那么，2016 年的广告预算就为：

广告预算 = 800 × 5% = 40（万元）

（2）销售单位法。以每件产品的广告费摊分来计算广告预算的方法。按计划销售数为基数计算，特别适合于薄利多销的商品。公式为：

广告预算 =（上年广告费/上年产品销售件数）×本年产品计划销售件数

例：某企业 2015 年销售产品 100 万件，广告投入 10 万元。2016 年计划销售 150 万件，则广告预算为：

广告预算 =（10 万元/100 件）×150 件 =15（万元）

销售单位法适用于两类商品的广告预算：一是价格较高的耐用消费品，如汽车、空调、洗衣机等；二是销售单位明确的商品，如白酒、化妆品等。

（3）目标任务法。根据企业的市场战略和销售目标，具体确立广告的目标，再根据广告目标要求所需要采取的广告战略，制订广告计划，再进行广告预算。这一方法是以广告计划来决定广告预算，可以灵活地适应市场营销的变化，也有利于检查广告效果，其公式为：

广告费 = 目标人数×平均每人每次广告到达费用×广告次数

例：某企业的广告目标是要增加 100 万消费者收看本企业的广告。经调研发现，每增加 1 名消费者要花费 0.2 元，每个月重复 10 次，则该企业每月的广告预算就为：

广告预算 =100×0.2×10＝200（万元）

（4）竞争对抗法。根据广告产品的竞争对手的广告费开支来确定本企业的广告预算。在这里，广告主明确地把广告当成了进行市场竞争的工具。其具体的计算方法又有两种，一是市场占有率法；二是增减百分比法。

市场占有率法依据以下公式计算：

广告预算 =（对手广告费用/对手市场占有率）×本企业预期市场占有率

增减百分比法依据以下公式计算：

广告预算 =（1±竞争者广告费增减率）×上年广告费

例：某企业的竞争对手 2015 年的广告预算为 200 万元，2016 年计划投入 300 万元，较上一年度增加了 50%。该企业 2015 年的广告投入为 400 万元，则该企业 2016 年的广告预算为：

广告预算 =（1+50%）×400＝600（万元）

（5）量力支出法。根据企业的财务状况可能支出多少广告费来设定预算的方法，适应于财力比较有限的小企业。"量力支出"是企业将所有不可避免的投资和开支除去后，再根据剩余来确定广告费用总额。计算公式为：

广告预算 = 销售总额 - 销售成本 - 管理费用 - 销售纯利润

例：某企业 2015 年实现销售总额 200 万元，销售成本为 120 万元，管理费用为 40 万元，广告费用为 20 万元。现预计 2016 年销售额为 250 万元，假定销售成本按比例增加，则 2016 年的销售成本为：

120/200×250＝150（万元）

如果纯利润占销售额的比例仍为 10%，则 2016 年的纯利润为 25 万元。同时设管理费用也增加到 50 万元，则企业 2016 年的广告预算为：

广告预算 =250-150-50-25＝25（万元）

3. 广告预算的分配

在确定了广告预算之后，还要针对广告计划的各项细目的要求，将广告预算总额摊分到各个广告活动的项目中去。这是通过广告预算对广告活动进行组织、协调和控制广告计划实施的手段。广告预算的分配范围包括：

（1）不同媒介间分配。根据广告的媒介策略来分配，如报纸广告占多少、电视广告占多少、网络广告占多少等；

（2）媒介内分配。在同种媒介中的分配，如电视广告中不同电视台、不同频道各分配多少；

（3）地域分配。依据需要在各区域间安排广告费，如城市乡村、南方北方等；

（4）时间分配。长期的广告计划有年度间广告费的分配，年度广告计划则有季度、月度广告费分配等；

（5）商品分配。当企业有多种商品的时候，要决定广告费在不同广告产品间的分配；

（6）广告对象分配。当企业的商品存在不同的消费对象时，需要针对不同的广告对象进行分配，如团体用户和最终消费者等。

广告费的分配，要依据多种因素进行，包括产品的生命周期、利润率的大小、销售量的大小、市场覆盖大小、市场竞争的激烈程度、经济发展状况等。

七、确定广告效果测定的内容和方法

广告效果的测定是对广告计划实施的情况进行评价，随时掌握和控制广告活动的实际情况，保证广告活动能够达到预期的目标。一般要从三方面测定广告的效果：测定广告的沟通效果，重点评价广告投放后受众对广告的印象以及引起的各种心理效应，包括广告对受众的知觉、记忆、理解、情感、态度和行为等方面的影响；测定广告的经济效果，重点测评广告活动所而引发的商品和服务的销售及利润的变化程度，这是测评广告效果的主要内容；测定广告的社会效果，重点评价广告对整个社会道德、文化教育及伦理等方面的影响和作用。

测定广告效果的具体内容和方法，详见本书第10章。

八、调整和改进广告策划方案

一般来说，在广告策划方案实施一段时间之后，由于策划方案本身的不完善或者广告环境发生了变化，需要在测评广告效果的基础上，及时调整、优化广告决策。广告策划方案的改进，主要涉及以下几方面：

1. 调整广告的目标对象

如果原来确定的广告对象不准确，广告定位有误，如广告产品与实际用户不一致，广告所针对的市场是一个机会有限的市场等，这就需要修正原来广告策划的目标，重新确定广告的目标对象。

2. 调整广告主题

广告主题为目标消费者提供了购买的理由。如果广告主题所突出的利益点与目标用户关心的利益点不一致，或者广告主题没有抓住广告商品的个性特征，广告主题缺乏新意，广告主题不符合广告目标的要求等，这都需要适时地对广告主题进行修正。

3. 调整广告策略

如果原来确定的广告的产品策略、目标市场策略、媒体策略、时间策略和空间策

略等不恰当，也需要及时进行调整。

阅读资料

米克罗啤酒通过调整广告策略挽回市场

美国米克罗啤酒原是美国最大的啤酒厂商安休瑟公司的明星产品，成为上流社会的首选啤酒。但销售达到一定规模之后，销售量逐年下降。原因是社会环境变化之后，米克罗未跟上步伐，许多年轻人认为："那是父辈喝的酒"，失去了消费者的支持。于是公司重新调整广告定位，提出了新的广告口号："夜晚属于米克罗。"并有针对性地进行宣传，终于重新赢得了市场。

第三节　广告运动策划

一、广告运动的含义与作用

广告是塑造、维护和提升品牌形象的重要工具，而对多个广告活动进行统一策划的广告运动则使这个工具更加有效。

广告运动是广告主基于长远发展的目的，在相当长的时期内按照一定的广告战略持续开展的所有有机联系的广告活动的总和。广告运动是广告活动日益复杂、内部分工日益细致的必然产物，它是一个动态的过程。从广告公司和广告主的角度来看，广告运动是基于营销战略和品牌战略而实施的一系列具有高度一致性的广告活动；从目标受众的角度来看，广告运动是其在一个较长的时期内所体验到的一系列有着共同的广告主题或者表现风格的广告作品。因此，可以认为，广告主的广告行为可以分为两类，一类是缺乏有机联系的各自为政的广告活动；另一类是从品牌战略出发而统一策划和实施的、由若干具有高度一致性的广告活动组成的广告运动。两者的区别体现在以下若干方面。

表 4-1　广告运动和广告活动的区别

区别点	广告运动	广告活动
持续时间	常在一年以上甚至更长的时间	常在一年以内，可以是半年、一个季度或一个月
指导思想	企业长期的营销、广告战略	企业短期的营销和广告策略
追求目标	企业、产品长远的健康的发展和品牌形象的提升	产品短期的良好表现和效益的提升
影响力	长期、深远	短期、实效
构成	按照同一的目标与主题风格开展的多个广告活动	按照单一、直接的目的开展的单项广告活动
地域范围	全部目标市场	局部市场
内容涉及面	多种传播手段的综合运用，整合营销传播	广告和最直接的促销手段

续表

区别点	广告运动	广告活动
使用媒介	媒介数量多、范围广、组合复杂	相对较少
广告对象	针对经销商、消费者等对象展开	针对单一对象
费用投入	较大	较少
变化因素	随市场、消费者、产品的变化做及时的调适	变化不大

从上述广告运动与广告活动的区别可以看出，广告运动对企业的作用主要体现在：

1. 塑造和提升品牌形象的手段

品牌形象的核心是其独特的核心价值。只有当品牌独特的价值诉求被有效地、创造性地传达，并充分地占据消费者的心灵空间，从而被消费者高度认同并形成一定的喜爱度和忠诚度的时候，该品牌才具有较好的形象和较高的品牌资产。显然，孤立的广告活动难以达到这一结果。只有围绕品牌的核心价值诉求，通过一系列基于同一价值诉求的广告活动，持续、清晰地进行传达，咬定青山不放松，使品牌的核心价值在消费者心目中不断强化和累积，品牌形象才能形成并不断提升。可见，广告运动是塑造和提升品牌形象的最理想的传播手段。

2. 进攻或者阻碍竞争对手的工具

在市场竞争中，市场挑战者靠孤立的广告活动是难以影响市场主导者的市场地位的。只有采取针对市场主导者的声势浩大的广告运动，则可以对市场主导者形成有力的打击。20 世纪 60 年代，百事可乐正是通过以"百事可乐，年轻一代的选择"为主题的广告运动，沉重地打击了市场的主导者可口可乐。在面临市场挑战者强大的攻势面前，市场主导者也可以采用广告运动进行整合营销传播，以捍卫其领导地位。

3. 提高大类产品的需求水平

当消费者对某大类产品，如平板电脑或电子书的需求出现停滞甚至下降时，在该类产品还存在一定的市场潜力的条件下，仅靠单个的广告活动很难扭转产品的下降趋势。这时，可以通过一场声势浩大的广告运动，以重新激发消费者对该类产品的消费激情。

二、广告运动策划的原则与过程

（一）广告运动策划的原则

广告运动策划作为广告策划的一种类型，必须遵循广告策划的一般原则和方法。但作为包含若干广告活动的广告运动，其策划又要遵循以下原则。

1. 一致性原则

所谓"一致性"，就是"异中有同"。在广告运动中，各个广告活动都要围绕共同的广告主题、视觉或听觉元素、广告风格展开，以便强化广告的传达力和渗透力，产生叠加效应和累积效果。

遵循一致性原则，要做到：（1）内在一致性。内在一致性指系列广告活动有共同的广告主题或焦点信息；（2）风格的一致性。围绕广告主题进行的广告创意和广告表现，有相同或近似的风格；（3）外在的一致性，即系列广告活动采用了相同或近似视觉、听觉元素，如采用气质类似的广告代言人、相同的背景音乐、贯穿广告运动始终的同一句广告口号等。

阅读资料

知名品牌经久不衰的广告主题

知名品牌的广告中有多少至今天仍在流行的广告语就可知其生命力的持久：万宝路香烟的"万宝路男人"（1955）、耐克的"Just do it"（1988）、戴比尔斯钻戒"钻石恒久远，一颗永流传"（1948）、绝对牌伏特加"绝对瓶子"系列广告（1981）、M&Ms巧克力"只溶在口，不溶在手"（1954）、麦斯威尔咖啡的"滴滴香浓，意犹未尽"（1959）。

上述品牌同一广告语的使用时间都在17年以上，最长的达到57年之久。时间的变化只是不断赋予同一个主题更丰富的内涵而已。持续的时间愈久，品牌特性的积累就愈清楚和牢固。这就要求广告运动在制定品牌起始期的主题时须注意以下特质：

第一，广告主题要符合产品——绝对符合并且独一无二；

第二，要有足够的内涵能为将来的不断发展变化提供足够的空间。

---

2. 及时调整原则

及时调整原则就是灵活性原则。广告运动持续时间较长，在此期间，广告环境可能发生始料不及的变化。因此，广告策划人员要及时调整广告运动策略，以便更好地抓住有利时机，或者避免陷于被动局面。

在广告运动中，遵循及时调整的原则包括以下几种情形：（1）及时调整系列广告活动的创意。在广告运动中发现广告创意不符合 ROI 原则（关联性、原创性和震撼性）的要求，需要及时调整；（2）及时调整广告表现的元素。在广告运动中如果发现广告表现中的画面、人物、声音、色彩等与目标受众的价值观和审美观不一致，目标受众有强烈的排斥心理，需要及时加以调整；（3）因意外因素需要及时调整。例如，广告代言人发生负面事件，只有果断更换广告代言人才能避免品牌形象受损；或者，发生了诸如世界杯之类的重大事件，及时调整可以抓住有利时机，进一步强化与目标受众的沟通效果。

（二）广告运动策划的过程

广告运动策划和单个广告活动策划一样，也具有基本相同的策划流程。汤姆逊广告公司提出了一个很有启发意义的广告运动策划模式：

1. 我们在哪里

我们在哪里？即首先要开展广告调查，进行广告环境分析。包括消费者分析、市场分析、产品分析、竞争分析和公司分析等。

2. 我们为什么在这里

主要是确定问题和机会。应从前述的环境分析的五个方面来确定企业及产品所面临的问题和机会。

3. 我们要去哪里

这是要确定企业的营销目标和广告运动的目标。

4. 我们如何到达那里

这是要确定实现广告运动目标的策略，包括广告主题策略、创意策略、表现策略、媒体策略和广告预算等。

5. 我们正在去那里吗

相当于实施广告运动的策划方案的过程中和结束后，需要测定广告运动的效果，包括事中测定和事后测定。

值得注意的是，虽然这一策划过程与广告活动策划的过程基本一致，但由于广告运动涵盖若干个广告活动，策划的时间长、范围广、战略性强，所以，广告运动策划的具体操作要比广告活动策划复杂得多。

三、将广告运动与其他传播手段相结合进行整合营销传播

广告运动的主要目的是树立、维护和提升品牌形象。在市场日益分众化，媒体不断细分化、消费者的知识日益丰富和成熟度不断提高、市场竞争日益激烈的背景下，单靠广告运动要达到上述目的是远远不够的。企业只有将广告运动与销售促进、事件营销、体验营销、直复营销、口碑营销多种营销沟通方式结合起来，进行整合营销传播（IMC），综合运用多种传播手段和形式，才能达到预期的传播效果。正如菲利浦·科特勒所说，"多种传播工具、信息和受众，需要公司整合营销传播工具。公司必须采用消费者的'360度视野'，这样才能在日常事务中，全面理解影响消费者行为的不同传播方式"。[①]

整合营销传播是以消费者为核心重组企业行为和市场行为，综合协调地使用各种传播方式，以统一的目标和统一的传播形象，传递一致的产品信息，实现与消费者的双向沟通，迅速树立产品或品牌在消费者心目中的地位，建立品牌与消费者长期密切的关系，更有效地达到传播信息和销售产品的目的的活动。

整合营销传播可以从横向整合传播和纵向整合传播两个方面进行。

1. 横向整合

（1）媒体信息的整合。媒体信息的整合，主要要求语言、图片、声音、视频等各种媒体所传达的信息在内容上要高度一致，即"多种媒体，一个声音"。

（2）营销传播工具的整合。营销工具的整合，实质要求企业在运用广告、公关、人员推销、营业推广、直接营销、体验营销等各种传播工具时具有高度的协调性，传达的信息具有高度一致性。

（3）接触管理。凡是能够将品牌、产品类别和任何与市场相关的信息等资讯传输给消费者的过程和经验都是消费者与信息的接触点。显然，目标顾客接触信息的次数越多，这些信息又具有高度一致性，对顾客的认知、态度或行为的影响就越大。因此，选择消费者的最佳接触点作为传播信息的落脚点，就成为接触管理的重点问题。

（4）对各类目标受众信息传达的整合。不同的目标受众具有不同的媒体习惯，有

---

① 菲利浦·科特勒. 营销管理（第 14 版）[M]. 上海：格致出版社 2012：470.

不同的利益追求，在商品购买中也扮演着不同的角色（发起者、影响者、决策者、购买者和使用者）。因此，企业进行营销传播必须实行差异化，针对不同的受众运用不同的传播方式传达不同的信息。差异化传播是整合营销传播的基本要求。

2. 纵向整合

纵向整合就是在不同传播阶段，运用各种形式的传播手段进行传播，从而产生协调一致、渐进加强的效果，以实现传播目标。

（1）营销活动各环节中的整合。营销活动是一个包含市场研究、市场细分、选择目标市场、进行市场定位、设计营销组合、进行营销管理等一系列活动的过程。企业营销活动的每一个环节，都是向消费者展示企业文化、与消费者进行沟通的环节。因此，需要整合，以保持相同的理念、个性和风格。

（2）与消费者关系发展过程中的整合。消费者与品牌的关系，就像一对陌生的男女经相识、初恋、热恋，最后走进婚姻的殿堂一样，也要经过一个逐步发展的过程，并最终形成一个品牌忠诚阶梯。在这个过程中，整合营销传播的主要任务就是要在品牌忠诚阶梯的不同阶段，传达与消费者所处阶段相适应的信息，并使信息前后所体现的精神和风格高度一致。

消费者的品牌忠诚阶梯可大致分为知晓、兴趣、欲望、行动和重复购买等阶段。知晓阶段传播的主要任务是让消费者意识到品牌的存在，并对品牌的个性和特色有初步的认识。在这一阶段，高品质的广告和公关活动、独具特色的营业推广活动是引起消费者关注的重要手段；兴趣的产生来源于对对象的比较充分的了解，因而，比较详细的广告和媒体报道、体验营销等都是比较适宜的传播手段；欲望产生于对消费需求满足的期待与渴望，因此，较高的性价比优势、意见领袖的倡导、DM、独具特色的销售促进活动等都是激发顾客购买欲望手段；人员推销、营业推广活动、卖场氛围的营造则在促使顾客把欲望转化为行动的过程中发挥着重要作用；重复购买阶段传播的主要目标在于维持消费者与品牌的稳定关系，使顾客成为企业的忠诚顾客。因而，协调一致、持续出现的广告和公关活动是主要的传播方式，良好的口碑和售后服务也扮演着非常重要的角色。

阅读资料

"Got milk?"的广告运动

1994年5月，布鲁斯·霍洛维茨在《洛杉矶时报》上的一篇文章中写道："世界上只有两件东西比全脂牛奶更令人厌烦：低脂牛奶和脱脂牛奶。百事可乐有它忠实的一代消费者，牛奶却真的是一个令人打哈欠的东西。"19世纪80年代，加利福尼亚州每年平均消费牛奶30加仑，而到1993年，只消费24.1加仑/年，下降了20%。加利福尼亚液态奶广告董事会为了改变这个状况，发起了著名的"Got milk?"广告运动。

形象问题

经过一轮长时间进行的人们对牛奶的态度、牛奶的购买行为和消费行为的全国性民意调查，发现致使牛奶消费量变少的关键原因有三个：首先，很多人担心牛奶中含的脂肪太多，甚至是半脱脂的牛奶人们都觉得脂肪量太多，而脱脂的牛奶又被认为是根本不叫牛奶。其次，牛奶经常被认为是小孩子才喝的。或许是因为从小妈妈就告诉我们牛奶对身体有好处，要多喝。一旦成年后，就觉得再也不用喝牛奶了。正因为这样，才出现了第三个问题：与其他的饮料比起来，尤其是与可口可乐和百事可乐相比，牛奶喝起来真是太无聊，太没劲了。

　　总之，牛奶行业存在一个"形象"的问题。为了纠正这个反面的形象，进行了一系列的广告运动，这些广告运动都试图直接反驳人们的担心和误解。通过各种方式告诉人们"牛奶对身体有好处；牛奶是健康的；谁都可以喝牛奶"。经过这些广告运动，人们对牛奶的态度确实有了改变。但是态度转变过来了，销售量还是在下降。

目标消费者的锁定

　　为了提高销售量，加利福尼亚液态奶广告董事会对人们的牛奶消费习惯进行了调查，发现有70%的加利福尼亚人声称他们"经常"饮用牛奶；而30%的人不常喝。之所以有更多的人意识到应该多喝牛奶但是销售量不见提高的原因也和这有关，改变对牛奶的态度的都是30%不常喝的人。要提高牛奶的销售量，主要的任务是劝服现有的牛奶饮用者喝更多的牛奶、更经常地喝牛奶。所以广告的目标受众主要是70%的现有使用者；广告目标是影响他们的消费行为。

"喝牛奶了吗"的战略发现

　　既然确定了广告目标是既有使用者，紧接着的问题就是"他们是怎样饮用牛奶的?"经过对使用者的跟踪调查分析得知，将近88%的牛奶是在消费者家里喝掉的。所以广告出现公园慢跑喝牛奶的场景是不合适的，而应该以家庭为背景。另外，调查发现，消费者喝牛奶的同时也吃其他的食物，或是用来调麦片、调咖啡，或是用来配饼干、巧克力、三明治、蛋糕吃等。也就是说，牛奶是配着其他食物喝的。更重要的是，消费者最想吃的是其他的东西，比如，饼干、巧克力、三明治、蛋糕等，是为了与这些东西搭配着吃才喝牛奶。这些小点心比起牛奶来更能刺激人们的食欲，人们对它们也更感兴趣。但是，少了牛奶，消费者也没法想象该怎样享受这些小点心。调查要求被试者描述一下正打算吃这些食物，但是没有了牛奶搭配时的情况，发现他们的反应很强烈，从被试者的回答、手势、面部表情等都可以看出他们很生气、很难受，甚至很失望。"那简直太难受、太糟糕了。"牛奶配点心才是最佳搭配！为了更进一步证明这个想法，调查还特意征集了一些被试者，要求他们记录下一周以来他们吃了什么、喝了什么，并且他们吃东西的时候都怎么做的、跟谁一起吃、吃东西时的感受都得记下来。被试者能够获得50美金的报酬。另外，如果被试者能做到在接受调查的这一周内都不喝牛奶的话，还可以得到25美金的额外奖金。但最后的统计结果是，被试者反映很多次需要牛奶配饼干、甜点、巧克力，要持续一个星期不喝牛奶真是太糟糕了。这25美金也不是这么容易赚的。并且所有的被试者都同意调查的这一周使他们更深刻地意识到了牛奶的重要性。他们也表示，他们将会在回家的路上停下来去商店买点牛奶预备着。

广告表现方式的确定

　　广告要激发消费者对牛奶的需求，可行的一个办法是用调查中消费者所提到的那些"小零食"来刺激他们对牛奶的需求。但是广告却没有按照常规的表现方式，用牛奶和搭配食物一起表现牛奶的重要性。而是很巧妙地运用了反向思维，采用了"没有牛奶了"的广告表现方式。广告以简洁有力的"喝牛奶了吗?"为广告语。平面广告展现的是一块咬了一口却没有牛奶在旁边的巧克力面包、甜饼、三明治、纸托蛋糕。旁边配上醒目的广告语："喝牛奶了吗?"目的是先激起消费者对这些食物的食欲，然后刺激喝牛奶的食欲。广告在选择这些"辅助"食物时，对它们一一进行了实验。例如，制作以不同食物为背景的各种广告场景，包括咖啡、麦片、核仁巧克力饼干等。然后测试被试者在没有牛奶的情况下吃这些东西的反应。最后排除了咖啡和麦片的场景，选择了用巧克力饼来表现。因为人们可能就只想喝原味的黑咖啡，不想加牛奶，同样喝麦片已经成为一种习惯，不需要牛奶冲也可以喝。而干吃饼干却可以更好地刺激牛奶的需求。根据调查得知大部分的牛奶是在家里喝，在冰箱取牛奶是理所当然。所以选择了比较好表现家庭场景的电视媒介。电视广告相比平面广告更具情节性，表现也更生动、形象。电视广告除了表现平面广告中的那些没有牛奶搭配的美味"小零食"以外，还设计了一些故事情节广告。但都是围绕"喝牛奶了吗"战略而展开。而广告选择的各种场景也是经过了实验和调查才确定下来的。根据被试者认为哪些场景合适和他们对场景广告的喜欢程度，最后才定下广告表现场景。例如，一个小伙子在房间里，房间被布置得充满亚历山大·汉密尔顿和亚伦·伯尔（两者都是《圣经》里的人物）的气息。墙上挂满了古董、肖像画、经典的书等。房间里响着广播，小伙子正吃着三明治。广播里响起了有奖竞猜节目的声音：今天的有奖竞猜问题是"谁杀了亚历山大·汉密尔顿？"小伙子立即拿起电话想报出答案，这是他再熟悉不过了的。"是——亚——伦——伯尔，亚——伦——"，很无奈，喉咙被三明治卡住了！电台那边却响着：今天的有奖竞猜问题，如果听众答对了的话可获得我们提供的5万美金奖励，有谁知道答案吗？可是小伙子怎么也说不出来，赶紧去冰箱取牛奶，可是没有了！5万美金溜掉了，真的是太冤了！然后广告语出现了："喝牛奶了吗？"广告正是这样，以不同的真实且贴近生活的情节为场景，让消费者如身临其境，唤起他们对牛奶的潜在需求。

"喝牛奶了吗"的战略整合作用

户外的广告运动也毫不逊色。前面的广告使消费者感受到了牛奶与其他零食的紧密关系，这层关系使广告跨越了大众传媒的界限，"喝牛奶了吗"的提示信息被带到了杂货店、超市等。任何地方的提醒都让人觉得很自然。在食品杂货店里、超市进口、出口周围、货架上到处都有"喝牛奶了吗"的广告语提示牌，提醒人们在下班的路上、购物的时候停下来去买点牛奶以备用。

牛奶的促销运动也不甘示弱。但又不是直接促销牛奶，而是通过刺激人们对巧克力饼干、甜点等美味的需求间接刺激他们对牛奶的消费。人们买的甜点、饼干这类食物多了，牛奶的需求量自然也大了！商家进行了强强联合，很多全国性的广告主加入了这场促销战，如通用磨坊、雀巢、纳贝斯克食品公司等。在这些食品的货架周围也都放上了"喝牛奶了吗"的提示牌。通用磨坊和纳贝斯克食品公司甚至让"喝牛奶了吗"这标志性的广告语印上了它们的包装，提醒消费者别忘了买牛奶。

辛苦后的收获

这样广告从转变消费者的态度开始，扭转了人们对牛奶的固有形象，吸引了消费者的注意力，刺激了消费者的潜在需求，直至对消费者的购买行为产生影响。根据广告运动的效果调查，"多数人认为'喝牛奶了吗'这场广告运动令人印象深刻而且很有趣"，"大多数人对牛奶的兴趣有所提高，表示有着强烈的牛奶需求"。这场广告运动从1994年开始，到1995年年底，人们平均每天对牛奶的消费次数从3.9次增加到了4.3次。至于牛奶的消费总量，据尼尔森资料统计，1994年，即广告运动的第一年，牛奶消费量上升了4.3%，即3300万加仑。更重要的是，广告运动扭转了整个加利福尼亚州的牛奶消费持续降低的趋势，并且在这个基础上使牛奶的消费量得到了提升。所以，这场广告运动真的是以神秘的方式产生了神奇的效果！

资料来源：邱玉：《"Got milk？"广告运动的再思考》，http：//wuxizazhi. cnki. net/Search/XIXY200701028. html

第四节　广告策划书

一、广告策划书的意义

广告策划人员在对广告运作过程的每一环节作出分析和评估，并策划出相应的实施策略后，要拟定一个纲领性的文件，即广告策划书。

广告策划书是广告策划工作的结晶，它是以书面文稿的形式将广告策划决定的战略、策略、方法、步骤加以归纳和总结，提供给广告主审核、认可，为广告活动或广告运动提供策略指导和具体实施计划的一个系统全面的应用性文件。

广告策划书的撰写标志着广告策划工作的结束。客户通过广告策划书可以了解广告公司的广告方案，并据此决定广告公司的广告方案是否符合自己的要求。同时，经过广告客户认可的广告策划书是开展广告活动和广告运动的唯一依据。

二、广告策划书的内容和格式

规范的广告策划书应包括如下内容和格式：

1. 封面

策划书的封面应提供以下信息：（1）策划书的名称；（2）被策划的客户；（3）策划机构或策划人员的名称；（4）策划完成的日期；（5）策划书的编号。

2. 目录

目录是策划书的简要提纲，一般放在封面之后。通过目录，可以全面了解策划书的内容，并把握策划的主要思路。

3. 摘要

摘要是广告策划方案的简明概括。摘要以广告决策人员能快速了解广告策划的核心内容为首要目的，其内容主要包括广告策划的依据、目标、基本策略和广告预算等。摘要的写作要求突出重点，简明扼要。

4. 市场分析

市场环境分析是在广告调研的基础上对影响广告活动的各种市场因素进行的分析，它是提出广告策略和计划的依据。主要包括三方面：（1）市场背景分析。主要分析与广告策划有关的市场情况，如市场的经济环境、政策环境、社会环境、文化环境及其发展趋势等；（2）产品情况分析。主要分析该类产品的市场占有率、生命周期、销售的旺季与淡季、产品的替代性等；（3）竞争状况分析。主要分析产品主要竞争对手的构成及其优劣势、竞争对手的广告策略等。

5. 企业分析

主要分析企业的发展历史、经营状况、技术水平、在同行业中的地位及优劣势、社会公众对企业的评价等；

6. 广告产品分析

主要分析产品的原料、生产方法、工艺流程、用途、质量、生命周期等个性内涵，从产品的个性内涵中引申、挖掘出来的产品精神意义，并同市场上的同类产品进行比较，以发现广告产品的优势与不足。

7. 目标消费者分析

主要分析目标消费者的规模、人口统计特征、购买广告产品的动机及习惯、消费者的媒体习惯、消费者对企业广告活动的评价等。

8. 广告产品的市场机会分析

主要分析与竞争者比较中存在的市场机会、消费者需求变化带来的市场机会、企业营销策略改变所带来的市场机会等。

9. 广告战略

主要描述广告目标、广告重点、广告受众及广告地区等相关内容。

10. 广告策略

主要描述广告的定位策略、创意与表现策略、媒体策略等。该部分在广告策划书中往往表现得富于创造性，是广告策划书的重点内容。

11. 广告实施计划

这是执行广告方案的计划，它规定了广告活动的时间、地点和内容。主要包括：（1）广告工作计划。包括广告调查、策划、创作等广告活动的具体时间安排；（2）广告发布计划。主要包括广告发布的时机及时期安排；（3）其他活动计划。主要是配合广告活动所开展的营销推广活动、公共关系活动及其时间安排等。

12. 广告经费预算与分配

在广告策划书中，要提出广告费用的总额和经费的分配方案，要具体说明经费使用的项目及数额，一般用文字和表格相结合的方式表现。

13. 广告效果预测

主要展望广告的理想化效果，包括广告传播效果和广告销售效果。这既是对广告活动（广告运动）提出的要求，也是对广告主的一种承诺。

14. 署名和日期

这是对广告策划书拟定人和拟定时间的说明。署名可以是广告公司的名称，也可以是广告公司法人代表或策划书执笔人的姓名。日期则是拟定广告策划书的具体日期。

三、广告策划书的写作要求

广告公司完成广告策划书的写作后，要将写好的广告策划书提供给广告主进行审核。不论是站在广告策划书写作的角度，还是站在广告主审核的角度，广告策划书的写作都应该达到以下要求：

1. 以解决问题为核心

商业广告必须能帮助广告主解决产品销售或形象塑造等方面的问题。广告主在评审广告策划书时，重点要看其是否明确地找到了企业广告的战略及策略上的问题点，有无解决对策。审核的内容主要包括：是否有明确的产品定位；对产品概念、目标受众等问题，是否准确巧妙地设定并抓住了问题的实质；广告诉求主题和表现方法是否清晰简洁；策划实施策略是否体现成本低、效果好的最佳方案等。

2. 策划书中的相关指标应量化、具体化

具体包括：（1）目标设定明确。策划书中涉及的营销目标（市场销售额、市场占有率、销售增长率等）和传播目标（如知名度、美誉度、忠诚度等）都应具体量化；（2）工作指标量化。策划书中的各工作指标，如广告活动中目标受众人数、覆盖地区数量、广告活动的目标购买率、增长率等都须有量化的数据指标；（3）实施中有具体的监控措施。广告策划中不仅要体现实施成果，更要体现确保成果实现的管理监督、控制手段措施及广告实施后的成果评审检验方法。

3. 策划书应符合市场和产品的实际状况

策划书的评审要审核策划者对广告产品和消费者的实际掌握情况，尤其应审核策划者对其购买动机和生活形态研究的深入程度。

4. 策划书应具有可操作性

在审视策划方案时，除了对策划方案的创新性、系统性等进行审核外，还要特别注意其在客观环境中实施的可行性。

5. 策划方案中的执行方案应非常精细

优秀的构想必须通过精细的执行才能充分发挥作用。所以，"做"跟"说"同样重要。不仅要有新意迭出又切实可行的策划方案，也要有完善有力的执行方案。如果执行方案太粗糙即可判定整个策划方案不合格。

6. 策划方案应系统化

策划方案要以消费者为中心，利用各种传播手段系统地向消费者进行整合营销传播。广告为市场营销战略服务。因此，必须审核广告策划的内容与市场营销的战略及策略是否紧密结合，广告战略及策略是否能有效地实现营销战略的意图，系统的营销策划是否在广告活动中得到充分的体现等。

7. 策划书应简洁明确，重点突出

策划书中应围绕课题中的重要内容、重点问题和重要的策略进行论证及阐述。企业评价一个广告策划书的好坏，不能仅以内容多少、装帧精美来作为标准，而应看其实质内容。

本 章 小 结

广告策划是广告公司为广告主的整体经营提供经济有效的广告活动方案的决策过程，其实质是对广告活动过程进行的整体策划，在广告活动中居于核心地位。广告策划包括成立策划小组、进行广告调研、制定广告战略、制定广告策略、制订广告工作计划、制定广告预算、确定广告效果测定的内容和方法、改进广告策划方案等阶段。

广告运动是广告主在相当长的时期内按照一定的广告战略持续开展的所有有机联系的广告活动的总和。广告运动策划要遵循一致性和及时调整的原则，并可借鉴汤姆逊广告公司提出的广告运动策划模式。广告运动还要与其他传播手段相结合，进行整合营销传播。

广告策划人员在对广告运作过程的每一环节策划出相应的实施策略后拟定的纲领性的文件就是广告策划书。广告策划书应包括封面、目录、摘要、市场分析、企业分析、广告产品分析、目标消费者分析、广告产品的市场机会分析、广告战略、广告策略、广告实施计划、广告经费预算与分配、广告效果预测、署名和日期等内容。

重要术语和理论

广告策划、广告策划的流程、广告战略、广告目标、广告定位、广告媒体战略、广告创作战略、广告产品策略、广告市场策略、广告发布时间策略、广告发布的空间策略、广告表现策略、广告工作计划、广告预算、广告运动、整合营销传播、广告策划书

复习思考题

1. "广告策划在广告活动中居于核心地位。"请谈谈你对这句话的看法。
2. 请以某一具体的广告策划活动为例,说明广告策划的基本流程。
3. 常见的广告战略和广告策略分别包括哪些方面的内容?
4. 举例说明广告的产品生命周期策略。
5. 哪些因素影响广告预算?编制广告预算有哪些方法?
6. 请以某品牌的一次广告运动为例,说明广告运动与广告活动的区别。
7. 请为某产品策划一次广告活动,并撰写一份内容完整的广告策划书。

【案例分析】

"生活一浪高一浪,漂流自由好浪漫"广告策划书

一、前言

广东省清远市山清水秀,空气清新,河水清澈,环境优美,在历年环境综合指标检测中,清远市环境质量均名列全省各大地级市前茅,是广东省自然生态环境最优越的地区。清远具有突出的区位优势、旅游地质资源优势和环境优势,发展旅游休闲经济具有广阔的空间和巨大潜力。如何合理开发利用清远市旅游地质资源,发展旅游休闲经济,造福清远人民,成为一个值得深入探讨的新课题,具有重要的现实意义。而且,近年来,清远市旅游业依托"温泉漂流、山水溶洞、热情民族"等各具特色的旅游资源蓬勃发展,目前全市已有景区、景点近80处;其中国家4A级景区8个。已经获得"中国优秀旅游城市"、"中国漂流之乡"、"中国温泉之乡"、"中国奇洞之乡"、"中国龙舟之乡"等诸多称号。

本案从主题"生活一浪高一浪,漂流自由好浪漫"入手,根据投资商的发展战略、功能定位和总体布局,对清远漂流进行项目定位及整套推广,旨在推崇生活新主张,告诉人们在拥有良好物质生活的同时,更应该去追求更高层的精神生活,而"清远漂流"就是最理想的上上之选。我们所要做的是让游人多方位、多层面地接触清远及清远漂流,然后在清远漂流中体验休闲的假日时光,获得身心愉悦的浪漫之旅,从而增进对清远历史文化、民风习俗的了解,提高企业的认知度与美誉度,为企业的后期运作打下坚实的基础,为企业赢得持续恒久的经济效益。

二、市场分析

1. 市场环境分析

清远山清水秀,环境优美,旅游资源具有休闲散心的特征,因此,我们设计的路线主要针对年轻群体(包括学生、白领、教师等)。

(1) 2014年,广东省普通高校总数达到112所,全省普通本专科在校生达到133.41万人。显然这是一个庞大的市场,而武广客运专线的开通可以很快地把两湖地区的大学生(光武汉就有一百多万大学生,居全国首位)带到清远来,因此,我们梦之旅推出的大学生节假日组团游和毕业旅行将大有可为。

(2) 低碳旅游是一种趋势,不仅酒店要推行"低碳",旅游也要支持环保,同时开拓商机,为此我们将推出集休闲、健身、旅游于一身的自行车旅行,同样是面向年轻群体。

为应对全球金融危机对旅游业的影响,国家旅游局推出了《国民旅游休闲计划》,在广东、山东、浙江、江苏率先试行。其中包括面向学生的修学游。

(3) 目前许多中小学生都待是呆在象牙塔过着安逸的生活,对外面的世界可谓知之甚少,从小

也缺乏这种学习以就业方向为导向的意识。随着物质生活水平的提高，现在的学生从小缺乏吃苦经历，抗打击能力下降，而本地的旅行社也没有开发一个可以锻炼学生吃苦耐劳的旅游项目。针对这一现象，我们旅游需要开发一条军旅路线，通过让学生体验部队生活，培养他们吃苦耐劳的精神，引导他们好好学习，将来为祖国建设出一份力。

2. 企业经营情况分析

（1）目前清远有清远市旅游总公司、清远市中国旅行社、清远市青年旅行社、清远市步步高旅行社、星辉旅行社等十几家市县旅行社。清远旅行社众多，服务水平却参差不齐，缺少创新精神和建立旅行社行业品牌的意识，没有危机感，如我们所走访的旅行社的服务态度就很一般，缺乏热情。

（2）旅行社行业间竞争激烈，导致的市场份额的逐渐下降及客源的逐渐萎缩，并造成一些竞争弊端，比如相当一部分旅行社不靠降低成本和提升质量来竞争，而是打"价格战"，有损品牌声誉；很多旅游产品和服务比较粗放，旅游促销手段单一落后。现在旅行社的评级活动正在开展，有利于纠正这些弊端。

（3）新条例颁布后，行业管理更加法规化、标准化、正规化，特别是在维护消费者权益方面对旅行社要求更高，旅行社面临的自身经营形态的较大转变而导致的管理模式及经营理念与市场是否能有效结合的问题的出现；随着旅行社行业规模的逐渐扩大和消费者对服务需求的变化和法律意识的增强，旅行社服务为适应市场需求的重新定位能否准确到位的问题。

（4）清远市旅游饭店业的集团化和品牌化程度还不高，尤其是现在兴起的经济连锁型酒店还未成气候。

（5）清远旅游中介分工不细，缺乏专业化的中介公司，以及酒店预订专业化、票务预订专业化、餐饮预订专业化、旅游景点预订专业化服务、旅游咨询专业化服务等独立出来的公司。

3. 产品分析

清远具有突出的区位优势、旅游地质资源优势和环境优势，发展旅游休闲经济具有广阔的空间和巨大潜力。如何合理开发利用清远市旅游地质资源，发展旅游休闲经济，造福清远人民，成为一个值得深入探讨的新课题，具有重要的现实意义。旅游地质资源可观赏性地质景观往往是旅游景区建立的基础和前提，清远市可供开发利用的旅游地质资源主要有以下几类：（1）岩溶地质景观；（2）花岗岩奇峰异岭；（3）峡谷景观；（4）瀑布；（5）漂流；（6）地热；（7）沙滩；（8）奇石；（9）金矿；（10）奇泉；（11）古冰川遗迹。

然而，广东清远市作为中国第一个也是目前唯一的"中国漂流之乡"，近几年来，漂流旅游发展得如火如荼，已经成为广东漂流旅游发展得最成功、最成熟的地方以及全国最著名漂流地之一。

4. 顾客分析

随着国民经济的快速发展，大学生的消费水平不断提高，旅游产品从经济承受能力方面开始为大学生所接受。同时，在校大学生闲暇时间充足、旅游意识和旅游动机较强，以及消费结构的优势，使之成为出游率很高的潜在客源市场，发展前景广阔。但是，大学生旅游市场往往被业界认为是"背包一族"，人数多、效益低，是一个低消费、低利润市场。因此，旅游公司对大学生旅游市场的开发与研究常常被忽略或重视程度不够，导致大学生旅游市场存在着旅游产品价位过高、产品针对性不强、产品开发盲目性等问题，使之无法满足这一特定群体的巨大需求。

三、广告地区

由于清远市位于广东省中北部、北江中游、南岭山脉南侧与珠江三角洲的接合部；南连广州、佛山，北接湖南、广西，东及东北与韶关市相邻，西及西南与肇庆市为界。

因此，以珠三角为主，大力带动周边游客，加强宣传，吸引大批有活力的学生来寻求刺激，符合本次广告主题。

四、广告受众

大学城的所有学生可以是个人出游者，也可以是集团出游者，我们会针对各种各样的情况，尽量满足消费者的需求，尽量吸引更多的消费者。

五、广告策略

招徕旅游客源，重视旅游宣传尤其对主要客源国的宣传，是旅游业赖以生存发展的重要手段。许多景区知名度不高，这是由于缺少系统的开发与宣传，景区"养在深闺人未识"，造成目前"门前冷落车马稀"，给下步的营销宣传带来一定的难度。清城区旅游业应利用"中国优秀旅游城市"这个品牌，加大投入做好宣传促销工作。

六、媒体策略

由于我们主要以大学生为主，因此针对大学生的生活消费，可以看出大学生接收信息主要以互联网为主，因此想做好宣传，主要的手段要以网络营销为主。可是还要结合普通的媒体等传播方式，应选择分众传媒、时尚杂志和直复营销。

七、广告预算及分配

预算经费大概 20000～50000 元。广告主要在各所大学的论坛来做宣传，而主要的手段是派发传单。

资料来源：http：//www.admaimai.com/zhuanti/Detail8773.htm，略有改动

思考题

1. 请依据该广告策划书，简要描述广告策划的基本流程。
2. 该广告策划书的主题是什么？该广告策划书是否充分表现了该主题？
3. 请对该广告策划书的得失进行简要评析。
4. 你认为如何才能撰写一份比较完美的广告策划书？

第五章 广告主题

【学习目标】

　　【知识目标】掌握广告主题的构成和提炼广告主题的主要方法；理解广告主题的作用和广告主题的决策过程，了解确定广告主题的代表性理论和确定广告主题需要注意的问题。

　　【技能目标】通过本章的学习，逐步具有根据企业和产品的实际情况用不同的方法提炼广告主题的能力。

【导入案例】

"不要贪杯"广告语背后的故事

　　"劲酒虽好，可不要贪杯哟！"这句一反常态的广告语可谓是家喻户晓，这句广告语已经被劲牌有限公司使用了二十多年。

　　一句广告语坚持二十多年不变，这在当今广告界中十分罕见，在中国广告史上也属凤毛麟角。劲牌有限公司还有另外一句广告语，"没有身体，哪儿有感情"。这句广告语与"不要贪杯"一脉相承，其实都在宣扬一种健康的饮酒文化。酒厂的目标就是卖酒，多卖才能多盈利，而一个酒厂却希望不要贪杯，笔者曾经心存疑惑，这是不是欲擒故纵呢？

　　2015年1月初，笔者来到劲牌有限公司，询问保健酒事业部总经理李清安，为什么一句广告语用了二十多年？李总却先告诉笔者，劲牌有限公司内部关于饮酒有明确的管理规定，凡是在公司任职的人都要自报酒量，能饮半斤的只能饮四两、能饮八两的只能饮半斤，不能超标，且互相监督，如有违反将给予通报批评和罚款。笔者问，对待客人呢？李总回答：公司还有另一个规定，即对来访的客人也不能无限制地劝饮，不能将客人灌醉，如违反规定，公司也要通报批评和罚款。而对外呢，1995年，我们即开始在劲酒包装上标注"过量饮酒有害健康"的警示语。

　　在劲牌有限公司，为什么制造酒的人却劝人少饮酒？为什么对"酒量"的强行限制被提高到公司的管理层面？李清安总经理回答：主要有两个原因。第一，劲酒是保健酒，饮用它主要是为了起到保健的目的，其中的中药均以科学的配方、适度的剂量，形成了一个以保健为主要目的白酒保健功能。而饮用过多则可能因中药剂量的增加给身体带来不适，保健肯定是不能以量为最终目的，它是一个循序渐进的过程。第二，劲牌有限公司对餐桌饮酒文化有自己独特的理解，我们认为：贪杯的背后是对人性诸多欲望没有节制的结果。贪杯与节制是一对矛盾，而"适量"则是两者之间的最佳平衡。

　　我们可以从中解读出劲牌有限公司在限量中体现出的人文情怀，即对人的健康的强烈关注、对人的欲望节制的强烈关注，而后者早已跨越了一个常规企业对于人的精神世界的认知范畴。

　　因此，在劲牌有限公司看来，贪杯不仅仅是在豪饮时对身体的摧残，也是对人的性情的无休止地放纵。而节制则首先是关注自己的身体健康，更关注人的对于欲念的控制。这背后的文化劝谕和情感劝告，还是体现了对人的身体和内心修为的关怀，不知道了解这句广告语的人们能否理解？

　　将"不要贪杯"这个广告中的理念变成实际行动，劲牌有限公司从2007年2月联合中国保健协会和中华医学会共同发起了旨在摒弃不健康饮酒方式，树立"适量、健康、文明"饮酒理念的大型主题公益活动——健康饮酒中国行，在很多地区通过各种方式去传播"没有身体，哪儿有感情"的诉求、传播"不要贪杯"的饮酒观念,迄今为止已经坚持了8年。

经过多年的推广,"健康饮酒中国行"行遍25个省、市和自治区的121个城市,深入上千个社区,以问卷、咨询、展览等多种形式为民众提供健康饮酒科普知识,赢得了社会各界的积极响应。据不完全统计,全国各地共1000多万人参与了"健康饮酒中国行"活动。

李清安总经理认为,作为保健酒行业的领先品牌,我们一定要以消费者的健康为己任,积极推进健康饮酒理念和方法的传播。宣传适量饮酒、健康饮酒不仅不会影响行业,而且有利于行业的健康发展。我们也希望更多的企业以及社会各界投身到倡导健康饮酒的事业中来,更积极、更主动地承担起社会责任,共同推进中国酒文化的健康、理性发展。

资料来源:http://news.163.com/15/0409/18/AMPF7GTN00014AEE.html

第一节 广告主题及其作用

一、广告主题及其构成要素

(一) 广告主题的内涵

广告主题是广告为达到某种目的而要说明的基本观念,是广告策划、设计人员通过对企业目标的理解,对产品个性特征的认识,以及对市场和消费者需求的观察、分析、思考而提炼出来的诉求重点,它是广告的中心思想,是广告内容和目的的集中体现和概括,是广告诉求的基本点和广告创意的基石。广告的最终目的是促进商品销售。所以广告主题所要解决的核心问题就是为消费者提供购买本商品的充分理由。

广告主题在广告的整个运作过程中处于统帅和主导地位,广告设计、广告创意、广告策划、广告文案、广告表达均要围绕广告主题。广告主题使广告的各种要素有机地组合成一则完整的广告作品,并在很大程度上决定着广告作品的格调与价值。广告主题的好坏,诉求力的强弱,决定了消费者对广告的共鸣程度,也决定了广告效果的好坏。因此,人们常说,广告主题是广告的核心和灵魂。

(二) 广告主题的构成要素

广告主题必须服务于广告目标,必须蕴含商品和服务的信息,必须保证消费者的利益,并且鲜明而具体,使人一目了然。因此,广告主题必须包含三个基本组成要素:广告目标、信息个性和消费心理,三者相辅相成,即广告主题 = 广告目标 + 信息个性 + 消费心理

广告主题不是三要素的简单叠加,而是彼此之间的相互融合与渗透。任何一个成功的广告主题,都应当是三要素的和谐统一。见图5-1。

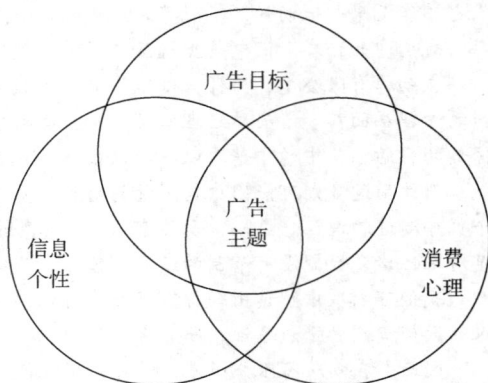

图5-1 广告主题的构成要素

广告目标是广告主题的出发点。确定广告主题,必须以广告目标为依据,针对要达成的广告目标提出广告所要说明的基本观点和要告诉人们什么。广告目标融入广告

活动并获得实现的可能性，必须借助广告主题。同时，离开了广告目标，广告主题也会无的放矢。所以，广告主题要服从于和服务于广告目标，广告目标对广告主题的要求就是不能无的放矢，不能不讲效果，不能与广告策略相违背。

信息个性是广告跟同类商品相比较而突出显示的区别性特点，是广告诉求的焦点，是广告主题提出的依据。信息个性对广告主题的要求就是：广告主题必须具有独特的个性信息。

消费心理是广告主题的活力所在。消费者是广告的目标受众，是广告主题的角色。广告主题必须顺应消费者的心理，遵循消费者的心理活动规律，引起消费者的心灵共鸣。一个主题如果心理因素融合的越巧妙、越合理，广告共鸣的震撼效果就越强烈。因此，消费心理对广告主题的要求就是：广告目标和信息个性必须迎合消费者某一方面的心理需要。

二、广告主题的决策及要求

（一）广告主题决策的依据

商品广告的目的是激发目标消费者对商品的欲望和购买行为。所以，广告主题必须符合消费者的消费心理，满足消费者对特定利益的需要。依据消费心理学，需要是消费者在一定生活条件下，感到某种欠缺或不足而力求得到满足的一种内部平衡倾向和择取倾向。马斯洛的需要层次理论认为，人的需要分为生理、安全、爱与归属、尊重和自我实现五个层次。具体到消费的角度，消费者的需要一般表现为：适应特定消费风俗的习俗需要，与群体成员保持一致的攀比需要，渴望被别人赞美与尊重的优势需要，渴望青春靓丽的爱美需要，希望方便快捷的便利需要，希望以较少的货币获得最大的满足感的选价需要，对特定商品或企业的好感而产生的惠顾需要，出于对新生事物的好奇而产生的新奇需要，对某类产品稳定、持续偏爱的偏好需要，注重商品的声誉的求名需要，以及对商品优异的质量和特定的功能的需要，等等。消费者五彩缤纷的消费需要，为广告主题的提炼提供了丰富多彩的创意方向。

下面是广告实践中经常使用且富有成效的广告主题：

1. 快乐

开心快乐是每个人的梦想。以"快乐"作为广告主题，最能引起消费者的共鸣。汽车、旅游、饮料、游戏等广告常以此作为广告主题。一百多年来，可口可乐的广告都以"快乐"作为诉求的核心价值。

2. 经济

经济实用、物美价廉是人们购物的重要标准。产品如果在价格上占据明显优势，往往能激发消费者的购买欲望。家电、食品等常以此作为广告主题，如美的空调的广告主题"一晚只需一度电，想开就开"。

3. 质量

在商品质量、售后服务等方面向消费者作出承诺，可增强消费者的信任感，树立品牌形象。家电、建材、名牌服装等常以此作为广告主题。

4. 爱情

爱情是人类永恒的主题，是人类精神的深层次的生命冲动，是社会繁衍、生息的基本现象。爱情创造了美，创造了人们对生活的敏感和热爱，它渗透了人们的情趣、理想和生命感受。家庭用具、日常用品的广告以此作为主题，能产生亲切动人、感人心扉的力量。

5. 荣誉

荣誉是一种赞誉性的评价，是人类道德、文化、名誉上的精神需要。人们总希望得到社会的尊重和赞赏，得到价值上的承认和心理上的满足；具有一定的社会地位的人士也总爱显示自己的地位和声望。同时，这些人在购买商品时，常常会产生一种炫耀性的购买动机。高档商品的广告以此作为广告主题，能很好地满足这种心理需求。

6. 时尚

在消费品市场中，消费者的购买潮流对于人们的心理冲击力很大。人们总是或多或少地表现出一种追求潮流和新颖的需求，在购买商品时也十分看重商品的款式和流行趋势，商品的实用价值和价格却放到了比较次要的地位。时尚，总是让人们欲罢不能，产生冲动性购买。化妆品、时装、手机等产品可以突出时尚这一广告主题。

7. 健康

健康是人类赖以生存、发展的基本需要。医药、卫生用品、营养食品、体育器械等商品常以此作为广告主题。

8. 安全

保障自己生命和财产不受威胁、侵犯和掠夺，是人们基本需求的一个层次，也是维持社会正常运转的一个重要的、敏感的问题。交通工具、防盗设备、金融保险、卫生用品等多以此作为广告主题。

9. 地位

人们有一种显示自己地位和声望的欲求，这种心态在具有一定的社会地位、经济实力的人士中较为多见。他们往往产生一种"扬名"和"炫耀"的购买动机，购买商品时特别注重商品本身的象征意义，以此显示自己超过一般人的社会地位和表示生活富裕，或表示自己卓越的生活能力，从中得到心理上的满足。

10. 效能

这是广告运用最广泛的题材，强调广告的产品或服务与众不同的特殊功能，突出地表达产品和服务能给消费者带来的某种利益和好处，满足消费者某个方面的要求，以此差别化的策略来建立产品和服务的定位，塑造独树一帜的产品或服务的形象，激发消费者的购买需求。通常是化妆品、清洁用品、药品、家电产品等的广告题材。

11. 方便

在生活节奏很快的现代社会中，人们都十分珍惜时间与体力。在购买产品时希望获得方便快速的服务，能在很短的时间内完成购物的全过程，同时还希望产品携带方便、使用方便、维修方便，以满足在购物后的不同需要。家用电器、轿车、摩托车等广告常选用方便作为表现的题材。

12. 保证

在营销中，企业为了使消费者对企业和产品产生良好的信任感，解除消费者在购物过程的心理障碍，需要在广告中针对消费者的心理特点，在某个方而作出具体的许诺与保证，以增强产品在市场上的竞争力，刺激消费者购买广告的产品，一般而言，家用电器、建筑材料、精密仪器等常选用保证作为广告的主题。

除上述主题外，广告主题还具有广泛的来源，如传统、亲情、友情、安眠、效率等。

（二）广告主题的决策过程

广告主题的决策一般经历以下阶段：

1. 检讨已有广告主题

经过检讨，如果发现已有的诉求主题是成功的、合理的、正确的，就可以继续加以运用。如果发现过去的广告主题或广告诉求点不恰当时，策划者就要重新对产品进行分析，即进入第二阶段。新产品或以前广告活动未经精心策划的产品，可直接从第二阶段开始。

2. 分析产品

第二阶段是分析产品。分析产品的属性、给消费者带来的利益、相对于竞争品牌的优势等。如果产品一般，没有自己独特的优势，可以检查是否有某一特点未被竞争产品的广告所重视。如果有，该特点又有诉求的价值，就可以以此特点提出相应的广告主题。同时，在消费者越来越重视感性消费的情况下，可以从"快乐"、"刺激"、"亲情"等感性诉求的角度入手提炼广告主题。

3. 提出广告主题

经过产品分析，在对产品的特点以及产品给消费者可能带来的利益充分把握的基础上，广告策划人员可以提出广告活动的诉求主题。为了使广告主题尽可能新颖，策划人员可以采用座谈会的方式，运用头脑风暴法，提出尽可能多的广告主题以供选择。

4. 审查广告主题

对于初步提出的广告主题，需要进行若干步骤的审查才能确定。第一步，检查已提出的主题是否与竞争对手的广告主题雷同；第二步，检查该诉求主题是否符合消费者的购买动机。这就要求审查人员要具备一定的消费心理学知识，能够准确把握消费者的消费心理。通过审查，获得通过的主题可以进入广告表现阶段。如未能通过，则必须重新提出诉求主题。

5. 检验广告主题

上述审查过程主要是检查提出的广告主题的诉求方向是否正确、是否合理。至于它是否可以在广告活动中加以运用，还需进一步检查。检验广告主题是广告效果预测的一个重要组成部分，它不是根据已有的信息和经验来研判，而是采用科学的调查法或实验法来甄别，检查目标消费者是否对该广告主题感兴趣，是否能激发其购买欲望。一旦一个广告主题经过广告效果预测被证实是比较理想的，就可以确定下来，并着手进行广告创作以及媒体发布等。

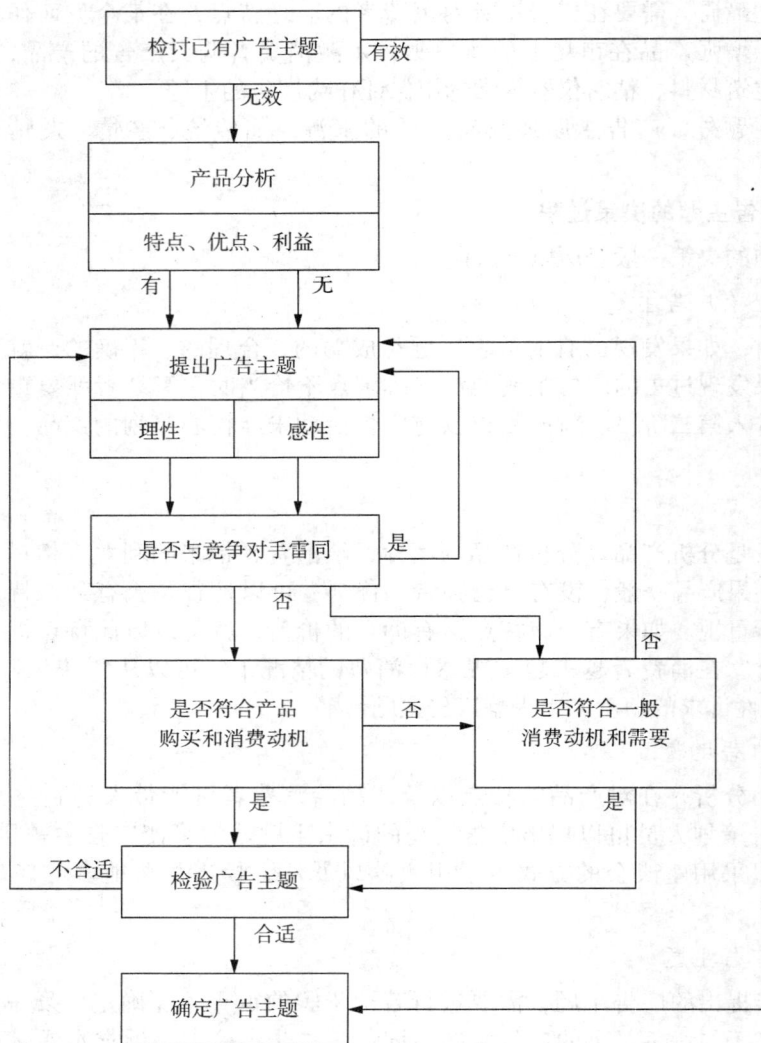

图 5-2　广告主题的决策过程

（三）广告主题的要求

一个好的广告主题必须符合以下六个要求：完整、显著、通俗、独特、协调和聚焦。

（1）完整，即广告主题要同时具备上述的广告目标、信息个性和消费心理三要素并融合为有机的主题。

（2）显著，即广告主题能够最大限度地引起人们的注意。

（3）通俗，即广告主题要通过简单的形式将企业的理念、产品的特征、带给消费者的利益与承诺等信息准确地表现出来，易于受众理解。

（4）独特，即广告主题要具有与竞争对手的同类产品明显区别的特点，以便在纷繁的信息中独树一帜，给受众留下长久深刻印象。

（5）协调，即广告主题要与广告商品和广告主的企业形象相一致，以免造成信息混乱。

（6）聚焦，即广告主题要把握诉求焦点，比较单一，不能发生主题的多元化、分散化。

第二节　确定广告主题的方法

广告主题策划是一项复杂的工程，涵盖的范畴很广，影响因素多种多样。企业应该在明确广告目标和广告战略的基础上，认真分析主题的构成因素，精心设计恰当的广告主题。一般来说，确定广告主题的方法有以下三种：① 依据商品特点确定广告主题；② 根据企业形象确定广告主题；③ 根据品牌定位确定广告主题。

一、依据商品特点确定广告主题

（一）依据商品特点确定广告主题的理论依据

1. USP 理论

USP（Unique Selling Proposition），即独特的销售主张。它是美国达彼斯广告公司的总裁 R. 瑞夫斯在 20 世纪 50 年代提出的一种有广泛影响的广告理论。该理论的核心是明确的概念、独特的主张和实效的销售。

（1）明确的概念。每一则广告必须向消费者说一个主张（Proposition），必须让消费者明白，购买广告中的产品可以获得什么具体的利益；

（2）独特的主张。广告所强调的利益必须是竞争对手做不到的或无法提供的，必须说出其独特之处，在品牌和诉求方面是独一无二的；

（3）实效的销售。广告所强调的主张必须是强而有力的，必须聚集在一个点上，集中打动、感动和引导消费者来的买相应的产品。

USP 理论认为，消费者一旦将这种独特的主张同特定的品牌联系在一起，就会给该产品以持久受益的地位。

倡导 USP 的达比斯广告公司在 25 年的时间里只丢失了一个广告客户，这充分体现了 USP 理论的实效性。R. 瑞夫斯根据 M&M 奶油巧克力用糖衣包裹这一当时"全美唯一"的特性所提炼的"只溶于口，不溶于手"的广告主题是其经典之作，以至于 30 多年后 M&M 糖衣巧克力在进入中国市场时也一字未改。

2. ESP 理论

随着广告环境的变化，产品的同质化程度越来越高，从产品本身挖掘 USP 显得越来越困难。于是，USP 广告就开始了其变革之旅，一种新的广告理论——ESP（Emotional Selling Proposition，情感销售主张）的广告理论应运而生。其思考的基点不再是 R. 雷斯所强调的针对产品的事实，而是上升到消费者情感的高度，通过赋予产品独特的情感价值，进而诉诸购买产品带来的独特消费体验及消费者形象。

ESP 理论倾向于诉求购买产品带来的独特的情感体验，从情感的层面挖掘商品与消费品需要的连接点，进而与消费者进行深层次的沟通，而不是通过产品的品质或功能来实现产品的差异化，这是 ESP 理论与 USP 理论的主要区别。

（二）依据商品特点确定广告主题的主要思路

充分认识广告商品的优点和特色是确定广告主题的基础。商品分析的实质就是寻找广告商品与同类商品的差异，突出其特色。

1. 建立产品价值网

在市场营销学中，"产品整体"概念是产品给消费者提供的价值总和，包括产品的核心功能、形状、品牌、包装、售后服务、品牌等，这些构成了产品的价值辐射网。

1）依据产品的实体因素确定广告主题

产品实体是产品使用价值和价值的物质载体，是实现消费者利益的基础。从产品实体因素提炼广告主题，主要包括以下方向：

（1）产品原料。包括：①原料的产地，如小糊涂仙酒的广告，强调"小糊涂仙，茅台镇传世佳酿"。②原料的品质，如尼康（Nikon）相机 FE—2 的广告，特别强调使用了钛合金材料做快门，将快门速度提高到 1/4000 秒；瑞士"雷达"手表广告强调使用了凝聚着高新科技的合金材料，所以永不磨损。③原料的成分，如鲁花花生油的广告强调"不含胆固醇"等。④原料的种类，如谭木匠以"我善治木"、"好木沉香"等广告语突出梳子的木质材料，表现出一种纯朴、深厚的文化韵味。

（2）产品的生产过程。包括：①生产方法，如全自动流水线、机器人操作等；②产品生产中使用的机器设备，如电脑设计、电脑监控等；③员工的技术水平，如名表百达翡丽每年推出的纯手工制作的表不超过 20 块，广告特别突出顶尖的制表匠的精湛手艺对该表所赋予的价值；④产品的生产环境，如汇源果汁的"真鲜橙"特别强调"无菌冷灌装"等；⑤产品制作过程中的品质保证，如双汇冷鲜肉的广告强调"头头检验"；⑥强调生产历史，如哈尔滨啤酒的广告强调"1900 年，中国有了第一瓶啤酒——哈尔滨啤酒"；⑦生产技术，突出其使用的专利技术等。

（3）产品的款式、品牌和包装等，如苹果的 iPhone 广告强调其 6mm 的机身厚度以及无边框的屏幕设计等。

2）依据产品的使用情况确定广告主题

产品的使用情况直接体现了消费者使用产品的方法、实际价值和效果，对消费者具有最直接的吸引力。包括以下思路：

（1）产品的用途和用法。如汇人肾宝的广告主题强调产品的用途："专治肾虚"等，白加黑感冒药的广告则用"白天吃白片不瞌睡，晚上吃黑片睡得香"强调了产品的用法等。

（2）产品使用的效果。如白丽香皂一句"今年二十，明年十八"的广告语让人对其美容效果浮想联翩；汰渍洗衣粉也用"有汰渍没污渍"突出了其去污能力等。

（3）消费者使用产品后的反映。如雕牌透明皂的广告借用一个老大妈之口，强调"这么多年用雕牌，洗得干净还不褪色呢"，其现身说法很有说服力。

（4）产品用户的社会构成。包括用户的阶层、职业、地位及象征意义等。许多情况下利用名人使用情况进行诉求非常有效。如力士香皂的广告一直用好莱坞的国际巨星以一句"我只用力士"突出其市场地位。

3）依据商品价格和档次确定广告主题

价格是消费者购买商品时最关注因素之一，产品的档次和品位则能很好地满足消费者对身份、地位和成就感的需要。例如，"嘉士伯啤酒，可能是世界上最好的啤酒"、"劳力士手表，可能是世界上最贵的手表"等广告，都以其高档次吸引消费者；而雪佛兰汽车"全球最豪华的低价汽车"的广告，则突出了其高性价比。

4）依据产品与其他产品的关系确定广告主题

人们的需要是多方面的，满足人们多方面需要的产品之间也不是孤立的，而是密切联系并相互配合的，即"好马配好鞍"，如买了西服就要配领带和皮鞋，买了汽车就要配汽车音响、导航设备等。以产品之间的相互关系为广告主题，可以激发消费者的互补性需求，达到提升其市场地位的目的。包括：

（1）互补关系。利用相关产品在功能上互补的特点，突出其给消费者带来相得益彰的效果，如风帆蓄电池的广告强调"好马配好鞍，好车配风帆"；日本 NEC 打字机以"与名牌'IBM'电脑配套使用，强劲搭配，无懈可击"作为广告主题，借 IBM 的影响力达到吸引消费者的目的。

（2）竞争关系。产品在市场上与同类产品或替代品存在竞争关系，竞争品牌的广告会影响和制约本品牌的广告信息。这种影响可能是负面的，也可能是正面的。具体表现为：①促进。竞争品牌之间的广告大战，使品牌的信息都深入人心，如白猫洗衣粉厂推出法奥洗发香波后，为了使人们区分它与白猫洗衣粉的不同功效，又具有相同的高质量，其广告这样强调："洗衣用白猫，洗发用法奥。"②屏蔽，即在时间上出现较早、传播上具有优势的竞争品的广告，其所传播的信息会形成一道心理屏障，从而使弱势品牌的广告信息难以达到消费者的内心深处。例如，海飞丝一直以"去头屑"为广告主题，当"去屑实力派当然海飞丝"的广告深入人心以后，其他采用同一主题的洗发水的广告在传达中就会遇到极大的障碍。③同化。弱势品牌所传达的信息不仅会被强势品牌所屏蔽，甚至被后者所吸纳和利用。例如，固特异是美国最大的轮胎制造商，当另一家较小的轮胎企业固特立为其新产品"钢丝辐射层轮胎"进行广告宣传若干年后，当向购买者问及该轮胎的生产商时，竟有 56% 的人回答是固特异。而事实上，固特异从来没有销售过这种轮胎。以至于有人说："固特立发明它，火石（另一轮胎制造者）发展它，固特异销售它。"因此，从竞争关系建立广告主题时，必须明确自己品牌的产品与竞争品牌建立差异的可能性，并认真估量自己的实力。当自己的品牌的确独具特色时，以竞争关系建立广告主题更能突出自身的价值。例如，我国最早推出无绳电话的步步高在广告中以"步步高无绳电话，方便千万家"突出其"方便"的主题，后来做无绳电话的 TCL 则在广告中以"话音清晰"的主题直接挑战步步高："话音不清晰，方便有什么用？" TCL 以竞争关系为广告主题，充分突出了自身产品的优势。

5）依据消费者对产品的期望确定广告主题

消费者对产品的期望和关心点是消费者在对某一产品产生注意或有需求欲望时，对该产品的那些最为在意的价值功能。广告策划人员应该顺应这种关注指向，将广告主题建立在消费者关注的价值之上。美国"无声小狗"皮鞋开始以鞋的款式作为广告主题，效果一直不佳。后经调查发现，只有 16% 的人关注款式；而 42% 的人关注的是舒适度；32% 的人则关注是否耐穿。根据调查结果，企业改变了广告主题，着重在鞋的穿着舒适和耐穿方面进行诉求，结果销量迅速上升。

对于同一产品，消费者的期望会有较大的差别。美国广告学家汤·狄龙在《怎样创作广告》中，以消费者对纸巾的期望为例："某些人会对纸巾的持久韧性很关心，有些人会对吸水能力更加关切，有些人会关心柔软度，某些人又会对装饰方面给予更多斟酌，某些人可能坚信价格比任何其他特性更为重要。"消费者的这些期望都可以成为广告主题提炼的思路。不过，在确定具体的广告主题时，要注意不同的消费群体的差异，在诉求风格上要针对特定的消费群体，有所差异。

从产品价值网中寻找广告主题，是从里到外的思考模式，通常被认为是传统分析方法，往往很有效，但弊端明显：一方面，可能使主题过于狭窄，从而造成目标对象缩小，广告功效亦会相应缩小；另一方面，在某些条件下，主题过小不利于做大，很难跃居领导者位置。因此，以产品价值网为基础，多层次、多角度挖掘广告主题成为必然。

阅读资料

奥格威为面霜确定的广告主题

奥格威曾为海化娜·鲁宾斯坦的一种面霜做广告。他在仔细研究了产品以后，开出了这样一张诉求清单：

洁净力可深入毛孔	防止面部粉层块裂
防干燥	含有雌性激素
最完美的美容剂	不含任何杂质
皮肤科医生推荐	防止皮肤衰老
使皮肤变嫩	除皱

这一系列诉求点都是有效的承诺。然而，应当只有一两个最主要的诉求点才代表最重要的承诺，它代表着产品形象。这一两个主要诉求点的甄选，就是广告主题的确立。奥格威决定让消费者自己去选择。他让消费者看印有不同承诺的卡片，请他们选择最可能促使他们购买的承诺。结果"洁净力可深入毛孔"成为消费者的第一选择，因此，奥格威将其确定为广告主题。于是奥格威把这种面霜命名为"深洁面霜"。经过广告传播以后，该面霜很快成为受欢迎的化妆品。

---

2. 建立产品价值链

产品给消费者带来的价值不仅在于前述价值网的各方面所带来的直接价值，还包括基于价值网的价值所带来的更深层次的价值。例如，一部手机具有超长的待机时间，这是产品整体概念所体现的价值。这一价值可以给消费者派生出哪些价值呢？手机具有超长待机时间，就不会漏接重要的电话。这可能带来重要的业务，使事业更成功；也可能避免了恋人的误解，使爱情更甜蜜等。这种引申或派生的价值具有无限的拓展空间，由此形成一个产品价值的链式关系，即产品→某一价值→价值的第一层引申→价值的第二层引申→……

因此，提炼广告主题要注意挖掘产品的价值链，从价值链中提炼最有特色最有吸引力的环节作为广告主题的立意点。

1）建立产品的社会价值链

马克思认为，人是社会关系的总和。人在社会生活中总是会以多种方式与其他社会群体发生各种社会关系，这种社会关系需要通过特定的行为、语言或实物来表达。当消费者以某种自认为有价值的产品来体现某种社会关系的价值时，产品就成为这种社会关系的载体，具有了丰富的社会价值。这种社会价值就是我们通常所说的友谊、亲情、爱情等，这些都可以成为确定广告主题的立意点。

爱情作为一种人类之间积极的情感活动，一直是人们所向往和追逐的目标，在广告中以情侣作为广告诉求对象，诉说一个完美、温馨的情感氛围，能使消费者融情于景。

阅读资料

精工表：爱情的标志

日本精工表的广告，将精工表诉求为"高贵爱情的标志"，"天长地久的爱情魅力"，充分体现了精工表给消费者带来的社会价值：

"恰当地表达自己真挚温馨的爱情，不仅仅是一份勇气，更是一种艺术。象征永恒的精工对表，是高贵爱情的标志，也是天长地久的爱情魅力。在我们生命中的某些时候，爱情，应该是看得见的。"

亲情是一个永不褪色的话题，它是构成家庭的纽带，也是人类之间最基本的需求，它广泛而又美好。广告中的亲情之美往往浸透着快乐、牵挂、思念与关爱等，会营造出一种温馨、动人的氛围。

阅读资料

星辰表：献给母亲最好的节日礼物

台湾星辰表的广告将星辰表诉求为母亲节献给母亲最好的节日礼物，体现了星辰表的社会价值：

"妈妈的时间换取了我的成长，推动摇篮的手是统治世界的手，也是最舍不得享受的手。四分之一的妈妈没有表，只是因为她们认为自己忙于家务，没有必要戴表。四分之二的妈妈还戴着旧手表，她们舍不得享受，即使是旧的，她们也认为是蛮好的。四分之三的妈妈还应该戴手表，她们要外出购物、访友、娱悦身心时，还是需要一只手表的。向伟大的母亲致敬，别再让母亲辛劳的手空着。母亲节，星辰表，送给母亲一份意外的惊喜！"

友情是一种长盛不衰的珍贵情感，是现代人生活的重要支柱。能够在人们情感脆弱的时候带来慰藉和快乐。把这种情感美态作为广告主题，自然会拨动消费者的心弦。

阅读资料

麦氏咖啡：好东西要和朋友一起分享

麦氏咖啡的广告以"好东西要和朋友一起分享"为主题，充分表现了它的社会价值。

"朋友情谊，贵乎至诚相处，互相支持帮助。啊，滴滴香浓，意犹未尽！麦氏咖啡，情浓味更浓！""好东西要和朋友一起分享。"

2）建立产品的主观价值链

在确定广告主题时，不仅可以赋予产品社会价值，还可以充分发挥想象力，赋予产品某种主观价值。主观价值是一种主观性的想象，是对产品的感受、联想或象征意义的挖掘。它不是商品物质实在性的存在，而存在于人的心中，存在于商品与人的心理和社会文化之间的一种精神性的联系之中。在产品日益同质化的背景下，建立产品的主观价值具有日益突出的意义。正如美国当代影响力最深远的广告创意大师詹姆斯·韦伯·扬在《怎样成为广告人》中所说："由于科技进步趋向导致产品间的日益雷同，致使广告增加产品主观价值日益重要。……主观价值实际上并不比有形价值逊色。……我要在此阐释的非常重要的论点就是主观价值在生活中扮演的重要角色。"赋予产品主观价值，包括以下思路：

（1）产品给人的感觉。人们是通过感觉来感知产品的大小、轻重、软硬、粗细等属性的，这种对属性的感知会带来积极或消极的体验，如清爽、舒适、惬意、美妙、压抑、痛苦等。消费者总是喜爱积极的体验，不喜爱消极的体验的。广告可从给消费者带来积极的感觉体验的角度提炼广告主题，如雪碧饮料在广告中给人的感觉是"晶晶亮，透心凉"；以醒酒护肝为主要目的的海王金樽在广告中给人的感觉是"第二天舒服一点儿"；雀巢咖啡在广告突出的感觉则是"味道好极了"。美国的箭牌香烟的广告则说"抽箭牌香烟有初恋的味道"。

（2）产品的性格。人们对产品的款式、功效、质量、档次等属性的感受，会使产品在心目中形成一定的性格特征。这是人们在认知过程中移情作用的结果。正如阿德温·埃贝尔（Edwin W. Ebel）在《广告计划》一书中所说："每种商品都有其性格。是什么东西赋予其性格？制造商希望他的商品所得到的印象又是什么？它是男性的商品，还是女性的商品，或者是属于两性的？它是有限市场的高价商品或者是以价格诉求的低价商品？或者它是一种低价商品，但如果做得好会有一种高价商品的印象？"商品存在着"性格"差异，有的粗犷，有的细腻，有的温顺，有的浪漫，有的飘逸，有的清纯。因此，广告可以以商品的性格确定广告主题，如皇家牌威士忌的广告"洁净、柔顺，好似天鹅绒一般"；也可以以消费者性格代表品牌的形象，即品牌形象的人格化，如伊力特曲的广告塑造了一个佐罗式的大侠形象，以一句雄浑的"英雄本色，伊力特曲"体现了其粗犷的产品性格。

（3）产品的象征。产品象征着消费者的个人形象和地位，产品的档次、价格、品位、造型以及它给人们的感受，可以成为个人的某种象征，如个人身份、地位、能力、品格、个性等。正如 T. 维什得克和 K. 希沃德在《广告语言》一书中所说："广告应当使每一位读者都感到某种身份有某种需要，使个人感到自我展示能证明其生活方式和价值观念。这也证明了他们的生活方式和价值观念的正当性，从而产生关于世界以及自己在世界中的位置的意识。这里，我们所面对的是一种赋义过程，这个过程把某种特定商品转化为一种具有特定内容的生活方式和价值观念的表达。显然，这种赋义过程的最终目的是把某种特定的商品同所期望的身份联系起来，以使对某种身份的需要转变为对特定商品的需要。"例如，"碧桂园，给你一个五星级的家"，迪林吉地毯公司的广告："有艺术个性的人总会想到迪林吉公司。"

阅读资料

露华浓："她非常查理"

20 世纪 70 年代，美国露华浓（Revson）针对女性刻意追求自我个性的心理特点，推出了一款用男性姓名"查理"命名的女用香水。广告塑造了一个独立自主的男性化的女性形象。广告中，查理是一位年轻好动、充满活力、善于交际的女性，崇尚独立，乐于冒险，不拘礼节，独来独往，有时竟然成为男士的保护者。广告用一句"她非常查理（She is very Charles）"凸显了"女汉子"的形象。

该香水深受女性的青睐，根本原因就是其主题观念当时西方女性希望摆脱男性的束缚，向往独立自主的心态，具有极强的象征意义。

　　3）通过挖掘产品的潜在价值确定广告主题

　　由于生活经验、知识水平的限制，以及产品与消费者需求的相关性不够明显等原因，消费者难以对产品的某些价值形成充分的感知，或者感觉不到该价值，或者感觉到了但视而不见，听而不闻。因此，要突破消费者的这种局限，开阔视野，将产品放在更广阔的领域中挖掘，发掘其潜在价值，确定广告主题。

　　（1）激发潜在需求。市场营销学认为，消费需求包括现实需求和潜在需求两个方面。潜在需求是潜伏于消费者心理和社会关系之中，自身尚未充分认识到的需求。据美国商业部统计，只有28%的消费者是有意识地行为；而72%的购买行为则是受朦胧欲望支配的。在多种需要中，只有优势动机，人们才会采取行动。广告作为一种外在刺激诱因，要把握消费者的深层心理，并根据消费心理和行为特征，展示与其潜在消费需求相符的商品、劳务，使广告能从意向情感的诉求与激发上唤起消费者的共鸣，激发其优势动机，以便引发购买行为。例如，海飞丝去屑洗发水、绿箭口香糖的广告将产品与消费者对和谐人际关系和对归属感的需要联系起来，将消费者未意识到的消费需求激发出来，通过暗示从而激发其购买动机。

　　（2）创造消费需求。潜在市场的消费者对某种产品或服务不感兴趣或漠不关心，称为"无需求"。无需求通常是由于对产品缺乏了解，或者缺乏相关知识造成的，如新上线的手机应用程序、新上市的化妆品等，消费者在未认识到它们的优越性之前不会产生需求。因此，广告可以以突出产品的新价值为主题，设法引起消费者的兴趣，创造消费需求。例如，2008年，玉兰油以"中国式的美丽"为广告主题，借助周迅、徐静蕾、林志玲等明星之口传达了"中国式美丽"的深刻内涵，真诚地向中国女性提出了"你美，而不自知"的观点，隐性传达出玉兰油能为中国女性缔造"中国式美丽"的品牌信息，充分展现了其对中国女性消费者的高度关注和尊重，有效拉近了与中国女性消费者的距离，唤起中国女性对该产品的需求。

　　（3）突破消费观念，挖掘产品价值。人的行为是受观念支配的。观念往往决定着人们对客观事物的认识和评价。在消费行为中，观念是人们对产品价值取向的判断标准。由于判断标准不同，一件产品就既有正面价值，也有负面价值。如食品美味可口但可能使人失去苗条；商品价格实惠但可能档次不高；美酒可口但可能对肝造成伤害；洗涤用品可以去污但也可能对手造成伤害等。在这种情况下，广告的主题就应避开那些与消费者观念相冲突的负面价值，而选择那些切合受众观念的正面价值，并否定该产品通常情况下存在的负面价值。例如，某荧光灯的广告："为你驱逐黑暗，却不会令你目眩"；美国雷布黑啤酒的广告："有好口味，但不会有大腰围。"

　　有时，也可以利用产品的负面价值，通过一定的广告策划，把它转变为产品的正面价值；或者运用产品的负面价值，创造人们喜爱的某种主观价值，把负面价值转化为正面价值。例如，20世纪60年代的美国汽车市场是大型车的天下，德国大众的甲壳虫车因车型较小在美国根本就没有市场。在这种情况下，大众公司反其道而行之，鲜明地提出了"think small"（想想还是小的好）的主题，运用广告的力量，改变了美国人的观念，使美国人认识到小型车的优点。从此，大众的小型汽车就稳执美国汽车市场之牛耳，直到日本汽车进入美国市场。甲壳虫的成功，就是转变产品负面价值为正面价值的典型。

　　通过建立产品价值网、价值链以及深入挖掘和创造产品新的价值，就可以形成产品带给消费者的多环节、多层次、立体的价值体系。产品的价值体系构建得越完整、越清晰，确定广告主题的空间就越大。例如，美国吉列公司设计了一种女性用于去除腋毛或腿毛的刮毛刀，命名为"雏菊"（Daisy）。在确定广告主题时，通过对产品价值的发散性思维，提出了七种不同的主题思路：①盲点——弧形握柄易抓又安全；②雏菊爱我——突出产品品牌及安全性；③双刃刮毛——具有男性刮胡刀的优点，一个刀刃把拉住，另一个刀刃把毛连根刮净；④完全符合妇女的需求——点名专为妇女提供的新设计；⑤女孩不用操心——点明放置方便，不用换刀片；⑥不伤玉腿——平滑、安全；⑦不到50美分——价格实惠。策划人员通过综合研究，并征询了部分经销商和用户的意见之后，认为"不伤玉腿"这一主题更为女性所接受，最后决定采用该主题。后来产品的销售证明这一选择是非常正确的。

二、依据品牌（企业）形象确定广告主题

随着经济的发展和技术水平的提高，一个必然的趋势就是商品的同质化程度在不断提高。商品的同质化导致企业从产品的角度提炼对消费者具有强大吸引力的广告主题日益困难。因此，在商品以外寻找能打动消费者的购买理由就成了必然的选择。在品牌日益成为影响消费者购买行为的重要变量的条件下，依据企业（品牌）形象确定广告主题，就有了充分的现实条件。

（一）依据品牌（企业）形象确定广告主题的理论基础

1. 企业形象和品牌形象

1）形象

《现代汉语词典》对"形象"的界定是："能引起人的思想或感情活动的具体形状或姿态。"从心理学的角度来看，形象就是人们通过视觉、听觉、触觉、味觉等各种感觉器官在大脑中形成的关于某种事物的整体印象，是人们对事物的知觉。因此，形象不是事物本身，而是人们对事物的感知。不同的人由于认知能力和认知习惯的不同，对同一事物的认知会存在差异。因而，不同的人面对同一个对象，就会产生不同的形象，不同的形象会对人的行为产生不同的影响。

2）企业形象

企业形象是各类公众在与企业接触交往过程中对企业的一切活动及其表现所产生的总体印象和评价，是企业精神文化的一种外在表现形式。企业形象由多种形象要素构成。产品形象、环境形象、员工形象、业绩形象等构成了企业形象的有形方面，企业理念、企业制度、企业信誉等构成了企业形象的无形方面，公众正是通过这些形象要素形成了对企业的认知和评价。

3）品牌形象

品牌形象是指企业或其某个品牌在社会公众心中所表现出的个性特征，它是公众对传播过程中所接收到的所有关于品牌的信息进行个人选择与加工之后留存于头脑中的有关该品牌的印象和联想的总和。品牌形象与品牌不可分割，形象是品牌表现出来的特征，反映了品牌的实力与本质。品牌形象包括品牌名称、品牌标志、品牌字体、品牌色彩等。在各种因素长期影响下，企业品牌往往会在消费者心目中形成特定概念，如万宝路（Marlboro）的牛仔形象所体现的"自由"、吉列（Gillette）剃须刀所体现的男子汉气概等。

在企业形象的构成因素中，产品形象是构成企业形象首要的、决定性因素。而品牌形象又直接决定了产品形象。所以，品牌形象与企业形象是部分和整体的关系。在形象塑造中，双方密切联系，相互促进。一个具有良好品牌形象的名牌产品，能提高企业的知名度和美誉度，从而促进良好企业形象的确立；反过来，企业有了良好的形象，也会为品牌形象的塑造创造条件。所以，企业形象的塑造离不开品牌形象的塑造。国内外的实践一再表明：著名的品牌形象，即名牌形象，就是产品形象，也就是企业形象。因此，塑造品牌形象是塑造企业形象的关键点，是塑造、提高企业形象的主要因素。可口可乐公司、丰田公司、松下公司、海尔集团等许多国际国内著名企业，无不是以品牌形象为先导，确立塑造起良好的企业形象的。

2. 品牌（企业）形象的相关理论

1）品牌形象理论

品牌形象理论是由 20 世纪 60 年代被称为美国广告"创意革命"的三大旗手之一的 D. 奥格威（另外两个是李奥·贝纳和威廉·伯恩巴克）从产品同质化程度不断提高、寻找产品的 USP 越来越困难的广告环境出发提出的广告理论，基本要点是：

（1）为塑造品牌服务是广告最主要的目标，广告就是要力图使品牌具有并且维持一个高知名度的品牌形象。

（2）任何一个广告都是对品牌的长期投资。广告必须尽力去维护一个好的品牌形象，而不惜牺牲追求短期效益的诉求重点。

（3）描绘品牌形象比产品具体功能更重要。为品牌树立一种突出的形象就可为厂商在市场上获得较大的占有率和利润。

（4）广告更重要的是满足消费者的心理需求。消费者购买产品时所追求的是"实质利益＋心理利益"，广告尤其应该重视运用形象来满足其心理的需求。

（5）有效的广告表现手法是塑造品牌形象的手段。幽默、生活片段、证言、示范、疑难解答、独白、有个性的角色或人物、提出理由、新闻手法、情感诉求等是改变消费者对品牌偏好度的十大良好表现手法。

2）品牌个性论

1955 年，美国的 Grey 广告公司提出了"品牌性格哲学"，随后日本的小林太三郎教授提出了"企业性格论"，从而形成了提炼广告主题的又一重要理论——品牌个性论（Brand　Character），该策略理论在回答广告"说什么"的问题时，认为广告不只是"说利益"、"说形象"，而更要"说个性"。

品牌个性是通过品牌传播赋予品牌的一种心理特征，是品牌形象的内核，它是特定品牌使用者个性的类化，是其关系利益人心中的情感附加值和特定的生活价值观。品牌个性具有独特性和整体性，它创造了品牌的形象识别，使我们可以把一种品牌当作人看待，使品牌人格化、活性化。1997 年，品牌专家詹妮弗·艾克（Aaker）提出了品牌个性的 5 个因素，即"真诚"、"兴奋"、"能力"、"复杂性"和"单纯性"。从品牌个性的角度提炼广告主题的基本要点是：

（1）在与消费者的沟通中，从标志到形象再到个性，"个性"是最高层次。品牌个性比品牌形象更深入一层，形象只是造成认同，个性可造成崇拜。

（2）为了实现更好地传播沟通效果，应该将品牌人格化。

（3）塑造品牌个性使之独具一格，关键是用什么核心图案或主题文案才能表现出品牌的特定个性。

（4）选择代表品牌个性的象征物至关重要，如万宝路的奔马和牛仔等。

3）共鸣理论

共鸣理论出现于 20 世纪 80 年代的美国广告界，该理论进一步把定位理论所倡导的"消费者心理的差异化"推向"情感体验的差异化"。共鸣理论主张在广告中述说目标受众珍贵的、难以忘怀的生活经历、人生体验和感受，以唤起并激发其内心深处的回忆，同时赋予品牌特定的内涵和象征意义，建立目标受众的移情联想，通过广告与生活经历的共鸣作用而产生效果和震撼。传播共鸣论的倡导者史瓦兹这样描述共鸣："当我们设计的传播刺激唤起存在于观众或听众心中的意义时，共鸣就产生了。而传播的信息所代表的意义，则是由观众或听众依据以往自己对传播者的刺激所获得的经验来决定。""共鸣发生的重点在于所传达的信息能和目标受众先前的经验相符合，借助信息的出现，将其重新唤起而产生反应。"[①]

共鸣理论最适合大众化的产品或服务。在拟定广告主题内容前，必须深入理解和掌握目标受众的心理，通过选择目标受众所盛行的生活方式加以模仿，从而构造一种能与目标受众所珍藏的经历相匹配的氛围或环境，使之能与目标受众真实的或想象的经历联接起来。共鸣论常用的主题包括爱情、童年回忆、亲情等。"铁达时"手表的广告是共鸣理论运用的典型案例。"不在乎天长地久，只在乎曾经拥有"的广告词配以兵荒马乱的战争年代动人爱情场面，使消费者对该品牌产生强烈的共鸣。

4）CI 理论

CI 理论以美国著名广告大师奥格威为代表，指通过设计企业理念（MI）、规范企业行为（BI）和设计企业视觉识别系统（VI）而对企业形象进行的总体设计。

CI 理论强调从企业的经营管理理念到企业的精神文化、从企业员工的个体行为到企业组织的对外传播活动、从企业传播的视觉识别的基础要素到所有应用要素予以整合、规划，构建具有高度统一性、独特性和可识别性的企业识别系统，从而树立起完整统一而又极富个性的企业形象。依据 CI 理论提炼广告主题的基本观点是：

（1）广告主题必须与 CI 战略所规定的整体形象保持统一性。CI 战略中的广告应注意延续和积累的广告效果。

（2）CI 战略中的广告应着眼于塑造公司的整体形象，而不仅仅是某一品牌形象。显然，这进一步拓展了 BI 理论确定广告主题的空间。

阅读资料

IBM 公司塑造"蓝色巨人"形象

IBM 公司是美国最早导入 CIS 战略的企业之一。当时任 IBM 公司总裁的小托姆斯华生认为，为了使公司成为享誉世界的大企业，就非常有必要在电子计算机行业中树立一个响当当的形象。而这个形象不仅能体现企业的理念，而且要有利于市场竞争，特别是能有意识地在消费者心目中留下一个具有视觉冲击的形象标记。于是，他们把公司名称的三个英文字头浓缩成"IBM"三个字，并制造出富有美感的造型，并选用蓝色作为公司的标准色。就这样，IBM 公司通过 CIS 战略的导入塑造了企业形象，使之成为美国公众心目中信任的"蓝色巨人"。

---

① 李世丁、袁乐清. 沟通秘境：广告文案之道［M］. 广州广东经济出版社，2001：26.

　　然而，使 IBM 公司成为世界计算机行业中首屈一指的霸主，不仅仅是因为有了一个良好的视觉形象，而且由于 IBM 公司树立了以"IBM 就是服务"为宗旨的理念，并自始至终为之奋斗不息。应该说，这才是 IBM 公司能够真正成为"蓝色巨人"的秘密所在。

　　"IBM 就是服务"，这是 IBM 公司的一句广告语。它虽然十分简单，但是却清楚而又准确地阐明了企业的指导思想。也就是说，IBM 公司就是要在为用户提供最佳服务方面独步全球。所以从这个意义上讲 IBM 公司提供的不仅是产品机器，而且是服务——即设备本身以及企业员工的建议和咨询；同样，IBM 公司训练的不仅是产品的推销员，而是培养出用户困难的解决者。因为为 IBM 公司用这样的理念作为指导，所以使得公司在服务方面的工作可以说几乎达到无懈可击的地步，令人叹为观止。例如，公司在创办之初就要求对于任何一个用户提出的问题都必须在 24 小时之内给以解决，至少要作出答复；后来发展成为顾客仅出租金就可以使用机器，公司还可以免费为用户提供维修、咨询和培训的服务，甚至如果对 IBM 公司提供的服务不满意还可以不付租金、退回机器等。正因为 IBM 公司能为顾客提供如此周到的服务，使人们确信公司切实在关心着每一个用户，所以才能在广大顾客心目中留下如此美好的形象，才能使它在强手如林的计算机市场中"称王称霸"。

资料来源：http://news. pack. cn/packtechnology/jgsj/1999 - 10/19991029120014. shtml

（二）依据企业（品牌）形象确定广告主题的思路

1. 以企业（品牌）形象确定广告主题的目的

一般而言，广告以企业（品牌）形象为主题，可以达到以下目的：

（1）形成概念和视觉上的差异化，提高消费者的识别度；

（2）塑造理想形象，满足消费者体现其个性、身份和地位的心理需求；

（3）不断强化形象特征，以提高其知名度、美誉度和忠诚度；

（4）为企业的名牌战略服务；

（5）通过改变形象中不利于企业发展的概念，从而树立有利于企业发展的形象概念。

2. 依据企业（品牌）形象确定广告主题的方向

（1）企业观念。企业观念反映企业的经营宗旨和经营方针，决定企业经营的基本方向和风格。企业的一切经营行为都是由其观念支配的，企业的产品造型、包装设计、建筑风格等视觉因素都是其观念的物化形式。因此，观念是体现企业经营特色、塑造其形象的深层依据。例如，广州好迪一直在广告中诉求"大家好才是真的好"这一追求"共赢"的经营理念，海尔在广告中则一直诉求着"真诚到永远"的承诺；步步高电子公司的广告则一直展现着"我们一直在努力"的不断进取的精神；百事可乐的广告始终突出自己是"年轻一代的选择"。这些观念因其体现了消费者的价值追求而激起消费者强烈的共鸣。

（2）企业历史。悠久的历史代表着深厚的文化沉淀。具有悠久历史的企业一般都有较高的知名度和独特的形象，给人可信赖的感觉。同时，悠久的历史本身也代表着企业产品的质量和声誉。例如，"同仁堂"在广告中就不断突出其自清朝就开始向皇室贡药这一辉煌的历史主题；著名的葡萄酒生产者张裕则在广告中突出其是"中国第一家工业化酿造葡萄酒的企业"等。以企业历史为广告主题，能以其辉煌的过去激发消费者的美誉度，但要注意不要给人以陈旧、保守的感觉。

（3）企业实力。在广告中展示企业实力，主要是展示企业生产、技术、人才、资金及产品的市场表现等方面的优势。在广告中展示自身的实力，其目的在于增强公众对企业的信任感。例如，美国霍尼韦尔公司的以展现企业实力为主题的广告："霍尼韦尔公司，1885 年创立于美国明尼苏达州，现在世界各地都有其分公司或事务所，工作人员超过 79000 人，年销售额超过 66 亿美元。公司不仅在自动化及控制技术方面是世界尖端技术的先驱者，而且对宇宙及国防工业作出了巨大的贡献。"

（4）企业的商品。一般而言，人们最直观地从企业所生产或经营的商品来评价一家企业。商品是企业与消费者发生利益关系的最主要因素，因而是体现企业形象的最基本方面。同时，企业形象本身也决定了人们对企业生产的产品的期望，形象本身也是一种承诺。例如，人们对海尔的认识是通过海尔冰箱开始的，海尔冰箱可靠的质量树立起了海尔的企业形象。当海尔有了良好的企业形象后，人们对海尔空调、洗衣机、微波炉就有了极强的信赖感。

（5）企业的服务水平。企业的服务质量、服务方式，反映着企业的经营思想和管理水平。在产品同质化的背景下，服务也越来越成为影响消费者购买行为的重要变量，成为形成企业差异化优势的基本手段。例如，小天鹅洗衣机在广告中强调提升服务的"五个一"：递上一张名片、穿上一副鞋套、配备一块垫布、自带一块抹布、提供一站式产品通检服务，通过贴心、周到的服务诉求吸引消费者。

（6）企业的公益活动。随着社会的发展，消费者不仅关注企业的产品和服务，也越来越关注企业的社会责任感。越是热心公益事业、关注社会整体及长远利益的企业越是能赢得消费者的青睐。因此，以企业的名义，在广告中表现出对弱势群体的关心、对生态环境问题的关注和责任感、对公益事业的热心等，往往能够赢得消费者的好感，达到提升企业形象的目的。

（7）企业的感官因素。企业的名称、标志、色彩、建筑风格、商品的造型及包装设计、商品的陈列、员工制服等构成了企业的视觉形象；企业的歌曲和音乐则构成了企业的听觉形象。在广告中着力诉求企业的这些感官因素，也是塑造企业形象的重要途径。国外的许多企业在建筑装潢方面着重突出其独特性和个性化，以塑造其与众不同的企业形象。例如，在美国纽约州的百事可乐公司内，摆设了几十个大型钢质镀塑饮料瓶的模型，以其巨大的体积和深沉的色彩，给人以稳重和勇于进取的印象。百事可乐公司正是通过其夸张的产品造型表现了公司的特色。

（8）企业信誉。在广告中直接诉求企业良好的信誉，其目的在于树立企业作为守法公民、诚实经营的企业形象。企业信誉广告常以企业的主张、政策、解决的某一社会问题等为内容。

3. 依据企业（品牌）形象确定广告主题的适用情形

一般来说，从形象的角度确定广告主题适用于以下情形：

（1）默默无闻的企业想扩大知名度时，适合于采用企业形象作为广告主题。当今市场环境的重要特征之一就是：因产品的同质化提高导致产品竞争力降低，形象的竞争力提高。提高企业的知名度和美誉度是每一个企业的追求。优异的企业形象使企业在社会公众中产生极强的信誉和魅力，有利于提高企业识别力，增强企业的竞争力和凝聚力。

（2）企业推广新品牌时，适合于采用企业形象作为广告主题。例如，中国移动在推出"全球通"业务时，就利用企业形象广告创造了巨大的影响力：地震、海难、登山遇险现场，危急之际一部手机挽救了众多生命。这则广告突出了中国移动的网络覆盖优势，也体现了中国移动网络可靠、信号覆盖广、社会责任感强的形象。

（3）企业开拓新市场时，适合于以企业形象作为广告主题。在消费者对企业缺少充分的认识和好感度的情况下，以单一商品为主题的广告如果没有特别显著的卖点，往往会淹没在其他同类商品的广告攻势中。而通过宣传企业的经营理念、技术水平、悠久历史等形象因素，更能在消费者的心里引起好感与共鸣。消费者对企业产生认同感和信任感后，对企业的产品就容易接受了，从而产生爱屋及乌的效果。

（4）当企业无法对产品本身进行宣传时，需要以企业形象作为广告主题，这在烟草行业尤为突出。国家明令禁止在烟草外包装上出现任何关于香烟的介绍与宣传，企业也不能对烟草产品作任何其他形式的广告宣传。在这种情况下，企业形象广告就是最恰当的选择。例如，浙江宁波的大红鹰集团就通过形象广告给人留下非常深刻的印象：战斗机呼啸着掠过城市、峡谷、海洋上空，最终在湛蓝的天空划过一个大大的"V"字，然后一句雄浑的旁白："大红鹰，胜利之鹰"。广告惊险刺激而又充满自信。而同样作为烟草企业的湖南的白沙集团则以一句"鹤舞白沙，我心飞翔"，带给消费者无限的遐想。

（5）当企业需要强化品牌印象时，需要以形象作为广告主题。品牌从根本上说是消费者对产品的一种心理感受。广告和其他传播活动所创造并附加给产品的虚幻形象、个性和特征，会使人们对产品产生不同一般的感觉和情感，这是品牌形成的心理基础。正如日本的仁科贞文在《广告心理》中所说："当蒙住眼睛接受测试时，无法区别牌子之间味道的差别，但一说出品牌名称时，顿时感到不同牌子之间味道不同，这正是包装和牌子的名称赋予牌子形象的效果。"品牌不仅能形成主观印象，而且能形成品牌偏好和品牌忠诚。企业之间的竞争也越来越变成对顾客忠诚度的竞争。正如台湾资深广告人庄淑芬所说："未来市场，广告主的利润主要依赖于成功的品牌。品牌忠诚度是成功的原动力。"因此，广告应"活动在建立品牌重要性的基础上，培养消费者的洞察力和想象力，透过创意来强化品牌。"

强化品牌印象的手段包括：①在广告中突出产品的高品位、高质量；②在广告中反复呼唤品牌名称；③在广告中突出品牌的象征物，如麦当劳在广告中渲染"麦当劳叔叔"，劲量电池在广告中突出单手做俯卧撑的"劲量小子"的形象等；④通过广告使品牌人格化，如万宝路在广告中用美国西部牛仔体现其自由、奔放的品牌精神等；⑤通过广告强化品牌的市场地位，如中国移动在广告中突出其"移动信息专家"，海信空调的广告突出其"变频空调专家"。其他如"国内首创"、"行业领先"等是许多企业经常使用的方式。但需要注意的是，突出品牌的市场地位一定要实事求是，切不可自吹自擂。

（6）企业出现危机事件时，利用形象广告来消除负面影响。有时，企业由于消费者投诉或者媒体曝光，声誉一落千丈。这时，企业通过广告承认自己的不足，并向消费者传递其改正错误、积极进取的诚恳态度是非常重要的。例如，当双汇集团出现瘦肉精事件后，双汇就推出了"头头检验，双汇在行动"的形象广告以消除消费者负面印象。

三、依据独特的定位确定广告主题

（一）定位理论

20 世纪 70 年代，艾·里斯（Al Rise）和杰克·特劳特（Jack Trout）提出了"定位"理论,从而宣告了营销的"定位时代"的到来。定位理论于 2001 年被美国营销协会评选为有史以来对美国营销影响最大的观念,定位方法也已成为进行广告策划、确定广告主题最基本的方法之一。

定位就是把产品定位在未来潜在的顾客心中,或者是用广告为产品在消费者的心中找出一个位置。这个位置一旦建立起来,就会使消费者在需要解决某一特定消费问题时,首先会考虑某一品牌的产品。该理论的核心是定位并不涉及改变产品或企业本身,它只是涉及建立或改变企业或产品在消费者心目中的位置。正如艾·里斯和杰克·特劳特对定位下的定义:"定位并不是要您对产品做些什么,定位是您对未来的潜在顾客心智所下的功夫,也就是把产品定位在未来潜在顾客的心中。""在定位时代——你一定要把进入潜在顾客的心智,作为首要之图。"广告定位论的基本主张是:

(1)广告的目标是使某一品牌、公司或产品在消费者心目中获得一个据点,一个认定的区域位置,或者占有一席之地;

(2)广告应将火力集中在一个狭窄的目标上,在消费者的心智上下功夫,是要创造出一个心理的位置;

(3)应该运用广告创造出独有的位置,特别是"第一说法、第一事件、第一位置"。因为创造第一,才能在消费者心中形成难以忘怀的、不易混淆的优势效果;

(4)广告表现出的差异性,并不是指出产品的具体的特殊的功能利益,而是要显示和实现出品牌之间的类的区别。

(5)独特的定位一旦建立,无论何时何地,只要消费者产生相关的需求,就会自动地、首先想到广告中的这种品牌、这家公司或产品,达到"先入为主"的效果。

定位理论的提出意味着广告主题应当建立在对消费者心理的研究上,而不是商品之间的差异研究上。这是一种从外向里的思考问题的方法,实现了从传统的以"广告主"为中心、以"自我"为中心到以"消费者"为中心的转变,这是一种巨大的进步。它为市场经济条件下广告主题的确定提供了新的理论与实践依据。

(二)依据独特定位确定广告主题的方式

1. 以市场"领导者"定位确定广告主题

领导者品牌有两层含义:其一是第一个进入消费者心智,在消费者的心智排序中处于第一位,消费者在不同品牌中进行选择的时候所能想到的第一个品牌;其二是与同类品牌相比在市场占有率上处于第一位的品牌。一般来说,第一个进入消费者心中的品牌,都是难以被新的品牌所替代的。例如,摄影中的"柯达"(Kodak)、复印中的"施乐"(Xerox)、租车行业的"赫兹"(Hertz)、可乐中的"可口可乐"(Cocacola)、电器中的"通用"(General Electric)、轮胎中的"固特异"(Goodyear)、电脑中的IBM、快餐中的"麦当劳"(McDonald's)等。显然,在消费者心智中排第一位是决定其市场占有率处于第一位的基础。里斯和特劳特在《定位》中指出:"历史表明,第一个进入人们头脑的品牌所占据的长期市场份额通常是第二个品牌的两倍、第三个品牌的三倍。而且,这种比例关系不会轻易改变。"[①] 据美国一家研究机构跟踪 25 个行业领导者品牌 1923 年以来的变化,结果只有 3 个品牌失去了领导地位。其余 22 个品牌 80

---

① 里斯,特劳特.定位[M].北京:中国财政经济出版社,2002 年版。

多年来一直稳居第一。

获得领导者地位的主要问题是品牌能首先进入人的心智。这时，广告主题应确定在"首创"、"独创"、"正宗"等观念上。例如，可口可乐的典型广告"只有可口可乐，才是真正的可乐"。在这种宣传下，其他同类商品只是"模仿"真正的可乐，而可口可乐就成为衡量其他同类产品的标准。杭州中策集团在广告中一直把生产的"全诺"牌轮胎定位于高端轮胎的领导者，加多宝集团在广告中一直把自己定位于凉茶市场的领导者。

2. 以市场跟随者定位确定广告主题

一个市场已有"领导者"，就使"后来"的企业处在"跟随者"地位。跟随者的产品一般被认为是对领导者的模仿，尽管这种产品也许"更早"或"更好"。所以跟随者要想在市场上站住脚，一般应寻找新的位置。此时，广告主题应寻找跟随者与领导者之间的"空隙"。例如，价格空隙、性别空隙、年龄空隙、地理空隙等，如神舟电脑超极本就针对联想、索尼等品牌的高价位，在广告中不断强化其"实惠才是王道，至尊神州超极本仅售 2000 多"的低价定位；在中国台式电脑市场，联想是当然的领导者。TCL 则在广告中号称研发出"全球第一款女性电脑"，从性别空隙的角度确立了独特的广告主题。

3. 以回避定位确定广告主题

当一个品牌处于"跟随者"地位又无法找到可利用的"空隙"时，会陷于进退两难的境地。这时，广告主题如能独辟蹊径，避免正面冲突，也能取得意想不到的效果。

4. 以竞争定位确定广告主题

在市场经济发达的地区或国家，市场上每种产品都可能有成百上千种。一个企业要在市场上站住脚，在很多情况下必须把竞争者们已在人们心理上占据的位置重新定位，创造一个新秩序。要想创造一个新秩序，必须先把旧的秩序推翻才有可能。此时，广告主题应着眼于推翻旧的观念，引进新的观念，建立新秩序。竞争定位的典型形式就是比较广告。2002 年，娃哈哈果汁针对农夫果园"三种水果在里面，喝前摇一摇"的广告，针锋相对地提出了"三种水果就想打发我？三种不够味，四种才甜蜜！四种水果还高钙！"的广告主题，充满了强烈的竞争性。

5. 以比附定位确定广告主题

比附定位就是以消费者熟知的品牌形象为对照，提升自己特殊地位、形象的方法。采用比附定位，广告主题应着眼于比较，突出本品牌的优势。例如，以"出自最佳生态环境，带来最强生命力"为承诺的内蒙古宁城老窖酒的广告以"宁城老窖，塞外茅台"为主题，通过茅台酒的地位和声誉突出了自己的特色和优势。

6. 以关联定位确定广告主题

使定位对象与竞争对手发生关联，并确立与竞争对象的定位相反的或可比的定位概念，使宣传的品牌既与现有商品类别有关联，又有区别。日本一家经济暖气机同时兼有中央暖气系统和石油或瓦斯暖气炉两种商品的特性。中央暖气系统费用高昂又不适合小房间；石油或瓦斯暖气炉有油烟气味；经济暖气机排除了两者的缺点。经权衡得失，厂商决定采用与中央暖气系统造成关联的商品定位，并以"中央暖气系统新发现——小房间专用"为广告标题，因而获得意外的销售业绩。

7. 以是非定位确定广告主题

当市场上某一类产品已经占据垄断地位时，其他产品要与其正面竞争就显得异常困难。这时，就可以从"非"的角度进行"是非定位"，突出其差异性，引导一种新的消费观念，从而吸引人们眼球。例如，星巴克公司在广告中将自己定位为消费者的第三空间："人有两个空间，第一个是办公室，第二个是家，如果你厌倦了你的办公室，烦透了你的家，快请到星巴克第三空间，去享受你的生活。"这种颇具特色的定位使其与一般的咖啡店相区别，赢得了都市白领的广泛青睐。"如果我不在办公室，就在星巴克；如果我不在星巴克，就在去星巴克的路上"，成为都市白领广泛的流行语。

8. 以再定位确定广告主题

再定位也叫重新定位，即打破事物在消费者心理中所保持的原有位置与结构，使事物按照新的观念在消费者心理中重新排位，调理关系，以创造一个利于自己的新的秩序。李奥·贝纳用"牛仔"形象为万宝路香烟重新定位，使之前一直销路不畅的女士香烟一跃成为全球第一品牌；大卫·奥格威的戴眼罩的模特，使默默无闻了116年的"哈撒韦"衬衫一下子走红美国。这些广告史上的经典案例充分体现了再定位的独特魅力。

阅读资料

可口可乐在不同时期的广告主题

1886 年：（刚刚上市）提神美味的新饮料

1889 年：味美爽口，醒脑提神

1890 年：可口可乐——令你精神爽朗，回味无穷

1907 年：令人精神爽朗的时刻；遍及每一个角落；使炎热的天气变得凉爽；四季都会喝

1925 年：一天喝6000000瓶

1929 年：要想提神请留步

1936 年：喝新鲜饮料，干新鲜事儿

1944 年：可口可乐，全球性的符号

20 世纪50 年代：恢复您的精神；好味道的标志；真正清凉的饮品

20 世纪60 年代：享受可口可乐；只有可口可乐，才是真正的可乐

20 世纪70 年代：心旷神怡，万事如意，请喝可口可乐；喝一口可口可乐，你就会展露笑容

20 世纪80 年代：微笑的可口可乐；挡不住的感觉

1993 年：永远是可口可乐

1995 年：这是可口可乐

2001 年：活力永远是可口可乐……

2003 年：享受清凉一刻

2005 年：要爽由自己

2008 年：畅爽"开"始

2009 年：开启快乐；打开幸福

2013 年：创造快乐

第三节 确定广告主题需要注意的问题

广告主题的确定是一个非常复杂的思维活动，它涉及多方面的知识，如市场营销学、广告学、心理学、商品学等。广告主题是为广告目标服务的，其目的在于激发目标受众对广告商品的认知、兴趣、欲望和购买行为。广告主题的任务对广告主题的确定提出了相应的要求，这是确定广告主题必须注意的问题。

一、广告主题必须与广告商品具有高度的关联性

广告是为产品、服务、活动或观点所做的宣传。商品广告的目的是推广广告商品，因此，广告主题必须与广告产品具有高度的关联性。威廉·伯恩巴克认为，广告与商品关联是成功广告的特征之一。广告与产品缺乏关联性，广告就失去了意义。广告主题与产品的关联性有的是直接的，有的是间接的，有的是明显的，有的是没有那么突出的。但无论如何，广告主题都要与广告商品具有较高的关联度，这是广告的目标和广告任务的要求。所以，"高速"这一主题适用于汽车等交通工具，但用于服装、食品就不恰当；同样，"营养"的主题适用于食品、饮料，用于交通工具也不合适。当然，类似于"亲情"、"友情"、"爱情"、"低价"等广告主题可以适用于多种类型的广告商品，但角度也会有很大差别。如汽车体现"友情"的方式和手机体现"友情"的方式会有较大的区别等。

二、广告主题必须提供利益承诺

18 世纪英国著名的文学评论家塞缪尔·约翰逊（Samuel Johnson）曾说过："承诺，大大的承诺，是广告的灵魂。"消费者购买商品是为了满足某种需要，解决某个问题。因此，广告要取得成效，必须给消费者承诺所能提供的利益。正如丹·舒尔茨在《广告运动策略新论》中所说："利益是你所作的承诺。而销售特点则是你传达承诺的证明方式。这是一个明显的特点，但值得再说一遍：除非在其中有某种对潜在顾客有价值的东西，否则潜在顾客就没有兴趣。"

广告主题承诺的核心是广告产品所提供给消费者的不同于竞争产品的利益。从前述产品的价值网可以看出，产品提供给消费者的利益和价值是多方面的，进行利益承诺的思路也是多种多样的。一般来说，可以从以下几方面进行利益承诺。

1. 选择最能克服商品销售障碍的利益点进行承诺

在商品销售过程中，由于企业的沟通不足，或者沟通方向与消费者的需求不一致，会导致消费者对产品的价值缺乏足够的重视和兴趣，致使产品销售困难。这往往可以借助广告加强沟通来解决。正如魏特·哈布斯《文案策略》一文中说："创作策略的第一步就是要接近问题，……把什么是难题找出来，……然后决定将解决那个难题的有创造性的销售策略。"

在广告策划中，要克服销售障碍，首先要分析导致销售困难的原因，寻找产品销售困难的根源。这项工作按下列程序进行：（1）是广告不足的问题，还是产品品质低劣的问题。只有广告不足的问题才是广告所能解决的问题；（2）是消费者认知的问题

还是观念束缚的问题。然后，依据商品销售的不同障碍采取不同的广告主题。针对消费者的认知障碍，要分析消费者在什么地方认知错误或认知不足，就以此点作为广告主题，进行广告宣传。针对消费者的观念障碍，可以将宣传新观念、破除旧观念作为广告主题。

2. 选择消费者最关心的利益点进行承诺

消费者对产品的关注和期望，是消费者出于消费的需要所产生的，要受到消费者的购买目的、生活方式、自我观念等多种因素的影响。消费者对某一问题的关注使其对该方面的信息特别关注和留意。因此，如果广告主题中的承诺能切合消费者的期望点，就能吸引消费者的注意力，激发其购买欲望。

在确定广告主题过程中，可以从多个角度分析消费者的需求，找到消费者对产品最关心的利益点：

（1）购买目的。例如，用于母亲节、情人节等节日的节令型产品、用于特定消费场合的产品等，其广告主题可以特别强调其购买目的。

（2）生活难题。消费者在生活中总会遇到一些使其困扰的生活难题。当某一产品能使其摆脱这些烦恼时，总是很容易激发消费者的注意度和购买欲望的。例如，泻立停的广告以"得了痢疾拉肚子怎么办？"吸引消费者的注意，用"泻立停，泻立停，痢疾拉肚一服就灵"突出其效果，效果十分明显。

（3）自我形象。自我形象是受众对自身的身份、地位、个性的自我感觉与评价。凡是能够肯定和提升自我形象的信息，消费者就容易接受；反之就会回避和排斥。例如，广州东璟花园的广告，针对外地白领女性，以"30岁，应该在天河有个家"为主题，切合白领女性崇尚独立的自我形象。

（4）潜意识。弗洛伊德的动机理论认为，人的许多行为是受潜意识支配的。美国营销专家 E. 底特也认为，每一种商品都深藏着人们特定欲望的满足。例如，女性购买长筒袜是为了掩饰腿部的缺陷，使腿部比实际更美；而鞋则带给人们自尊心和自信心，"男人随社会地位的升高会越来越追求高贵的鞋"。西方一直致力于研究潜意识动机与产品选择的专家厄内斯特·迪希特（Ernest Dichter）在为宝洁公司的"象牙"牌香皂进行广告策划时，依据"洗澡是一种仪式，你洗掉的不仅是污垢，而且还有罪过"的观念，为"象牙"香皂拟定了一个广告主题："用'象牙'牌香皂洗去一切困扰，使自己洁净清醒。"这一主题切合了消费者的潜意识，取得了成功。

3. 选择产品最独特的利益进行承诺

广告主题如果没有独特之处，就会湮没在广告的汪洋大海之中。因此，选择那些最能体现产品信息个性的承诺就显得十分重要。信息个性有时来自商品中在质量、款式、功能等方面不同于其他商品的特色。例如，恒大冰泉在广告中突出它是来自长白山的深层矿泉，偏硅酸含量远远高于其他品牌的矿泉水。

有时，广告主题中的信息个性并不一定是本品牌所独有的。但在其他品牌的广告中并没有诉求这类信息，或者说其他企业并未以此类信息作为广告主题。这时，首先使用这一信息作为广告主题的，就可以在消费者心目中树立起独具特色的印象。例如，乐百氏纯净水最先从生产水的工艺流程的角度，提出了"27层净化"的广告主题；脑白金最先以"送礼"作为保健品的广告主题，提出了"送礼就送脑白金"的广告诉求，都取得了巨大的成功。

可见，广告主题可以为消费者从广泛的角度进行利益承诺。但一项广告承诺要有效，必须满足以下要求：

（1）只承诺独特的利益。即产品为消费者提供的利益或解决的问题。利益必须具有独特性，即必须是商品能够提供而竞争商品所提供不了的利益；

（2）只承诺重要的利益。即承诺所提供的利益或解决的问题必须是重要的，被消费者强烈关注或迫切需要解决的。正如舒尔茨所说："此一承诺所提供之利益、所解决之问题必须是重要的。"这是打动消费者的条件；

（3）只承诺广告产品所提供的利益。在所提供的利益或解决的问题中必须突出广告产品的品牌；

（4）只承诺明确的利益。广告承诺的利益不管是物质的、理性的、有形的，还是精神的、感性的、无形的，都必须是明确的。如"去头屑，当然海飞丝"，"飘柔，就是这样自信"等。使用含糊不清、空洞、花言巧语式的承诺，诸如新颖、创新、强大、领先等太模糊，言之无物，受众只会熟视无睹；

（5）只承诺值得信赖的利益。例如，海天酱油的电视广告片"会跳高的黄豆、北回归线的阳光"就是对海天酱油美味、高品质的证明，值得信赖；

（6）只承诺没有冲突的利益。利益承诺不能顾此失彼，比如"尿不湿"诉求"方便"的主题可能与照顾婴儿的利益、体现母爱的利益相冲突；速溶咖啡承诺"方便"的广告主题可能与人们在煮咖啡的过程中的乐趣、情调与品位发生冲突。

三、广告主题应单纯、集中

广告是对特定的目标消费者进行的诉求，但其传播又是通过大众媒体进行的广泛性宣传。因此，广告内容应该单纯集中，不要针对特定受众传递太多的承诺。研究表明，人一次能掌握的知觉范围不超过 7 个，凡 7 个以下的，数量越少越容易掌握。策划人员应避免罗列出众多利益，应该牢记"少就是多"的原则。正如台湾庄丽卿女士在《如何做好广告》中所说："不要以为借助广告就可解决所有的问题，广告并不是万灵丹，如果需要太多，广告传达的重点太杂，易使消费者混淆，广告效果就会大大打折扣。……因此，请列出需要的优先顺序，选择最迫切、最具影响力的需要做为广告重点。"①

因此，广告要发挥有力的促销效果，必须指向明确，主题集中，把最需要说的、最有优势的、消费者最关心的利益点说出来。漫天撒网，面面俱到的广告是没有什么效果的。就像丹尼尔·舒尔茨所说："最好的广告策略，通常是由对单一目标市场的一种清晰、实用的利益，或者是一个解决问题的方法所构成。"②

四、广告主题应保持连续性

广告是传递企业或商品信息的工具。在不同的市场环境中，广告在表现形式上总是丰富多彩、千变万化的：有时诉诸理性，有时诉诸情感，有时突出产品，有时塑造

① 庄丽卿. 如何做好广告［M］. 上海：三联书店. 1993：98.
② 丹尼尔·舒尔茨. 广告运动策略新论（下）［M］. 北京：中国友谊出版公司 1991：27.

形象。但从品牌塑造的角度，从广告受众心理特点的角度看，千变万化的广告形式必须有一个一以贯之的广告主题，这样广告信息才集中，不同的广告也才能在受众的心里产生一种累积叠加效果；相反，频繁更换广告主题，则既会增大广告成本，又可能造成认识混乱。正如大卫·奥格威所说："若是你运气好，创作了一则很好的广告，就不妨重复地使用它，直到它的号召力减退。"例如，美国的米勒公司1973年推出了"米勒好生活"（High life）牌啤酒，广告主题定为"米勒时间"取得了巨大成功后，几乎十年之内，都未改变这一主题。

因此，在一定时期内，广告应该"换新但不换心"。广告的表现形式可以不断翻新，追求艺术化以保持广告受众对广告的兴趣。但广告主题必须统一连贯，"咬定青山不放松"，以便对消费者起到潜移默化的作用，建立对品牌牢固的印象。

五、广告主题应通俗易懂

广告主题的目的是通过独特的利益承诺使受众产生预期的心理反应和行为。因此，确定广告主题的目的不是广告宣传本身，而是广告宣传所产生的效果。显然，广告主题打动消费者的前提是受众能够理解广告主题所传递的观念和利益，受众理解的前提是广告主题必须通俗易懂。如果广告让人不知所云，它也就失去了应有的作用。所以，广告主题必须做到简洁易懂，直截了当，能让人了解其主旨，这样才能产生预期的效果。

本 章 小 结

广告主题是广告为达到某种目的而要说明的基本观念，是广告的中心思想，解决的核心问题就是为消费者提供购买本商品的充分理由。广告主题包含广告目标、信息个性和消费心理三个基本的组成要素；消费者多姿多彩的消费需要，为广告主题的提炼提供了丰富的创意方向。

广告主题的决策一般要经历检讨已有广告主题、分析产品、提出广告主题、审查广告主题、检验广告主题等阶段。一个好的广告主题必须符合完整、显著、通俗、独特、协调和聚焦的要求。

一般来说，确定广告主题有根据商品特点确定广告主题、根据企业形象确定广告主题和根据品牌定位确定广告主题三种方法。无论采取哪种方法，广告主题必须与广告商品具有高度的关联性，必须提供利益承诺，必须单纯、集中、保持连续性并通俗易懂。

重要术语和理论

广告主题、USP理论、ESP理论、产品价值网、产品价值链、企业形象品牌形象理论、品牌个性论、共鸣理论、CI理论

复习思考题

1. 如何理解广告主题三要素的相互关系？

2. 简述 USP 理论的基本要点，并尝试为某一商品选择一个可以作为广告主题的 USP。

3. 简述品牌个性理论的基本要点，并以某一个你认为富有个性的品牌为例，分析其品牌个性，并分析广告在塑造该品牌个性中的作用。

4. 试以定位理论为依据，尝试运用定位的方法为某一商品确定合理的广告主题。

5. 请以某一具体广告案例分析阐述如何进行广告主题的发掘和选择。

6. 请以具体的广告案例对提炼广告主题的三种方法进行比较分析，并简述各自的特色。

【案例分析】

安踏广告主题的演变

追溯安踏品牌的成功，都会将孔令辉的代言作为开端。1999 年，安踏聘请乒乓球运动员孔令辉为形象代言人，2000 年，孔令辉夺得悉尼奥运会乒乓球男子单项世界冠军。孔令辉以冠军的、青春健康的形象出现在中央电视台体育频道，喊出"我选择，我喜欢"这句广告语，把安踏品牌推向一个前所未有的高度。

"我选择，我喜欢"共 6 字，清新简单，朗朗上口。从词面上分析，是对广告受众群体宣导一种自我做主的个性生活观念，文字颇似当年流行的一句话，"走自己的路，让别人去说吧"。"我选择，我喜欢"也可以理解为：因为喜欢，所以选择，或者因为选择，所以喜欢，符合年青一代的消费主张。

一家企业的成功与一则成功的广告不能画等号，然而对于起步阶段的安踏而言，这则广告无疑让安踏在晋江 3000 家鞋企中脱颖而出，风光一时无二。

创牌成功之后的安踏，开疆拓土，进入一个蓬勃的发展期。从 2000 年到 2004 年，安踏从鞋品类产销过渡到鞋、服、配多品类产销，大大丰富了产品品类；销售渠道从专柜销售为主的形式转变为专卖店销售为主的形式，在大江南北开设超过 3000 家品牌专卖店。

时间推移至 2005 年，"我选择，我喜欢"这则广告语伴安踏经历了创品牌到立品牌关键的五年。这五年中，在与众多的运动品牌的赛跑中安踏一路领先，渐渐看清前面更加强大的对手。要追赶对手，势必要注入新的动力，重塑安踏品牌形象。

这时候，国际 4A 广告公司 JWT（智威汤逊）广告公司走入安踏的视线。JWT 曾经是耐克中国区的广告合作伙伴，刚刚与耐克解约。经过层层比稿，JWT 成为安踏公司的广告合作伙伴，肩负着重塑安踏品牌形象的重任。通过对耐克的"Just do it"、阿迪达斯的"Noting is impossible"广告语分析，JWT 和安踏公司一致认为，耐克和阿迪达斯都源自欧美发达国家，向广告观众宣示的是以西方文明为代表的，独立的个人价值观。而安踏作为民族体育用品品牌，应该展现的是中华民族的勤奋自强、拼搏进取、永不服输的民族精神，同时应该展现安踏人通过艰苦奋斗，敢拼敢赢，把安踏公司由小做到大、由弱做到强这种源自草根、敢于向命运挑战的精神，于是，时年 5 月，"keep moving 永不止步"被 JWT 提炼出来。

为了确保安踏新品牌理念能得到广泛的认知，2005 年 5 月到 9 月期间，安踏在全国十余个大城市分别举行了一场大规模的调查活动，对新的品牌理念、广告表现方式进行广泛的调研。调研取得成功后，安踏推出一系列的广告开始塑造永不止步的品牌理念。

2006年9月，安踏推出《让世界的不公平在你的面前低头》主题广告。画面采用近乎黑白的浓烈色调，展现一群出身平凡的运动员拼搏进取的经历，辅以占据字幕大小约三分之一大的美工字："你没有他的天赋；世界，不公平？但你有梦想的权利。让心跳成为你的宣言；让疤痕成为你的勋章；让世界的不公平在你面前低头。"形成很强的视觉冲击力，而《We are the champions》激昂的、催人上进的背景音乐，更引起很多年轻人的共鸣。多哈亚运期间，这则广告更在CCTV的银屏上伴随中国体育健儿在赛场斩金夺银，奏响凯歌。一时间，此广告引发不少观众的热议，更多的网友则在互联网上搜罗和下载这则广告采用的背景音乐。这则广告的成功，树立起安踏品牌的全新理念——永不止步。这则广告亦一开中国运动品牌音乐营销的先河；这则广告也成为当年度最催人奋发的广告。

不久后，2007年5月，安踏又推出第二则广告《这些都不是我的，但总会是我的》，同样采用电影的手法展现小人物奋斗的经历。二则草根系列励志广告，诠释了永不止步的全新品牌理念。

2008年8月，安踏推出《加油，中国》主题广告，采用近乎《让世界的不公平在你的面前低头》的画面手法，"挫折，难以抵挡？挑战，不可战胜？中国人要争口气！用汗水，唤醒我们的勇气！用坚强，铸造我们的骨气！加油，中国！"辅以汪峰的《我爱你中国》的背影音乐，展现了不屈不挠，拼搏进取的体育精神，亦与安踏的永不止步的品牌理念高度契合。这则广告，唤起的是每名观众的爱国心，同时把民族责任感与安踏品牌有机联结在一起，这则广告亦成为网上点击率很高的公益广告。

细心的观众也许会发现，2005年5月以后的每一则安踏电视广告，最后一屏画面都是keep moving...永不止步，并且，这些广告的大主题都是围绕"永不止步"的品牌理念来展开的。正如安踏品牌总监徐阳所说："永不止步是代表了一种积极向上的生活态度和体育灵魂，并且代表了我们将超越自我的体育精神融入每个人生活的梦想。"

从"我选择，我喜欢"到"永不止步"，安踏走了五年。"永不止步"成功将安踏带入品牌的新高度。而另一知名品牌曾经在营销中一度迷失，在近二十年的发展历程中，其广告语先后经历了"中国新一代的希望"、"把精彩留给自己"、"我运动我存在"、"运动之美世界共享"、"出色，源自本色"、"一切皆有可能"数次变化。在此无意于厚此薄彼，仅做一个比较。曾记得《体育用品演义》一文中这么表述安踏：安踏是一家睿智而又有足够胆色的企业。它知道在什么时候对一些障碍需要绕行，而一旦看到绿灯，就迅速跑步通过。

广告是品牌的营销手段的展现，从"我选择，我喜欢"到"永不止步"的演变，是安踏发展历程的剪影，也是安踏一路走来的速写。

资料来源：马岗《侧记安踏广告主题演变》，http://www.chinaadren.com/html/file/2009-7-27/2009727220850.html

思考题

1. 安踏广告主题演变的中心是什么？
2. 安踏广告主题演变的驱动力是什么？广告主题为什么要变？
3. 从安踏广告主题的演变，你觉得一个成功的广告主题应该满足什么样的条件？

第六章 广 告 创 意

【学习目标】

【知识目标】掌握广告创意的原理和主要策略技巧；理解广告创意的含义和特征；了解广告创意的流程。

【技能目标】能够分析优秀广告作品的创意特点；能够依据广告创意的流程运用恰当的策略技巧进行广告创意活动。

【导入案例】

势不可当的力量
——"百事"活动广告创意设计

产品背景

百事可乐作为目前世界饮料市场的巨头，多年来以势不可当的速度发展着。其在不同领域的品牌营销概念常常成为广告营销课本中的经典案例。对快速消费品行业来说，其发展规模已经形成一个固定营销模式，并传播和影响着越来越多发展中的全球企业。

媒体选择

自 1997 年 6 月创立以来，凭借先进的技术和优质的服务，网易深受广大网民的欢迎，曾两次被中国互联网络信息中心（CNNIC）评选为中国十佳网站之首。截至 2006 年 9 月 30 日，网易日平均页面浏览量更已超过了 6.6 亿人次。2006 年网易首页以遵从用户体验为目标的全新改版，号称网络内容建设的一场变革，使得网易内容整体优势继续提升。目前网易的内容都采取了两栏结构，页面简洁、流畅、素雅，从而巩固了网易内容模式的门户地位。这样优势的网站正利于百事这样大品牌的投放。

创意思路

本广告主要结合的就是百事公司的品牌营销理念。用迅猛不可抵挡的表现形式体现这一广告内容，同时结合其需要传播的主要人群。百事产品一直以来以现代时尚年轻人为主要消费群体，以青春、朝气、时尚、个性的产品特点为切入宣传点。因此在广告形式和创意上决定突破传统表现形式的局限，使广告刚进入用户视线中就展现超强爆发力，用变形的页面表现百事此次活动锐不可当的火热程度，从而提高用户的参与兴趣。

创意设计

平静的屏幕中慢慢出现一听百事可乐，百事可乐以势不可当的力量慢慢把屏幕"突破"，在慢慢打开的同时，百事可乐的代言人蔡依林手托着百事的吉祥物出现在可乐旁，一串广告语和活动信息从瓶中"流"出，"祝您百事可乐"。

百事可乐创意设计界面

突破传统表现形式的局限，使广告刚进入用户视线中就展现超强爆发力，用变形的页面表现百事此次活动锐不可当的火热程度，从而提高用户的参与兴趣。

资料来源：http://www.wangxiao.cn/ads/ads1/fudao/54271067063.html

第一节　广告创意的原理

在确定了广告主题之后，广告活动就进入了如何充分、艺术性地阐释广告主题的阶段，即广告创意阶段。广告创意是广告的灵魂。著名的广告学家威廉·伯恩巴克曾经说过："一位化学家不必花费太多，就可以用化学物质堆砌成人体，但它不是真正的人，它还没被赋予生命；同样，一个广告如果没有创意，就不称其为广告，只有创意，才赋予广告以精神和生命力。"成功的广告首先决定于其卓尔不群的创意，创意是吸引顾客注意并激发起购买欲望的驱动力。因此，把握广告创意的原理和方法是决定广告活动成败的关键之一。

一、广告创意及其特征

（一）广告创意

究竟什么是创意？简单来说，创意就是人们有目的地进行的创造性思维活动。人们在社会生活中对外界事物的观察了解形成了丰富多彩的表象，这些表象成为人们思维的元素。人们通过思维活动，将这些元素组合成新的形象，就构成人们心中的意象。这种人们对表象进一步加工而形成崭新形象的过程，就是创意过程。著名广告学家李奥·贝纳说："所谓创造力的真正关键，是如何运用有关的、可信的、品调高的方式，在以前无关的事物之间建立一种新的有意义的关系的艺术。"可见，创意的特点是新颖、独特，别出心裁。"新颖"就是破旧立新，不墨守成规；"新颖"就是别出心裁，独树一帜。创意的结果就是打破常规，营造变化。

当我们应用这种创造性的思维进行广告活动时，就在进行着广告创意活动。关于广告创意，在广告领域，一直有"大创意"（即广义的广告创意）和"小创意"（即狭义的广告创意）之说。

广义的广告创意渗透于广告活动的一切领域，进行广告调查和广告策划，提炼广告主题，进行广告表现，选择广告媒介，进行广告效果的评估等无不需要创造性的思维活动。这些创造性的活动使广告活动的每个环节都与目标受众的心理需要及行为习惯相一致，又与竞争者的策略不同，从而使广告不必依靠大量的重复就能充分吸引目标受众的注意力，获得有效的传播效果。正如美国 DDB 公司的威廉·彭尼克所说："我们没有时间，也没有金钱，允许大量以及不断重复广告的内容。我们呼唤我们的战友——创意，要使观众在一瞬间发出惊叹，立即明白商品的优点，而且永不忘记，这就是创意的真正效果。"

狭义的广告创意，就是广告人员通过一定的艺术构思，把广告主题准确、充分、集中地表现出来的创造性思维活动，即运用独特的视角和别具一格的情节设计，运用联想、夸张、移植等创造性的思维方法，对广告主题进行诠释和演绎，使广告受众在广告的创造性表达中对广告产品带来的功能利益和情感价值形成深刻的认知，并因此激起对广告商品的强烈欲望，进而产生相应的消费行为。

本章所阐释的广告创意，是指狭义的广告创意，即如何诠释和演绎广告主题的广告创意。

（二）广告创意的特征

广告创意具有以下特征：

1. 广告创意要以广告主题为核心

广告活动要选择、确定广告主题，广告主题是广告活动的中心思想，也是广告策划活动的中心环节，每一阶段的广告工作都必须紧紧围绕广告主题展开，不能偏离广告主题。但广告主题仅是一种思想或概念。如何把广告主题生动化、形象化、富有感染力地表现出来，使目标公众能够深入地认知并理解，则需要依靠广告创意。因此，广告创意一定要以广告主题为核心，运用恰当的艺术构思演绎和表现广告主题。广告主题是广告创意的起点和基础。只有主题清晰，才能创作出引人入胜的广告作品。

2. 广告创意要以目标受众为基准

广告创意的目的是将广告主题深刻、准确并富有感染力地表现出来，以激起目标受众对广告商品的欲望。因此，广告创意必须以目标受众为基准，以目标受众的心理特点为依据，以受众的心理需求为准则，以受众的理解能力为前提，采用目标受众喜闻乐见的形式，创造出切合受众心理，能与受众有效沟通的形象和美好意境，使广告主题与广告形式达到完美的统一，从而激起目标受众的共鸣。

3. 广告创意要以新颖独特为生命

广告创意的活力和魅力在于创新，强调的是以新颖别致的思路和手段形成广告作品和以别具一格的风采演绎广告活动。所以，创新是广告创意的本质属性，广告创意必须体现出新颖独特、前所未有的新视角、新构思、新理念、新意境。那种盲目模仿、人云亦云的广告作品难以给目标受众留下深刻印象。

4. 广告创意要以情趣生动为手段

广告要通过创造性的思维将目标受众带入到一个意境优美、妙趣横生、浮想联翩、印象深刻的境界中，使其在潜移默化中被广告商品所带来的利益所吸引，就必须采用富有情趣、形象生动的表现手法，以扣动消费者的心弦。但要特别注意的是，广告创意的艺术性必须立足于广告的真实性，真实性是广告创意的生命。广告创意的所有表现手法都必须以真实性为前提。

5. 广告创意是原创性、相关性和震撼性的综合

20 世纪 60 年代，广告大师威廉·伯恩巴克创立的 DDB 广告公司提出了 ROI 的广告创意理论。该理论认为，广告是说服的艺术。具有充分的说服力的广告应具备三个特质，即关联性（Relevance）、原创性（Originality）、震撼力（Impact）。

关联性就是广告创意必须与广告商品、目标消费者和竞争者密切相关。广告与商品关联，就要清晰地传达商品的质量、功能等属性。正如李奥·贝纳所说："我们希望消费者说'这真是一个好产品'，而不是说'这真是一个好广告'。"与消费者相关联，就要充分考虑消费者的需求和体验，抓住目标消费者心理的总体特征，使广告信息能准确地传达给目标消费者；与竞争者关联，就要充分关注竞争对手的创意策略，具有差异性和竞争性；与广告目标关联，必须以有效实现广告目标为宗旨。

原创性就是广告创意要与众不同，新颖别致，突破常规。原创性是广告创意的本质属性，是"独"、"新"、"异"的体现，是广告取得成功的首要因素。原创性能最大

限度地吸引广告受众的注意力，满足其好奇心，激起对广告商品的兴趣。

震撼性就是广告要能够在瞬间引起受众注意并在心灵深处产生震动。震撼性是使广告发挥作用的前提和保证。美国著名的广告人李·克劳（Lee Clow）曾说过："一个好的创意，往往是充满冒险性的，令人心惊胆战的。当一个创意毫无冒险性，毫不令人震惊时，它就算不上一个好创意。"广告的震撼性来自广告创意及表现的角度和力度。独出心裁的广告创意往往简洁而不简单，新颖而不平淡，能牵动人的视觉神经，触动人的心灵，令人难忘。广告创意的震撼性可以来自多方面。摄影家约翰·卡普拉斯认为有 11 种主题的照片特别具有吸引力：浓厚的情感、怀旧、新娘、婴儿、动物、名人、穿奇装异服的人、奇特环境中的人、能讲一个故事的照片、浪漫的场面、大灾难、标题主题、有与生活中重大事件同时发生的内容。罗伯特·帕尔默认为有 13 种创意策略能特别吸引消费者的兴趣：性感、浪漫、死亡、破坏、体力搏斗、欢乐、男性组合、身体的力量、动物优美的一面、面部、乡村、神秘、闲聊。

关联性、原创性和震撼性提出了关于广告创意的标准。关联性强调诉求定位的准确性，原创性强调创意内容的新颖性，震撼性强调创意表现手段的巧妙性。三个方面分别指向不同的维度：关联性强调理性逻辑（建立和产品、消费者等方面的关系）；原创性强调心理定位（突出在同类当中与众不同，独树一帜）；震撼性注重感性诉求（通过感官冲击，产生心灵震动，达到某种共鸣），从而实现理性、感性和艺术的有机结合。因此，只有同时具备这三种特质的广告创意才是高水平的广告创意。广告与商品没有关联性，就失去了意义；广告本身没有原创性，就缺少吸引力和生命力；广告没有震撼性，就不会给消费者留下深刻印象。但在广告实践中，要同时实现"关联性"、"创新性"和"震撼性"的统一，则具有极大的挑战性。

6. 具有可执行性是广告创意的基本要求

广告创意要具有在广告创作中得到实施的可能性和经费投入的保证性。可执行性是广告创意得以实现的前提条件，这在一定程度上构成了广告创意的限制因素。因此，广告创意也被称为是"戴着镣铐跳舞"的艺术。广告创意的可执行性包括三方面：其一，该创意思路能否在广告创作中得到充分的呈现。有时候，想法是一回事，但把想法变成作品后却成了另外一回事；其二，该创意的实施是否会遇到法律、文化冲突等方面的障碍；其三，该创意的实施是否有足够的人力、经费及时间的支持。

对创意的执行能力是衡量广告公司专业水平的重要尺度。在广告创意产生之后，广告人员应对其可行性进行检测：这个想法能充分地表现出来吗？有表现需要的人员、经费和技术条件吗？在限定的时间内能完成吗？如果表现出来，会遇到法律及文化方面的障碍吗？只有这些问题都得到肯定回答的创意，才是一个具有可执行性的创意。

阅读资料

广告创意何以应对网络时代?

当"80 后"渐渐成为社会的中流砥柱，"90 后"则带着他们尖锐的观点呼啸而来，有人说，"90 后"是"无网络不生活"的一代，他们从一出生就伴随着拨号声，经历了宽带网络、无线环境、WiFi 的网络大发展，可谓是第一代互联网原住民。他们是互联网主要的消费人口和使用主体，也是商家和品牌必争的新一代客户群。面对新的消费者、新的传播环境，广告创意要如何应对？让我们透过 2011 年度世界优秀广告的创意，看看新时代广告创意的几大特征。

互动性

艾迪笔创建了一个前所未有的网站，打破了以往由官方制作、消费都被动浏览的模式。登录网站的消费者，可以在自己的电脑前，与其他消费者一起绘制首页。消费者在官网上和品牌进行互动，改变了过去单方面的信息传递模式，让每一个消费者都成为参与者，让官方网站从官方制作，变成消费者的互动狂欢。

娱乐性

可口可乐在 7 个国家投放了 The Friendship Machine，主打"友情"路线，The Friendship Machine 的高度是普通售卖机的两倍，想要完成购买必须得到朋友的帮助。而只要你成功按键购买可乐，就可以用一瓶的价钱得到两瓶可乐，和那个协助你的好朋友一起分享。

这个创意让好朋友们踊跃试验，通过一台终端售卖机获得快乐和满足。在一个小时内，每台贩卖机平均售出 800 瓶可口可乐，比普通贩卖机增长 1075%，而它在网上引起的巨大反响更是不可估量。

话题性

ROM 巧克力棒有着纯正的罗马尼亚血统，它以罗马尼亚国旗图案作包装，曾有过辉煌的历史。如今，它的消费人群老龄化，争取年轻消费者是当务之急。然而，在罗马尼亚的年轻人眼中，ROM 实在是太土了，像士力架、玛氏这样的美国品牌才够酷。

在传播的第一阶段，ROM 巧克力棒把包装改成美国星条旗，然后在各种媒体大肆宣传换了包装后的 ROM 有多好。广告发布几小时内，已经有数以千计的网友在网上留言讨论。ROM 巧克力棒换包装这一行动引起了民众的不满，甚至有消费者组织发起了申诉，并组织闪客活动反对这一行动。

当群众的反抗声足够大时，ROM 声明，这其实是一次玩笑。然后告诉人们，ROM 还是以前的 ROM，一如既往地使用罗马尼亚国旗作为包装、一如既往地热爱祖国。接着，又组织第一阶段的反抗人群举行"爱国活动"。至此，将活动上升到了国家荣誉的高度。

ROM 巧克力棒制造了一个非常有争议性的话题，引发消费者主动将话题放大，再将话题产生的效果收归己有。此次活动波及 67% 的罗马尼亚人，产生了相当于 30 万欧元的免费宣传效果。网络上的反应更是不可思议：在六天时间里，ROM 官方网站的访问量达到 7.5 万；Facebook 上的粉丝上升了 300%；所有的品牌形象指数都得到了飞跃。

共创性

谷歌对其 Chrome 浏览器的推广定位只有一个字：快。于是他们发明了三个特殊的计时装置，通过高速摄影视频来说明 Chrome 打开一个网页有多快。之后，它们又号召网民自己来设计一款装置和 Chrome 比快。

加入了装置艺术和互动的创新形式，制造了一个契合年轻消费者的绝佳体验，并让他们在体验之余也乐于创造属于自己的体验方式，与品牌一起共同创造广告，令传播效益不断放大。

传染性

近年来，宝洁旗下美国男性护理品牌 Old Spice 的市场份额虽然不断增长，但是始终不敌联合利华旗下竞争品牌 Axe 的表现。于是，Old Spice 推出一支名为"Question"的广告片，并在 YouTube 上开辟"Old Spice 频道"开展病毒营销。

病毒视频主角是广告片中的健硕美男 lsaih Mustafa，但不再采用由创意人员构思主题的传统模式，而是改为回答 twitter 和 facebook 上的粉丝和名人提出的问题，并为筛选出的问题拍摄 20 秒视频短片，上传到 You Tube 上的"Old Spice 频道"来做回应。短短三天内，连续拍摄了超过 150 则视频短片，成功吸引超过 2000 万的访问量。

本次病毒营销具备极强的传染性，下至平民，上至明星政要都难逃其影响力。连美国著名新闻节目主持人、克林顿时代的白宫沟通总监也来凑热闹。他问的是一个政治问题：总统失去女性选民的支持，白宫该怎样重获女性选民的芳心？Isaiah Mustafa 建议白宫首先要改用 Old Spice 系列产品；其次是奥巴马总统以后每次都只围着浴巾露面，此外，他还向奥巴马总统提供个人包装策划："别在国情咨文的开头老说那句'我的美国同胞'了，试试开头说：'嗨，小姐们！'"。这则视频极受欢迎，推出后24小时内即获得600万次访问量。

事件性

早在20世纪80年代，Ferrorama就成为巴西最成功的火车模型品牌，现在，他们需要进行品牌重建。于是，公司总裁在网络上发布了召集令，邀请Ferrorama的粉丝完成一项任务：用120米长的轨道，令Ferrorama沿着世界最著名的朝圣之路The Way of St. James行驶并最终到达St. James大教堂，全程大约20公里，并且规定沿途火车不能停止。这就意味着每个参与都都要配合传递铁轨，才能使火车一路前行。

历时5天，在团队成员的配合下，小火车终于翻山越岭抵达目的地St. James大教堂。执行任务的过程在网络上进行直播，令人耳目一新的形式刺激了消费者的神经，他们通过facebook和twitter跟进任务的进展，随着关注这件事情的公众增多，许多消费者还自发到小火车途经之处为它加油。通过"朝圣之路"这一事件，超过600000人在网上关注此事，并获得大量电视台、杂志、报纸、广播免费报道。

不难看出，消费者能够参与其中的广告创意，才是网络时代的"当红炸子鸡"，互动性、娱乐性、话题性、共创性、传染性、事件性，具备了这些特征的广告创意，能够让年轻的消费者远离"被广告"的感受，甚至乐于参与到传播活动中，并以自己的参与、分享推动广告的影响力。

资料来源：省广股份广告观察：《广告创意何以应对网络时代?》http：//it. southcn. com/9/2012 - 04/11/content - 42868606 - 2. htm

二、广告创意的基本原理

总体而言，广告创意是用艺术化的手法表现抽象的广告主题的过程，即将广告意念通过表象创造出广告意象的过程。意念意象化是广告活动最基本的创意原理。

（一）意念、表象、意象和意境

1. 意念

意念就是"立意"，在艺术创作中，意念是艺术作品所要传达的思想观念或主张，存在于创作者的头脑之中，是作品内容的核心。意念是无形的、观念性的东西，只有借助于一定的有形物或情节演绎表达出来，意念才能被人们认知和理解。

在广告活动中，意念就是广告主题，是广告为了达到某种特定的目的而要说明的观念。我们常说的广告立意，也就是为广告选择和确定一个基本的主题意念或广告主题。

2. 表象

表象（Representation）是客观对象不在主体面前呈现时，在观念中所保持的客观对象的形象和客体形象在观念中复现的过程，是人脑对客观对象原型的反映和再现。在广告创意中，表象是能够用来充分诠释广告主题的客观事物的原型在广告创意人员头脑中的显现。一般而言，广告创意中选择的表象必须是目标受众熟悉并能产生积极、正面的联想的客观形象。如果目标受众对某一表象陌生，则无法激发其联想，也就难以充分认知和理解广告所传递的主题观念；如果某一表象是目标受众没有好感甚至忌讳的，则会使目标受众对广告商品产生消极认识和联想。这种现象在跨文化传播时更需要特别关注。同一表象在不同的文化背景下可能会有不同的意义联想。例如，熊猫在中国文化中显得温文尔雅，可爱至极，但在伊斯兰文化中则显得呆头呆脑；龙在中国文化中是权势、高贵、尊荣的象征，但在西方文化中却是邪恶的象征。因此，广告创意人员必须深入洞察目标受众的文化背景，避免选择目标受众陌生或虽然熟悉但反感的表象。

3. 意象

意象就是在人们头脑中形成的表象经过创作者的感受、情感体验和理解作用，渗透进主观情感、情绪和一定的意味，经过一定的联想、夸大、浓缩、扭曲和变形创造出来的一种艺术形象。简单地说，意象就是寓"意"之"象"，就是赋予了主观情思的客观物象。《周易·系辞》有"观物取象"、"立象以尽意"之说。所谓"立象尽意"，就是通过客观的事物来表达情感和观念。

在艺术创作中，"象"是个外延极广的概念，天地间的一切，包括日月星辰、山川草木、亭台楼榭等全都是"象"，正如南宋诗人张孝祥所说，"万象皆宾客"。一般而言，物象是客观的，但物象一旦进入艺术创作人员的眼中，就会蒙上一层主观色彩，所谓"登山则情满于山，观海则意溢于海"（《文心雕龙·神思》）。因此，意象就是沾染或渗透了创作人员情感观念的形象，是主观情理和客观形象的融合，是意和象的融合。简言之，意象就是意中之象。例如，在唐诗宋词中，诗人常以"折柳"表达惜别，如"渭城朝雨浥轻尘，客舍青青柳色新"（王维《送元二使安西》）；以菊花象征高洁、坚贞，如"朝饮木兰之坠露兮，夕餐秋菊之落英"（屈原《离骚》）；以鹧鸪的鸣叫表达乡思，如"落照苍茫秋草明，鹧鸪啼处远人行"（李群玉《九子坡闻鹧鸪》）等。

广告中的意象，就是广告人员以客观的表象为基础，以诠释广告主题为目的，通过联想、夸张、变形等手法进行加工所创造出来的艺术形象。相对于表象，意象渗透了创意人员的思想观念和情感，更具有艺术感染力和联想空间。

4. 意境

意境是艺术作品用意象反映客观事物的境界和情调，是作品呈现出的情景交融、虚实相生的形象及其审美想象空间。意境由一个或多个意象构成，是意象的升华，是意象构建的整体环境同创作者感情的紧密结合，寄情于景，情景交融。意境是衡量艺术作品质量的重要指标，所选择的意象对客观事物反映得越广泛、越深刻，所引起的受众心理反应越大，其意境也就越高，作品也就越成功。

从形式上看，意境由"实境"和"虚境"两部分组成，即虚实相生。实境是"如在眼前"的较实的因素，虚境是"见于言外"的较虚的部分。虚境是实境的升华，体现着实境创造的意向和目的，体现着整个意境的艺术品位和审美效果，制约着实境的创造和描写，处于意境结构中的灵魂、统帅地位。但是，虚境不能凭空产生，它必须以实境为载体，落实到实境的具体描绘上。总之，虚境通过实境来表现，实境在虚境的统摄下来加工。

从哲学上讲，"意境"就是超越具体的、有限的物象、事件、场景，进入无限的时间和空间，即所谓"胸纳宇宙，思接千古"，从而对整个人生、历史、宇宙获得一种哲理性的感受和领悟。一方面，超越有限的"象"（"象外之象"、"景外之景"）；另一方面，"意"也就从对某个具体事物、场景的感受上升为对于整个人生的感受。这种带有哲理性的人生感、历史感、宇宙感，这就是"意境"的意蕴。

在广告活动中，意境是指广告形象呈现一种可以诱发情思的艺术境界或艺术品位。广告作品的意境创造，不是依据创作者的主观情感，而是依据目标消费者的情感。广告作品创造意境是为了让目标消费者对商品产生好感，是为了体现商品的特点和功能。所以，在广告创意中，优秀的创意常借助于一系列独特的意象构建一个意蕴悠远的意境，以期带给目标受众以审美的愉悦和心灵的启迪。例如，麦肯·光明广告公司为黑人牙膏创作的广告文案："仲夏去兜风，晴空万里云留白。这般洁白清新，就是黑人牙膏的感觉。"（云篇）；"仲夏去兜风，满山遍野都是绿。这般清凉舒畅，就是黑人牙膏的感觉。"（山篇）。文案运用了文学语言，渲染了一种清新、脱俗的气氛，构建了独有的意境，形成了黑人牙膏独特的产品形象。文案选择的"清风"、"白云"、"绿树"等意象，很贴切地表现了黑人牙膏带给人们的清爽感觉和体验，从而赋予目标消费者巨大的想象空间和精神满足感。

（二）意象的意义

如前所述，意念需要表象来表现，才能被人们所认知和理解。表象一旦经过广告人员的情感活动加工，通过联想、夸张、变形等手段处理，就形成意象。可见，广告创意的过程就是意念的意象化过程，是根据广告意念表达的需要，选择和创造一定的意象，并将这个意象整合成具有一定意味的意象体系的过程。因此，意念的意象化就体现了广告创意的基本原理。

1. 意象的指示意义

指示是用一种意象或意象的组合来指代另一种特定的意念。这种意象与意念之间存在着直接的相关关系，受众通过意象联想到意念，不需要通过复杂的心理过程。例如，为表示"嗜睡"这一现象，丽珠得乐广告中用一个正在工作的动画人物趴在桌上睡着这一意象表现；而息斯敏则用沉重的眼皮压折支撑着的小棍这一意象来表现，这两个意象都具有明显的指示意义。

2. 意象的象征意义

象征是艺术创作人员运用意象表达某种思想、情感时所使用的表现手法。在特定的环境和语境中，某种物体和形象、情境或情节、观念或思想，成为表达另一意义的手段。象征是从可见的物质世界的符号过渡到不可见的精神世界的符号，象征符号所指称物是精神与心理世界，所指称的物质世界也是因其具有精神意蕴而有意义的。

与指示不同，象征表现的是意象与主题之间的深层次的、隐蔽的关系。由意象到意念需要经过复杂和抽象的心理过程。在艺术创作中，象征是一种常用的表现手法，如"大雪压青松，青松挺且直"（陈毅《青松》），用青松象征坚毅顽强；"咬定青山不放松，立根原在破岩中。千磨万击还坚劲，任尔东西南北风"（郑板桥《竹石》），用竹象征正直坚贞；"红豆生南国，春来发几枝；愿君多采撷，此物最相思"（王维《相思》），用红豆象征相思，等等。当这些蕴含着特定的象征意义的表象（客观事物）被用于广告中时，就成为贯彻创意人员意图的意象。

3. 意象的感情意义

感情是人对客体对象的态度，它是人对他人、对社会、对事物、对客体化自我的一种趋近或疏离的心理趋向，是人对客体对象的态度，表现为对对象的亲近、依恋、喜爱或疏远、躲避和厌恨等。感情是由于客体满足或损害了人的需要和愿望的目标而产生的。意象的感情意义包括以下几种形态。

（1）爱情。爱情是异性之间强烈的依恋、亲近、向往，以及无私专一并且无所不尽其心的情感。在广告创意中，可以让商品扮演表达爱情的重要角色。典型的如"钻石恒久远，一颗永流传"，戴比尔斯钻戒凭借这句经典的广告语，使钻石成了爱情的象征。

（2）亲情。亲情指家庭成员之间的亲密感情。在广告创意中，广告商品成为传递亲情的载体，表现亲人之间的关爱与感动。例如，腾讯公司在 2011 年推出的广告"弹指间，心无间"的"亲情篇"，"我"在母亲身边时，"因为相距太近，反而有了距离，那个时候，我好想逃开"；后来我出国了，"当与她相隔在地球两端，我才逐渐读懂生活，读懂她。对她的思念因为距离而不断放大，对她的偏见因为距离而消失不见，距离远了，心却近了。爱，突然变得清晰，唠叨，变得动听。不论母亲离我有多远，弹指间，我觉得，她就在身边。"显然，这种饱含深情的广告具有非常强的艺术感染力，能够有效地叩击目标消费者的心灵，引起共鸣。

（3）友情。友情体现的是朋友之间、同学之间的感情，这是一种非常纯真的感情。开心时一起高兴，痛苦时彼此分担，悲伤无助时相互安慰与关怀，失望彷徨时彼此鼓励，成功欢乐时彼此分享。在广告创意中，常以特定的意象来表达友情这一主题。例如，麦斯威尔咖啡的广告："好东西要和好朋友一起分享。"海尼根啤酒在台湾设计了一个系列招贴广告，用四个意象从不同的角度表现了朋友之间"品位相契，知心相会"的广告主题。用两支海尼根酒瓶侧放在一起共同组成一个完整的 Heineken 商标的意象表现朋友之间"对味才能对位"，用两个被撕掉商标的啤酒瓶并排放在一起的意象表现朋友之间"够交情就不用做表面文章"，用从空中俯拍的一个个海尼根空酒瓶的意象表现朋友之间"酒虽然空了，心却是满的"，用两只海尼根啤酒从空中有力放下的意象表现朋友之间"有的人你只和他一杯到底，有些朋友你会和他一辈子到底"。整个广告既充溢着浓浓的友情，又饱含哲理。

（4）乡情。乡情主要表现为思念故乡和亲人的思想感情。在中国文化背景下，人们对故乡往往具有异乎寻常的感情。在古诗中，李白以月亮表达对家乡的思念："举头望明月，低头思故乡"（李白《静夜思》）；王维则用酒表达对家乡的情怀："劝君更尽一杯酒，西出阳关无故人"（王维《渭城曲》）。两人用不同的意象表达了同样的"乡情"。

在广告创意中，乡情在广告意象中得到充分的体现。2014 年中秋期间，中国邮政 EMS 推出了以"百年邮政，与您共贺中秋"为主题，以"明月寄相思，千里送真情"为主旨，旨在推广其中秋月饼速递业务的广告。这一"思乡月"广告激起了人们浓浓的乡情。

（5）同情。同情是对他人的苦难、不幸产生的关怀、理解的情感反应。在广告创意中，通过意象制造同情目标受众的氛围，促使目标顾客感觉到自己被同情，进而产生想努力摆脱被同情的想法，最终促成购买。如"逸芙雪"美白霜的广告：先是"皮肤黑就该被嘲笑吗？""皮肤黑就该受到不公平待遇吗？""她的衣着很好，但是皮肤有点黑！"，以表达对目标消费者的同情。接着提出皮肤黑的解决方案："完美自白宣言""逸芙雪除黑"等。创意的成功之处，就在于抓住了目标消费者的自卑心理，先施以同情，然后再提出问题的解决方案，把消费者从低谷中拉回来，以诱发其购买动机。在"柯达一刻"的电视广告中，一个镜头是一个男孩在理发，被弄疼后伤心地哭。这一意象就蕴含着一种可怜又可爱的感情意味，在受众心中会引发一种对小男孩的怜爱之情。

4. 意象的情绪意义

情绪是人的各种感觉、思想和行为的一种综合的心理和生理状态，是对外界刺激所产生的心理反应及生理反应。情绪是个人的主观体验和感受，常跟心情、气质、性格和性情有关。情绪的指向是非对象性的，是指向主体自身的一种心理状态，是由于外界事物对人的需求的满足与缺失或自身心理状况和心理因素变化引起的内在体验或内心状态。情绪可以分为良性情绪和恶性情绪。前者如高兴、愉快、昂扬、和悦、骄傲等；后者如忧愁、恐惧、焦虑、内疚、愧疚、羞涩、消沉等。各种情绪都具有一定的内心动势，会通过某些表情和动作表现出来，如羞涩是一种既想往前又想退缩的状态，高兴是一种跳跃式向上的内心状态等。

在广告创意中，某一特定的意象可以成为某种情绪的诱因，激发人们产生某种情绪，同时人的情绪也可以借助于某一意象而得到释放。面对广告呈现的意象，人们会产生喜悦、兴奋、快乐、轻松、舒畅、昂奋、忧伤、悲痛、哀怨、愤懑、冷静、焦虑、烦躁等情绪，从而激发其对广告商品的欲望。例如，达克宁脚气霜的广告中，一束草穿过脚板从脚面长出的意象，给人以紧张和疼痛难受的情绪体验，较好地传达了脚气给人带来的痛苦这一意念；美国的米勒啤酒曾开展过一次主题为"欢迎来度美好时光"的广告活动。广告画面呈现的是一个惬意的场景，劳累一天之后与朋友们一起畅饮米勒啤酒，这种温馨欢快的气氛深深感染了目标受众，使其产生畅爽欢快的情绪体验，从而产生共鸣。

5. 意象的诱惑意义

意象的特性和动态，不仅会引发目标受众感情和情绪上的反应，还会成为激发受众的欲望的诱因。例如，泡沫流溢的啤酒杯、色彩鲜艳的食品、女性飘逸的长发和高挑柔美的身材、漂亮的衣装、精美的家具、豪华的轿车等等意象，对目标受众都有极强的诱惑力。20 世纪 30 年代欧美流行的"美女＋商品＝广告"的广告创意模式就是利用了广告中美女这一意象的诱惑意义。雀巢咖啡在一则电视广告中运用动画技术制作出咖啡杯子里飘逸而出的带有雀巢咖啡字样的雾气。当雾气飘过广告代言人的鼻子和嘴巴时，代言人陶醉地沉浸在咖啡的香味之中，不由自主地伸出舌头尽情地品尝着。通过一系列意象的组合，广告成功地营造了雀巢咖啡香飘四溢的意境，使雀巢咖啡极具诱惑力，并使"味道好极了"的广告主题得到充分的表现。

需要注意的是，一个意象往往具有多方面的特征，每一特征都可能与一定的意义相对应。例如，"牛"这一意象，其行动迟钝的特征对应着笨拙或沉稳的意义；能负重干活对应着踏实能干的意义；受人驱使、听从招呼对应着任劳任怨的意义，这样，"牛"就有了多方面的意义。可见，意象的意义是多样的，不确定的。同样的意象对不同的文化背景下，甚至在同一文化背景下的不同受众往往具有不同的意义。模糊性和多义性是意象意义的重要特征。例如，石榴花在中国代表的是多子多福、吉祥、富贵、繁荣，而在西方则表示成熟美丽。在中国传统文化中，梅花就具有孤寂、高洁、孤芳自赏、不屈不挠等多重意义；菊花也具有清净、高洁、吉祥、长寿等多重含义。这一方面为广告创意提供了丰富的思维空间。创意人员可以充分发挥想象力和创造力，从多个角度利用和挖掘意象的意义，使一个意象在受众心目中产生多层次、多维度、多重性的感觉、感受和理解，增强广告意象的丰富性和魅力。另一方面，这也使创意人员选择恰当的意象变得更为复杂。广告创意人员必须根据准确表现广告主题的要求，充分地研究目标受众的文化背景，恰当地选择意象或意象组合。

（三）广告意象的创造

广告意象的创造是广告创意人员对客观事物在头脑中的表象进行加工和创造，以形成有效地表现广告主题的意象的创造性活动。它包括变形、夸张、拟人化、错位、嵌合、替代、嫁接等方式。

1. 变形

在广告创意中，创意人员根据表现广告主题的需要，将表象作超出原型形象实际和可能的扭曲、变形和状态改变，以形成可以表达、烘托和渲染广告主题的广告意象。变形包括文字的变形、面积的变形、声音的变形、动作的变形等。意象变形创造出现实生活中不存在的形态和状态，这种超常的特点，使意象具有一定的神秘感和奇妙感，具有较强的视觉冲击力和心理震撼力。变形是中国画的一种重要的艺术技巧。欧阳修在《盘车图》中说："古画画意不画形，梅诗咏物无隐情；忘形得意知者寡，不若见诗如见画。"这里的"不画形"、"忘形"就是在掌握神似之后的一种意象变形，在似与不似之间，以变形的意象来营造意境，表现主题，正是中国画的特色所在。

2. 夸张

夸张是将事物的某种趋势作超常的夸大和延展。在广告创意中，创意人员依据广告主题表现的需要，将事物的大小、形态、趋势等进行超常规的夸大或延展，以获得让受众感到新颖的意象或意象组合。进行夸张是广告创意中最常见的表达方法，包括以下方式：

（1）情景夸张。设定一个违背常理的故事或场景，将现实中不可能发生的一幕通过趣味性、震撼性的表现方式呈现出来，塑造戏剧性情景。例如，美国《时代》周刊的一则广告，为了表现刊物吸引读者这一意念，设计的意象是：一个猎人把双筒猎枪扔在地上，在悠然地读着《时代》杂志，而一只鹿也戴着一副眼镜在猎人背后偷看杂志。在这个广告中，猎人忘记了打猎，鹿忘记了危险，都被同一本杂志所吸引。这一意象所体现的情节，夸张而又到位地表现了广告的主题意念。

（2）形态夸张。将原本正常的人物和事物的形状、体重、数量、表情等进行特殊效果的处理，以产生超常的视觉效果，增强视觉冲击力。一则 SONY 录音带广告，为了表现磁带音域宽广，弹琴的手被夸张地变长。

（3）动态夸张。在先锋音响的一则广告中，一辆汽车正行驶在一座巨大的吊桥上。这时，激扬的音乐响起，桥开始扭动，上下震动。音乐停止，桥也停止了扭动。这时，一张 CD 盘从车内的先锋 CD 机中弹出。闻乐起舞的大桥夸张性地表现了先锋音响的震撼效果。

（4）关系夸张。为了突出广告商品，往往将广告中的主客体关系进行不成比例的夸张甚至颠倒。例如，某 DVD 的广告为了表现产品"纤细、唯美"的主题，让一名体操运动员以稳稳落地的姿势站在 DVD 面板上，突出了产品"纤细、唯美"的特性。

（5）情节夸张。在 MOODS 牌香水中，正开着车的男子被另一辆车上的女子香味所诱惑，并排开着车探出头去接吻，从而夸张性地表现了香水的魅力。

（6）功能夸张。广告中对于产品功能的突出往往采用夸张的手法。功能的夸张一定要注意合理性，将趣味性和幽默感融入适度的夸大之中，可以消解受众的逆反心理，产生亲和效果。

（7）时空的夸张。时间和空间决定了人类生存的常规方式，将时空进行夸大或缩小的处理，可以突破时间的正常发展和空间的客观状态，达到强化广告主题的目的。

3. 拟人

赋予非人的事物以人格或人性的特征，使其人格化，以塑造产品独一无二、亲切、活泼的形象，是广告意象创造中常用的手法。例如，一则"劲量"牌电池的广告中，设计了一个生龙活虎的"劲量小子"的形象，劲量小子能单手倒立，能单手做俯卧撑，最后，头在墙上撞出充满力道的四个大字"浑身是劲"。这一拟人化的创意手法充分表现了劲量电池电量强劲的广告主题。

4. 错位

错位是将自然状态的位置、关系进行人为的超乎常规的改变，形成一种错位意象，从而表现出一种新奇感和谐趣感。例如，英国的一则公益广告"怀孕的男人"，画面设计了一个男人怀孕的形象，通过"男人，如果怀孕的是你，你会不会小心一点呢？"的广告语，生动地表现了关爱女性的广告主题。国外另一则袜子的广告，画面设计了四位绅士扎着漂亮的领带，细看却是精美的袜子。广告以这种错位意象表达了脚上的打扮与领上一样重要的意念。

5. 嵌合

嵌合是根据广告主题表现的需要，将一个意象嵌入另一个意象中，形成一个新的意象。例如，国外一个床的广告，为了表现人在上面睡觉时背部的舒服感，把一个女性微笑的面部表情移植到了她的背部。

6. 替代

在广告创意的一个意象或意象组合中，去掉某一部分意象，并以另外一个意象来代替，从而达到表现广告主题的目的。例如，出前一丁方便面的广告，画面是一张弓，弓弦则用出前一丁方便面的一根面条替代，加上"弹力如何？建议亲自一试"的广告语，充分表现了出前一丁方便面富有弹性的广告主题。

7. 嫁接

在广告创意中，将两个不同的意象通过移花接木式的嫁接，从而生成新的意象，这种新的意象将原有意象的感觉、印象和意味融合一体，从而创造出一种新的感觉。例如，有一则鼻炎药的广告，将仙人球和人的鼻子嫁接在一起，形成一个新的意象，巧妙地表现了鼻炎给人带来巨大痛苦的广告主题。美国前总统克林顿性丑闻事件后，泰诺（Tylenol）感冒药的一则广告创意中，将莱温斯基的照片贴在克林顿的额头上，诙谐地表现了泰诺感冒药专治剧烈头痛的广告主题。

> **阅读资料**
>
> **本田摩托车独特的广告创意**
>
> 　　1983 年日本的"本田"想开发美国市场，开始想走明星的路子。广告创作人员想请美国前总统尼克松，跨在一辆本田小型摩托车上"亮相"。未果后，想出了一个新思想——来了一个怪诞广告：
>
> 　　在黑色的背景上，电视画面交替出现以稚拙的笔迹书写的问句：我是谁？狗能思想吗？我长得丑吗？……画外同步播出各种古怪的声音：爆炸声音、玻璃撞击的破碎声、儿童的窃笑声……当人们被这些莫名其妙的问句和惊心动魄的音响所深深吸引时，广告才开始说话——"最新型的本田 50 型摩托车，即使尚未尽善尽美，但它也绝不会出问题。"本田的这一怪诞广告，开创了美国的小型摩托车的新纪元，同时也启发了日本的汽车行业广告的创意思维。

第二节　广告创意的过程

　　广告创意是一种复杂的创造性的思维过程，是思维的火花的迸射。但创意并非仅是灵感的突现，要经过艰苦的思维过程才能完成。

一、广告创意过程的经典表达

1. 创意三境界

　　我国著名国学大师王国维曾提出了富有诗意的创意"三境界"。第一境界："昨夜西风凋碧树。独上高楼，望尽天涯路。"这是登高望远、确立远大目标和灵感激发阶段，是创意的起点；第二境界："衣带渐宽终不悔，为伊消得人憔悴"，这是呕心沥血、上下求索的酝酿阶段，是创意思维的关键阶段；第三境界："众里寻他千百度，蓦然回首，那人却在灯火阑珊处。"这是最终顿悟的阶段。王国维用精妙的三句词道破了艺术创作乃至人生道路的三个阶段：迷茫、执着和顿悟。这对分析广告创意的过程具有重要的启发意义。

2. 创意四阶段

　　英国心理学家华莱士在 1926 年出版的《思想的艺术》一书中提出了"创造过程四阶段理论"，他认为："无论在哪一个领域，无论其规模是大还是小，创造过程一般都必须经历四个阶段，即准备期、酝酿期、顿悟期和完善期。"

　　（1）准备期。这是发现问题、筛选问题并确定需要优先解决的问题的阶段。发现问题的准确性、鲜明性、独特性非常关键。这时往往是心理和精神高度紧张的时期。

　　（2）酝酿期。这是孕育灵感和触发顿悟的阶段。这一阶段的主要任务不再是吸纳新的信息，而是对信息进行整合、提炼。

　　（3）顿悟期。这是经过酝酿期后创造性思维如柳暗花明、豁然开朗的阶段。它常以"突发式"的醒悟、"偶然性"的获得、"无中生有"式的闪现、"戏剧性"的巧遇为表现形式。

　　（4）完善期。这是论证期，是对创造成果及其价值的界定阶段，包括逻辑上的论证和实践价值的论证，以免使好的创造构思沦为"空想"。

3. 创意五步骤

美国著名广告学家詹姆斯·韦伯·扬（James Webb Young）在《产生创意的方法》中提出了"创意五步骤"理论，将创意过程分为以下五步：

（1）收集原始资料。包括与广告所要表现的商品或服务直接相关的特定资料和生活中其他生动有趣的一般性资料。

（2）消化资料。这一步是将上一步收集的基本资料与广告目标结合起来进行反复的拼接和联想。

（3）充分酝酿。对出现的思想火花进行甄别、归集和提高，将思路向最可能产生好的创意的方向集中。

（4）产生创意。真正的创意在此阶段诞生。这种灵感的突然闪现是在真正完成前面三阶段工作后自然而然出现的。

（5）强化并发展创意。在此阶段，要对突然闪现出来的灵感进行强化和发展，使其能够实际应用，从而最终完成整个创意过程。

4. 创意七阶段

加拿大内分泌专家、应力学说的创始人塞利尔将创意与人类的生殖程序进行类比，提出了创意七阶段理论，既形象生动，又很有启发性。

（1）恋情。指对问题的探索和自然奥秘的揭露抱有一种强烈而持久的愿望和热情，只有像人求偶那样对创新目标进行超常的精力和智慧投入，才能接近目标。

（2）受胎。指有针对性地发现和提出问题，并在所设定的问题范围内广泛深入地搜求有关信息、知识，为新思想的产生提供资料。

（3）孕育。既是新思想、新观念、新酝酿发育成熟的过程，又是对这些新创意进行修正、补充、完善和发展的过程。像孕妇那样，这是特别地需要"阶段性营养合理构成"的时刻。

（4）阵痛。这是新思想新观念即将诞生的阶段，是这个新生命在智慧的腹中开始躁动的时刻，伴随着紧张、惶恐和令人窒息的兴奋。

（5）分娩。这是创新智慧痛苦而又幸福的"分裂"时刻，是使人生经历一次"高峰体验"的快乐时刻。

（6）查验。像对新生婴儿那样对刚刚诞生的创意进行必要的逻辑梳理和实验论证。

（7）生活。让经过逻辑验证的"新创意"进入实践，在实践中逐步发展并接受进一步的检验。

以上各种对创意阶段的划分都是从不同的角度对创意的过程进行的描述，虽然各有特色，但其内涵在本质上都是一样的，都反映出任何真正的创意过程都要经历准备、酝酿、突变、完善等若干阶段，是一个艰苦的思维过程，也是一个具有一定规律性的过程。正如广告创意大师詹姆斯·韦伯·扬所说："创意发想的过程就与福特装配线上生产汽车一样；也就是说，创意的发想过程中，心智是遵循着一种可学习、可控制的操作技巧运作的。这些技巧经过熟练的操作后，就跟你使用其他任何工具一样。"①

---

① 詹姆斯·韦伯·扬. 广告传奇与创意妙招［M］. 呼和浩特：内蒙古人民出版社，1998：138.

二、广告创意的基本过程

综合上述关于广告创意流程的各种模式，我们可以看出，广告创意包含着以下步骤。

（一）广告创意的思维过程

1. 搜集资料，进行创意准备

广告创意是从收集资料开始的。资料收集是广告创意的前提和基础，广告创意建立在充分占有相关信息的基础上。在广告创意过程中，既要搜集与广告创意密切相关的特定商品或服务、目标消费者、竞争者的资料，也需要特别注意一般性知识和信息的积累。

（1）特定资料。特定资料是与广告产品及广告目标对象有关的资料。威廉·斯宾塞（Willam L. Spenser）认为，创意人员要搜集的资料包括："第一，有关商品的知识——其长处和制造方法等；第二，有关消费者的知识——他们的欲望、必要性、对该商品的心理态度等；第三，有关竞争品的广告——要研究怎样直接地吸引消费者；第四，要尽力地发现产品的特色，与其他竞争商品的不同点，并确定其在情感诉求上的特色。"[1]

（2）一般资料。创意者要持续不断地搜集一般资料，从而为广告创意提供广阔的创意空间。詹姆斯·韦伯·扬在《产生创意的方法》中提出了一般资料在广告创意中的重要作用："就我所知，每位真正优秀有广告创作力的人士，几乎都具有两种重要的独特性格。第一，普天之下，没有什么题目是他不感兴趣的。例如，从埃及人的葬礼习俗到现代艺术，生活的每一层面都使他向往。第二，他广泛浏览各学科中的所有资讯。对此而论，广告人与乳牛一样，不吃嫩叶就不能产乳。"因此，广告创意人员必须在生活中做一个有心人，注意随时随地地观察生活细节和体验生活，并将观察结果和体验到的新感觉、突然迸发的灵感及时记录下来，这样才能在广告创意中厚积薄发。正如广告大师李奥·贝纳所说：天才创意的秘诀其实就在他的文件夹和资料剪贴簿内。霍普金斯也曾经说过，为了做一个不含咖啡因的咖啡的广告，他看了上千份科学论文；为了做一个牙膏的广告，他查阅了像废纸堆一样枯燥乏味的科学读物。他深有体会地说："天才的表现需要依靠艰苦的工作。一个广告人如果不能卧薪尝胆地苦读，他永远都不会有什么进步。"

2. 分析资料，进行创意孕育

经过前一阶段的资料收集后，广告创意就进入资料分析研究阶段。这一环节的主要任务是对收集的各种资料加以分析整理，并依据广告目标，列出广告商品与竞争商品的共性、优势或局限，通过比较分析，找到广告创意的突破口。为此，首先，要将广告商品与同类商品进行比较，列出其在设计、功能、工艺等方面共同具有的属性；其次，通过与竞争品进行比较，列出广告商品与竞争商品的优势与劣势，以找出广告商品的竞争优势点；再次，分析产品的竞争优势点与消费者需求之间的关系，并分门别类地列出该优势点给消费者带来的各种利益；最后，找出消费者最关心的利益点作

---

[1] 威廉·阿伦斯. 当代广告学 [M]. 北京：华夏出版社，2000：353。

为广告的诉求点。在广告创意中，找到了广告的诉求点，也就找到了广告创意的切入点。

例如，某楼盘具有以下特性：开发商实力雄厚，地处市中心的城市中轴线，准现楼，学校、医院、银行、超市等配套设施完善。广告创意人员进行创意时，可以把楼盘的特性写在左边，将这些特性给消费者带来的各种利益列在右边。如开发商实力雄厚，能给购房者带来充分的安全感；地处市中心，交通便利，升值潜力大；准现楼，眼见为实，信心充足，买了不久就可居住；配套齐全，生活方便，无后顾之忧。创意人员通过这样的分析，可以清楚地呈现出该楼盘的特性与消费者利益需求之间的关系，并逐步明确广告的诉求点——市中心宜商宜住的准现楼。

广告创意大师詹姆斯·韦伯·扬曾说："广告创意是一组组合商品、消费者以及人性的种种事项。真正的广告创意，眼光应放在人性方面，从商品、消费者以及人性的组合去发展思路。"也就是说，进行广告创意，要从人性需求和商品特质的关联处入手，不能简单地从商品本身出发。例如，同样为一种不必用开瓶器就能打开的啤酒做广告，日本人的创意是用一位年轻漂亮的少女纤弱的手指打开啤酒瓶盖，以表示不用开瓶器就可以毫不费力地打开啤酒。该创意从商品本身的特点出发，直接把商品的特点表现出来；美国人的创意则是一位衣衫褴褛的50多岁的老年人拿着啤酒对着电视观众说："今后不必再用牙齿了！"随即咧开嘴得意一笑。这时人们才发现原来他没有一颗门牙。这种幽默风趣的创意既形象又生动，充分从人性的角度出发，表现出强烈的人文关怀，因而极易引起消费者的共鸣。

在创意的孕育阶段，广告创意人员要把脑海中积累的表象进行多种形式的排列组合，以找到能够完美表现广告主题的意象或意象的组合。这是异常复杂、艰辛的思维活动，要经常冥思苦想，要"衣带渐宽终不悔，为伊消得人憔悴"。有时甚至百思不得其解，处于"山重水复疑无路"的状态。这时，创意人员要尽量让自己放松，听听音乐，漫步湖边，看蝴蝶翩翩，赏绿叶红花。这种轻松的心理状态常常能迸发出灵感的火花，获得"柳暗花明又一村"的效果。

3. 灵光闪现，创意飘然而至

确定广告诉求点后，创意活动就进入开发阶段。这是广告创意灵光闪现的阶段。这一阶段的显著特点就是各种信息、各种想法进行激烈的交锋和碰撞。创意是对不同信息进行比较、归纳、分析、综合、嫁接的思维结果。1986年，广告学大师罗杰·冯·奥克推荐了几种产生创意的技巧：

（1）调整。如改变背景等；

（2）想象。问"如果……会怎么样？"让想象插上翅膀，不怕出格。如果让熊猫正在打着手机会怎么样？如果让乌龟驾驶着汽车会怎么样？

（3）颠倒。从反面看待事物。一家化妆品公司为其保湿润肤膏所做的广告是："向你的丈夫介绍一位更年轻的女士。"

（4）联系。把不相干的想法合并在一起。加勒比海皇家邮轮公司为吸引人们索取目录介绍所做的广告是：一页目录封面上印着一行简洁的标题："邮寄航海。"

（5）比喻。用一个概念描述另一个概念。派克笔的一个广告是："流利似飞箭。"

（6）删节。抽调部分东西，或打破常规。百事可乐在进入台湾市场时，在广告中突出自己"不含咖啡因，也没有防腐剂。"

（7）滑稽模仿。幽默与创意之间有着天然的联系，幽默展开了思维的空间。一个辣酱的广告为突出其"辣"的创意是：一只蚊子吃了一点辣酱后飞在空中爆炸了。

经过上述的创意开发过程，广告创意也许就在突然之间灵光闪现了。产生创意的方式，如同黑暗天空中的一道闪电，使人恍然大悟，茅塞顿开。詹姆斯·韦伯·扬对创意产生的精彩瞬间做了形象的描绘："突然间会出现创意。它会在你最没期望它出现的时机出现。当你刮胡子的时候，或淋浴时，或者最常出现于清晨半醒半睡的状况中。也许它会在夜半时刻把你唤醒。"很多创意灵感来自创意者不经意间的发现。牛顿在苹果树下发现万有引力定律；阿基米德在浴盆中发现浮力原理。因此，当创意的灵感突然飞来时，最稳妥的办法就是抓住它的翅膀，用笔留住它。创意灵感看似空穴来风，存在机遇的成分。实则不然，机会总是光顾有准备的头脑。创意的光临，是前述辛勤汗水的结晶。

4. 评价完善，确定最好的创意

该阶段的主要任务是对创意进行验证、评价、发展和完善。在研究过程中，创意人员要解决以下问题：这个创意是确实不错呢还是很一般？突出的创意点是什么？符合 ROI 原则吗？总之，要对创意的长处、不足，新颖还是平庸，是否有采用的可能性等方面进行评价。一般，可从以下几方面入手：

（1）广告创意与企业广告目标的吻合程度；

（2）广告创意与目标受众的心理特征及媒体习惯的吻合程度；

（3）广告创意与拟选择的媒体的传播特性的吻合程度；

（4）广告创意与竞争产品的广告相比的独特程度。

经过上述评价，从诸多创意中选出最优秀的创意，并从中决定一个可使用的创意，这是创意过程的最终阶段。如果发现创意存在缺陷甚至错误，就必须对其进行修改和完善，甚至完全推倒重来。大卫·奥格威为劳斯莱斯汽车创作的经典广告"这辆新型的劳斯莱斯在时速达 60 英里时，你唯一能听到的声音是那座闹钟的嘀嗒声"。就是由 6 位广告同仁从 26 个不同的文案中评选出来的。将创意交给同事、专家进行评审，集思广益，反复验证，是广告创意发展完善的重要途径。

（二）广告创意的工作流程

当我们研究广告创意的工作流程时，需要从广告公司的业务流程入手。一般来说，广告公司的广告活动的流程为：第一步，市场部向策略人员提供市场状况、消费行为、竞争对手等市场信息；第二步，客户部通过对市场信息的分析与客户的沟通提供广告创意的策略；第三步，创意部提交创意概念及创意的表现策略；第四步，创作部依据创意表现策略进行广告设计和制作，将广告创意通过广告作品表现出来；第五步，媒介部进行媒介分析和评价，制定媒介策略，进行广告投放和广告效果的评估。

在广告公司中，广告创意包括以下作业环节：

1. 策划部提出创意简报

策划部的策划人员在综合客户和市场信息的基础上，进行策略性思考，提出广告创意策略，一般用创意简报的形式。创意简报是对客户、品牌、产品和市场、消费者充分了解后的结果。策划人员以书面的形式与创意部进行沟通，以便使创意人员思路更清晰，目的更明确。好的创意简报是成功创意的必备元素。

创意简报一般包括以下内容：（1）资料分析，归纳品牌定位及个性；（2）确定目标对象及其消费需求；（3）目标对象目前对品牌持什么态度？问题何在？（4）广告要解决什么问题？（5）广告要达到什么目的？（6）期望消费者接触广告后的反应；（7）确定广告提供的利益点（如何满足消费者以达成上述反应？）；（8）确定广告的支持点（支持利益点成立的事实依据）；（9）确定创意的格调，是时尚的还是传统的、是科技感的还是人情味的，是强调冲击力的还是亲和力的。（10）法律和道德规范上的考虑；（11）媒介和预算上的考虑。

在业务实践中，创意简报可以用表格的形式体现，见表6-1。

表6-1　广告创意简报

客户名称：　　　　　　　　　　　　　　　　　　　　　品牌名称：

1. 市场状况和品牌回顾	
2. 产品特色或品牌个性	
3. 延续的资产（以前的主题、音乐等）	
4. 问题点	
5. 机会点	
6. 目标受众	
7. 目标受众目前的看法和做法	
8. 广告后受众的看法和做法	
9. 广告提供的利益点	
10. 广告提供的支持点	
11. 广告涉及的道德、法律问题	
12. 广告策略还缺少的信息	
13. 客户的特别要求	
撰写人：	日期：　　年　　月　　日
批准人：	日期：　　年　　月　　日

2. 创意部进行基本创意

创意简报提出来之后，创意部根据策划部的创意策略进行创意，形成创意的核心概念、创意主题等。创意部一般由文案人员和艺术设计人员组成。在以前，一般先由文案人员写好文案，再由美术设计人员进行设计或构图；现在一般是文案人员与美术设计人员一起进行创意，两者相互启发，彼此碰撞，会激发出好的创意。

对于大型的广告运动，一般会由创意总监和若干个创意小组一起进行创意。创意人员有了创意思路后，会形成一个创意方案，如平面广告会形成一个创意效果图，电视广告会形成创意脚本等。然后由创作部依照创意方案进行创意表现。有关广告表现的具体内容请参见本书第七章和第八章。

创意概念的实质是解决"说什么"的关键词，是产品属性与消费者需求的利益的一致性的交叉点。创意概念一般从产品、市场、品牌个性等方面进行挖掘。如万宝路广告的创意概念是其品牌个性的关键词"自由、奔放",可口可乐的广告的创意概念是其品牌的核心价值"快乐";百事可乐广告的创意概念是"激情";潘婷广告的创意概念是对消费者的利益承诺"营养头发"等。

创意主题是创意概念的生动化、形象化的表达。通过创意主题,把概念性的东西变成口语化、形象化的东西,使受众对广告商品、品牌个性有更清晰的认识。创意主题一般以主题口号的形式表现,如"万宝路,给你一个动感世界"。在广告活动中,创意主题是广告创意的灵魂,贯穿于整个广告活动之中,并统摄着广告表现活动的各个方面。

第三节 广告创意的思维方法与策略技巧

一、广告创意的思维方式

广告创意本质上是一种创造性的思维活动,广告创意思维的方法直接影响到广告创意的质量,一直是广告创意人员关注的重要话题。美国广告学教授詹姆斯·扬认为,"创意不仅是靠灵感而发生的,纵使有了灵感,也是由于思考而获得的结果"。

(一) 广告创意思维的类型

创造性思维通常有三种类型:抽象思维、形象思维和灵感思维。

1. 抽象思维

抽象思维即逻辑思维,是人的大脑通过对客观事物的比较、分析、综合和概括等思维活动,舍弃掉表面的、非本质的属性,将内在的、本质的属性提取出来,并用概念范畴等形式表现出来的思维形式。例如,面对五颜六色的苹果、柑橘、香蕉、菠萝……我们却说"水果";面对千姿百态的大雁、海燕、仙鹤、天鹅……我们却说"鸟";面对五彩缤纷的桃花、杏花、梨花……我们却说"花"等。抽象思维作为一种重要的思维类型,具有概括性、间接性、超然性的特点,是在分析事物时抽取事物最本质的特性而形成概念,并运用概念进行推理、判断的思维活动。

抽象思维贯穿于广告创意的全过程,在广告创意的各个阶段都需要运用逻辑思维进行科学的分析和综合,合理的归纳和演绎,严密的推理和论证。例如,某发酵粉的广告创意是"支撑面团的力量";某唇膏的创意是"集中一点,博取永久印象"。

2. 形象思维

形象思维又称直觉思维,它是一种借助于具体形象进行思考的思维活动,具有形象性、非逻辑性和模糊性的特征,其表现工具是能为感官所感知的图形、图像、图式和形象性的符号。例如,一提到野生动物,我们脑海里马上浮现出威武的狮子、凶猛的老虎、憨态可掬的熊猫等动物的形象;一提到房子,我们马上想到北京的四合院、客家人的围屋、土家族的吊脚楼等各种房子的形象。这些都是形象思维,其形象性使它们具有生动性、直观性和整体性的优点。形象思维始终伴随着形象,是通过"象"来构成思维流程的,并且离不开想象和联想。

广告创意是一个意念意象化的过程,是使用具象艺术化地表现产品的概念的过程。

因此，形象思维在广告创意中具有举足轻重的作用。离开了形象化、具象化的表现手段，广告创意便无从进行。

3. 灵感思维

灵感思维又称顿悟思维，是指凭借灵感或者直觉进行的快速、顿悟型的思维，是一种突发性的思维方式，突发性是灵感思维最本质的特点。正如美国哲学家爱默生所说："灵感就像天空的小鸟，不知何时，它会突然飞来停在树上。稍不留意，它又飞走了。"英国哲学家罗素认为，灵感思维常常导致"智力上的跃进"，放射出创造性的火花。虽然灵感的产生是突发性的，但灵感不是神秘莫测的，也不是心血来潮，而是人在思维过程中带有突发性的思维形式长期积累、艰苦探索的一种必然性和偶然性的统一，是在长期思维过程中的一种忽然开窍和顿然领悟。人类历史上的许多重大的科学发现和杰出的文艺创作，往往是灵感这种智慧之花闪现的结果。

在广告创意的酝酿和顿悟阶段，灵感思维常常占据主导地位。创意人员做好资料的收集、整理、分析等准备以后，就应该努力营造一个适宜于灵感思维迸发的范围，比如让自己置身于一个身心放松的环境中。

（二）广告创意的思维方法

1. 垂直思考法和水平思考法

这是英国心理学家爱德华·戴勃诺博士所倡导的广告创意思考法，被称作戴勃诺理论。

（1）垂直思考法。垂直型思维方式是按照一定的思考线路，在一个固定的范围内，自上而下进行纵向思考，以对旧的经验和知识的重新组合来产生创意的方法。它强调根据事物本身的发展过程来进行深入的分析和研究，即向上或向下进行垂直思考，依据的是过去的经验和知识。比如，在收集和整理资料阶段，我们发现产品有某种特殊的特性，那么我们就会想为什么会有这种特性？这种特性能带给消费者什么具体的利益？这种利益的具体表现是什么？这种利益是消费者迫切需要的吗？消费者为什么会需要这种特殊的利益？消费者希望在什么样的时间、状况下最需要获得这种利益？这样一层一层对事物的前因后果、由表及里的探索，会帮助我们找到广告的诉求点和诉求方式。可见，这是一种符合事物发展方向和人类习惯的思维方式，遵循由低到高、由浅入深、自始至终的思考线索，因而思维脉络清晰，合乎逻辑。

阅读资料

美国陆军的征兵广告

下面是一则美国陆军的征兵广告：

如果是打传统的常规战争的话，你不用担心你当了兵就会死。当兵有两种可能：一种是送上前线，一种是留在后方。留在后方的不用担心。送上前线的有两种可能：一种是受伤，一种是不受伤。不受伤的不用担心。受伤的有两种可能：一种是重伤，一种是轻伤。轻伤的不用担心。重伤的又有两种可能：一种是能治好的，一种是不能治好的。能治好的不用担心。不能治好的又有两种可能：一种是死，一种是不死。不死的不用担心。死了嘛——既然你已经死了，还有什么好担心的呢？

该广告沿着一条直线，从前线—后方、受伤—不受伤、轻伤—重伤、治好—治不好、不死—死，层层递进，环环相扣，逐步将人们对当兵"死亡"的担忧降到最低。

（2）水平思考法。水平思考法是指在思考问题时摆脱已有知识和旧的经验约束，从多角度、多侧面对事物进行观察和思考，从而提出富有创造性的见解、观点和方案的思考方法。水平思维具有多角度、多方向的特点。在广告创意中运用这种思维方式，能从多方面引发灵感，获得意想不到的创意效果。

2. 顺向思考法和逆向思考法

（1）顺向思考法。顺向思维是一种习惯性思维，是按照顺序从上到下、从前到后、从小到大、从低到高的常规序列方向所进行的思维方法。顺向思维是一种习惯性思维，它符合常规，对问题的思考有顺理成章的引导作用。

（2）逆向思考法。逆向思维是打破原有思维的固定模式，反其道而行之，用探索精神去思考问题、解决问题的一种反常规、反传统、反序列的思维方法。A. 里斯在《广告攻心之战——品牌定位》中说："寻求空隙，你一定要有反其道而想的能力。如果每个人都往东走，想一下，你往西走能不能找到你所要的空隙。"

阅读资料

菲律宾的国家旅游广告

菲律宾国家旅游公司的广告不谈菲律宾的旖旎风光，而大谈到菲律宾旅游面临的"危险"：

小心购物太多，因为这里货物便宜；小心吃得太饱，因为这里食品物美价廉；小心被晒黑，因为这里阳光充足；小心潜入海底太久，记住勤出水换气，因为海底美景使人流连忘返；小心胶卷不够用，因为名胜古迹太多；小心上下山，因为这里山光云影常使人不顾脚下；小心坠入爱河，因为菲律宾的姑娘热情美丽；小心被亚洲最好的酒店和餐馆宠坏了胃口；小心对菲律宾着了迷而舍不得离去。

亲爱的读者，你惧怕这"九大危险"吗？

该广告运用逆向思维，正话反说，淋漓尽致地表现了菲律宾旅游的极大吸引力。

---

3. 发散性思维与聚合性思维

（1）发散性思维。这是由一点向四面八方想象、散发开去的思考问题的方法。这是一种以思考对象为中心，从多个不同的角度寻求结论的思维方式。它可以海阔天空、异想天开、无拘无束地发挥想象力，有利于思维在空间的扩展和时间延伸。美国心理学家吉尔福特的研究表明，与人的创造力密切相关的是发散性思维能力与其转换的因素。他指出："凡是有发散性加工或转化的地方，都表明发生了创造性思维。"因此，广告创意运用这一思维方法，以广告主题为中心，通过想象、联想、幻觉等心理思维过程，能够诱发出各种新思想、新观念。有一则化妆品的系列广告：女人是月亮——有变化才会完善；女人是天鹅——有变化才会高贵；女人是音符——有变化才会灿烂；女人是珍珠——有变化才会细润。这则广告就充分运用了发散思维方法，用暗喻的方法把女人比喻成各种美好的事物，借以与化妆品发生联系。需要注意的是，发散性思维如果把握不好，也易造成漫无边际，偏离目标。因此，进行发散性思维，紧紧围绕广告主题至关重要。

（2）聚合性思维。这是以某个问题为中心，运用多种方法、知识或手段，从不同的方向和不同的角度，由外及内，将思维指向这个中心点的思维方法，包括抽象与概括、分析与综合、比较与类比、定性与定量等具体方法。例如，一则预防艾滋病的公益广告，利用安全套和救生圈的联想，把救生圈救命和安全套预防艾滋病类比，直接建议人们使用安全套预防艾滋病。设计者利用聚合思维的正向思维模式，直接陈述，很有说服力。在广告创意中运用聚合性思维，有利于创意的深刻性和全面性。但如果把握不好，容易因循守旧，则不利于创新突破。

在广告创意实践中，发散性思维和聚合性思维往往是相互结合的。必须在聚合的基础上发散，在发散之后又进行聚合，才能产生合理的创意。一般来说，在开发创意阶段，发散思维占主导；在选择创意阶段，聚合思维占主导。

阅读资料

广告创意的六大模板

Goldenberg 在顶尖营销学术期刊《Marketing Science》发表的一篇研究显示：89%的优秀获奖创意广告实际上来自6个创意模板，而在没有获奖的创意广告中，只有2.5%使用了这6个模板之一。所以，"广告创意"是一门关于"引起好奇、惊叹和关注的科学"，而不是随便开个会就能"头脑风暴"出来的奇思妙想。

这6个模板分别是：形象化类比、极端情景、呈现后果、制造竞争、互动实验和改变维度。那么如何参考6种模板来"人为地制造惊叹"呢？

1. 形象化类比

把某个象征性的物品，加到你的产品上。一个产品的广告往往要表达一个抽象的概念，比如"轻薄"、"可靠"、"安全"、"迅速"等，而大众对这样的抽象概念往往难以产生直观感受。因此就需要给这样的抽象概念找一个"象征物"，然后把这个象征物和自己产品的某个方面联系起来。

无数的创意广告使用了这个方法，为自己的某个产品特点找到了象征，如：

护肤品创意广告：按下岁月的暂停键

要表达的信息：让你不再变老

该信息的象征：播放器中的暂停键

连接点：面霜被使用后的样子，类似暂停键

总之，几乎任何一个抽象的概念，你都可以找到不止一个"象征物"。把它同自己产品的某个方面（比如形状、LOGO、包装）结合起来，你就得到了一个"形象化类比"的创意广告。

2. 极端情况

找到一个情形，在该情景下，产品的一个卖点重要到了不切实际的程度。如宜家为了突出"鞋柜不够用了，你需要买个好鞋柜"，呈现一张"因为鞋子放不下而不得不把一只鞋塞到另一只鞋里"的图片。

为了塑造这样的"极端情形"，一个最常用的技巧就是"荒谬的取代"——通过一个极端情形别人暗示：你不必购买我们的产品，其实有替代方案……例如，在奥迪车GPS导航的广告中，塑造了一个极端情形：在荒无人烟的地方，你没有我们的GPS服务也可以，你可以用路线上的巨大路标来取代。（这是荒谬的，不可能的）。再比如，烧烤餐具的广告：野炊时可以没有我们，你可以用扫把作为替代方案。

3. 呈现后果

向消费者呈现使用产品的极端后果（甚至是负面的后果）。例如，杜蕾斯为了突出避孕套避孕效果好，呈现了使用产品的极端后果：所有人都用杜蕾斯，结果导致人类文明的衰落（没有生孩子的人）。OLAZ美白产品广告：不要用我们的产品，否则你会变白得签证官都认不出你！

4. 制造竞争

把你的产品跟非同类的产品进行对比和竞争，以突出产品优势。例如，NIKE球鞋广告，让代言人 C 罗跟布加迪威龙跑车进行百米跑比赛，结果 C 罗赢了。除此之外，很多创意广告为了"制造竞争"，会让产品处于某个"不常用的情形"下，以替代更加常用的产品。例如，为了突出牛仔裤结实，有创意广告塑造这样的情形：车抛锚后拖车来了，但是没有绳子，于是让拖车用牛仔裤拖着后面的车走。（牛仔裤同绳子竞争）

5. 互动实验

让消费者根据广告的描述，完成一个行动，或者让消费者想象完成行动的情景。例如，洗发水广告用一个黑色的纸贴头皮，让人看到后就也会这么做（或者这么想），从而对自己的头皮屑问题更加敏感。

6. 改变维度

对产品进行时间、空间上的转换，比如把它复制、把它分解、把它放到未来或者过去等。例如，某保险公司的广告中，丈夫在天堂中和妻子争吵到底要不要买保险（为时已晚）；某时尚产品让古代的皇帝爱不释手等。

资料来源：http://www.askci.com/bschool/2015/03/11/175629wpz_all.shtml

（三）广告创意的策略技巧

1. 集体思考法

集体思考法又称头脑风暴法（Brain Storming，BS）。它是由美国 BBDO 广告公司副总经理奥斯本于 1938 年提出的一种通过集思广益进行创意的方法。这是一种"动脑会议"，先由创意人员组成一个创意团体，然后由与会成员围绕明确的议题展开共同思考，通过相互启发、相互激励和刺激，由一人的创意灵感引起其他人一系列的连锁反应，通过知识和智慧的相互碰撞，激荡出创意思路。这种方法具有五大特征：第一，集体创作。创意的产生凝聚着众人的智慧；第二，思考的连锁反应；第三，禁止批评，以免扼杀创意；第四，创意思路多多益善。每个人都可以在会上畅所欲言；第五，不介意创意的质量。即使不可能实施的创意，也可以大胆提出。

阅读资料

可口可乐广告新创意的诞生

1979 年，美国麦伊广告公司举行过一次集脑商会。公司预先通知派驻在全球各地的机构，说明公司的大客户——可口可乐公司要求更换广告主题，希望各地的机构尽力考虑。然后，再把各地派驻机构中富有创造力的主管全部召回纽约，举行会商，要求出席会议的每一位代表都必须提出创意构想，否则就不散会。经过整整一天的紧张会议，最后构想成一个主题：可口可乐的消费者都满面笑容，1900 年如此，1979 年也如此。最后用来表达主题的陈述被浓缩确定为："喝可口可乐，展露笑容"（Have a coke and a smile）。麦伊广告公司担任可口可乐公司的广告代理已有近 30 年的历史，但对更换主题却感到棘手，只好采用集脑会商的创意方法，结果一天就解决了问题。

2. 奥斯本检验表法

为了有效地拓展创意的思路，奥斯本于 1964 年提出了广告创意的检验表法，即用一张清单围绕广告商品从各个角度诱发各种创造性设想。由于这种方法几乎适用于任何类型的创意活动，因而享有"创意技法之母"的美称。

奥斯本建议从转化、借用、改变、放大、缩小、代替、调整、颠倒、组合九个方面对创意对象进行检验，见表 6-2。

表 6-2 奥斯本的检核表法

方　　法	内　　　容
1. 能否他用	现有的事物有无其他的用途、保持不变能否扩大用途；稍加改变有无其他用途
2. 能否借用	能否引入其他的创造性设想；能否模仿别的东西；能否从其他领域、产品、方案中引入新的元素、材料、造型、原理、工艺、思路
3. 能否改变	现有事物能否做些改变？如颜色 声音、味道、式样、花色、音响、品种、意义、制造方法；改变后效果如何
4. 能否扩大	现有事物可否扩大适用范围；能否增加使用功能；能否添加零部件；延长它的使用寿命，增加长度、厚度、强度、频率、速度、数量、价值
5. 能否缩小	现有事物能否体积变小、长度变短、重量变轻、厚度变薄以及拆分或省略某些部分（简单化）；能否浓缩化、省力化、方便化、短路化
6. 能否替代	现有事物能否用其他材料、元件、结构、力、设备力、方法、符号、声音等代替
7. 能否调整	现有事物能否变换排列顺序、位置、时间、速度、计划、型号；内部元件可否交换
8. 能否颠倒	现有的事物能否从里外、上下、左右、前后、横竖、主次、正负、因果等相反的角度颠倒过来用
9. 能否组合	能否进行原理组合、材料组合、部件组合、形状组合、功能组合、目的组合

　　从以上九个方面，按照"如果……会怎么样"的方式对创意对象进行质疑设问，有利于破除思维框框，使思维更有灵活性、新颖性、扩展性，因而是一种能获得创意新思路的有效方法。

　　3. 联想创意法

　　联想创意法是一种运用联想的心理机制产生创意的方法。联想是由一个事物想起另一个事物的心理现象，是使不同事物在概念上相接近的思维能力。日本创造学家高桥浩说：联想是打开沉睡在头脑深处的最简便和最适宜的钥匙。通过联想，可以发现物体的象征意义，可以找到抽象概念的具象体现，从而使信息具有更强的刺激性和冲击力。联想创意法包括接近联想、相似联想、对比联想和因果联想。

　　（1）接近联想。由特定时空上的接近而产生的联想。例如，礼品和节日是时间上的接近，河与船是空间上的接近。法国依云矿泉水广告成功地应用了儿童在水中嬉戏的形象。该广告利用儿童的纯洁无瑕来引起人们对依云矿泉水纯净和健康品质的联想，给受众留下了非常深刻的印象；派克笔为了打入苏联市场，抓住了苏、美两国元首签署《销毁中程导弹条约》的机会，把该事件的重要性以及总统的尊贵地位与派克笔的优良品质联系起来，就是利用了联想在时、空上的接近性原理。

（2）类似联想。由性质、形状和内容上的相似引发的联想。例如，美国吉普车汽车公司的广告，其创意是将一把车钥匙的牙齿描绘成连绵起伏的山峰的形状，从而激起人们吉普汽车超强的翻山越岭的性能的联想。

（3）对比联想。由相反或者特点相反的事物引发的联想。例如，由肥胖想到苗条，由黑想到白等。例如，美国的 MIC 长途电话公司利用与美国电话电报公司的对比联想做广告：一对夫妇到美国电话电报公司给千里之外的儿子打完电话后，母亲双手一摊，眼泪汪汪地说："你知道我们打这个长途电话花了多少钱吗？"从而激起受众对 MIC 长途电话公司资费便宜的联想。《经济学人》杂志的一则平面广告这样写道："我从来没有读过《经济学人》——42 岁的管理学员"。该文案使人联想到这个人都 42 岁了还是一个管理学员，原来是因为他从不读《经济学人》啊，从而进一步联想到该杂志对一个人的成功非常重要。这就是利用了联想的对比性原理。

（4）因果联想。由逻辑上有因果关系的事物引发的联想。丰田汽车的一则广告的创意是：汽车修理站的维修工坐在那里看报纸、晒太阳，无所事事。其原因自然是该品牌的汽车质量可靠，根本无须修理。

从上述联想的四种类型可以看出，联想创意法就是依据事物间的普遍联系，将看起来似乎不相干的事物进行组合，形成具有独特内涵的广告意向，从而有效地表现广告主题。正如詹姆斯·韦伯·扬所说："所谓创意，就是将旧的元素予以新的组合。"

阅读资料

关于"侯爵"汽车广告的创意联想

美国福特汽车公司推出"侯爵"牌汽车广告时，广告主向广告代理说这种车具有平稳、舒适的特点。为了向消费者介绍这一特点，广告创作人员打开想象的大门，通过广告主的描述，在头脑中浮现几种图景：

图景一：既然"侯爵"车行驶平稳、舒适，即使在汽车高速行驶时，在汽车内悬挂一瓶盛满酸性液体的容器，其液体也一定不会洒出来；

图景二：让一位理发师在高速行驶的"侯爵"车中为一位著名的运动员刮胡子，胡子刮得干干净净，面部未伤分毫；

图景三：天空下着雨，"侯爵"车在泥泞的道路上行驶，一位医生正在车内为一名孩子做手术。

这些图景均是广告创作人员根据意象材料在头脑中形成的一种从未感知过的新形象，这就是广告想象。

---

4. 组合创意法

组合法又称为万花筒法，是将旧的元素进行巧妙的组合、配置，以产生新的创意的方法。世界上的事物是普遍联系的。无穷的创意来自巧妙的组合。七个音符的无穷排列组合，可以谱写出无数华美的乐章；鱼、肉、禽、蛋、油、盐、醋等合理调配，可以烹制出多彩的美味佳肴。组合创意的方法包括：

（1）附加组合。就是在产品原有的特性中增加新的内容；

（2）同类组合。就是将若干相同的事物进行重新排列；

（3）异类组合。将不同的事物进行组合；

（4）重新组合。将事物分解后，再以新的方式重新组合。

将不同的事物组合在一起是一种形式上的张冠李戴，能使受众有新颖、意外的感觉。例如，新飞冰箱的广告，将小提琴和苹果进行组合，从而使人们对新飞冰箱产生保鲜、诱人的联想；一则轮胎的电视广告是：一个人将电唱机的唱片指针移到一个正在转动的轮胎上，放在中间播放的是小夜曲，放在 1/3 位置播放的是进行曲，放在周边播放的是交响乐，分别表示其优异的平稳、防滑和爬坡性能。

5. 类比创意法

类比创意法就是以一种事物来类推另一事物，以显示出广告商品的特点的创意方法。根据类比的不同形式，可以分为直接类比法、间接类比法和因果类比法。

直接类比法就是将有直接相关属性的事物与创意对象相比照产生创意。例如，"活心丸"的电视广告把人的心脏与人们熟悉的钟表进行类比。钟表的齿轮老化、缺油会运转缓慢，人的心脏功能如果出现故障，也会呈现病态。滴油会使钟表灵活，病人服用"活心丸"会使疾病康复。两种画面形象并列呈现，药物的功效便一目了然，深深地打动了消费者。

间接类比是将看似没有直接相关属性的事物与创意对象进行类比而产生的创意。例如，德芙巧克力的广告将巧克力与看似没有联系的丝绸进行类比来表现人们吃巧克力的感觉："有很多牛奶，滑得像丝一样。"因而，德芙巧克力便有了"丝般感受"。日本酸奶公司为其酸奶做的广告是："甜而酸的酸奶，有初恋的味道。"将酸奶与其毫无关系的初恋进行类比，创意思路的确很独到。

因果类比就是根据创意对象与类比对象的各个属性之间可能存在着相同的因果关系，从而根据一个对象的因果关系推导出另一对象的因果关系。

6. 故事创意法

故事型的广告创意就是就是借用文学创作的手法，借助生活、传说、神话等故事将商品和服务的信息通过新颖、独特的情节设计展现给受众，以加深受众的印象。由于故事本身就具有自我说明的特性，易于让受众了解，使受众与广告内容发生连带关系。采用故事型的广告创意时，对于人物选择、事件起始、情节跌宕都要做全面的统筹，以使在短暂的时间里和特定的故事中，有效地突出广告主题。

7. 示证型创意法

主要是通过示范和证实的形式，将产品或服务的相关信息传递给目标顾客，带有情报、资讯的性质。通过摆事实，使受众经过认知和判断，理性地作出选择。示证的具体形式包括：

（1）自我示证。企业将自身的产品或服务相关信息对消费者进行陈述，使消费者可以认知购买该产品或服务所获得的利益。这种示证的范围包括：企业的历史、技术水平、管理特色、获得的荣誉，产品的质量、性能、特点、服务范围等。

（2）他人示证。采用他人进行示证，以其消费经历或影响力向目标受众展示其利益。具体又分为：①普通用户示证。通过曾经或正在使用产品的消费者实物的实验表演、操作或使用的经历等来证实商品品质优良，阐述产品或服务所带来的独特利益，从而激发消费者的购买欲望。这是一种现身说法，具有很强的说服力。②名人示证。援引有关专家、学者或名人、权威人士的证言来证明广告商品的特点、功能以及其他事实，利用目标消费者对名人的喜爱，产生权威效应，以提升产品形象。企业使用名人广告要特别注意：充分进行名人细分，必须选择与产品、品牌的个性特征高度一致的名人，选择深受目标消费者喜爱的名人，选择确实使用过并真心喜爱该产品的名人，选择人气处于上升状态的名人，并注意名人出现不利事件可能给产品和品牌带来的消极影响。

（3）事件示证。以实际发生的具体事例、事件为创意内容的创意方式，就是让事实说话。

（4）科学示证。通过试验或数据，用数字说话，体现科学的依据。正如霍普金斯所说："如果你引用确切的数字、确定的事实，他们就会全盘接受你的说法。……以钨丝灯为例，如果说它比其他的灯更亮，人们只不过会有一点印象。但说它的亮度是碳丝灯的 3 倍多，人们就会觉得你确实做过比较，他们便会对你的诉求照单全收。"[①] 高露洁牙膏的广告就是通过试验比较的方式来说明使用高露洁牙膏没有蛀牙。

8. 夸张创意法

夸张创意是基于客观真实的基础，对商品或劳务的特征加以合情合理的渲染，以达到突出商品或劳务本质与特征的目的的创意方法。包括：

（1）扩大型夸张。在形式、内容上向大、高、多、快、深、广等方面的夸张。如一则巧克力的广告的创意是：一个老人在吃力地推车上坡，一位刚吃过巧克力的小伙子过来帮忙。谁知力量太大，结果很轻松地就把车推到山顶上去了。

（2）缩小型夸张。在形式、内容上向小、低、少、慢、浅等方面夸张。

（3）关系型夸张。通过把时间关系、因果关系等进行颠倒与破坏。例如，小孩骑在爸爸的双肩上是正常的关系，但一则补钙的广告创意却是：一个小孩把他的爸爸背在双肩上，以此突出补钙的神奇效果。

图 6-1 某补钙广告

9. 拟人创意法

拟人是一种常见的修辞手法，是指将非人类的生物、事物等赋予人的特征，使其具有人的思想、情感、性格、能力和行为方式。拟人的创意手法在广告中表现为：将没有生命的事物加以改造，使其具有人的特征；将某些生物的行为、动作和表情人性化，即以人物的某些特征来形象地说明商品。例如，一则水龙头的广告创意是：水龙头擅离职守，竟然回过头去欣赏着镜子中的自己。这则广告旨在烘托此款水龙头的造型精美，也许顾客的赞美已经无法

图 6-2 某牌水龙头广告

---

① 霍普金斯. 我的广告生涯·科学的广告［M］. 北京：新华出版社，2002：155.

表达它的优雅身姿,只有让产品自己说话。那就是,连水龙头自己都忍不住自我欣赏。"自恋"的水龙头言简意赅地传达了产品品质的独特优势。

在广告创意中,将广告形象人性化,可以增强广告的艺术感染力,以一种轻松活泼的表现方式,传达产品信息,吸引受众。

10. 悬念创意法

悬念式广告创意是一种以悬疑的手法调动和刺激受众的心理活动,使其产生疑惑、紧张、渴望、揣测等心理,并持续和延伸,以达到解释疑团而寻根究底的效果的创意方法。悬念广告充分利用人们的好奇心理,先把问题设置好,让大家去猜测,去关注,然后到一定的时间再把答案给出来,它属于自问自答式的。例如,法国德卡隆旅行包的电视广告片讲述了一个年轻人险象环生的探险故事。在危机时刻,他的背包一次又一次地救了他,他也为了这只背包不惜冒险,最令人感觉奇怪的是他还在一直玩一个定位仪。直到最后观众才明白,他是一个产品实验员,他所经历的一切都是为了验证德卡隆背包的可靠性。"我们可以销售了!"野外生存所用背包最重要的安全可靠等一系列特征都通过广告得以充分表现,并通过主人公生死旅程的悬念得以揭晓,"悬念"在这时也得以求证,原来他玩的那个定位仪是为了记录他实验所走过的地方。

悬念创意在运作过程中要注意悬念的设计:一是悬念的内容必须让人感兴趣,这样才会引起关注;二是悬念要有故事情节,才能引发受众共鸣;三是悬念的设置要顺其自然,而不要为了"悬念"而人为地设置悬念;四是要准确地把握"悬念时间"。实验表明,人的好奇欲望在接受该事物 3~5 次范围内达到最佳点。因此,"吊胃口"的时间要恰到好处。

11. 幽默创意法

幽默创意法以轻松活泼、诙谐风趣的风格,内庄而外谐的态度,使消费者完全放松对广告本能的警惕和排斥,在兴奋、愉快的情绪体验中,对广告商品产生深刻的印象,促进对广告及品牌形成良好的态度。在发达国家,诉诸幽默的广告占电视广告的 15%~20%。

国外一则宣传某品牌啤酒不用开瓶器的电视广告的创意是:一位 50 多岁的老人轻而易举地拉开啤酒瓶的瓶盖,笑着对观众说:"今后再也不必用牙齿拧瓶盖了。"在他得意一笑的一瞬间,人们发现他掉了两颗门牙。这种集趣味、人情味、幽默感于一体的创意形式,很容易被受众接受。

幽默广告创意不是为了幽默而幽默,需要在生活中捕捉大众的审美心理和审美情趣,运用谐趣有味、诙而不谑的表现形式将幽默展现于广告创意之中。通过独特的造型、夸张的动作设计、幽默的情景画面准确地传递广告信息,是幽默广告创意的魅力所在。正如俄国理论家别林斯基所说:"幽默与其说是才智,毋宁说是天才。"切忌单纯逗趣,追求噱头,显得低级趣味。

阅读资料

广告创意的经典之作:泰勒吉他

鲍勃·泰勒设计和装配吉他有 20 多年的历史了,他是一名工艺师,他的作品充分显示了这一点。泰勒吉他的市场售价是 2 000 美元左右,高的甚至要到 7 000 美元。世界上一些最好的吉他也都出自泰勒公司,但是其销量和质量却不成正比。于是,两位杰出的广告专家,著名美术总监约翰·维特罗(John Vitro)和优秀文案约翰·罗伯逊(John Robertson)共同创作了泰勒吉他杰出的系列广告。

　　泰勒吉他的营销问题是显而易见的，虽然在有限的专业圈子里，人们承认泰勒吉他是一种高品质的乐器，但最大的问题是对于广大的业余吉他爱好者来说，泰勒吉他则压根就没有什么知名度。吉他代理商反馈的信息是："我们也知道泰勒公司的产品确实不错，但我们的顾客却从来也没有听说过你们的产品，没有人知道这个名字。"鉴于此，他们制定了一个创意战略，就是让每一位吉他爱好者都能提到泰勒吉他。

　　当时的竞争对手们的广告中，大都采用对比手法或者艺术界名人推荐。维特罗和罗伯逊认为，泰勒吉他广告必须全然不同，以显得卓尔不群，同时还必须反映出每把泰勒吉他的优秀品质，并且广告要能拨动人的情感。他们面临的挑战，在于要把所有的构思凝结成一个单一的"大创意"，只有找到这个独特的模式，才能够提供一系列独具特色的信息。这个杰出的创意是在研究了大量市场和竞争事实后开始进行的。最初的构思不断地在酝酿——5个、10个、20个……艰苦卓绝，直到灵光一闪出现了"树"。经过艰难的创意构想，他们找到了一种表现大创意的形式：树——因为木头来源于树。大量的树的图片：单纯的树、森林的树、雾中的树，要用大幅的，不仅仅整版，而是整版跨页。文案非常短小，略带幽默色彩，向人们讲述森林与人们生活的微妙关系。广告完全采用情感诉求方式，其中一幅广告突出表现高原上一棵孤立的树，标题是："其实，吉他最简单的形式就是一个木制的空盒，如何填满它取决于您自己。"整个系列创意的关键是找到了广告所要达到的目标，并且基于目标寻找最合适的表现方式。最后整个杰出的创意系列都是以树为中心。广告文案富有诗意，机智而又令人振奋：

　　在一双手中，一块木材可以变成客厅的咖啡桌；在另一双手中，一块木材可以变为音色最甜美的吉他，专为不打算弹奏咖啡桌的人设计。

　　图下的小字仍旧在延伸着主文案的机智：有些树变成了铅笔，有些树变成了纸张进而变成了吉他杂志，有些树变成了鞋楦，而有些树则变成了吉他，有些树集所有幸运于一身。

　　广告大获赞赏，发布之后识别率惊人，销量也随之明显提高。从这里可以看出杰出创意至少有两个重要特征：受众共鸣和战略关联性。

　　资料来源：［美］威廉·阿伦斯：《当代广告学》，华夏出版社2001年版

本 章 小 结

　　广告创意是诠释和演绎广告主题的创造性思维活动，是广告的灵魂，必须以广告主题为核心，以目标受众为基准，以新颖独特为生命，以情趣生动为手段，并具有原创性、相关性、震撼性和可执行性。

　　意念意象化是广告创意的基本原理，广告意象的创造包括变形、夸张、拟人化、错位、嵌合、替代、嫁接等方式。

　　广告创意并非仅是灵感的凸显，要经过艰苦的思维过程才能完成。广告创意的过程包括创意的思维过程和创意的工作流程。逻辑思维、形象思维和灵感思维是广告创意的主要思维类型，垂直思考和水平思考、顺向思考和逆向思考是广告创意的主要思考方法，头脑风暴法、奥斯本检验表法、联想创意法、组合创意法、类比创意法、故事创意法、示证型创意法、夸张创意法、拟人创意法、悬念创意法、幽默创意法等是广告创意的常用方法。

重要术语和理论

　　广告创意、ROI、意念意象化、创意三境界、创意四阶段、创意五步骤、创意七阶

段、创意简报、逻辑思维、形象思维、灵感思维、垂直思考法、水平思考法、顺向思考法、逆向思考法、发散性思维、聚合性思维、集体思考法 、奥斯本检验表法。

复习思考题

1. 简述广告创意的过程。
2. 广告创意的思维方式有哪些？请你运用发散性思维为你的一支钢笔列举出 10 种以上的用途，并为其提出一个广告主题和表现该主题的创意思路。
3. 请你运用奥斯本检验表法对你的手机提出至少 3 个开发构想。
4. 请你为某商品提出一个广告主题和表现该主题的创意思路，试着为该创意撰写一份创意简报。
5. 请你运用幽默创意方法为某品牌的平板电脑提出一个广告创意。
6. 请你对某则你认为经典的广告的创意特色进行分析，并简要说明所采用的创意手法。

【案例分析】

统一阿萨姆奶茶的广告创意

2011 年 6 月，统一集团推出了阿萨姆奶茶的广告片《我的 100 件好心情》，该广告片大致分为七个镜头，每一个镜头都有自己的小主题。广告选用蔡卓妍和她的新歌《夏宇的爱情》，以一个普通女孩的 100 件好心情为线索，从中选取具有代表性的事情来重点表现"好心情"这一主题，来表述各个阶段喜欢上阿萨姆奶茶的心情。

此广告的画面很唯美，例如镜头二中的被围绕的蝴蝶丛中；镜头三中的在多层床垫上跳跃。这种愉悦、欣喜若狂的心境，任何其他语言文字阐述都是无法表达的。阿萨姆奶茶在整个广告出现的次数并不多，中间偶尔出现了一次，结尾给了个特写，但却能让消费者都记住它。

广告的直接目的就是消费者引起注意，劝服消费者购买产品。如何使广告达到这一目的，实际上是通过广告的创意体现出来的，广告创意是广告活动的一个关键环节。有创意的广告才能获得成功。

18 世纪法国启蒙思想家狄德罗说，没有感情这个品质，任何基调都不可能动人心。商品本身是没有感情的，但是把人的情感因素和商品中的美集合起来，就能够使没有情感的商品注入情感因素。而《我的 100 件好心情》广告片就做到了这一点，在整个广告中，一直抓住情感这一要素来感染消费者并赢得消费者，使消费者打消了对广告的心理抗拒，其在潜移默化中接受广告的影响。对于年龄大些的人来说，他们更喜欢龙井、铁观音类的正宗茶，不会购买这类奶茶。因此，阿萨姆奶茶的受众主要定位于青少年学生，再细致点说也可以是"少女奶茶"，它从心理上引导着人们追求快乐，追求好心情的欲望。

阿萨姆奶茶在广告创意中很好地运用了情感诉求。在整个广告镜头很多，每一个镜头都有一个主题，看似很凌乱，但它却是以 100 件好心情为线索，以女主角对阿萨姆奶茶喜爱程度的递进为逻辑一步步间接地推荐出产品的优势。这个广告片告诉人们，其实最简单的快乐其实就在身边。只是人们的步伐太快，与它擦肩而过，却还不知道。这个广告从心理上引导着人们追求快乐，追求好心情的欲望，然后间接地告诉消费者，阿萨姆奶茶可以给你们带来好心情。整个广告在画面、音乐歌词上都是层层递进，相扣主题的。当然还有形象代言人的挑选，该产品的代言人阿 sa 在广告中的甜美清纯的装扮，加之代言人名字与产品名有着谐音的高度融合，使得两者似乎已经紧密捆绑，大获好评。另外，歌曲的选择有很好的辨识度，是人们听过一两遍就能哼出的旋律，这对于广告的辨识度是很有帮助的。

这句广告语是："一口顺滑，遇见所有好心情。"这句广告语给许多目标顾客留下了深刻印象，加上广告风格清新浪漫，娓娓诉说小女生的内心世界，使她们对产品产生一种"爱情青春联想"。

继续遇见100件好心情是蔡卓妍为阿萨姆奶茶拍摄的2012全新一季广告。风格延续之前的清新浪漫，意在诉说一个小女生的内心世界。新广告中，蔡卓妍依然延续清新女生路线。不论是甜甜的下午阳光，还是遇见梦中的王子，随时随地收集好心情，在轻快的旋律中演绎统一阿萨姆奶茶的顺滑美味。轻松愉悦的配乐、疯狂发飙摔东西的女主角、淡然微笑的男主角……如此鲜明的对比，让统一阿萨姆奶茶的电视广告一经投放就引来无数眼球："心情好，感觉什么都好，全新统一阿萨姆奶茶，给你顺滑好心情。"奶茶与好心情之间本来没有必然的联系，但这个广告却使消费者头脑中建立起这种联系。

综上所述在阿萨姆奶茶广告中更加证明了，现代广告的核心在于创意，其魅力也在于创意。创意是广告宣传的生命线，创意不仅决定了广告宣传活动的品位及由此而形成的市场吸引力，且间接影响企业形象的塑造。

资料来源：孙曼青、蒋小洪《统一阿萨姆奶茶〈100件好心情〉电视广告创意案例分析》，载《文艺生活》2013年第9期

思考题

1. 广告创意要以广告主题为核心。请分析该广告的创意是如何表现广告主题的。
2. 请从ROI的角度对该广告的创意进行评析。
3. 你能以"好心情"为主题，构思一个新的创意吗？

第七章　广告表现（上）

【学习目标】

【知识目标】掌握广告表现的要素及其应用，广告表现的主要策略技巧；理解广告表现的地位和作用；了解广告表现的内容。

【技能目标】能够对广告作品的表现策略进行评析，并能针对某一广告活动提出恰当的广告表现策略。

【导入案例】

戛纳广告节获奖的两则汽车广告的表现策略

2014 年的戛纳广告节在 6 月底正式落下帷幕，在广告节中涌现出了诸多精彩纷呈的广告。下面是两则汽车广告的表现策略：

1. 至少你还有驾驶乐趣：雪铁龙 C4 毕加索广告

这则广告的表现手法非常直接，一个爸爸带着三个熊孩子，由于受到他们的影响，摄影、交谊舞、瑜伽、踢足球、冲浪、骑马，都无法正常体现出其中的乐趣，做每一样都愁眉苦脸。随着一辆 C4 毕加索出现，爸爸驾驶着这辆车脸上是充满喜悦，三个孩子在后座的安全座椅上自由地嬉戏，屏幕中打出了"最少你还有驾驶乐趣"的标语。这则广告非常容易理解，看完之后你甚至会微微一笑，谁说不是呢，孩子多了，属于自己的生活乐趣基本被侵占，而 C4 毕加索的大空间能轻松解决你驾驶乐趣的问题。

2. 重拾梦想：福特汽车广告短片

这是一则记录四个人"重拾梦想"的短片，短片中四位主角来自不同行业，他们有着各不相同的社会属性与人生经历，戏剧教师、眼镜品牌创始人或者是档案馆管理员。唯一相同的是，他们人生中都曾有一段时间与音乐结缘，并怀揣着重拾音乐梦想的信念。

为了帮助他们圆自己的音乐梦想，作为幕后推手的福特花费了大量财力、精力，他们走访荷兰、英国等地，了解四位主角的生活环境与对音乐的深厚情感。在福特努力撮合，以及音乐的强大感召力影响下，几位看似毫不相干的人走到一起成立了乐队。他们中有的人为了乐队而辞去工作，排练中所有人全情投入，每个人都在跟随自己的内心尽情歌唱。

最终，这几位"业余"歌手组成的乐队获得了意想不到的成功，他们的视频影像通过电视、网络影响了超过 1800 万人，乐队专辑在网络上的下载次数突破十万次，具有感染力的现场表演更是令人心潮澎湃。音乐唤醒了他们心中早已沉睡的激情，福特则以自己的方式促成他们重拾梦想，"Fantasty"是乐队成员对重拾梦想的赞美，Go futher 则是直击人们内心的声音。

短片中没有对福特产品进行任何直接介绍，也并非构思精巧的创意广告，然而简单平实的纪录片风格镜头却一针见血，将福特"Go Futher"的精神与四位主角对音乐的执着追求完美契合，达到了精神层面的统一。

资料来源：http://auto.cntv.cn/2014/07/07/ARTI1404698301673523.shtml

第一节　广告表现的地位及原则

一、广告表现及其地位

（一）广告表现

在广告活动中，所有的广告信息都需要通过一定的载体传达给目标受众。广告创意策略确定以后，运用各种信息元素及其组合方式将广告创意转化成广告作品，就是广告表现。广告表现是广告创意的视觉化过程。与广告创意不同的是，广告创意强调如何将广告主题用艺术化的手法呈现给目标受众，广告表现是在充分把握各种不同类型的媒体的属性和目标受众的心理特点的基础上，运用各种表现工具和手段去把广告创意用生动、形象的形式呈现出来，是实现创意宗旨的创造性活动。如果说广告主题是决定"说什么"，广告创意是决定"用什么样的构思去说"，那么，广告表现就是决定用什么样的艺术形式去传达广告信息。

广告信息主要由直接信息和间接信息组成。直接信息是直接用信息符号（如文字、标志、语言、表情等）所传达的信息。这些信息的传递直截了当，目标受众一看就知，一听就懂。间接信息是特定的广告表现要素及其组合（如色彩、音乐、构图及其组合构成的意境等）所形成的感觉上的信息。如美的空调的广告以冰天雪地的北极为背景，将空调放在北极的冰面上所传递的制冷效果强劲的信息。由于广告总是要借助于某种艺术形式来表达直接信息的，所以，实际的广告表现所传递的信息总是直接信息和间接信息的综合。一方面，通过文字、图像等信息符号将商品信息直接呈现出来；另一方面，通过艺术加工和提炼，使广告主题和创意表现得更加丰满和富于张力，从而对目标消费者更有吸引力。

（二）广告表现与艺术表现的区别

可以说，广告表现是广告主题和创意的艺术化过程。广告表现要有效地传达广告信息，发挥广告的作用，必须借助于语言、音乐、构图、色彩等艺术手段。一幅好的广告作品，首先也必然是一件精美的艺术品。但是，广告艺术是为商品销售目的而进行的表现艺术，与纯粹的艺术表现又有着多方面的差异。正如日本广告学家柏木重秋所说："广告在表现阶段虽然具有艺术机能，但要发挥广告表现的作用，就必须掌握销售与报道的科学。"关于两者的具体差异，见表7-1。

表7-1　广告表现与艺术表现的区别

广告表现	艺术表现
以传达广告信息为目的	以欣赏为目的
表现受产品特点及目标受众偏好的限制	表现方式不受任何限制
以追求广告效果为核心	以抒发创作者的情感为核心
瞬间传达，受时间、空间制约	永恒，不受时、空制约

续表

广告表现	艺术表现
突出产品的独特风格	突出创作者个人的艺术风格
清晰准确地传递广告信息	追求含蓄朦胧、回味无穷
团队协作，集体完成	大部分以个人创作的方式进行
平面、视频、音频等多种艺术形式	单一形式的艺术作品

（三）广告表现的地位

广告表现在整个广告活动中居于中心的地位。

1. 广告表现是广告活动的中心

广告表现是广告活动的一个中心转折点，其前期的广告调研、主题提炼、创意构思都是为最终的广告表现服务的，其成果也都凝结在广告表现的成果——广告作品上，其后面的广告投放是针对广告表现而言的，媒体策略的选择决定于广告作品的媒体类型及特点，广告效果的发挥最终依赖于广告表现的策略和水平。广告表现失败会使广告调研、创意等所有前期活动变得毫无价值和意义。因此，在广告活动中必须把广告表现放在异常突出的地位。

2. 广告表现决定广告效果

广告作用的发挥程度取决于目标受众对广告信息的认知和接受程度。但是，广告不可能强迫消费者接受广告信息，只能通过独特的艺术构思和精美的艺术表现吸引和影响目标受众，以引起注意，促使其产生兴趣，激发欲望和行为。因此，广告表现在广告活动中承担着将商品、服务信息准确地传递给目标消费者，并影响其情感、态度和行为的重任。广告人员通过对市场的各种情况与信息的调查与分析，来判断事物的发展趋势，围绕特定的目标展开构思、设计，选择生动、合理的形象，从而形成有效的布局，以完成广告活动的全过程。广告表现通过对题材的挖掘，主题的提炼，形象的塑造、文字的精练、图形的优化、意境的升华以及体裁、表现方法、风格的综合思考和想象，实现对创作对象的想象和创造，使商品潜在的现实美（良好的性能、品格、包装、服务等），升华为消费者能感受到的具体形象。通过这种富有吸引力的形象，抓住消费者的注意力，使之发生兴趣，产生欲望，最后说服消费者采取购买行动。可见，广告表现的好坏，直接决定了广告能否最终产生效果，实现广告目标。

3. 广告表现反映了广告活动的管理水平

广告表现的成果是广告作品，广告作品就是广告公司的产品。毫无疑问，产品是一个公司的经营理念、技术水平、管理方法、员工素质等因素的综合体现。一幅成功的广告作品，不单纯是设计部门、美工、摄影人员单独的工作，而往往是调研部门、创作部门会同会计部门一起研究，经济学家、心理学家、广告专家及美工和摄影人员通力合作的结果。从这个意义上来说，广告表现水平的高低是广告公司对广告活动管理水平高低的体现。广告公司的竞争力，关键体现在广告公司的广告作品对目标顾客的吸引力和说服力上。

4. 广告表现反映了创作人员的基本素质

广告创作人员的水平高低，可以从广告作品中一目了然。好的创作人员在创作广告作品时能充分理解广告战略的目标、方针，准确地抓住诉求重点；而水平差的设计人员，其广告作品没有魅力，不能引起消费者的注意。广告表现不仅是画广告画或制作视频、音频文件，而是根据广告目标与广告战略的要求，通过感人的艺术形式，明快准确地传播广告信息，有力地树立有利于销售的形象（产品形象与企业形象）。这就要求创作人员不能只是一个懂得构图、色彩和会写一手漂亮字体的艺术家。他们还必须具备商业的专业知识，能分析市场、了解顾客，也要了解公司和产品，具有丰富的将产品转换为商品的知识。

二、广告表现的基本原则

在社会化媒体不断涌现，广告受到众多资讯、娱乐、生活等节目的干扰的背景下，企业的广告要想在纷繁复杂的背景中脱颖而出，被目标消费者所关注并接受，面临着诸多挑战。为了实现广告的预定目标，进行广告表现时必须遵循以下原则。

（一）内容客观合法

1. 一致

（1）与企业形象定位一致。广告表现必须以企业的基本形象为基础，与企业形象的定位和风格一致，不能有损企业形象。企业形象是由企业宗旨、企业精神、企业经营方针、企业名称和标志、企业行为规范等要素组成的。任何具体的产品及服务广告，都应以企业的基本形象为基础，依据企业 CI 战略的要求制作，这样不仅有利于提高消费者对产品的信心，也有利于提升企业的形象。

（2）与目标消费者的特点一致。广告表现必须与目标消费者的性别、年龄、文化程度、种族、职业等自然属性一致，与其政治观、社会观、历史观、伦理观、审美观等价值观念一致，与其需求、动机、态度、行为倾向等心理特点一致。这样的广告作品才能对目标消费者产生强大的吸引力和说服力。

2. 真实

即真实、科学、实事求是地表现广告的商品和服务，这是广告表现的基础，也是广告的生命。

3. 准确

广告所传递的有关产品和服务的信息必须准确无误，不夸大、不歪曲，可以有所侧重，但不能以偏概全。

4. 公正

广告表现必须在公正的前提下进行，不能在张扬自己的产品和服务的优势的同时抑制和贬低其他企业的产品和服务。

5. 合法

广告表现虽有独特的艺术形式，但不能违反有关法令、准则和社会道德规范，广告表现必须考虑对社会可能产生的影响，提倡积极向上的生活观念和生活方式，体现社会大众的利益，采用健康、文明的手法和形式。如果不加以注意，广告效果往往适得其反。

（二）形式新颖独特

1. 醒目鲜明

广告表现应该能够立即引起人们的注意。一个广告能否立即引起人们的注意，是广告产生作用的前提。一则电视广告，如果前五秒钟不能引起人们的注意，后面的25秒可能就是浪费；一则报纸广告，如果不能在人们匆匆的一瞥中引起注意，就不可能吸引他把目光长期停留在广告作品上，这样即使有很好的广告主题和广告创意，也不能起到任何效果。因此，必须运用艺术的手法，将广告表现的各种要素组合成为鲜明醒目、赏心悦目的广告作品，以吸引目标受众。

2. 重点突出

广告表现要引导受众的视线及时注意广告的主要部分。一则广告语新颖别致的形式引起了受众的注意，但这种注意毕竟是短暂的。要激发他们的兴趣，使其产生心灵上的共鸣，就必须在尽量短的时间内使他们接触到广告的主要部分，认识广告的主题。

3. 创新变化

广告的主要信息必须新颖独特。心理学的研究表明，人们对新颖独特的事物总是怀着某种好奇心，而对陈旧的事物这往往漠然视之，熟视无睹。成功的广告表现在于它的想象力和独创性，且有鼓动的力量，能使人们幻想，而又有积极的说服力和感染力，敢于独辟蹊径，不同凡响。不能大胆创新，缺乏创造力，是无法实现最佳的广告表达的。例如，将一只鞋子放在一个鸡蛋上，然后用手指顶住弯曲的鞋子，这一广告形象地表现了鞋底柔软的特性，使人相信穿上这种鞋子一定舒适方便。这则广告表现手法简单，但作者把意和象巧妙地结合在一起，形成了感人的艺术形象。鞋与鸡蛋是看得见的具体形象，而鞋的质量是通过作者的意念表现出来的。这样的广告表现新颖而独特，尽管广告中未提及任何"鞋的质量"，但把鞋的质量表现得令人难忘。

4. 通俗易懂

由于人们对广告的注意力往往是无意注意，所以广告的表现形式必须通俗易懂，易于理解，便于记忆。

5. 统一均衡

广告表现形式中各要素的配合与搭配要和谐统一，无论是在表现风格上，还是在气氛上、色彩上、构图上，都要形成自己独特的个性。当然，这种统一并非死板呆滞，而是要在变化中求统一，在对比中求均衡。

阅读资料

大卫·奥格威：广告表现的十一条戒律

1. 广告的内容比表现内容的方法更重要；信不信由你。真正决定消费者购买或不购买的是你广告的内容而不是它的形式。若是你的广告的基础不是上乘的创意，它必遭失败。

2. 若是你的广告的基础不是上乘的创意，它必遭失败。

3. 讲事实。若是你以为一句简单的口号和几个枯燥的形容词就能引诱他们买你的东西，那你就低估了他们的智能了。他们需要你给他们提供全部信息。

4. 使人厌烦的广告是不能促使人买东西的。

5. 举止彬彬有礼，但不装模作样，你应该用好风度来吸引消费者买你的东西。

6. 你的广告宣传要具有现代意识。

7. 委员会可以批评广告但却不会写广告：许多电视广告和印刷广告看上去就像委员会的会议记录。单枪匹马创作出来的广告似乎最能发挥推销作用，这个人必须研究产品、作调查，研究以前的广告。之后他必须闭门写广告。

8. 若是你运气好，创作了一则很好的广告，就不妨重复地使用它直到它的号召力减退。

9. 千万不要写那种连你也不愿你家人看的广告；己所不欲，勿施于人，好的产品可以因诚实的广告而畅销。

10. 形象和品牌：每一则广告都应该被看成对品牌形象这种复杂现象在做贡献。

11. 不要当文抄公：模仿可能是"最真诚不过的抄袭形式"，但它也是一个品德低劣的人的标志。

资料来源：大卫·奥格威：《一个广告人的自白》，中信出版社 2008 年版

第二节　广告表现的要素和内容

一、广告表现的要素

广告表现必须借助于一定的信息传递符号或表达形式来进行。这些信息符号构成了广告表现的基本要素。

（一）语言

语言是人类最重要的沟通工具和传播手段，包括言语和文字。任何广告都离不开语言，因此，语言是广告表现的最基本要素。

根据语言传播的特点，广告语言可以分为广告文字和广告言语两种类型。

广告文字是目标受众通过视觉接收的广告语言，在广告中表现为平面广告的广告文案、影视广告的广告字幕等形式。文字既是广告内容的承担者，又是构图的要素之一。文字在广告构图中可以组成多种风格的点、线、面，从而有效地传递广告信息。

广告言语是目标受众通过听觉接收的广告语言，主要指听觉媒体所运用的语言，在广告中主要表现为旁白、广告代言人的演词等形式。

可见，广告语言具有视觉传播和听觉传播两种功能，适用于视觉媒体和听觉媒体等任何一种媒体类型，因而成为广告信息传播的最重要的工具。

（二）构图

构图就是广告的画面。任何视觉广告都离不开构图。在视频广告和平面广告中，画面越来越成为整个广告的主体部分，它按照商品的特点、受众的心理及视觉规律进行编排和布局，将分散的广告要素按信息传递和艺术设计的要求，创造成一个统一的、直观的视觉形象，将广告信息真实、生动地传播给广告受众。因此，在广告发展的趋势中，广告表现越来越重视画面的作用。

广告构图的信息性主要表现在对广告商品外在形象的塑造和内在属性的表达两方面。广告构图对商品外在形象的塑造越形象、逼真，目标消费者对其感受就越具体，

就越能激发其购买欲望，广告效果就越突出；广告构图对商品的内在属性（即商品的特定使用对象和使用情境）表现得越充分，就越能充分地体现商品的使用价值，从而为目标消费者创造出广阔、积极的联想空间。

构成广告画面的要素包括：企业或品牌名称的标准字体、企业标志、广告口号、插图、轮廓线等。这些要素通过不同方式的布局和排列，可以组合成多姿多彩的视觉形象，从而有效地传递广告信息。

作为表意文字的汉字可以通过表象的手法，表意的手法，或是字形笔画的变化，实现视觉传达和心理诱导的沟通。例如，隶书稳重，草书飘逸，楷书端庄，行书隽秀，黑体厚重。不同的字体给人带来不同的感觉和联想。薄形的字体则给人柔顺、光滑的感觉，厚重的字体给人以厚实、坚固、可靠、稳重的感觉。因此，要充分利用字体在传递信息、塑造形象中的作用。

插图是利用视觉艺术语言进行的信息传递，具有形象、具体、直接等特性。广告中的插图所表现的内容紧紧围绕着广告主题，突出商品的个性信息，能有效地强化目标受众对广告主题的认识、理解和记忆。

企业标志是构成整幅图像画面的重要元素，是商品质量、企业信誉最有效、最可靠的象征，具有指导消费、塑造形象的重要作用。例如，耐克的一钩、麦当劳金色的"M"，单纯、简洁的造型能产生强烈的视觉效果，在瞬间抓住人们的眼球。

轮廓线是广告构图中画面边缘的线框，其作用是使广告画面形成一个单独的空间，以控制目标受众的视角范围。轮廓线的使用可以增加画面的美感，并将目标受众的视线引导至广告主题，以避免画面以外的其他视觉因素的干扰。在系列广告设计中采用统一的个性化的轮廓线，能加强广告画面的连续性，给人以整体的感觉。

（三）色彩

我们生活在一个色彩斑斓的世界里。世界万物与色彩紧密相关。每当我们环顾四周的时候，五彩缤纷的色彩立刻映入我们的眼帘。色彩的细腻、温雅、淑静以及浪漫气息令人心醉。色彩是人通过眼睛感受可见光后的产物，是人类最敏感、视觉神经反应最快的一种信息，是一种高度主观，且极具影响力的与人沟通和交流的手段。色彩摄影的发明人吉姆斯·麦克斯韦尔曾说过："色彩科学必须从实质上被当成是一种精神科学。"[①] 色彩的表现无限，它具备各种存在的意义，同时潜藏着一种神秘的魅力。自古以来，色彩在宗教、文学、音乐、建筑、艺术设计等方面创造着美不胜收的景象，也体现了人类对美的追求达到了无限广泛的境界。

色彩是广告表现的一个重要因素。在广告活动中，既可以通过不同色彩的色光效果、波长和频率对消费者产生不同的视觉冲击，还可以利用色彩对商品的象征意义，通过不同商品独具特色的色彩语言，使消费者更易识别并产生亲近感，从而产生强烈的诱导作用。可见，色彩对广告表现来说是一个不可或缺的要素。色彩在广告表现中的这种独到的传达、识别与象征作用，已受到越来越多的设计师的重视。当然，这些作用的发挥要以广告色彩的美感与商品的特性、消费者的色彩偏好高度统一，并被消费者充分理解和接受为前提。

---

① 保罗·M. 莱斯特著. 视觉传播——形象载动信息. 北京：北京广播学院出版社，2003：33.

（四）音响

广告音响主要由广告言语、广告音乐和广告声响构成，基本作用是再现和烘托环境气氛，增强广告的真实感和感染力。广告言语是通过声音的轻重缓急、抑扬顿挫直接传递商品信息的工具；广告音乐是以旋律、节奏烘托广告主题的工具；广告声响是运用专用器具和技法，模拟或再现生活中的各种声响以烘托、表现广告主题的工具。

广告音响传递广告信息具有间接性和依附性的特点。间接性主要指声音因其非语义性和造型性的属性而不能直接准确地反映产品的外观、色彩等形象，其对形象的表现需要依靠受众去感受、去联想，从而完成形象的再创造。因此，广告音响对广告信息的表现是间接的、不确定的。依附性是指广告音乐、声响对广告信息的表现需要依附于语言、构图、色彩等其他广告表现形式，才能产生直接的广告表现效果。

广播广告是完全依靠声音来传递信息的，因此，在广播广告中音响具有不可替代的作用。在视频广告中，由于音响在传递信息或唤起情感方面都远不如画面和广告词，广告音响的作用往往被忽视了。事实上，视频广告的音响也和色彩一样，是广告表现中最瑰丽的要素之一。准确恰当地运用音响对于有效地发挥广告的作用至关重要。

需要注意的是，音响是利用声波的波长、频率、音色、音质等手段来表现广告信息的。音响的这种物理属性，要和声音的心理、社会和文化属性相统一，才能最大限度地发挥音响在传递广告信息中的作用。广告音响如果运用不当，会影响整则广告的美感和完整性，干扰或分散观众对广告信息的注意力，而忽略广告音响，则会使整个广告作品缺乏生机和活力。

（五）肢体语言

肢体语言是以体态变化为编码方式，由人体姿态发出讯息的一种复杂的可视符号系统。肢体语言丰富而微妙，是人们心际的显露、情感的外化，好似一个信息发射塔。广告的最终目的是被注意，广告使用代言人的音容笑貌、言谈举止等肢体语言符号，以其图像简洁、表现直观、读图解码需要的时间相对较短但视觉冲击力强而直击广告主题，能够达到促进消费者购买的目的。

肢体语言是吸引消费者的注意、激发购买欲望的重要手段。爱美是人的天性。健康的人体是美的，它不仅是美的一个符号，而且是一个刺激原始欲望、启动联想的诉求点。广告展示人的肢体的美，用美的画面来展示商品及其带来的利益，既给人以美的享受，又能极大地刺激消费者的购买欲望。例如，玉兰油沐浴露的一则广告选取了一位女性短裙下一双修长、光洁、线条柔和的美腿的特写以突出使用沐浴露后的效果。

肢体语言所具有的修辞、象征作用能够赋予产品以独特性。例如，戴比尔斯钻石的"钻石女人，要你放在眼里"广告。该广告包括以手为特写的三幅作品。一幅作品是代表胜利的 V 字手势，无名指上的钻石光彩夺目，传达一种自信、向上、成功的信息，具有较高的好感度和记忆度。"别人说我赢得光彩，我是靠光彩去赢。"广告语语带双关，钻石的光彩为女人增添自信，钻石光彩使女人赢得光彩。另外两幅作品依旧是带着钻戒的女子之手，不过手势变成枪状和拳头状，"好运？当然！就是幸运之神也会被我吸引。""还想逃？我的光芒已经击中你了！"是"枪""拳"击中你，还是手指上的钻石使人过目不忘？该广告用手部语言生动地展示了钻石女人的反叛气质。这类广告不仅画面优美，意蕴深邃，能唤起人的认同感和亲近感，而且画面的理解需要消费者积极的参予，可能产生的不同理解恰恰使它吸引了更多的目光。

在广告表现中，为了让目标受众对广告信息产生好感，留下深刻印象，并产生强烈的购买欲望，必须充分利用肢体语言这一表现要素，有效地发挥其表现力。

（六）点、线、面

广告的视觉表现离不开点、线、面。点、线、面是构成视觉空间的基本元素，也是平面构成上的主要语言。视觉设计中各种各样的形态，不管是自然形态还是几何形态，无论是抽象造型还是具象造型，都是由点、线、面等要素构成的。点的移动成为线，无数条线形成为面，点是极小的面，线是极窄的面，面的组合形成空间和体积。可以说是由点创造了线，由线组成了面。可见，点、线、面是不可分割的。平面构成实际上就是如何经营好点、线、面。无论版面的内容与形式如何复杂，但最终都可以简化到点、线、面上来。

1. 点

点是最小的粒子，也是最大的宇宙。在几何学上，点只有位置，而在形态学中，点还具有大小、形状、色彩、肌理等造型元素。在自然界，海边的沙石是点，落在玻璃窗上的雨滴是点，夜幕中满天星星是点，空气中的尘埃也是点。太阳在我们眼中是一个伟大的点，地球在星空中是一个蓝色的点。从几何学角度来看，"点"是最简洁的形态，"点"的视觉语言可以表现出诗的意境，以最简洁的语言去述说最大容量的内涵。所以，"点"是视觉造型设计语言的出发点。

在现实生活中，人们对点的感觉依赖于点所处的特定环境及其周围的造型元素。不同背景下的点带给我们不同的感觉和联想。比如，当我们远眺大海看到海面上白色的点时，我们马上想到的可能是帆船或海鸥；而当我们在大草原上眺望远方看到白色的点时，联想到的则可能是羊群。尽管都是白色的点，但我们联想的对象则差别很大。所以说，点的感觉是相对的。星星、露珠、花朵、地球、太阳，都能给人以动人的点的视觉形象。

广告表现中的点，具有吸引视线，引导和组织视线发展的作用。当画面出现一个点时，目光集中形成焦点，具有集中、突出、形成视觉中心的效果；出现两个点时，人的视觉就会在两个点之间移动，注意力就会分散，甚至形成对抗；若出现大小不同的两个点，则会造成视线的转移，视觉会由大向小移动产生运动感；当两点联结成线条时则具有明确的方向感。图中出现三个点时，可形成稳定感。当出现三个以上点时，就要控制节奏感，否则会产生凌乱感。可见，点的不同数量、大小、位置和顺序会引起视觉上不同的感觉。在广告表现中，要充分利用点的这些特性，进行有节奏、充满韵律感的设计，以充分地传递广告信息。

2. 线

优美或变化无常的"线"是点移动的轨迹。在几何学中，线只具有位置和长度，而在形态学中，线还具有宽度、形状、色彩、肌理等造型元素。线是永远运动的线条。线条可分为两大类：直线和曲线。直线分为垂直线、水平线、折叠线、斜线，而曲线又分为波纹线、S 形曲线、C 形曲、旋涡曲线、自由曲线、离心线条和向心线条等。

直线又是"线"中最简洁的形态。直线中的水平线和垂直线又分别代表着不同的视觉语意。水平线给人以平稳、沉着、宽阔、安静的感觉，让人联想到宽广平和的地平线，或者女性风格；而垂直线给人以刚劲、正直、力量的感觉，可以让人感觉到高度或深度，甚至有男性的风格。

多动又润滑的曲线有优美感和抒情性。例如，女性的S形曲线给人以流畅、含蓄、高贵、圆润的感觉，C形曲线则给人以年轻、朝气、轻快、活泼的感觉，旋涡曲线给人以华丽、迷人的感觉，自由曲线给人以自由、奔放的感觉，而折线则有紧张感、对立性。

如果线条又粗又重，其传达出的信息显得强烈、可信；如果线条又细又轻，彼此界线分明，其传达的情绪则纤细精致，甚至有脆腻之感。

如果从乐器的音调来听，小提琴奏出的是纤细的线条旋律，而大提琴奏出的是较粗的线条感。与此相对而言，钢琴是典型的"点的音乐节奏"。所以，线条是有时间性的，从一头传递到另一头，时间就在这条线上流动。当线的起点与终点碰撞会合在一起时，"线"就会消失掉，而成为"面"。最安详平和的面就是圆形。

在广告表现中，线起到至关重要的作用。它不仅是决定物像的形态的轮廓线，还可以刻画和表现物体的内部结构。例如，线可以勾勒花纹肌理，甚至可以传递物像的表情。由于线本身具有很强的概括性和表现性，曲直浓淡多变的线一直是广告中强有力的表现手段，它是形象和画面空间中最具表情和活力的构成要素。在广告中，要将线条进行不同方式的组合，形成具有面的性质的图形，以产生不同的视觉效果的图形。

3. 面

面是点的扩大和移动，无数条线形成了面，线条是组合形成面的基本单位，

线条的长短分布形成层次，而每种层次的轮廓形成的形状，也就形成了面。在形态学中，面具有大小、形状、色彩、肌理等造型元素，同时面又是"形象"的呈现，因此面即是"形"。

在广告表现中，面的给人的感觉总是最丰富的，画面往往随面（形象）的形状、虚实、大小、位置、色彩、肌理等变化而形成复杂的造型世界，它是造型风格的具体体现。

在"面"中最具代表性的是"直面"与"曲面"。完全由直线所形成的面是直面。直面给人以沉静、强劲、冷淡和稳定之感，具有男性化特征。直线面又可分为方形、倒三角形、正三角形。方形的面给人以刚劲、稳重之感，倒三角形的面给人以下坠的方向感，正三角形的面给人以升腾的方向感。完全由曲线所形成的面是曲面。曲面具有动态、柔和的女性化特征。无论是规则的曲线面还是不规则的曲线面，曲面都具有柔和温暖的感觉，在所有面中是最有魅力和美感的。

依据以上分析，我们可以把点、线、面关系概括为：（1）点最重要的功能在于表明位置和进行聚焦。点与面是比较而形成的。同样一个点，如果布满整个或大面积的平面，它就是面，如果在一个平面中多次出现，就可以理解为点。（2）点与点之间联结形成线，或者点沿着一定方向进行规律性的延伸可以成为线，线强调方向和外形。（3）平面上三个以上点的联结可以形成面，同时，平面上线的封闭或者线的展开也可以形成面，面强调形状和大小。

可见，点、线、面在广告表现中的关系是相对产生的。以点定位，以线分割，以面为格局是常用的造型法则。小的是点，点移动成线，线移动成面。在广告表现中运用这一方法，可以截取某个图形的局部，扩大或缩小图形中的某一部分，有意突出或

者减弱局部，对点、线、面三个基本造型要素进行巧妙运用和合理安排，是使广告设计更加科学化和艺术化的基本手段。

（七）附加价值

附加价值是在广告表现中为强化某一直接信息而创造性地加上的对广告作用的发挥具有一定促进作用的人物、道具、情节等因素，如为突出空调的制冷效果，借南极做背景；为表现产品的档次及功效，选择国际巨星做广告代言人；用青翠欲滴的绿叶衬托水果的新鲜；让时装模特穿上时装以展示时装的优美等。有时候，广告也会借助一定的故事情节来强化某些广告信息。这里的南极、国际巨星、绿叶、时装模特和故事情节都是附加价值。显然，附加价值能激发目标受众更积极、丰富的联想。

在广告表现中，附加价值具有以下作用：（1）可以强化企业形象、品牌形象或商品特征；（2）可以更充分地反映商品的特性和用途，对消费者起到示范和引导作用；（3）可以强化广告的主题，进一步增强广告的感染力和说服力；（4）可以增强广告的关注度，增强受众对广告的记忆力；（5）可以使广告更加生活化和富有人情味，拉近与消费者的距离。

附加价值的这些作用使其成了广告表现中常用的表现工具。但是须要注意的是，附加价值也容易"喧宾夺主"，分散受众的注意力，从而使受众看过广告后记住了作为附加价值的意象，却忽视了广告商品。例如，一则灯泡的广告，女主角戴着一条金光闪闪的项链，抱着一个温顺可爱的玩具熊，说出了宣传灯泡的广告词。可是，人们看过广告后注意到了她的项链和玩具熊，却对灯泡没有任何感觉。

所以，在广告中使用附加价值，应注意：（1）系统、全面地分析附加价值的"价值"，既要明确其利，也要清楚其弊。要充分权衡其利弊得失。（2）不同的附加价值，同样的附加价值在不同的文化背景下都会引起不同的感觉和联想。例如，在中国文化背景下，喜鹊报喜，乌鸦报丧，鸳鸯象征爱情，骏马代表能力和作为等。因此，必须依据商品的特性、消费者的价值观念恰当地选择附加价值。（3）当用名人、明星作为附加价值时，既要看到其高知名度和巨大的影响力的一面，更要看到其高关注度易分散人们对商品的注意力、高收入水平使普通消费者觉得无力消费而形成一道消费障碍的一面。目前，一些品牌，如高富力洗衣粉等，已倾向于使用普通消费者代言，取得了很好的广告效果。

上述七个方面，是广告表现最基本的要素。广告表现需要探讨的正是这些要素的组合规律、方法和策略，以便艺术化地表现广告主题，实现广告目标。

二、广告表现的内容

广告活动是一种信息传播活动，其目的是使广告信息能得到目标受众的注意、驱动其兴趣、激发其欲望和诱导其行动。要实现这些阶段性的目标，必须对广告信息进行有效的设计，并选择恰当的表现形式。因此，广告表现活动就是信息设计活动。信息设计要解决以下三个问题，即说什么（信息内容）、如何有逻辑地说（信息结构）、如何采用恰当的形式说（信息源和信息格式）。

（一）信息内容

在进行广告表现时，要认真考虑是借助于逻辑的力量，是用摆事实、讲道理的方式（理性诉求）说服目标消费者，还是采用情感的力量，用感性、煽情的方式（感性诉求）打动目标消费者，或者将两者结合（情理交融）。

1. 理性诉求

理性诉求强调消费者对产品或服务实际的、功能性的或实用性的需求，并且强调产品或服务的特征和消费者拥有或使用某一具体品牌的好处或原因。这些信息的内容强调了事实、认识和说服的逻辑性。理性诉求方式倾向于信息化，其目的是使消费者认知自己的某种需求，而广告产品恰恰就是现有的能满足其需求的"最好的"产品。许多理性动机都能作为广告诉求的基础，如舒适、方便、经济、健康、质量、依赖度、耐久性、效率、功效和使用情况等。可见，理性诉求更注重证据、事实、推理的形式和论证的方法。一般来说，组织购买者具有产品的专门知识，对理性诉求的反应比较敏感；最终消费者购买大件的耐用消费品时，对质量、性能、价格、售后服务的反应也比较敏感。

2. 感性诉求

感性诉求于受众的情感动机，通过表现与企业、产品、服务相关的情绪与情感因素来传达广告信息，以此对受众的情绪与情感带来冲击，使其产生购买产品或服务的欲望和行为。

感性诉求是建立在目标受众感情动机的基础上的。感情动机分为情绪动机和情感动机。喜、怒、哀、乐等情绪引起的购买动机属于情绪动机，情绪动机具有冲动性、即景性和不稳定性的特点；群体感、道德感和美感等情感所引起的购买动机属于情感动机，情感动机具有较强的深刻性和稳定性。

"感人心者，莫先乎情。"感性诉求直接着眼于目标受众的情绪、情感，如喜悦、恐惧、爱、悲哀等，形成或改变消费者对产品或品牌的态度。消费者从广告中首先得到的是一种情绪、情感体验，或是对产品的一种感性认识及软信息。这种软信息能在无形中把所推销的产品注入受众的意识中，潜移默化地改变消费者对它的态度。感性广告对目标受众情感的激发，是通过运用各种色彩、形状、音乐、光影、语言和动人的故事情节等各种感性元素实现的。这种广告的吸引力不仅在于对消费者视觉的冲击，更源于对其心理的冲击。因为精神的东西比物质的东西更长久，更有生命力，提高广告的人情味和趣味性更加有助于增加广告的吸引力。

3. 情理交融型诉求

情理交融型诉求是将理性诉求和感性诉求融为一体的广告表现方式，既动之以情，又晓之以理，双管齐下。情感型诉求存在着信息软弱、说服性不足等问题，理性型诉求存在着平淡、乏味、生硬等不足。情理交融型诉求方式能避开情感型诉求和理性诉求的不足，将两者的优势有效结合，既向目标顾客传达客观信息，又可以在情感上大做文章，强化广告的感染力和说服力，从而打动消费者、感动消费者、影响消费者。这种诉求方式在广告实际运作中更为常用，特别是运用于电视机、音响、摩托车、汽车等耐用消费品和贵重商品的广告中。例如，一则"华达"电梯的广告，依据电梯能够载人上升的特点，把它同对用户事业蒸蒸日上的良好祝愿联系起来，这样，既突出了华达电梯的实用性特征，赋予了这则广告健康向上格调，又巧妙地运用了象征这种艺术手段，把抒情和叙事合而为一，显得格外贴切。

（二）信息结构

信息的说服力不仅取决于信息的内容，而且取决于信息的结构。信息结构设计需要注意以下几方面的问题：

1. 是否提出明确的结论

即在广告中是给目标受众提出一个明确的结论还是由目标受众自己得出结论。一般认为，在下列情况下提出结论会导致目标消费者的消极反应：（1）问题很简单或者目标消费者的理解能力很强；（2）目标消费者不信任广告而觉得结论是在对其消费行为进行误导；（3）因明确的结论限定了产品的消费人群，从而会限制对产品有一定的兴趣但需求尚不明确的潜在消费者对产品的接受程度。因此，在广告中提出明确的结论适用于消费者的理解能力较差、产品用途比较单一等情形。

2. 是采取单面论证还是双面论证

如果广告只传递该产品的优点或不足，即为单面论证；如果广告同时传播商品的优点和缺点，就是双面论证。

如果广告只讲优点，有时会给人"王婆卖瓜，自卖自夸"的感觉；

如果广告只说缺点，则是一种逆向诉求的方式，也能取得极好的广告效果。例如，日本一家钟表店的广告说："本店销售的钟表走时不准确，一年会慢 24 秒。请大家慎重选择。"显然，这是一种用缺点（走时不准）衬托优点（事实上走时很准，一年才慢 24 秒），以退为进的策略。

如果广告在讲优点的同时提及一下并非至关重要的缺点，反而会给人态度诚恳、值得信赖的感觉。例如，英国的一则剃须刀的广告说："本公司的刀片十分锋利，经久耐用……缺点是易生锈，用后需要擦干保存才能久放。"

3. 如何决定表达的次序

广告人员在广告活动中要决定是最先还是最后提出最强烈的论点的问题。

在单面论证的情况下，最先提出最强烈的论点有利于引起注意和兴趣。这一点在平面广告中表现得最为明显。在这类广告中，核心观点常先于正文在标题中体现出来。在双面论证的情况下，依据美国耶鲁大学教授霍布兰德（Hovland）的观点，从同一信息来源同时传播的相反的观念，最先被传出来的较有说服力，这被称为"首位效果"；但如果受众开始时对广告商品持反对态度，先提出反面的论点则可以先化解受众的抵触情绪，突破其心理防线。

（三）信息格式

广告人员必须为广告信息设计一种有吸引力的格式。如果是平面广告，要确定引人入胜的标题、正文，符合目标受众审美观念的色彩、构图和布局；如果是音频广告，就要依据商品和目标受众的特点选择恰当的音质、音色、节奏和背景音乐；如果是视频广告，就要特别考虑画面、色彩、近景、远景等因素的合理运用，特别是广告代言人的服饰、姿势、面部表情等体态语言的设计，使其与传递的信息高度一致；如果是用商品的包装等来传递广告信息，就要考虑包装的材料、颜色、大小等。

（四）信息来源

在信息设计过程中，还要考虑由谁发出信息的问题。研究表明，一种观点能否被信任并加以接受，与信息源的可信度密切相关，可信度高就会产生信任的强效应，可信度低就会产生信任的弱效应。例如，通信专家为手机代言，牙科医生为牙膏代言，就会产生信任的强效应，更有说服力和影响力。

一般而言，信息源的可信度决定于以下因素：

（1）信息源的专长。具有专长的信息源一般具有高可信度，容易产生信任效应。专长主要指信息源发出的信息是否是该专业领域的、能否反映出其专业智慧、知识、经验、能力。换句话说，信息源是否是该领域的专家权威，如果是就容易产生高信任度。这也是广告中常用专家来做广告的原因所在。尽管受众知道这是在做广告，但还是会被这种专家引起的信任效应所左右。

（2）信息源的可靠性。一般来说，信息源的可靠性高，信任度就强，可靠性低，信任度就低。可靠性主要是指信息源发出的信息是否是真实的，也就是其动机是否可靠。专家是一个专业领域知识丰富、专业性和权威性强的信息源，但这并不意味着专家说出的信息都是可信度高的。也许出于信息保密及其他原因，专家不愿或无法说出真实可靠的信息，发出的信息就不具有可靠性，无法产生信任效应。可见，可靠性是产生信任度的重要因素之一，它必须与专家学者结合，缺一不可。信息源具有专长而缺乏可靠性，或信息源具有可信性而缺乏专长，都会使人降低对它的可信度，信任效应的强度也就会减低。

（3）信息源的信誉。信息源的信誉高，人们就会信任他，就会产生信任效应；反之，信任效应即使发生了，其强度也不高。信誉也就是人格印象。人格印象的好坏，依据亚里士多德的观点，取决于明智、品德与善意。明智，是信息源发出信息的判断能力；品德是信息源的个人道德品质；善意是信息源对接受者的态度是否友善。这三种因素都会影响到信誉度的高低。但决定信誉度高低的最主要的因素还是信息源在人们心目中留下的印象。也就是说，受众对信息源的上述三个因素都确认可信。因此，受众对信息源的信念或价值就会显得格外重要。

基于以上原因，在设计广告的信息源时，要尽可能选择专业性、可靠性和信誉度高的广告代言人，以提高广告的信任度和说服力。当三者无法同时具备时，可以依据商品及目标受众的特点灵活考虑。对于主要依据生活经验就可以选择购买的日用品，广告代言人的专业性要求可以较低；对于专业技术要求比较高的特种药品、耐用消费品、机械设备等，广告代言人的专业性要求比较高。无论什么商品的广告代言人，高可靠性和信誉度都是必不可少的要求。

第三节　广告表现的策略

一、理性广告的表现策略

（一）理性广告表现策略的内涵

消费者的消费行为主要有感性消费行为和理性消费行为。理性消费行为是指消费者从感到需要某种产品到购买行为的发生需要经过理性的思考过程。消费者会主动比较各类产品的信息，详细地评估产品的性能、质量和价格等因素。在这一过程中，消费者常常把产品的各种特性与同类产品的特性进行比较，经过逻辑的思考分析，最终作出是否购买的决定。

理性广告的表现策略就是广告诉求定位于受众的理智动机，通过真实、准确、公正地传达企业、产品、服务的客观情况，使受众经过概念、判断、推理等思维过程，理智地作出决定。这是一种基于商品的功能和特性的表现策略，其总体特点是"以事实为依据，以道理说服人"，其基本思路在于明确传递商品的功能及其他特性给消费者带来的具体、实在的利益，其语言特色在于以信息本身和具有逻辑性的说服加强诉求对象的认知，引导诉求对象进行分析判断。理性表现策略具有强大的说服力，但这种力量不是来自氛围的渲染、情感的抒发和令人眼花缭乱的语言修饰，而是来自具体的信息、明晰的条理、严密的说理。当一个广告在说明产品的某种特性及其所带来的利益时，就是采用了"理性诉求"的表现策略。

理性广告的表现策略可以作正面表现，即在广告中告诉受众如果购买某种产品或接受某种服务会获得什么样的利益，也可以作反面表现，即在广告中告诉消费者不购买产品或不接受服务会对自身产生什么样的影响。一般适用于消费者需要经过深思熟虑才能决定购买的产品或接受的服务。

一般来说，组织购买者对理性诉求的反应最明显。他们对产品具有丰富的专业知识，其购买行为会更多地基于产品的质量、性能和价格等方面的考虑。最终消费者在购买大件的耐用消费品时，也会充分搜集信息，货比三家，对产品的质量、性能、经济等方面的诉求作出积极的反应。

（二）理性广告表现策略的要点

1. 要提供购买理由

理性购买者常常要找到一些合理的理由，才作出购买决定，所以广告必须把合情理的购买理由提供给消费者。例如，美的空调"一晚只需一度电，想开就开"为想买空调又担心电费太多的消费者提供了一个恰当的购买理由。

2. 拟定说服的重点

广告要达到预期的效果，必须拟定一个十分明确的说服重点。重点的确定不能是随意的，也不能是一厢情愿的。它应当是目标消费者的心理特点、需求状况和所宣传的产品的优点与特点的交汇点，是这几个因素的有机交融。广告表现不能契合消费者的心理特点将会使之拒绝接受宣传的内容；与其现时的需求状况不一致难以使之出现购买行为；广告产品的优点与特点未能得到充分的张扬则会出现广告"为他人做嫁衣"的可悲局面。总之，一则广告不具备这几个因素不行，这几个因素若处于分离状态也不行。当这几个因素同时出现并聚集在同一焦点上时，广告将出现震撼人心的说服力。广告如果只是泛泛地谈谈产品的某些特点和功用，是难以产生说服效果的。

3. 论据比论点、论证更重要

消费者对厂商有一种天然的怀疑与抗拒心理。因此，厂商的说辞再动人、再有道理，他们也未必真正相信。"王婆卖瓜，自卖自夸"这一心理定式无时无刻不在起作用。消费者更想看到，也更愿相信的是强有力的论据。

理性表现中的论据包括两类：一类论据是人，另一类论据是物。

有两种人可以作为理性表现的论据：一种是本产品所属行业的权威人士，另一种是曾使用过该产品的消费者。

在使用权威人士作理性诉求广告时，有一系列的技术性问题应予以高度重视。社会心理学家 W. 巴克曾指出："如果有一种产品经过一位颇有魅力的人物宣传，那么这是否意味着人人都会跑来购买它呢？事情并非如此，……如果人们看到，某人的劝导是出于自己的私利，那么这一信息的说服力就减弱了。"因此，在利用权威人士作理性诉求广告时，无论在内容还是在形式上，都不能使受众觉察到权威人士"隐蔽的动机"是为了自己的私利或商业目的。如果很好地解决了这一问题，那么说服效果将倍增。

消费者的证言具有社会心理学中所说的"自己人效应"，其作用亦不可低估。在消费者的证言上必须注意的问题是：广告中所出现的消费者必须是看起来实际使用过产品的消费者。因而，普通消费者的证言要比明星的证言更加具有说服力。

相比较而言，以物作为论据比以人作为论据的诉求更具说服力。因为人的证言不管怎么说终究是隔了一层，而以物作为论据则更具有直接性。以物作为论据的形式主要有实物演示、实验数据和图表等。所有这些演示、数据、图表所反映的内容都必须是真实的、经得起重复实验的。如果消费者所购买的商品与广告中表现的情况相距甚远，消费者就会有被欺骗的感觉，从而损害企业形象，甚至带来法律上的纠纷。

4. 运用双面论证以增加信息的可信度

即在充分阐释产品优点的同时，也说出产品的一些不足之处。这样可以使消费者感觉到广告的客观、公正，因而更容易接受。如果只是表扬产品的优点，就会让人有"王婆卖瓜"的感觉，而对广告产生排斥心理。

但要注意的是，双面论证要注意目标市场的消费者的差异性。如果目标消费者的文化水准较高时，双面论证为佳；反之，单面论证为佳，因为他们比较容易不加批判地直接接受广告信息的影响。另外，新产品及新广告出现之初，可采取双向信息的方式，以打消消费者的怀疑感并建立起依赖感。当消费者已经接受了广告的说服宣传，或者是基本上接受了广告宣传，这时就可以运用单向信息对消费者已经建立起来的观点予以强化。

阅读资料

美津浓运动衫：双面广告赢得市场

日本美津浓运动器具公司出售的运动衫，都附有一张说明笺。笺上印着"这种运动衫使用的染料是本国最好的染料，染色技术更是本国最优秀的；不过感到遗憾的是酱紫色之类的颜色至今仍没法做到永不褪色……"

老板美浓津把商品的弱点暴露无遗。他认为："做欺骗顾客的生意，还不如关门。"他的目的是让人们知道，美津浓有实实在在的商业良心，从不欺骗顾客。

对于美津浓这种不隐瞒事实的广告，顾客赞不绝口，对它的产品推崇备至，致使其产品畅销不衰，独步日本市场。

---

5. 将"硬"广告"软"化

理性广告最忌讳语言呆板，口气生硬，术语过多，让人听不懂。如果使用通俗易懂的大众语言，简洁明快的陈述，多用短句和短的自然段，适当贴切地运用比喻和形象化的方法说明，甚至采用一些谐趣的表达，就会显得亲切动人许多。但在理性诉求的"软化"过程中，也要牢记理性诉求广告还要用信息唱主角，"软化"的目的是更好地传递广告信息。

（三）理性广告的表现方法

1. 哲理性诉求

广告也可以饱含深邃的哲学意境。其手法就是用一种简明的形象或文案将富有深刻思想的哲理或人生感悟的道理展现给目标受众，让受众在接受哲理的过程中认识和感受商品。这类广告多表现在平面广告和户外广告媒体中。

现代消费者越来越注重追求内涵丰富的理性深度，即使是鉴赏感性艺术，也非常关注通过感性所传达的深层哲理。正如我国广告领域的知名人士叶茂中所说："今天，在我们经历了人类需求的各个层次之后，美的需求，思想的需求，自然而然地上升，并融合到了我们的生活中。人们对所有物品的要求都超越了其物理属性本身，并融入了美的要求，思想的要求。活着已不仅仅是生命的简单延续，更讲求生命的质量。内在是生命质量闪烁着自由、尊严、诚实、爱与关怀、权利与责任、挑战极限、实现自我的光芒。外化的这种质量也体现在消费生活的各个方面。"好的广告作品向人们传达的不仅仅是商品的信息或服务的信息，还能给人带来美的享受，启发人们去思考，让人有所感悟。每得到一个启迪，伴随而来的总是一种愉悦和美感。因此，使广告更多地带上崇尚哲理的色彩，利用消费者的这种积极的心理情绪来认知商品，也会收到非常好的效果。例如，网易的一则形象广告由建长城、两军对垒、赛龙舟三组画面剪辑而成，并有三段精彩的旁白："如果长城只有一个人建造；如果火药的使用没人知道；面对挑战，总是一个人孤军奋战。"广告所传达的哲理是，任何一种成功或社会的进步，都不可能建立在单个的基础上，"网易，网聚人的力量"，形象地表达了群体力量的重要性。

哲理诉求广告需要注意的问题是：

（1）哲理应与广告对象相关联。哲理诉求的目的在于引起受众的积极心理情绪，更好地认知商品，因此，广告所表达的哲理内涵应和广告对象有密切的内在联系，这样受众才能深刻地在理性层面上认知和理解广告对象。

（2）哲理应深刻但不深奥。哲理是有一定思想深度，需要人们运用思维进行认知、分析和领悟的道理。这样，哲理诉求就不能太浅薄，浅薄了就失去了哲理的探询性和深沉意味。但哲理又不能太抽象，以致使人们难以理解，这样就会阻碍受众对商品或劳务的认知和感受。因此，哲理诉求必须深刻而不深奥，用通俗的语言表达深邃的思想。

（3）哲理必须形象化。广告的哲理表现的题材必须超越纯理性化，其内容可以进行形象描写，可以运用比喻、双关等形式，尽量给人以形象感，从而说明一个意味深长的道理，以引起受众的注意和兴趣。

（4）表现哲理的画面要简单化。哲理性广告表现的诉求点在于其富有哲理的观点上。视觉形象只是引起和引导受众进行理性思维的符号，这个符号自然越简洁越单纯越好。画面过于复杂会导致受众理解上的歧义。

2. 劝诱

劝诱是一种用商品的功能和优点劝说诱导受众接受广告意向，满足或引发受众相应的需求动机的一种表现方法。劝诱广告重点诉求广告商品的功能特性，受众接受它需要一定的理性认知，如"牙齿抗过敏，请用冷酸灵""保护嗓子，请用金嗓子喉宝"，都采用了劝诱的广告表现方法。

需要注意的是，在广告中简单地劝说和提醒很难引起受众的注意和兴趣。进行劝诱，需要注意以下几个方面：

（1）要突出劝诱的理由。要使受众很快接受广告信息，在广告表现中必须突出受众接受和购买广告商品的必要性。这种必要性决定于受众在现有状态下出现的某种迫切需求和广告商品的某种特性满足受众的这种需求的一致性。广告在表现中集中突出了这种对应关系，就是突出了充分理由，从而为受众接受广告商品提供理性认知的基础。

（2）要有准确的广告定位。由于劝诱理由对广告效果的重要性，广告表现必须建立在对产品功能特征和细分市场的把握上。这一步做得很到位，就为突出劝诱的理由奠定了基础。

（3）要使广告富有感染力。为了让劝诱的理由被受众认同和接受，最好的方法是将受众接受产品的理由通过消费者具体、形象、贴近生活的亲身体验和感受表现出来，这样会使广告具有感染力和亲和力。

（4）要使劝说诚实可信。消费者早已不相信那种言过其实的夸张式说教，充满关爱的、诚实可信的推荐更容易被接收。因此，劝诱表现的代言人的选择、语言的设计，都应遵循诚实可信的原则，以提高在受众心目中的可信度。

（5）要使劝诱点到为止。注重广告画面的体验性和感染力，必然将受众带到对形象的感受中。这种情感铺垫决定了不宜运用太多的语言劝诱说明，应跟随受众情感状态和思路适当"点题"，点到即可。同时，也不宜采用广告主的口吻直接劝说，这样易引起排斥心理，应该更多地采用第一人称给人以亲切感。

3. 告白

告白是直接向消费者诉说广告产品的特性及对消费者的利益点。例如，"泰诺治感冒，30分钟起效"，将泰诺快速治感冒的疗效直截了当地告诉给消费者，很好地迎合了消费者的心理。

为了使告白诉求更加有效，需要考虑以下几方面：

（1）广告告白向消费者展示的利益越明显和突出，广告的说服力越大；

（2）广告告白的内容要真实、证据要可靠。在告白时引用专家的评价、用户的反映、数据的描述，会强化广告的信任度。

阅读资料

欧米茄手表的理性诉求广告

欧米茄手表的广告应用大量数据充分展现了商品的独特性，每个数据都使这则广告更具说服力：

全新欧米茄蝶飞手动上链机械表，备有18K金或不锈钢型号。瑞士生产，始于1848年。机芯仅25毫米薄，内里镶有17颗宝石，配上比黄金罕贵20倍的铑金属，价值非凡，浑然天成。

（3）直接陈述和提供数据的方法可以清楚传达信息，但难免不够形象。因此，采

用比较艺术化的表现方法以增强广告的感染力，也会增强告白的效果。

4. 对比

广告主在广告中将自己的公司、产品或者服务与同业竞争者的公司、产品或者服务进行全面或者某一方面的比较，或者以其现在的公司、产品或服务与自己的过去进行比较，以凸显其产品、服务优于竞争对手或自己过去的产品或服务的特征、品质或者质量等。因此，广告的对比表现形式一般有四种类型，即与某种竞争品牌的暗比、与某种竞争品牌的明比、产品使用前后的效果对比、与自己的过去对比。

与某种竞争品牌的明比采用的是直接对比方法。例如，百事可乐和可口可乐一个经典的对比广告就是，一个可口可乐的年轻送货员送了一卡车的可口可乐到一家自选商场。停车后他走下车，看看四周无人，就轻轻地走向一个百事可乐的自动售卖机，投币后取出一瓶百事可乐来喝。这个广告用幽默的手法，直接将百事可乐与可口可乐进行对比，突出了百事可乐强大的诱惑力，充分表现了"百事可乐，年轻一代的选择"的广告主题。

与某种竞争品牌的暗比采取的是间接对比方法。依据我国《广告法》第十二条"广告不得贬低其他生产经营者的商品或服务"的规定，采用直接对比的方法有违《广告法》的规定，暗比就成了一些企业采用比较多广告的方式。这有两种做法：其一，与某一直接竞争对手的产品进行暗比，如 TCL 公司推出无绳电话后，针对步步高无绳电话的"步步高无绳电话，方便千万家"的广告诉求，针锋相对地提出："话音不清晰，方便有什么用？"广告中虽然没有对步步高指名道姓，但显然针对的就是步步高无绳电话。其二，与某一类产品进行对比。例如，蓝天六必治的一则广告是"当您使用其他药物牙膏不理想时，请您试用蓝天六必治牙膏"。广告巧妙地将蓝天六必治与其他牙膏进行对比，而且以关爱、建议的方式提出，容易被消费者接受。

药品、化妆品、减肥产品等产品的广告经常会将产品使用前和使用后的效果进行对比。通过比较，使消费者对产品的独特功效有了比较深刻的认识，很有说服力。如右图，广告展示了健身房的两个门。"IN"（进去）的门狭窄，而"OUT"（出来）的门宽大。通过这两扇门的对比，带给人们无限的联想，健身房的健身效果就可想而知了。

图　健身房广告

自我对比利用了品牌已有的知名度和在消费者心目中的已有形象，展示了产品的更新、变化和发展，突出了产品的某一特点，因而容易给人留下深刻的印象。例如，碧浪洗衣粉的广告，"碧浪第二代，真真正正，干干净净"，直接将第二代与第一代进行对比，突出了超强的去污能力这一特点。

对比广告表现侧重于物与物的对比，在多数情况下要涉及竞争品牌。而为了证明自己产品的优势，就会有意无意地美化自身产品而贬低其他品牌。因此，稍有不慎，就会变成贬低对手的违法广告。因此，对比广告必须是公正平等的对比，是既无损于人又有利于己的对比，是在有意无意中进行但又没有刻意去贬低别人抬高自己的对比。对比得很隐蔽，比较得很巧妙，表露得很模糊，这样才能既不违法，又颇为有效。

采用对比广告表现时，记住美国 BBDO 广告公司在 1975 年提出的使用对比广告应注意的四个前提是很有必要的：（1）本公司产品必须具有固定的优点；（2）竞争品牌比本身品牌在市场上占优势；（3）品牌忠诚程度低的消费者居多数；（4）不直接批评家庭主妇的判断力。

5. 类比

类比的广告表现手法是在广告中将性质、特点在某些方面相同或相近的事物与广告商品加以比较，即用人们所熟悉的事例说明广告商品较难理解的道理，或通过具体形象阐明抽象的概念，从而引出结论的一种表现方法。也就是用消费者熟知的形象，来比喻广告商品的形象或特长，以达到打动和说服消费者的目的。例如，一汽大众捷达前卫汽车的一则系列平面广告分别用不同的动物作为车的影子来类比车的某种特性，如用刺猬做影子来类比捷达车的安全防范特性，用河马类比捷达车容量大的特性，用骆驼类比捷达车低能耗和耐用的特性，用犀牛类比捷达车坚固抗撞的特性。广告将汽车抽象的性能特点与人们熟悉的动物的特性进行类比，很容易让人理解并接受。

6. 证明

证明性广告以其有力的证据来证明产品质量的真实性、可靠性。证明型广告又可分为两类：

一是感性证明，即借用一定事物，从理性的角度，用感性的表达来证明产品的功效。

二是纯理性论证，即采用当众试验，或利用科学研究的数据证明产品的质量和功效。

但是，证明型广告进行的试验经常是对产品进行的超常态实验，并非产品实际使用的环境，而且并非所有的产品都能采用这种方法，如本身就不堪一击的精雕瓷器；并非所有产品都需要采用这种方法，如质量性能不难判断的食品饮料。因此，证明型广告如果运用不当将不会引起别人注意，甚至产品演示过程的真实性还会受到受众的质疑。

7. 双面论证

在广告中充分肯定产品优点的同时，也适当地暴露产品的不足之处，这种手段称为双面论证。双面论证如能得到恰当地使用，可以获得意想不到的效果。但是，如果使用不当，也容易招来反效果。因此，在使用时需要考虑下列几个方面的条件：

（1）接受者的已有态度。一般人都愿意接受与自己的态度相一致的事物或观念，拒绝和抵触与自己态度不相吻合的观念。因此，当消费者对产品有良好的态度时，采用双面论证就没有必要。而当消费者对品牌印象不佳时，适当地暴露品牌的缺点能够有效地消除消费者的抵触心理。

（2）接受者的教育水平。接受者教育水平越高的人，习惯于采用一分为二的方式来看待事物和观念，一面之词容易遭到他们的批评。因此。双面论证比较容易被接受；相反，受教育水平较低的消费者比较容易不加批判地直接接受传媒的影响，所以一般不宜采用双面论证。

（3）接受者对品牌的知识经验。当消费者对品牌已经非常熟悉时，广告仅仅提供他们已知的品牌知识并不能改变他们对品牌的评价，此时运用诉诸同情心理、逆反心理的双面论证方法，反而可能取得较好的效果；反之，当消费者对品牌不了解或了解不多时，提供单方面的有利信息，能促使他们作出较好的认知评价。

（4）传者的可信性。当一个人被认为诚实可靠时，即使他说的是谎言，人们也可能信以为真。这时，宜采用单面论证；如果一个人不为人们所信任，即使他说的是客观事实，人们仍会带有几分怀疑。这时，采用双面论证的手法会更有说服力。

二、感性广告的表现策略

（一）感性广告表现策略的内涵

感性广告表现策略是指依靠图像、音乐、文字的技巧诱导消费者的情绪和情感，使其产生购买欲望的广告表现形式。感性表现的广告一般不作功能、价格、质量等理性化指标的介绍，而是把商品的特点、能给消费者提供的利益点，用富有情感的语言、画面、音乐等手段表现出来，在广告中融入亲情、爱情、友情等情感，通过赋予商品生命力和人性化的特点，激起消费者的怀旧或向往的情感共鸣，从而能诱发消费者对商品的购买动机。

人的情感是最丰富的，也是最容易激发的。人们购买行为的发生总是和情感活动相伴随的。特别是随着现代社会的发展，消费者越来越重视商品所带来的感性体验和情感价值，重视个性的满足、精神的愉悦和心灵的慰藉。消费者的这种情感需求越强烈，购买行为就越容易产生。感性广告的表现策略就是以此为基础的。感性广告能最大限度地满足消费者的这种精神需要。它的表现思路主要不是从商品本身固有的特点出发，而是更多地研究消费者的心理需求，运用合理的艺术表现手法进行广告创作，寻求最能够引发消费者情感共鸣的出发点，从而促使消费者在动情之中接受广告，激发购买。例如，雀巢咖啡的电视广告就较多地采用诉求于消费者情感的表现手法：丈夫出差归来，一杯咖啡送温暖；朋友欢聚一堂，共享咖啡叙友情；情人依依相对，同饮咖啡诉恋情。一句"味道好极了"在不同场景、气氛的烘托之下，使人们感受到的不仅仅是咖啡的味道，更是家庭的温馨、朋友之间的热情和恋人之间的爱情。

（二）感性广告表现策略的要点

1. 营造爱与关怀的氛围

爱与关怀是人类的感情的基础，最能引起人们的共鸣。广告中快乐、幸福、满足、温馨等容易感染消费者的氛围，主要依靠爱与关怀的主要情感因素爱情、亲情、乡情与怀旧、友情来营造。

2. 使生活富有情趣

生活中蕴含着丰富的情趣，如享受悠闲、品味幽默、满足好奇心等，它们虽然不是情感，但是可以唤起积极的心理感受，如轻松、自得、惬意等，很容易感染诉求对象，因此也是感性诉求常用的表现手段。

3. 张扬自我观念与期许

以个性化内容和个性化风格，充分展示诉求对象鲜明的自我观念与期许，个人对社会形象的向往和追求，包括个性、价值观念、自信、自豪、自我实现的感觉，是感性诉求的另一重要表现方式。

4. 利用"晕轮效应"

晕轮效应是指一个人如果被公认为具有某种优点，往往也会被认为具有其他许多优点。例如，在广告中恰当地利用名人效应，有效地利用其所具有的在大众心目中的正面形象和影响力，能够充分激发大众对广告商品的追随；在广告中突出品牌，利用名牌效应，也能产生"爱屋及乌"的效果。

5. 利用暗示，倡导流行

如果购买某种产品的风气能被广告制作者操作成为一种当今社会流行的时尚，消费者便会被这种时尚所牵引，抢着购买该产品。

（三）感性广告的表现方法

感性广告的表现技巧主要来源于日常生活中最易激发人们情感的生活细节。具体可采用以下表现方法：

1. 生活片段型

在广告中模拟某一类似真实生活中的场面，表现两人谈论或使用商品的情况，以此来证明商品给消费者带来的利益。

2. 歌曲型

歌曲型广告主要利用广告歌曲来表现广告主题，这种方式很容易引起消费者情绪和情感上的共鸣。优秀的广告歌曲不仅能引发消费者的好感，加深对广告的印象，而且还能变成这种品牌的标志，使人们一听到这种音乐或广告歌曲就能联想到这种品牌的商品。

3. 幽默型

这是一种用幽默的人物或幽默的情节表现广告内容，完成产品或服务诉求的广告表现形式。广告采用幽默化的表现策略，使广告内容生动有趣，俏皮轻松，消费者可在一种轻松、快乐、谐趣的氛围中自然而然地接受广告所传递的商品信息，很受消费者的欢迎。目前，在美国黄金时段播出的广播和电视广告中，幽默广告分别占30.6%和24.4%。

阅读资料

国外某交通安全广告

阁下驾驶汽车，时速不超过30公里，可以欣赏到本市的美丽景色；超过60公里，请到法庭做客；超过80公里，请光临本市设备最新的医院；上了100公里，祝您安息吧！

使用幽默的手法表现广告内容时，切忌出现庸俗噱头和无理取闹的场景，切忌将一切生活主题都拿来幽默，任何涉及死亡、残疾、中伤、横祸、灾难、痛苦等内容，都不宜被当作笑料来幽默，否则会使消费者产生逆反心理。

4. 恐惧

恐惧表现就是指通过特定的广告引起消费者害怕、恐惧及其有关的情感体验，从而使消费者渴望追求一种解救，自然就引向广告推荐的产品。恐惧诉求通常有理性伴随，需要巧妙地在设下恐惧之后，提供解除的方法，受众就在不知不觉中接受了广告信息。

不过，采用恐惧表现方法需要注意：（1）在恐惧诱导中不能过分地强化恐怖气氛。

（2）从一个侧面，采用新颖且易为人们接受的方式进行诉求，扣住产品特性与功能，才能达到诱导目的。（3）提供解除恐惧的方法时要诚恳，富有关怀之心。

阅读资料

怕上火，现在喝加多宝

近几年，为我们洗脑最多的广告之一就是加多宝的广告。加多宝卖的是凉茶，卖得非常好，因为它的轮番广告轰炸让中国人民都害怕上火了。

凉茶本来在广东一带流行，因为气候条件和饮食习惯，广东人三天两头就会喝凉茶，街上分布最多的除了河粉店，就是数不清的凉茶铺子。广东人是真的怕上火，喝凉茶理所当然。

但是很多北方人对上火没那么敏感，也没有喝凉茶的习惯，据说上火了都是直接吃药解决的。

加多宝最牛的地方就是把地域性的"怕上火"心理扩散到了全中国，让全国人民都对上火敏感起来，脑子里一闪过上火两个字，加多宝第一时间就跳了出来，这个产品把人们对凉茶的记忆垄断了。

为什么加多宝的广告表达的不是"上火了，喝加多宝"而是"怕上火，喝加多宝"呢？

最精华的部分当然是一个"怕"字。一个"怕"字，说得好听一点就是友情提醒，说得难听一点就是恐吓。营销者希望达到的是"温馨提醒"的效果，但是消费者接收到的只是对上火的恐惧，这种恐惧直接促进了对加多宝的购买行动。

这个"怕"字还有一个精妙的地方就是给产品做了很准确的定位。加多宝严格来说不是什么强效凉茶，而是保健品，大部分的作用是预防保健的作用，降火的功效不强。也就是说，这个产品是给没有上火的人喝的，真正上火的人喝这种产品效果不明显。正因为药效不强，所以预防保健才是它的主要功能，你可以多买一点，多喝点也没事，所以广告天天轮番播放也不要紧。

加多宝就这么简单的成功改变了人们的思维。

资料来源：http://mp. weixin. qq. com/s? __ biz = MjM5NDM1NTkzNw = &mid = 200258065&idx = 1&sn = 97ad36587339fefd784406b7b8b7a984&3rd = MzA3MDU4NTYzMw = &scene =6#rd

---

5. 夸张

在广告中，把广告要着力推荐、介绍的商品的某种特性，通过极度夸张的手法表现出来。这样一则强化了特定的诉求点，二则因夸张带来的良好传递性而增加了广告效果。

根据夸张在广告中的不同运用，广告中的夸张可分以下几类：

第一，功能特点夸张。不是直接地用通行的语汇去机械地介绍产品的性能，而是借助形象生动的语言和夸张的方法，巧妙地展示产品的特点，如茅台酒的广告："空杯尚留满室香。"

第二，产品业绩夸张。不是直接宣传产品的市场覆盖率和市场占有率，也不直接宣传售后服务如何快捷周到，但又力图把这种信息准确地传达出去。如"福特汽车，一路领先"。

第三，产品使用效果夸张。例如，某香水的广告："往身上洒一点，任何事情都可能发生"。

第四，背离常理夸张。不是完全遵循思维逻辑或自然法则去构思广告，而是发挥反自然规律的想象力。

第五，警示劝诫夸张。不直接宣传所要告诫的事项如何重要，但是却把不听告诫所导致的后果表现得触目惊心。例如，某宣传不要酒后驾车的公益广告："酒杯＋方向盘＝棺材"。

利用夸张的表现手法需要注意的是：（1）广告都必须以过硬的质量和真诚的服务作为依托，切不可脱离产品而一味夸张；（2）如何表现夸张比夸张什么更重要；（3）夸张的思维根基是想象力，夸张实际上是一种扩大的、归谬的联想；（4）夸张的战略是"抓住一点，不及其余"，不必过多考虑这一点的合理性；（5）注意受众的本能戒备心理。

6. 谐趣

谐趣性表达的广告是指运用理性倒错，寓庄于谐的表现手法，造成风趣幽默效果，引起受众乐趣，并在此心态中认知广告意向的广告形式。

阅读资料

飞利浦电动剃须刀广告

一张长满胡楂的脸，下巴的胡楂被刮成了三个小圆，广告画面的下方是飞利浦电动剃须刀的写真图像，配上了诙谐的文案：

"看唇印就知道，这是飞利浦飞快的拥吻……因为全世界只有飞利浦才有这种能耐，以独特的三刀头双刀锋干净利落地对付胡须。第一刀拉起须根，第二刀紧跟着刮下，飞利浦电须刀刮下胡子留下面子，不愧是个好手。除此以外，全新飞利浦电须刀，设计了加长的刀网罩间隙，完美的抓须力，再配合9段式刀头调整器，能依照脸部的弧度与胡子的长度，调整9种不同的深度，探囊取须自不在话下。"

谐趣广告在表现过程中要注意的是：（1）寓庄于谐，切忌离题；（2）要与受众的文化背景相贴近；（3）形象要有美感内涵；（4）追求出其不意而不媚俗；（5）标题、画面和文案互为补充，相得益彰。

7. 荒诞

荒诞在本质上是一种事实错位，其刺激是与人们常见的事物、形象具有较大差异的极端状态，这种状态使人吃惊、诧异和激动。创作荒诞广告，必须注意目标受众中是否存在接受荒诞诉求的社会心理基础。

8. 悬念

悬念广告在表现上故弄玄虚，造成一种猜疑和紧张的心理状态，驱动消费者的好奇心和强烈兴趣，然后通过广告标题或正文把广告的主题点明出来，使悬念得以解除，给人留下难忘的心理感受。有时候，悬念也通过系列广告逐渐完善和充实广告信息来实现。这种广告利用人们的好奇心，能充分调动受众对广告商品的关注度，吊足消费者的胃口，能够带来轰动效应。

阅读资料

韩后化妆品的悬念广告

2013年8月，《南方都市报》登载了一个小三"张太"叫板前任的广告，迅速引起关注了大众眼球，几乎在一夜之间家喻户晓。

前任张太：

你放手吧！

输赢已定。

好男人，只属于懂得

搞好自己的女人！

祝你早日醒悟。

搞好自己，

愿，天下无三！

张太

③

#搞好自己#

是对另外一个自己说
别偷懒
女人要爱自己更多
才可以关爱更多人

919

韩后疯狂爱购节
让女人更爱自己
9.19见！

大家争相讨论猜测到底是何剧情，是真情流露还是商家炒作？不少从业者纷纷鉴定——这是营销策划。猜测从房地产、厨卫、整形医院到化妆品，很多企业品牌都被怀疑是幕后广告主，更有多个品牌出来"认领"，一时之间热闹非凡。

在网友的猜测热浪中，微博发声了，证实此广告为韩国化妆品品牌"韩后"。并抛出其品牌理念——"搞好自己"。原来前任张太和张太实为一人，张太防贼防盗防小三，立志改变，搞好自己，要和以前黄脸婆的自己说拜拜。

当然这一广告也因"小三"问题，引来了不少争议。且不论争议的结果，单从营销角度看，这个悬疑广告是十分成功的，为品牌带来了足够的关注度，使一个默默无闻的化妆品品牌得到了极大曝光，知名度大幅提升。

资料来源：http: //mp. weixin. qq. com/mp/appmsg/show? __ biz = MjM5NTI4MTA5Mg = = &appmsgid = 10000077&itemidx = 1&sign = 1d8951dc9b5a33fb5bc096e2afbc20c9&3rd = MzA3MDU4NTYzMw = = &scene = 6#wechat_ redirect

悬念广告策略的运用应注意的是：（1）悬念广告要针对产品特征恰当地展开，一个侧面、一个相关联想都可引出悬念。（2）由于悬念广告有一个设疑然后解疑的过程，要求广告具备一定的重复出现率或稳定保持期，以便于人们仔细揣摩。（3）悬念广告在选择媒体时，一定要注意适于自身形式的连续性。不能给人造成一种悬而不决的感觉，这样广告就失去了意义。时间的延续也不宜太长，否则就会出现关注的"边际效应递减"。（4）悬念广告还要注意其夸张和离奇不能完全脱离产品的特性和广告诉求的目标。（5）广告在设计悬念时应尽量做到巧妙、自然，防止给人生硬或故弄玄虚之感。

9. 解决难题型

指广告主把消费者经常碰到的难题用夸张的手法展现出来，然后出现广告产品的形象或介绍产品的特点，以此帮助消费者解决难题。例如，小白兔儿童高级牙膏的电视广告，画面上先展现的是一只小白兔在吃萝卜前感到牙痛的痛苦表情，告知人们它遇到了难题。接着，画面转到刷牙后消除了牙细菌的小白兔在痛痛快快地啃萝卜的场景，说明它牙痛的难题得到了解决。

10. 戏剧性

即将广告编成一个节目，以此增添娱乐性，从而获得观众的注意。例如，"绿豆"八宝粥的电视广告就采用喜剧小品的形式让宋丹丹、英达和他们的儿子回答问题，从而达到广告宣传的目的。戏剧性表现手法除上述的喜剧小品外，还可用漫画、音乐、故事等灵活多变的类型。

采用戏剧性的表现手法要注意的是：（1）要在形象性的基础上突出情节；（2）情节必须与商品紧密相关，贴近主题；（3）情节设计必须单一；（4）情节表现力求生活化。

三、情理交融型广告的表现策略

（一）情理交融型广告表现策略的内涵

从上面的分析可以看出，感性广告可以拉近与消费者的心理距离，理性广告会让人更加信服；充满情感的广告语言更易打动人心，饱含智慧的广告语言则能劝服人智。在广告实践活动中，纯粹的理性诉求的广告和纯粹感性诉求的广告所占的比例都是非常少的。大部分广告都是情理交融的，所不同的只是有的偏重于理，有的偏重于情。从功能上讲，广告因其促销的功利性目的而必须攻心服智，攻消费者之心以动其情，服消费者之智以明其理，用情与理博取消费者的认同与遵从。因此，在这个感性与理性的融合越来越强烈的时代，广告诉求方式的最佳选择应该是感性与理性的融合，使广告情动人心，理服人智，情理交融。广告通过理性诉求传达产品功能利益信息，满足消费者的基本需要，又用感性诉求帮助消费者寄托某种情感、精神，消费者就会愉快地接受广告并乐于购买广告产品。例如，塔格豪尔是瑞士第五大手表制造商，其手表定位为职业运动表，其广告语"顶住压力，永不趴下"一方面表明手表的质量绝对过硬，另一方面赋予手表的拥有者一种永不言败的品质和身份，从而既满足了消费者的质量需求，又满足了他们的精神欲望。

（二）情理交融型广告表现的策略要点

1. 广告的内容：使可爱与可信相结合

理性广告以商品的实际功效为基础，追求客观的"真"，让人感到产品的可信。而感性广告以人内在的情感和价值为依据，追求主观的"善"，让人感到其可爱。广告诉求的内容只有做到理性与感性的结合，同时表现真善美，才能使消费者真正认同和接受广告信息。

2. 广告形式：使科学与艺术相结合

符号学大师皮埃尔·吉罗指出：艺术是主观的，它"借助于一种印象，即以在我们的机制和我们的心理上产生的作用来打动主体"；科学是客观的，它在于为客体组织结构。所以，只有科学与艺术融合的广告作品才能既表现客体，又打动主体。也就是说，好的广告作品传递给消费者的必须是富于美感的产品信息。

3. 广告符号：使智力注意与情感参与相结合

一件令人赏心悦目的广告作品须同时具有引人智力注意的理性知识符号和引人情感参与的情感经验符号。表现理性知识的各种广告符号，需消费者付出努力对信息进行加工处理，吸引智力兴趣，对感情经验不起作用；表现情感经验的各种广告符号，吸引消费者的情感参与兴趣，但要求注意力松弛，对理性知识不起作用。因此，广告作品中过多的理性知识符号和过多的情感经验符号都会影响到消费者对广告信息的接受。广告必须使两种类型的符号优势互补，既要吸引消费者的注意力，又要唤起消费者强烈的情感参与，从而达到最佳效果。

阅读资料

VOLVO 汽车情理交融的报纸广告

满载生机勃勃的荣誉，携带近 70 年的安全设计史，今天 VOLVO 汽车已来到中国，以其珍惜生命便是财富，热爱生活、勇于挑战的豪气，准备驶进您的生活。

这是一部令您放心的车，入乡随俗，特别针对中国道路行驶需要而制造。它不仅安全可靠、性能卓越，更巧妙地将安全性能与汽车动力完美结合，助您在人生路上，安心驰骋骋。VOLVO 汽车的外观大方，车厢内部更是宽敞典雅，令人倍感安全舒适。无论在什么场合当中，它都备受瞩目。安稳轻松地为您增添风采！每一部驶入中国大地的 VOLVO 汽车，都将享有瑞典 VOLVO 汽车公司所建立的完美维修网络为您提供原厂零配件与高质量的售后服务。现在，尽可以放心了！

点评：这则广告利用情理交融的方式，将消费者对产品所关心的内容不留痕迹地融入流畅的诉求之中，寓情于理，不仅对产品的性能、功能、定位进行了充分的宣传，而且以情动人，使受众产生情感上的共鸣，起到很好的广告效果。

本章小结

广告表现是广告创意的视觉化过程，在整个广告活动中居于中心的地位。广告表现必须遵循内容客观合法、形式新颖独特的原则，借助语言、构图、色彩、音响、肢体语言、点、线、面和附加价值等信息传递符号来进行，并解决信息内容、信息结构和信息格式的设计三个问题。

理性广告的表现策略就是诉求于受众的理智动机，提供购买理由、拟定说服的重点、注重论据和双面论证、将"硬"广告"软"化是理性诉求的主要策略要点；采用哲理性诉求、劝诱、告白、对比、类比、证明和双面论证是理性诉求的常用表现方法。

感性广告表现策略是通过诱导消费者的情绪和情感使其产生购买欲望的广告表现形式。营造爱与关怀的氛围、使生活富有情趣、张扬自我观念、利用"晕轮效应"和暗示、倡导流行是感性诉求的主要策略要点，运用生活片断、歌曲、幽默、恐惧、夸张、谐趣、荒诞、悬念、解决难题、戏剧性是感性广告的常用表现方法。

在这个感性与理性的融合越来越强烈的时代，广告诉求方式的最佳选择应该是感性与理性的融合，情动人心，理服人智，情理交融。

重要术语和理论

广告表现、广告表现的基本要素、附加价值、信息设计、理性诉求、情感诉求、情理交融型诉求、信息结构、理性广告的表现策略、哲理性诉求、感性广告的表现策略

复习思考题

1. 如何理解广告表现在整个广告活动中居于中心地位？
2. 简述广告表现的基本要素及其应用要求。
3. 请选择一则理性诉求的广告，分析其采用的主要诉求方法。
4. 请选择一则感性诉求的广告，分析其采用的主要诉求方法和效果。
5. 请以具体的广告案例比较理性诉求策略和感性诉求策略在广告传播上的不同作用。
6. 请以某一具体的广告案例分析其广告表现的主要特色，并以此说明一则成功的广告表现应该具备哪些特点？

【案例分析】

相宜本草：遇见百合 温润遇合

案例背景

相宜本草，一个诠释"本草养肤"的品牌，将汉方本草和现代科技相结合，悠久灿烂、博大精深的中医文化充满了奥妙与智慧。相宜本草深信天然神奇的中草药对皮肤有改善作用，能让肌肤内在重获健康，自然、主动而且持久地筑起肌肤外在的美丽。2012年7月18日，相宜本草邀请小宋佳为其最新推出的百合高保湿系列担当形象大使，进一步诠释"内在力，外在美"的品牌理念。同时，与互动通携手共同上演一场华丽的富媒体传播活动，让更多受众了解相宜本草新产品，并加深消费者对相宜本草品牌的认同感。

营销目标：推广相宜本草百合高保湿修护霜；提升相宜本草品牌价值，加深品牌形象，以突显其天然草本养肤的护肤理念，通过大自然的神韵给肌肤带来焕然一新的美丽。同时强调相宜本草的亲民性，旨在让人人都能拥有高品质的护肤产品，从而吸引更多关注美丽与保养的年轻女性，以提升受众对新品的认识，提高对品牌的关注度。

目标受众：25～45岁之间，月收入3000元以上，注重护肤调理，崇尚经济实用型生活方式的年轻白领，以女性为主。

传播策略

投放策略：通过兴趣等定向方式，结合通栏画中画联动、自定义视窗及底浮通栏等多重表现形式，将广告有效推送至目标受众，提升品牌曝光率，扩大相宜本草对受众的影响和冲击。

媒体策略：针对目标受众及相宜本草品牌的特点，并根据关键字匹配，投放在女性类、时尚类的网站，借此能够吸引更多用户关注相宜本草及其新品，同时加强品牌形象的宣传。

创意策略：本次广告以相宜本草"遇见百合，温润遇合"为主要诉求，以清新、水润为主要的画面风格，配以片片百合与水漾波纹，结合氧气美女小宋佳的举手投足，渲染了一种自然灵动的美

感，充分展现了相宜本草的"内在力，外在美"以及女性的温婉柔情。

表现策略

此次广告以白色和绿色为主要的色彩基调，以营造一个清新、自然的氛围，画面中片片剔透的百合与丝丝水波荡漾相得益彰，突出了整个广告水润灵动的创意风格。广告伊始的鼠标点击游戏增强了其趣味性和吸引力，通过拨开层层的百合花瓣，展现在受众面前的是一朵挂着水珠徐徐绽放的百合花，由此充分展现出百合醇厚细滑的质地，寓意温润滋养，令肌肤润泽、细滑、柔韧。

此次通过通栏画中画联动、自定义视窗和底浮通栏等多重表现形式，内容表现丰富、诉求明确，最大程度地将受众与品牌紧密结合，帮助广告效果实现最大化。直观的画面展示给消费者切身的产品体验，很好地渲染了产品魅力，充分扩大了相宜本草在女性用户中的吸引力和诱惑力，同时激发了目标受众对品牌的全新认识，进一步深化品牌信息，加强品牌记忆。

广告效果

广告投放初期，曝光超三百万，受众参与度较高，投放效果良好。

资料来源：http://www.yoka.com/column/inoherb/201312/

思考题

1. 该广告是如何表现"遇见百合，温润遇合"这一广告主题的？
2. 该广告采用的是理性广告策略还是感性广告策略？为什么？
3. 你觉得该广告的表现策略成功吗？是否有需要改进的地方？为什么？

第八章 广告表现（下）

【学习目标】

【知识目标】掌握广告的语言表现、构图表现的主要技巧；理解广告文案的结构和写作要求；了解各种修辞手法在广告文案中的应用，以及各类广告媒体表现的主要方式和策略技巧。

【技能目标】能够撰写广告文案；能够对某一广告作品的语言及构图表现的手法进行评析。

【导入案例】

七匹狼服饰：“男人不止一面”的电视广告表现

画面一开始是城市高楼群的远视背景，伴随着画外音“男人，简单两个字却承载丰富意含”出现各种类型男人的画面。后面镜头分别展现各类男人的风采：

陆川，新锐导演，执着于每个镜头，配有画外音“他们求近亦思源，锐意进取当下，更以智慧远见未来”；

张涵予，刚毅演员，奔跑在奋斗的路上，配有画外音“他们隐忍亦激扬，从容应对挑战，为梦想奋斗不止”；

张震，个性演员，拥有独特品位，画外音“他们时尚与经典，不为新潮所动，却已将流行品味成永恒”；

孙红雷，炙手可热的实力派演员，骑马英姿展现于沧海之中，画外音“他们铁骨亦柔情，知拼搏，更懂享受生活的挚情真意”；

之后，胡军款款而来，画外音“我们相信，正是男人的多面性，让他们完美诠释着人生的每一个角色”；

最后男人们出现在一个酒会中，各自散发独有魅力。画外音“以平凡之躯开创非凡成就，这就是男人，不止一面的男人。值得我们致敬的真男人”。

最后一个镜头，出现七匹狼标志和口号：“男人不止一面”。

资料来源：http://news.china.com/zh_cn/news100/11038989/20100127/15794772.html

第一节 广告的语言表现

语言是广告表现最基本也是最重要的元素。乔治·葛里宾曾指出：“广告人可以定义为把组合的文字放在一起去说服别人去买商品的人，广告的根本在于文字的力量。……就广告业而言，调查研究、媒体分配等工作是不可缺少的，它们能为所宣传的商品的未来草拟出光辉灿烂的前途。但只有文字——标题和方案，才能决定商品是否会活力十足、精神百倍地迈向成功之路。”广告的语言表现集中体现在广告文案上，广告文案是对广告语言的具体组织和运用，是广告作品中表现广告主题、传递广告信息的最主要部分。一篇精彩的广告文案能给人以极大的艺术感染，对广告作用的发挥起着无可替代的作用。正因为如此，大卫·奥格威才深有体会地说："广告是词语的生涯。"出色的广告文案能做到"不由你不信"，平庸的广告文案却是"信不信由你"。要使广告达到预期的目的，必须在广告文案的创作上下工夫。

一、广告文案的结构

（一）平面广告文案的结构

通常所讲的广告文案，一般是指平面印刷广告的文字部分。平面广告的文案一般由广告标题、广告正文、广告口号和广告随文四部分组成。

1. 广告标题

广告标题是广告作品为传达最重要或最能引起目标受众的兴趣的信息，而在最显著的位置以特别的形式（字体、色彩等）或特别的语气突出表现的语句。标题是广告作品的焦点。俗话说："看书先看皮，看报先看题。"广告标题设计得好坏是广告作品能否引人注目并产生兴趣的关键，直接影响着广告效果的好坏。心理研究的结果表明，50% ~70% 的广告效果来源于广告标题。正如大卫·奥格威所说："标题是大多数平面广告最重要的部分，它是决定读者是否阅读正文的关键所在。读标题的人平均为读正文的人的 5 倍。换句话说，标题代表着一则广告所花费用的 80% 。在我们广告行业里最大的错误莫过于推出一则没有标题的广告。"

2. 广告正文

广告正文是广告的主体部分。其主要功能是对广告主题进行展开解释和说明，对广告标题所引出的广告信息进行详细的诠释，对目标消费者展开细节诉求，从而使消费者增进对企业、产品和服务的了解和信任。广告正文既要完整地传达广告信息、进行深度的广告诉求、号召目标受众采取购买行动，又要能够展现广告风格，营造良好的广告氛围。

3. 广告口号

广告口号又称广告标语，是为了塑造广告商品的品牌形象或企业形象而提出的一句简明通俗、反复使用的宣传语句。它往往基于企业的长远利益而向消费者传递一种长期不变的观念或定位，其作用在于对消费者进行连续、反复的刺激，使其对商品的独特个性或企业的经营特色加深理解和记忆，从而留下深刻的印象。

4. 广告随文

广告随文又称广告附文，是广告正文之后的必要说明，介绍厂名、厂址、电话号码、银行帐号等信息，为消费者的购买行为起到指南的作用。

（二）电波广告文案的结构

1. 电视广告文案：故事版

故事版（Story board）又叫"故事画纲"，是电视广告的文案形式。它由一系列连环式的画幅构成，内容为电视广告中的主要动作画面（Pictures）。电视广告的表现不同于印刷广告。电视广告在进入制作前，必须通过绘制故事板的形式对讯息进行图解，将确定的创意描绘出来，用画面说明剧情，以便于从视觉效果上仔细地审视、斟酌，使广告创意更趋于丰满、完善。

　　故事板实际上是广告创意的视觉化脚本。电视广告在经过创意发想，确定了广告主题、表现素材、表现架构和表现手法等构想之后，一般是先用文字将这些构想表述出来，形成广告文案。然后，依据广告文案设计一系列连环式的动作画面，以表达一个明确的概念或营造一种印象。

　　故事板的种类有绘画的、照片的，也有用幻灯片的，通常多用绘画的。设计人员根据构想，把每一个镜头画成所要表现的拍摄过程，拍成每个镜头是静止的但却连贯在一起的影片。

　　故事版并没有统一的标准和规格尺寸，其目的主要是便于客户审查认可，以及为制作人员提供拍片依据。所以，只要客户与制作人员看得懂，能说明问题，画法和格式可以多种多样。一般包括客户名称、产品名称、画面、声音的说明、镜头之间的连接方式和拍摄方式等内容，必要的时候还需要附上创意说明。每个故事版的画幅数最好能与镜头数一致，具体的画幅数需要依据实际情况决定，只要能把广告信息充分表达出来即可。

阅读资料

万科金色家园电视广告故事版

编号	景别	画面	字幕	音效	时间
1	远景（全）	绿茵茵的草坪上，一只可爱的小狗蹦蹦跳跳，欢快地玩耍着。			
2	近景（切）	忽然，小狗停了下来。			
3	近景（全）	一只可爱的狮子狗瞪着双玻璃球似的大眼睛。（特写眼睛的神态）			
4	远景（移）	左右张望，好像在寻找什么			静音
5	近景（转）	猛然间，小狗向前急奔。（特写奔跑的脚步和身体起伏的状态）			
6	近景（全＋移）	小狗猛然停住，回头张望。（特写回头神态）			急促音乐停
7	近景（全＋转）	"Go home"，小狗撒腿狂奔。（镜头从小狗转向远方）			急促音乐起 旁白（童声）：Go home
8	近景（全）	（黑屏）"I am here"。			旁白（童声）：I am here
9	远景（全）	一个小男孩模糊的背影，带着小狗向前奔跑，远方模糊的金色一期楼房。			音乐渐缓
10	远景（全）	小狗、男孩、楼房模糊渐隐。			音乐停
11	近景（切）	（黑屏）金色家园标版现，渐隐。			旁白（浑厚男音）：万科地产

2. 广播广告文案：广告脚本

典型的广播广告文案是由人声、音效和音乐构成的，人声、音效和音乐构成了广播广告的三要素。

人声就是广告中的语言，表现为播音员的播读或广告中人物的对话，有时也表现为旁白。人声实际上是以声音的形式出现的广告词，是广播广告的核心要素。除了语言的内涵以外，人声还有音色、音调、力度、节奏等声音的表情特征。识别人声主要靠音色，不同的音色给人的心理感受不同，比如明亮的女声能让人感到青春的活力，浑厚的男声具有深沉的感觉。音调的高低可以表现人的情绪，力度的大小可以表现强调，节奏的快慢可以反映人的性格和心理状态。

音效也叫音响，指环境音响，包括自然音响，如风声、雨声、雷鸣声；环境音响，如汽笛声、大街上汽车喇叭声等；人物或动物活动的声音，如掌声、笑声、哭声、脚步声、开门声、咳嗽声等。音效可以创造一种情境、一种背景，它又可以与解说产品的人声同时存在，从而增加单位时间的信息量。

音乐一般是指广播广告中的伴奏曲和广告歌。伴奏曲基本上用在广告的开头，给听众心理上的准备，诱使听众注意。而后，乐曲可以渐渐淡去，成为播报或对话的配乐。伴奏曲有助于营造一种气氛，将听众带入广告主预期的心境当中，帮助他们理解销售讯息。广告歌曲除了营造气氛以外，还可以直接传递广告信息。

广播广告的脚本一般包括以下内容：客户名称、产品、媒介、描述（长度和广告类型）、播出时间、脚本主题、脚本陈述。其中，前六项内容一般写在脚本的左上角，只是起到识别的作用。脚本陈述放在它们的下面，是脚本的核心内容。

音效部分要另起一行，并在底下画线，以提醒制作人注意，并表示它们在广告中的地位。如果音响必须在某行的对话中出现时，可以用省略号表示，然后再从头写一行说明音响的内容。在下面一行对话开始前加上省略号以表示恢复对话。音乐内容和音响效果作同等情况处理。

广告中的每一位演员都必须注明角色，包括播音员这个角色。至于是否使用播音员，根据创意的方式来具体决定。

应尽量注明音调要求，比如要求播音员或其他角色是以生气的、滑稽的、讽刺的，还是其他方式念（说）出来。如果不能成功地达到所要求的表达方式或不能表现出特殊的声音，这个广告的效果就会大打折扣。

阅读资料

《纵贯线》广州演唱会广播广告脚本

时长：30 秒

风格：回味

角色：男生

《童年》片段（池塘边的小树上……）

旁白：罗大佑

《鬼迷心窍》片段（是鬼迷了心窍也好……）

旁白：李宗盛

《亲亲我的宝贝》片段（亲亲啊我的宝贝……）

> 旁白：周华健
>
> 《爱的初体验》片段（如果说你要离开我……）
>
> 旁白：张震岳
>
> 《出发》音乐（出发啦……）
>
> 旁白：华人第一天团——纵贯线，用音乐镌刻我们的青春、我们的记忆、我们的爱。
>
> 纵贯线广州演唱会，8月18日唱响广州天河体育中心，广州人民广播电台汽车音乐广播与您激情共赏。详询：400-8863-168，订票热线：020—28855263。

二、广告文案的写作

（一）广告标题的写作

广告标题是整个广告文案乃至整个广告作品的总题目，它为整个广告提纲挈领，将广告中最重要的、最吸引人的信息进行富于创意性的表现，以吸引受众对广告的注意力；它昭示广告中信息的类型和最佳利益点，使他们继续关注正文。人们在进行无目的阅读和收看，特别是在阅读报纸、杂志等选择性、主动性强的媒介时，对标题具有非常高的关注率。因此，掌握标题的写作技巧至关重要。

1. 广告标题的类型

广告标题从内容层次分，可分为引题、正题和副题；从广告版面上分，可分为通栏标题、大标题、栏题、边题；从广告标题的形式和内容上分，可分为直接标题、间接标题和复合标题。

（1）直接标题，即以简明的文字直接体现广告的中心思想或一语点明广告主题的标题，一般以品牌名称、产品的功能利益等作为标题，受众不需阅读正文就能明白广告的主旨。其特点是单刀直入，简洁明了。例如，"中国人的'红旗'"（红旗轿车广告）、"唐时宫廷酒，今日剑南春"（剑南春酒的广告）、"阅读《时代》，就能理解时代"（美国《时代》杂志广告）等。

（2）间接标题，即不直接揭示广告主题，而是以间接方式宣传产品的特点和功能的标题。这种标题一般用词讲究，富有趣味性、哲理性，充满诗情画意，具有很强的艺术性。其诉求方式往往委婉含蓄，或兜圈子，或留空档，或迂回曲折，或意在言外，给人以巨大的想象空间和回旋的余地。例如，"金光灿烂，优雅迷人"（戴宝乐手表广告）、"拥有，才有价值"（招商银行信用卡广告）、"工欲善其事，必先利其器"（长工牌焊接切削工具广告）。

（3）复合标题，又称多重标题，是将直接标题和间接标题组合在一起的标题，一般由引题、正题和副题组成。引题也叫眉题，一般放在正题的上面，起到交代背景、烘托气氛、引出正题的作用；正题也叫母题、大标题，主要说明广告的中心思想和核心内容；副题也叫辅题，一般放在正题的下面，起到补充说明正题的作用。复合标题可以传递更多的广告信息，对受众进行多重层次、多种接受心态的诉求。复合标题的形式有以下几种：

① 引题 + 正题。例如：

引题：用健康的自我，跨越叛逆的误区

正题：UP新势力，我做得到

引题导出了诉求对象的基本立场，正题进一步凸显其特立独行的个性选择。

② 正题 + 副题。例如：

正题：西凤酒

副题：送客亭子头，蜂醉蝶不舞，三阳开国泰，美哉柳林酒。

③ 引题 + 正题 + 副题。例如：

引题：四川特产，口味一流

正题：天府花生

副题：越剥越开心

2. 广告标题的写作形式

（1）新闻式标题。这是把广告信息当作新闻来处理的标题。这种标题以告知公众时效性信息为主要内容。时效性信息包括新产品的推出、老产品的改进、旧产品的新用途等。采用新闻式标题的先决条件是，广告信息本身必须具有新闻价值，必须是真实的、新颖的事物或事件的产生。常用的词语多为形容词和副词，如令人惊奇的、即将推出的、隆重推出、闪亮登场、第一、首次等。例如，"非运动减肥新方法"、"中国移动通信，翻开新的一页"等。写作这一类标题，一定要善于抓住商品和劳务的新特点，使用真正有新闻价值的广告内容，并采用具有新闻特色的广告语言。

（2）悬念式标题，即在标题中设立一个悬念，迎合受众的好奇心以吸引其注意力的广告标题。在标题中设置悬念，可以使受众首先产生好奇、疑惑之感，然后为了寻根求源而把整个广告作品读完，并加以思考，从而对广告留下深刻印象。例如，以色列航空公司为宣传其采用了速度更快的飞机所做的广告：一张大西洋的地图被撕下20%，图片旁边的广告标题是："从12月23日起，大西洋的面积将缩小20%。"这一标题新颖独特，让人充满好奇。

（3）提问式标题。这是一种通过提问和回答的方式来吸引受众注意力的表现方式，常用词汇包括：难道……？谁不愿……？谁能……？怎能……？为什么？怎么样？等等。具体表现为两大类，设问式和反问式。设问式一般又有两种类型，一种是在标题中自问自答，另一种是在标题中设问，在正文中回答。例如，某化妆品广告的标题："女人，你追求什么？"某鞋子的广告标题："鞋上有342个洞，为什么还能防水？"

（4）夸耀式标题，即对广告商品或服务的特征、功能、市场表现等进行适度、合理的赞许、炫耀。采用这种标题，能引起消费者的兴趣，但要注意把握分寸，不可过分自吹自擂、自我陶醉，否则会引起消费者的反感。例如，"名牌冰箱香雪海，美观大方够气派""致力于创造中国最高档次名牌表——蓝宝石""600岁五粮液，万世流芳"等。

（5）建议式标题。采用建议或劝导的语气，采用鼓动性的祈使句，建议、劝诱消费者接受某种产品或服务的广告标题。建议式标题的常用词汇包括：请、千万不要、让、试一试、无论如何等。例如，康齿灵牙膏广告的标题："牙痛不是病，痛时要人命。要想治牙痛，请用康齿灵。"某儿童服装商店广告的标题："让祖国的花朵更加绚丽多彩"等。

（6）论断式标题。在标题中陈述一个事实，或一种主张的广告标题。美国派克笔的一则广告是一张总统正在批阅文件的照片，旁边的广告标题为："总统用的是派克。"该标题陈述了一个事实；一则航空公司的广告的标题为："飞机的速度，卡车的价格"，该标题直接陈述了其独特的经营风格。

（7）对比式标题。将产品与别的产品或自己过去的产品从质量、价格、服务等方面进行比较的标题。一般有三种类型，一是与自己过去的产品比较，如英国明顿刮脸刀广告的标题："从前每片刮 10 人，后来刮 13 人，如今可刮 200 人。"二是与同类所有产品的相比较，如某牌香皂广告的标题："当所有的香皂都无能为力时"。三是与同类中某一产品比较，如王安电脑广告的标题："用风吹走 IBM。"写作对比式标题要特别注意避免诋毁他人或别的产品，以免导致纠纷。

（8）承诺式标题。也叫利益式标题，其特点是在标题中直接向受众承诺某种利益和好处，一般包括物质利益承诺、身体健康承诺和精神满足承诺等。该类标题的常用词汇有：免费、优惠、方便、减价、附赠、花费最少、满意等。这种标题具有极大的吸引力和促销力。例如，可口可乐广告的标题："喝可口可乐，令你精神健朗"，LG 冰箱广告的标题："噪声听不见，省电看得见！"

（9）实证式标题。用证言或数据的形式进行表现的广告标题。这类标题因其采用名人或普通消费者的证言、科学可靠的数据而具有很强的实证性，具有很强的吸引力。例如，一瓶精制色拉油广告的标题："十粒大豆一滴油"；裕隆汽车广告的标题："15 张笑脸坐满一车厢。"

（10）格言式标题。用简洁的、富有号召力的和哲理性的短语形成广告标题。这类标题常与广告口号相互转化，既是广告标题，又可作广告口号。例如，东方航空公司广告的标题："传承东方文明，传播东方魅力"；某品牌手表广告的标题："成功在于运用时间的精确"；欧米茄手表广告的标题："见证历史，把握未来。"这些标题都语言凝练，饱含着深刻的哲理。

广告标题的写作方法还有许多，如故事式、抒情式、假设式、否定式、对话式、双关式等，各有特色，各有要求，在此不再一一赘述。

3. 广告标题的写作要求

广告标题要真正有效地发挥其作用，在写作上要注意以下几方面：

（1）突出主题，标出新意。在写作广告标题时，要注意把广告信息中最重要、最精彩的部分突出出来，如商品的品牌、产品的独特功能、企业独特的经营策略等；

（2）简洁精练，引人注目。广告标题要简洁凝练，字数最好控制在 12 个字以内，字体应区别于广告正文的字体，字号要偏大，且要放在耀眼醒目的位置。

（3）题文相符，互为一体。广告标题要符合广告创意的要求，不能脱离广告主题，不能为追求新奇效果而与广告内容游离，导致文题不符。文题相符，必须使广告标题所表达的意思与整个广告内容一致，使广告标题所作出的结论与广告主旨一致，使广告标题与广告构图的内容及风格一致。

（4）感情真挚，好懂易记。要使广告标题与消费者的兴趣、情感相联系，容易引起共鸣。遣词造句要尽量避免晦涩难懂，故弄玄虚，要生动活泼，富有韵味。

阅读资料

大卫·奥格威：广告标题写作的十大原则

1. 标题好比商品的价码标签。用它来向你的潜在买主打招呼。若你卖的是彩色电视机，那么在标题里就要用上彩色电视机的字样。这就可以抓住希望买彩色电视机的人的目光。若是你想要做母亲的人读你的广告，那在你的标题里要用母亲这个字眼。不要在你的标题里说那种会排斥你的潜在顾客的话。

2. 每个标题都应带出产品给潜在买主自身利益的承诺。

3. 始终注意在标题中加进新的信息。因为消费者总是在寻找新产品或者老产品的新用法，或者老产品的新改进。

4. 其他会产生良好效果的字眼是：如何、突然、当今、就在此地、最新到货、重大发展、改进、惊人、轰动一时、了不起、划时代、令人叹为观止、奇迹、魔力、奉献、快捷、简易、需求、挑战、奉劝、实情、比较、廉价、从速、最后机会等。在标题中加进一些充满感情的字就可以起到加强的作用。

5. 读广告标题的人是读广告正文的人的 5 倍。因此，至少应该告诉这些浏览者，广告宣传的是什么品牌。标题中总是应该写进品牌名称的原因就在这里。

6. 在标题中写进你的销售承诺。

7. 在标题结尾前，你应该写点诱人继续往下读的东西进去。

8. 你的标题必须以电报式文体讲清你要讲的东西，文字要简洁、直截了当。不要和读者捉迷藏。

9. 调查表明在标题中写否定词是很危险的。

10. 避免使用有字无实的瞎标题。

资料来源：大卫·奥格威《一个广告人的自白》，中信出版社 2008 年版

（二）广告正文的写作

广告正文是广告作品中直接承接广告标题，对广告信息进行展开说明，对广告受众进行深度说服的语言文字，其内容主要包括：对产品的品种、性能、特点、使用方法等进行介绍，对产品的组成成分、制作过程进行说明，对消费者的利益和责任进行承诺等。

1. 广告正文的结构

广告正文的层次结构，一般包括开端、中心段和结尾三部分。

开端是正文的开头语，是正文与标题之间的连接点，起到承上启下的作用。开端应该自然承接标题的话题，以继续保持目标受众的兴趣。

法无定法。正文开头的写作模式并不固定，只要能够衔接标题，抓住受众的兴趣即可。表 8-1 是几种常用的广告开端的写作特点。

表 8-1　常用开端的写作技巧

方式	特　点
概括式开端	概述广告主题或广告的主要内容，使受众对广告的内容有大概了解
提问式开端	以提问的语气开头，提问的内容是广告宣传的主要内容，也是受众需要的答案
声明式开端	在开头部分直接表明企业的服务宗旨，表明乐意为公众服务的愿望，能直接拉近企业与公众的距离
陈述式开端	采用陈述背景、理由的方式开头，概括地交代发布广告的原因、目的和根据等。多采用"根据……""为了……"等介词结构

中心段部分是广告的精华，是关键性的、有说服力的证据或立论，证实广告所提出的事实，支持广告所提出的主张，充分阐释广告商品的独特优势。中心段可长可短，但都要将诉求重点明确传达，而且在诉求中还可以交织行动建议。中心段内容较多，写起来要避免把所有的内容一一罗列，应该有较强的逻辑性，抓住消费者的消费心理，激发消费者的兴趣，从而使消费者接受广告诉求的主张，增强广告的说服力。

结尾是广告正文的结束部分，内容一般是诱导顾客采取购买行为，用带有鼓动性的语言，敦促消费者采取购买行动。同时可说明商品价格、订购方法、维修及服务承诺等。结尾是正文的结束部分，要写得简短有力，起到总结全文的作用。结尾的写作有多种方式。表8-2是常见的几种结尾的写作技巧。

表8-2　常用结尾的写作技巧

方　式	特　　点
强调式结尾	在结尾部分以显著的文字突出广告的宣传主题和特色
服务式结尾	在结尾表达对目标顾客服务的愿望
决心式结尾	在结尾表达提高产品质量或服务水平的决心
祝愿式结尾	在结尾表达对目标对象的良好祝福
祈使式结尾	在结尾以鼓动、号召、建议的语言敦促目标顾客采取购买行动
总结式结尾	在结尾总结广告正文的内容

除此以外，广告正文的结尾还有展望式、抒情式、说明式、设问式等多种形式，在此不一一赘述。

2. 广告正文的表现形式

由于广告的目的各不相同，广告正文的具体内容也就丰富多彩，千变万化。有的是对广告标题承诺的阐释或证实，有的是对产品或服务特性的说明，有的是传递促销活动的有关信息，有的是传递企业的经营理念和经营特色等。因此，广告正文的写作也就没有一个固定的模式。但撰写正文应讲究一些技巧，从而使正文更加有趣味、有情调、有说服力。以下是广告正文几种典型的表现形式：

（1）简介体正文。以简介为主要表达方式的广告正文。这种形式以人们对事物的理性认识规律为基础，或平铺直叙地介绍产品的特点和功能，或用逻辑推理的方式阐述道理，来说服消费者。该类型文案重事实、重证据，不加任何修饰，不以技巧和独特性取胜，其魅力在于内容本身。

阅读资料

瑞士欧米茄手表报纸广告文案

标题：见证历史　把握未来

正文：全新欧米茄碟飞手动上链机械表，备有18K金或不锈钢型号。瑞士生产，始于1848年。对少数人而言，时间不只是分秒的记录，亦是个人成就的佐证。全新欧米茄碟飞手表系列，将传统装饰手表的神韵重新展现，正是显赫成就的象征。碟飞手表于1967年首度面世，其优美典雅的造型与精密科技设计尽显贵气派，瞬即成为殿堂级的名表典范。时至今日，全新碟飞系列更把这份经典魅力一再提升。流行的圆形外壳，同时流露古典美态；金属表圈设计简洁、高雅大方，灯光映照下，绽放耀目光芒。在转动机件上，碟飞更显工艺精湛。机芯仅2.5毫米薄，内里镶有17颗宝石，配上比黄金罕贵20倍的铑金属，价值非凡，经典时计，浑然天成。全新欧米茄碟飞手表系列，价格由八万至二十余万元不等，不仅为您昭示时间，同时见证您的杰出风范。备具纯白金、18K金镶钻石、18K金，及上乘不锈钢款式，并有相配衬的金属或鳄鱼皮表带以供选择。

广告语：欧米茄——卓越的标志

（2）对话体正文 。通过广告中人物的对话与互动展开诉求，在人物之间的对话过程中，自然而然地传达出广告信息。

阅读资料

湘泉酒广播广告文案

（乡村风情：小桥流水、鸟鸣、牛叫……）

女：湘泉，一段难于忘怀的岁月。

男：湘泉，一种永不磨灭的情愫。

女：湘泉，一股温暖人心的甘泉。

男：由湘泉集团和酒鬼股份有限公司出品的湘泉系列酒，含酒鬼、湘泉、神鼓等十余种佳酿。

（倒酒声）

男：湘泉系列，酒中无上妙品。

女：温暖人生的甘泉。

男：永不磨灭的情愫。

女：难于忘怀的岁月。

合：人生百年，难忘湘泉。

（3）证明体正文。运用产品或企业的获奖证书、消费者对产品的褒奖、专家的鉴定结论等来证明产品质量或企业的实力。

阅读资料

汰渍洗衣粉广告文案

旁白：源自美国的清新洁丽，今已登陆中国，以先进科技向污渍挑战，全新汰渍洗衣粉，清洁、清爽、清香。

家庭主妇：要不是亲身体验，我还不相信呢！祖父六十大寿，在我家院子大摆宴席，我丈夫的新衬衫就把各种美味一一记录，要是洗不干净，好好的一件衣服，就要泡汤了。咳！试试广告介绍的全新汰渍洗衣粉吧！

真想不到它的清新洁丽，能够那么快发挥作用，把污渍和汗味消除得如此彻底，衣服恢复干净，还有香味呢！我丈夫很高兴。谢谢！

旁白：全新汰渍洗衣粉，清洁、清爽、清香。

（4）幽默体正文。用幽默的语言，轻松诙谐的语言风格来表现广告信息的形式。这种形式具有简单而强大的穿透力，它将深层寓意包含在轻松、风趣、机智和戏谑中，使人们在开心的欢笑中不知不觉地接受广告诉求的信息，具有"润物细无声"的效果。

阅读资料

DIPLOMA 奶粉广告文案

标题：试图使他们相会？

正文：亲爱的扣眼，

你好，我是纽扣，

你记得我们已经有多久没在一起了？

尽管每天都能见到你的倩影，

> 但肥嘟嘟的肚皮横亘在你我之间，
>
> 让我们有如牛郎与织女般地不幸。
>
> 不过在此告诉你一个好消息，
>
> 主人决定极力促成我们的相聚，
>
> 相信主人在食用 DIPLOMA 脱脂奶粉后，
>
> 我们不久就可以天长地久，永不分离。

（5）抒情体正文。以抒情为主表达方式。它立足于渲染一种浓浓的情感氛围，激起目标受众情感上的共鸣，以情感人，从而对广告商品产生美好的联想，形成强烈的消费欲望。

阅读资料

中华汽车电视广告文案

如果你问我，这世界上最重要的一部车是什么？那绝不是你在路上能看到的。

30 年前，我 5 岁，那一夜，我发高烧，村里没有医院。爸爸背着我，走过山，越过水，从村里到医院。爸爸的汗水，湿遍了整个肩膀。我觉得，这世界上最重要的一部车是——爸爸的肩膀。

今天，我买了一部车，我第一个想说的是："阿爸，我载你来走走，好吗？"

广告语：中华汽车，永远向爸爸的肩膀看齐。

（6）故事体正文。通过讲述一个与广告信息密切相关的故事来传达广告信息的形式。它用叙述的方式将人物经历、故事情节表现出来。其特点是以故事的发生、发展过程激发受众的兴趣，又以故事中的事件的处理和产品介入所获得的结果来说服受众。

阅读资料

浙江乐泉古酒的广告文案

相传两百多年以前，浙江省萧山县赭山镇有一位姓陆的秀才，在自家园里挖了一口深井，竟有六股泉水同时涌入井里。井水源源不断，水质清澈透明，味道清甜，在满满一碗水中投入六枚铜板，水却不会外溢。用这水沏茶，茶杯上也不留茶迹。当时有个恶霸企图霸占这口井，陆秀才不畏强暴，同恶霸展开了斗争。他临死前，为保住了这口井感到欣慰，嘱咐子孙将这口井取名叫"乐泉"。

现在萧山第四酿酒厂在乐泉边上又打了一口深井，用乐泉水制成的乐泉古酒味道醇厚，甜美可口，是酒席宴上理想的饮料。

欢迎各大公司、酒家、饭店到厂品尝选购。

（7）诗歌散文体正文。以诗歌、散文的形式宣传广告商品的形式。这种形式的正文想象丰富，感情浓郁，意境优美，语言亲切感人，是品味较高的广告文案形式。

阅读资料

宝来汽车平面广告文案

标题：奔跑，奔跑者之间的语言

正文：他，他们，天生的运动者。

以奔跑为生，以奔跑为乐，

以奔跑为表情，以奔跑为语言，

以奔跑为态度，以奔跑为价值。

> 不以物喜，不以己悲；
> 平凡态度，超越平凡。
> 宝来，超越平凡。
> 广告口号：驾驶者之车

除以上几种类型以外，广告正文的表现形式还有许多，如歌曲体、相声体、对联体、论说体等。限于篇幅，此处就不再一一介绍了。

3. 广告正文的写作要求

为了有效地发挥广告的作用，广告正文的写作必须遵循以下原则：

（1）直截了当。沟通越直接，广告的效果越大。正文的写作要能直接回答广告商品能为消费者带来的利益。

（2）真实可信。广告正文要用事实说话，有理有据，不能脱离企业或产品的真实情况。文学性的语言可以使用，但避免过度夸张，如"誉满全球""享誉中外"等。

（3）通俗易懂。广告正文应易读易记。特别是对专业性很强的内容更要力求通俗易懂，让消费者真正明白广告商品所能够带来的实际利益。

（4）长短适度。长短不是问题，问题的关键在于内容能否吸引目标受众。

阅读资料

大卫·奥格威谈广告正文的写作原则

（1）要直截了当地用准确的语言来写作；

（2）不要用最高级的形容词、一般化字眼和陈词滥调，要讲事实且把事实讲得引人入胜；

（3）要经常运用用户经验谈广告信息；

（4）向读者提供有用的咨询或者服务而不仅仅单纯地讲产品本身；

（5）文学派的广告无聊；

（6）避免唱高调；

（7）用消费者的通俗语言写作文案；

（8）不要贪图写作获奖广告文案；

（9）衡量优秀广告文案人员的标准是看他们使多少新产品在市场上腾飞而不是用文字娱乐读者。

资料来源：大卫·奥格威：《一个广告人的自白》，中信出版社 2008 年版

（三）广告口号的写作

广告口号又称广告标语，是为加强受众对企业、商品或服务的印象而在广告中长期、反复使用的，旨在向消费者传达一种长期不变的观念的语言。广告口号往往体现广告的定位、形象和主题。好的广告口号能被人们口口相传，甚至成为人们的口头禅，对于提升企业或品牌形象具有重要作用。

1. 广告口号与广告标题的区别

广告口号与广告标题很相近，容易混为一谈。但两者具有不同的形式和作用，需要注意区分，具体见表 8-3。

表8-3　广告口号与广告标题的区别

区别＼对象	广告口号	广告标题
使用目的不同	为了强调企业、商品或服务的一贯性的、长期的印象。	为了使广告引起受众的注意，并阅读广告正文
表现内容不同	一般是企业的特征、经营理念或经营特色	一般是广告正文内容的概括性表达
表现风格不同	口语化风格，自然、生动、流畅，朗朗上口、节奏感强的一句话	可以口语化，但更倾向于书面语言风格，可以是一个词、词组或句子
使用频率不同	使用期限长、范围广，经常被长期、反复使用	使用期限短、范围窄，经常一次性使用
放置位置不同	与正文放在一起，放在广告作品最醒目的地方，位置比较灵活	可以单独使用，但一般多放在广告正文的前面

　　广告口号和广告标题之间经常会出现两者互转的现象，即广告标题就是广告口号，广告口号就是广告标题的现象。这种情况一般在无标题文案或无口号文案中出现。因此，写作中既要注意广告口号自身的独特性，也要注意它在互转状态下的特殊性，使其在互转状态下能够相互兼顾。

　　2. 广告口号的类型

　　不同的广告口号具有不同的宣传重点。企业在制定和实施广告战略时，通常会考虑把广告口号的侧重点放在哪一个方面，并会根据不同时期的战略需要进行调整。常见的广告口号的类型见表8-4。

表8-4　广告口号的类型

类型	特　点	实　例
树立形象型	表现企业的经营理念或品牌价值，其目的是建立一个让目标受众信任、赞赏的企业或品牌形象	承诺于中，致信于任——中信银行广告 新锐，新知，新见——新快报广告
观念表现型	向消费者倡导某种观念或消费方式，从而创造和引导消费时尚	不买贵的，只买对的——雕牌洗衣粉广告
优势展示型	表现企业、商品或服务的优势，包括技术优势、质量优势、价格优势、服务优势等	坐地日行八万里，神州内外收眼底——《中国旅游日报》广告 包罗万象，放眼天下——中央电视台
承诺利益型	向受众承诺使用商品或接受服务的利益，包括物质利益和精神利益	长效保护，拒绝蛀牙——中华牙膏广告

类型	特　　点	实　　例
唤起情感型	用某种情感（亲情、爱情、友情、乡情等）向受众呼唤、宣泄、倾诉，以获得受众的共鸣	同声同气，酒逢知己——金牌马爹利广告 我的眼里只有你——娃哈哈纯净水
号召行动型	直接对用祈使性语句对目标受众发出号召，建议其参与或支持某种行动	汽车要加油，我要喝红牛——红牛饮料 请喝可口可乐

3. 广告口号的写作要求

如前所述，广告口号是为了加强受众对企业、商品或服务的印象而在广告中长期、反复使用的一种简明扼要的口号性语句，它基于长远的商业利益向消费者传达一种长期不变的观念。因此，广告口号在写作上必须遵循以下要求：

（1）简单易记，朗朗上口。这是广告口号写作的最重要的要求。广告口号主要是通过口头传播来提升企业形象和品牌形象的。因此，要充分拥有口语的表现风格，且有音韵之美、流畅之美，富有韵律感和节奏感。不能使用过于书面化的语言和生僻的词汇，不能无区分地使用地方方言，语言不能粗俗、苍白。

（2）突出个性，彰显特征。广告口号出现在广告组合的每一种广告形式之中，是整个广告的核心，它鲜明地体现广告的定位和主题，是广告的灵魂所在。因此，它只有与众不同、个性突出，才能成为消费者认知、识别广告商品的标志。正如著名广告人 J. W. 克劳福特所说："永无休止地寻找新的思想，永无休止地寻找与众不同的表达这种思想的方法。"突出个性的一个有效方法就是在广告口号中自然地嵌入企业或品牌名称，如"百事可乐，年轻一代的选择""海尔，真诚到永远"等。

（3）把握趋势，鼓动性强。为了使广告口号能够长期使用，必须对社会和行业发展的趋势有比较准确的预测，对企业自身未来的专业化或多元化的走向战略走向有比较准确的预测，从而使广告口号既能顺应消费发展的大趋势，又能始终恰当地反映企业的经营特色。这要求广告口号必须富含哲理，具有启迪性、前瞻性和鼓动性，能产生持久的影响力和强大的竞争力。

（4）情感渗透，正面宣传。广告口号在一定程度上担负着使一般受众转化为广告商品的现实消费者，使普通消费者转化为品牌忠诚者的使命。因此，广告口号必须准确把握消费者的生活习惯和心理需求，从正面进行诉求，使企业形象或品牌形象得到鲜明而有力的塑造，对受众进行强烈的情感渗透，从而形成浓烈的亲和力和感染力。

（5）符合规范，避免模仿。广告口号必须符合语言规范，诸如"衣衣不舍"（某服装口号）、"鳖无所求"（某口服液口号）、"净如人意"（某去污剂口号）等滥用谐音、肢解成语的做法，是一种污染社会语言环境的不良行为。同时，广告口号要独具特色，盲目模仿是出不了杰作的。诸如某洗衣机的口号"静静地洗，洗得净净"是对台湾吸尘器广告口号"静静地吸，吸得净净"的模仿；某服装的广告口号"身服心服"是对台湾矿泉水广告口号"口服心服"的模仿。这样的模仿总给人陈词滥调、似曾相识的感觉，难以给目标受众留下深刻的印象。

（四）广告随文

1. 广告随文的内容

又称附文，是广告中传达购买商品或接受服务的方法等基本信息，促进或者方便诉求对象采取行动的文字，一般出现在广告的结尾。广告随文的内容包括：（1）购买商品或获得服务的方法；（2）权威机构证明标志；（3）用于接受诉求对象反映的热线电话；（4）网址；（5）直接反映表格；（6）特别说明，如"产品以实物为准，图形仅供参考"、"保留活动解释权"等；（7）品牌（企业）名称与标志等。广告随文起到补充广告正文，促成商品销售，强化品牌印象的作用。

2. 广告随文的写作方法

广告随文的写作可以选择以下方法：

（1）附言法。可以使用比较个性化的语言将随文写成简短的附言，以增加随文的亲切感，如"如果您希望了解更多关于××的情况，可以按照下面的地址给我们写信""如果您在××日之前购买××产品，我们将有特别的礼物奉送给您"等。

（2）表格法。随文以简单的表格来表现，如"消费者意见表""参加抽奖活动报名表"等。由于表格比较直观，可以取得较好传播的效果。

（3）常规法。将前述的随文的内容常规地列在正文后面。

（4）标签法。将随文写成一个简短的、明确的标签，在文案中用方格、虚线等形式标明。

3. 广告随文的写作要求

广告人员在撰写广告随文时，下面几条必须牢记在心：

（1）突出关键，防止遗漏。广告随文最忌讳罗列太多不必要的内容，使消费者难以快速从中获取有价值的信息。写作广告随文必须突出真正具有促销作用、强化消费者的信心的关键性内容，特别是不要遗漏具有较强说服力的重要内容（如权威机构的认证等）。

（2）风格统一，协调一致。广告随文的写作风格应与广告标题、广告口号和广告正文保持一致，与广告文案的整体风格相协调。

（3）简洁精练，避免喧宾夺主。广告随文是广告正文的补充，因此一般比较简短。这就要求在写作时要使用精练的语言、简洁的表述，不占过多篇幅，以免喧宾夺主。

（4）仔细核对，准确无误。广告随文中的地址、电话、网址、交通方式等信息必须准确无误。因此，写作时必须仔细核对，确保不出现任何错误。

三、广告语言的修辞技巧

广告文案要有效地传递信息，必须使广告语言醒目、生动，妙趣横生，引人入胜。这要求广告文案创作人员必须对文稿的语言进行设计和修饰，巧妙地运用修辞技巧可以增加广告文案的可读性、趣味性、形象性和感染力，可以更好地帮助受众记忆、联想和回忆，从而更好地、更有效地实现传播目的。因此，在广告文案的写作中，运用修辞技巧进行写作，是使广告文案散发出独特魅力的有效方式。广告文案写作中常用的修辞方式有比喻、排比、感叹、对偶、双关、飞白、回环、顶真等。

（一）比喻

比喻是广告文案写作中最常用的修辞方式之一。它是依据广告传播的信息主体与另一事物之间的某种相似性，用另一事物来比况该信息主体的修辞方式。运用这种修辞方式，可以把抽象陌生的事物表现得形象亲切，化平淡无奇为生动有趣，加深受众的印象，实现广告的目的。

阅读资料

比喻广告实例

1. 历经考验，稳如泰山。 ——中国银行广告
2. 只要一点点，清水变鸡汤。 ——味全味精广告
3. 古有千里马，今有日产车。 ——日产汽车广告
4. 滴水汇大海，垒土积高山。 ——银行储蓄广告

（二）排比

排比是使用频率很高的一种修辞方式。它是用三个或三个以上结构相同或相似、意义相关、语气一致的的词组或句子，来加强表达效果的修辞方式。这种方式运用得好能够在视觉上形成强大的冲击力，在语气上形成逼人的气势，使受众在不知不觉之中被感染、被吸引。

阅读资料

排比广告示例

1. 山之青，水至清；源之静，水至净；雾之轻，水至淳。——千岛湖纯净水广告
2. 春季给您带来沉醉，夏季给您带来欣慰，秋季给您带来甜美，冬季给您带来回味。——新飞冰箱广告
3. 艳艳浓水绿，鲜鲜玻璃绿，娇娇鹦毛绿，嫩嫩青葱绿，浓浓菠菜绿，条条丝瓜绿，明明阳俏绿，点点梅花绿，亮亮松柏绿，淡淡湖水绿，静静荫花绿，闪闪祖母绿。

——某金饰店广告

（三）感叹

感叹是一种用呼声或类似呼声的词句表达含义的修辞方式。在广告文案写作中运用感叹，能增强文案的情感性，拉近与受众的距离，感染受众，从而实现广告目的。

阅读资料

感叹广告示例

1. "味道好极了！" ——雀巢咖啡广告
2. "世界最薄，舒服极了！" ——博士伦隐形眼镜广告

（四）对偶

对偶是一种可以增强广告文案的艺术性和趣味性的修辞方式。它是通过把两组字数相等、结构相同或相近的词句成对比地排列在一起，来表达相同、相关或相反的含义的修辞方式。在广告文案的写作中恰当地运用对偶句，可以使广告文案句式整齐，音韵和谐，文意流畅，文气饱满，看起来美观醒目，读起来朗朗上口，听起来和谐悦耳。这样的文案不仅有利于满足受众的阅读心理，同时又显示了文案背后积淀的文化底蕴。

阅读资料

对偶广告示例

1. 欲知世上丝纶美，且看庭前锦绣鲜。——丝绸店广告
2. 面似银蛇盘中舞，馍如玉兔笼中蹲。——面食馆广告
3. 一片深情，国际友好织彩带；
   十分诚意，民间往来架玉桥。——航空公司广告

（五）双关

双关是一种可以使广告文案具有含蓄美和幽默感的修辞方式。它是通过借助语音或词意的联系，故意使语言关联到两种事物，使语句构成双重意义的修辞方式。运用这种修辞方式写作广告文案，可以使广告文案具有委婉含蓄、幽默风趣的特点，可以收到一石二鸟、一箭双雕的效果。但要注意的是，运用双关写作广告文案时，相关联的两种含义要自然、贴切，否则会弄巧成拙，适得其反。

阅读资料

双关广告示例

1. 开车打手机，天堂说话就到。——交通安全广告
2. 让每个家庭拥有平安。——中国平安保险广告
3. 开开衬衫，领袖风采。——开开衬衫广告
4. 你的健康是天大的事。——天大药业广告

（六）飞白

飞白是一种故意运用白字的修辞方式。"白字"即"别字"。有意将词语写错、读错或故意仿效错误的词语的方法，便是飞白。飞白可分为文字飞白（白字）、语音飞白（白音）和词义飞白（白义）等数种。白字是相近文字形体的利用，白音是相同或相近发音的利用，白义则是词义理解错误的利用。有时也将白字、白音、白义连用。飞白修辞方式的运用，能使广告文案滑稽幽默，趣味盎然，让受众留下深刻的印象。但是，要避免随意篡改约定俗成的成语、俗语，出现违反语言规范的问题。

阅读资料

飞白广告示例

1. 华力电蚊香，默默无"蚊"的奉献——华力电蚊香广告
2. 中国电信，千里"音"缘一线牵——长途电话广告
3. "咳"不容缓，请用桂龙。——桂龙咳喘宁药品广告
4. 百嚼不厌——口香糖广告

（七）回环

回环是把词或词组的先后顺序颠倒过来之后仍能构成一个新的意义的方法。在广告文案的写作中对广告信息进行有变化的重复，回环往复地传达信息，使语言具有回环之美，以增强表达效果，引起受众的关注和兴趣。值得注意的是，回环的作用在于

揭示信息内在的联系，如果单纯在词序上做文章而不注意信息的内在联系，就容易陷入文字游戏之中而偏离广告目的。

阅读资料

回环广告示例

1. 宁愿让您后悔没喝，绝不让您喝了后悔。——达园饮料广告
2. 让世界了解中国，让中国了解世界。——《中国日报》广告
3. 施了农药便是施了肥料，施了肥料也是施了农药。——农肥药广告

（八）顶真

顶真是用前一句的结尾来做后一句的起头，使邻接的句子首尾相联而有上递下接趣味的一种修辞方法。运用顶真手法，可以使文案结构严密，气势强大，语气连绵，音律流畅，更好地表现事物之间的承接、递进关系，从而加大刺激力度，激起购买欲望。运用顶真写作文案，句与句之间重复交叉的部分，要写得自然天成，不能勉强拼凑。

阅读资料

顶真广告示例

1. 购物是享受，享受到燕莎。——燕莎商城广告
2. 饮水思源，源于自然。——深圳福士德矿泉水广告
3. 在云南高原上有一个明镜般的滇池；滇池边上有一个郁郁葱葱的睡美人山；睡美人山下有一座美丽的城市——昆明；昆明四季如春，鲜花终年开放，人们称作春城。——昆明旅游广告

（九）夸张

夸张是有意地对对象或事物作言过其实的表现，借以强调和突出事物本质特征的修辞手段，有扩大夸张和缩小夸张两种形式。在文案写作中恰当地使用夸张的手法，自然、巧妙地联系某一事物把广告对象合理地夸大或缩小，艺术化地表现出商品的质量、特点，凸显出广告的主题，能给人以强烈的感染和鼓动。

阅读资料

夸张广告示例

1. 眼睛一眨，东海岸变成西海岸。——美国航空公司广告
2. 千万别点着你的烟，它会让你变为一缕青烟。——加油站禁烟广告

（十）反复

反复是为了达到强调重点、突出重点，抒发强烈的感情或增加叙述的生动性和条理性的目的，而有意地一再重复或使用同一词语或句子的修辞方法，有连续反复、间隔反复两种表现形式。

> **阅读资料**
>
> 反复广告示例
>
> 1. 早晨一杯，神清气爽；午后一杯，补身充饥；临睡一杯，安神酣畅。 ——康福麦乳精广告
> 2. 金华火腿，辉煌八百秋；金华火腿，风韵独超群；金华火腿，名牌今胜昔；金华火腿，感君常相知。——金华火腿广告

（十一）仿词

在广告文案写作中，有时直接引用原语句不能有效地表达思想内容，于是就利用人们熟知的成语典故、诗文名句、格言俗语来创造一个新的语句以符合广告特定的表达需要。仿词在不失原有意味的前提下，给人以新鲜活泼、生动明快的感觉，并能产生强烈的诙谐美。

> **阅读资料**
>
> 仿词广告示例
>
> 1. 书山有路读为径，学海无涯报作舟。——中华读书报广告
> 2. 风声、颂声，声声入耳；雅韵、酒韵，韵韵关情。——水井坊酒广告
> 3. 众里寻他千百度，蓦然惊醒，杉杉却在，我心灵深处。——杉杉服装广告
> 4. 年年岁岁雪（花）相似，岁岁年年豹（人）不同。——雪豹牌皮装广告

（十二）借代

借用与本体有密切关系的事物来代替本体的修辞手法。在广告文案中，常借用品牌代替商品，或以具体代替抽象。应用借代，能够突出商品的品牌，激发消费者的联想，加深消费者印象，同时，语气也显得活泼生动。

> **阅读资料**
>
> 借代广告示例
>
> 1. 我们只出售舒服。鞋——成都全兴酒厂广告
> 2. 京狮在手，病不入口。——京师牌消毒湿纸巾广告
> 3. 西安金花，盛开不败，服务为本，笑迎客来。——金花自行车广告

（十三）对比

对比又称对照，是指把不同的事物或同一事物不同的方面放在一起作比较的修辞手法。运用对比易于突出事物之间的矛盾，显示事物的特征，因此很有说服力。

> **阅读资料**
>
> 对比广告示例
>
> 1. 功能举足轻重，价格轻而易举。——计算机网络系统广告
> 2. 使梳子上的头发更少，使您头上的头发更多。——生发水广告
> 3. 虽有将军的气魄，却无将军的嗓门。——将军牌空调广告
> 4. 窗外地冻天寒，窗内春意盎然。——全美取暖器公司

（十四）映衬

映衬是利用事物之间近似或对立的条件，以一些次要事物作为陪衬来突出主要事物的手法。运用映衬手法，能突出主体，或渲染主体，使之形象鲜明，给人以深刻的感受。俗语说："荷花虽好，也要绿叶扶持"，用次要事物（宾）配衬主要事物（主），主要事物由于次要事物的陪衬，就显得更清楚、更鲜明、更突出了。

阅读资料

映衬广告示例

1. 开创新"静"界。——静得连猫都被自己的脚步声吓着！

——台湾国际牌空调广告

2. 我只爱一个男人，我只用这种香水。——法国某香水广告

（十五）层递

层递是把要表达的意思按照大小、多少、高低、轻重、远近等不同程度逐层排列的写法。层递的最主要作用是一种顺着文句所形成的层次感，让主题概念层层逼出，让事理说服力得以深化，语言的感染力得以深切，也可借由上下语义脉络的连贯一致、规律变化，使读者层层跟随，因而引人入胜。

阅读资料

层递广告示例

1. 享受两小时，印象三十春，传颂四百载，风流五千年。——某酒店广告

2. 阁下驾驶汽车，时速不超过 30 公里，可以欣赏到美丽景色，超过 60 公里，请到法庭做客，超过 80 公里，请光顾设备最新的医院；上了 100 公里，祝您安息吧！

——马来西亚柔佛市交通安全广告

（十六）通感

通感是将听觉、视觉、嗅觉、触觉等各种感觉融会贯通，打破感观彼此的限制，大胆地、创造性地用形容一种感觉的词语去写另一种感觉，或同时用表现多种感觉的词语去描写另一种感觉，从而使得思维空间更加广阔，表现手法更加灵活，表达结果或推陈出新或别出心裁，极具想象力和创造性。

阅读资料

通感广告示例

1. 美妙的音乐在你身边流淌。——雅马哈电子琴广告
2. 尝尝欢笑，尝尝麦当劳。——麦当劳广告

广告中的修辞手法还有很多，如镶嵌、设问、拈连、摹状、比拟等。限于篇幅，在此不一一详述了。

值得注意的是，在广告文案的写作实践中，经常是双重，甚至是多重修辞手法综合运用。例如，某服装店广告"总裁为您服务，领袖由我安排"既运用了对偶，又运用了双关；长城电扇的广告"长城电扇，电扇长城"既是回环，又是比喻。多重修辞

综合运用，可以收到更加突出的效果。

广告心理学家认为：广告中精练的语言文字比形象更便于记忆。好的广告文案，往往一字千金、起到画龙点睛的作用。作为一种面向大众的传播方式，语言文字永远是广告最重要、最有效的工具。如何使语言文字在广告中发挥最佳效应，则是广告文案写作始终要探索的问题。

第二节　广告的构图表现

一、广告构图的构成要素及其表现技巧

广告构图就是在预定的规格和尺寸的版位内，将广告文案、广告插图、商标等广告信息进行合理的布局与安排的活动。广告的构图表现是利用视觉传达的直观性、生动性和丰富性将广告信息传达给消费者，凭借图形在视觉上的吸引力引起消费者的心理反应，进而产生广告效应。

广告构图在广告表现中扮演着非常重要的角色，是构成广告表现的主体要素，是吸引人们关注广告的主要因素。与文字相比，广告构图具有无可比拟的优势：（1）图形在信息传播中更为形象、概括；（2）图形易于识别和记忆；（3）图形是世界通用的语言，可以为全世界的人理解与接受；（4）图形极具吸引力，更易引起人们的视觉注意；（5）图形极具准确性，借助摄影、摄像等手段可以更形象、更准确地再现和展示广告商品；（6）图形因其直观性，使其更具说明性与说服力；（7）图形在传播的同时亦把设计者的思想与观念传达给观众，是一种极具感染力与渗透力的语言。研究表明，看广告图片的人的注意力是阅读广告内文的 4 倍，仅纯粹的视觉广告就能够吸引人们35% 的注意力。因此，在广告设计中有"一图值千金"的说法，在广告表现中越来越大量地依赖图形进行传达。

（一）广告插图

广告插图是作品的视觉语言，是广告构图中最具美术意义的部分。

1. 广告插图的类型

按插图的形式分，广告插图主要分四类：

（1）广告照片。照片是平面广告中使用最普遍、最广泛的插图形式，包括产品陈列照片、使用效果照片、使用现场照片及能如实地表现商品的特征及其使用情况的照片。广告照片生动逼真，能够直接再现广告商品的本来面目，使商品的质地、色彩、外观及其他细节特征能得到准确、真实的表达，具有强烈的立体感和艺术感染力，无论是报纸、杂志，还是路牌、招贴、直邮、POP，都可以使用。据统计，在商业广告的设计中，用摄影作品作为插图的占90% 以上。

广告照片是广告摄影的作品。一幅广告照片是否成功，主要取决于构思技巧和摄影技巧。同时，广告摄影作为宣传商品的一种有效手段，必须服从于广告的主题思想，这要求广告摄影必须以新鲜的有价值的内容和典型的最能说明问题的瞬间真实形象去感染消费者。这样，就对广告摄影在技巧上提出了相应的要求：①突出商品本身引人

注目的特性。广告摄影要着力表现商品的流行感、协调感、新颖感和荣耀感，从而形成对消费者的吸引力，加强刺激强度。②突出表现商品最理想的用途，从而可以刺激消费者潜在的需要，刺激其欲望。③充分地展示商品的优点。

广告摄影需要精细构思，讲究摆布和剪裁，包括借助于装饰美术对照片加以衬托。一幅优秀的广告作品，画面必须强烈、生动、主题明确，一开始就能抓住消费者的眼光，引起其好奇心。广告摄影的构思不仅要富于创造性，而且还要有严密的构图，把被摄物安排在最佳布局中。一般而言，应把被摄商品安排在画面的中心或稍稍偏离中心的位置，主体商品至少应占据整个画面的三分之二，并在上下左右留有一定的空隙，才能引人注目。在安排被摄商品的位置时，还可以把主体同人们熟悉的物体联系起来，或帮助人们了解主体的大小，或用以突出某种效应等。主体位置安排定位后，用适当的点缀物加以陪衬，也能起到锦上添花的作用。但是，必须注意保持画面的均衡，注意把观众的注意力引向被摄商品，既不能头重脚轻，也不能喧宾夺主。同时，选择合理的背景也异常重要。背景可以有效地突出广告商品的形象，丰富其内涵。因此，背景的选择应力求简洁、单纯以突出广告商品。同时，还可以运用色调的对比加以衬托，如色彩暗淡的广告商品衬在明亮的背景中，或配以明亮的轮廓线等。此外，还须考虑背景的光洁度，是粗糙还是光滑，有色还是无色，有无图案纹理等，必须让这一切因素都有利于表现主体商品的质感、层次以及整个广告的空间气氛。

摄影技巧是决定广告照片好坏的关键。广告摄影一般应用静物摄影技法，最讲究用光。广告摄影在用光上多为人工光，如反光伞的应用等。广告摄影用光是真实反映广告商品原貌、表达广告主题和感情气氛、体现广告诉求的有力手段。用光的技巧首先体现在如何突出主题上，使视觉形象简洁清晰，使被摄物的细部特征清楚地呈现于受众面前，充分发挥静物摄影的高度准确与凝练的长处。其次，摄影用光应能表达商品的质感。不同的商品，由于其原材料及制造工艺不同，对光线的反射不一样，在用光上也有不同的要求。一般而言，透明或半透明的物体可以用逆光或侧逆光照明；表面光滑、反光强的物体用柔和的散射光照明；而比较粗糙、呈现凹凸不平的表面的物体运用侧光照明。同时，用光要能强化色彩效果，力求使色彩得到真实的再现。此外，暗房技术也是必须掌握的，如冲洗、印相、放大、剪辑、修正、虚光影像或放大等技巧，以有效地表现广告创意，增强广告照片的视觉效果。

（2）广告绘画。即运用色彩、线条、形象等艺术技巧来传递广告信息的一种视觉语言，包括油画、水彩画、水墨画，也可以是版画、素描画或速写画等形式。广告绘画不同于一般的艺术绘画，主要不以艺术欣赏为目的，而以传递广告信息为宗旨。广告绘画也不同于擅长"写实"的广告照片。广告绘画最大的特点是抽象性。广告绘画用简洁的插图，再配以鲜明的色彩，巧妙地赋予广告商品丰富的思想内容，将一些无形的意念和精神，进行绘声绘色的形象展现，从而产生强烈的视觉效果和感染力。所谓"言有尽而意无穷"，有限的视觉语言可以营造无限的空间意境，给受众带来无限深远的联想空间。这样的插图更具有时代特色。

（3）卡通插图。卡通插图运用拟人化的手法，通过绘制一些幽默滑稽的人物夸张而有趣的行为来说明商品个性特征，或者利用童话中的人物作为产品的形象符号。卡通广告画的轻松、幽默感能增加广告的亲和力，激发受众的兴趣，对少年儿童的影响尤为显著。

（4）绘图。即示意图。为了表明某些产品的内部构造、工作原理，或说明某种药品对人体机能的作用，或展示商品房屋的位置及其建筑设计，用一般的绘画或摄影都难以表现出来时，采用像机械制图或建筑蓝图那种图解式的绘图方式，描出图形，使复杂的现象条理化，抽象的概念形象化，从而使不易被了解或不易被说清楚的广告信息得以形象化地表述。

2. 广告插图的表现技巧

广告插图依据产品类型、生命周期等的不同，可以分为三种类型：第一类是写实性广告插图，着重表现商品的外观形象和特征。手机、家电、时装、汽车等多采用这种形式。第二类是寓意性广告插图，主要通过象征物和被象征物在内容和形式上的某些联系，使被象征物得到强烈而集中的表现。食品、化妆品、酒等商品的广告常采用这种形式。第三类是暗示性广告插图。主要通过再现商品的某一方面，间接地表现出与它有联系的其他方面，把复杂的内容用精练、简洁的形式加以表现。

广告插图的表现技巧是多种多样的，主要有以下几种：

（1）主体法。以商品自身作为画面的主体，展示商品的形象、外观、色彩、质地等，使消费者能够直接感受到商品所带来的独特魅力。该方法适用于外观、形态、色彩本身具有很强吸引力的商品，如汽车、计算机、手机等。

（2）特征法。在画面中着重突出商品最有特点、最有代表性的部位，或有突破性创造和改进的部位，通过特写镜头展示其质量，"窥一斑而知全豹"，以增进消费者对产品的信赖感。

（3）衬托法。根据商品的特点，将其放在恰当的背景中展现，通过背景衬托商品的特性、功效等，如把冰箱放在雪地上，把饮料放在清凉的溪水中，让汽车在崎岖的山路上行驶等。例如，Patek Philippe 女用手表在瑞士推出的一则杂志广告，画面上手表被置于一个古典、宁静、豪华的背景之中，一条小河静静地流淌着，一位大提琴演奏者陶醉在威尼斯迷人的风情里。这种表现手法有效地衬托出该手表所赋予女性的高贵、典雅的形象。

（4）情境法。主要表现商品正在使用的情境，如饮料正在被人畅爽地饮用，时装正穿在模特儿的身上，人们正在用某品牌的电脑轻松地办公，人们正惬意地驾驶着某品牌的汽车在大路上奔驰等。例如，优乐美奶茶的广告表现男女主角一边喝着奶茶一边享受着爱情的甜蜜。

（5）对比法。将商品良好的性能特点用对比性画面进行展现，以表现使用商品前后的不同效果，或表现消费者使用前后的不同感受。例如，某健身房的广告画面表现宽窄程度不同的两扇门。窄的门是进去的门，宽的门是出来的门。通过这两扇门宽窄的对比，很好地表现了健身房的健身效果。

（7）名人法。在广告画面中，由社会名流、影视明星等人们熟悉的名人来推荐商品，将商品和名人联系起来，既容易让人们记住广告内容，又可以增加商品的附加价值。

（8）象征法。利用传说中或神话中的人物形象与商品进行有机联系，使画面具有某种象征意义。

（9）夸张法。用奇特、夸张的画面，创造出超越现实的视觉效果，以此来吸引人们的注意，使人们对商品留下深刻的印象。例如，索尼音响的广告让虎、豹、鹿与原始人同时从墙上探出头来欣赏魅力四射的索尼音响。

（二）标志

标志是广告构图的重要因素之一，包括商标、企业标志、质量认证标志、行业标志等。与广告表现的其他构图要素相比，标志的造型更单纯、统一和标准化，是最容易识别的视觉形象。

（三）文字

在视觉广告中，文字是广告构图的重要因素之一。在广告构图中，文字的设计和广告画面设计需要和谐统一。文字设计应运用独具风格的造型，赋予广告独特的韵味。广告构图中的文字形式，包括字体、字号和文字编排三方面。

1. 字体的特性及应用

广告文案确定后，需要精选字体。可供选择的字体分为印刷体、书法体和美术体三种类型，不同的字体类型具有不同的个性特征。

印刷体具有庄重规范、平易朴实的特点，基本字体包括宋体、黑体、仿宋体和楷体等。宋体横轻竖重，易写易认，平易朴实，一般用于正文，大号者则可做标题，醒目大方；仿宋体笔画细致、轻灵、秀美、飘逸，一般用作小标题或广告正文；楷书笔画浑圆庄重，柔中带刚，一般用作轻松性标题，不宜用于内容较长的正文；黑体横竖一样粗壮，凝重有力，多用于广告标题。

书法体具有轻松随意、个性张扬的特点，包括篆书、隶书、魏碑、草书、行书、行楷等。篆书古朴苍老，圆转瘦劲；隶书圆润生动，朴质平实；魏碑朴拙险峻，雄强奇肆；草书笔画简约，字形多变；行书错落有致，和谐优美；行楷运笔轻盈，点画灵动。

美术体是依据文字的内容、含义和想象力对宋体、黑体等字体所进行的艺术变体，包括装饰美术字、形象美术字、立体美术字和书法美术字等，具有极强的艺术装饰性和感染力。

在选择字体时，必须充分考虑广告商品的特性、广告主题和广告的整体风格等特点，尽量与其保持协调一致。例如，宣传家用电器的广告字体宜选用优美轩昂的黑变体，以体现商品的分量和质感；宣传化妆品、针织品、各类服饰等商品的广告，可选用轻巧秀丽、流畅柔婉的宋体，不宜用粗犷厚重的黑体；宣传儿童用品、电风扇、自行车等商品的广告，可选用寓意变体，充分考虑字体的和谐美和装饰美。同时，在一幅广告中，字体不宜选用太多，以免零乱。画面比较活泼的，标题宜用端正的黑体；画面比较单一、色块面积较大的，可用活泼的美术字体。正、草体互用，可以增强美观。同时注意字体必须规范化，不能使用未经国家正式颁布使用的简体字，更不能使用错别字或繁简体混合使用。

2. 字号的选择

字号是量度字体大小的标准单位。在国际上，计量字体大小的单位是"点"，每点为 0.35 毫米，误差不超过 0.005 毫米。根据点数的多少，逐步形成了 1~6 号字体。一般而言，字号越大视觉效果越突，但是在一则广告中，字号的大小要服从整体构图的安排，与广告插图和谐统一，才能取得良好的视觉效果。

3. 文字的编排

在广告设计中，要高度重视广告文字的编排，力求以高超的编排技巧强化广告的视觉冲击力。进行字体编排，应突出广告主题，使受众能通过广告字体的编排对广告主题和商品的特性形成积极的认知；应使字体与画面协调，字体的位置排放合理，错落有致，给受众以审美的愉悦。一般而言，文字放在广告画面的最顶部，产生上升、轻快的视觉效果，同时也具有愉悦、适宜的象征意义；文字放在广告画面的正中心位置，具有安定、平稳的表现效果；文字放在画面的底部，具有下降、不稳定与沉重的视觉效果；文字放在画面的左端或右端，具有极不平衡的感觉，但这种不平衡感对于文字的突出也极为有效。

文字的编排有以下几种类型：

（1）轴线左置的排列。每行文字的左边对齐，右边不齐。这是常用的排列方法，便于阅读。

（2）轴线右置的排列。每行文字的右边对齐，左边不齐。这种排列适用于文字行数较少时使用，否则不便于阅读。

（3）轴线中置的排列。把文字的轴线中置，每行文字在中轴左右相等，形成对称的文字排列。当文字内容比较多时，可增加一条轴线，形成两条轴线的排列方式。

（4）双轴线左右置排列。两组文字左齐与右齐，齐头一边分别置于左或右，而中间形成组合的排列。

（5）双轴线中置的排列。两组文字右齐与左齐，齐头的一边居中相邻，形成两条轴线相对称的排列。

（6）双轴线左置或右置。两组文字都右齐或左齐。

（7）传统书写形式排列。这也是一种双轴线排列，每行文字既齐左，也齐右。每段文字的开头都要空两格，然后顺次排列。

在进行文字的编排时，为了体现每行文字的差别，可以在每行文字开头的轴线上加上小圆点或五角星等符号，以示区别或点缀。

（四）轮廓线

轮廓线是广告构图设计中画面边缘的线框，其作用是使广告构图形成一个单独的空间，以控制受众的视觉范围。轮廓线的使用可以将人们的视线移至广告主题，避免画面以外的视觉因素的干扰。同时，轮廓线可以增加广告画面的美感。在系列广告设计中，统一的轮廓线起到加强广告画面的延续性的作用。轮廓线可以用直线、曲线、斜线以及图案边饰纹样等形式。

（五）广告色彩

"远看颜色近看花。"在广告表现中，人们的第一印象来自色彩对视觉的冲击力，其次才是图形。在广告构图中，色彩是最能引起人们注意、最具有感染力和视觉冲击力的表现要素。它以每秒30万公里的光速传入人的眼睛，对广告商品具有象征作用，对于广告环境、对受众的情绪都具有深刻的影响。美国广告专家T. 斯坦利认为，广告中的色彩至少有7点作用：（1）吸引人们对广告的注意；（2）完全真实地反映人、物、景；（3）强调产品和宣传内容的特定部位；（4）表明销售魅力中的抽象质量；（5）使广告在第一眼就给人以良好的印象；（6）为产品、服务或广告作者本身树立威信；

（7）给人们记忆里留下更深刻的视觉印象。

因此，在广告表现中掌握好色彩的性能与配合规律，非常重要。色彩能给人一种情感，一种心灵的愉悦，有先声夺人之美。通过独具特色的色彩语言，使消费者更易识别和产生亲近感。据日本东京中日新闻调查结果：黑白印刷广告与彩色印刷广告比较，彩色印刷广告的想起率比黑白印刷广告多 2~3 倍以上。

1. 色彩的基本原理

色彩是人通过眼睛感受可见光刺激后的产物，有三原色和四间色之分。三原色是红、黄和蓝，它们是最基本的颜色，不能由别的颜色配出来。四间色是橙、绿、紫、黑，分别由三原色调配而成，即

红色 + 黄色 = 橙色　　　　　　蓝色 + 黄色 = 绿色

蓝 + 红 = 紫　　　　　　　　　红色 + 黄色 + 蓝色 = 黑色

从性质上讲，每一种颜色都有色相、色度和色性三种性质，称为色彩的三要素。

色相是色彩的相貌、种类，即每一种颜色所独有的特征，这是色彩显而易见的最大特征。三原色和四间色是标准的色相，不同标准色的混合构成不同的色相。目前视觉上能够辨认的色相有一百多种。将红、橙、黄、绿、青、蓝、紫等色彩按顺序连成一个圆环，就形成色相环。在色相环中相邻的两种颜色称为近似色，如黄色与橙色。相对的颜色称为补色，通常补色相互配合，可以产生强烈的对照，如把蓝色与橙色相配合，则蓝色显得格外纯。

色度是指色彩的明度和纯度。明度即颜色的明暗、深浅程度，指色彩的素描因素。它有两种含义：一是同一颜色受光后的明暗层次，如深红、淡红、深绿、浅绿等；二是各种色相明暗比较，如黄色最亮，其次是橙、绿、红，青较暗，紫最暗。画面用色必须注意各类色相的明暗和深浅。颜色除在明度上的差别外还有纯度的差别。纯度是指一个颜色色素的纯净和浑浊的程度，也就是色彩的饱和度。纯正的颜色中无黑白或其他杂色混入。未经调配的颜色纯度高，调配后，色彩纯度减弱。此外，用水将颜料稀释后，水彩和水粉色亦可降低纯度，纯度对色彩的面貌影响较大。纯度降低后，色彩的效果给人以灰暗或淡雅、柔和之感。纯度高的色彩较鲜明、突出、有力，但感到单调刺眼，而混色太杂则容易感觉脏，色调灰暗。

色性是色彩具有的冷暖倾向性。这种冷暖倾向是出于人的心理感觉和感情联想。暖色通常指红、橙、黄一类颜色，冷色是指蓝、青、绿一类颜色。所谓冷暖，是由于人们在生活中，红、橙、黄一类颜色使人联想起火、灯光、阳光等暖热的东西；而蓝、青、绿一类颜色则使我们联想到海洋、蓝天、冰雪、青山、绿水、夜色等。生活中物象色彩千变万化，极其微妙复杂，但无论怎么变都离不开冷暖两种倾向。

色相、色度、色性在一块色彩中是同时存在的。观察调合色彩时三者必须同时考虑到，要三者兼顾。最好的办法是运用互相比较的方法，才能正确地分辨出色彩的区别和变化，特别是对于近似的色彩，更要找出它们的区别。

在画面上，当两种以上的颜色同时出现时，由于色相、色度和色性的差别，会形成一种彼此衬托的作用。原来暗淡的色彩因与其他颜色的对比而变得更明快或更暗淡。利用色彩的对比，可以提高色彩的明度或纯度，或降低其明度和纯度，扩大色彩的表现范围，能够使广告主题更加鲜明和突出。

为了使画面给人协调统一的感觉，色彩除了对比以外，还需要调和。色彩的调合

就是色彩上具有共同的、互相近似的色素、色彩之间协调和统一，即当两种以上的颜色组合在一起时，能够统一在一个基调之中，给人和谐而不刺激的感觉。各部分的色彩在色相、色度、色性上比较接近，容易感觉调合。因此，组成调合色的基本法则就是"在统一中求变化，在变化中求统一"。也就是变化和统一适当结合。只有调配得当，色彩才能给人以美感。

2. 色彩的感觉和联想

（1）色彩的感觉。色彩靠知觉来传达和接收，靠情感来反射。不同的色彩给人们的感觉不一样。色彩的生理感觉主要有：

寒暖感。红色、黄色和橙色是暖色调，蓝色、绿色是冷色调。利用色彩的冷暖感可以有效表现商品的特性，如药品广告的色彩多用白色、蓝色等冷色调，以给人安全、宁静的感觉。

兴奋感与沉静感。一般来说，暖色容易引起心理的亢奋和积极性，属于兴奋色；冷色具有压抑心理亢奋的机能，令人消极、冷静，属于冷静色。

远近感。明度高的颜色有膨胀的感觉，明度低的颜色有收缩的感觉。膨胀的颜色感觉相对较近，收缩的颜色感觉则相对较远。

远距离感　蓝→绿→紫→橙→黄→红　近距离感

色彩的听觉和味觉。色彩除了视觉上的感觉以外，还会产生听觉、味觉等作用。一般来说，明度越高的色彩，感觉其音阶越高。色相上，黄色代表快乐之音，红色代表热情之音，绿色代表闲情之音，蓝色则代表哀伤之音。另外，色彩也会影响人们的味觉。例如，绿色让人联想到未成熟的果实，给人酸的感觉；红色、橙色则联想到成熟的果实，带来甜的感觉；褐色、黑色让人联想到烧焦的食物等，带来苦的感觉。在食品广告中，通过表现不同味道色彩的应用，可以使食物产生更加诱人的魅力。

（2）色彩的象征意义。色彩具有很强的象征性和情感性，它能够直接影响人们的心灵，引起某种情感上的共鸣。

红色是太阳、火焰、血液的颜色，给人热烈、温暖、奔放的感觉，象征着革命、喜庆、幸福、活力。同时，它又给人暴露、冲动、刺激、危险的感受。

黄色是明度最高的颜色，是阳光的颜色，给人明亮、温暖的感觉，象征着光明和希望。同时，明度和纯度较低的黄色也会给人低级、庸俗、色情的感觉。

蓝色是天空和海洋的颜色，给人沉静、凉爽、理智、神秘的感觉，象征着博爱、平等和智慧。同时，这种颜色也给人冷酷、缺少活力、寂寞、悲伤的感觉。

橙色是光感度比红色高的暖色，给人活跃、喜悦、欢快、富丽的感觉，象征美满、幸福。

绿色是植物的色彩，是生命的色彩，给人清新、舒适、和谐、安宁、亲切的感觉，象征着生命、青春、理想、智慧、和平。

紫色是大自然中比较稀少的颜色，给人高贵、优雅、神秘、华丽、成熟的感觉，象征虔诚，也象征着迷信。

白色是明度最高、最明亮的颜色，是冰雪和白天的颜色，给人轻快、洁净、明度、朴素、卫生的感觉，象征着纯洁、光明和神圣，也代表了虚无。

黑色属于明度最低，最深最暗的无彩色系，也是黑夜的颜色。它象征着万物的终结，代表着黑暗、死寂、沉默、恐怖、罪恶等，给人畏惧、痛苦的感觉。同时，它也是最为庄重、严肃、高贵和沉静的颜色。

金属色主要指金色和银色。金色和银色给人感觉富贵奢华，象征着财富和权力。

灰色处于黑白之间，使人感觉稳定、雅致、谦和、中庸。

需要注意的是，不同的人、不同的民族和国家、不同的时期，对色彩的感觉具有重大的差别。美国营销学教授劳伦斯·雅各布斯曾对8中颜色在不同国家和文化背景下的"商业"含义进行了比较研究，结果发现，一方面，不同的国家对同一色彩有着不同的感觉，如灰色，在中国和日本感觉是廉价的，而美国却是昂贵的、高质量的、可靠的；紫色则正相反，在中国、日本、韩国是昂贵的，在美国却是廉价的。另一方面，不同国家对同一色彩往往有一致的感觉，如黑色，上述四个国家都有"效力大、昂贵"的感觉。

3. 广告色彩的表现技巧

（1）充分利用色彩的感情规律。在广告构图中，利用色彩的感情规律，可以更好地表达广告主题，唤起人们的情感，吸引人们对广告及广告商品的兴趣，最终影响人们的消费行为。

① 运用色彩的兴奋感，刺激目标受众的注意。红、橙、黄等暖色调以及对比强烈的色彩，对人的视觉冲击力强，给人以兴奋感，能够把人的注意力吸引到广告上来。蓝、绿等冷色以及明度低、对比度差的色彩，虽不能在一瞬间强烈地冲击视觉，但给人以冷静、稳定的感觉，适宜表现高科技产品的科学性、可靠性。

② 运用色彩的明快活泼感，产生优美愉悦的效果。一般来说，暖色、纯色、明色以及对比度强的色彩使人感到清爽、活泼、愉快。利用色彩的这一特点设计广告，能够使人心情愉快地接受广告信息。

③ 运用色调的档次感，体现商品的不同品味。色彩也有档次感，气派的、华贵的色调总是用于高档的产品，那些朴实大方的色调总是与实用品相联系。时装广告、化妆品广告常常用明度高以及对比强烈的色彩来表现，给人以华丽感。

④ 运用色彩的味道感增强食品广告的表现力。各种食品的颜色长期作用于人们的视觉，使人们产生味觉的联想。例如，甜多用粉红、红、枯黄等颜色表现；酸多用带黄味的绿或有点绿味的黄表现；用灰褐色、橄榄绿、紫色表现苦；用鲜红色表现辣等。红、枯黄、柠檬黄是表现美味的色彩。色彩的味道感觉对于广告构图很有意义。通过表现不同味道色彩的运用，可以使食品广告产生更加诱人的魅力。

（2）依据广告商品的属性恰当地选择色彩。在人们的印象中，不同的商品具有不同的色彩形象。选择色彩时必须充分考虑商品的属性和目标消费者的色彩心理，把商品的有关信息真切、自然地表现出来，以增强消费者对广告商品的了解和信任。

①食品广告。常用鲜明、丰富的色调。红色、黄色和橙色可以强调食品的美味与营养；绿色强调蔬菜、水果等的新鲜；蓝、白强调食品的卫生或说明是冷冻食品。

② 药品广告。常用单纯的冷或暖色调。冷灰色适宜于消炎、退热、镇痛类药品；暖色用于滋补、保健、营养、兴奋和强心类药品；大面积的黑色表示有毒药品；大面积的红、黑色并用表示剧毒药品。

③ 化妆品广告。常用柔和、脂粉的中性色彩。具有各种色彩倾向的红灰、黄灰、绿灰等色表现女性高贵、温柔的性格特点；男性化妆品则较多用黑色或纯色，以体现

男性的庄重、大方。

④ 五金、机械、仪器类商品广告。常用黑色或单纯沉着的蓝色、红色等表现五金、机械产品的坚实、精密或耐用的特点。

⑤ 儿童用品广告。常用鲜艳的纯色或色相对比、冷暖对比强烈的各种色彩，以适应儿童天真、活泼的心理和爱好。

如果广告的背景也需要某种颜色，那么应该根据以下规则来选择背景色：为了突出主色调，广告画面的背景色通常应该统一，多用柔和、相近的色彩或中间色以突出主色调；也可用统一的暗色突出明亮的主色调，背景色彩度的高低可以视主色调的亮度而定。一般来说，主色调应比背景色彩更为强烈、明亮、鲜艳，以利于突出主题形象，造成醒目的视觉效果。

（3）合理处理广告构图中文字色与底色的关系。广告构图中文字的颜色必须与底色具有足够的对比度，这样才有清晰的视觉效果；同时，文字颜色与底色又必须彼此协调，相互衬托，这样才有和谐的视觉效果。美国广告学家卢基经过试验，按照文字色与背景色配合视度（明了易读）的顺序，排列了 13 种具有较好视觉效果的方案，为我们提供了很好的参考。见表 8-5。

表 8-5　文字颜色与背景色的搭配方案

方案等次	背景颜色	文字颜色
1	黄色	黑色
2	白色	绿色
3	白色	红色
4	白色	青色
5	青色	白色
6	白色	黑色
7	黑色	黄色
8	红色	白色
9	绿色	白色
10	黑色	白色
11	黄色	红色
12	红色	绿色
13	绿色	红色

依据卢基试验的结果，如果黄色背景以黑色文字印刷或书写，最为明了易读。因为黄色背景富有光泽，看起来有缩短距离之感。

二、广告构图的版面布局

确定了广告构图的要素以后，需要将确定文字、图画、标志等要素在广告中的位置及其大小，使其构成一个上下左右和谐统一的广告版面，以有效地突出广告的主题，吸引目标受众的注意力，并创造愉悦的审美体验。这一过程就是广告构图的布局过程。

报纸广告、杂志广告、路牌广告、车体广告、广告宣传册及 POP 广告等，都要根据广告主题宣传的需要进行版面布局。

（一）广告构图布局的原则

1. 将重点要素布局在最佳视域

最佳视域指在限定的距离内，画面上最引人注目的那些方位。心理学研究表明，画面上侧的视觉诉求力强于下侧，左侧的视觉诉求力强于右侧。因此，画面左上部和中上部称"最佳视域"，是最优秀的方位。广告中突出的信息、标题和商品名称等，一般应该编排在这些方位上。

2. 顺应受众的视觉流程

人们阅读广告构图，其视觉有着一种自然的流动习惯，一般为由左到右，由上到下。在此流动线上的各点，都会比流动线外的任何点明显，这条流动线称为"视觉流程"，是视线随着各视觉元素在空间中沿一定轨迹运动的过程。

为了使视觉流程简洁、有力，设计者要充分利用视觉移动的规律，借助视线的明确导向，如人们的朝向、手势、动作、眼神、文字排列趋向、线条或色块的趋向等，诱导受众的视觉随着编排中各要素的有序组织，从主要内容依次观看下去，从而使受众形成一个清晰、迅速、流畅的信息接收过程。

3. 注意构图的对称与均衡

均衡是编排设计最基本的构图形式之一。均衡就是将文字图形按照其形态的大小、多少，色调与肌理的明暗、轻重等关系在平面上均衡地进行布局。均衡主要通过协调画面各要素在主次、强弱的差异关系，来取得设计视觉的美感以及与内容相配的逻辑性。均衡构图包括大小均衡、位置均衡、色调均衡、肌理均衡等。各种均衡样式在设计实践中是综合地加以运用的。

对称就是将文字图形按照一根中轴线向左右（或上下）两方对称地展开。它有规则对称和不规则对称两种。规则对称是指画面要素成绝对对称的方法排列，不规则对称是指画面要素主要以对称方式展开，局部图形或文字则以不对称的方式呈现，形成一定的对比，活跃画面。对称的版面设计体现的也是一种均衡，不论版面怎么分割，是上下对称，左右对称，还是斜角对称，各编排元素在排列上应使整个版面达到视觉上的平衡。

4. 巧妙使用对比与协调

"对比"是质或量、形或色差异的两个或两个以上的要素，在相配置时所产生的排斥、分离的感觉。在广告构图中，对比是将相同或相异的视觉要素做强弱对照所运用的形式手法，也是广告画面为了获得强烈的注目效果所运用的手法，包括如形态对比、大小对比、动势对比、色调对比、肌理对比、疏密对比、虚实对比等。在广告构图设计中，要注意各个要素之间对比关系的处理，以便有效地突出广告对象的特性，产生多姿多彩的视觉表现效果。

调和就是两个或两个以上的对比物通过某种方式呈现出彼此感觉上的联系，是在各视觉要素之间寻找相互协调的因素，其意义在于使各种构图要素以和谐统一的面貌同时出现在广告画面中。

对比与调和是辩证的、对立的统一。对比表现为较强的差异性，使画面产生冲突；调和通过寻求统一性来缓和矛盾。二者相互作用，共同营造广告构图的美感。任何广告构图的编排设计，既要有对比上的差异性，又要有调和上的共通性，才能生动活泼，整体自然。

5. 合理地使用反复与律动

反复就是重复，即同一性的连续出现，从而产生整齐的节奏美感，使人增强印象，加强记忆。版面中字行的重复，字行间空白的重复，同种字体相似笔画的重复，文字内相似空白的重复，种种同类视觉要素（同类型、同类面积、同类位置等）变化交替的重复，具体到版面中，图形、文字、字组、页码、线都能创造性的组合，从而产生节奏和韵律。

律动就是几个要素成一定的间隔排列编排，所产生的行动美感，由大小、渐变、明暗、形状等排列构成。一般以几何级数重复，律动感强，能使人振奋；而间隔相同排列时，律动感就单调。

在广告构图设计中，节奏和律动能很好地表现版面轻松、优雅的意境，使广告画具有了现代化的装饰美感。

6. 恰当确定主体和从属体

在广告构图中，把面积最大的角色称为主体，其余的属于从属体。主体是整个构图的中心，具有统摄和支配的作用。因此，原则上主体应放置在画面的中心，但不一定是正中心。从属体必须考虑到主体的特性及大小，对主体起衬托作用。其位置最好在能使主体的特性更生动、更突出的地方。

（二）广告布局的程序

广告布局要受广告战略、广告内容及不同媒介的限制，是在特定的条件下，设计安排广告要素的。进行广告布局之前，首先应该根据广告要选用的媒体来确定广告的大小规格，然后把组成广告内容的要素准备好。广告布局大体要经过三个步骤：

1. 设计草图

在正式制作广告之前，先设计很多草图。这样，设计者便可以尝试多种方案，并从中选择出比较理想的方案，再继续完善。

这是一个重要阶段，要重点考虑5个因素：产品图样、产品图样所占的篇幅、文案字数及所占的篇幅、标题及其大小、商标的位置及其大小。

这时可以根据方案画出几个草图，草图上的插图是素描，大标题是草草排列的字母或方块，广告正文可以用粗线表示。这一阶段的主要任务是在编排形式上下功夫，不断发掘新的编排形式。

2. 草样

草样是在设计人员设计出草图的基础上进一步按广告尺寸的实际大小进行构图。这一步的具体操作是：在图画部分标出内容，完成标题字体的选择，并用线条或文字代表广告构图中文案的内容。草样已能够大体看出广告的概貌，可以将其提供给有关部门和相关人员进行讨论和修改。

3. 清样

草样经过进一步整理，最后制成清样。清样稿和完成的广告完全一样。广告构图的标题文字、正文均已标明，构图的各个组成部分也已清晰地勾勒出来。在将清样呈送给广告主或有关人员审阅得到认可后，广告构图工作便正式完成。

（三）广告布局的类型

广告布局的形式多种多样，不同的布局具有不同的风格，表达不同的情感。但各种布局都要通过对形式美的追求，达到空间美、对称美、分割美、组合美，并给人一种稳定感、庄重感、亲切感和信任感。一般来说，广告构图包括以下基本类型：

1. 标准型

这是最常见的简单而规则的广告版面编排类型。一般从上到下的排列顺序为：图片、标题、说明文、标志图形。它首先利用图片和标题吸引读者注意，然后引导读者阅读说明文字和标志图形。这种布局形式能产生良好的阅读效果。

2. 标题型

标题在版面的上方，然后是图片、说明文字与标志图形。这种布局以标题作为图片的先导，让受众先看到标题，留下深刻的印象，然后看到图片，文字和标志图形，获得一个完整的认识。

3. 全图型

用一张图片占据整个版面，在图片的适当位置直接嵌入标题、说明文字和标志。这种布局注重插图本身构图形式的变化，利用方向、动态、大小、重量、质量、质感、形与色等的相互间的关系，造成生动、活泼、富于变化的画面，是一种具有现代感的构图形式。

4. 斜置型

构图时全部构成要素向右边或左边作适当的倾斜，使视线上下流动。这是一种强有力的、具有动感的构图形式。

5. 水平型

将图片或产品形象水平置于版面上，构图安定而平静，使受众的视线可以左右移动，在瞬间留下一个整体印象。与垂直式构图相比，水平构图不仅更符合受众的视觉习惯，而且给人一种新颖别致的感觉，具有一种现代意味。

6. 对称型

把标题、图片、说明文字与标志图形放在中轴线的两边。中轴线可以是有形的，也可以是无形的。这种形式具有良好的平衡感。在安排构成要素时，要把广告诉求的重心放在左上方或右下方，以使受众的视线一开始就能抓住商品信息的主要部分。

7. 重复型

把插图、标题、商标等同一构成要素在版面上多次重复，具有强调或增强注意力的视觉效果，并使版面产生动感和视觉上的活力，增强了画面的情趣。

8. 文字型

以文字为主体构成画面，图片仅是形体和色彩的点缀。设计时可以或者用商标做装饰，或者用花边、底纹加强文字的美感。同时要加强广告文案本身的感染力，使字体便于阅读，并使图形起到锦上添花、画龙点睛的作用。

9. 圆图型

先用正圆形或半圆形图片构成版面的中心形象，然后布局标题、说明文字和标志图形。这种布局在视觉上非常引人注目，给人以庄重、完美的感觉，具有较高的引人注目、激发兴趣的作用。

10. 放射型

把构成要素纳入一个成放射状的结构中，统一于视觉中心，产生多样、统一的综合视觉效果。这种布局格调新颖，具有强烈的动感，在视觉上具有很强的刺激性，能快速捕捉人们的视线。

11. 平行型

把所有构成要素或者大部分构成要素作平行的组合，可以是垂直平行、水平平行、倾斜平行等。任何一种平行编排都会把版面划分成若干个视觉区，促使受众的视线产生阶段性的流动，形成视觉流程的节奏感和有序性。

12. 棋盘型

对版面全部或部分进行棋盘式设计，将其分割为若干个面积相等的方块，使其具有明显的区域性。这种布局适合介绍一组系列产品，或使用该产品后不同人们的反应等。

13. 背景型

在布局上首先以实物、纹样等作为版面的整个背景，然后再把标题、说明文字及标志图形等构成要素置于其上。用实物进行背景的烘托处理，能营造一种特定的范围，具有很强的诱惑力。

14. 横轴型

插图成窄长形状，并安排在版面的中心位置。广告文字一般安排在上下部位。这种编排形式感觉非常稳定。

15. 中心型

插图放置在板面的中心位置，版面四周留下一定的空白，仿佛镶嵌在画框中的图画。广告文字在插图内外均可安排。

16. 图片侧置型

插图放在版面的左边或右边的位置，文字置放在版面的右边或左边的位置。受众的视线一般先落在版面的左上侧。如果想让受众先看画面，则把插图放置在左上侧；如果想让受众先看到文字，则把文字放置在左上侧。

17. 散点型

在编排时，将构成要素在版面上作不规则的排放，形成随意轻松的视觉效果。设计时要注意统一气氛，进行色彩或图形的相似处理；又要主体突出，符合视觉流动规律。

18. 指示型

这种编排在结构形态上有着明显的指向性。指向性的要素既可以是箭头，也可以是广告形象的动势，其目的是吸引和引导受众的视线，指示他们去阅读广告内容。

广告布局的形式是多种多样的，以上列举的一些类型只是广告布局的简单分类，在实践中可以根据广告表现的内容进行创造。总体来说，无论广告布局如何，其目的都是更好地表现广告主题。在广告布局中，广告要素应重点突出，主次分明，广告布局的形式要独具格调，表现出广告的个性；要注意广告要素的内在联系，编排设计要做到自然、流畅、连贯、统一，具有强烈的视觉效果；确定最佳的编排版式是广告布局的关键。

第三节　广告的媒体表现

一、报刊广告的表现

报刊广告属于平面广告，其表现要依靠广告构图来实现。因此，前文所述的广告的语言表现、色彩表现和构图表现的原理和方法，为报刊广告的设计和制作提供了基本的依据，此处不再赘述。这里仅就报刊广告的刊播技巧作进一步的阐述。

（一）报纸广告的表现

1. 报纸广告的表现形式

报纸广告主要运用文字、图画、色彩及空白等要素表现广告内容。这些要素的不同组合构成了报纸广告丰富多彩的表现形式。

从文字和图片搭配的角度看，报纸广告可分为：

（1）纯文字型广告。这种广告不含任何图片，单纯以文字来表现广告内容，至多配用一些网底、花线。这种广告适用于表现信息内容比较抽象、庄重而又严谨、时效性较强的广告，制作简便，发布方便。

（2）图文并茂型广告。这种广告由多种视觉要素构成。既有文字，又有插图。插图能直观地展现商品的特性，文字则对商品作进一步的说明或解释。这种广告既有强烈的视觉冲击，又有充分的信息诉求。

从色彩表现的角度看，报纸广告可分为：

（1）黑白广告。在相当长的时间内，由于印刷技术的限制，黑白广告是我国报纸广告的基本形式。一般以纯文字型广告为主，也有图文并茂的，以黑灰色为主色调。随着印刷技术的进步，报纸广告的大部分都采用彩色的形式。但在纯文字的情况下，还是以黑白广告为主。

（2）套色广告。这种广告是将广告的标题或广告的内容都套以彩色，以使广告更醒目、更突出，从而产生良好的视觉效果。研究表明，彩色广告的注目率要比黑白广告高出 10% ~ 20%，回忆率高出 5% ~ 10%。因此，彩色或套色广告得到越来越广泛的使用。

（3）空白广告。空白广告是指利用大面积空白作为广告的背景，从而通过虚实的对比强调、突出广告主题的一类广告形式。

从广告的版面位置看，报纸广告可分为：

（1）报花广告。这类广告版面很小，形式特殊。不具备广阔的创意空间，文案只能作重点式表现，突出品牌或企业名称、电话、地址及企业赞助之类的内容。不体现文案结构的全部，一般采用陈述性的表述。

（2）半通栏广告。半通栏广告一般分为大小两类：约 50mm×350mm 或约 32.5mm×235mm。由于这类广告版面较小，而且众多广告排列在一起，互相干扰，广告效果容易互相削弱。因此，如何将广告做得超凡脱俗，新颖独特，使之从众多广告中脱颖而出，跳入读者视线，是应特别注意的。

（3）单通栏广告。单通栏广告也有两种类型，约 100mm×350mm，或者 65mm×235mm。这是广告中最常见的一种版面，符合人们的正常视觉，因此版面自身有一定的说服力。

（4）双通栏广告。双通栏广告一般有约 200mm×350mm 和约 130mm×235mm 两种类型。在版面面积上，它是单通栏广告的两倍。凡适于报纸广告的结构类型、表现形式和语言风格都可以在这里运用。

（5）半版广告。半版广告一般分为约 250mm×350mm 和 170mm×235mm 两种类型。半版与整版和跨版广告，均被称之为大版面广告，是广告主雄厚的经济实力的体现。

（6）整版广告。整版广告一般可分为 500mm×350mm 和 340mm×235mm 两种类型。是我国单版广告中最大的版面，给人以视野开阔，气势恢宏的感觉。

（7）跨版广告。即一个广告作品，刊登在两个或两个以上的报纸版面上。一般有整版跨板、半版跨板、1/4 版跨版等几种形式。跨版广告很能体现企业的气魄、基础和经济实力，是大企业所乐于采用的广告形式。

2. 报纸广告的制作程序

报纸广告的制作一般可分为 5 个基本步骤：

（1）设计初稿。将酝酿好的广告创意用草图的形式表现出来，并加上一个醒目的标题，然后征求广告主的意见。经广告主同意后，再制作一个较详细的稿样。

（2）选择字体。包括标题和广告正文，要确定采用的字体、字号，以求广告作品的协调统一。选择字体时要遵循的原则是：第一，按照商品的属性和目标受众的特性选择恰当的字体；第二，字体的颜色应该给人以较强的舒服感；第三，字体应易于辨认；第四，有明确的方向性与顺序性，照顾公众的阅读习惯。

（3）选择色彩。色彩是影响读者注目率的一个重要因素，不同的颜色会使受众产生不同的心理反应。要依据商品的属性和目标受众的色彩偏好进行合理的色彩搭配。

（4）进行广告画面设计。富有动态感的报纸广告画面，才能引起受众的注意。这涉及前文所述的广告画面布局的技巧问题。广告画面布局的好坏直接影响到广告的效果。

（5）清样。将布局好的画面稿送给有关部门制版，并印制清样。制版后的清样还需要与原稿对照，以确保画面稿的质量。清样经过广告主最后审定后，广告就可以排版了。

3. 报纸广告的表现技巧

为了提高报纸广告的效果，需要讲究表现技巧：

（1）合理安排广告的版面。一般来说，版面越大，视觉效果越好。但二者不是等比例关系。在整版广告、半版广告、半版以内的广告和小广告等版面中如何选择，除考虑成本因素外，更要考虑广告目标。一般来说，告知性广告，使用大版面；提醒性广告，使用小版面；节日性广告，使用大版面；日常性广告，使用小版面。

（2）恰当地选择广告的版面位置。广告版面位置的选择，包含两个方面：一是确定广告安排在哪一个版面，二是确定广告安排在某一版面的空间位置。

报纸的正版（第一版或要闻版）最引人注目，广告选择正版可能获得较高的关注度。但实践中因价格和稀缺性等原因往往难以选择，更多的是考虑选择广告内容与报纸内容及读者对象高度一致的版面，如体育用品的广告选择体育版，手机等产品的广告选择通信版等。

在同一版面的不同位置，读者的注意度也具有较大差异。注意值高低的大体规律是：左比右大，上比下大，中间比上下大。假定整个版面的注意值为100%，则其分割后的注意值如图所示。

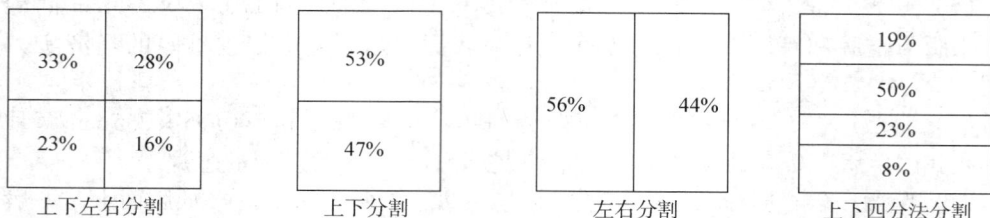

33%	28%
23%	16%

上下左右分割

53%
47%

上下分割

56%	44%

左右分割

19%
50%
23%
8%

上下四分法分割

图　报纸版面的注意值分布

依据以上特点，要尽可能根据受众的阅读习惯和注意规律将广告安排在适当的版面位置，以便达到预期的效果。同时，还必须注意广告情境的配合，包括报纸的广告内容要与该版内容协调；同类广告，最好安排在一起，方便选择；引起不好联想的内容，要避免相邻等。

（3）巧妙地引导受众的视线。受众在阅读报纸时，往往是被报纸的内容而不是广告所吸引。因此，将受众的视线进行有效的引导是非常必要的。常用的视觉引导方式包括：①借助对广告人物或动物的视线，使媒体受众的视线移动到下一个重要的要素上；②利用方向标、直线、箭头等，引导视线从一个要素到另一个要素；③利用连载漫画的故事情节或图片旁的简短说明，以使读者为了了解情节的发展而依次阅读；④利用留白（White space）及色彩效果来强调象征主题或插图。视觉由一个较暗的要素到明亮的要素，从有色到无色；⑤利用读者阅读时的自然趋向，由左上角，随着对角线"Z"而移动到右下角；⑥利用广告画面本身尺寸大小的变化来吸引媒体受众的注意力。

（4）注意广告刊登的连续性和广告画面的一致性。一般来说，连续刊登的效果要比随意刊登的效果好。进行连续刊登时，可采用密集型、均衡化或脉冲式的传播方案。为了强化连续刊登的广告的宣传效果，可以采用系列化的设计结构，运用相同的版式、相同的表现手法和风格，通过一系列具有一致性的广告画面来宣传商品的特征。下列手法可以达到使系列广告画面一致性的效果；采用一系列相似的表现风格；在报纸广告的四周加上边饰；将一张广告图片或其他要素与另一个重叠；巧妙地运用留白；利用绘图工具，例如，镶框、箭头或色调的变化等。

（二）杂志广告的表现

杂志广告与报纸广告比较类似，其不同于报纸广告的主要特点是杂志种类繁多，形式多样，印刷精美，读者对象稳定，针对性强，不同的杂志拥有不同的读者群，适宜于对不同类别的目标受众进行广告传播。

1. 杂志广告的表现形式

杂志广告具有多种多样的表现形式：

（1）折页广告。有一折、双折、三折等多种形式，以扩大杂志的页面。

（2）跨页广告。一则广告印在两个页面上，扩大了广告表现的版面空间。

（3）多页广告。一则产品的广告印在多个页面上，每个页面宣传产品的一个属性或性能，能使受众全方位地认知产品。

（4）插页广告。夹在杂志中，可单独取出的独立广告。

（5）联券广告。在广告的底部附有联券，如礼券、优待券、竞赛券等，读者可剪下联券并凭券兑现，也可以将一些实际样品插在广告页上，如有香味的擦手纸、免费听音乐的入场券等，以刺激读者对广告的注意和兴趣。

（6）香味广告。杂志广告用有香味的墨水印刷，或者在杂志广告上喷洒香水，例如，有些化妆品广告就将特殊香水喷洒在杂志广告上。香味广告是对广告版面进行香味处理以吸引读者的广告形式。

2. 杂志广告的表现技巧

（1）充分利用杂志的表现优势。例如，尽量制作整版广告，在必要时可制作跨页广告。另外，杂志中最引人注意的地方是封面和封底，其次是封二、封三，再次是中心插页，其他页码的引人注意程度，随着页码向中间的过渡，其注目程度相应降低。但是，若在中心插页做跨页广告，则相当引人注目。因此要科学利用版面版位，设计形式多样化。

（2）精美设计，图文并茂。由于杂志具有印刷精美、编排细致整齐的特点，因此，必须切实注意广告构图、设计的精美，在编排和制作上保持高格调、高亲和力和令人回味的欣赏价值，是每则杂志广告能否打动受众的关键。最好能使用质感细腻的照片，这样图文并茂、色彩鲜明逼真的商品形象容易引人注目，逼真地再现广告商品的特点和个性，激发目标受众的购买兴趣。同时，杂志广告中的文案要视情况处理，有时要简明扼要，有时要详尽介绍。

（3）运用专业化设计技术。由于杂志具有专业性或阶层性的读者群，具有相对稳定的知识结果和欣赏习惯，因此，应用专业化的设计可以使之产生亲切感，使人更容易接受，并产生深刻印象。

（4）注意广告与正文的互动。要吸引读者的注意，利用杂志正文内容与广告信息的关联形成强烈的互动，也是一种有效的设计方法。例如，在一个整版或两连版上，一部分介绍葡萄酒的相关知识，另一部分刊载某品牌葡萄酒的广告。

（5）使用艺术化的形象语言。在广告文案的风格上，可适当地强调散文式色彩，增强适读性。广告的文字必须浅白易懂，用艺术化的语言形象地宣传广告产品的优点，以吸引目标受众。应尽量避免使用艰涩难懂或枯燥无味的语言。

（6）巧妙地运用对比。杂志的印刷质量都十分精美，不管是印刷彩色图片还是黑白图片，都能保证广告构图的精细和有质感。现代杂志又多以彩色印刷为主，因此，在广告创作中，运用色彩的对比、构图的对比、大小的对比、在黑白中套彩色或在彩色中运用黑白对比，都可达到突出广告的效果。

（7）选择恰当的杂志。一般而言，专业性的产品选择专业杂志做广告为宜；大众化的日常生活用品和娱乐用品可选择生活性杂志或具有广泛影响的综合性杂志做广告。这样，可以有针对性地进行广告宣传，以便取得较好的广告效果。

二、电视广告的表现

电视广告兼有报纸、广播和电影的视听特色，以声、像、色兼备，听、视、读并举，生动活泼的特点成为最现代化也最引人注目的广告形式。因此，广告主不惜投入大量的资源来制作和投放电视广告，电视广告获得了快速发展。

（一）电视广告的表现要素

1. 视觉要素

电视广告的视觉要素有两种形态——图像和字幕。电视广告的图像（又称画面）是影视广告中最重要的因素。图像造型表现力和视觉冲击力是电视广告获得效果的最强有力的表现手段。电视广告的图像以运动和定格两种方式存在。依靠运动的图像创造商品的运动的方法包括：让商品自身运动起来，用人的行为创造商品的运动，运用光影创造商品运动等。此外，还可以通过加入运动的人或物的出画、入画等方式来创造商品的运动。定格的图像大多放在广告片的片尾，用于展示商品的细节特征、包装或标志等，起到强化视觉、增强识别的作用。

演员是电视广告中角色的扮演者，是图像的重要构成要素。它可以是人，也可以是物体或动物。目前，广告演员主要是美女（Beauty）、儿童（Baby）和动物（Beast），称为"3B"。演员的选择主要从表现广告创意的需要出发，力求使演员的形象贴近广告氛围，给人一种亲切、真实、可信的感觉。

电视广告的字幕是一个重要的视觉因素，具有强化广告主题、突出品牌、参与画面构图的作用。因此，必须精心设计，力求活泼多样。其应用原则是文字不宜多，字体不宜太小；字体的颜色与背景色具有较强的对比感；出字要巧妙；构图要灵活；用光线进行辅助造型；字幕停留时间适当等。

2. 听觉要素

电视广告的听觉要素包括广告语、音乐和音响三部分。

电视广告的广告语有两种形态：一种是旁白，另一种是广告模特儿的台词。电视广告的广告语只是视觉画面的表白，起到强化广告中值得解释、说明和记忆的内容的作用，要注意平仄搭配、抑扬顿挫、语言精练。

电视广告的音乐与声响，具有增强节奏、表现情感、烘托意境、加深印象的作用。电视广告的音乐包括背景音乐和广告歌曲。电视广告的音响是电视广告中人和物运动时发出的声音，或者是为了渲染情绪和气氛而附加的声音。

3. 时间要素

电视是时间的艺术。时间直接影响着人们对电视广告信息的认知。一般来说，人们需要 1 秒钟以上才能看清楚一个画面。若少于 1 秒，则很难给人留下记忆。因此，电视广告的中心画面应不少于 1 秒钟。电视广告的片长一般有 15 秒、30 秒、40 秒、45 秒和 60 秒等类型。15 秒的电视广告难以进行情节表现，主要用于诉求品牌知名度和提醒的作用；30 秒的广告可以表现一个简单的主题和情节，是应用比较多的形式；40 秒和 45 秒的电视广告也只能表现一个主题和情节，但在质感和记忆上有深化和巩固的作用；60 秒的电视广告可表达两个主题，或者诉求两种商品。近年兴起的微电影广告，时间甚至达到 300 秒以上，可以表现跌宕起伏的情节。

（二）电视广告的表现形式

在媒体越来越细分化、电视广告竞争越来越激烈的背景下，要使电视广告达到预期的效果，就要以独特的技巧和富有吸引力的手法传达广告讯息，使广告独树一帜。下列表现形式提供了很好的思路：

1. 故事式

用讲故事形式来表达商品与受众的关系，使受众产生共鸣，在不知不觉中接受广告信息。大卫·奥格威说："伟大的广告应该是一个娓娓讲述的故事。"故事式电视广告多采用情感诉求的方式，重点诉求广告商品所带来的美好体验。

2. 时间式

用纪录片或叙事手法，向受众交代时代进展与商品的关系。

3. 印证式

用知名人士或普通人士来证明商品的用途及好处，以达到有口皆碑的效果，但广告的技巧必须高明，否则受众会怀疑被访者言辞的可信度及真实性。

4. 示范式

主要通过名人、专家和产品使用者去说明和验证广告商品的功能和优点，传递商品能给消费者带来的利益。

5. 比喻式

用浅显易懂、人所共知的比喻，引出广告商品的主题。

6. 幽默式

用幽默风趣的语言或手法，含蓄地宣传商品的特征，使受众在轻松愉快的气氛中领会与接受广告信息。

7. 悬念式

用悬念手法提高受众的注意力及好奇心，然后带出商品。

8. 解决问题式

在广告中设定某一问题，然后借助商品的性能特点成功地解决问题。一般情况下，当一件新商品上市之际，多采用此种表现形式，尤其是药品和日用品使用最广泛。这一形式直截了当，表现力强，容易被受众接受。

9. 名人推荐式

用知名人士来介绍推荐商品，利用他们的聚焦力和号召力，来影响目标受众的态度，刺激购买欲。

10. 特效式

在音响、画面、镜头等方面加上特殊效果，营造气氛，使受众在视觉方面产生新刺激，留下难忘的印象。

11. 生活片段式

把广告信息融入日常生活的一个片段或细节中，使受众感受到该商品是日常生活不可缺少的一部分，从而产生心理上的认同感和接近感。这种生活片段是基于生活又超越于生活的，是在情理之中又在意料之外的。所选择的生活片段具有浓厚的生活气息，诉求的重点不是广告商品本身，而是商品的使用者。通过他们对日常生活用品的自然流露，不知不觉地或意外地从其他消费者那里发现广告商品的好处，给人以亲切感，容易引起共鸣。

12. 动画式

将广告主题或创意，用绘画的形式表现出来，用定格拍摄，然后连续放映。动画式广告易于夸张和幻想，能够极大地增强广告的趣味性、娱乐性和可视性，特别适用于以儿童为主要目标受众的广告。

13. 新闻式

运用新闻报道的形式，以纪实的手法把有新闻价值的商品信息记录下来，通过电视进行广告宣传的一种方式。

（三）电视广告的表现要求

1. 广播化

电视广告要配合活动画面的需要，充分发挥声音效果，应像广播广告一样，使语言、音乐和音响达到逼真、动听、简明。语言要求口语化、简短化和节奏化；音乐与音响要贴切、动人和协调。

2. 表演化

电视广告的主要特点在于形声结合。歌唱、相声、舞蹈等表演化的画面穿插在广告中，就使广告具有舞台化和戏剧化特色。

3. 简短化

电视广告剧情必须简短有趣，主题突出，情节简单，语言精练。

4. 动作化

有生命的东西可通过各种行为表现情节，没有生命的东西也能被赋予生动的形象，引人注目。

5. 多样化

电视广告在拍摄上，应充分运用丰富多彩的拍摄技巧，以增强广告的魅力。电视广告片的摄制类型有卡通片、活动片（写实广告片）、死动片（特殊效果片）、木偶片和纪录片等多种类型。卡通片活泼、生动，使观众看到人或物的动态，充满情趣；活动片拍摄真人、真物、真景，给观众以真实感和现实感；死动片运用特技使商品会跳、会跑、会转，这些特殊效果能引起观众的愉快的感情；木偶片有拉线木偶、手持木偶、死动片木偶等，诙谐幽默，情趣盎然；纪录片包括现场转播与现场录像两种形式，如拍摄顾客盈门、产品实际操作、时装表演、明星推荐商品等，能营造良好的氛围，具有极强的感染力。

同时，在摄制过程中要合理地选择画面的景别。远景常用来表现广告人物周围的空间、环境、自然景色或众多人物活动场面，突出展示广告主体与周围世界的关系；全景用于向受众展示广告产品的全貌，使受众对广告产品有一个完整的视觉印象；中景用来表现广告人物的主要情节和情感交流，可使受众看清广告中人物的动作姿态与感情变化；近景用来表现广告产品的具体特征；特写能够产生强烈的视觉冲击力，使广告产品深深地留在受众的记忆中。

（四）电视广告的表现过程

电视广告的表现过程大体可以分为三个阶段：

1. 策划设计阶段

这一阶段的主要任务包括：提出广告计划书，完成广告分镜头脚本的创作，确定广告创作人员的构成，根据脚本的需要选择演员等。其核心是绘制分镜头脚本和组成广告摄制小组。

2. 实际拍摄阶段

先要做好拍摄前的准备工作，包括把有关广告拍摄制作的意图及相关情况向广告摄制人员做详细介绍；做好必要的物质技术准备，检查摄像机、录音设备、照明设备及各种配件是否完备无缺、运转正常；根据脚本的需要检查相应的布景、道具、服装等准备是否妥当；检查相关人员是否能够到位等。

做好相关的准备工作之后就开始实际拍摄。电视广告的拍摄需要全体人员的协同配合才能完成，拍摄过程也是一个不断调整和完善广告创意的过程。在拍摄时要尽量抓取最有表现力和感染力的镜头，注意角度、景别的变化，可以利用各种摄影技巧和用光技巧，使电视画面更为丰富。同时也要注意摄制的镜头尽可能多一些，以备后期制作阶段有较多的素材可供选择。

3. 后期制作阶段

拍摄完成后就进入剪辑合成阶段，主要包括编辑、配音、配乐、合成等。广告片的编辑是广告制作的最后一道程序，也是一种再创造。它可以使前期拍摄的素材发挥最大的作用，也可以利用各种编辑技巧，通过声画组合以及音乐音响等因素，为广告片增添新的魅力。剪辑合成出来的就是试片，经过在电视机上试看检验后即可送往电视台播出。

三、广播广告的表现

（一）广播广告的表现要素

广播是通过电波来传递声音的媒介，以声夺人、以声达意和以声传情是其最大特点。广播的声音包括人声、音响和音乐，这三种声音构成了广播广告的三种基本表现要素。

1. 人声

广播广告中的人声就是有声语言。有声语言是广播广告的主体，也是广播广告最重要的构成要素。优秀的广播广告运用有声语言的魅力和技巧，使语言通俗准确，鲜明生动，使听众有身临其境之感。

设计广播广告的人声，需要注意两个方面的问题：第一，使语言符合广播的特性，尽量使用口语化的语言，通俗易懂，朗朗上口，避免使用文绉绉的书面用语和容易产生误解的同音字词。同时可以用反复的手段强化和巩固广告的效果；第二，使声音的个性与商品的个性特征一致。每个人的声音都有自己独特的个性。声音的个性由音高、音量、音速和音质四个要素综合体现出来。因此，要注意广播者的声音与商品特性的一致性，选择广播者的声音个性来塑造广告商品的个性特征。

2. 音乐

音乐是广播广告的重要表现手段，它通过旋律和节奏来传情达意，是为表现广告内容服务的辅助性手段，具有活跃广告的气氛、增强广告的吸引力、塑造广告产品的个性形象、激发目标受众的情感共鸣等作用。

广播广告中的音乐包括背景音乐和广告歌曲两种类型。背景音乐可以是专门创作的，也可以是从现成的作品中选择的。创作背景音乐应以目标受众为诉求对象，旋律简单优美且富有个性；选择现成的音乐要注意与广告的主题风格的一致性，最好没有被同类产品的广告使用过。广告歌曲是把广告中所要传递的重要信息，用歌曲的形式表现出来，其目的是以优美的旋律和独特的音响，加深人们对广告产品特点的认识，因此要注意曲调通俗，悦耳动听，歌词朗朗上口，便于传唱。

3. 音响

音响是广播广告中除人声和音乐以外的所有声音，广播广告的主要表现手段之一，具有增强广播广告的表现力和感染力的作用。音响可以创造一个声音的环境，可以叙述或表现一个事件，也可以表达思想和情感。

（1）音响的叙事性。现实的声音总是和形象联系在一起的。这是声音能够令人产生视觉联想化的前提。

（2）音响的表现力。音响的表现力主要是通过联想来实现的，如听到虫鸣就会想到田野，听到波涛声就会想到大海等。而这种联想又是通过独特的广告创意而引发的。

（3）音响的个性化。把与产品无直接关系的独特音响同产品紧紧地联系在一起，声音就成了产品的象征，如美国的 Aro 化妆品的广告用优美动听的门铃声作为它的标志，门铃声就成为化妆品的象征。

广播广告中的音响主要包括四种类型：一是大自然中的各种声音，如风声、雨声、波涛声、雷鸣声等；二是各种动物的声音，如鸟叫声、虎啸声、狗吠声、狼嚎声等；三是物体运动摩擦所发出的声音，如火车的"轰隆"声、轮船的鸣笛声、飞机的马达声等；四是人在活动时发出的声音，如脚步声、鼓掌声、喘息声等。

在使用音响时，首先必须对声音的来源进行必要的交代，如刹车之前用汽车开动的声音作为铺垫，雨声前用雷声作铺垫等。另外，音响的运用必须尽可能单纯，并注意音量适中，不能喧宾夺主，影响了人们对广告信息的接收。

（二）广播广告的表现方式

1. 直述式

指由播音员或演员按照写好的广告词，一字不变地照读，不加任何演技，只是将广告词正确地向受众宣读。这是一种最基本的广播广告形式，包括录音报道式、现场转播式和播音式等多种形式。

2. 独白式

在使用广告产品的生活情景中，通过商品的个性人物用独白的方式将广告产品的特点、功能、价格、生产厂商等信息传播给目标受众的一种广告形式。广告中的个性人物，是在广告中经常出现的、用以体现广告产品个性的人物形象。出现在广告中的个性人物能使广告更富有情趣，使商品的特征得以充分地体现。

3. 对话式

利用对话的形式将广告产品的特征以及使用情况告诉受众的一种广播广告形式。这种形式容易使受众产生亲近感或现实感，从而增加了广告的可信度。

4. 戏剧式

设计一场戏剧（如京剧、豫剧、越剧等），通过剧中人物用戏剧台词的形式将广告信息告诉给听众的一种广告形式。戏剧式广告具有较强的趣味性，但地方性也比较强，比较适合于地方性媒体的广播广告。

5. 音效式

利用音响效果，将广告信息传输给听众的一种形式。广播电台通过声音塑造形象、氛围的空间非常强，通过播放一段特殊的音乐，诱使受众展开想象力，将广告产品与某一事物联系起来，以达到塑造品牌形象的目的。

6. 表演式

通过艺术表演的形式传递广告信息的一种广播广告形式。例如，利用相声、大鼓、快板书、评弹、歌唱、配乐诗朗诵等艺术形式表现广告内容。这种广告寓广告宣传于艺术表演之中，使听众在进行艺术欣赏的同时接受了广告信息。

7. 综合式

在广告中同时采用两种以上的表现形式，如既有陈述式，又有表演式；或者既有对话式，又有音效式等。

（三）广播广告的表现程序

广播广告的表现需要经过设计和制作两个阶段：

1. 设计阶段

这一阶段要完成以下三项工作：

（1）明确表现的主题和表现的重点，确定表现的方式；

（2）撰写广告脚本。广播广告的脚本由三部分内容组成，即语言设计、音乐设计和音响设计。语言设计要以通俗化、口语化、亲切、响亮、节奏感强和必要的重复为基本要求；音乐设计要符合广告主题的需要，并与语言的节奏保持一致，采用渐显、渐隐、插入、叠声等多种形式，加强音乐的表现力；音响设计要能营造氛围，强化广告的感染力。

（3）确定广告播出的时间，包括确定广告播出的周期长度和具体的播出时间。

2. 制作阶段

即依据广告脚本录制成录音带的阶段。分为制作准备和录制合成两个步骤。制作准备工作包括选择演员、审听音乐及广告稿等；录音合成是一项专门的技术，它是由录音师或音响导演按广告脚本的要求在录音棚内将各种声音组合配置，录制成广播广告录音磁带的过程。在录制时要进行以下三项工作：（1）对台词；（2）预排。把演员的演播同音乐、音响等放在一起预排，评价效果。（3）正式录音。经过几次预排后，就可以正式录音了。录制合成阶段的工作直接关系到广播广告的质量和效果，要确保细致完美。

录音带制作完成后，经过广告主、制作人员及普通听众的评价认可后，就可以送到广播电台投放了。

四、网络广告的表现技巧

网络广告是利用网站上的广告横幅、文本链接、多媒体等方法，在互联网上发布的广告，通过网络传递到目标客户的一种高科技广告运作方式。应用网络设计和制作广告是现代科技与美术设计相结合的高新技术，借助电脑创造出富有想象力及艺术美感的广告作品，具有传统广告设计手段无法比拟的优越性。

（一）网络广告的表现要素

网络广告表现要素包括：

1. 文本

文本是指网络广告的文案部分，是构成网络广告的基础，是广告信息传达的重要手段。

2. 构图

构图是网络广告中吸引浏览者的一种重要手段，包括图片、图标按钮、背景图、分割线以及图案化的文字等。

3. 动画

网络广告的诱人之处在于使用了大量的动画。动画有两种形式，一种是把几幅静止的图片连续循环播放形成的动画，如 gif 格式的图片；另一种是由不变的对象和会变的对象两部分组成。通常不变的对象是指背景之类始终在页面中显示的对象，而会变的对象是指通过变化形成动画的对象。

4. 声音

声音通常被作为背景音乐，或鼠标选取也可作为一种预设的声音，或配合图形的变化而增加一些趣味。

5. 影像

随着网络的发展，网络广告在利用影像方面会有大的发展，网络广告所具有的互动沟通性和丰富的音像效果，将会超过传统的、单向的电视广告。

（二）网络广告的表现形式

1. 网幅广告

网幅广告是最早的网络广告形式，包括按钮、通栏、竖边、巨幅等，是以 gif、flash 等格式建立的图像文件，定位在网页中大多用来表现广告内容，同时还可使用 Java 等语言使其产生交互性。

2. 文本链接广告

即一排文字作为一个广告，点击可进入相应的广告页面。这是一种对浏览者干扰最少，但却较为有效的网络广告形式。

3. 电子邮件广告

电子邮件广告具有针对性强、费用低廉的特点，且广告内容不受限制。它可以针对特定的个人发送特定的广告，为其他网络广告形式所不及。电子邮件广告一般采用文本格式或 html 格式，在直复营销方面的应用最为广泛。

4. 主页型广告

就是将企业所要发布的信息内容分门别类地制作成主页，置放在网络服务商的站点或企业自己建立的站点上。主页型广告可以详细地介绍企业的相关信息，从而让目标受众全面地了解企业及其产品。

5. 弹出式广告

访客在请求登录网页时强制插入的一个广告页面或弹出的广告窗口。弹出式广告有各种尺寸，有全屏的也有小窗口的，而且互动的程度也不同。由于弹出式广告的出现没有任何征兆，广告很容易被浏览者看到，因而深受广告主的欢迎，但也因此容易引起浏览者的反感。

6. 在线互动游戏广告

这是一种新型的网络广告形式。它被预先设计在网络的互动游戏中，在一段页面游戏开始、中间、结束的时候，广告都可随时出现，并且可以根据广告主的产品要求定做一个属于其产品的互动游戏广告。

（三）网络广告的表现程序

1. 确定网络广告的目标

广告目标的作用是通过信息沟通使消费者产生对品牌的认识、情感、态度和行为的变化，从而实现企业的营销目标。网络广告在确定广告目标时也要遵循 AIDA 法则，即能吸引目标消费者对网络广告的关注（Attention），并逐渐对广告产品产生认识和了解；能使目标受众对广告产品或品牌产生浓厚的兴趣（Interest）；能使感兴趣的目标受众对广告商品所可能带来的利益产生拥有的欲望（Desire），并使目标受众能把浏览网页的动作转换为符合广告目标的行动（Action），可能是在线注册、填写问卷参加抽奖或者是在线购买等。

2. 确定目标受众

即确定网络广告希望让哪些人来看，确定他们是哪个群体、哪个阶层、哪个区域。

只有让合适的用户来参与广告信息活动，才能使广告有效地实现其目标。

3. 进行创意及策略选择

包括：设计能吸引目标消费者的带有概括性、观念性和主导性的广告标题；设计简洁的广告信息；发展互动性以提高访问者对广告的兴趣；合理安排广告发布的时间因素；合理地确定网络广告费用预算；设计网络广告的测试方案等。

4. 选择广告的发布渠道及方式

网上发布广告的渠道和形式众多，如主页形式、网络内容服务商（ICP）、专业类产品销售网、企业名录、免费的 E–mail 服务、提供查询检索服务的网络黄页、网络报纸或网络杂志、新闻组等，这些形式各有长短。企业应根据自身情况及网络广告的目标，有效地选择网络广告发布的渠道及方式。

本 章 小 结

语言是广告表现最基本要素，广告的语言表现集中体现在广告文案上。平面广告的文案一般由广告标题、广告正文、广告口号和广告随文四部分组成。故事版是电视和广播广告文案的具体形式。

修辞技巧是使广告文案散发出独特魅力的有效方式，广告中常用的修辞方式有比喻、排比、感叹、双关、对偶、飞白、回环、顶真等。

广告构图是在预定的规格和尺寸的版位内将广告文案、广告插图、商标等广告信息进行合理布局的活动，将文字、图画、标志等要素构成一个和谐统一的广告版面的过程是广告构图的布局过程。报纸广告、杂志广告、路牌广告、车体广告、广告宣传册及 POP 广告等，都要根据广告主题的需要进行版面布局。

报刊广告属于平面广告，其表现要依靠广告构图来实现；电视广告兼有报纸、广播和电影的视听特色，是最现代化也最引人注目的广告形式；广播是通过电波来传递声音的媒介，以声夺人、以声达意和以声传情是其最大特点；网络广告是利用网站上的广告横幅、文本链接、多媒体等方法将广告信息通过网络传递到目标客户的一种高科技广告运作方式。

重要术语和理论

广告文案、广告标题、广告正文、广告口号、广告随文、故事版、广告脚本、广告构图、广告布局、报纸广告、杂志广告、电视广告、广播广告、网络广告

复习思考题

1. 以某一广告文案为例，说明广告文案的结构。

2. 举例说明广告标题的主要类型。

3. 请为你熟悉的某件商品撰写一份广告文案。

4. 请为文中所提到的每一种修辞手法搜集 1～2 则相应的广告案例，并说明修辞手法在广告文案中的作用。

5. 请以某一广告作品为例，说明广告构图的基本要素及表现技巧。

6. 请以某一广告作品为例，说明进行广告布局必须遵循的原则。

7. 以某一则电视广告为例，说明其广告表现的成功或不足之处。

【案例分析】

海尔银色变频冰箱系列广告文案创作过程

海尔银色变频冰箱系列广告，由广州市致诚广告有限公司策划制作，2000 年获全国报纸优秀广告奖，"广州日报杯"家用电器类金奖。该系列广告由电视广告、平面广告、报纸广告组成。广告刊播以后，银色变频冰箱的销售取得了预期的效果。以广州为例，广告实施一个星期内，广州 14 家大中型商场，共销售海尔银色变频冰箱 200 多台，其他型号海尔冰箱 800 多台。2001 年春年刚过，广州市场的海尔银色变频冰箱 2000 余台全部销售一空。该情景引起其他竞争品牌的强烈关注。

海尔银色变频冰箱系列广告的写作过程是怎样的呢？刘戈在《外表平常如水，内在震撼如雷——海尔银色变频冰箱系列广告诞生记》一文中介绍了这则系列广告文案的诞生过程：

第一步：明确广告目的，分析产品特点

2000 年 10 月底，海尔正式委托广州市致诚广告有限公司策划海尔新产品——银色变频冰箱上市推广案，并创作广告作品。海尔提出三点要求：超过去年海尔冰箱的市场销售效果；巩固海尔冰箱在高档冰箱市场的地位；带动海尔其他冰箱的销售。致诚广告公司将这些要求定为广告目的。

明确目的之后，致诚广告公司又分析国产冰箱现状，了解该产品特点：第一，产品优势。科技含量高，数字变频、三温四控和深冷速冷技术等多项技术业界领先。第二，产品价位。属高档耐用消费品。第三，产品卖点。银色外观＋数字变频技术。

第二步：分析市场环境，决定广告形式

策划小组走访广州上百家商场，分析市场调研资料，发现海尔冰箱在广州市场面临巨大压力：第一，与西门子、华凌、容声等几冰箱大品牌相比较，海尔的品牌渗透率明显偏低。第二，海尔冰箱距主流消费形态较远。与海尔冰箱一直想塑造的高档产品的愿望有距离。

致诚广告有限公司策划小组也发现银色变频冰箱具有优势商品的特点：产品直观属性与信任属性的完美结合，即银色＋变频。策划小组决定采用系列广告形式。

第三步：调查消费需求，确定广告诉求

了解了产品，熟知市场状况，但消费者状况是如何呢？策划小组选取了 120 位即将购买冰箱者，通过家庭讨论、购买过程、购买决定三次调查后发现，每一个消费购买行为都经历了由消费心理向购买心理的转变过程，并且有以下特点：第一，未来消费者购买冰箱的需求趋势为乔迁、婚嫁和产品更新换代；第二，多数购买者已将冰箱作为整体家庭环境的一部分进行考虑；第三，购买的焦点已偏向产品外观（直观属性）。

在以上分析的基础上，广告策划小组觉得应以产品直观属性为主、信任属性为辅进行整合推广，创造一个有记忆度，能和产品完美契合的载体，使银色变频冰箱脱颖而出。从而确定了此次系列广告诉求点：高格调的品位。产品高档品性与目标消费群的高雅生活品位共同决定了海尔冰箱的高格调的品位。强化产品的直观属性（银色外观），以此涵盖产品信任属性（数字变频技术）。

第四步：撰写广告文案，进行广告整合

有了详尽的市场分析，明确的目标消费群，清晰的诉求定位，策划小组开始了艰苦的创作，小组成员们为此日夜奋战相继提出了几十个创意，大家还觉得不满意。难道就没有能整合"银色变频"

冰箱直观属性与信任属性的载体吗?

当大家在会议室内激烈地争议着的时候,一位同事抬头看着天上的一轮弯月突然问道:"你们觉得它像什么?"大家众说纷纭:"像镰刀""像小船""像银色!"真是一语惊破梦中人,一句"像银色"顿时打开了大家的思路。月亮不一是个很好的载体吗?银色变频就像月亮。接下去的创作变得一帆风顺。第二天,大伙儿热火朝天地开工了。连续几个昼夜的不停奋战,文案终于写成功了。

电视系列广告文案。第一则广告文案:"自动控冷";第二则广告文案:"变频节能";第三则广告文案:"变频静音";第四则广告文案:"银色变频"。

报纸系列广告文案。第一则广告文案:"百变的月亮 银色变频";第二则广告文案:"默默的月亮 银色变频";第三则广告文案:"冷冷的月亮 银色变频";第四则广告文案:"静静的月亮 银色变频"。

资料来源:《中国广告》2001年第6期

思考题

1. 广告文案的主要目的是什么?海尔银色变频冰箱系列广告文案能达到该目的吗?

2. 撰写一份有效的广告文案,需要考虑哪些问题?你觉得创作人员在创作海尔银色变频冰箱系列广告文案过程中对这些问题考虑的充分吗?为什么?

3. 海尔银色变频冰箱系列广告文案的创作过程能给我们撰写广告文案带来哪些启迪?

第九章 广告媒体

【学习目标】

【知识目标】掌握广告媒体评价的主要内容和指标；掌握广告媒体选择与组合的主要策略；理解各类广告媒体的主要特性；了解广告媒体的主要类型。

【技能目标】能够撰写简要的广告媒体分析报告，并能为某一广告活动提出恰当的广告媒体选择与组合方案。

【导入案例】

中国新媒体发展报告：微传播成社会发展新动力

中国社会科学院新闻与传播研究所在 2014 年 6 月 25 日发布的新媒体蓝皮书《中国新媒体发展报告（2014）》中指出，2013 年以来，中国新媒体发展进一步呈现移动化、融合化和社会化加速的态势。在这种态势下，基于新媒体的微传播已经成为促进中国社会发展的新动力。

新媒体发展的四大变化

报告指出，中国新媒体发展呈现四大显著变化：

—— 微传播成为主流传播方式。基于移动互联网的微博、微信、微视频、客户端大行其道，微传播急剧改变着中国的传播生态和舆论格局。

——传统媒体和新兴媒体正在加速融合。传统媒体纷纷推出新媒体战略，拓展传播空间，而新兴媒体凭借技术优势整合传统媒体资讯再传播，新媒体引发又一轮传媒革命。

——新媒体的社会化属性增强。功能不断拓展的新媒体正在快速向政治、经济、社会、文化各领域延伸。微政务成为创新中国社会治理的新路径。新媒体引发产业升级和互联网金融热兴。微交往、微文化正在推动社会结构变革和文化发展。

——新媒体安全成为最重要的国家战略。新媒体正在超越传统媒体成为跨越诸多领域的"超级产业"，而新媒体的安全问题日益成为各国国家战略考量的重点。2013 年以来，在顶层设计的强化下，中国新媒体在社会发展中的战略地位进一步凸显。中国正迈步从新媒体大国走向新媒体强国。

微传播成为主流传播方式

报告指出，当前，微博、微信、微视频等基于移动互联网的微应用大行其道，已成主流传播方式，并正迅速向政务等领域延展。

2013 年政府信息公开制度建设开始迈入微政务时代。截至 2013 年 10 月底，经腾讯微博平台认证的政务微博已达到 16 万个，其中党政机构 92000 个，党政官员 67000 个。较 2012 年同期，总增长率为 128.39%，其中政府机构增长率为 104.60%，公务人员增长率为 171.17%。

在微信平台上，已开通的公众账号超过 200 万个，公众账号日均注册量为 8000 个，其中经认证的公众账号超过 5 万个，而政务微信公众账号总数超过 3000 个，约占认证公众账号的 6%。政务微信在应急管理、舆论引导、社会组织动员等领域发挥了强大的社会功能，产生了积极有效的影响力。

此外，2013 年微电影市场蓬勃发展，已成为新媒体文化产业发展领域的一股"微势力"。北京国际微电影节参与奖项角逐的 1000 余部微电影当中，明星参与的微电影有 50 余部，商业微电影近 100 部，同时涌现了大批的优质公益微电影。

微政务、微电影、微视频等微传播，构成了 2013 年中国新媒体发展的"微时代"景观。

资料来源：http://news.163.com/14/0625/12/9VJA3KLM00014JB5.html

第一节　广告媒体的类型及评价

一、广告媒体的特征及类型

（一）广告媒体的特征

1. 广告媒体

广告媒体是承载和传播广告信息的物质技术手段。一般来说，凡是能在广告主与广告受众之间起信息传递作用的物质技术手段都可称之为广告媒体。

广告媒体因其具有丰富多彩的信息内容和传播方式而具有强大的吸引力，因其可以打破时空界限在广大的地区面向各类受众进行传播而具有广泛的传达力，因其种类繁多可以满足不同广告信息的传播要求而具有灵活的适应力。正是由于广告媒体的这些特性，使其能够适应广告主的选择应用，满足对信息传播的各种需求；能够及时、准确地把广告主的商品、劳务和观念等方面的信息传递给目标消费者，刺激需求，指导消费；能够唤起受众接触媒体的兴趣，使消费者有可能接触到相关的广告信息；能够吸引受众阅读、收看（听）有关的信息，接受广告信息的诉求，达到广告传播的目的。

广告媒体是随着商品经济和科学技术的发展与进步而发展的。迄今为止，广告媒体的发展已经历了五个阶段，即以叫卖、吆喝为主要形式的口头广告媒体阶段；以匾额、招牌为主要形式的文字广告媒体阶段；以图书、报刊为主要形式的印刷媒体阶段；以电影、广播、电视为主要形式的电波广告媒体阶段；以互联网、数字电视、移动多媒体广播为主要形式的数字广告媒体阶段。

最早的叫卖广告是销售现场广告发展的基础。因此，声音、店铺前的实物悬挂就是广告媒体的早期形式。非现场销售的广告是商品经济比较充分发展之后，特别是现代大工业出现之后的产物，而印刷术的发展则为非现场销售广告的出现和发展提供了最早的物质技术手段。17 世纪报纸和杂志的相继诞生，并逐渐成为广告媒体的主体。后来，无线电和电视的发明，极大地扩展了广告传播的领域和渠道，使得广告媒体异军突起，形成了报纸、杂志、广播、电视四大广告媒体争雄的局面。随着市场和科学技术的进一步发展，市场越来越细分化，受众逐渐被"碎片化"，大众传播也越来越从"面向大众"向"面向分众"、从"广播"向"窄播"转变。因而，越来越多的物质与工具被开发和利用成为广告的媒体，凡是可视、可听、可触、可嗅的媒体都逐渐被用来作为传播广告信息的手段。随着科学技术的不断进步，广告媒体在正朝着多样化、电子化、网络化的方向发展。

2. 广告媒体的特征

（1）动态性与广泛性。广告媒体一直处于动态的开发过程之中，根据市场竞争和广告战略的需要涌现着新的媒体形式。一切为所需而用，广告媒介的形式和结构展示出无限的开放性和广泛性。广告活动从来不拒绝任何类型的传递载体，并且随时采用有价值的各种新的媒介形式。

（2）选择性与自创性。对广告主来说，媒介费用是广告费用构成中占比最大的一项。广告主的任何一次具体的广告活动都只能根据传播效果和目标受众，从种类繁多的媒介中选择最合适的几种媒介进行组合传播。因此，媒介策划中对广告媒介的选择和组合已成为需要高度专业化和经验技巧的环节。在具体广告活动中，广告主还需要不断自创一些广告媒介形式，如广告礼品、商品包装等。

（3）专业化与分众化。随着市场逐渐完善，具有一定规模的专业受众市场需求已经形成。在受众的信息需求和媒介的种类都日益多样化的背景下，媒介需要通过专业化来赢得受众的黏性。专业化包括：新闻信息选择、发布与提供的专业性；新闻信息分析的专业性；新闻信息服务方式的专业性。同时，今天的广告不再是简单的"广而告之"，而是针对目标受众，根据营销战略科学地分析、评估和选择广告媒介，进行分众化或小众化的传播。广告媒介选择的分众化成为一种必然的趋势。

（4）个性化与互动化。在商品逐渐同质化、媒介不断细分化、消费者日益个性化、网络技术不断完善化的时代，互动广告日益成为一种潮流。通过互动广告媒介，有针对性地以"量身定制"式的专业手段最大限度地契合消费者的个性化需求，将是最有效果的广告传播方式。于是，互动性的广告媒介服务，如视频点播、专题互动、专项服务等各种个性化传播应运而生，使广告讯息的传递回到了"点"与"点"的传播状态。

（二）广告媒体的类型

现代社会，科学技术日新月异，各类广告媒体层出不穷，千姿百态，种类繁多。我们可以依据多种标准将广告媒体划分为以下多种不同的类型。

1. 依据受众的范围分为大众广告媒介与分众广告媒介

一般所说的大众广告媒介就是以报纸、杂志、电视和广播为主的四大传统媒介，是面向广泛的受众进行传播的媒介。大众广告媒介的优势在于可以用相对较低的成本接触到较大范围的广告受众。利用大众媒介，广告主依然可以利用其特色性的专栏或节目将广告信息传递给特定的目标受众。

分众广告媒介是指特定的、经过市场细分后具有某些共同特征的受众所接触的广告媒介。随着媒介产业的迅速发展，不同的社会环境因素和不同的媒介需求分化，逐渐形成了当代受众的个性化特征。媒介开始从满足大众需求向满足某一特定人群、满足某一类需求转变，从"广泛的传播"向"定向定性的窄播"转变，从面向"大众"向面向"分众"转变。例如，分众传媒（Focus Media）就把受众群体锁定在商务楼和高档住宅别墅群中的具有相当消费能力、具有很强的消费欲的白领阶层。

2. 依据媒介承载的信息特点分为综合性广告媒介与专业广告媒介

综合性广告媒介是指媒介本身承载的信息内容是综合性的，包括政治、经济社会、文化、教育、娱乐、体育等各个领域的信息，如《广州日报》《羊城晚报类》、中央电视台的综合频道等。

专业性广告媒介是指面向某一领域和特定的受众、专业性较强的或专门化的广告媒介，包括专业性杂志和报纸（如《旅游杂志》《中国建设报》等）、专业化的广播电视频道（如中央电视台体育频道、广东交通广播电台等）、专门化的广告媒介（如报纸中的夹报、传单、直邮信件、户外广告标牌等）、购物指南、工商企业名录、黄页等。专业性广告媒介的优势在于针对性强，有相对稳定的广告到达率，缺陷是受众范围一般较小。

3. 依据媒介的作用和影响力分为传统广告媒介与新广告媒介

习惯上把报纸、杂志、广播和电视这四大媒介被称为传统媒介。由于网络的飞速发展，传统媒介的影响力在逐渐弱化。在目前的传播环境里，传统媒介（特别是电视）仍然是影响力最大的媒介，也仍然是占主导地位的广告媒介。面对媒介市场的竞争压力，传统媒介机构需要不断变革，针对新媒介的挑战进行功能性组合创新。

新广告媒介是一个相对的概念，是传统媒体以后发展起来的新的媒体形态，包括网络媒体、手机媒体、数字电视等。目前，新广告媒介正在不断渗入广告市场，提升其影响力。

4. 依据媒介的作用和地位，分为主流广告媒介与辅助性广告媒介

主流广告媒介是指在一定时期内发挥主要的传播作用，大多数人们经常收听或收看的媒介。在过去若干年来内，传统的四大媒介一直在社会传播中占据着主导地位。在当代社会，电视、网络、报纸等媒介在经济和社会生活的信息传播中占据着主导地位，具有广泛、深远的影响力，是主流的广告媒介。

辅助性广告媒介是人们是经常收听或收看，或只有特定的受众，发挥着次要的传播作用的广告媒介，如传单、挂历、广告礼品等。辅助性广告媒介能够有针对性地辅助主流广告媒介进行广告信息的传递。

5. 依据媒介载体的属性和传播手段，分为印刷广告媒介、电子广告媒介、户外广告媒介、数字广告媒介、销售现场媒介（POP）、特殊广告媒介等

印刷广告媒介是以报纸、杂志、挂历、书籍、海报、传单、商品说明书、邮寄广告等印刷媒介作为载体的广告媒介；

电子广告媒介是以广播、电视、电影、电子出版物、电子显示屏、互联网络、电影等电子媒介作为信息传递载体的广告媒介；

户外广告媒介是暴露在开放的户外空间中的各类广告媒介，如广告牌、霓虹灯、户外灯箱、气球、专用广告车、交通车身等。

数字广告媒介是应用数字媒介开发的广告媒介，这种媒介多以互动为特征，是互动广告媒介的主要形式，如数字电视媒介、数字广播媒介等。数字广告媒介使广告受众变被动接受为主动选择，促进了广告发布者与接受者之间的沟通与交流，提高了广告的效果，从功能上展示了新一代广告媒介的特征。

销售现场媒介（POP）是在商业空间、购买场所的周围及内部所设置的信息载体，包括商店的牌匾、装潢和橱窗，店外悬挂的气球、条幅，商店内部的装饰、陈设、招贴、服务指示，店内发放的广告刊物、进行的广告表演等。利用POP广告强烈的色彩、美丽的图案、突出的造型、幽默的动作、准确而生动的广告语言，可以创造强烈的销售气氛，吸引消费者的视线，促成其购买冲动。

特殊广告媒介是以手提袋、广告衫、购物袋、雨伞等实物礼品作为载体的广告媒介，还包括以人体为载体的各种广告等。

广告媒介还包括依据其他标准划分的多种类型，如依据广告受众接触时间的长短分为长期媒介和短期媒介；依据媒体传播范围分为国际性广告媒介、全国性广告媒介

和地区性广告媒介，依据受众感觉的角度分为视觉性广告媒介、听觉性广告媒介、视听两用性广告媒介，依据广告媒介与广告主的关系分为租用媒介和自用媒介等。

二、广告媒体的适用性评价

作为传播广告信息的载体，每一种广告媒体都有各自的特性，都有其独特的优势和局限。尺有所短，寸有所长，优势与局限并存。也就是说，不论何种广告媒体，都毫无例外地存在适用性。广告媒体之所以需要选择和整合，就在于它们的适用性。

广告媒体的适用性是指媒体适合进行哪种类型的广告诉求、哪种形式的广告表现。例如，印刷媒体便于较细说明，比较适合于理性诉求及说明性广告；而电台媒体适于展开地区战略，适宜做时机性广告；电视则更适合于感性诉求及印象性广告；户外广告气势雄伟，适宜做树立企业及产品形象的广告，但因其以不特定的多数行人为对象，不适于说明性的广告内容。就媒体比较而言，不同的媒体只有个性特征及其适用性的区别，而无绝对化的优劣势差异。任何媒体只有在其自身特征适用于广告目标对象的条件下，才具有"优势"价值。因此，广告媒体无所谓最好、最差，只有个性特征及其适用性的差别，只有适合与不适合之分，适合的才是最好的。衡量广告媒体的适用性，需要对广告媒体进行充分的分析和评价。

（一）广告媒体评价的主要内容

1. 媒体的传播范围与对象

任何媒体都有特定的传播范围，有国际性的，如中国日报；有全国性的，如中央电视台；有区域性的，如南方日报；有地方性的，如广州电视台等。广告公司或广告主在购买媒体的时候非常注重覆盖范围这一因素，它是选择媒体时需要考虑的基本要素之一。

一般人认为，媒体的传播范围越大越好。实际上，泛泛的传播范围是无意义的，关键是媒体传播范围的分布是否与广告目标对象的分布一致。一般而言，媒体的覆盖面与广告目标市场分布范围存在着四种不同的情形，即①二者完全一致。也就是说，媒体覆盖的阶层及人数恰好就是广告的目标对象。这是最理想的状况，但这种情况并不多见。②媒体覆盖范围大于并包含了广告目标市场的范围。这是较好的情况，通过该媒体投放广告可有效地起到影响消费者的作用，但也会造成一定的广告浪费。③媒介覆盖范围与广告目标市场范围交叉或小于目标市场范围。这时，在媒体上投放广告可以部分地影响目标消费者，因此需要用其他媒体来补充、配合。④媒体覆盖范围与广告目标市场范围完全不符。这时，绝不可选择该种媒体投放广告。可见，媒体覆盖面与目标市场消费者分布范围的吻合程度越高，媒体的适用性就越强。只有当媒体的覆盖域基本覆盖目标消费者所在区域甚至与目标消费者所在区域完全吻合时，媒体的选择才是最合适的。

同时，不同的媒体具有不同的受众对象，或者说，不同的受众具有不同的媒体习惯。受众对媒体有自己的偏好，这是媒体的选择性。虽然媒体覆盖的区域与目标消费者一致，但如果目标消费者从来不选择该媒体，该媒体仍然不具有适用性。例如，报纸在某一区域的覆盖范围一般都较大，但选择性不如杂志。杂志的选择性较强，不同的杂志面向不同的读者对象。例如，工商管理人士习惯于阅读《商业评论》之类的管理类杂志，青年经常阅读《青年文摘》等青春、时尚类的杂志，经济界人士习惯于阅读《经济学家》等财经类杂志等。

因此，进行媒体分析和选择时，必须注意分析和评价媒体的覆盖面和选择性两方面的特征。如果这方面的评价出现错误，就会导致广告投放的根本性失败。

2. 媒体的收听、收视、阅读情况

一种媒体的传播范围很广，但如果视听率或阅读率很低，则仍然是低效甚至是无效的。因此，必须深入分析媒体的视听或阅读情况。这不仅包括媒体本身的情况，而且还包括媒体的不同版位、不同时间的情况；不仅包括媒体被阅读或被收看收听的状况，而且还包括媒体广告被阅读或被收看收听的状况。

在分析媒体被阅读或被收视收听状况及效果性时，还应考察以下因素：

（1）媒体的反复性。即反复阅读或收听、收看的状况。一般来说，反复的次数越多，效果越好。

（2）媒体的吸引力。指不同媒体及其不同版位或不同时间的吸引力。吸引力的大小决定了视听率或阅读率的高低。

（3）媒体的并读性。并读性是指同一媒体被更多的人阅读、收看或收听的状况。电视、广播、报纸都是并读性较高的媒体。奥运会的现场直播、春节晚会等电视节目，其广告信息的并读性是相当高的。报纸、杂志都具有读者之间相互传读、共同分享的状况，其并读性也非常高。据研究，报纸的实际读者权量至少是其发行量的一倍以上。

（4）媒体的保存性。即对媒体的保存时间长短。保存性越好，媒体重复暴露的次数相对增多，受众受影响就越深。杂志、书籍、年历广告都具有一定的保存性。

阅读资料

国内两大收视率调查公司

1. 央视—索福瑞媒介研究有限公司（CSM）

央视—索福瑞媒介研究有限公司（CVSC – SOFRES MEDIA，CSM）是中国央视市场研究股份有限公司（CTR）与世界领先的市场研究集团——索福瑞（Taylor Nelson Sofres，TNS）于1997年12月在北京合作成立的中外合作公司，致力于专业的电视收视和广播收听市场研究，为中国大陆地区和香港传媒行业提供可靠的、不间断的视听调查服务。CSM已经建立了1个全国测量仪调查网、1个香港测量仪收视率调查网、3个省级测量仪调查网、36个市级测量仪调查网、21个省级日记卡调查网和113个市级日记卡调查网，对全国218个市场提供独立的收视率及收听率调查数据，调查网络覆盖5.5万余户家庭，超过18.3万样本人口，对1272个主要电视频道的收视情况和396个主要广播频率的收听情况进行全天候不间断地监测。

2. AC尼尔森公司

1923年，阿瑟. 查尔斯·尼尔森在美国创建了AC尼尔森公司，于1984年进入中国市场，主要提供以下三大市场研究服务：

零售研究。AC尼尔森公司于1992年开始在中国开展零售研究。目前，零售研究覆盖全国主要城市和城镇的50多类非耐用消费品，定期为客户提供有关产品在各地的零售情况报告。

专项研究。AC尼尔森公司曾在中国100多个城市进行专项研究，内容包括单项和连续的定性、定量分析，帮助各行各业了解他们的消费者。AC尼尔森开发的独创研究工具包括预测新产品销售量的BASES，顾客满意度研究（Customere QTM ）和测量品牌资产的优胜品牌（Winning Brands TM），以及广告测试服务。

媒介研究。AC尼尔森公司的广告研究服务连续监测电视报刊的广告投放情况，并根据公布的广告定价计算广告花费。其结果可用来衡量媒介、产品和品牌所产生的收益，判断哪些广告载体在何时何处效果较好，同时了解竞争品牌的广告动态。目前，广告监测服务覆盖全国 300 多的城市的 1000 个电视频道和 300 多份报纸杂志。

3. 媒体的费用

不同的媒体具有不同的收费标准，有的甚至存在着巨大的差别。因此，"量入为出"也是选择广告媒体时需要认真考虑的一个重要因素。广告主必须依据自身的财力、广告的战略与策略及其对广告经济效果的评估来选择广告媒体。

媒体费用分为绝对费用和相对费用。绝对费用是使用媒体的费用总额。不同的媒体或者同一媒体的不同时间与版面的绝对费用是不一样的。一般来说，在传统四大媒体中，电视的费用最高，其后依次是杂志、广播和报纸。在户外广告中，霓虹灯、电子显示屏等收费较高，灯箱、路牌、墙体等收费较低。

在对媒体费用的评价中，相对费用是一个更能反映媒体费用效用水平的指标，一般用千人成本（Cost per Thousand，CPM，其中代表千字的 M 来自拉丁文 Mile）表示，计算公式为：

$$相对费用（千人成本）＝广告媒体的绝对费用 ÷ 预计传播人数 × 1000$$

在考虑媒体费用时，比较媒体之间的相对费用的高低具有特别重要的意义。因为媒体的绝对费用高，并不等于相对费用高。如电视广告，虽然其绝对费用较高，但由于传播范围广，其相对费用可能低于其他媒体。还需要注意的是，在计算相对费用的时候还要考虑有效受众的问题。把广告信息暴露给 10 万个永远也不会购买其产品的人，远不如暴露给 1000 位潜在顾客更有价值。广告传播的真正目标不是媒体的所有受众，而应该是产品的目标顾客。千人成本仅是以接触该媒体的总人数计算的，还不能完全反映媒体真正的传播价值。更有实际意义的是针对目标顾客来计算的千人成本。

4. 媒体的可得性

媒体的可得性是指获得媒体的难易、障碍大小及手续繁简的程度。一般可以从以下几方面评价媒体的可得性：（1）产品限制。一些媒体对药品、医疗器械等产品的广告采取限制甚至拒绝的态度。（2）时间安排。有些媒体对于广告业务有明确的广告预定时间，要顺利实现广告计划就需要向媒体提前预订广告时间。（3）版面限制。影响力大的媒体的重要版面或时段是需要提前预订的，其可得性很难保证。另外很多媒体对广告版面也有相应的限制，要充分考虑这些因素。（4）品牌适应度。自身定位较高的媒体，会对广告产品的品牌作出选择，对认为不符合要求的品牌，会拒绝接受广告投放申请。（5）创意的可行性。要考虑媒体是否能接受一些比较前卫或过于抽象的广告创意。

5. 媒体的威信

任何媒体都有自身的形象，如日报的端庄肃穆，严谨稳健；晚报的清新洒脱，贴近生活；中央电视台的高端大气，雍容华贵；地方电视台的乡土特色、灵活多变等。不同的风格塑造了它们不同的形象，不同的形象又赋予它们不同的威信。

广告媒体的威信，既有绝对内涵，又有相对内涵。媒体威信的绝对内涵包括：媒体知名度的高低、媒体在同一时空内受众数量的大小、媒体所属主管和主办单位的权威性等。不同的媒体因其级别、性质、传播内容、受众群体等不同而具有不同的威信。

广告媒体威信相对内涵是指：广告媒体的威信会因空间和时间的不同而有所差异。

相对广告主企业自身状况而言，各企业之间在市场目标、广告目标及广告策略上存在差别。对某一广告主来说是威信很高的媒体，对其他广告主来说可能并不高。因此，不同的广告主对媒体威信的评价有不同的要求和标准。相对而言，对目标市场消费者权威性越高的媒体，广告主就会认为这个媒体权威性越高。另外，广告媒体的威信还受专业领域等各种因素的影响。在某一特定领域有威信的报纸，对于该专业之外的读者群就无威信可言。

媒体的威信会带来"光环效应"。有较高威信的媒体，一般有较多的读者、收视收听者和欣赏者，可以在无形中提高消费者对广告的信任程度。因此，在对媒体的评价选择过程中，应注意媒体的威信及目标受众对媒体的认可度和信任度。

6. 媒体的传真性

媒体的传真性指媒体能否对商品实物、图片、画面进行较好的还原。媒体的传真程度决定于媒体的类型、制作及传播水平。各种媒体在形象化、示范表演、色彩等方面表现出来的效果是不同的。一般而言，电视因其兼具视听两种属性而具有较高的传真性。杂志因其印刷的精美和逼真而比报纸具有更高的传真性。因此，在选择广告媒体时，必须明确自身的真实需要和广告传播的目标，要明确哪种媒体是最符合产品特性的传播媒体。

7. 媒体的广告环境和干扰度

媒介的广告环境指刊登广告的媒介同时刊登其他广告所呈现的媒介环境。媒介如果经常性，或同时刊登形象力强的知名品牌、国际著名品牌的广告，则会直接提升该品牌广告讯息的品质，继而提升该产品品牌的形象；如果其他广告品牌小或新，甚至含有低俗的讯息内容，将会连带影响本品牌广告讯息的定位和品牌形象，媒介受众会自然地按照同类原则划归广告品牌的属性。

媒介的干扰度即媒介受众在接触媒介时受到广告（总量）干扰的程度。广告所占媒介的时间或版面的比率越高，受众所受到的干扰度越高，广告效果越低。同一媒介若同时出现同类产品竞争品牌的广告干扰，则干扰度要比其他品类的广告要高，分析时要加大权重计算其干扰度。

8. 媒体的编辑支持

媒体的编辑支持是媒体通过编辑的合理编排所呈现的能够吸引受众的新闻、娱乐节目等非广告内容。对于报纸杂志、广播电视、网络等这些受众可以主动选择的媒体而言，非广告内容是其吸引受众的根本原因，受众是在追逐非广告内容时接触到广告信息。例如，如果没有非广告内容或非广告内容水平很低，受众就不会订阅某一种报纸或杂志。因此，编辑支持水平越高的媒体在吸引受众方面具有较强的优势。对于灯箱、电子显示屏、墙体等这些受众无法主动选择的媒体而言，一般就不需要编辑支持。

9. 媒体的时效性和持久性

时效性即及时性，主要指媒体能否及时、迅速地传播广告信息。在传统媒体当中，电视和广播是最适合做时效性强的广告的媒体，报纸次之。电视由于设备等因素制约，时效性不如广播。但在电台发布广告，也受到节目安排及时间限制。杂志的时效性最差。新兴的网络媒体的时效性也很强，而且对很多重大事件的报道速度都超过了报纸。对于节令性的广告而言，如果忽视媒体的时效性，将一周后开始促销活动的广告刊登在下个月出版的杂志上，显然收不到任何效果。

媒体传播信息的持久性，就是媒体的生命周期。广播、电视随着播出时间的结束，其生命周期即告结束；日报的生命周期就是一天；杂志是最具有持久性的大众媒体；网络的持久性介于杂志和广播电视之间。显然，印刷媒体的生命周期长于电子视听媒体。电子视听媒体则可用反复播出来延长其生命周期。媒体生命周期的适用性，取决于广告战略及策略的要求。

10. 媒体的弹性

媒体的弹性就是广告从制作到刊出或播出之间的时间差。这同制作、购买或租赁广告时间和版面的难易程度和手续的简便程度有关。相对来说，电台和报纸的弹性强，而杂志的弹性小。电视广告片因其制作复杂而最缺乏弹性。另外，在广告推出之前能否做一定程度的调整和修改也是需要考虑的重要方面。就这一方面而言，广播、报纸都具有较大的灵活性。电视广告节目制作完成后再进行增删或修改，不仅要浪费和延误时间，还要追加相应的广告制作费用，因而，电视的灵活性最低。

（二）广告媒体适用性评价的指标

1. 印刷媒体的评估指标

以报纸、杂志为主体的印刷广告媒体，评估指标主要是表现覆盖受众广度的发行量和阅读人口。发行量是衡量广告效果的基础，阅读人口是在一定发行量的前提下，经过人际间的相互传阅所产生的扩散效果。

（1）发行量和印制量。发行量是印刷媒介每期实际发行到读者手里的份数。准确的发行量是选择媒介的重要依据。由于目前报纸、杂志都存在多种发行渠道，在评估媒介的市场效果时，还需要对订阅发行量、零售发行量、赠阅发行量等发行渠道进行细分考察。印制量是一份媒介（指每天的报纸、每期的刊物等）每期实际印制的份数。印制量是印刷出来的数量，印刷出来的东西由于推广不当会造成滞压。因此，印制量往往大于发行量。

（2）阅读人口和阅读率。阅读人口是在一定的时间内阅读了某种媒介（报纸或刊物等）的人口数量。在一定的时间内阅读了某种媒介（报纸或刊物等）的人口占总人口的比率就是阅读率。有关阅读人口的数据资料实际上包含该媒介市场读者群的构成情况，尤其需要注意广告目标受众的数量和所占比例。

（3）目标受众阅读人口和目标阅读率。目标受众阅读人口是在一定时间内，目标受众中阅读了某种媒介的人口数量。目标受众阅读人口既包括在一定时间内通过订阅、零售等付费阅读的目标受众，也包括了赠阅和传阅的目标受众。一般来说，付费阅读的目标人口数量价值的要高于赠阅或传阅的目标人口的价值。在一定时间内，目标受众阅读某种媒介的人数占总阅读人口的比率的构成目标阅读率。目标阅读率越高，广告传播的效果越好。

（4）传阅率。印刷媒介可以长期保存，具有传阅性。传阅率是某种媒介在人们中间传阅的人数，如某杂志被 10 个人阅读，传阅率为 10；被 30 人阅读，传阅率为 30。阅读人口、发行量和传阅率之间的关系是：阅读人口 = 发行量 × 传阅率。

需要特别注意的是，媒介的发行量、阅读人口和传阅率等评估指标的地域性差异。对于跨地区发行的同一种媒介而言，在不同的地区，其发行量、阅读人口可能有较大的差异，面向不同地区的媒介评估，应该选择各自地区的实际指标。

2. 电子媒体的评价指标

以广播、电视为主的电子广告媒介的评估指标主要有以下内容：

（1）开机率。开机率是指在一天中的某一特定的时间段内，打开电视机（或收音机）的家庭或人口数占拥有电视机（或收音机）的家庭或人口数的百分比。开机率是从宏观和整体的角度了解家庭或个人收视的总体情况，经常用于分析不同地区、不同季节、不同时段的收视状况，作为媒介时段选择的依据，如就一年来说，不同季节、不同时期的开机率都有明显的差异。一般冬季晚间的开机率高于夏季晚间的开机率；寒暑假月份的日开机率也要高于其他月份等。

（2）视听率。视听率是在特定时间里，接收某一特定电视（或广播）节目的家庭的人数占视听总人数的百分比。它是评价广播、电视传播效果的最重要指标，能显示媒体所发送信息到达受众的数量规模。计算公式为：

视听率＝收看（听）某一特定节目的人数/拥有电视机（收音机）的总人数

例如，电视机的总家庭群体为100万个，其中有20万个家庭在收看节目A，10万个家庭在收看节目B，则节目A的收视率为20%，节目B的收视率为10%。

需要特别说明的是：视听率的计算基础为一定区域内拥有电视机（收音机）的总户数或总人口数，但对于有线电视节目的收视率，还要考虑有线电视的普及率。

（3）目标视听人口与目标收视听率。目标视听人口是某一特定商品的目标消费者中收看（收听）某一特定节目的人口数；目标视听率是某一特定商品目标消费者中收看（收听）某一特定节目的人口数占所有目标消费者人口总数的百分比。

（4）毛评点。毛评点又称总视听率，是某一广告安排表上所达到的各个媒体所送达的视听率总和。通过该指标反映了媒体计划的总强度和总压力。例如，一个节目的收视率为20%，广告发布两次，则毛评点为40%。

（5）视听众暴露度。视听众暴露度是某一特定时期内收听、收看某一媒体或某一媒体特定节目的人数的总和，实际上是毛评点的绝对值。

视听众暴露度＝视听总数×视听率×刊播次数＝视听总数×毛评点

例如，某一节目，受众人数为200000，视听率为10%，则视听人数为20000。刊播两次，则视听众暴露度为20000×2＝40000。

（6）到达率和有效到达率。到达率是在特定时期内看到某一广告的人数占总人数的百分比。也称为"非重复到达率"，即不论受众看了多少个节目，也不管暴露多少次，到达率都只计算一次。可见，到达率与毛评点等指标是不同的。

到达率也适用于其他任何媒体。在各种媒体中唯一不同的是到达率所表现的时间长短。一般而言，视听媒体通常以一个月为计算周期，报刊通常以某一特定发行期经过全部读者阅读的寿命周期作为计算周期。到达率多用于媒体组合分析。

在一定时期内每个人接触到同一广告信息的平均次数称为暴露频次。有效的暴露频次就是有效到达率，是一定时期内同一广告通过媒体到达同一个人的数量界限。决定有效到达率在媒介计划中非常重要。太低的有到达率不足以对目标消费者产生影响，太高的有效到达率可能造成浪费。1979年，纳普勒斯（Michael J. Naples）在《有效暴露频次：暴露频次与广告效果之间的关系》中认为，在一个购买周期内对目标消费者仅做一次广告暴露通常无效果，3次暴露才能产生足够的传播效果。

（7）受众组合。受众组合是某视听节目按年龄、职业、收入等依据划分的各阶层受众占该节目所有受众的百分比。从目标受众的角度看，受众组合提供了视听节目真实的受众构成，可以据此分析这个特定节目的实际受众与广告目标受众之间的差异情况，评估广告媒介的选择是否准确，也可了解该节目的真实受众情况，作为选择广告媒介的依据。

3. 户外媒介的评估指标

对户外媒介的评估，一般可从受众和媒介两个角度展开。户外媒介的评估包括以下内容。

（1）接触人口。这是从受众的角度，考察户外媒介可能接触到的受众数量。评估的方法是：在户外媒介所在地，以摄像机能见的各个角度在媒介露出时间摄下经过的人群，面孔正面朝向户外媒介的总人数即为该媒介的接触人口。从媒介的角度，可以检视户外媒介自身的大小、高度、尺寸、能见角度、质材及露出时间等评估项目。

（2）媒介高度。对于户外媒介的高度，一般认为越有高度的媒介价值越高，其意义是：高度越高辐射的范围越大，接触面越广，则受众越多。所以，评价高度不用重复受众的数量。按照受众的行为习惯，媒介高度的评估应以平视能见为最佳高度。

（3）媒介尺寸。户外媒介的尺寸指的是受众能看到的尺寸，不是媒介的实际尺寸。媒介与受众的距离越远，所呈现的尺寸越小。评估时可以把受众在不同的接触距离，媒介所呈现的尺寸大小加以分级评分。

（4）能见角度。即在媒介所有能被看到的角度中，对各接触角度的效果评估。正面接触效果最好，侧面较差；受人潮流向的影响，来向效果较好，去向较差；单面媒介只有单向接触面，四面的媒介有四个方向接触面。在评估上要以各角度的显示效果加以分级评分。

（5）媒介材质。户外媒介的材质所涉及的是媒介形态本身的吸引力和承载创意的能力，包括呈现精致创意的能力、媒介的亮度、有的还包括声音质量等。

4. 网络媒体的评价指标

（1）广告曝光次数。广告曝光次数是指网络广告所在的页面被访问的次数，这一数字通常用计数器来进行统计。假如广告刊登在页面的固定位置，那么在刊登期间获得的曝光次数越高，表示该广告被看到的次数越多，获得的注意力就越多。当然，受到各种因素的制约，得到的也只是大体上的反映。

（2）点击次数与点击率。点击次数可以客观准确地反映广告效果。而点击次数除以广告曝光次数，就可得到点击率（Click Through Rate，CTR），这项指标也可以用来评估网络广告效果，是广告吸引力的一个指标。点击率是网络广告最基本的评价指标，也是反应网络广告最直接、最有说服力的量化指标，因为一旦浏览者点击了某个网络广告，说明他已经对广告中的产品产生了兴趣，与曝光次数相比，这个指标对广告主的意义更大。

（3）网页阅读次数。浏览者在对广告中的产品产生了一定的兴趣之后进入广告主的网站，在了解产品的详细信息后，他可能就产生了购买的欲望。当浏览者点击网络广告之后即进入了介绍产品信息的主页或者广告主的网站，浏览者对该页面的一次浏览阅读称为一次网页阅读。而所有浏览者对这一页面的总的阅读次数就称为网页阅读次数。这个指标也可以用来衡量网络广告效果，它从侧面反映了网络广告的吸引力。

（4）转化次数与转化率。网络广告的最终目的是促进产品的销售，但是点击次数与点击率指标并不能真正反映网络广告对产品销售情况的影响。于是，引入了转化次数与转化率的指标。转化率最早由美国的网络调查公司 AdKnowledge 在《2000 年第三季度网络广告调查报告》中提出的。"转化"被定义为受网络广告影响而形成的购买、注册或者信息需求。那么，我们可以推断转化次数就是由于网络广告影响所产生的购买、注册或者信息需求行为的次数，而转化次数除以广告曝光次数，即得到转化率。

以上指标是我们分析网络广告传播效果的常规广告评估指标，通过这些指标，我们可以全面地了解网络广告的传播效果。

第二节　主要媒体的广告特性

一、印刷媒体的广告特性

印刷媒介是以印刷作为物质基础和技术手段，以平面视觉符号（文字和图像等符号）作为信息载体的信息传播工具。印刷媒介是当今广告活动中运用最频繁和最多的媒介。报纸和杂志是印刷媒介的主要形式，它们在编辑方法、内容特点、表现形式、对象范围等方面各有特点，因而也就具有不同的广告特性。

（一）报纸媒体的广告特性

报纸运用文字、图像等印刷符号，定期、连续地主要向公众传递新闻、时事评论等信息，同时传播知识、提供娱乐或生活服务，一般以散页的形式发行。报纸是最早被用来向公众传播广告信息的载体，现在仍然是经常被运用的广告媒体之一。目前，我国有报纸 1900 多种，日发行量 1.07 亿份（世界报业协会发布数据）。发展较好的报纸品类为都市报、晚报、财经报及一些专业类报纸。都市报占全国报纸发行量的 40%。

1. 报纸的结构和类型

报纸的结构体现在三个方面：（1）出版频率。报纸一般一天或一周出版一次。例如，美国现在大约共有 1530 种日报和 8000 种周报。日报通常在城市和较大的镇上发行，有早报、晚报和全日三种形式。（2）规格。报纸的规格有对开大报和四开小报两种。（3）发行量。报纸属于大众传播媒体，它试图接触到某个地区或国家的所有受众，为数不多的报纸在全国范围内发行。

报纸包括多种类型，不同类型的报纸具有不同的信息内容、办报风格和读者对象：

（1）依据报纸的内容分为综合性报纸和专业性报纸。综合性报纸以刊登有价值的社会各方面的新闻以及对新闻报道的评论为主，内容广泛，面向整个社会，如《广州日报》《文汇报》等；专业性报纸以发表反映某一行业、某一系统或某一阶层的新闻和评论为主，以特定范围的读者为发行对象，如《中国机械报》《中国证券报》等。

（2）依据报纸的发行范围分为全国性报纸和地方性报纸。全国性报纸以全国的新闻为报道范围，向全国各地发行，如《人民日报》《中国经营报》等；地方性报纸以报道某一地区的新闻为主，并主要向该地区发行，如《佛山日报》《南方农村报》等。

（3）依据报纸的出版时间分为日报、晚报、周报和星期刊报。日报大多是全国性报纸和各种机关报，一般在每天上午发行；晚报主要在大城市出版，一般在每天下午或傍晚发行；周报每周发行一次，多是地方性报纸；星期刊报大部分依附于大报，一般在周末发行，如《湖北日报》的《楚天周末》《南方日报》的《南方周末》等。

（4）依据报纸的版面大小分为大报和小报。大报一般指对开报纸，多为全国性的日报；小报一般指四开报纸，多为地方性报纸和企事业单位主办的报纸，如《广东工业大学校报》等。

（5）依据报纸的性质分为党报和非党报。党的各级领导机关主办的报纸为党报，如《广州日报》是广州市委的机关报，《南方日报》是广东省委的机关报。党委机关报之外的报纸为非党报。一般来说，党报比较严肃、正统，非党报相对活泼多样。

2. 报纸媒体的广告特性

从广告传播的角度看，报纸主要有以下特性：

（1）信息传递的理性化。报纸是一种纯平面视觉传播媒体，以文字传播为主，相对于电波视听媒体而言更偏向于理性。它要求受众必须具备一定的识字能力。这在一定程度上限制了报纸的受众范围，但也过滤掉了不识字的人口，从而使其受众整体素质较高。高素质的受众一方面提高了报纸广告说服深度的要求；另一方面也提高了报纸媒体的广告价值。报纸是单纯的平面视觉传播媒体，制作简单，印刷品质一般，因此，报纸广告在表现力方面比较逊色，缺乏电波媒体的演示性和生动性，无法满足需要演示的产品和专业服务的广告表现的需要。

（2）受众接受信息的非强制化。报纸是读者具有信息接受主动性的媒体，即读者有选择地阅读内容、阅读时间、阅读地点、阅读速度等的主动性。读者可根据自己的阅读习惯来阅读报纸，根据自己的需要和兴趣来选择不同的报纸、版面和内容，根据自己的知识能力对报纸的信息进行读解。读者对阅读内容的选择性使得报纸广告的接收也就不具有强制性，广告传播的有效到达率难以测定。但读者阅读的主动性也使得信息的接收较为深入。如果读者关注广告，则广告信息的接受也较为完整深刻。这使报纸很适合承载涉入度高、需要理性选择的商品的广告。

（3）成本的经济性和使用的灵活性。报纸是具有经济性的媒体，主要体现在：①报纸的边际成本较低。报纸是一种散页装订的媒体，它的信息量（包括广告量）可以通过其版面的增减进行控制。②报纸的制作技术要求简单，制作、发行成本低廉。③报纸可满足受众随时、随地浏览阅读的需要，有效利用率较高。这方面相对于电波媒体而言，具有明显的优势。由于报纸的经济性，报纸运用起来比电波媒体更为灵活方便。加之报纸是一种平面视觉媒体，消息、专访、评论、广告等多种形式的信息可以相互配合同时并置发布；报纸每天出版发行，可以携带、传阅，可以根据促销活动的需要来设计，是最能灵活地配合促销活动需要的媒体。

（4）具有较高的可信度。报纸历史悠久，发展成熟。白纸黑字，又容易保存，可反复利用、传播，信息不随时间消失，是一种很好的营销资料，也是一旦有商业纠纷时的有力证据。一般读者认为报纸是可信的消息来源，会形成长期、稳定、主动阅读的习惯。同时，从广告主和广告公司的角度看，报纸具有较准确的到达率。特别是被订阅的报纸，可以较容易地知道受众的准确规模和构成。

（5）较低的时效性和较高的干扰度。相对于电波媒体而言，报纸的时效性较差。

以发行周期最短的日报为例，其信息的更新只能以 24 小时为单位来考虑，远不如电波媒体来得快。另外，报纸的干扰度较高。报纸一般要靠刊载很多不同广告主的广告才可能生存。如果以多条信息在同一版面并置的形式编排，如果专业不精，广告版面往往显得杂乱。过量与杂乱的信息会削弱任何单个广告的效果。

（6）网络化、特色化和集团化。经过多年的快速发展，报纸广告媒体在内容、形式和经营模式上都呈现出了新的特征：①网络化。伴随着科学技术的发展，报纸媒体日益网络电子化，利用互联网的便捷、快速以及可链接性等优势弥补了报纸原有的不足。②特色化。为了在激烈竞争中得以生存，报纸媒体针对不同的受众更加细分化，如针对财经类高端读者的《经济观察报》《中国经营报》等。并且，各报纸都争相办出自己独特的风格，如以深度报道和灵活监督为特色的《南方周末》，以注重品牌塑造和传播为特色的《华西都市报》等。③集团化。随着市场经济的发展和传播环境的变化，报纸也逐渐开始走集团化道路。目前全国已形成 26 个报业集团，如南方日报报业集团、上海报业集团等。报业集团不断细分读者群，下面往往有党报、晚报、生活报、娱乐报、新闻杂志、时尚杂志等多种类型的载体。各大报业集团互相抢占市场，竞争非常激烈。

3. 报纸广告的类型

报纸广告大致分为三类：分类广告、展示广告和夹页广告。

分类广告通常包含所有形式的商业信息，这些信息根据读者的兴趣被分成若干类，以纯文字的形式、豆腐块的篇幅出现。例如，"代售地产""代售汽车""搬家服务"等。这类广告大约占全部广告收入的 40%。

展示广告的标题、正文及插图与报纸的新闻具有明显的差别，是报纸广告最主要的一种形式。除了编辑区的任何版面，它都可以以任何大小的篇幅出现。

夹页广告是在报纸中夹带的单独宣传产品的广告，随报纸发行到读者手中。其特点是，夹报的报纸是国家正规出版物，通过它们将自己的宣传品传递到消费者的手中，这样自己宣传的内容可信度会更高；与在报纸上刊登广告相比，价钱更合算；夹报可自由选择地区，以支持地区性的广告活动；向家庭主妇诉求更有效果。

（二）杂志媒体的广告特性

和报纸一样，杂志也是一种以印刷符号传递信息的连续出版物。但杂志的出版周期较长，出版速度较慢。杂志最大的特点是针对性强，保存期长，记录性好。读者层次和类别较为明确，尤其是专业性杂志，读者群大多比较稳定，对所订阅的杂志认同感较强，由此对刊登的广告也显现出较高的关心度和信赖度。杂志的读者生活水准一般较高，对于新产品或服务的反应比较敏锐，消费能力也较强。

1. 杂志的广告特性

（1）针对性强，读者稳定。杂志是一种目标对象明确，针对性很强的广告媒体。不同的杂志侧重不同的内容，针对不同的读者群体，如《意林》侧重大众文化，《商业评论》侧重于商业。因此，杂志的针对性较强，杂志的周围形成了具有一定特性和稳定性的阅读群体。随着多样化和个性化趋势的发展，将会出现更多的针对细分化目标受众的杂志。杂志较强的针对性为广告主提供了明确的选择方向。一般来说，杂志的读者都具有一定的文化水平和专业知识，大部分集中于城市和发行地，购买力属中等以上，对某一领域有着特殊的偏好与知识。因此，它是一种经济有效的、适合做分众、小众沟通的广告媒体。

（2）较强的表现力和接触深度。随着数字技术的进步，杂志的制作越来越精美，一般采用铜版纸印刷；广告一般独占版面，设计讲究，印刷精美，传真程度高，给读者的印象强烈，所刊载图片无论在清晰度，还是在色彩的还原上都非常具有表现力，能提高表现对象的美观程度和价值感。当然，杂志的生动性比不上电视画面。同时，杂志是一种进行深度报道的媒体，杂志所关心的是侧重在一个广泛的背景下对事件发生的前因和后果的分析，表明编辑或原作者的思想观点和立场。因此杂志的内容更富理性色彩和传播深度。可见，杂志需要读者主动参与，加入自己的理性分析和认真读解，其主动参与性是四大传统媒体中最高的，其表现力在印刷媒体中最强，是较适合用来做深度传播的媒体。

（3）较高的重复阅读率和传阅性。杂志已经装订成册，便于个人携带和收藏；杂志的文章多以评论为主，读者往往需要多次阅读才能理解；杂志内容的连续性往往不明显，只要认为哪一期的文章值得保存就可以将其保存收藏，而不必顾及其他，十分方便。此外，杂志的价格较高，阅读利用的时间相对较长，因此杂志往往传阅于多人之间。因此，杂志能扩大和延续广告的传播效果。

（4）信息生产的周期长，广告安排的灵活性差。杂志是四大传统媒体中信息生产周期最长的媒体。其传播速度较慢，缺乏时效性，较难满足那些时效性要求较高、时间紧迫的商品宣传和短期促销活动的广告投放需要。同时，由于杂志截稿时间较早，广告主必须在出版日之前若干天提交广告，往往滞后于市场信息，广告安排的灵活性较差。

2. 杂志广告的类型

（1）常规的杂志广告。根据杂志广告版面的位置和大小，分为封面广告、封底广告、内页整版广告、内页半版广告等。

（2）创新的杂志广告。在广告实践中，人们创造了许多新颖、别致的杂志广告形式：①赠品广告。利用包装手段，在杂志内夹带产品的试用装，送给订户。这种形式在国外颇为流行，近年来在国内也开始出现。②嗅觉广告。例如，美国香水厂商在时尚杂志中"埋设香水地雷"，当读者翻阅杂志，触及"香水地雷"时，香水的芬芳就扑鼻而来，引起人们的购买欲。③隐形广告。采用热敏印刷技术在杂志上制作一种新型的广告画。当读者按文字说明伸手捂一下广告页，隐藏的画面立即呈现在眼前，给读者一种意想不到的惊喜。④立体式杂志广告。例如，某保险公司采用立体式杂志广告，一打开杂志，展现公司形象的三角形大厦就矗立在读者面前，给人一种新鲜感。

二、电波媒体的广告特性

电波媒体是通过电波将声音或声音和图像同时传送和接收的传播工具。电波广告媒体主要有广播和电视。

（一）广播媒体的广告特性

广播是比电视更早的媒体，它用电波信号向听众提供信息服务，只能提供音讯而没有视讯。虽然电视和互联网的出现给广播带来了巨大挑战，但事实证明，优良的广播节目同样拥有一大批忠实的听众，使其仍然是一种具有很高广告价值的媒体。

1. 广播媒体的特性

广播的广告特性体现在以下几方面：

（1）简便迅捷，自由灵活。广播作为广告媒体具有传播简便、迅捷，自由度大，时效性强的传播优势。从信息发送的角度看，广播的信息制作简单，依赖的只是对于声音的存储和放大技术，不需要太复杂设备就能保证其信号的质量。广播发布的自由度也较大，特别是在临时需要插播广告或其他商业信息时，广播处理起来要比电视简单方便得多。从信息接受的角度看，接收广播信息简单方便，自由度也比较大。无论何时何地只要有一台收音机就可进行接收，不受时空限制，收听方便，自由度高。同时，广播还是一种可以"一心两用"的媒体，可以一边工作一边收听广播，这和需要专心观看的电视及报刊媒体相比，具有明显的优越性。

广播媒体信息制作周期短，传播迅速，时间灵活，能确保时效性强的广告的传播需要。广播广告制作成本相对较低，广告主可以根据受众、时段的不同，提供丰富多彩、形式多样的广告版本，避免受众对单一广告的厌恶感；广播广告还可以采用不同语言在不同的地区进行传播，来增加广告的亲和力。广播相对较能满足广告依据市场变化进行灵活应变的需要。

（2）受众广泛，选择宽泛。广播是一种真正全球性的媒体，它不受信号制式的影响，只要有一台全波段的收音机，就可以听遍全球所有的电台，其覆盖面非常大，受众非常广泛。同时，广播是通过声音进行传播的，凡是听觉正常的人都可收听，只要语言相通就能基本听懂，不受文化程度的制约。

随着电视的普及，广播越来越向分众化、多样化和个性化的方向发展。现在，我国的广播电台已有了交通、文娱、音乐、经济、新闻等方面的分工，细分化仍在不断继续。广播可以拥有众多节目主持人，每个节目能够形成个性特色，通过热线服务等，易于进行双向交流，引发想象力，产生亲近感，构成相对固定的听众群。同时，广播的地方意识也在不断提高，广播与当地听众的联系和交流日益密切。这样，广播广告在专业和地域两方面具备了极强的选择性。

（3）丰富的想象张力和情绪感染力。广播仅凭声音进行传播，更能给听众提供一个广阔的想象空间，充分激发人们的想象力，正如人们所说的："描述天下第一美女，最好用广播。"因此，广播被称为思想剧场。这是因为声音传播时，听众听到的声音往往是一种经过语言抽象化的概念，听众需要依靠其想象力将其转化具体生动的形象。由于每个人的经历、观念的不同，每个人想象中的形象也不尽相同。从这一点来说，声音比画面更具有想象张力。广播广告通过巧妙地运用语言艺术和音响音乐，营造意境，突出主题，非常具有情绪感染力。

（4）信息稍纵即逝，保存性差。广播信息属于线性传播，同其他电波媒体一样，选择性差，稍纵即逝，保存性差。广播广告时间短，保留性差，不适合传递复杂的商品资料。信息缺乏实体感，听众听过即忘，必须不断重复才能形成记忆。另外，由于听众在许多场合收听广播时只是将其作为背景媒体，注意力不能保证，且收听习惯较不稳定，加上只能诉诸声音，使广告创意的冲击力相对较轻，因此一般要求增加广告播出的频率，要求广播广告语言通俗化、口语化，简洁生动，重点突出品牌名称等重要信息。

2. 广播广告的投放形式

（1）插播广告。在广告节目之间播放每条 5 秒、10 秒、20 秒、30 秒时间不等且与节目无关的广告。此类广告收费便宜，播放灵活，是广告主最喜爱的广告方式。

（2）提供节目广告。由广告主提供有关广告广播节目的内容并在其中播放广告的方式。广告主可以通过提供广播节目的方法，拉近与听众的距离，使广告有较强的针对性。例如，制药厂在播放卫生常识之后播放药品广告。此类广告的经费较高，但可以使听众在不经意中收听到广告信息。

（3）分类广告。在一个固定的时间段内连续播放多家广告主的广告，此类广告的收费低，但也因为同类广告集中播放，容易对受众的注意力产生干扰，影响广告的效果。

（4）共同参与广告。多位广告主在广播电台制作的同一节目中插入广告，由广播电台安排广告播出的时间和顺序。

（5）专题广告。专题广告是广播电台根据广告主的要求专门制作的节目广告，此类广告时间较长，短则 3～5 分钟，长则 10 多分钟。专题广告针对性强，制作精美，在各种广播广告中效果较好，冲击力强。

（6）特约广告。在特定的时间段内，在特定的节目前后发布广播广告。一般在新闻节目、天气预报、娱乐节目等节目前后安排特约广告。播放特约广告时播音员会说："本节目由×××特约播出。"

（二）电视媒体的广告特性

电视是运用声波把声音、图像同时传送和接收的视听结合的传播工具，是一种具有多功能的大众传播媒体。电视自从 20 世纪 30 年代发明以来，不断以新的面貌面向广大观众，已经深入千家万户，对人们日常生活的影响是众多媒体中最大的，因此成为目前传播广告信息的主要媒体。电视除具有电波媒体的共性外，也有自己独具特色的广告属性。

1. 电视媒体的广告特性

（1）图文并茂，富于感性。电视运用视觉和听觉同时作用于受众，"图文并茂""声、色、形、动兼备"，使其因生动、形象、活泼而独具生动性和感染力。与其他用文字和语言对事物进行抽象与概括的媒体相比，电视是一种十足感性的媒体。同时，电视媒体具有演示性传播功能，它能演示产品结构、原理、功能和运作，使广告信息更亲切，更容易接受。由于上述特性，电视诉诸视听的方式对观众的理解能力的要求是所有媒体中最低的，任何有正常智力的人都可成为电视的受众。

（2）强制接收，充分到达。电视是一种强制性很强的媒体，信号的发送和接收是同时的，观众的主动性选择的余地很小。为了获得最新的信息，观众不得不等在电视机前，对自己不喜欢的节目的唯一的反抗方式就是不断地转换频道。因此，电视观众的同时注目率很高，相应节目的到达率也很高，这是电视成为当今最重要的广告媒体的原因之一。

（3）广泛覆盖，有效针对。电视覆盖面广，电视节目的观众几乎包括所有阶层，遇有奥运会、世界杯这类重大事件，电视现场直播可使万人空巷，这是其他媒介难以比拟的。同时，电视传播速度快，可重复播放，适应性强，特定频道和栏目又有特定的受众，针对性强。广告通过与特定节目联动，也可以成为被瞩目的焦点。随着卫星通信的发展和有线电视的普及，电视频道数量迅速增加，观众群不断分化，观众的选择不断丰富。通过与电脑科技和电信的结合，今天的电视也不再局限于单纯的传送和接收，电视日益成为集资讯、娱乐、购物、沟通等功能于一体的多媒体工具。

（4）强力渗透，广泛选择。电视以其在视听方面的优势，给生活带来无穷的快乐和情趣。电视节目常常是一家人一起收看，电视广告对家庭的渗透力较强，有利于家庭购买决策的形成。

随电视媒体的发展，电视节目的分布领域越来越广泛，政论时事、市井生活、文化娱乐，应有尽有。不同的节目有不同的特性，适合于不同的商品。国外的研究表明：新闻时事节目适合于长期计划购买的商品，其广告内容应力求平实客观；体育节目适合于以快乐为中心的商品，如啤酒、汽车等，广告内容冲动，最好使用偶像人物；冒险节目不适合于女性商品；而武打片和西部片尤其适合满足欲求的、男性的商品；观众参与的现场节目，最适合情感诉求广告，尤其是品质好、家庭用的商品；适合主妇的电视连续剧，其涵盖的广告商品的范围极广，几乎无所不包。这为广告传播提供了更多的选择。

（5）制作复杂，投入巨大。电视广告制作过程复杂，制作和播出费用高。在中国，一条30秒的电视广告片平均制作成本大约是30万元。在美国，一条全国性30秒钟插播广告的制作成本平均约为30万美元。同时，由于电视主要是借助动态视觉画面传达信息，广告播出时间十分短暂，因此不能传递较多、较复杂的信息；电视的声音和画面稍纵即逝，观众对广告信息的接受较不充分；观众对广告选择性差，接触广告的态度是被动的，广告常常被忽略或跳过不看；电视快速的传播速度、广泛的覆盖率加上良好的创意承载能力使其成为众多广告的竞技场，这使得广告传播的干扰度较高；等等。这一切决定了电视广告必须有相当的重复率才可能产生效果，这必然增加广告主的媒体购买负担，从而经常使中小广告主望而却步。

2. 电视广告的投放形式

（1）栏目冠名。将电视台的某些热门栏目以企业的名称或产品品牌命名，或者以自己的产品品牌的名义"特约播出"某个电视节目。

（2）插播广告。也叫常规广告。通常在电视节目之间或某一节目中间插入播出的广告。广告时间的长度由广告主的预算决定，可长可短。一般有5秒、10秒、15秒、30秒、45秒、60秒不等。插播广告可使广告主有较大的自由选择播放的电视台、播放时间和次数，是一种深受广告主青睐的形式。

（3）标版广告。标版时间较短，一般为5秒，甚至更短，通常只有一两个体现企业形象的画面和一句广告语。电视黄金时段的标版为企业所看好。中央电视台新闻联播后的5秒标版，连续多年成为企业争夺"标王"的标版。

（4）赞助广告。赞助电视晚会、赞助体育比赛直播、赞助卫星实况转播某些大事件、赞助有奖智力竞赛、赞助电视片和电视剧的拍摄、赞助进口大片的放映等，一般在片头、片尾注上某企业赞助字样。在电视和电视剧的拍摄中，赞助形式甚至"渗透"到电视片和电视剧的道具和场景中。

（5）电视专题片。这是一种传播产品信息的"二级"广告片，内容大多是对产品功能进行介绍和演示，电视直销广告片就属于这一类；另有一种侧重展示产品形象。

一般时长在两分钟以上。

（6）贴片广告。即跟片广告。广告片本身并无什么特殊之处，但贴片广告是固定地"贴"在某一部电视连续剧的片头、片尾或片中插播的。

（7）走马字幕广告。电视台在播放正常节目时，在屏幕下方打一行游动的字幕，即时播放产品的相关信息。

（8）公益广告。公益广告是一种免费的广告，主要是由电视台根据各个时期的中心任务，制作播出一些具有宣扬社会公德、树立良好的社会风尚的广告片。公益广告利用对公益事业的宣传与推广，反映企业对公益事业的热爱与倡导，侧面提升企业的社会形象，提升品牌的社会内涵。

三、其他传统媒体的广告特性

除了前述的报纸、杂志、广播、电视等大众媒体外，还有许多用来传播广告信息的媒体，相比其覆盖范围、受众群体较小些，人们一般称其为"小众传播媒体"，如户外媒体、售点媒体、交通媒体等。

（一）户外媒体的广告特性

1. 户外广告媒体的主要形式

凡是在露天或公共场所传播广告信息的物质或工具，都可称为户外广告媒体。户外媒体是一块取之不尽、用之不竭的媒体富矿，环绕人们生活的环境到处都是可以被利用的媒体空间。在主要广告媒体中，户外媒体提供了最低廉的单位信息传递成本。常见的户外广告形式包括：路牌、海报、交通工具、灯箱、霓虹灯、电视墙、电子快播板（Q板）、电脑显示板（IED）、电脑彩讯动画看板、空中飞翔物、热气球广告等。

2. 户外媒体的广告特性

户外广告是一种地区性、城市化的广告媒体，具有良好的市场选择性。常设在繁华街道、交通要道等人群密集的地方，与过往行人的心理特性密切相关。户外广告长期固定在一个特定场所，能够不受时间的限制，随时随地地发挥作用，对过往行人进行反复诉求，具有较高的品牌到达度、非常高的重复传播的频率、较好的适应性和视觉冲击力，容易达到积累印象的效果。特别是，户外广告可以较好地利用消费者在散步游览时或在公共场合经常产生的空白心理。这时，一些设计精美的广告牌和多姿多彩的霓虹灯、电子显示屏等常能给人留下非常深刻的印象，产生较高的注意度。

户外广告媒体对地区和消费者的选择性强。它可以根据地区的特点选择广告形式，如在商业街、广场、公园、交通工具上选择不同的广告表现形式，也可以根据该地区消费者的风俗习惯和文化心理进行设置。并且，户外广告可以在相对较远的距离内吸引人们的注意。例如，招贴画广告在十几步至几百步的距离内被人看到，而大型霓虹灯广告可在几百米甚至几公里范围内被看到。

户外广告载体形式丰富多彩，灵活多样，自由度大，在应用新技术方面是广告媒体的先锋。例如，美国的一家食品公司在底特律竖了一块高80英尺、长110英尺的推销面包的巨型广告牌，人们走近它时，不仅能听到介绍面包的解说，而且能闻到面包的香味，令人食欲大振。此举使该公司的面包销售额上升两倍多。由于户外广告是一种城市化的广告媒体，是构成城市景观的一部分，因此它还有美化市容的作用，这些广告与市容浑然一体的效果往往使消费者非常自然地接受了广告。但要注意的是，广告必须与周围环境相融合，平淡无奇或过于荒诞新奇的表现形式都是不适宜的。

但是，户外广告覆盖面小，传播空间有限，所能达到对象很有限，而且无法对传播群体进行选择；受众对户外媒体的接触，大部分是在远距离的行进中有意无意、不知不觉地观看到的，媒体接触的深度不足；户外广告必须在短时间内吸引行人的注意，其设计要求色彩鲜明、主题突出、文字简洁，因此传达的内容十分有限；户外广告置于户外，风吹雨打，广告形象易受污损；另外，设置高档大型路牌广告的初期投资成本也很高。

（二）售点广告（POP）媒体

1. 售点广告媒体的类型

售点广告（Point Of Purchase advertising，POP），又称为店头广告，是在销售现场设置的能够促进销售的广告物，如店内悬挂物、橱窗陈列和柜台的设计、商品的陈列，在店内外竖立的能够标示产品特征的立体物等。现在大型商场一般都配备了导购员为消费者提供各种咨询和建议，也可以看作是现场广告的一种形式。售点广告是营销活动不可或缺的关键一环，是营销传播活动系列的终点。

2. 售点媒体的广告特性

销售点广告是一种自办媒体，广告主有较大的自主性。企业可通过售点广告将自身形象向社会传播，扩大商店或生产企业的知名度、美誉度。对商店来说，POP 广告是它的"脸皮"，能突出商品的特点和优点，能够引发消费者对商店差异化的认识，能美化购物环境，显示商品和服务质量，提升形象。

POP 广告具有引导消费的作用。美国 POP 广告协会（POPIA）公布的数据显示，消费者有近 2/3 的购买决策是在店内作出的，有些产品类别甚至有 80% 的购买属于冲动型购买。制作精致的 POP 广告能营造销售气氛，激发消费者的购买欲望，对消费者有很大的诱惑力；同时，POP 广告具有很强的直观性，能使消费者迅速产生亲切感、认同感，并为消费者起到引导指示的作用，方便消费者的购买。同时，POP 广告也可以提醒消费者购买早有印象的商品。POP 广告是购物场所广告的总和，要求各种形式在整体上应协调一致，完美和谐。对于一些大店、名店来说，更要注意风格的统一与独特。售点广告一般成本费用大，要求设计精美，保持清新整洁。因此最好能整体设计，长期使用，这样能节省宣传费用。

POP 广告需要精心设计，特别要注意细节。如果商品的陈列杂乱无章，消费者必须花很长时间才能找到要买的商品，无疑会产生负面效果。同时，必须经常更新、清洗广告物，保持新颖光亮；否则就会影响传播效果，损害形象。

（三）交通媒体

1. 交通媒体的主要形式

所谓交通广告就是利用公交车、地铁、航空器、船舶等交通工具及公共汽车站、机场、地铁站等周围场所等媒体做广告。交通广告有三种形式：公共汽车的座位、行李架上的车厢广告，在公共汽车两侧、后面和车顶上的车身广告；在车站、码头、机场的各种广告展示形式。"双面电视车"是交通广告媒介中的一种新兴的媒介。这类车在车身两侧及车的背后，分别镶入电传视讯系统和超大屏幕，以此来播放广告，不受天气等条件影响，声色俱佳，是极富冲击力的新媒体。

2. 交通媒体的广告特性

交通广告可以使广告"跑起来"，具有动态性，又可固定在车站、机场、码头等地，与其他类型户外广告相比，具有可移动性和易吸引性的优势。广告主可以根据广告目标的要求，选择目标消费者经常使用的有关交通工具的路线、场所进行广告活动。

交通广告具有较高的展露率。市内一般的公共交通工具，人们的平均乘坐时间为30分钟，交通广告有充足的时间来接触受众；长途旅行的旅客在等候交通工具时的时间一般属于"无聊时间"，可能多次阅读站内的各种广告。可见，交通广告有极高的展露率。同时，人们的活动范围也是以住所为中心的一个相对固定的区域，这样，经常乘坐同一交通工具的人就会多次重复接触到同一交通广告。这使交通广告具有其他媒体难以比拟的到达率。

交通广告既可运用招贴、喷绘等平面视觉的表现手法，也可在交通工具内部采用CD、影片、音响等视听结合的表现方式，具有多种发布方式的优势。

交通广告的不足之处在于，公共交通工具的乘客的流动性很大，成分比较杂，较难进行市场细分；因交通工具和路线的限制，交通广告接触面有一定的局限性；因车身、车厢的传播条件的限制，交通广告在文案创作、广告创意和形象塑造等方面都有较大的局限。

（四）直接广告媒体

1. 直接广告媒体的形式

直接广告媒体是采用直接进入消费者家庭或工作现场，以及通过个人间的直接信息沟通方式，运用比较具体的求购信息，以达到直接激发特定受众目的反应和行动为目的的广告形式。常用的直接广告形式包括：电话广告、邮寄广告（DM）、明信片、广告传单等。

2. 直接广告媒体的广告特性

直接广告传播针对性强，能较准确选择传播对象。由于数据库的广泛使用，广告主可以按照名单地址，根据消费者的性别、购买历史、收入水平、生活习惯等个性特征有针对性地邮寄有关广告宣传资料，目标受众的到达率几乎可达百分之百。

直接广告可以建立有效的反馈机制。邮寄广告一般都带有返回信封的订单卡，可以很好地同消费者进行沟通，也可以很清楚地知道该广告活动的效果，有效或无效，明明白白。它使广告主能准确地知道投下的广告费收益如何，对于广告经费不足的广告主更为适合。为了刺激消费者迅速反应，直接广告必须在提供优惠上有创意，优惠的内容可以是赠品、折扣、延期付款、试用、抽奖、免费赠送等。

直接广告在到达率、阅读率、深度传播、重复使用等方面具有优势。它可以使广告主到达那些通过其他媒体无法到达的受众。例如，邮政媒体是"爱你没商量"，不管受众乐意不乐意，广告径直送到受众的手里，不受其他广告的竞争，广告被注意和阅读的比率较一般印刷媒体高。因此，直接广告较适合进行深度传播，能详细介绍产品的特性、价格。

直接广告的不足包括：只能针对特定受众群，传播范围有限；对数据库的维护、直接广告的印制和传送费用都比较高；一些人认为直接广告是信息入侵，认为它侵犯个人隐私同时，制造垃圾邮件等，因此对它的态度比较负面；邮寄直接广告的返回率一般也只有2%～5%。

因此，直接广告的设计要做到新颖独特，使受众愿意接受，尽量减少抗拒心理，并愿意作出积极的反馈。

（五）植入式广告媒体

"植入式广告"（Product Placement）是随着电影、电视、游戏等的发展而兴起的一种广告形式，它是在影视剧情、游戏、图书等载体中刻意插入商家的产品、标识、招牌、品牌名称、象征物等符号，以达到潜移默化的宣传效果。由于受众对广告有天生的抵触心理，把商品融入这些娱乐方式的做法往往比硬性推销的效果好得多。

1. 广告植入媒体的形式

（1）在影视及网络游戏作品中植入。在影视及网络游戏作品中最常见植入方式包括：①台词表述。即产品或品牌名称出现在影视及游戏作品的台词中。例如，《一声叹息》中的妻子在电话里多次提到"欧陆经典"，特别在影片结束前再次在电话里强调"过了安慧桥左转，就是'欧陆经典'，牌子很大，一眼就看见了!"②特写镜头。这是植入式广告最常见的出现方式。例如，电影《没完没了》中中国银行的广告印在"依维柯"车身上，在整个影片中反复出现。③扮演角色。商品或品牌在影视剧中不再是道具，而是一个角色，这属于深度嵌入型的广告形式。例如，《海尔好兄弟》用海尔的吉祥物做主演，在少年儿童心目中根植下对海尔品牌的广泛认同。④场景提供。2008年12月份，湖南张家界将仙境般的风景提供给好莱坞摄影师汉森进行科幻大片《阿凡达》的外景拍摄，张家界大量风景图片后来成为《阿凡达》中"潘多拉星球"各种元素的原型，其中"南天一柱"图片就成为电影中"哈利路亚山"即悬浮山的原型。《阿凡达》在全球热播后，海内外亿万观众更是对"哈利路亚山"原型地张家界心向神往。

（2）在综艺节目中植入。综艺节目中广告植入的形式主要有：①奖品提供。江苏卫视的《最强大脑》的主持人反复突出节目的奖品"蒙牛金典"，这种情形下很少有人对广告提出异议，因为奖品正是节目的一个重要元素，更是场内外观众的关注焦点。②节目道具。这是把商品深度嵌入综艺类节目中，提高与受众的接触率的有效方式。例如，中央电视台《幸运52》节目中选手的成绩直接用商标来代替，其中《幸运挑战》环节中商品竞猜，以及在节目最后邀请观众参与的幸运商标竞猜都将植入式广告的功能发挥到极致。

（3）在图书出版中植入。图书植入式广告是隐蔽性的植入式形式，包括①教材类图书将企业及相关信息以案例的形式植入。这时，案例的选择一定要与相关理论及观点一致，否则，强行的植入效果会适得其反。②娱乐类图书主要是给人以精神上的娱乐，所以广告植入的方式与电影中类似。不过由于图书没有电影的时间限制，因此，植入式广告可以做得更加深刻。③由企业赞助出版某类图书，包括企业家署名联合出版和为企业量身定制出版等具体方式。

2. 植入式媒体的广告特征

植入式广告媒体最大的优势在于其"接触质量"——高度专注状况下的受众注意。隐性的广告由于其出现的不规律性和与情节的高度相关性，受众一般不会抵触与抗拒。从消费行为的角度看，植入式广告对受众的消费行为会产生一种光晕式影响，特别是在影视娱乐节目这类声像具备的媒介中，强烈的现场感能对消费者产生一种行为示范效应。这种潜移默化的影响力能产生极好的广告效果。

植入式广告媒体局限性在于：①品牌的适用范围较小，多数情况下只适用于知名品牌。因为受众需要在短暂的时间内准确识别出商品的品牌、包装等，只有具有较高的知名度的品牌才能突破这一道门槛。②同样原因，植入式广告媒体也不适用于需要深度说服的广告，特别不适合做理性诉求的广告。③在影视娱乐节目中可供植入广告的容量有限，过度植入会引起受众的反感。近来人们调侃的"不要在广告中插播电视剧"正是这种抵触心理的体现。

阅读资料

变形金刚4广告植入大盘点

电影《变形金刚4：绝迹重生》于2014年6月27日登陆中国影院，《变形金刚4》中的广告植入令不少影迷吐槽。下面是一些主要的广告植入：

1. 影片一开始，泰莎老爸去一个老式剧院淘旧货，店主口播了"IMAX"。

2. 伊利舒化奶在本集中赤裸裸的露出与《变3》不相上下，这次出镜在饰演KSI总裁的斯坦利·图齐夸张的演绎下，不无恶搞意味。

3. 周黑鸭的植入可谓此次植入广告中最难寻的一个。就在KSI总裁拿舒化奶的冰箱上方，有一个周黑鸭的包装盒，你捕捉到了吗？

4. 泰莎的男友英雄救美，开的赛车后视镜下有红牛标志。随后他还喝着红牛，自称是红牛车队的。

5. 泰莎一行逃难途中，在超市偷了一罐纽崔莱蛋白粉，这个镜头共出现了两回，算是本片中植入较醒目的一个。

6. 泰莎老爸用KSI公司的飞行跟踪器做第一次模拟飞行时，银行卡和ATM机都是中国建设银行的，这大概是全片最不符合地域设定的一处植入。

7. 用于制造人造金刚的"变形元素"可以变成任何形状的物体，在KSI总裁展示的时候先是变出了Beats便携音箱，而后那位爱吃甜甜圈的员工又用它变出了小马宝莉，它可是孩之宝的王牌玩具。

8. 泰莎老爸跟KSI总裁通电话时，KSI总裁身后的香港夜景霓虹灯出现了醒目的红字招牌"剑南春"，此镜头也先后出现了两次。

9. 航拍香港时，高楼上的广告牌，EPSON最为显眼。

10. 在KSI的总部里，科学家们用的显示器都是联想的，但如果不仔细看，真是难以发现。

11. 在KSI生产车间里，出现的运输车上有奥利奥标志。

12. 怡宝的矿泉水在本片中的出现次数至少在三次以上，当然，每次只是一晃而过，最明显的一次是李冰冰喝水。

13. 不要以为这部戏里就没有诺基亚手机了，果真如此吗？瞪大眼睛仔细找找吧。

14. 韩庚虽然在本片中是"打酱油"的，但他另有一个重要的任务，就是为GUCCI眼镜代言，看到了吗？

15. 一场混战过后，城市街面一片狼藉，满地的碎屑中，乐视 TV 超级电视的标志赫然在列。

16. 从广州前往香港时，李冰冰驾驶载着 KSI 总裁的白色车便是广汽传祺汽车。

17. 泰莎老爸从坠毁的外星飞船上爬出时，洒落一地的都是百威 Bud Light 蓝瓶啤酒，他还用那个倒霉车主的车门开了一瓶喝。

18. 大黄蜂干掉毒刺的时候，公交车上赫然出现"维多利亚秘密"的标志。迈克尔·贝与维秘的关系素来颇深，曾为其掌镜广告片。

资料来源：http://bj.bendibao.com/live/2014630/155452.shtm

四、新兴的广告媒体

新媒体（New Media）是 20 世纪后期以计算机的发明和网络技术的应用为支撑体系出现的媒体形态，是利用数字技术、网络技术，通过互联网、宽带局域网、无线通信网、卫星等渠道，以及电脑、手机、数字电视机等终端，向用户提供视频、音频、语音数据服务、连线游戏、远程教育等集成信息和娱乐服务的所有新的传播手段或传播形式的总称，包括网络媒体、手机媒体、数字电视等多种形式。相对于报刊、户外、广播、电视等传统媒体，新媒体被形象地称为"第五媒体"。

（一）新兴媒体的类型

1. 手机媒体

在三网融合的背景下，手机日益成为与电视、计算机一样重要的媒体终端。人们通过手机不仅可以通话，还可以上网、收发邮件、游戏娱乐、订购商品与服务等，成为一个新兴的移动广告媒体。手机广告的主要形式包括短信广告、彩信广告、视频广告等。

2. 交互网络电视（IPTV）

交互网络电视是通过宽带互联网络传播视频节目的服务形式，是集合了电视传输节目的传统优势和网络交互传播优势的新型电视媒体，数字交互电视的互动传播，使传播者与接收者之间的位置不再是固定的，而是不断在互相共享的、移动的，用户不再是被动的信息接受者，而是可以根据需要有选择地收视节目内容。

3. 网络社会化媒体

社会化媒体是人们彼此之间用来分享意见、见解、经验和观点的工具和平台，它变以往媒体一对多的传播方式为多对多的"对话"。从分享文字的博客 Blog 到分享图片的相册网站（如 Flickr.com），从分享视频的视频网站（如优酷）到新知共享网络（如 MBA 智库）、合作词条网络（如维基百科），从微博 Miniblog（如 Twitter.com）到社会性网络服务 SNS（如微信）等，社会化媒体不断创造着新的媒体形式。作为一种能够给用户极大参与空间的新型在线媒体，社会化媒体具有参与性、共享性、交流性、社区性、连通性（通过链接和整合，将多种媒体融合到一起）等基本特征。图 9-1 是 2011 年中国社会化媒体的基本情况。

图 9-1　2011 年中国社会化媒体概览

（二）新兴媒体的广告特性

1. 超媒体性

超媒体性是在多种媒体中非线性地组织和呈现信息。依靠数字技术对多媒介信息的整合，新媒体可以为信息使用者提供文本、图片、声音、影像等多媒体信息，这些多媒体信息同样按照超文本的方式组织。比尔·盖茨《未来之路》中曾这样描述新媒体提供的超媒体信息服务："假设你正在观看新闻，你看到一个你不认识的人与英国首相走在一起，你想知道她是谁。你用电视的遥控器指着这个人，这个动作就会带给你关于她的小传，还有最近出现过她的其他新闻报道名单，指着名单上的一件东西，你就能阅读或观看它，无数次地从一个话题跳到另一个话题，在全世界范围内搜集视频、音频和文本信息。"这种超媒体性使广告主能够不加限制地增加广告信息，使受众能够全方位地认知广告商品。

2. 交互性

交互性既指信息发送者和接收者之间的信息交流是双向的，又指参与者在信息交流过程中都拥有控制权。交互性是新媒体最突出的优势之一。数字技术使新媒体中的信息采集、制作非常简单，信息交流的参与者可以利用文本输入系统（电脑、手机键盘，书写触摸屏等）、数码相机、数码摄像机轻易地制作、采集数字信息，网络（互联网和移动通信网络）的普及以及使用成本的降低又为人们提供了廉价的传播渠道。这就使任何拥有联网信息终端的个人可以是信息的接收者也可以是发送者，真正实现了信息的双向交流。这种交互性可以使广告主随时得到用户的反馈信息，减少用户与广告客户之间的距离。

3. 超时空

新媒体利用连接全球电脑的互联网和通信卫星完全打破了地理区域的限制，只要有相应的信息接收设备，在地球的任何角落都可以接收到由新媒体传播的信息。另外，无线网络的发展，还使新媒体摆脱了有线网络的限制，用户可以随时随地地接收信息。新媒体大大缩短了信息交互传播的速度，甚至实现了信息的"零时间"即时传播。这样极大地提高了广告的到达率和影响力。

4. 个性化

新媒体提供点对点的信息传播服务，使信息传播者可以针对不同的受众提供个性化的服务。新媒体环境下，信息传播者可以根据接收者的信息终端地址确定一个或多个受众向其传播特定信息。受众也可以通过新媒体定制、选择信息和检索信息。这样，每一个新媒体用户都可以发布和接收完全个性化的信息，大众传播转变为"小众传播"。新媒体的个性化使广告主可以将特定的广告投放到相应消费者的站点上去，有的放矢，具有极强的针对性。

5. 融合性

新媒体将各种信息形态（文本、图片、动画、音频、视频）、各种传输渠道（固定网络、移动网络、卫星、地面）、各种接收终端（电脑、电视机、手机、PDA）整合在一起，将所有的信息站点与不同媒介的用户互联，保证用户可以在任何地方、通过任何终端进入新媒体网络，得到直接或间接的信息服务。

新媒体的局限性在于：①网络覆盖率低，特别在一些农村和边远地区，人们还缺少上网的条件。②广告效果评估困难。虽然网络广告的受众数量可准确统计，但目前在中国尚无一家公认的第三方机构可以提供量化的评估标准和方法。目前对网络广告效果的评估主要是基于网站提供的数据，而这些数据的准确性、公认性一直受到某些广告主和代理商的质疑。③调研数据的匮乏。国内至今还没有完整的有关网上人口形态的调研、网络消费习惯的调研、网络广告的流量检测和网络广告效果的调研。④网络社会化媒体的受众主要以年轻人为主，受众范围受到一定的限制。

第三节　广告媒体的选择与组合

在明确了各类媒体的广告属性之后，就需要根据广告战略目标的要求，选择恰当的广告媒体，进行广告媒体的组合与投放。在广告活动中，媒体投放策略所要解决的问题是根据广告活动的目标选择最恰当的媒体与媒体组合，在最合适的时候，用尽可能少的广告费用实现广告目标。它决定了广告信息能否被精准地送达广告对象，因而决定了最终的广告效果。因此，广告媒体选择与组合策略也就成为现代广告活动的主要策略之一。制定广告媒体策略包括以下几个环节：

一、确定传播目标

媒体目标是依据企业的营销目标和广告目标而制定的广告媒体的传播目标。营销目标、广告目标和媒体目标之间的关系也正是营销、广告和媒体的关系。广告为营销服务，营销目标决定广告目标，而媒体目标又是对广告目标的延伸和细化，媒体目标的最直接目的就是要确保实现广告目标。因此，营销目标、广告目标、媒体目标在制定次序和实现方向上是一个逆向的过程。从制定策略的方向来说，三者的顺序应该是：营销目标→广告目标→媒体目标，而从目标实现的角度来看，三者的顺序则是：媒体目标→广告目标→营销目标。

1. 以营销策略为依据的媒体传播目标

（1）维持现有市场的媒体传播目标。媒体对象以产品的现有消费者为主，媒体以传播量为重点，传播量要达到足以使现有的消费者能够保持对产品品牌的充分认知和记忆。

（2）以市场在地理范围上的扩张为目的的媒体传播目标。媒体要以扩大地区的传播范围，加大媒体传播的到达率为目标。

（3）以争取竞争对手的消费者为目的的媒体传播目标。媒体诉求的对象不仅要考虑本品牌的消费者，还要考虑竞争对手的消费者，加深本品牌的影响，加大广告传播的力度。因此，媒体目标是在传播量、广告时间和传播频率上具有优势。

（4）以促销活动为目的的媒体传播目标。在营销实践中，促销的效果不仅决定于优惠的方式和幅度，更决定于在宣传促销方案使所选择的传播方式及媒体。只有当具有促进力的促销措施与投放在强大媒体上具有吸引力的信息相结合时，促销效果才有可能最好。

（5）以竞争为目的的媒体传播目标。媒体目标往往设定在竞争的压倒优势上，主要包括对象选择、区域覆盖、到达率和接触率的计划等方面的力度，都要比竞争对手更有优势。

2. 以建立品牌知名度和理解度为目的的媒体传播目标

以提高品牌知名度为目的的广告传播，则媒体传播的目标为：使媒体的传播达到广泛的传播范围，并尽量覆盖目标消费者可能接触到的媒体，使目标消费者至少达到最低的有效接触频率。

以提高品牌的理解度为目的的广告传播，则媒体传播的目标为：充分提高目标消费者的有效接触率。也就是说，通过增加广告对目标消费者的有效接触频率，使其通过多次的广告接触，不断积累对广告信息的认识并加深对品牌的理解。

3. 以提升品牌形象为目的的媒体传播目标

品牌形象的塑造是一个长期的过程。为了实现这一目标，媒体的传播需要长期持续，并在固定的时间段以一致的风格和诉求展露，以使媒体风格与品牌形象建立直接的联想。

二、选择广告媒体

实现媒体传播的目标，是以对媒体合理的选择和科学的组合为条件。

（一）媒体选择的内容

选择广告媒体，包括选择广告媒体的种类和选择具体的广告媒体两方面。

1. 媒体种类的选择

这是一个资讯多元化的时代，也是一个日益个性化的时代。各类媒体从来没有像今天这样丰富多彩。如前所述，每一种媒体都有自己独有的广告特性，有自身的优势和不足，有自身在广告投放上的适用性。尺有所短，寸有所长。没有最好的媒体，只有最适用的媒体。因此，广告人员首先要决定的是选择哪一类或哪几类媒体进行广告活动。

2. 具体媒体物的选择

具体媒体物是个别的、具体的报纸杂志、广播电视等媒体。当媒体大类确定以后，接下来需要确定的是：选择哪一种或几种具体的媒体物，即决定选择《中国经营报》还是《南方都市报》，是中央电视台还是广州电视台？或者同时选择中央电视台和广州电视台？等等。

（二）媒体选择的策略

1. 媒体选择策略的类型

（1）单一媒体策略。单一媒体策略是企业在自有媒体之外选择一种租用媒体发布广告。这种策略的广告花费少，且能将力量集中在某种媒体，以取得较高的信息到达率和信息频度。其优点是可以集中有限的广告费用用于某一主要媒体的购买或租用，对特定的目标受众进行充分的传播，使其接受广告信息，并通过提高媒体的持续性来提高广告效用。缺点是单一媒体传播的广度和深度都有限，影响广告的到达率和频次。单一媒体策略主要适用于一些目标市场相对比较集中、财力有限的小企业，如在某一居民小区内开设的饮食店、方便店等。大中型企业有时也会临时性、短期内使用这一策略。

（2）媒体组合策略。媒体组合策略是在同一个媒体计划中将两种或两种以上的不同媒体组合运用。每一种媒体都有其长处和短处，将不同类型的媒体组合起来加以运用，可以加强媒体各自的优势，弥补不足，产生立体传播的效果。具体表现为：① 延伸效应。每一种媒体都有覆盖范围的局限性，将多种媒体组合利用则可以增加广告传播的广度，延伸了广告的覆盖范围。②互补效应。各种媒体各有利弊。不同媒体组合应用使媒介之间相互补充，取长补短，相得益彰。③重复效应。多种媒体同时传播同一广告内容，能增加广告传播的深度，提高受众对广告的注意度、记忆度和理解度。④降低效应。多种媒体组合可以降低成本。媒体特点不同，其价格也不同。一般电视广告的费用要高于其他媒介，若单纯运用电视媒介，费用高昂，但运用多种媒介进行组合，可以适当地降低成本，保证在较低的费用下有较高的广告到达频率。

媒体的组合运用是依据预算多少、市场规模、广告周期、广告时间性等制约因素的要求来协调安排的，核心是各种媒介的信息都必须针对目标受众进行，从而形成组合媒介的协同作用和整体效应。媒体组合有多种方式，大体上分为同类型媒体组合和不同类型的媒体组合两大类，具体包括以下方式：① 说明性媒体与印象性媒体的组合。例如，利用电视、广播进行印象性广告，同时利用报纸、杂志进行说明性广告，使感性诉求和理性诉求相结合。② 视觉性媒体与听觉性媒体的组合。视觉媒体更直观，给人一种真实感；听觉媒体比较抽象，可以给人以丰富的想象。例如，使报纸广告与广播广告搭配，电视与广播的搭配等。③ 瞬间媒体与长效媒体的组合。瞬间媒体是广告信息转瞬即逝的媒体，如广播、电视等媒体。这些媒体需要与有保留价值的长效媒体（主要是印刷媒体）组合使用，才能使广告信息长期留在广告受众的记忆里。④ 大众传播媒体与促销媒体的组合。例如，报刊广告、电视广告与售点广告（POP）的搭配，能做到点面结合，起到直接促销的效果。⑤ 媒体覆盖空间的组合。每一种媒体都有各自的覆盖空间。在进行媒体组合时要考虑到空间上的互补，如报纸与杂志的搭配，可利用报纸广告进行地区性宣传，而利用杂志广告做全国性宣传。⑥ "跟随环绕" 媒体的组合。消费者每天在不同的时间段接触的媒体是不同的，如早晨听广播，上班时间浏览网站、看报纸，晚上看电视、上网等。依据消费者在接触媒体上的这种流动性，可以随消费者从早到晚以跟随的方式进行传播的媒体组合，安排多种媒体跟随目标消费者进行随时随地的说服。

在运用媒体组合策略时，还要考虑不同媒体的资源分配策略，如针对主要目标受众可采用到达率高、渗透力强的媒体，针对次要目标受众可选用高覆盖率的媒体；针对主要发布媒体可以加大频率，针对次要发布媒体可以加大暴露频次；在主要发布时机充分利用各种媒体，在次要发布时机可适当考虑只利用主要媒体进行发布。只有全面考虑各方面的因素，才能制定出切实有效的广告媒体组合策略。

阅读资料

亚科卡为 "野马" 汽车促销所开展的媒介组合策略

亚科卡为克莱斯勒汽车公司新型汽车 "野马" 所采取的媒介组合策略包括以下几个方面：

第一步，邀请国内外各大报社参加野马汽车大赛，有100多名记者亲临现场采访，百家报纸杂志如期报道野马车大赛的盛况；第二步，在野马汽车上市前一天，根据媒介选择计划，在260家报纸刊登整页广告，展开报纸广告攻势；第三步，在有影响的《时代周刊》和《新闻周刊》杂志上刊登广告画面，广告标题都是："真想不到"；第四步，从野马汽车上市开始，在各大电视网每天不断地播放野马车的广告，展开电视广告攻势；第五步，选择最引人注目的停车场，竖立巨型广告牌，上书 "野马栏"，既引起停车者的注意又引起社会公众的关注；第六步，在美国各地客流量最大、最繁忙的15个飞机场和空港以及200多家度假饭店的门厅里陈列野马汽车，通过这种实物广告形式，进一步激发消费者的兴趣；第七步，采用直邮形式向全国各地几百万小汽车用户寄送广告宣传品，直接与消费者建立联系。

通过这一系列媒介广告活动，实际年销418812辆，远远超出原来年销5000辆的计划。在野马汽车开始销售之后的前两年，公司就获得纯利11亿美元。亚科卡由于这一显赫成绩被视为传奇式人物，被誉为 "野马车之父"。而给亚科卡带来奇迹的手段工具正是媒介组合策略。

---

2. 广告媒体选择的依据

广告媒体的选择与众多因素密切相关，具体包括企业的营销策略因素和媒体本身的广告特性两方面。

（1）营销策略因素。包括：

① 广告目标。广告目标是决定媒体选择的首要因素；

② 产品特性。由于各种产品的性能、特点和使用价值、流通范围都不同，广告宣

传的要求也就不同。有的产品需要给消费者详细完整的理性认识，有的产品则需要给消费者生动的感性认识。生产资料、耐用消费品要向消费者作详细的文字说明，使其有深刻全面的理性认识，适合选择报纸、杂志、说明书等媒体；而规格繁多的日用消费品需向消费者直接展示产品的性能、用途和效果，并在时间上要求迅速，选择视听广告媒体比较恰当。同时，产品处于不同生命周期阶段，广告宣传的重点不同，要求选择的广告媒体也就不同，如产品在投放期重点是宣传品牌的知名度，就适合选择传播范围比较大的电视、报纸等媒体。

③ 目标市场的媒体习惯。不同年龄、性别、职业、收入、文化水平的潜在消费者，各有其特定的生活环境，他们在要求、情趣、偏好上各不相同。因此，他们接触到的广告媒体也大相径庭，如青年人经常上网，喜欢看电视、电影和时尚杂志；老年人爱听广播和看报纸；知识分子则经常翻阅各类专业报纸和杂志；中青年女性喜欢逛商店或者看画报和服装杂志。广告传播的目的是将产品的信息传播给所选择的目标对象。因此，必须选择目标对象喜闻乐见、接触频率高的广告媒体，应用专业对口的广告形式，才能达到预期的广告效果。

④ 广告信息的特性。信息特性包括信息个性差别、广告目的和媒介的专门性，如宣传短期内的促销活动，适合选择电视、广播等时效性强的媒体，理性诉求的广告适合选择印刷媒体，而感性诉求的广告则适合选择电视、广播等媒体；如果广告信息具有专业性，则需要选择专业性的媒体。

⑤ 竞争态势。广告是一种竞争手段，企业要针对竞争对手的广告战略与策略选择恰当的媒体。一般有三种方式：其一，选择与竞争对手相同的媒体，用以削弱对方的广告效果。这一般是大企业提高市场进入壁垒时采取的策略。其二，选择与对手相关的媒体，避免与竞争对手正面冲突，可以保持自己的广告效果不被弱化，同时也不失去自己的目标受众。这一般是两个势均力敌的企业之间进行的广告竞争。其三，选择与竞争对手完全不同的广告媒体。这意味着企业的受众与对手的受众完全不同。这一般适用于小企业占领细分市场。

⑥ 广告预算。企业对在广告计划期内从事广告活动所需的经费总额、使用范围和使用方法所作的总体安排，对广告媒体类型的选择构成了最直接的制约。企业必须在广告预算范围内对广告媒体作出最合适的选择和有效的组合。

（2）媒体本身的因素。在决定选择何种媒体、使用次数、选用空间、时间以及在各种媒体上的费用安排这些问题之前，必须对各媒体的传播能力及经济价值有正确的评估。

媒体的传播能力主要包括媒体传播的数量和质量。

媒体的传播数量主要指广告传播媒体的覆盖范围、受众人数、到达率，如印刷媒体的发行量，电波媒体的收视（听）率等。印刷媒体的发行量可以从专门的发行量统计机构获得，电波媒体的收视率等数据也可以从 A. C. 尼尔森这一类专门的调查公司得到。与受众数量相比，媒体人员更重视广告的有效到达率。美国学者 Starch 将读者按照阅读广告的程度分为三类：第一类是能肯定回答"看过该广告的人"；第二类是"知道该产品广告主是谁"的读者；第三类是阅读广告正文内容一半以上的读者。研究发现，广告的暴露度与其所占空间位置和不同时间段密切相关。

媒体传播的质量主要指媒体传播的权威性、媒体本身的信誉和媒体广告表现上的特长等。不同级别和不同种类的媒体有不同的广告冲击力，如《人民日报》和中央电视台在同类媒体中信誉最高、威望也最高，因此在这些媒体上刊播广告，在受众心目中可信度也较高。同时，在考察杂志媒体时，其印刷的精美程度、纸质、色彩等都应考虑在内。可按照媒体的特长和对媒体的综合评价指标，选择恰当的广告媒体。

评价媒体的经济价值一般可以从广告的每千人成本来进行不同媒体的比较，其原则是"花最少的钱，获得最佳的效果"。有时仅看每千人成本是不够的，如节目 A 虽然每千人成本较低，但它所到达的人数却不及节目 B 多，总收视（听）率或暴露频次不能达到广告客户的要求。因此应多方考虑，把广告费花在恰当的媒体上，同时兼顾媒体的经济性。

3. 广告媒体选择的方法

广告媒体的选择一般可采用以下几种方法：

（1）媒体接触机会比较法 。对广告目标市场内各类媒体的接触机会进行比较，一般以接触率为对比参数，在同类媒体之间进行纵向比较，在不同类型媒体之间进行横向比较，从中选择接触率比较高的媒体。

（2）信息到达程度筛选法。以基本受众数量、到达率、毛评点等指标作为比较参数进行纵向或横向比较，从中选择与目标对象吻合程度高的媒体。

（3）诉求定位选择法。以广告的诉求定位为依据，选择与诉求定位最具有一致性的广告媒体，如理性诉求广告选印刷媒体，情感诉求广告选择电子媒体。

（4）千人成本比较法。千人成本是选择媒体的一个重要标准，一般选择与广告传播目标吻合度高、每千人成本低的广告媒体。

三、确定广告单位

当具体的媒体物确定后，进一步需要选择的是媒体的使用单元。媒体的不同的使用单元代表了不同的广告效果和费用水平。

1. 广告单位决策的内容

不同的媒体类型其具体使用单元的选择内容不一样。

广播、电视等电子媒体要决定内容是：广告的时长，如 5 秒、15 秒、30 秒、45 秒等；广告播出的时段，如黄金时段、普通时段等；广告推出的方式，如插播、赞助等。

报纸广告要决定的内容有：广告篇幅的大小，如整版、半版、通栏等；广告投放的版位，即投放在什么版面的什么位置；广告的色彩，是彩色、套色还是黑白等。

杂志广告要决定的内容包括：广告刊登的位置，如封面、封底、封二、封三、插页、活版业等；广告面积的大小，如全页、折页、连页、1/3 页等；广告的形式，即普通的杂志广告，还是创新的杂志广告（如香味广告、立体广告等）。

户外广告要决定的内容包括：广告投放的区域范围，如选择在广州市的越秀区还是天河区等；广告投放的具体地理位置，如把电子显示屏放置在天河区的具体地点；广告牌、电子显示屏等媒体的高度、大小等。

网络媒体则以像素、字节等来表示广告单位，如 Button（图标）广告的大小一般为 80×30 像素等。

2. 广告单位决策的依据

确定广告单位，首先要考虑的是媒体的价格问题。广告费用不足，广告单位的选择就要受到限制，要在位置、面积、时段等要求上与广告预算相适应。其次，要根据广告战略的总体要求、广告信息量的大小确定广告单位的大小，还可参考同类商品经常运用的广告单位，以及竞争对手使用广告单位的情况。再次，在广告费用允许的情况下，选择相应的广告单位，尽量提高广告的注目率，如在广告面积（时间长度）相同、费用支出相近的情况下，选用广告和编辑环境优良的广告单位，以增强广告传播的质量。最后，还要注意媒体信息服务的内容，使广告单位与信息服务内容一致，如健康类节目中插播医疗产品的广告，生活类节目刊载日用品的广告等。

四、决定广告排期

广告排期是根据媒体策略和媒体预算，制定具体的广告投放的时间安排。其任务是：编排广告发布计划，掌握好广告投放的时间，安排好广告发布的密度与间隔，协调好各个媒体每天、每周的广告暴露频次。

1. 决定广告发布的时序

广告发布的时序是广告与商品进入市场在顺序上的先后关系。一般有提前策略、即时策略和滞后策略。

当广告早于产品进入市场时，采取的是提前策略。一般新产品刚进入市场，或者季节性产品在消费旺季到来之前经常采用这种策略，运用广告制造声势，创造需求。

当广告的发布与产品上市同时进行时，采取的是即时策略。这种策略可以使广告与其他营销活动密切配合，形成整合营销传播，并促使消费者采取行动。这种策略所产生的效果要远远大于单独发布广告，比较适合于有一定知名度和市场占有率的产品。

如果广告在相关营销活动开始之后再发布，采用的是滞后策略。这是一种后发制人的策略，适用于对上市后市场表现缺少充分把握的产品。

2. 决定广告发布的时机

时机是广告发布的有利的客观条件。选择广告发布时机主要从目标消费者的购买决策考虑，要在其作出购买决策之前，利用广告发布活动，刺激其采取行动。发布广告要注意把握下面几种情况：

（1）商品时机。利用商品与时机的内在联系发布广告，如利用中央电视台春节联欢晚会的"零点钟声"发布钟表等计时工具的广告等。

（2）重大活动时机。涉及全国甚至全世界的重大活动，如奥运会、世界杯、"神舟十号"发射等，具有极高的关注度和信息密集度，是发布广告的极好时机。

（3）黄金时机。即抓住"黄金时间"，把握人们记忆"最珍贵瞬间"的策略。选择具有较高视听率的广播、电视节目插播广告，这时，观（听）众收视（听）节目的注意力比较集中，易于接受信息，记忆率比较高，如王老吉选择中央电视台的娱乐节目《开门大吉》投放，加多宝利用《中国好声音》投放，都取得了极好的广告效果。

（4）节令时机。节令时机是节日和季节为商品销售带来的时机。逢年过节往往是人们大量消费的时间，会形成销售的旺季，要善于抓住销售旺季到来之前的机会发布广告。另外，季节性的商品也会在季节变换交替之时产生销售旺季，在销售旺季到来之前的一段时间也是广告投放的良好时机。在选择节令时机时，要考虑安排恰当的提前量，但又不要使广告的犹豫时间过长。

3. 决定广告发布的时限

广告发布的时限是广告发布持续时间的长短。广告发布总的持续时间由广告活动总体持续时间的长短和广告主所能支付广告费用的多少来决定。在总的时限内，广告的发布是否分成不同长度的时间单元，各单元的持续时间如何，则根据广告目标的要求来决定。

4. 决定广告发布的频率

广告发布的频率是在特定时间内广告在某一媒体上展露的次数。广告的诉求效果受广告发布频率的影响，但并不是广告发布频率越高广告的诉求效果就越好。

广告以什么样的频度和进度推出，需要依据受众的记忆规律和心理特点来进行科学设计。总的来说，广告频率策略包括固定频率和变化频率两种基本形式。

固定频率是一定广告周期内各天发布的广告次数或信息量相等；变化频率是指一定广告周期内各天发布的广告次数或信息量不等。在实际运用中可分为以下四种基本类型：

（1）水平频率。即固定频率。采取此种策略的目的是有计划地、持续地取得广告效果。水平频率可按时限平均运用，如一旬10次，每天一次，或一旬10次，每隔一天两次。也可每天频率固定，但时距间隔有所变化。比如，广告频率仍然每天两次，但广告发布的时间间隔越来越长。

（2）递升频率。这是指广告频率由少到多，至高峰时戛然而止。这是节日性广告常用的策略，如中秋节的月饼、端午节的粽子、春节的对联等商品，节前是销售高峰，节日后很少有人购买，因而采取递升频率最为适宜。

（3）递降频率。广告频率由多到少，在最低潮时便停止，如新影片上映，未上映前大做广告，广告频率达到最高峰，上映后广告次数逐渐减少，一段时间后便终止。另外，企业新开张或大酬宾广告等，也可采取这种策略。

（4）交替频率。这是广告频率由递增到递减的变化过程，即在一定广告时期内，广告频率呈现由少到多，再由多到少的交替变化，如广告以一周为周期，第一天发布一次，第二天发布两次，第三天发布三次，第四天发布四次，这时广告频率达到最高峰，然后频率逐次下降，第五天三次，第六天两次，第七天一次，频率曲线成波浪形。这种方式适用于季节性、流行性强的商品。

本 章 小 结

广告媒体是承载和传播广告信息的物质技术手段，包括多种类型。选择广告媒体要充分考虑媒体的适用性。广告媒体的适用性是媒体适合进行哪种类型的广告诉求和表现。衡量广告媒体的适用性，需要对广告媒体进行媒体的视听情况、媒体的费用、媒体的可得性、媒体的威信、媒体的传真性、媒体的广告环境和干扰度、媒体的编辑支持、媒体的时效性和持久性、媒体的弹性等方面进行充分的分析和评价。

在明确了各类媒体的广告属性之后，就需要根据广告战略目标的要求，进行广告媒体的组合与投放。广告媒体的选择与组合策略是现代广告活动的主要策略之一，包括确定传播目标、选择广告媒体、确定广告单位、决定广告排期等几个环节。

重要术语和理论

广告媒体、广告媒体的适用性、视听率、毛评点、视听众暴露度、到达率和有效到达率、媒体的广告特性、交互网络电视（IPTV）、网络社会化媒体、广告媒体选择与组合策略、单一媒体策略、媒体组合策略、媒体的传播能力、广告单位决策、广告排期

复习思考题

1. 简述广告媒体适用性评价的主要内容。
2. 试比较说明各种广告媒体的广告特性。
3. 在一次对在校大学生的调查中，发现被调查者中《青年文摘》的读者人数虚报了，而《新营销》的读者数量明显少于该杂志的发行量。为什么被调查者不如实地反映他们的阅读状况？如何避免这种状况的发生？
4. 简述影响广告媒体选择的因素及选择方法。
5. 试为某一广告活动撰写一份媒体分析报告，并提出媒体选择与组合策略。
6. 如何决定广告的排期？
7. 请谈谈你对网络社会化媒体在广告传播中的作用的看法。

【案例分析】

拉芳冠名《美人心计》进行整合传播

拉芳多姿沐浴露的目标用户是 22～45 岁的女性用户，这一群体对影视娱乐内容极为敏感，当时正值古装偶像言情剧《美人心计》即将上映，剧集主题吸引的群体非常符合拉芳多姿沐浴露的目标用户，具有高质量的传播价值。此外，这一剧集计划在安徽卫视和优酷上同步播出。调查显示，有 56% 的用户选择同时在网络和电视上收看此剧，网络视频和电视媒体在受众年龄层、广告记忆度深化以及延长品牌传播周期方面，能够起到很好的配合互补作用。综合考虑以上因素，拉芳决定独家冠名赞助《美人心计》剧集，进行影视剧网台联动整合营销，多种广告形式整合，实现品牌高度曝光。

为了使得拉芳多姿沐浴露品牌在短时期内获得最大化的品牌曝光，优酷整合站内多种形式的广告资源，包括全流量 15 秒 TVC 贴片绑定 PIP 投放，剧集播放框微创新动态品牌展示、5 秒口播标版、5 秒全屏广告、频道首页；黄金资源推广位以及剧目页面头图和 TVC 嵌入等广告形式，各自发挥不同功用，为拉芳进行品牌传播服务黄金资源推广位充分发挥位置优势，将大量用户导入剧集播放页面，为品牌曝光奠定基础。15 秒视频贴片广告完整呈现出拉芳多姿 TVC 的广告创意，将品牌内涵诠释得更加完整，绑定 PIP 投放则进一步强化了用户对品牌的记忆程度。5 秒全屏广告凭借占据整个显示屏的大画幅，营造冲击力的视觉效果，同时充分展现广告创意。而优酷新近推出的剧集播放框微创新广告，则以动态的品牌展示形式，以及播放框内得天独厚的展示位置，极大强化拉芳多姿品牌的曝光度

和记忆度。

　　此次拉芳在《美人心计》营销平台上煞费苦心，同时投放安徽卫视和优酷，首次造就了电视媒体和网络视频营销相辅相成，为同一广告主进行品牌传播的营销案例，真正发挥了网台联动的价值。众所周知，新品上市需要一个连续的推广期。但是《美人心计》在安徽卫视的播出时间只有 15 天。而优酷网络视频平台的加入，完美地解决了这一传播问题。优酷与安徽卫视同步更新播放《美人心计》，有效延长品牌传播周期。历史数据显示，视频媒体在与卫视同步播出一部电视剧时，不仅能够有效地强化电视剧整体收视表现，更具有明显的收视长尾特征。在电视媒体播放期结束后相当长的一段时间内，用户会主动在网络视频上搜索和重复观看同一剧集，形成长效的品牌传播效果。对于拉芳来说，《美人心计》网台联动模式的价值，正是在于两个媒体平台的结合既共振又互补，在剧集热播期实现传播强度叠加，并且营造出巨大的品牌传播长尾效应。

　　《美人心计》网台联动营销模式的传播意义不仅仅止步于传播周期的延长，在实现受众互补，扩散传播范围和传播深度上，这一模式也发挥着强大的作用。根据调查数据显示，目前我们正在进入一个多屏传播时代，用户每周通过笔记本、台式机和手机收看视频的时长比例达到45%，超过了传统电视媒体的43%。CNNIC 的调查也显示，中国网民的电视收视行为也在悄然发生着变化，有26.3%的人基本不看电视，而43.2%的用户接触电视时间明显减少。面对用户行为的变化，网台联动成为广告主品牌传播不可或缺的元素。在网台联动的模式下，优酷作为延续传统电视媒体表现力的互联网电视平台，通过内容的点播、连播和互动，实现对目标用户群体的品牌反复呈现，有效发挥了在补充媒体受众覆盖和增加品牌接触频次方面的优势。以《美人心计》举例，安徽卫视的主流受众群体是 35～45 岁，而优酷的受众年龄群相对年轻化，主要覆盖到 15～40 岁之间的群体。在网台联动的基础上，两者在传播上相互支持相互配合，在不同媒体平台上，实现同一内容传播覆盖的人群年龄层的互补，使得拉芳能够在最短的时间内接触并影响到最多的目标用户群。同时，优酷在互联网基础雄厚的重点市场如广东等地的传播效果更好，能够有效地弥补电视媒体传播的薄弱环节。

　　从 4 月 4 日上线至 4 月 19 日短短半个月的时间，《美人心计》在优酷上的播放量高达 61309621 次，并呈持续上升趋势，连续几周高居优酷指数电视剧播放榜首位。目前《美人心计》在优酷站内的总播放量达到 114497418 次，成为继《夏家三千金》《回家的诱惑》《宫》和《灵珠》之后，优酷第五部播放过亿的大剧。

　　优酷在此次《美人心计》的传播上，不仅考虑到传播的广泛性，更注重对目标用户的精准覆盖。优酷采用了 2011 年顶级营销产品"超级单剧"的模式，通过单一剧目的特殊体系优化品牌精准投放效果。数据显示，优酷超级单剧《美人心计》在年轻女性用户中的影响力更明显，而这一群体显然是拉芳多姿沐浴露计划重点覆盖和触及的核心用户。

　　资料来源：http：//www.cdsxwhcb.icoc.cc

思考题

1. 拉芳为什么选择冠名《美人心计》进行广告传播？其决策依据主要有哪些？
2. 什么是整合营销传播？拉芳的整合营销传播有什么特色？
3. 拉芳冠名《美人心计》取得了什么样的传播效果？给我们带来哪些启示？

第十章　广告效果

【学习目标】

【知识目标】掌握影响广告效果的因素和测定广告效果的主要方法；理解广告效果的含义，理解广告效果测定的意义和原则；了解广告效果的特征和测定程序。

【技能目标】能够运用所学的广告效果测定的原理和方法，对具体的广告活动提出测评广告效果的方案。

【导入案例】

强生"舒日"隐形眼镜的广告传播效果

智能手机给年轻的都市人带来了很多好处，然而，在享受移动科技带来的方便和自在的同时，也会碰上一些烦恼。比如，长时间盯着手机屏幕，眼睛会更容易变得干涩、觉得疲劳。这些看似很小的事情如果经常发生，不但会分散精力，降低工作效率，甚至还会导致眼干，影响到眼睛的健康，而强生"舒日"旨在传递产品三大特点：安心、健康、舒适，这与之前其对消费者洞察是相符的。

现在移动网民已超过了5亿。在北京、上海、广州、深圳、杭州、成都，六个城市的目标消费群中，50%的人拥有智能手机，而移动技术的日趋成熟也使得信息能被精准地传达给目标消费群。

安沃传媒通过投放多款优质杂志APP，专署定制强生Zoom-in创新广告。当消费者移动终端上阅读杂志，点击放大镜图标进行放大时，强生"舒日"的HTML5页面就会马上出现在屏幕上，这么设计是因为用户进行放大镜Zoom-in的举动意味着眼睛看不清，因此弹出式页面就会显示这条信息：只有放大才能看清？试试更清晰的强生"舒日"隐形眼镜。这一广告传播嵌在杂志应用当中，比生硬的广告横幅看上去更自然。当用户填写预约试戴信息成功，可一键加至passbook，当用户经过强生门店附近的时候，以及强生赠予的优惠到期前会自动提醒。选择经济发达、人口密集、智能手机普及程度高的地区投放，可以增强广告曝光，扩大品牌的影响。

Zoom-in活动持续约两个月的时间，取得了非常好的效果：中国第一个使用Zoom-in方式的品牌，H5登录页面曝光数达到700多万，独立用户数达到700多万，试戴申请点击量为6198，申请成功数达2328。

资料来源：http://news.163.com/14/0911/10/A5RSSI6D00014AED.html

第一节　广告效果的类型及其特征

广告通过媒体投放以后，有多少人看（听）到了？有多少人对广告留下了深刻的印象并产生了购买的动机和行为？在广告活动中，这是令广告主最头痛不已的问题。19世纪的企业家约翰·瓦纳梅克的曾经说过一句名言："我知道我的广告费有一半被浪费掉了，但我不知道浪费的是哪一半。"为了弄清楚在广告费中哪一半被浪费掉，哪一半在发挥作用，广告人员进行了深入的研究，以设法查明某一则或一组广告是否达到了预期的效果。广告效果评估在整个广告活动中占有十分重要的地位，广告活动最终要落实到广告效果上。通过广告效果评估，广告主及广告公司才有改进广告活动的依据，以便确定准确的广告定位，选择最有效的广告诉求，创作最有说服力的广告信息，选择最恰当的广告媒体及媒体组合，以达到预定的广告目标。

一、广告效果及类型

1. 广告效果

广告对受众的作用过程是一个信息加工的过程。这一过程分为到达—认知—态度—行为—反馈几个阶段。消费者接触到媒体上的广告，对广告内容产生注意，进行感觉和知觉、记忆、思维等一系列信息涉入和加工，达到对商品、服务或企业形象的认知、情感和态度的改变。在一定的因素的刺激下，消费者产生购买动机和行为。消费者使用购买的产品后所获得的感受会直接影响到下一次对广告信息的加工过程。同时，由于消费者处于一定的社会环境之中，还会受到价值观念、人际传播等因素的影响，也会通过人际传播将其所接受的广告信息传递给其他人。广告信息通过广告媒体传播之后对消费者产生的所有这些直接和间接的影响的总和，就是广告效果。

2. 广告效果的类型

作为一种信息传播活动，广告所产生的影响和变化是多方面的。我们可以从不同的角度把广告的效果分成不同的类型，以便采取不同的测定方法对不同类型的广告效果进行准确的测定，为进一步的广告决策服务。

（1）广告效果的内容划分。依据广告影响的范围，广告效果可分为广告传播效果、广告心理效果、广告经济效果和广告社会效果。

广告的传播效果表现为社会公众接受广告的层次和深度。它是广告作品本身的效果，反映消费者接触和接受广告作品的一般情况，如广告主题是否准确，广告创意是否新颖，广告语言是否形象生动，广告媒体是否选用得当等体现广告作品水平的各种指标。传播效果是广告传播效力的直接反映，其好坏取决于广告表现效果和媒体效果的综合作用。这是广告的其他效果产生的基础。

广告的心理效果是广告对社会公众的各种心理活动的影响程度。它是广告活动对消费者内心世界的影响，反映消费者对广告的注意度、记忆度、兴趣以及购买行为等方面。心理效果主要测定广告刊播后对受众产生的各种心理效应，如广告对知觉、记忆、理解、情感、欲求及行为等方面的影响是广告效果的核心，是广告效果测定不可缺少的内容。

广告的经济效果是企业在广告活动中所获得的经济利益。它是广告主做广告的内在动力，直接反映由广告而引发的产品和劳务销售以及利润的变化情况，以及由此引发的市场竞争变化、行业及宏观经济波动等一切同经济活动有关的指标。它是广告主最关心的效果，是测定广告效果的最重要内容。

广告的社会效果是广告构思、广告语言及广告表现所反映出的道德、艺术、审美、尊严等对社会的经济、教育、环境等的影响程度。它是广告作品的高层次追求，反映一个社会的文明程度。

把广告效果划分为传播效果、心理效果、经济效果和社会效果，这是从传播层次上进行的划分，目前在测定广告效果时广泛使用。

（2）广告效果的时间划分。一项广告活动展开以后，会产生由近到远的多种时间效应，由此形成广告的即时效果、近期效果和长期效果。

广告的即时效果是广告发布后即刻产生的效应，如商店的 POP 广告在消费者一看到后就采取了询问或购买行动。

广告的近期效果是广告发布后在短期内产生的效果，通常指一个月内，一个季度内，最长不能超过一年内广告商品销售的增长、品牌知名度和美誉度提升的程度。绝大多数商品广告的效果都体现在这种近期性上，它是广告主确认广告成功与否的重要判定标准。

广告的远期效果是广告发布后在相当长的时间内对消费者的影响。它是企业形象广告所追求的目标。对商品广告而言，消费者接受一定的广告信息，一般也不是立即采取购买行为，而是把有关的广告信息存储在脑海中，在购买商品时会对其购买决策产生影响。广告的影响是长期的、潜在的，也是逐步累积的。一般商品广告表现出的这种特性尚未被广告主充分认识到。大部分广告主比较注重追求广告的近期效果。

从时间的角度划分广告效果，说明广告效果有时表现为直接的、短期的；有时也表现为较长期的，甚至长远的。因此，在测定广告效果时如果一味地追求直接的经济效果而忽视广告对消费者的长远影响，势必对广告活动本身带来不利影响。特别是在市场竞争加剧，企业需要应用整合营销传播手段，塑造品牌形象的现代营销战略中，更加需要注重广告的长期效果。可见，这是一种非常重要的划分方式。

（3）广告效果的心理层次划分。广告通过媒体投放后会对消费者产生各种影响，并引起消费者各个层面的变化，由此形成广告的到达效果、认知效果、态度效果和行为效果。

广告的到达效果即广告能否被消费者接触到，这取决于广告媒体的接触率，如目标消费者是否有机会阅读投放广告的报刊，是否收视（听）投放广告的电视、广播节目。这需要注意对前述广告媒体的相关指标的测评，为准确地选择广告媒体提供依据。但这种效果只能反映消费者日常接触广告媒体的表层形态。

广告的认知效果反映消费者在接触广告媒体的基础上，对广告信息的认识、理解和记忆的程度，主要测定广告实施后对消费者产生的印象的深浅，记忆的程度等，反映目标受众在多大程度上听过或者看过该广告。一般通过广告投放后的调查获取有关结果，是衡量广告效果的重要方面。

广告的态度效果反映消费者通过对广告的接触和认知后对广告商品产生兴趣、喜欢、欲望、信任的变化程度。消费者对广告商品的态度的变化是购买行为的酝酿和准备。因此，测评消费者接触广告后态度变化的各个层次的指标（如喜爱度、信任度等）备受关注。消费者接触广告后态度变化的相关数据，只能通过调查、实验室测试等途径获得。

广告的行为效果是消费者接受广告后所产生的购买广告商品或回应广告诉求等行为。这是一种外在的、可以准确把握的广告效果，一般可以通过对消费者购买行为或回应行为的统计获得相关数据。但是，消费者的购买行为往往是多种营销因素综合作用的结果。对这类广告效果的评价，要注意广告之外的其他因素的作用。

（4）广告效果的测评程序划分。测定广告效果，需要在广告活动实施之前、实施期间和实施结束后分别进行，由此可以把广告效果分为事前测定效果、事中测定效果和事后测定效果。

广告事前评估是在广告活动实施之前，对广告的策划方案、广告作品的创意及表现、广告媒体的传播能力等进行预评，估计广告活动可能产生的实施效果。广告效果的事前评估可以进一步完善广告的策划方案，为广告作品创作提供丰富的创作源泉和改进作品的参考依据。通过广告文案测验可以更准确地了解消费者的需求，确立广告诉求重点，唤起购买欲望，并保证采用最恰当的媒体将广告信息传播给目标受众。

广告事中评估是在广告活动实施期间，随时跟踪广告信息的传播情况、广告媒体的传播质量，研究广告受众对广告信息的反应及接受情况，验证广告策略是否符合预定的计划。事中评估可以随时了解消费者的购买态度，是监控和调整广告活动的必要手段，还可以随时增减广告量，更换广告媒体。

广告事后评估在一个时期的广告活动结束后，使用访问、统计、试验等手段和方法，全面评定广告活动对企业的营销等方面产生的效果。它是广告管理的要求，是广告主对广告投资所作的回馈作业。对投入的大量广告费，究竟是否获得了适当的报偿，这需要对广告效果予以测定，根据其投入和产出来评价其效益并为开展新的一轮广告活动提供翔实准确的参考资料。

（5）广告效果的媒体划分。企业的广告投放一般是通过多种媒体的组合来进行的。依照广告媒体的类型，可以将广告效果分为印刷媒体效果、电子媒体效果、OD（户外）媒体效果、DM（直接邮寄）效果及POP（售点）广告效果等。从媒体的角度测定广告效果，可以对各类媒体的广告传播能力和传播质量进行科学的评价，为科学选择媒体和优化媒体组合提供依据。

广告效果还可以按照不同的分类标准继续划分下去，以便研究不同的测定方法。这些分类之间并不矛盾而是相互通用的。

二、广告效果的影响因素

在广告活动过程中，存在着多种多样的影响广告效果的因素：

1. 广告投放的时机

以下情况下投放广告，会取得比较好的效果：当产品销售形势看好，处于上升趋势时；目标受众或用户急需要某种产品，但对其详细情况认识模糊或了解不全面时；企业推出一项新产品，它的特殊性能、作用或形态尚未被人们充分认识时；当某类产品在同类产品中具有某种特殊差异性或信誉方面居于领先地位时。发布时段的选择，对广告效果的发挥至关重要。以电视广告的发布时段来说，黄金时段的发布效果和半夜十二点的发布效果之间有天壤之别。因此，准确地把握市场变化及消费者的媒体习惯所带来的传播机会，及时、准确地向目标受众提供信息，广告活动可以达到事半功倍的效果。

2. 广告媒体的选择

广告媒体是广告信息得以传播的工具。现代广告媒体已扩展到非常广泛的领域，其多元化的形式为广告活动提供了广阔的空间。只有选择信息传播广、快、准、廉的媒体，选择目标受众或用户喜闻乐见的媒体，才有利于获得最佳的广告认知效果和经济效益效果。

3. 广告投放的数量和频率

广告发布的量也是影响广告效果的重要因素。发布数量不足，信息传播的范围有限，也使受众的接触率过低，难以形成记忆；而发布数量过多，则会增加广告预算的绝对量，使边际效用下降，实际上形成了投资浪费。

广告发布频率的高低对广告效果具有很大的影响。广告的重复程序是和目标受众的记忆程度成正比的。所谓"谎言重复千遍就是真理"，广告发布频率越高，越有利于人们对广告加深记忆，并促进人们对产品的认同。

4. 竞争产品的广告

很多时候，一个产品的广告效果还要受到同类产品的广告的影响。如果其他同类产品的广告发布频次高且广告表现内容、形式雷同，或者广告的说服性强，那么它就会削弱该广告的效果。

5. 广告内容及创意表现

广告的内容是保证广告良好效果的关键。广告的内容要符合目标受众的心理需求。广告的整体构思要简洁、清晰，视觉导向和音响效果便于人们接受和感知，图形与文字应密切配合和精心构思，广告画面的静态视觉形象和动态视觉形象应突出，便于人们记忆，利于分辨产品和企业达到的形象。

广告作品本身的创意及表现是否具有吸引力和感召力是影响广告效果好坏的关键。现代广告的核心在于创意，主要指制作广告时所考虑到的画面突出信息焦点的位置、能见度、色彩的鲜明感、画面的质感、构图的创意性和启发联想的视觉效果，以及能吸引人们的注意力、兴趣和便于感知、记忆等有关的因素。根据广告战略的要求，创作融艺术品位与感人情节于一体的广告作品，是广告创意的基本任务。创意不仅直接决定了广告宣传活动的品位及由此形成的市场吸引力，而且间接影响着企业形象的塑造。在众多广告中，只有构思新颖、创意独特的作品才能夺人眼球，扣人心弦。

6. 媒介干扰

广告的效果还受到广告环境的影响。如果企业的广告置身于广告的海洋中，那么它就会被其他的广告淹没。如果广告周围没有任何形式的广告影响，那么相对来讲，广告效果就会好得多。

7. 商品的被关心的程度

一般来说，低关心度的商品，受广告作用的影响较小，广告效果相对较差。而那些高关心度的大件商品，在消费心理上存在着购买风险。人们在选购这些商品时，一般都要全面比较，综合衡量，决策时间也较长，所以这类商品受广告作用的影响较大。

8. 品牌形象

产品的品牌形象越鲜明，广告的传播效果就会越好，因为个性鲜明的广告被目标受众看见一次，就有可能比看平常广告十次的印象还要深刻。

9. 媒体的受众

不同的媒体、不同的版面或时段，都有不同的受众群体。如果媒体的受众群体与广告产品的目标顾客群体的高度吻合，那么广告的效果就会很好。

三、广告效果的特征

广告活动涉及多方面的关系，广告信息的传播能否成功受到各种因素的影响。广告活动的复杂性决定了广告效果的多重特性。

1. 效果的滞后性

法国评论家罗贝尔·格兰曾经说过："广告只是表示了想卖的心理，并非卖出去的行动。"广告对消费者的影响程度，受到社会、经济、文化、时空、地域等多种因素和条件的制约，消费者的反应程度是很不一致的，有的可能快一些，有的可能慢一些；有些可能是连贯的、即效的，有些可能是断续的、迟效的。实际上，广告大多是转瞬即逝的。除少数销售促进（SP）的广告有即时性外，大多数广告发布后产生效果都具有滞后性。即使消费者接触到某广告商品后产生了购买欲望，但由于旧品牌没有用完、物质条件不具备，或者审美能力没达到等原因，消费者不能立刻付诸行动。滞后的长短受到各种各样的销售努力和企业竞争环境等多种因素和条件的制约，短的可用天、月来计算，长的可用年，甚至几十年来衡量。因此，滞后性使得广告效果表现得不明显。这就要求广告宣传应适当超前，测定广告的效果必须准确地掌握它的时间周期，准确地把握住广告有效发生作用的时间期限，区别广告的即效性与迟效性，才能较为确切地测定广告的真正效果。

2. 效果的累积性

企业的广告活动往往是连续不断反复进行的。某一时点的广告效果都是这一时点以前的多次广告宣传积累的结果。这种积累，一是时间接触的累加，通过持续不断的一段时间的多次刺激，才可能产生影响，作出反映。一是媒体接触的累加，通过多种媒体反复宣传，就能加深印象，产生效应。消费者可能在第五次接触某则广告后有了购买行为，而这实际是前四次接触广告的结果；或者是看了电视广告后产生了购买行为，而这实际是建立在前面阅读了报纸广告的基础上的，是这两种媒体复合积累起来的结果。因此，制定广告战略时，应该根据这一特性，防止急功近利，急于求成，应从企业发展的未来着眼，有效地进行媒体组合，反复宣传不断强化，促使人们将接收到的广告信息转化为一种潜意识，当这种意识积累到一定程度后就会转化为某种需求或购买力。

3. 效果的复合性

由于广告效果受到各种因素的制约和影响，往往呈现出复合的现象。首先，广告传播是应用不同的媒体组合进行的，广告效果往往是各种媒体广告共同作用的结果，具有复合性；其次，广告活动是应用多种表现手法进行的，如文字、色彩、构图、音响等，广告效果是多种表现手法共同作用的结果，具有复合性；最后，广告主要有时在同一时期会发布形象广告、产品广告等不同类型的广告，甚至是不同产品的广告，广告效果是不同类型的广告共同作用的结果，具有复合性。因此，测定广告效果时，要分清哪些因素对广告效果起直接的和主要的作用，哪些因素起间接的和次要的作用。

4. 效果的间接性

广告受众面很广，但"听者众和者寡"是广告的一般规律。一方面，受广告影响而购买商品的消费者在消费商品的过程中，会对商品的质量和功能有一个全面的认识。如果消费的满意度很高，就会重复购买而成为产品的忠实用户；另一方面，这些消费者会将他们的消费体验再传播给他们周围的人，这个过程就是广告效果的二次传播。

广告的第二次传播实际上是免费的人际传播，它的可近性、可亲性、可信度远远高于第一次的大众传播。据传播学家测算，每个人际传播者至少能影响100个人。这样就间接地扩大了广告传播的效果。显然，广告效果的二次或多次传播的前提是消费者在消费商品过程中获得了极高的满意度。这就要求广告主们在进行广告宣传时，必须把客观真实作为广告的基本原则，不任意夸大或做虚假广告。

5. 效果的两重性

广告效果的两重性是指广告效果可以用企业经济效果，即直接增加销售额和社会经济效果即间接增加销售额这两个尺度同时来衡量。当商品的市场生命周期处于成长期和成熟期时，广告效果主要测定指标是销售量的增加幅度；当市场疲软或产品进入衰退期时，广告效果则应表现在维持销量或减缓商品下降的幅度上；当产品刚上市初期，消费者对此商品毫无认识，不会有任何欲求，此时，广告效果应体现在对消费者提供建议和增加产品知识等社会经济效果上。因此，广告效果只有在充分分析了市场状况及产品生命周期后，才能客观地、全面地提出测定标准。

6. 效果的竞争性

广告不仅是传播商品信息的方式和手段，同时也是市场竞争的手段。现代企业的竞争常常反映在广告大战上，广告能借助媒体的传播能力来提高企业的地位，推销产品、树立企业形象。同时，消费者一般认为经常做广告的厂家有一定的信誉和经济实力，愿意购买已知名的商品，而对从未在广告上出现的商品持怀疑态度。因此，扩大市场占有率，提高企业信誉，战胜竞争对手，广告是不可缺少的工具。

7. 效果的难测性

广告效果的积累性和滞后性使广告效果处于隐含状态，很难清楚地算出发挥作用的起始时间，不能从质和量上准确测评；广告效果的复合性又说明效果产生的广泛性和分散性，既表现为多种营销效果的交融，又分布在经济、社会、心理行动等多种层次的消费者中。因此，要准确、及时地评估广告效果是非常不容易的。

广告效果的这些特性，决定了企业在评估广告效果时必须从实际出发，全面考虑影响广告效果的各种因素和评估的意图，从而正确有效地评估广告的效果。

阅读资料

有关广告效果的若干调研数据

1. 85%的广告没人看。
2. 看广告标题的人数是看正文人数的5倍，也就是说，标题比内文多5倍的阅读力。
3. 如果在标题里能畅所欲言，你就浪费了80%的广告费。
4. 广告空白增加1倍，注目率增加0.7倍。
5. 数字"100元"比"一百元"更打动人心25%，因为它接近实际。
6. 彩色广告的注意度是黑白广告的5倍。
7. 广告正文20个字阅读人数为10，50个字阅读人数为5，500个字阅读人数为1。
8. 看广告图像比看广告标题的人数多20%。
9. 一般人类的心智不能同时与七个以上的事物打交道。
10. 图画比语言的力量强16倍。

第二节 广告效果测定的原则与程序

一、广告效果测定的原则

广告效果测定是一项技术性很强的检测活动，应该遵循一定的原则，以达到广告效果测定的预期目的。

（一）目标性原则

广告效果具有时间的滞后性、复合性与间接性等多种特性，因此对广告效果的测定必须有明确而具体的目标，不能空泛。如要明确广告效果测定的是经济效果还是社会效果。如果是经济效果，要明确是测定长期效果还是短期效果；如果是短期效果，要明确是测定销售效果还是心理效果；如果是心理效果，要明确是测定认知效果还是态度效果；如果是认知效果，要明确是测定品牌的认知效果还是商品特性的认知效果；等等。只有明确、具体地确定广告效果的测定目标，才能选择科学的方法与步骤，达到预期的测定效果。

（二）综合性原则

影响广告效果的因素多种多样，既有可控性因素，如企业的广告预算、媒体选择、广告投放的时间和频率等；也有不可控性因素，如国家的政策法规的变化、竞争对手广告策略的改变、目标受众的风俗习惯和文化水平等。因此，无论是测定广告活动的经济效果、社会效果还是心理效果，都要综合考虑各种相关因素的影响。即使是测定某一具体广告，也要考虑广告表现的复合性能、媒体组合的综合性能以及时空、地域等条件的影响，才能准确地测知广告的真实效果。从全面提高广告效果来说，广告效果的测定应该是广告的经济、社会、心理效果等的综合评定。

（三）可靠性原则

可靠性原则指前后评估的结果应具有连续性，对同一广告活动的多次评估的结果应具有一致性。广告效果测定的结果只有真实可靠才有意义。要确保评估的可靠性，要求测定样本的选取一定要有典型性、代表性，样本的选取数量要达到足够的规模，调查表的设计要科学合理，考虑的影响因素要全面、准确，测试要多次进行，反复验证。只有这样，才能保证广告效果评估的可靠性。

（四）经常性原则

由于广告效果具有时间的滞后性、形式的复合性、作用的累积性等特点，因此，某一时间和地点的广告效果，并不一定就是此时此地该广告的真实效果。它可能是前期广告的延续或其他营销活动的影响。所以，只有掌握前期广告活动和其他营销活动及其效果的全部资料，才能测算现实广告的真正效果。而且，长期的广告效果测定，也只有在经常性的短期广告效果测定所提供的充分而准确的数据资料的基础上才能进行。因而，广告效果测定要定期或不定期地经常进行。

（五）经济性原则

广告效果测定所选取的样本的测定范围、地点、对象、方法以及测定指标等，既要满足测定的要求，也要充分考虑企业经济上的承受力，尽可能做到以较少的费用支出取得满意的测定效果。因此，在制订测定方案时，要从满足测定要求和企业的经济条件出发，严格实行经济核算，选取最佳测定方案，力求做到广告效果测定的费用低、效果好。

（六）相关性原则

评估的内容必须与广告目的相关联，不可作空泛或无关重点的评估工作。如果广告的目的是提高产品的销售量，评估的重点就应该是目标受众态度的改变；如果广告的目的是推出新产品，评估的内容就应该是目标受众对产品的认知度。

二、广告效果测定的程序

为了确保广告效果测定结果的质量，使整个测定评估工作有节奏、高效率地进行，必须合理安排广告测定的程序。广告效果测定的步骤见图 10-1 所示。

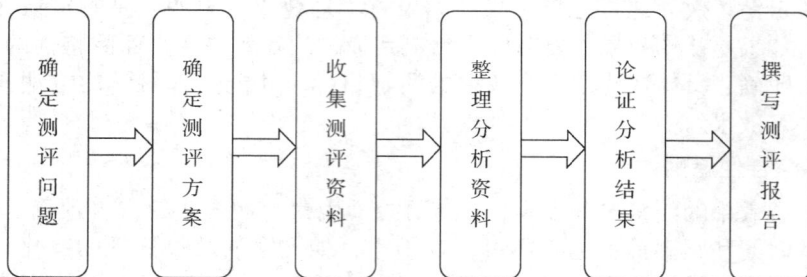

确定测评问题 → 确定测评方案 → 收集测评资料 → 整理分析资料 → 论证分析结果 → 撰写测评报告

图 10-1　广告效果测定的程序

（一）确定广告效果测定的具体问题

由于广告效果具有层次性的特点，因此评估研究问题不能漫无边际，要事先确定测评的具体对象，以及从哪些方面对该问题进行剖析，确定测定的具体问题。即根据广告活动的策略、目标，确定广告效果测定的具体对象。广告人员要把广告活动中存在的最关键和最迫切需要了解的效果问题作为评估的重点，确定评估课题。根据广告学家卡贝尔（John Capele）的研究，广告效果测定的课题主要有广告的表现手法、广告媒体、组成广告作品的各要素、广告不同刊载位置的相对价值、广告重复刊载频率、广告的易读性等。

广告效果评估课题的确定方法一般有归纳法和演绎法。归纳法是了解企业广告活动的现状，根据企业营销战略和广告战略的要求确定评估的问题；演绎法是根据企业的发展战略来衡量广告传播的具体表现，即企业发展战略→企业广告促销现状→企业广告效果评估问题。

（二）制订测定广告效果的方案

为了保证广告效果测定有步骤、有系统地进行，达到预期的测定目的，必须制订一套科学的广告效果测定实施计划与方案。广告效果测定的方案一般应包括评估的内容、测定的目的与要求、测定的范围与对象、测定的时间与地点、测定的步骤与方法、测定的具体项目与指标、测定人员的安排与分工、测定费用与预算等。

（三）收集有关资料

客观、准确、全面的资料是准确评定广告效果的前提。收集的资料既包括企业外部与广告活动有关的政策、法律、市场供求、消费者的媒体习惯、竞争对手的广告活动等资料，也包括企业内部近年来的销售状况、利润状况、广告预算状况及媒体选择状况等资料。应按照计划，到指定的具体地点，寻找具体调查对象，开展有目的的访问、调查工作；同时，要注意方式方法，利用事前准备好的表格、提纲等，开展有针对性的测定调查。

（四）整理和分析资料

对收集到的大量信息资料需要进行分类整理和深入分析。这一阶段的工作主要包括：（1）编辑整理。对从各方面收集来的资料进行必要的整理加工、校核，消除资料中虚假和不适用的部分。（2）分类。资料整理归类的方法包括：按时间序列分类、按问题类型分类、按专题分类、按因素分类等。（3）统计汇总。运用统计原理与方法，对资料进行汇总、分析、检验，推算出要测定的各项指标与数据。（4）分析研究。运用整理出来的资料与数据，找出它们之间的内在联系，得出问题的结论。分析的方法包括从企业整体出发对企业的广告效果进行的综合分析和根据效果测定的要求对广告活动的某一方面进行的专题分析。

测定人员对出现的问题要善于随机应变，具体问题具体分析。分析问题既要保持客观的态度，又要紧密围绕目标，不能背离既定目标与要求，要保证测定计划的顺利完成。

（五）论证分析结果

即邀请有关专家、学者运用科学的方法对广告效果的测定结果进行全方位的评价论证，使测定结果进一步科学合理。常用的论证评议方法包括：（1）判断分析法。根据参加讨论的人员的身份、工作性质、发表意见的权威程度等因素确定一个综合权数，提出测定结果的改进意见；（2）集体思考法。由与会学者、专家对广告效果测定的结果进行讨论研究，各自发表独创性意见，集体修正，综合分析，提出分析结果的修正建议。

（六）提出测评报告

广告效果的测评报告是广告效果分析、检验、评估过程的书面总结，也是正确测定广告效果、提高广告活动管理水平必不可少的步骤。

测评报告的基本内容包括：（1）序言。一般包括该次测定的目的、所研究的问题及其范围、测定的组织及人员情况等。（2）广告主概况。说明企业人、财、物等资源状况及广告传播的规模、范围和方法等；（3）报告主体。包括测定的时间、地点、内容及所导致结果的详细情况；测定、研究问题所运用的方法；各种指标的数量关系；计划与实际的比较；经验的总结与问题的分析；解决问题的措施与今后的展望，以及其他一些意见、建议等。（4）附件。包括样本分配、推算过程、图表及附录等。

三、影响广告效果测定质量的因素

影响广告效果测定的最主要因素包括以下几个方面：

1. 信息资料

进行广告效果测定需要全面地、系统地掌握有关历史和现实的统计数据与情况，这是开展广告效果测定的基础，是提高测定精度的前提。例如，企业要进行销售测定，必须了解顾客的需求和态度，了解包括消费者收入、市场价格、竞争、社会文化、科学技术等在内的宏观环境变化情况。不掌握有关信息，全凭主观判断，就谈不上科学的效果测定。因此，为了使测定工作顺利进行并达到预期目的，首先要做好的就是资料的收集和积累。具体包括两个方面：一是诉求对象的相关资料，如主题调查、文案测验等。二是媒体受众阶层的相关资料，如媒体的发行量、篇幅、时段、文案内容等。

2. 测定期限

广告效果测定期限的长短，对测定精度有一定的影响。一般来说，测定的期限越短，外部环境和条件发生变化的可能性就小，测定结果就趋于准确；反之，测定时间越长，在测定期的外部环境和条件已发生了根本变化或重大改变，这些变化在建立测定模式时未曾估计到，从而产生较大误差。这并不表示不能搞长期测定，只是提醒人们，此时应注意不断修正测定效果。

3. 判断能力

判断贯穿于广告效果的全过程，不论是信息的收集、整理、鉴定，还是测定方法的选择与检验，每一步都是人来实现的。因此，测定广告效果的人，其本身的知识、经验、观察思考和判断能力的高低，对测定效果的准确性具有决定的影响力。广告效果测定人员的素质要求通常包括三个方面：测定人员的态度、专业素质、基本素质。

4. 方法的选择

在广告效果的测定全过程中，无论是市场信息资料的收集还是测定模式的选择与计算，均有一个方法问题。方法选择得当，测定结果的准确性就高；方法选择不当，测定结果的可信度就差，导致事倍功半甚至劳而无功的结局。比如，实际调查方法和测定方法多种多样，每种方法都有一定的适用范围和优缺点，选择时就应根据资料的性质、准确程度、时间、难易程度及费用而定，不能盲目选择。再比如，在资料收集阶段，资料来源可能五花八门，这就需要从优选择，选择准确可靠而又经济实惠的来源。

第三节　广告效果测定的内容及方法

测定广告效果，主要包括广告传播效果、广告心理效果、广告经济效果和广告社会效果四方面。

一、广告传播效果的测定

广告效果是广告作品通过广告媒体传递给消费者后所引起的态度变化和行为变化，并由此带来广告产品销售状况的变化和社会的消费观念、审美观念及语言习惯的变化。广告传播行为本身的效果决定了广告传播活动产生经济、社会效果的能力，这种效果可能是广告所期望的方向，也可能出乎广告传播目标以外的效果；既可能是积极的，也可能是消极地；既可能是明显的，也可能是潜在的。

测定广告传播效果，主要是对广告的到达效果和广告的心理变化效果的测定。广告的认知效果在很大程度上取决于媒体组合战略，广告的心理效果则在很大程度上取决于广告作品。客观、准确地测定广告传播效果，能科学、有效地反映广告作品和广告媒体的传播效力，是检验广告目标实现程度的有效手段。

（一）广告到达效果测评

广告投放后能否到达目标受众并被目标受众认知，取决于两个因素：一是目标受众是否有机会接触到广告投放的媒体；二是广告作品是否具有明显的独特性和足够的感染力，能够吸引目标受众对广告的注意。因此，广告的到达效果就取决于广告表现效果和媒体接触效果。

1. 广告表现效果的测评

广告表现效果的测评最终是对广告作品的测评。一个有效的广告作品能够产生明显的心理效果，即能够影响消费者心理变化，引导消费者的态度朝着既定的广告目标转变。因此，对广告作品应进行广告主题、创意、文案、表现手法等方面的测试，依据测试结果选择、修改广告作品，从而使广告作品更趋完善，更具有冲击力和艺术感染力。

（1）测评内容。测评广告表现的效果，主要包括以下几方面：

① 广告主题测评。广告主题是广告作品的功能性因素，是贯穿于广告作品中的主线，对广告受众具有本质性的影响。广告主题要求鲜明、突出，诉求有力、针对性强。测评广告主题，主要围绕广告主题是否清晰明确、能否被消费者认可，诉求重点是否突出，与目标消费者的关注点是否一致，能否激发消费者的兴趣和欲望，能否满足其需求，是否与广告传播区域的文化背景、宗教信仰、价值观念相容等问题进行。

② 广告创意测评。广告创意是广告作品的结构性因素，是广告作品中表现形式方面的因素，对广告效果的影响在于通过巧妙、新颖、独特的结构形式吸引受众的注意力，激发其购买动机。广告创意测评主要是对表现广告主题的构思进行检测，重点研究创意有无新意，能否准确、生动地表现广告主题，创意是否引人入胜，富有感染力等。对广告创意进行科学测评，充分了解目标受众的感受和建议，以便能选择最佳的创意方案，减少广告创作过程中的风险。

③ 广告终稿测评。广告终稿是已经设计制作完成，但还未进入媒体投放阶段的广告样品，如电视广告样片、报纸杂志广告样稿等。测试广告终稿，是对广告主题、创意、制作、表现手法等的进一步检测，有利于最后的修补和完善，以保证广告作品能够完美地与目标消费者接触。

（2）测评方法。广告作品的测评一般采取邀请一定数量的专家或有代表性消费者进行。常用的方法有评分法、比较排序法、淘汰法等。

① 评分法用于评估目标受众对广告的注意力、认知、情绪和行为等方面的强度。一般由消费者对广告作品的各要素，如构思、色彩、文案等逐项从吸引力、易读性、好感度、认知力、行为强度等方面进行评分，然后按总分高低对参选的广告作品进行排序，选择得分最高的广告作品。

② 仪器测试法。在实验室内，在测试对象观看广告作品的过程中，使用不同仪器

设备测量广告在受众心理上的反应。主要包括：a. 程序分析仪器。被测试者在收听、收看视听节目时，在其旁边设置"＋"（有意思）和"－"（没意思）两种按钮，用于对广告作品唤起消费者兴趣的效果的测试；b. 瞬间显示器。一种以 1/100 秒为时间单位的短时间展示报纸广告的装置，放完一次后立即重放，用于测定广告作品中各构成要素受关注的程度和记忆的程度；c. 印象测量器。由脑电波记录器、分析仪和显示器三大部件组成，根据人的脑电波的变化，来判断他（她）是否对广告商品感兴趣。当被测试者对广告商品或广告本身感兴趣时，就会刺激其大脑，显示器上显示的就是快速 β 脑电波；否则就会出现慢速的 α 脑电波；d. 视力照相机。该装置用反射光捕捉眼球的运动，记录下被试者对广告作品的关注点和注意时间，由此可以测定哪些广告要素吸引了测试对象的眼球；e. 皮肤反射测试仪。广告受众在接触广告作品时情感上的起伏会使皮肤表面出现发汗变化。通过记录发汗变化所产生的电阻抗反应来测试广告唤起兴趣的效果。

③ 判断测评法。选择具有代表性的消费者，将广告作品提供给消费者征求其反应。在他们看完之后，要凭记忆叙述广告的内容与特色，并采用"非常赞成"、"赞成"、"不知道"、"反对"、"竭力反对"五个类别对不同广告形式的反应给予分类取分，然后按百分比归纳整理，即可得到有代表性的消费者对广告的关心程度及印象，以此作为判断决定的依据。

④ 实地访问调查法。由调查员访问样本户，获取其对所观看广告的反应。这种方法的目的是尽量不加上人为操作的因素。

2. 广告媒体接触效果测评

在广告活动中，广告媒体是一个非常特殊的角色。它是连接商品和消费者的桥梁。一般来说，80% 的广告费用都用在购买播放时间和刊登版面上，如果媒体选择不当，或组合不合理，不仅会影响广告效果的实现，而且会造成广告费用的极大浪费。所以对广告媒体组合的测评就显得极为重要。广告通过哪些媒体能够被目标消费者接触到？目标受众接触到媒体传达的广告信息会是什么样的情形？对媒体接触效果进行测评，实际是对媒体选择与组合策略的检测。

（1）广告媒体测评的内容。广告媒体组合测评主要是根据广告媒体的运作程序和一般规律来评价广告媒体组合是否针对目标市场进行有效的劝说。评价内容主要包括：广告媒体选择是否正确；主要媒体和辅助媒体的确定是否合理；媒体组合是否合理有效，成本费是否较低；所选媒体的阅读率、视听率怎样？近期是否有所变化；是否考虑到竞争对手的媒体组合情况，该媒体组合是否有竞争力；所选媒体是否适合消费者的使用习惯，在其心目中地位如何；广告发布的时机、频率是否恰当；广告节目的空间位置是否适宜；等等。

（2）广告媒体测评的方法。广告媒体效果的测定，重点是评估目标受众对于各种媒体的接触情形。一般依据三个测定标准进行：其一，媒体的分布，如报刊的发行量，广播电视的到达范围等；其二，媒体的受众群体，即报刊的读者群体和广播电视的视听群体；其三，广告的受众群体，即各媒体刊播的广告的接触群体。由于印刷媒体和电子媒体具有不同的媒体属性，因而测评方法也就有所差别。

① 印刷媒体的测定方法。印刷媒体常见的测评内容包括报纸和杂志的发行量、读者对象和阅读状况等。

了解印刷媒体的发行状况，核心是发行数据。目前国际上对报刊发行量的调查普遍使用的是报刊发行量核查制度，以确保公正。美国于 1914 年成立了报刊发行量核查制度（简称 ABC 机构），目前世界上有 50 多个国家和地区成立了该组织，对报刊自行宣称的发行数据进行核查，确保其公正性。我国目前尚未建立类似组织，大部分由报刊自行宣布其发行量。随着我国报刊市场运作的进一步成熟，这方面的测定会得到进一步的完善。

每种报刊都有特定的读者群体。这些读者群体与广告的目标受众有着直接的关系。考察报刊的读者对象，主要看广告的目标受众与媒体所拥有的读者群体的关系的紧密程度。

测定印刷媒体的阅读状况，是获取广告的认知效果的重要途径，主要测定以下三个指标：注目率、阅读率和精度率。

注目率是看到广告的人数占被调查总人数的百分比；

阅读率是大概知道企业、商品、商标，但对具体广告内容不了解的读者百分比；报纸阅读率可以反映某份报纸有多少人在读，他们是谁、怎么读、在哪里读、关心哪些版面、平时注意哪些广告，他们的生活习惯如何。它是反映报纸读者规模和构成的客观依据。阅读率的数据是通过对城市人口的抽样调查得到的，它能帮助广告主了解媒体的特征，包括平均每期阅读率、到达率、读者的个人特征、家庭特征、阅读环境、报纸来源、版面关注度等。

精度率是阅读过广告正文 50% 以上的人数占被调查总人数的百分比。

如果用 A 表示看过广告的人数，B 表示只看过广告标题和插图，未读过正文或读过正文内容 50% 以下的人数，C 表示认真看过广告，并读过正文 50% 以上的人数，M 表示被调查的总人数，那么注目率、阅读率和精度率的计算公式分别为：

$$注目率 = A \div M$$

阅读率 =（B 1 + B 2）÷ M　（其中，B 1 表示看过标题、插图的人数，B 2 表示读过广告正文 50% 以下的人数）

精度率 = C ÷ M　（C 表示阅读过广告正文 50% 以上的人数）

② 电子媒体的测定方法。测评广播、电视等电子媒体的接触效果主要通过视听率来完成。视听率可以通过以下公式计算得到：

视听率 = A ÷ B × 100%　其中，A 表示拥有电视机（收音机）的家庭数，B 表示收看（收听）了广告节目的家庭数。

目前常用的测评视听率的方法包括日记调查法、电话调查法和机械调查法。

日记调查法是由被调查者将每天所看到或听到的节目填入设计好的调查问卷中。一般以家庭为单位，把全部成员收听、收看节目的情况按性别、年龄等类别填好。一般调查期间为一周或更长时间。调查结束后，收回问卷，经过统计分析得出节目的收视率。

电话调查法是通过打电话的方式，向被调查的对象询问收听或收看节目的情况。具体做法是：先随机抽出所要调查的对象，确定好某一段时间，由调查人员电话询问被调查者是否在看电视或听广播，在看或听什么节目等，并记录下访问结果。电话调查询问的问题要简洁，时间不能太长，以免引起厌烦情绪。

机械调查法是在目标对象家中安装自动记录装置，按预定设计的时间自动记录目标对象所观看的电视频道、电视节目等，由计算机汇总统计。这是现在调查电视节目收视率最常用的方法。随着机械装置的不断发展，装置也能自动识别收看电视者的性别、年龄等信息。

（二）广告受众心理效果测评

在广告效果的测评中，从对消费者的影响看，广告传播效果是对消费者浅层次的影响，广告心理效果是对消费者深层次的影响，广告销售效果是这种影响的具体反应。

广告心理效果测评主要是测评广告对消费者的影响程度，这种影响程度除了体现在销售额上，更主要地体现在消费者的认识、情感、意志等心理因素的影响程度上。著名广告学家樊志育系统地提出了广告影响消费者的八个侧面，即知觉侧面、感情侧面、情绪侧面、态度侧面、学习记忆侧面、思考侧面、行动侧面和其他侧面。因此，广告心理效果测评主要就是对消费者因广告作用而引起的一系列心理反应的测定和评价，具体内容包括：

1. 认知测评

认知测评主要是测评广告的到达效果，它主要针对广告图案、文案、创意、品牌等的认知程度进行测定。认知测定按照不同层次，同样可以用前述的注目率、阅读率和精度率来表现。需要说明的是，当评价媒体的效果的时候，我们主要站在媒体接触状况的角度使用这些指标，现在更多地站在受众认知的角度使用这些指标。

认知测定一般采用抽样调查，对样本对象进行个别访问或电话调查，定期对广告活动期间的传播效果进行检测。

2. 记忆测评

记忆即大脑中所储存的信息量的大小。从时间上区分，记忆有瞬时记忆、短期记忆和长期记忆。对广告而言，记忆效果一方面用受众中能够回忆起一个广告的人数占总人数的百分比来表示，即记忆率或瞬时、短期的记忆效果；另一方面用受众对广告所宣传的及其产品的知识、兴趣、看法、行为打算等来体现，如美誉度、购买欲望等，这是广告的长期记忆效果。

广告效果的滞后性和累积性，使得广告效果评估的一个重要内容就是针对消费者对广告内容及商品特性、品牌等的记忆状况来评估广告的传播效果。广告的受众凭记忆把广告描述出来，他们记忆的准确率与广告的吸引力是成正比的。记忆程度评估指标有记忆效率和记忆广度两方面。记忆效率及受众关于广告印象的深刻程度，主要用于测定消费者能否记住广告内容，如品牌及商品特性等；记忆广度一般采用速时器测评，在一个极短的时间内向受众呈现广告后，要求他们立即说出看到或听到的广告内容。说出的内容越多，说明瞬间记忆广度越大。

记忆测评的方法主要有自由回忆和引导回忆两大类。

自由回忆是对被测试者不提供任何提示，由他们自由回忆，以测试其记忆情况。目前，电视广告最有名的回忆测试方法是在电视广告播出 24 小时至 30 小时后再去采访观众，即滞后一日回忆方法（Day – After – Recall，DAR）。访问员通过电话采访 50 ~ 300 个观众，问他们是否记得前一天播放的某种产品（如白酒）的广告，是否能想起与此广告有关的一些事情，广告说了什么，展示了什么，主题是什么。DAR 有两种统计数值，一种是能记起广告某些特殊内容（如销售信息、故事台词、情节或其他的视听元素）的观众百分数；另一种是看过广告但记不清广告具体内容的观众百分数。这些回忆百分数经常与相似长度的广告、相似产品种类的广告，以及相似品牌广告的历史平均值做对比。这些测试还提供具体的书面材料，记录人们能记住广告的哪些部分，并分析这些信息的性质。

引导回忆是被测试者要在广告人员提示的广告要素或商品的一系列信息的情况下进行回忆测试。最经典的方法是由盖洛普与鲁滨孙（Gallup & Robnson）发展出来的"盖洛普—鲁滨孙事后效果测定法"。

许多文案测试公司也为印刷广告提供类似的回忆测量。他们准备一本杂志，要求被抽中的读者以正常方式阅读。第二天，这些读者被要求描述所见过的任何品牌的广告。同样的测试也可用于广播广告中。房间里播放需经测试的广播广告。购物大厅里的消费者被带到一个房间里，填写调查问卷。

3. 思维测评

消费者对广告观念的理解，是消费者对广告思维状态的反映，也是对广告反映事物的本质掌握。思维状态的测定，即测定消费者对广告观念的理解程度与信任程度。

通过对理解度和信任度的测定，不仅可查明消费者能够回忆起多少广告信息，更重要的是可查明消费者对商品、品牌、创意等内容的理解与联想能力，确认消费者对广告内容的信任程度。

4. 态度测评

接触广告、认知广告的结果是引起消费者态度的变化，而态度变化效果又直接影响着购买行为的发生。因此，态度变化测评用于测评消费者对产品的喜好程度、品牌倾向性、信任程度及购买动机等，是广告心理测评的一项重要内容。

广告信息对消费者的心理影响一般要经历认知—理解—确信—行动四个发展阶段，态度变化测评主要是在认知度测评的基础上，进一步测评消费者对广告观念的理解喜好程度，即理解度和喜好度的测评。

理解度测评主要是了解消费者是否全面准确地认识商品的特征。在广告的不同诉求点中，哪些诉求点理解度高，哪些理解度低。比如，可对消费者层层提问：意思是什么—为什么会这样—结果会怎么样，由此掌握消费者对广告的理解程度。

喜好度测评主要是了解有多少人建立了对广告商品的信赖度和偏好度，这是消费者购买商品的重要原因。一个人的态度变化很难直接观察到，一般只能从其表现出的言辞和行动去推测。因此，态度变化测评一般是通过态度量表和投射法来进行的。

态度量表是用于测量消费者心理反应的尺度，列出广告的各种测量要素，请被测试者按量度直接作出评价。可用评价语句测量，也可用打分的方法测量。

投射法是通过间接手段了解被测试者心理状态的方法。主要有文字联想法、语句完成法、绘图联想法和主题统觉测验等。

文字联想是提出几个词语，请消费者回答他们所能联想到的情形，多用于商品、品牌名称、广告口号等的测评。如"联想电脑"，_____，"小米手机"，_____。

语句完成法是请被测试者将不完整的句子补充完整，从中分析被测试者的感受、态度或特殊反应等，如"我认为华为手机_____"；"南方电视台的观众主要是_____"；"要买智能手环，就买_____"。

绘图联想法是向测试者提供某种场景的图画，一般是几个人在谈话，要求被测试者根据图画讲述一个小故事或完成其中某个人的对话。

主题统觉测验是向被测试者呈现含义模糊的图画或文字，由被测试者想象、描述、提示其中的情境、人物关系和内心活动等。

5. 行为测评

行为测评探讨的是消费者的实际行为，也称为最终行为反应效果，是广告受众最终采取购买的结果。它是所有广告效果指标中最关键的因素，而购买倾向和实际购买行为，是购买效果中最受重视的两种主要行为。

评估购买倾向，通常是比较一下购买者在广告宣传前后的不同购买倾向。可以问诸如此类的问题：如果你明天去买平板电脑，你会选哪种牌子的？有没有想过买其他牌子？有没有你坚决不买的品牌？另外，一些研究者建议采用一种购买意图量表，这种量表大概内容如下：

——我绝对会尽早地买这种平板电脑。

——说不定什么时候我会买这种平板电脑。

——我也许会买，但不知会在什么时候。

——我可能永远也不会买这种平板电脑。

——即使有人送给我，我也不会用它。

这种量表能让广告人员了解消费者在观看广告前后购买倾向的变化。

购买行为是广告宣传后最可靠的效果测定，它通过计算实际销售量测量直接反应和其他易于量化的行为模式。例如，通过印刷媒体，把一张读者可以寄回来换免费赠品的抵价券夹在里面，测试直接反应。另一种适合于印刷和电子媒体广告购买行为效果评估的办法，是提供一个厂商的免费电话号码，读者可以打电话以了解更多情况，甚至订购产品。

二、广告经济效果的测定

广告的经济效果就是广告刊播后所引起的产品销售额与利润的变化状况。它集中反映了企业在广告活动中的营销状况，是衡量广告效果的关键。如果广告带来的经济效益大于广告活动所支出的费用，则是经济效果显著的标志。因此，对经济效果的测定既是广告主最关心的问题，也是广告活动的关键环节之一。

对经济效果的测定，存在着两种不同的认识。一种观点认为，只有在下列条件下经济效果才是可以测定的：广告是唯一的变量；广告对营销组合具有支配力量；像POP广告那样能够马上显示效果。实际情况却并非如此。因此，只能做传播效果的测验，不能做经济效果的测定。另一种观点则认为，广告传播与实际的购买之间有距离，因果关系并不明确。因此，测定广告的销售效果比测定广告的传播效果更容易。

因此，广告人员在对经济效果测评之前必须充分认识广告经济效果的复杂性。一方面，商品在一定时期销售量的变化是由多方面的因素综合促成的，广告只是其中的因素之一。必须从企业环境、产品特性等多方面出发系统、全面地分析广告的作用；另一方面，广告的作用有长期作用和短期作用之分，不能只考虑短期的销售效果，更要看到广告对形象塑造、品牌提升等方面所发挥的作用。

（一）广告经济效果的测定指标

广告经济效果的测定，主要测定广告商品的销售额和利润额在广告后的变化情况。为了更直观、更有效地考察所投入广告费与所产生的经济效果的关系，需要综合评价广告费用、销售额和利润额等指标的相互关系。

1. 广告费用指标

广告费用指标表明广告费与销售额或利润额之间的对比关系。主要包括销售费用率、利润费用率以及单位费用销售率、单位费用利润率等。

销售费用率、利润费用率主要反映获得单位销售额或单位利润所要支出的广告费用。计算公式为：

广告费用率 = 本期广告费用总额 ÷ 本期广告后销售总额（或利润总额）

销售费用率或利润费用率越低，广告的效果越好；反之，则广告的效果越差。

单位费用销售率、单位费用利润率分别是销售费用率、利润费用率的倒数，表明每支付单位价值的广告费用所能获得的销售额或利润额的数量。

单位广告费用销售率 = 本期广告后销售总额 ÷ 本期广告费用总额

单位广告费用利润率 = 本期广告后利润总额 ÷ 本期广告费用总额

单位费用销售率或单位费用利润率越高，广告的效果就越好；反之，则效果越差。

2. 广告效益指标

广告效益指标表明本期每支付单位价值的广告费用能够带来销售额或利润额增加的数量。该指标反映出广告费用与广告后销售增加额或利润增加额的对比关系，包括单位费用销售增加额（广告销售效果）和单位费用利润增加额（广告利润效果）。计算公式为：

单位广告费用销售增加率 =（本期广告之后的产品销售额 – 本期广告之前的产品销售额）÷ 本期广告费用总额 × 100%

单位广告费用利润增加率 =（本期广告之后产品的利润额 – 本期广告之前的产品的利润额）÷ 本期广告费用总额 × 100%

广告效益指标越大，广告效果就越好；反之，则效果越差。

3. 市场占有率指标

市场占有率指标包括市场占有率和市场占有率提高率。市场占有率是企业某种产品在一定时期内的销售量占市场上同类产品销售总量的比率。该指标在一定程度上反映了产品在市场上的地位与竞争的能力。企业的市场占有率提高，意味着产品的竞争能力增强和产品的销售量增加。市场占有率提高率的计算公式为：

市场占有率提高率 = 广告后的市场占有率 – 广告前的市场占有率

4. 广告效果比率指标

广告效果比率包括销售效果比率和利润效果比率，表明广告费用每提高一个百分点，销售额或利润额所增加的百分点数，反映出广告费用变化快慢程度与销售额或利润额变化快慢程度的对比关系。广告效果比率的计算公式为：

广告销售效果比率 = 本期销售额增长率 ÷ 本期广告费用增长率

广告利润效果比率 = 本期利润额增长率 ÷ 本期广告费用增长率

销售效果比率或利润效果比率越大，表明广告效果越好；反之，则广告效果越差。

5. 广告效果指数指标

要排除广告以外的影响因素，单纯测定广告的销售效果，较为严谨的方法是采用广告效果指数法。广告效果指数（Advertising Effectiveness Index，AEI）从看到广告而购买的人当中，减掉因广告以外影响而购买的人数，得到真正因广告的作用而购买的人数，将这个人数除以全体受调查的总人数所得的值，即为广告效果指数 AEI，即

$$AEI = [A - (A + C) \times B / (B + D)] / (A + B + C + D) \times 100\%$$

其中，A：看过广告而购买的人数；B：未看过广告而购买的人数；C：看过广告而未购买的人数；D：未看过广告而未购买的人数。例如，

某公司在推出新产品的半个月后，做过一次市场调查，合计抽样人数 100 人，其中，看过广告而购买的人数为 25 人，未看广告而购买的人数为 15 人，看过广告而未购买的人数为 32 人，未看过广告而未购买的人数为 28 人。则：

$$AEI = [25 - (25 + 32) \times 15 / (15 + 28)] / 100 \times 100\% = 5\%$$

广告效果系数越大，表明该种或该期的广告效果越好。应该说明的是，这一指标只适用于同一地区、同一媒体的不同广告或不同期的广告效果的比较，其他情况不能简单搬用。

（二）广告经济效果的测定方法

1. 市场试验测定法

选择两个类似条件的地区来测定广告的效果。一个地区进行广告活动，称为"试验市场"，另一个不进行广告活动，称为"控制市场"，要求两个地区在地区大小、地理位置、人口组成、经济文化发展状况、购买力、销售渠道、媒体效力等方面比较相近。测验期间结束后，将两个地区的销售变化进行比较，从中得出广告的影响。比较时可采用"事前事后比较法"，即通过比较接触广告前后的消费者的心理、行动变化把握效果，也可采用"类型比较法"，即通过比较事后测定所得知的各个类型的差，把握不同广告的效果差异。

市场试验法适用于周转期较短的商品，如时令商品、流行商品等。周转期长的商品，由于广告效果的累积性、滞后性等特点，以及其他因素的影响，难以保证测评结果的客观性。

阅读资料

杜邦公司的广告试验：一个意外的结果

作为一个享誉世界的优秀企业，杜邦公司是全球最早设计广告实验的公司之一。

杜邦的颜料部曾将 56 个销售区域分成高、中、低三种市场份额区域，杜邦公司在其中 1/3 区域采用正常数额的广告费，在另一个 1/3 区域花了正常数额的 1.5 倍的广告费用，而在余下的 1/3 区域中花费了正常数额的 3 倍的广告费。杜邦公司想通过实验考察较高水平的广告支出创造了多少额外销售。

结果发现，较高的广告支出所产生的销售增长呈递减效率，而在杜邦公司的市场份额较高的区域里，销售增长也十分微弱。通过不同广告函数曲线的分析，证明广告水平较低时的收益递增现象，广告水平较高时的收益递减现象，广告水平中等时的收益递减现象。

2. 店头调查法

以零售商店为对象，对特定期间的广告商品的销售量、商品陈列状况、价格、POP 广告（销售点广告）以及推销的实际情况进行调查。例如，利用推销员或导购员在商店里或走街串巷开展商品宣传活动，散发商品说明书，免费赠送小包装样品等。这种模式会直接导致商品销售量的变化。商品销售量变化的程度，能够反映出广告的质量高低；还可以把同类商品的包装和商标除掉，在每一种商品中放置一则广告和宣传卡片，观察每种商品的销售情况，商品销量有明显增加的广告则是有较好的传播效果广告。

3. 统计法

运用有关统计学原理，计算广告费与商品销售的比率，测定广告的销售效果的方法。统计法从广告费与销售额的关系来把握广告效果，通过销售额的变化来反映广告发挥作用的程度，简单明了，容易掌握。

需要注意的是，在实际的营销活动中，销售额的变化是多种因素综合作用的结果，广告效果只是其中的一种。所以，在考察销售过程中的广告效果时，应尽力排除其他因素的影响，这样才能比较准确地测定广告对销售实际发挥的作用的大小。

三、广告社会效果的测定

现代广告主要是通过大众媒体将信息传递给社会公众的。广告在传递商品信息的同时，也将渗透于广告中的消费观念、文化时尚、道德风尚等社会文化思潮一并传达给社会公众。广告的这种对消费习惯、价值观念的引导，也会对社会公众的认知态度、审美观念、语言习惯等产生深刻的影响，这种影响就是广告的社会效果。这种影响既包括正面的影响，如广告能够美化社会环境，引导人们树立正确的消费观念和道德观念；也包括负面的影响，如有的广告可能采用低级趣味的表现方式来迎合低俗的需求心理。广告的社会效果是潜在的、缓慢的，无法用定量的方法进行测量，但需要从法律规范、伦理道德、文化艺术等方面进行综合的考察、评估。

（一）广告社会效果的测评依据

测定广告的社会效果，要围绕广告是否有利于树立正确的价值观念、是否有利于培养正确的消费观念、是否有利于培育良好的社会风气、是否有利于应进行综合评估。其基本依据是一定社会意识条件下的政治观点、法律规范、伦理道德和文化艺术标准。

1. 真实程度

广告的宣传与传播从一个侧面反映了国家的社会伦理道德与文明建设水平。广告的社会效果首先体现在广告必须具备真实性，真实性是广告的生命。这是广告活动过程的每一环节都必须始终坚持的原则，即要求广告所传达的信息内容必须真实地反映商品的特性，向目标消费者所作的任何诉求都必须实事求是，不能虚假、误导。这是测定广告社会效果的首要方面。广告诉求的内容如果虚假，不仅会侵害消费者的利益，而且会恶化社会的伦理道德和精神文明的水平。真实的广告既是经济发展、社会进步的体现，也对社会的道德风尚和文明建设具有重要的推动作用。所以，检测广告的真实程度，是测评广告社会效果的首要的内容。

2. 法规政策

广告必须符合国家的各种法规政策的要求。以广告法规来加强对广告活动的管理，确保广告活动在正常有序的轨道上运行，是世界各国通行的做法。法规管理和制约，具有权威性、规范性、概括性和强制性的特点。用于作为评价广告活动依据的广告法规，既包括我国制定的规范广告活动的相关法规，如于 1995 年 2 月 1 日开始实施的《中华人民共和国广告法》；也包括具有国际公约性质的规则条令等，如《国际商业广告从业准则》等。

3. 伦理道德

在一定时期，一定的社会意识形态下具有特定的伦理道德标准，它体现了人们较为普遍的价值取向，人们要受到相应的伦理道德规范方面的约束。这一标准受到民族特性、宗教信仰、风俗习惯、教育水平等社会文化因素的影响。我国发布的广告，无论是广告的内容还是广告的表现形式，都应符合社会伦理道德的要求。一则广告即使合法属实，但可能给社会带来负面的东西，给消费者造成这样或那样的、包括心理和生理上的损害，这样的广告就不符合道德规范的要求，如暗示消费者盲目追求物质享受、误导儿童撒娇摆阔等。因此，要从建设社会主义精神文明的高度来认识，从有利于净化社会环境、有益于人们的身心健康的标准来对广告活动的各个方面进行衡量。

4. 文化艺术

广告活动也是一种创作活动，广告的创作必须符合一定的文化艺术标准。由于各种因素的影响，各国的文化传统、风俗习惯、风土人情、价值观念等都有着自己的特殊性和历史的延续性，形成了各国在文化艺术上的不同观念和风俗，因而也有着不同的评判标准。总的来看，广告应该对社会文化产生积极的促进作用，推动艺术创新。一方面要根据人类共同遵从的一些艺术标准；一方面要从本地区、本民族的实际出发，考虑其特殊性，进行衡量评估。

在我国，要看广告诉求内容和表现形式能否有机统一，要看能否继承和弘扬民族文化、体现民族特色、尊重民族习惯等；要看所运用的艺术手段和方法是否有助于文化建设，如语言、画面、图像、文字等表现要素是否健康、高雅，摈弃一切低俗的东西。同时也要看能否科学、合理地吸收、借鉴国外先进的创作方法和表现形式，等等。

阅读资料

广告傍成语是创意还是误导？

百"衣"百顺、与"食"俱进、天"刺"良"肌"……时下，在大街小巷，人们经常会看到这类以篡改成语为创意的广告词。

表面看，这不过是商家为吸引眼球而玩的一种文字游戏，无足多虑；实质上，这类给成语改头换面的广告词，却常常混淆视听，给青少年带来误导。

日前，北京市工商局在全市范围内展开了对乱用谐音的异类广告的专项整治。这一保护民族语言文化的积极举措，赢得了普遍关注和肯定。

现象

　　如今，行走在大街小巷或者在家里打开电视机，人们很容易看到诸如"衣衣布舍"、"一网无前"、"随心所浴"之类的成语谐音广告。可以说，利用汉字的谐音改编成语，制作成广告语，成了众多商家津津乐道的创意。不过，这种愈演愈烈的广告傍成语的现象没少给孩子们"添乱"。

　　前不久，一位名叫"难得糊涂"的网民发帖称，他8岁的儿子有一次在一篇短文中出现了4个错别字。比如，孩子将依依不舍的"依"写成了"衣"，却坚持认为自己并没有写错。责问起来，孩子振振有词地对"难得糊涂"说："爸爸，我们家附近的服装店牌子上就是这么写的啊。哪儿错了？""难得糊涂"在帖子里说，后来他一打听，原来自己同事家的小孩也犯过类似的错误，比如把"一往情深"写成了"一网情深"，还理直气壮地说他是看到一家网吧的名字之后才这么写的。

　　"看着孩子犯这种低级错误，作为家长既生气又无奈。怎么现在就没人管管这些乱改成语的广告呢？"在帖子里，"难得糊涂"发出了这样的感慨。

　　无独有偶，市民杨先生也遇到过类似的问题。"有一次帮孩子检查作业，发现上面写了一个'骑乐无穷'，我给他指出来了，他却认为没错，一本正经地跟我讲电视上那个赛马的比赛预告上就是这么写的。后来我只好搬出大字典帮他一起查，他还半信半疑。第二天我打开电视机一看，果然有'骑乐无穷'的广告。"

　　对于广告中出现的这种谐音成语，一位署名为乙常青的教师撰文称，这种成语实质上应该定性为"伪成语"，对语文教育是一种危害。乙常青说，一次上课时他曾讲到"随心所欲"这个成语，面对黑板竟有五位同学举手为他纠正："老师，你写错了。随心所欲的'欲'错了！"他们的理由是：电视上浴缸广告中说的是"随心所浴"。

声音

　　广告傍成语，是创意还是误导？该禁止还是该宽容？对此，人们看法不一。

　　张立美：作为一名小学教师，我认为政府部门早就应该规范和管理广告滥用成语、篡改成语等现象，此举是对未成年人健康成长负责。当下广告语、店名滥用成语、篡改成语现象相当严重，危害很重，特别是对小学生危害较深，已经对汉语的使用和小学语文教育产生了严重的负面影响。我平时在批阅作业时，经常发现不少学生在成语使用时出现一些同音、谐音的错别字，主要原因就是小学生平时深受广告词影响，滥用成语和篡改成语给小学生产生了严重误导，让他们以为广告词滥用的成语、篡改的成语才是正确的成语。

　　鹰远：语言环境的混乱，会使人对自己的母语越来越没有把握。所以，每个中国人，都应认识到汉字的使用是一件严肃的事情，规范使用汉字就是尊重国家的民族文化。类似于谐音广告亵渎民族文化的现象，应该引起人们的高度重视。说到底，汉字文化源远流长，注定了它极其丰富的内涵，我们应当将其发扬光大，而不应以谬误人。

　　黄梅香：不可否认，当下有些广告用谐音篡改成语的效果还真不错，比如"默默无蚊"——某蚊香广告；"一戴添娇"——某女帽广告；"咳不容缓"——某咳药广告。但是，用谐音篡改成语在广告业的普及，并不是这一现象应该继续存在的理由。

　　很显然，当我们生活的环境四处都是用谐音篡改的成语，不仅会给求学阶段的青少年学习、成长带来不良影响，甚至会影响到成年人的判断也说不准。倘若任这样的情况蔓延，篡改过的成语更深入人心，成语失去了最初丰富的含义，岂不是对宝贵真知的糟蹋。

　　谭翔穆：规范使用汉字就是尊重我们的民族文化。事实上，政府不仅要严禁广告词滥用成语行为，对于店名、歌词、歌曲名滥用成语等现象也需要严禁，这主要不是确保汉字规范使用，而是避免滥用成语给小学生的汉字使用和书写带来误导。

　　陈莉：广告是一种文化，同时也是一种艺术，更是一种经济传播手段。对广告词的规范，既要考虑到语言的通用性，也要考虑其艺术性和经济效益。我认为，如果广告用语不庸俗、低俗、媚俗，就完全没必要对它们上纲上线，扼杀广告创意，影响广告效果。从这点来说，政府主管部门也没必要对广告篡改成语现象大动干戈。

说法

广告词借成语的音，卖自己的意，这种做法到底符不符合法律规范？

1998 年，国家工商总局颁布了《广告语言文字管理暂行规定》，其中规定"广告中成语的使用必须符合国家有关规定，不得引起误导"。《中华人民共和国广告法》中也规定，广告不得妨碍社会公共秩序和违背社会良好风尚。

我国的《广告审查标准》中也明确规定：广告中语言、文字的表述必须真实、规范、健康、文明，不得欺骗或误导公众。不得发布影响父母、长辈对儿童的言行进行正确教育的儿童广告。

此外，我国已于 2000 年 10 月颁布《中华人民共和国国家通用语言文字法》，并于 2001 年 1 月 1 日起实施，这一法律对汉字语言的规范使用同样有着明确的规定。而截至目前，包括海南、江西、浙江、江苏、北京、上海等多个省市也都颁布了相应的地方性规定，对成语谐音化的做法进行了规范。

可见，从法律上看，时下一些商家在招牌、广告语中使用谐音成语之举，确实违反了相关法律法规的规定。经营者存在此类情形且情节严重，拒不改正的，将承担相应的法律责任。

资料来源：2011 年 4 月 1 日《解放日报》

（二）广告社会效果测定的方法

广告社会效果的测评可采用多种调研方法，及时收集和整理受众对广告的意见和反映，分析受众对广告的态度和看法，据此了解广告的社会影响程度。具体分为三个阶段：

1. 事前测定

广告发布之前，可对其产生的社会效果进行预测、评估。可采用专家意见综合法，通过专家对广告的语言、表现及手段等诸多要素，从法律规范、伦理道德、文化艺术等方面进行全面的评价，并对其可能产生的社会效果进行估测。

2. 事中评价

在广告刊播过程中，依据《中华人民共和国广告法》及相关的广告管理条例、细则和规范，以及公众对广告的反映和评价，审查其是否符合这些法律法规的要求，是否引起不良的社会反映，及时撤销带来不良社会影响甚至违法的广告的发布，以确保广告宣传的社会效果，维护企业的良好形象。

3. 事后测定

广告发布之后，其社会效果的测定要采用来函反响统计测定法进行。这种方法以广告后不同顾客所作出的各种反响为依据，测定广告的社会效果。它要求企业把广告宣传后收到的来函逐项详细登记，据以分析用户接受广告宣传的反响。

本 章 小 结

广告效果是广告信息通过广告媒体传播之后对消费者产生的各种影响的总和，包括传播效果、心理效果、经济效果和社会效果。广告投放的时机、广告媒体的选择、广告投放的频率、竞争产品的广告、广告的创意表现、媒介干扰、广告商品的被关心度、品牌形象、媒体的受众等都是影响广告效果的因素。

广告活动的复杂性决定了广告效果具有滞后性、累积性、复合性、两重性、间接性、竞争性等多重特性。测定广告效果应该遵循目标性、综合性、可靠性、经常性、经济性和相关性的原则，并按照确定测定问题、制订测定方案、搜集有关资料、整理和分析资料、论证分析结果和提出测评报告的程序进行。

测定广告的传播效果主要测定广告的到达效果和广告媒体的接触效果；测评广告的心理效果主要就是对消费者因广告作用而引起的一系列心理反应的测定和评价；测定广告的经济效果主要测定广告商品的销售额和利润额在广告后的变化情况；测定广告的社会效果要围绕广告是否有利于树立正确的价值观念、是否有利于培养正确的消费观念、是否有利于培育良好的社会风气、是否有利于应进行综合评估。

重要术语和理论

广告效果、广告的传播效果、广告的心理效果、广告的经济效果、广告的社会效果、广告效果测定的原则、广告效果测定的程序

复习思考题

1. 如何理解广告效果及其特点？
2. 常见的测定广告传播效果的方法有哪些？
3. 常用的测定广告经济效果的方法有哪些？
4. 请选择两则知名品牌最近的电视广告，分析每则广告试图实现的广告目标，然后提出你对每则广告的有效性进行测试的步骤。
5. 请选择一则具有较强的社会影响的广告，从社会效果的角度对其进行评价。
6. 找一则报纸广告或广告文案，有针对性地制定出测定该广告或文案效果的具体方法，并在同学中进行测试，并对测试结果进行评价。

【案例分析】

新养道功能牛奶：精准的广告传播

2014 年 10 月 25 日，第 21 届中国国际广告节在贵阳拉开序幕。蒙牛新养道零乳糖功能牛奶凭借与河北经济频道《我为购物狂》节目的深度合作，以精准的内容营销和创新型的营销模式获得了中国广告长城奖 广告主奖组委会评审的一致认可，斩获"中国电视媒企合作案例奖创新营销类金奖"，也是我国乳品行业的唯一一家获奖单位。

中国国际广告节通过对中国电视媒企合作案例的评比奖励，旨在表彰具有代表性的优秀电视媒体与广告主合作的营销传播案例，与具有创新精神及突出贡献的电视媒体和企业。

《我为购物狂》是河北卫视 2013 年推出的一档大型互动娱乐节目，集互动、购物、娱乐三大元素为一体，以价格游戏和互动游戏为主体，以各种各样的生活商品、奖品为核心，让观众体验一种全新的消费游戏和娱乐过程，自开播以来拥有广大的忠实受众群体。

在中国有人不喝牛奶，很大原因是他们属于乳糖不耐受症人群，容易喝牛奶拉肚子、腹鸣、腹胀等。为了让人们既能享受牛奶的美味营养，又避免喝牛奶拉肚子，蒙牛推出了专为乳糖不耐受人群的功能牛奶新养道。面对乳品行业白热化的市场竞争和广告战，如何用相对较低的预算投入在最短的

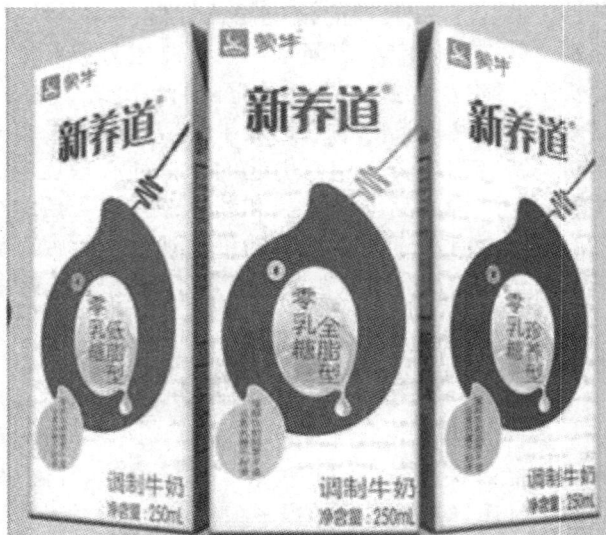

周期内精准促发目标人群对新养道产品的有效认知，是新养道必须面对的挑战。

新养道通过与《我为购物狂》节目的接洽沟通，双方达成了合作共识，于2014年5月起进行了深度合作，双方共同策划组织了各种内容营销的深度植入方式，通过线上内容植入、奖品植入、互动游戏等形式多样的品牌植入节目方式与观众紧密结合，系统展示与讲解乳糖不耐受者的正确饮奶方式，既巧妙自然的达到了良好的市场教育效果，又让受众得到了愉快的精神享受，可谓是一种真正的寓教于乐的广告营销新模式。

五个月期间，新养道零乳糖功能牛奶赞助的《我为购物狂》已播出48期，参与现场直播的观众共计7200人次，影响了近1000万个河北地区家庭消费者，占整个河北省45%的人群覆盖率，如此高效的精准营销，给消费者及广告媒介行业留下了相当深刻的产品及品牌印象。

除此之外，《我为购物狂》的线下活动"狂粉欢乐会"及搭载节假日举办的新养道特色节目等一些活动，也让更多消费者了解了乳糖不耐受，从而形成了从线上到线下的O2O联动营销，让线上与线下营销活动有机融合，互相推动。节目播出后，有大批消费者涌向线下终端购买新养道产品。在河北，几乎没有人不知道新养道这种肚皮画小人的零乳糖牛奶。这充分验证了蒙牛新养道以内容营销来传播产品及品牌，有效精准覆盖目标人群的策略是成功有效的。

资料来源：http：//www. yaolan. com/news/201410311413867. shtml

思考题

1. 影响广告效果的因素有哪些？请分析新养道零乳糖功能牛奶的广告传播取得较好的效果的原因。

2. 如何才能实现广告的精准传播？新养道零乳糖功能牛奶的广告传播带给我们哪些启示？

第十一章　广告管理

【学习目标】

【知识目标】 掌握广告主、广告公司和广告媒体自我管理的主要内容及手段；理解广告管理的作用和意义；了解我国广告管理组织体系的构成。

【技能目标】 能够联系实际，对广告的微观及宏观管理中存在的问题进行分析，并提出提高其管理水平的对策建议。

【导入案例】

"胸际穿越"挑战赛　创意背离广告法

2015 年"五一"期间，湖南常德水星楼广场某美容院举办了一场"胸际穿越"挑战赛——近 10 米高的攀岩墙用巨幅女人胸部照片制作而成，以胸部为中心分别布有左右两条线路，挑战者可任意选取线路攀上顶端获取相应奖金。

其实，这无非就是商家搞的一个普通攀岩游戏而已，借此促销并无多少新奇。但因为是以美女胸部大照片作背景，配上"无峰不起浪"的宣传语和"胸际穿越"的活动主题，立即吸引了大量眼球，并登上报纸电视"扬名"全国。

同样是湖南的一家美容整形机构，去年还打出过"奔跑吧，胸帝"的公交站台广告。不禁让人感叹：离了胸，这些机构是不是就不会做广告了？诚然，广告讲求出奇制胜，无论内容还是形式，只要能引起公众关注，从某种角度说就是好广告。但在一个公共社会里，凡事必须有度，即便是博眼球也得讲究方式方法。

近年来，广告创意的低俗化趋势日趋明显，其中，性意识的过分张扬就是一个典型特征。即便是与性无关的商品也动辄拿"性"做文章。只不过，如果非要将肉麻当有趣，刻意把低俗当创意，那就有点没意思了。

鲁迅先生写过，"一见短袖子，立刻想到白胳膊，立刻想到全裸体……"都这会儿了，还动不动就搞道德绑架确实没必要，但商家做广告是否非得"很黄很暴力"才有效果，无疑同样值得商榷。好的广告创意是无限的，看看美国"超级碗"比赛中的那些广告，你会感叹广告竟也可以当大片看；反过来，如果一直将所谓广告创意局限于"很黄很暴力"，其实恰是创意贫乏的表现。

泰州市市长信箱曾收到一名小学生来信，投诉户外张挂的林志玲性感内衣广告。小学生说，因为每次都"忍不住看她深深的乳沟"而学习成绩下降以至于无法专心学习，造成了严重的身心伤害。很多人看到这则新闻也许会发笑，但"广告不得损害未成年人身心健康"确是《广告法》的明文规定。像"胸际穿越"这种活动，搞那么"大"个胸在大街上招摇，有没有考虑过未成年人的观感？又是否满足广告法中"符合社会主义精神文明建设的要求"？

资料来源：http://newspaper.jcrb.com/html/2015-05/06/content_185587.htm，作者盛翔，此处有删改

第一节　广告管理的组织体系及意义

广告管理是指家、社会和广告业内部对广告活动全过程的计划、协调、控制和

服务。按广告管理者的不同，广告管理可以分为宏观管理和微观管理。宏观管理是工商行政管理的重要组成部分，是工商行政管理部门的业务之一；微观管理是企业经营管理的一部分，是为企业经营目的服务的一种具体管理内容。

广告管理又可以分为广义的广告管理和狭义的广告管理。广义的广告管理包括五个方面：（1）政府管理，政府有关部门代表国家对广告业进行的行政管理；（2）行业自我管理，又叫行业自律，是广告经营者成立民间的行业团体组织，通过章程、规范等形式进行的自我约束和管理；（3）广告经营者内部的经营管理，是广告组织对所从事的广告经营活动各环节及内部经营组织进行的管理；（4）企业广告管理，指工商企业在组织生产经营中对广告战略的制定和实施进行的管理；（5）社会监督管理，指消费者和社会各界对广告及广告活动的监督和建议。狭义的广告管理就是指国家的广告管理机关依据法律、法规和有关政策，代表国家对广告活动进行的监督和协调。

一、广告管理的组织体系

广告管理体制是一个国家广告管理的总体框架。在当代，各国的广告管理都采用了以政府行政管理为主，再辅之以广告行业自律和社会舆论监督的管理体系。我国的广告管理体制也是如此。

（一）政府行政管理

包含广告监管机关依据有关法律法规代表国家对广告发布和广告经营活动进行监督管理和国家行政主管机关依据国家的有关政策，对广告行业发展进行战略规划两方面。

1. 我国广告行政管理的机构设置

我国《广告法》第6条规定："县级以上人民政府工商行政管理部门是广告监督管理机关。"在我国，广告管理机关在组织结构上的设置如下：①国家工商管理局下设广告司，管理全国的广告行业；②各省、自治区、直辖市、计划单列市工商管理局设广告处，管理本辖区的广告业务；③地、市工商管理局设广告科，管理本辖区的广告业务；④县、自治县、自治州工商管理局设广告股，管理本辖区的广告业务。

地方工商管理局的广告管理工作既接受上级工商管理局的业务指导，又接受地方政府的行政领导。

2. 广告行政管理机关的主要职能

根据《广告法》和我国广告管理的实践，我国工商行政管理部门广告管理的主要职能是：①负责起草广告管理的法律、法规，制定广告管理的有关规章，负责检查《广告法》的执行情况，依法确定各类广告的发布标准；②负责广告市场的准入。负责对设立广告公司的申请者进行资质审查并确定其经营范围，颁发《营业执照》；对申请广告发布的媒介单位进行审查，对合格者颁发《广告经营许可证》；③负责对各类广告活动及其主体进行监督检查；④广告违法行为。县级以上的工商行政管理部门可依法对广告违法行为进行查处。

（二）广告行业自律

即广告行业主体成立民间的行业组织，通过章程、准则、规范等行业标准进行自我约束、自我管理。行业管理是广告宏观管理的重要组成部分。随着我国市场经济和广告业的发展，广告行业自律将发挥越来越重要的作用。1983 年 12 月成立的中国广告协会是我国广告行业自律的主要组织；1990 年，中国广告协会通过的《广告行业自律规则》是我国广告行业自律的基本规则。

（三）广告经营者和广告发布者的内部管理

即依法取得经营权的广告经营单位和广告发布单位在法律规定或授权的范围内对所从事的广告经营活动环节及内部经营组织的管理。

（四）广告主的广告管理

企业在组织生产、经营活动中，对广告战略制定和实施所进行的管理。

（五）消费者的社会监督管理

消费者和社会各界对广告活动的监督管理。

二、广告管理的意义

广告管理的作用取决于广告在社会经济和社会生活中的地位。在现代经济中，广告不论是对国家、对企业、对消费者还是对社会，都起着非常重要的作用。对国家而言，广告已成为一个重要产业，被称为"无烟工业"之一；对企业而言，广告是企业最重要的促销手段，对于沟通产销关系、树立企业形象发挥着不可替代的作用；对于消费者而言，广告起着指导消费、刺激需求的重要作用；对社会而言，广告则是一种重要的社会文化现象，对社会的价值观念、行为方式、语言等都具有重要的影响。

加强广告管理的主要作用，就是要充分发挥广告管理的职能，促进广告业的健康发展，发挥广告的积极作用，避免广告的消极影响。具体来说，主要表现在以下几个方面：

1. 维护广告的真实性

真实性是广告的最基本特性和要求。它直接关系到消费者权益能否得到维护、社会再生产能否顺利进行，以及广告业能否健康发展。因此，杜绝虚假广告，消除不真实广告，维护广告的真实性，是广告管理的基本任务。

所谓虚假广告，即对商品或者服务作虚假宣传的广告。虚假广告主要有以下几种表现形式：①信息虚假广告，即广告所宣传的商品或者服务的信息本身是不存在的，即"骗局广告"；②品质虚假广告，即广告宣传的商品或者服务并未达到广告中所说的质量或者技术标准；③功能虚假广告，即广告所宣传的商品或者服务并不具备广告中所宣传的功能或服务内容；④价格虚假广告，即消费者购买商品或者服务所支付的货币与广告所宣传的商品或者服务的价格不符；⑤证明虚假，即广告假借他人的言论或者采用其他带欺骗性的证据宣传商品的质量、功能等。

虚假广告故意制造谎言、弄虚作假以牟取非法利益，对于这种行为应当依法严惩，以保护消费者的合法权益。

不真实广告是指虽然广告活动主体在主观上并无欺骗意图，但客观上却造成与事实不符的和具有欺骗效果的广告，如广告主或广告制作人员本身对商品知识比较缺乏、广告主的承诺在客观情况变化的条件下难以兑现、广告主和广告制作人员对同一商品在理解上与消费者存在差异、广告宣传不全面、广告表达不恰当等。

对于不真实的广告，通过主观努力和科学管理是可以避免的。对于一些质量、性能较好的产品，如果宣传的过火，导致消费者的期望远远高于商品本身的质量，从而使消费者有受骗的感觉，对企业是非常不利的。因此，企业进行广告宣传一定要留有余地，给消费者一种喜出望外的感觉。这样，消费者就会非常满意了。

2. 加强法制建设，维护市场竞争秩序

市场竞争离不开广告宣传，但广告宣传必须合法地进行。保护合法的广告宣传，处罚和取缔非法的广告宣传是净化广告市场，维护市场竞争秩序的基本手段。《广告法》、《广告管理条例》及其《实施细则》，对广告活动主体的权利和义务都作了详细的规定，对它们的广告行为进行了明确的规范，对于保护合法的广告活动，促进广告业的健康发展具有重要意义。

广告管理在维护正常市场竞争秩序方面，一个重要的问题就是关于"比较广告"的处理问题。所谓比较广告，就是将自己的产品或服务与同一行业他人的产品或服务，以对比的方式予以广告宣传的行为。其目的是突出自己的商品或服务的特性，以影响目标消费者的消费决策或其他经济行为。比较广告使企业必须更科学地去分析自己所处的市场，更明确地树立自己的优势和长处；比较广告使消费者能获得更多商品信息，有更充分的比较和选择商品的余地；比较广告可以导致市场秩序重建，导致市场重新"洗牌"。

但比较广告也带来很多问题。其中最大难题是公平、公正，以及广告产生的误导问题。

西方发达国家对比较广告都有明确的规范。欧共体1997年通过的《欧共体关于误导性广告和比较广告的第84/450号条例》对比较广告的规范主要有：①广告不存在误导消费者的信息；②广告中所比较的商品或者服务有相同的需求或者用途，即比较广告中所提及的商品或者服务具有可比性；③广告是客观地比较商品或者服务中一个或者多个重要的、相关的、可验证的且具有典型性的方面，其中包括它们的价格。这些是认定比较广告是否合法的最重要的条件；④广告不存在贬低或者诽谤竞争者的商标、商号以及其他商业标识的情况，也不存在贬低或者诽谤竞争者的商品、服务、商业活动或者商业关系的情况等。

美国每年大约30%的广告是比较广告。我们在媒体上也经常看到可口可乐与百事可乐相互作的比较性，甚至攻击性的广告。泰诺在广告中说："有千百万人本不应当使用阿司匹林的。如果你容易反胃或者有溃疡，或者患有气喘、过敏或因缺乏铁质而贫血，在你使用阿司匹林前就有必要先向你的医生请教。因为阿司匹林能侵蚀血管壁，引发气喘或者过敏反应，并能导致隐藏性的胃肠出血。"正是运用了比较广告，泰诺一举击败了老牌的阿司匹林，成为首屈一指的名牌止痛和退烧药。美国联邦贸易委员会认为比较型广告既能鼓励竞争，又能给消费者提供更多的信息，因而《美国广告代理协会对制作对比广告的政策方针》中规定对比产品应是市场上存在的作为有效竞争的产品。但《联邦贸易委员会法》中也规定：任何不利于竞争者的产品表达必须与事实相符，备有凭据，违者属于虚假广告。

我国现行法律中没有关于比较广告的明确规定。只是在《反不正当竞争法》第14条中规定，"经营者不得捏造、散布虚伪事实，损害竞争对手的商业信誉、商品声誉"。《广告法》第12条规定，"广告不得贬低其他市场经营者的商品或者服务"。可见，按现行法律规定，在不捏造事实、不贬低竞争对手、不损害竞争对手声誉的情况下，比

较广告在我国是并不禁止的。只是在进行比较的时候，要把握好比较的"度"。

3. 提高广告活动主体的经济效益

不论是对于广告主、广告经营者，还是广告发布者，加强其自我管理、提高广告经营水平，都是提高经济效益的重要手段。对广告主来说，加强广告管理，可以使广告战略更适合企业营销战略和企业整体战略的需要，使广告预算更准确、合理，使广告代理公司的选择更适当；对广告公司而言，加强自我管理，是提高广告代理水平、树立公司形象、拓展业务的基本手段；对广告发布者而言，广告成为许多媒体的主要财务来源。加强自我管理，对于提高媒体的覆盖范围、树立媒体自身的形象、吸引更多的广告经营者发布广告具有重要意义。

4. 正确引导消费者，维护消费者的合法权益

当代，消费者处于广告的包围之中，广告充斥于人们日常社会生活的方方面面。广告一方面不断地向消费者提供有关生活的信息，成为消费者购买决策的主要信息来源。因此，加强广告管理，维护广告信息的真实性，成为维护消费者合法权益的主要手段；另一方面，广告作为一种重要的文化现象，作为社会意识形态的反映，也严重影响着消费者的价值观念、生活态度和生活方式。因此，正确地引导消费者，使消费者树立正确的价值观念和生活态度，形成健康向上的生活方式，也是广告管理的重要作用之一。

为了充分发挥这一作用，广告管理必须做好以下工作：（1）坚决清除和取缔带有反动、淫秽、迷信等内容的广告；（2）广告应维护民族尊严，弘扬民族精神，树立民族自尊心和自信心，反对崇洋媚外；（3）广告应积极吸取传统文化的精华，适应建立和谐社会和节约型社会的需要，倡导和谐观念、进取观念和节约观念；（4）广告业的发展要与我国的经济发展水平相适应，广告传播的消费观念要与我国的经济实力和资源状况相适应。对于盲目鼓励超前消费和奢侈消费的广告应加以限制；（5）广告不能影响人们正常的工作、生活、学习和娱乐，不能造成环境污染；（6）广告不能违反保密规定。

5. 促进广告业的健康发展

广告业是高度知识密集、人才密集、技术密集的新兴产业，已成为国民经济中占据重要地位的"无烟工业"。据2015年6月16日的《北京商报》报道，到2014年，我国广告经营总额已超过5600亿元，广告经营单位达54万余户，从业人员270多万，广告市场的规模已连续3年位居世界第二位。根据Domarketing发布的报告显示：2014年全球广告收入达到5216亿美元，增幅达6.5%。广告发展与经济发展也存在着相互促进的关系：经济的发展导致广告业的产生和不断发展，而广告的快速发展也成为经济发展的巨大推动力。因此，用规范化、法制化的手段加强广告管理，促进广告行业积极健康因素的生长，抑制各种消极现象和不利因素，推动广告业沿着健康的轨道运行就显得举足轻重了。只有这样，才能更好地发挥广告对经济发展巨大的推进作用。

6. 美化环境

现代城市，广告几乎无处不在。广告是现代城市的脸。如果管理得好，城市里的广告就是一道美丽的风景线；如果管理得不好，就会出现诸如户外广告布局凌乱、广告招牌摇摇欲坠、江湖骗子的"牛皮癣"广告充斥于公共汽车的候车亭、妇女卫生用品广告挂上了人民英雄纪念碑等这些我们并不鲜见的现象。这些现象不仅大煞风景，有的甚至成为城市的"毒瘤"（如"牛皮癣"等）。因此，美化市容，加强广告管理是不可缺少的一环。

阅读资料

2013 年全国共查处广告违法案件 4.4 万件

2013 年，全国各地区查处广告违法案件总量为 44103 件，与 2012 年基本持平。这些案件中，虚假广告为 12885 件，非法经营的广告为 7795 件，占据了案件的近一半。在治理违法广告的过程中，国家工商行政管理总局共责令停止发布广告 15295 件、停业整顿 124 户、吊销证照 61 户，甚至有 7 个案件中的 22 人在 2013 年被移送司法机关。

资料来源：http：//www. legaldaily. com. cn/index/content/2014 - 05/05/content_ 5498283. htm？ node = 20908

第二节 广告的微观管理

广告微观管理是广告行业内部各主体对广告活动的各方面所进行的自我管理，主要包括广告主的自我管理、广告公司的自我管理和广告媒体的自我管理三个方面。

一、广告主的自我管理

在广告活动中，广告主具有多重身份，既是广告活动的发起者、投资者，又是广告信息的发出者，广告效果的受益者、法律责任的承担者。在市场经济中，工商企业是最主要的广告主。因此，我们所谓的广告主的自我管理，主要是工商企业对其广告活动的管理。

广告作为企业最重要的促销手段，其管理是企业经营管理的一部分。广告活动要服从企业的经营战略，为实现经营战略服务；广告要接受企业营销部门的统一管理。

广告主进行广告宣传的目的主要有两方面：一是促进产品的销售；二是树立企业的良好形象。要实现这两个目的，企业在广告领域必须做好以下主要的管理工作。

1. 严格遵守广告规制

广告主在广告活动中，必须严格遵守《中华人民共和国广告法》、《广告管理条例》、《反不正当竞争法》等各种与广告主参与广告活动有关的法律、规章和有关政策；

2. 制定科学的广告战略

广告作为企业的主要促销手段，被企业寄予了较多的期望。但企业必须正确认识广告在企业中的地位，广告管理在企业经营管理中的地位，对广告的作用给予合理的评估。其一，广告作为一种促销手段，其作用的发挥依赖于企业的产品质量和服务水平。没有符合消费者期望的产品和服务，单纯依赖广告轰炸，是不能取得根本性成功的；其二，在广告与企业战略的关系上，广告为促销服务，促销为营销战略服务，营销战略又是实现企业战略目标的重要手段。因此，广告战略必须服从于和服务于整个企业战略；其三，广告管理的科学化依赖于企业经营管理的科学化，广告管理的科学化也促进企业经营管理的科学化。

企业只有在对广告及广告管理在企业中的地位和作用进行合理的估计和认识的基础上，根据对企业及其产品、消费者的需求特点、竞争态势及其他广告环境的科学分析，才能制订出科学、合理的广告战略规划。而合理的广告战略规划正是企业广告活动的科学指南。

3. 根据自身实力确定广告预算

广告预算是否合理对企业是一个至关重要的问题。预算太少，广告目标不能实现；预算太多，又造成浪费，有时甚至决定企业的命运。中央电视台曾经的"标王"，如秦池、爱多的命运对此作了很好的注解。因此，企业要在对自身产品的生命周期、产品的市场占有率的高低、市场竞争的激烈程度、产品的差异性的大小等因素进行仔细分析、准确把握的基础上，运用科学的方法确定企业合理的广告预算规模。

4. 有效防范广告风险

由于市场环境和社会环境的复杂多变，广告也存在诸多风险。防范广告风险就成为广告主的广告管理的重要目标。广告风险主要体现在以下几个方面：

（1）社会风险。最大的广告风险是社会风险，即广告违背社会价值观念、风俗习惯和消费心理，使消费者和社会对广告内容和企业产生消极态度和情感。如近年出现的一些雷人广告，因其与社会的价值观念、消费心理产生冲突，引起了公众的抵触，造成了巨大的社会风险。

阅读资料

雷人的房地产广告

1. 你可以不买房，除非你摆平丈母娘——杭州某楼盘广告
2. 买房子送战斗机——上海莘庄某别墅广告
3. 买房送老婆——广东佛山某楼盘广告
4. 买房送墓地，一生置业一步到位——贵阳某楼盘广告
5. 想艳遇吗？——南京某小区广告
6. 女人无房等于白忙——无锡某楼盘广告
7. 80后供小三——成都某楼盘广告
8. 价格不能承受，还谈什么生活享受——南京某楼盘广告

（2）信誉风险。信誉风险就是广告的承诺与产品和服务的实际情况不符所产生的风险。这种广告往往误导消费者，给消费者造成损失。这种误导有三种类型：①内容真实的误导。包括语义误导，如声称"买一送一"，但是送的却是别的价值非常低的商品；表达不充分的误导，如标明"本店商品打5折"，实际仅仅在周日才打5折；科学知识的误导，如某商品标明含有"强身因子"，"强身因子"不是一个科学概念，这给不具备这方面知识的消费者构成了知识上的误导；②内容虚假的误导。这种广告实际就构成了虚假广告；③以未定论的事实做引人误解的宣传，如学术界对钙吸收问题尚无定论，若某产品宣称自己的钙产品比碳酸钙等传统钙吸收效果好，则是误导。

（3）经济风险。如果广告的定位不准确，广告内容和广告表现缺少新意，媒体选择不准确，广告代言人出现违背道德甚至触犯法律的事件等，导致广告的预期目的不能达到，就形成经济风险。所以，中国的企业界就有了"不做广告是等死，做广告是

找死"的慨叹。西方也很早就有了"我知道我的广告费有一半被浪费掉了，但我不知道浪费的是哪一半"的名句。

防范广告风险，关键是要使企业的广告活动建立在合理、合法的基础上，增强广告的科学性和规范性。

二、广告经营者的自我管理

在市场经济中，广告经营者是连接广告主与广告接受者的桥梁和纽带。广告经营者担负着向广大消费者宣传、介绍商品和劳务，刺激消费者购买的作用。这体现了广告经营者的社会责任；另外，广告经营者作用和职能的发挥，也有赖于其内部的管理。广告公司的自我管理主要包括业务管理、人力资源管理、财务管理、行政管理等方面。

（一）广告公司的业务管理

广告业务是广告公司的支柱，有效地进行广告公司业务管理，是广告公司赖以存在的基础。在广告公司业务管理上，既要明确分工协作、各司其职，又要求相互协调、密切合作。

广告公司的业务运作一般要经过五个环节：接受客户委托、进行广告调研、进行广告创意、广告表现、业务沟通和广告投放。在广告公司的整个业务流程中，广告公司的各业务部门首先要做好各部门的自我管理。例如，客户部要做好对客户的接待工作，包括业务的洽谈、承接、合同的签订等；市调部要做好与广告创作有关的各项调查工作，保证调查结论的客观、正确、全面，为广告创作提供充分的依据等。广告公司其次要做好各业务部门的协调管理。广告公司的业务需要各职能部门紧密配合才行。

广告公司业务管理的重要内容之一是审查广告主的广告资料的真实性，以防止虚假广告的出现。保证广告的真实性是广告公司的社会责任，这是对广告主负责，对消费者负责，也是对广告公司本身负责。广告的真实性要求：（1）广告宣传必须实事求是，对广告宣传的卖点不夸大，更不能无中生有；（2）坚持艺术性与真实性的统一，不能因为追求艺术性而损害真实性；（3）广告中的承诺必须保证兑现；（4）有关商品知识的宣传必须是科学的、正确的；（5）不能利用消费者的不健康心理来达到促销商品的目的。

在业务管理中，要重视合同的签订与执行，以协调广告公司与广告主、广告媒体的关系，树立广告公司的"重合同、守信誉"的形象。

随着广告竞争的不断加剧，不断拓展广告公司的业务成为广告公司面临的一个重大问题。一般来说，广告公司可以通过以下三条途径拓展其业务：

（1）从现有客户中拓展业务。这是通过市场渗透拓展业务的方法。对广告公司来说，每一个现有的客户都代表着新的业务机会。随着广告客户业务的发展，客户经常会产生新的广告要求。广告公司要善于发现广告客户的潜在需求，并主动给客户提供开拓业务的创意，拓展现有业务。

（2）通过吸引新的客户拓展业务。这是通过市场开发拓展业务的方法。对广告公司来说，积极拓展新的客户来使业务得到发展是一条重要的途径。广告公司要注意收集潜在客户的信息，在对潜在客户的行业、业务量、与其他广告公司合作的历史等资料进行充分研究的基础上，确定潜在客户。在确定潜在客户的基础上，把自己的实力展示给潜在客户。广告公司是靠实力和服务赢得客户的。将公司以前的比较成功的广告作品展示给客户，将公司与其他客户成功合作的典型案例提供给客户，是展示自身实力和服务水平的重要手段。

（3）通过兼并和收购拓展新业务。兼并和收购是广告公司拓展业务的重要方式。兼并和收购可以给广告公司带来以下好处：①通过兼并和收购使广告公司向多元化方向发展，从而为客户提供全面的整体营销服务；②通过地域上的拓展，为广告公司带来更大的空间范围；③为公司提供更多的人力资源；④通过兼并和收购增加利润，改善公司的财务状况。

兼并和收购尽管对广告公司具有诸多好处，但对兼并后的公司的整合和管理也是广告公司面临的一大挑战。如果不能很好地整合被兼并公司的理念和管理方式，使兼并者和被兼并者在文化上融为一体，兼并和收购对广告公司而言就可能不是馅饼而是陷阱了。在跨文化收购和兼并中更是如此。

阅读资料

蓝色光标通过并购实现转型

并购是广告领域的大趋势。作为亚洲最大的公关广告公司，蓝色光标启动了大规模的业务拓展战略。自上市后，蓝色光标先后并购了思恩客、精准阳光、今久广告等公司。

2013年4月12日，蓝色光标以16.02亿元价格收购西藏东方博杰广告有限公司89%的股权。这是蓝色光标目前规模最大的并购案。这次大规模并购拉开了国内大型广告公司并购的大幕，象征着蓝色光标向综合性传媒集团迈出坚实的一步。

博杰广告的业务以电视媒体广告承包代理为核心，同时还经营影院数码海报业务。

资产并购后，蓝色光标以博杰广告为桥梁，介入央视广告代理业务，公司将增加电视媒体广告和影院数码海报广告等领域的服务，从而从专业的公关公司转型升级为综合性的传媒营销集团，构建起相对完善的以公共关系、广告服务为主，囊括了品牌传播、产品推广、媒体关系、危机管理及数字媒体营销等业务领域的全方位传播产业链。

业内人士称，蓝色广告并购博杰广告是公司发展战略中数字广告布局的一部分。并购重组后，蓝色光标与博杰广告双方实现资源互补，蓝色光标在电视广告及数字媒体领域的服务将进一步加强。

资料来源：依据吴婷：《广告并购案的转型意味》编写，http：//www.chinaadren.com/html/file/2013－5－30/2013530105239.html

---

广告公司开发广告业务主要采取比稿会和提案会等方式进行。

比稿会就是广告主邀请若干广告公司各自提供广告方案，广告主从中选择方案最佳的广告公司作为广告代理公司。比稿会能使广告主较好地了解广告公司的专业技术水平，对中小广告公司也提供了平等的竞争机会。但比稿会只能反映广告公司的专业技术水平，不能反映广告公司的管理水平和信誉水平。

提案会是广告公司主动向广告主阐述本公司的广告方案，以争取广告客户的活动。广告提案是广告公司向广告主有关广告活动企划、创意构想、调查结果等的报告。也就是把创意策划准确生动地向客户提交与说明，以求赢得客户的赞赏与支持。其着眼点在于确定整个广告活动的目标及原则等纲领，为广告创意明确方向，并给整个广告活动定向基调。

（二）广告公司的财务管理

广告公司的财务管理主要是对公司经营活动中产生的各种资金的形成、分配和使用进行的计划、分配、监督和核算。主要包括制定和监督广告预算，收取广告代理费，缴纳各种广告税费，核发员工工资，核算企业盈亏，对广告活动和行政性开支进行控制。

广告预算是广告活动各阶段的费用开支计划。广告预算是广告公司从事广告代理的财务执行依据。广告公司应坚持量入为出的原则，严格预算约束，加强广告预算的执行管理。广告预算的突破，责任往往由广告公司承担，这会给广告公司造成财务损失。

广告公司财务管理的一个重要内容就是运作成本和目标利润的管理。财务管理的目的就是实现最大限度的利润。实现利润目标，必须建立在对成本的严格管理和有效控制上。广告公司的成本包括对外支付的成本和对内支付的成本两方面。对外支付的成本一般都列入广告预算。因此，广告预算的严格执行是控制对外成本的关键；控制广告公司的内部成本，一要加强公司工资总额的核算，确保工资总额的增加建立在公司利润增长的基础上；二要严格控制各项行政管理费用的开支；三要加强各种设备的管理和使用。这都需要健全广告公司的财务管理制度和财务检查制度。

广告公司为客户代理广告活动，要收取合理的广告费用或佣金。广告公司在代理广告业务时采用什么样的收费方式，是和客户谈判的重点问题。因此，确定合理的收费方式，并保证代理费的按时收取，是广告公司财务管理的重要内容。

一般来说，广告代理的收费项目主要包括以下几项：

（1）媒介代理费。这是广告代理主要的收入来源，约占整个广告代理收入的四分之三；

（2）其他服务费。主要是广告公司为广告客户提供市场调查、广告策划、广告创意、广告设计制作等代理服务所收取的费用；

（3）特别服务费。指广告公司为广告客户提供广告代理服务之外的其他服务项目（如公共关系、销售促进等）代理所收取的费用。

大体上，广告公司的计费方式主要有以下几种：

（1）佣金制。佣金制是广告代理中最早形成和确立的收费方式。佣金制分为两种形式：一是固定佣金制；二是协商佣金制。固定佣金制是广告公司按照广告代理总费用的固定比例收取佣金的形式。最初的标准为10%，1917年在美国确定为15%，后来逐步推广，成为国际通行的一种收费制度。我国目前媒介代理的收费实行的是10%的代理佣金制。对创意制作费，则采取成本加成的方式，通常为17.65%或15%。协商佣金制是针对一些媒介支出较高的广告业务，由广告主和广告公司经过协商，确定一个小于15%的佣金比率。按照协定的比率，广告公司将从媒介得到的佣金超出15%的部分退回给广告主。这种计费方式对广告主比较有利。

（2）实费制。实费制诞生于20世纪60年代，由奥美广告公司的总裁大卫·奥格威率先实行。所谓实费制，就是按照实际的成本支出和劳务支出来支付整个广告代理费的形式。按照实费制，广告公司在整个广告代理活动中，一切对外支付的成本和费用，如媒介费、制作费、旅差费等，都需按照实际付款凭证向广告主结算。而广告公司为此付出的一切劳务，则按实际工时和预先确定的工时单价向广告主收取酬金。这一方面要求广告公司的一切成本和费用支出都必须有相应的财务凭证；另一方面也要求参与广告业务的相关人员必须每天记录在各项业务上花费的时间。

（3）效益分配制。这是广告公司参与广告主的利润分成的一种形式。这种形式将广告代理的利益与销售的效果结合在一起，要求广告公司承担代理的风险。如果广告公司代理的广告不能产生预期的销售效果，广告公司就不能取得相应的利润。这种形式在实践上不易操作。其一，广告对销售的促进，并不像销售促进那样立竿见影，需要相当长的时间才能体现出来；其二，销售的增加并不仅是广告的作用，而是企业营销组合策略及多种促销策略综合作用的结果；其三，对于品牌形象广告，对于销售的促进更要经过漫长的时间才能显现出来。

（4）议定收费制。就是根据具体的广告活动个案，对广告代理的成本作预先的估计。在对广告费用预先估计的基础上，广告公司和广告客户共同议定一个包括代理酬金在内的总金额。在广告代理过程中，广告公司就在这个总金额内开支，或盈利或亏损都由自己负责。据调查，我国广告公司目前采取的收费方式主要是"代理费"、"项目服务费"和"月费/年费"。

（三）广告公司的人力资源管理

广告业是一个人才密集的行业，是一个靠智力打天下的产业。没有一批有敏锐洞察力和市场驾驭能力的人才，就不可能有广告的大发展。广告公司最主要的资本是人才。人才对于广告公司来说，是市场竞争中决定性的筹码。一个能够留住人才的公司，往往也就留住了客户。从这个意义上说，人才是广告公司实力的标志，是广告公司最宝贵的财富。广告公司之间的竞争力说到底是人才的竞争力。因此，拓展广告公司的业务，关键要做好广告公司的人力资源管理，建立一支优秀的团队。

广告公司的人力资源管理主要包括人员的聘用、培训、考核、激励等方面。

1. 人员的聘用

西方有一句名言：不做总统，就做广告人。但要成为一名出色的广告人却也并非易事，因为广告业是一个充满智慧、充满挑战的行业。例如，日本电通广告公司认为，优秀的广告人是具有最出色的"人的综合力"的人才。他们拥有智力、体力、精神力、丰富的感性，或者说是敏锐的洞察力和准确的判断力、坚持到底的实施力、发挥团队的力量、扭转局面的能力等。电通总经理成田丰先生说："对于新进入电通的员工，这几年我在入公司的典礼上都会赠送给他们一句话，以使他们能够成为专家。这就是英文字母'S''P''E''A''K'。'S'是诚实

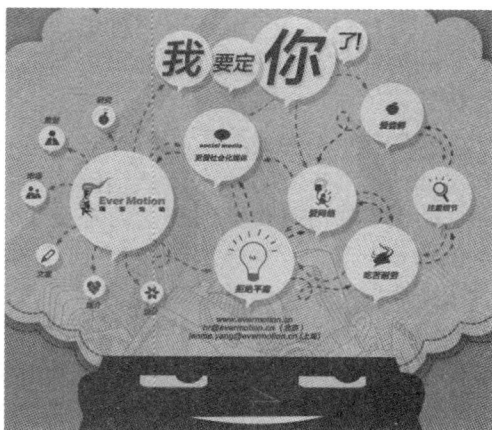

图 11-1 某广告公司的招聘广告

和真挚，这是做人的根本；'P'是热情，对工作的热情、责任心和对广告的无限热爱；'E'是经验，体验和实践的积累非常重要；'A'是完成工作的能力，就是要出成果；'K'是知识。作为一个广告人，每天都要吸收新的知识，不能失去好奇心和对知识的渴望。"在电通，对员工的基本要求概括起来就是2个C和2个P。2个C是指Communication（沟通能力）和Creative（创造力）；2个P指Planning（策划能力）和Produce

（统筹能力）。创造力不是指简单的创意，而是指革命性的创新能力；策划能力指把事情非常有步骤地安排好的构思能力。要不满足现状，不断创新，去迎接挑战。

为了能够找到优秀的广告人才，广告公司越来越多地通过富有创意的招聘广告来赢得广告人才的青睐。见图 11-1。

2. 人员的培训

优秀的广告人才离不开培训。广告公司要建立专门化的制度，让有经验的人对资历较浅的人进行传、帮、带。同时，公司应提供员工再教育的机会。

在培训形式上，主要有集中培训、专业培训和岗位培训等形式。集中培训是让员工进行集中训练，以使员工得到关于广告及公司的全面的知识；专业培训是各职能部门围绕本身的业务所进行的培训，一般由部门负责人进行督导；岗位培训是不占用公司的工作时间，而是利用工作间隙对员工进行培训，如播放一些影视广告作品，以提高员工的广告欣赏水平等。

在培训内容上，广告公司越来越重视战略思维、领导能力、解决问题的能力、决策能力、技术能力、团队合作能力、知识管理能力的培训，而不仅是简单技能上的操练。因为上述能力的形成将更直接地决定员工的价值。正如《第五项修炼》所说，今天最成功的企业将会是"学习型组织"。培训的主要价值不仅是提高员工的素质，而是形成凝聚公司的组织愿景与理念。

现在，越来越多的广告公司将人才培训发展战略提上了日程，积极制定与公司目标相符的人力资源管理系统及员工培训措施，以求打造学习型组织、完善动态知识体系、提高公司的人才竞争力。

3. 人员的评估

广告公司的人员的业绩能否被公平合理地评价，是决定广告公司竞争力的关键因素。因为它决定了广告人员的积极性甚至去留问题。评价的基础是广告人员要明确自己在公司中所承担的职责。

人员评估的基础是公司制定合理的评判标准，使每个员工都明白自身的职责和权利。从评估的内容讲，人员评估的方法包括品质主导型、行为主导型和效果主导型三类。品质主导型评估方法衡量的是员工的个人特性，如决策能力、工作的创造性、协作精神等。这种评价方法的最大优点是关注员工的素质状况，有利于长期绩效的评估。但这种评估仅以员工的特征为基础，而对其工作行为及工作结果重视不够，因此，有效性较差；行为主导型评估方法以评估员工的工作行为为主，主要着眼于员工的工作过程及工作方式，对工作结果的重视不够是其主要不足；效果主导型评估方法以评估工作效果为注重，主要着眼于作出了什么成果，重点在于产出和贡献，而不关心行为和过程。这种方法容易发挥员工的主动性和创造性，但具有短期性和表现性的缺点。由于上述三种方法存在各自的优越性和缺陷，因此在评估中要把上述方法结合起来，全面考虑，综合运用。

4. 人员的激励

调动员工积极性的重要方法，是建立以合理的薪酬制度为基础的激励体系。合理的薪酬是员工个人价值的经济体现。广告公司的薪酬给付方式有底薪和奖金两部分。底薪是员工的固定工资，它给员工提供最基本的保障，给员工职业上的安全感。但底薪如果在员工的总报酬中占的比重偏大，就会导致员工工作上的不求上进。因此，奖金成为一种重要的调节方式。对于广告业务人员而言，调动积极性比较有效的方法是提成。

对广告人员的激励，总体上有物质性激励、精神性激励和竞争性激励等方法。物质性激励主要产生于人们对物质、金钱等的占有欲。对广告人员而言，金钱不仅是其生活的保障，更重要的是，金钱的多少是衡量广告人员价值大小的重要标志。因此，金钱是一种最重要的物质激励手段。除了金钱外，其他诸如实物奖励、旅游等都是重要的物质激励手段。

精神性激励主要产生于广告人员追求精神上、心理上和事业上满足的一种内在动力，如受到尊重、工作上的成就感、荣誉等；

竞争性激励主要产生于外界强大竞争的压力，管理者要在公司中营造一种危机意识和文化，使员工感受到竞争的威胁，从而激发员工的创造性。

目前，在人力资源管理方面，人员流动性大、归属感差成为我国广告业长期以来面临的一大问题。据《2010年中国广告公司生态调查专项研究报告》，到2010年，我国广告公司管理层员工和基层员工的留任时间均值分别只有3.9年和2.3年。因此，如何创造优良的工作环境，塑造公司文化凝聚力，加强激励政策等措施稳定员工队伍，以打造人力资源优势，成为我国广告公司人力资源管理方面面临的迫切问题。

三、广告媒介的经营和管理

广告媒介的经营管理是指各媒体组织在广告传播活动中，为提高经济效益和社会效益所进行的经营管理活动。媒体的经营管理主要集中于两个方面：一方面，提高媒体的影响力以获得更多的广告投放份额；另一方面，保证广告传播的真实性和合法性以树立良好的媒体形象。

（一）提升媒体的影响力

在媒体营销已进入影响力营销的时代，提升媒体的影响力和竞争力以获得更多的广告投放是媒介经营管理的首要目的，特别是在广告已成为众多媒体生存和发展的基础之后更是如此。

1. 进行准确的媒介定位

在媒介种类如雨后春笋般涌现、受众越来越被细分化的今天，媒介经营和其他产品经营一样，必须实行目标市场营销。在对受众进行准确细分的基础上，找准自己的目标受众，并根据目标受众的需求特点打造自身的独特优势是媒介经营的关键所在。例如，《广州日报》，成功地将机关报与晚报、都市报的功能对接，形成一家"信息超市"，结合每天的社会生活为市民提供全方位、大容量、多品种和多类型的新闻和实用信息，不仅使所有的读者在党报上都能找到自己所需要的信息，而且使每一位读者都能够做到一报在手就可以基本得到当天所需的全部信息，从而使市场地位不断提升。据央视市场研究（CTR）的读者调查数据显示，《广州日报》2014年平均每期读者规模高达629万，居全国报纸第一位；世界品牌实验室发布的"2014年中国500最具价值品牌"排行榜中，《广州日报》的品牌价值超越《参考消息》，并首次达到185.26亿元，紧随CCTV、凤凰卫视、《人民日报》和湖南广电，在中国媒体的整体排名中位居第五，并稳居中国报业品牌第二位；2014 年，《广州日报》连续第七年蝉联由中广协报刊分会及清华大学等权威机构联合评选的"中国最具广告投放价值"、最受读者关注的"都市报 30 强"榜首。可见，准确的定位才能取得较高的市场地位。

2. 打造富有吸引力的内容

对于媒介而言，内容始终是决定性的。内容决定吸引力，吸引力决定影响力。针对目标市场的特点，提供目标受众感兴趣的话题、关注目标受众关心的问题是媒体经营的核心。媒体的内容建设，必须从以下几方面入手：（1）建设一支具有较高的新闻敏感性和新闻挖掘能力、策划能力和实施能力的队伍；（2）紧贴百姓生活，强化人文精神，注重人文关怀；（3）追求独家策划，依靠新颖、独特的新闻视角提高内容的可读性和吸引力；（4）培育名牌栏目，提高受众的忠诚度。例如，河北卫视的《中华好诗词》，浙江卫视的《中国好声音》、《中国梦想秀》，安徽卫视的《超级演说家》等栏目，都赢得了众多的忠实观众，提高了收视率和影响力。

3. 进行品牌经营

在市场营销日益走向品牌营销的时代，媒体的品牌化趋势也日益显现。品牌经营的主要价值在于形成目标受众对自身价值的认同、口碑传播和客户忠诚。例如，湖南电广传媒集团近年来咬定打造"名牌栏目"不放松，打造出了《快乐大本营》、《爸爸去哪儿》等在国内外甚有影响的栏目，从而形成了一个特有的"湖南电视现象"，"电视湘军"成了电视界一个新名词。另外，不少媒体也提出了独特的品牌观念和品牌口号，如《广州日报》的"追求最出色的新闻"、《南方都市报》的"办中国最好的报纸"、《南方日报》的"高度决定影响力"、《南方周末》的"让无力者有力，让悲观者前行"等，这些对于提升其影响力都发挥了非常重要的作用。媒体的品牌建设是一个长期、复杂的过程，在日常经营过程中必须强化市场营销理念，以稳定和扩大自己的受众群为出发点和归宿，首先从塑造自己的内容品牌优势着手，进而提升媒体的整体影响力、知名度、美誉度和读者的忠诚度，最终使媒体走上良性发展的轨道。

4. 创造独特的传播模式

独特的传播模式是提升媒体影响力的重要手段。在分众化时代，传播的影响力越来越依赖于传播模式的创新。传播模式影响并决定着媒体的发行区域、内容，甚至目标人群，决定着媒体的市场价值，传播模式是影响并决定媒体经营的重要法则。中央电视台在广告界无与伦比的地位，主要就得益于其以 CCTV1 为主体，以其他各专业频道为补充所形成的最大化占据全国人口的传播模式；《南方都市报》的快速发展，也主要得益于其立足于广州市场，在与《广州日报》差异化定位的基础上，形成了与《广州日报》互补性的传播风格。

5. 整合媒体资源以强化实力

分众化时代导致媒体日益细分化。这一趋势不仅表现在不同的媒体之间，也表现在媒体内部。就连以大众化为主要特色的《读者》也推出了乡村版，进行差异化经营。这对媒体带来的一个重要挑战就是媒体资源的分散化。因此，媒体需要适应市场分众化的趋势，进行以专业化为特点的媒体资源整合，形成具有强大实力和传播力、公信力、影响力的新型媒体集团。例如，已确立在华南地区主流政经媒体地位的南方报业传媒集团，通过成功构筑起报纸、期刊和出版社、网络三大平台，以"品牌媒体创新力量"为轴，以平面媒体、网络媒体、移动媒体、图书出版、文化会展、文化实业和社会公益活动为"七大舰队"，其品牌形象和市场影响力都不断提升。

（二）提升媒体的公信力

在西方，公信力（Credibility）一直是大众传播研究中一个非常重要的组成部分。测量媒体公信力的标准是多方面的，下述的五个指标是基本标准，即①信息真实程度；②媒体受商业利益驱动的程度；③是否冒犯了公众的隐私？④为了社会利益，它究竟关注什么？⑤它是否值得信赖。上述指标表明媒体公信力的核心是维护公众利益。

如果说提升媒体影响力的目的在于提高媒体广告投放的市场份额，为媒体的生存和发展奠定坚实的经济基础的话，那么提高媒体的公信力的目的就在于：践行媒体的社会责任，维护受众的合法权益，树立媒体和企业良好的社会形象。

从广告的角度来说，提升媒体公信力的关键在于保证媒体投放的广告的真实性和合法性。因此，媒体必须严格遵守广告道德和广告法规，对广告公司投放的广告作品内容的合法性、真实性进行全面的审查。对证明不合法、证明不全或内容不健康、不真实的广告作品拒绝刊播，以保护消费者的合法权益，净化社会的消费环境。

第三节　广告的宏观管理

广告宏观管理是指工商行政管理部门依据广告法规对广告活动进行监督、检查、控制和指导。广告管理是国家管理经济的行为之一，是通过广告管理机关的行政行为来实现的。在我国，县级以上的工商行政管理机关是广告宏观管理的主体。除此以外，广告的行业自律和社会监督也是广告宏观管理体系的重要组成部分。

一、广告宏观管理的方法

广告宏观管理的方法很多，总体而言，主要有以下几种：

（一）法律方法

法律方法，是通过制定广告方面的有关法律、法规，按照严格的司法程序对广告市场进行的监督和管理。这是各国对广告进行管理采取的主要方法，也是保护合法经营、保护消费者合法权益、维护国家和社会公共利益、维护广告经营的正常秩序、推动广告业健康发展的有力保证。

广告管理法规是广告管理的基本依据，也是广告主、广告经营者和广告媒介必须遵守的行为规范。广告管理法律体系由基本法、主要法规、相关法律、地方性法规、行业规章、政策性文件几个部分组成。在我国，1994 年 10 月 27 日第八届全国人大第十次会议通过，并于 2015 年 4 月 24 日第十二届全国人大第十四次会议修订的《中华人民共和国广告法》是调整广告法律关系的最基本的法规；《广告管理条例》及《广告管理条例实施细则》是广告管理的主要法规，《民法》、《刑法》、《合同法》等与广告管理有关的条款是广告管理的相关法律，各省市关于广告管理的有关规定是广告管理的地方性法规，国家颁布的《酒类广告管理办法》、《医疗广告管理办法》等是广告管理的行业规章，国家工商行政管理局于 1993 年颁布的《关于加快广告业发展的规划纲要》等文件是广告管理的政策性文件。这一系列法律、法规及政策构成了我国广告管理的法律体系。广告管理的法律方法具有权威性、规范性和概括性的特点，对于现代广告管理来说，法律方法是一种科学有效的管理方法。

阅读资料

新《广告法》的十大亮点

2015 年修订的新《广告法》将于 9 月 1 日起施行，其修改的十大亮点分别是：

1. 充实和细化广告内容准则。修订完善或新增保健食品、药品、医疗、医疗器械、教育培训、招商投资、房地产、农作物种子等广告的准则。

2. 明确虚假广告的定义和典型形态。新《广告法》坚持问题导向，立足解决我国广告监管存在的主要问题，着重解决广大人民群众关注的虚假违法广告治理问题，明确规定广告内容虚假及内容引人误解均属于虚假广告，同时列明构成虚假广告的具体情形，加大对虚假违法广告的惩治力度。

3. 新增广告代言人的法律义务和责任的规定。明确规定广告代言人不得为虚假广告代言，不得为未使用过的商品服务代言。

4. 严控烟草广告发布。禁止烟草广告有利于遏制烟草消费，维护人民身体健康，根据我国履行《烟草控制框架公约》的需要，此次修法进一步规定禁止在大众传播媒介或者公共场所、公共交通工具、户外发布，同时明确禁止利用其他商品广告变相发布烟草广告。

5. 新增关于未成年人广告管理的规定。新《广告法》中新增规定，如不得利用十周岁以下未成年人作为广告代言人；不得在中小学校、幼儿园内开展广告活动，不得利用中小学生和幼儿的教材、教辅材料等发布或者变相发布广告；在针对未成年人的大众传播媒介上不得发布医疗、药品、保健食品、医疗器械、化妆品、酒类、美容广告，以及不利于未成年人身心健康的网络游戏广告。

6. 新增关于互联网广告的规定。为了规范互联网广告的发布行为，保护消费者合法权益，新法明确规定互联网广告活动也必须遵守广告法的各项规定。针对广告扰民问题，新法规定未经当事人同意或请求，不得向其住宅，交通工具发送广告，也不得以电子信息方式发送广告。弹出广告应当确保一键关闭。互联网信息服务提供者对利用其平台发布违法广告的，应当予以制止。

7. 强化了对大众传播媒介广告发布行为的监管力度。广播、电视、报刊等大众传播媒介是广告发布的重要渠道，新法对其广告发布活动进一步加强了管理，如新增规定电台、电视台发布广告应当遵守有关时长、方式的规定。大众传播媒介不得以介绍健康、养生知识等形式变相发布医药类广告。广播、电视、报刊发布违法广告的，该媒体的主管人员与直接责任人员将受到处分。

8. 增加公益广告，扩大广告法调整范围。原《广告法》仅规范商业广告没有涉及公益广告。但在现阶段，与商业广告相比，我国公益广告的管理、激励措施不健全、公益广告的选题质量、制作水平不高，广告主与广告媒体发布公益广告的意识有待提升，这些突出问题制约了公益广告的进一步发展。为此，新《广告法》增加规定国家鼓励、支持开展公益广告宣传活动，大众传播媒介有义务发布公益广告。

9. 明确工商机关等有关部门的职权。明确和强化工商机关及有关部门对广告市场监管的职责职权，明确以工商机关为主、各部门分工配合的管理体制，提高行政执法效能。

10. 提高法律责任的震慑力。按照过罚相当原则，新法区分违法行为的社会危害程度和具体情节，对严重的广告违法行为，如发布虚假广告、利用广告推销禁止生产销售的商品或者提供的服务等，设定了较重的法律责任。增加了行政处罚种类，加大打击力度，包括增加了资格罚，对情节严重的广告违法行为增加吊销营业执照、吊销广告发布登记证件的处罚；增加了信用惩戒，规定有关违法行为信息要记入信用档案。

资料来源：http：//mt.sohu.com/20150514/n413027621.shtml

（二）行政方法

行政方法，是国家行政机关运用行政手段对广告活动和广告经营者施加影响，进行管理的方法。主要手段包括发布命令和指示、颁布规定、制定政策等，具有权威性和强制性的特点。运用行政手段对广告市场进行管理是保证广告业健康发展的重要手段。但在市场经济中，为了更好地发挥市场机制的调节作用，行政管理干预的范围应该越来越小。

（三）经济方法

经济方法是政府通过税收及其他经济手段对企业或广告经营单位的广告活动进行的调节与约束，以保证其适应经济发展的需要。运用经济方法管理广告，要求广告管理机构寻找、完善能协调与兼顾各方经济利益的措施和对策，力求使广告市场管而不死，活而不乱，并然有序。

（四）行业自律方法

行业自律方法，是指广告业的各层次、各系统制定的公约、守则及各种规章进行自我约束、自我管理，以确保设计制作、发布刊播的广告的合法性、真实性的一种方法。广告行业自律的主体是作为广告行业组织成员的广告公司、媒体广告部门和企业广告部门，广告行业自律的依据是广告行业组织自定的章程、规定和广告行业共同订立的公约、准则等，广告行业自律的监督执行机构是广告行业组织——广告协会。

总的来说，广告行业自律由广告行业自律组织和广告行业自律规则两方面组成。广告行业自律主要通过建立、实施广告行业规范来实施，行业规范的贯彻落实主要依靠行业自律组织进行，主要包括广告主自律、广告经营者自律和广告发布者自律三个方面。世界上最早的国际性的广告行业自律规则是20世纪60年代由国际广告协会发表的《广告自律白皮书》。它的发表对世界广告业的发展产生了重要的影响，成为世界各国制定广告行业自律规则的主要参考性文件。例如，全美广告公司协会制定的《创意守则》、日本广告社团制定的《日本广告协会代理纲领》、中国广告协会于1991年1月通过的《广告行业自律规则》等。这些守则、纲领、规则虽不具有强制性，却起着规范职业道德的作用，因此被世界各国广告界广泛采用。

广告行业自律的内容一般包括：（1）承诺遵纪守法。行业自律规则要把承诺遵纪守法放在第一位；（2）承诺广告真实可信；（3）承诺广告要遵守公认的道德准则；（4）行业成员之间互相监督；（5）行业成员之间相互沟通，共同提高。

（五）社会监督方法

社会监督方法是指消费者、消费者组织、新闻媒体和社会舆论对广告主、广告组织、广告内容等的广告活动进行的监督和管理。我国的广告社会监督组织主要是指中国消费者协会和各地设立的消费者协会。目前，全国县级以上城市几乎都建立了消费者协会，还在街道、乡镇、大中型企业中建立了各种形式的保护消费者权益的社会监督网络。

我国广告社会监督机制的运作分为三个层次，由下而上，逐层推进，构成一个有机的整体，并自成体系。这三个层次是：第一个层次，广告受众对广告的全方位监督。这构成了广告社会监督的基础；第二个层次，广告社会监督组织的中枢保障作用。由各级消费者组织具体履行的广告社会监督职能本身决定它一方面要积极宣传，动员一切可以动员的力量，包括来自个人、企事业单位、社会团体及其他组织的力量，对广告进行全方位的监督；另一方面对广告受众关于虚假或违法广告的举报与投诉，广告社会监督组织有责任和义务向大众传播媒介进行通报，并让新闻传媒对其进行曝光；对情节严重并造成严重后果的，广告社会监督组织还应向广告管理机关和人民法院提起诉讼。因此，在广告社会监督的运行机制中，广告社会监督组织上接新闻传媒、广告管理机关和人民法院，下连广告受众，起着重要的中枢保障作用；第三个层次，新闻传媒、政府广告管理机关、人民法院对虚假或违法广告及其责任人的曝光、查禁和惩处。广告的社会监督组织"官意民办"性质决定，它无法独立完成对广告的监督和保护广告受众接受真实广告信息的权利这两大任务。在通常情况下，广告的社会监督组织不得不借助新闻传媒、政府广告管理机关、人民法院对虚假或违法广告及其责任人进行曝光、查禁和惩处。因此，新闻传媒、政府广告管理机关和人民法院对虚假或违法广告的曝光、查禁和惩处，构成了广告社会监督运行机制的第三个层次，也是最高层次。

二、广告管理的内容

广告管理是对广告活动各方面、各个环节的管理。具体内容，可分为以下十个方面：

（一）对广告主的管理

广告主是广告信息的发布者和广告活动的主体，对广告信息的真实性起着关键作用。因此，对广告主的管理是广告管理的重要环节。对广告主的管理主要包括以下内容：

1. 维护广告主的合法权益

维护广告主的合法权益是广告主管理的首要内容。广告主的权利是指广告主在参与广告活动中，在财产和人身方面，应当享有的民事权利。一般来说，广告主有广告决定权；对广告代理公司和广告媒介的选择权；拒绝行政机关乱收费、乱摊派的权利；要求进行不正当竞争的企业停止侵害、恢复名誉、赔偿损失的请求权；要求广告管理机关依法保护其合法权益的权利；申请复议和提起诉讼的权利等。

2. 广告主发布广告必须提供相关证明

广告主发布广告，必须有真实、合法、有效、全面的证明。广告主的证明包括三类：一是营业执照以及其他生产、经营资格的证明文件；二是质量检验机构对广告中商品质量内容出具的证明文件；三是确认广告内容真实性的其他证明文件。除此之外，广告主发布广告需要经有关行政主管部门审查的，还应当提供有关批准文件。

3. 广告主必须合法地进行广告活动

广告主的广告活动必须在国家许可的范围内进行，广告主应保证广告符合法规的要求，并对其发布的广告承担责任。

4. 广告主必须选择合格的广告经营者发布广告

《广告法》第30条、第32条规定，广告主委托广告经营者发布广告，必须选择有相应经营权的广告经营者办理，并签订书面合同。

5. 广告主的广告活动必须遵循公平竞争的原则

《广告法》第3条、第4条、第5条规定，广告主应当遵守诚实、信用、公平竞争等市场经营的基本原则从事广告宣传活动，不得用广告宣传贬低或损害竞争对手，不得用广告宣传损害用户或消费者的合法权益。

阅读资料

广州数十家网络吹牛公司被查

"治愈率100%、全国第一"、"只需28天，终身与痘绝缘"……互联网广告形形色色，广告语到底该不该信？昨日，广州市工商局向媒体公布了今年4月以来开展整治互联网重点领域广告行动的情况，在39558条网络广告中共查处违法网络广告案件46宗，罚没金额150.95万元，提请省通信管理部门关闭违法网站33个。查处结果显示，常见网络"鬼话"主要存在于医药、化妆品、投资领域类广告。

药品、保健食品网站被重点监测

据市工商局相关负责人介绍，此次行动重点对大型门户类网站、搜索引擎类网站、视频类网站、电子商务类网站、医疗药品信息服务类网站、医疗企业及医疗机构自设网站发布虚假违法广告及信息进行整治。在整治中，广州市工商局对网络经营主体数据库中的网站按照商品类别进行分类，重点标记药品和保健食品类的网站，同时，广州市工商局协同其他部门，对网络违法广告进行查处。

行动期间，共监测网站35570个、网络广告39558条，排查不明主体网站4333个，检查企业1879家，查处违法网络广告案件46宗，罚没金额150.95万元，提请省通信管理部门关闭违法网站33个。期间，组织辖内1300多家经营性网站签订《自觉抵制互联网重点领域虚假违法广告承诺书》。

医药、化妆品、投资领域为"吹牛"重灾区

市工商局提醒，市民应警惕以下几种常见的网络"鬼话"，一是当事人在医药广告中，利用患者、医学专家名义、形象作证明、推荐或以其他方式宣传治愈率等。例如，广州市工商局此前查处的圣××违法广告案的广告内容：推荐医生：高某某，副主任医师、中国性学会会员、中华医学会泌尿外科专业委员会成员，擅长治疗急慢性前列腺炎等。二是当事人在化妆品广告中，对化妆品的产品资质、销量、功效和合作机构等方面作引人误解的虚假宣传。例如，广州市工商局查处的百××公司违法广告案的广告内容：只需28天，终身与痘绝缘……；时尚电视节目《美丽俏佳人》重推品牌；13年"专业线"沉淀，全国3500家美容连锁店，5万名美容师，1000万线下用户……；传统祛痘易复发，经统计传统方法祛痘复发率高达97%，权威医疗机构2013年调查报告"。三是当事人对提供服务的风险、收益、投资额、资质等方面作引人误解的虚假宣传，吸引群众与其签合同。例如，广州市工商局查处的××公司违法广告案的广告内容："零风险一次性投入，多种盈利方式，灵活多样的推广方式……平均利润率10%～30%……中国电子商务创业联盟第一品牌。"

资料来源：2014年08月05日，信息时报。http://tech.sina.com.cn/i/2014-08-05/09239536123.shtml

（二）对广告经营者的管理

广告经营者，是指受托提供广告设计、制作、代理服务的法人、其他经济组织或个人，主要包括：综合性广告公司；广告设计、制作公司；兼营广告设计、制作的企业或其他组织；个体工商户。对广告经营者的管理，主要有：

（1）广告经营者必须依法核准登记，取得广告经营许可证，才能从事广告经营活动；

（2）必须有相应的资质条件，才能从事特定的广告经营。根据《广告管理条例实施细则》第三条规定：申请经营广告业务的企业，除符合企业登记等条件外，还必须具备下列条件：①有负责市场调查的机构和专业人员。②有熟悉广告管理法规的管理人员及广告设计、制作、编审人员。③有专职的财会人员。④申请承接或代理外商来华广告，应具备经营外商来华广告的能力。

针对兼营广告业务的事业单位，规定应当具备的条件是：①有直接发布广告的手段以及设计、制作的技术、设备。②有熟悉广告管理法规的管理人员和编审人员。③单独立账，有专职或兼职的财会人员。

（3）广告经营必须在核准的范围内进行广告经营活动；

（4）广告经营者必须按规定建立各项工作制度，如广告审查制度、广告合同制度、广告业务档案等制度。

（三）对广告发布者的管理

广告发布者管理，是广告管理机关依法对广告发布者的广告发布活动的全过程实施的监督管理行为。对广告发布者的管理主要有以下措施：

1. 对广告发布者经营资格的管理

我国《广告法》第29条规定："广播电台、电视台、报刊出版单位从事广告发布业务的，应当设有专门从事广告业务的机构，配备必要的人员，具有与发布广告相适应的场所、设备，并向县级以上地方工商行政管理部门办理广告发布登记。"由此看出，广告发布者只有办理了兼营广告发布业务的登记手续，并取得广告经营资格证后，才能经营广告发布业务；否则，即为非法。

2. 对广告发布者提供的媒体资料真实性的管理

广告发布者提供的广告媒体的有关资料，如报纸的发行量及覆盖范围、电视的收视率等，既是广告经营者选择广告媒体的重要依据，又是确定广告媒体收费标准的依据。因此，加强对广告发布者提供的媒体资料的真实性的管理，对于维护广告发布者的声誉，保护广告主、广告经营者的合法权益具有重要的作用。我国《广告法》第36条明确规定："广告发布者向广告主、广告经营者提供的覆盖率、收视率、发行量等资料应当真实。"

3. 对广告发布量的管理

广告媒体的优势之一就是编辑支持。广告媒体应该通过提高媒体的节目（栏目）质量、增加媒体的信息容量来增强媒体的吸引力，从而提高媒体的收视率（阅读率），进而增进对广告主、广告经营者投放广告的吸引力。这是一种良性循环。因此，必须对广告发布量进行有效的管理。各国对广告发布的量都有严格规定：奥地利规定电视广告只有在某些指定时间内播出，电台广告每周播出时间限制在2~5小时内；葡萄牙规定国营电台不设广告节目，电视的广告节目时间限制在5%以内；法国禁止电台广告，电视广告规定每天播7次共15分钟。2009年8月，中国国家广播电影电视总局发布的《广播电视广告播放管理办法》对我国媒体的广告发布量作了明确规定。规定要求：播出机构每套节目每小时商业广告播出时长不得超过12分钟。其中，广播电台在11：00至13：00之间、电视台在19：00至21：00之间，商业广告播出总时长不得超过18分钟。对于插播广告，规定播放广播电视广告应当保持节目的完整性，除在节目自然段的间歇外，不得随意插播广告。播出电视剧时，可以在每集（以45分钟计）中插播2次商业广告，每次时长不得超过1分30秒。其中，在19：00至21：00之间播出电视剧时，每集中可以插播1次商业广告，时长不得超过1分钟。对于报刊的广告发布量要求，各种报刊刊登经济广告的版面，一般不超过总版面的1/8，传播经济信息的专业报刊，广告版面不超过总版面的1/3。

阅读资料

商务部：未经用户同意微信不得推送广告

2015年5月5日，商务部下发了《无店铺零售业经营管理办法（试行）（征求意见稿)》，向社会公开征求意见。

根据《意见稿》，无店铺零售包括电视购物、邮购、网上商店、电话购物和自动售货亭（自动贩卖机）等。无店铺零售的相关服务者，指为无店铺零售提供商品推广、展示、交易等服务的平台经营者。

根据《意见稿》，未经消费者同意或者请求，或者消费者明确表示拒绝的，无店铺零售经营者和相关服务者不得通过固定电话、移动电话、短信、微信、电子邮件、信函等渠道，向其发送推销信息。对违反规定者，消费者可向相关管理部门举报。《意见稿》规定，相关管理部门接到举报后，对属于职责范围的，应当在15个工作日内作出处理决定；不属于职责范围的，应当在5个工作日内转交有关部门依法处理。

资料来源：http：//sy.pcgames.com.cn/510/5107940.html

4. 对广告发布内容的管理

这包括两方面：一是对不同时间播出的广告内容的要求。如上述广电总局的《管理办法》规定："播放广播电视广告应当尊重大众生活习惯，在6：30至7：30、11：30至12：30以及18：30至20：00的公众用餐时间，不得播出治疗皮肤病、痔疮、脚气、妇科、生殖泌尿系统等疾病的药品、医疗器械、医疗和妇女卫生用品广告。"二是对播放广告的具体内容的要求。上述《管理办法》规定：广播电视广告应当健康文明，不得播放含有色情或性暗示等内容的广告，不得播放治疗性病的广告；广播电视广告不得播放含有宣扬赌博、暴力或者教唆犯罪内容的广告；广播电视广告应当使用规范的语言文字，不得故意使用错别字或用谐音乱改成语。除注册商标及企业名称外，不得使用繁体字；等等。

（四）对广告内容的管理

广告内容有双重含义，一是广告所传播的信息；二是广告信息的表现形式，如文字、图片、声音等。广告内容管理是指广告管理机关依法确定广告内容的合法性进行的管理。主要包括三个内容：其一，广告管理法律、法规确定的广告内容必须遵循的总的原则和各类广告的发布标准；其二，广告管理机关依法监督、检查广告内容是否符合广告管理法律、法规的要求；其三，广告管理机关依法对广告内容的违法行为人进行处罚。

对广告内容的管理，主要体现在两方面：

1. 义务性规定

例如，我国《广告法》第3条规定："广告应当真实、合法，以健康的表现形式表达广告内容，符合社会主义精神文明建设和弘扬中华民族优秀传统文化的要求。"《广告法》第4条规定："广告主应当对广告内容的真实性负责。"《广告法》第8条规定："广告中对商品的性能、功能、产地、用途、质量、成分、价格、生产者、有效期限、允诺等或者对服务的内容、提供者、形式、质量、价格、允诺等有表示的，应当准确、清楚、明白。广告中表明推销的商品或者服务附带赠送的，应当明示所附带赠送商品或者服务的品种、规格、数量、期限和方式。法律、行政法规规定广告中应当明示的内容，应当显著、清晰表示。"此外，《药品广告管理办法》、《医疗器械广告管理办法》、《化妆品广告管理办法》、《食品广告管理办法》、《酒类广告管理办法》、《关于加强体育广告管理的暂行规定》、《关于加强融资广告管理的通知》、《关于加强对各种奖券广告管理的通知》等单项法规都对相应的广告内容的管理作出了明确规定。

2. 限制性规定

如《广告管理条例》第八条规定："广告有下列内容之一的，不得刊播、设置、张贴：（1）违反我国法律、法规的；（2）损害我国民族尊严的；（3）有中国国旗、国徽、国歌标志、国歌音响的；（4）有反动、淫秽、迷信、荒诞内容的；（5）弄虚作假的；（6）贬低同类产品的。"另外，《广告法》第16条、第17条、第18条、第23条、第24条分别对药品、医疗器械、保健食品、酒类商品、教育培训、房地产等广告中不得出现的内容都作了明确规定。

阅读资料

佳洁士等牙膏品牌遭虚假宣传质疑

"佳洁士炫白，一天变美白，和牙渍说拜拜"、"中华瓷感白，微米级美白因子填补牙齿表面的细微不平"……曾几何时，只是用来清洁牙齿的牙膏变得这么神通广大？对于牙膏行业的各种唬人宣传卖点，业内有声音认为，在牙膏品类近年"高端高价化"激战的背后，隐藏着不少虚假宣传、欺瞒消费者的违规、违法行为，亟须相关部门规范严惩。

新卖点层出不穷

近日，记者走访了京城多家大型超市，发现商家为了迎合消费者的需求，宣传方式极尽夸张，各类高科技卖点层出不穷：佳洁士的炫白牙膏，宣称使用一天即能变美白；中华推出的瓷感白牙膏，宣称含有微米级美白因子，可以填补牙齿上的细微不平；云南白药的益生菌牙膏则宣称含有口腔专属益生菌，能让口气清新。

记者发现，在强大的宣传支撑下，上述三种牙膏也名正言顺地卖出高价。同为180g的含量，佳洁士炫白牙膏标价16.2元，中华瓷感白牙膏售价15.3元，云南白药益生菌牙膏价格则高达32.5元。

据2006年起施行的《零售商促销行为管理办法》要求，零售商的广告宣传，其内容应当真实清晰，不得使用含糊、易引起误解的语言和文字，损害消费者的合法权益。不少消费者和业内人士普遍认为，佳洁士的促销广告明显违反了这一规定。

而中华瓷感白牙膏和云南白药益生菌牙膏的促销人员则显得知识有限，难以解释清楚其推销产品中"美白因子"和"益生菌"具体是什么物质，只能一味告知消费者牙膏有美白牙齿或去除口腔异味等功能。

功效需有第三方证明

北京大学口腔医学院牙科专家王维健表示，所谓的"美白成分"或"美白因子"，其实是过氧化物。牙齿不白分外源性着色和内源性着色两种，外源性着色经牙膏磨料的机械性摩擦，能达到去污作用；而对于内源性着色，牙膏则是完全无效的。王维健指出，商家宣称的功效目前都没有判定标准，无法判定其是否有功效或者程度如何。"功效牙膏是否能达到宣称效果，必须经过第三方实验室临床验证。"

中国口腔清洁护理用品工业协会官网公布的《功效型牙膏标准》规定，功效型牙膏必须由口腔医学机构进行临床试验，出具"功效作用验证报告"才能宣传功效。因此，牙膏厂商要在网站公开其《功效临床试验报告》和《安全性能试验报告》，还要标注功效临床验证的机构名称和验证确认的功效。

日化行业资深营销企划人黄志东表示，普通牙膏只有清洁功能，但一旦涉及防蛀、美白去渍、脱敏、防上火出血等就进入了功效性牙膏的范畴。"我基本上没有见过有哪个牙膏厂商出过临床实验报告，也许在研发阶段有一些试验，但没有厂商公开过这些信息。"黄志东说。

果然，记者几经查找也未找到上述三种牙膏公开过有关报告。而另一位行业内专家则表示，即使有临床实验报告公开，也可能是在厂商资助下进行的试验，缺乏独立性和公信力。"这实际上体现出目前全行业缺乏标准和管控，有规定而无执行是不正常的，政府部门应加大对涉嫌虚假宣传行为的处罚力度，对于无法提供《功效牙膏临床试验报告》而自称功效的产品，要责令其下架整改。"上述业内人士指出。

对于上述几家牙膏企业的营销方式，黄志东认为，益生菌的概念对牙膏而言太过离谱，而对于宣称一天即可美白的牙膏，北京当代律师事务所律师卫爱民表示，从常识判断是非常明显的夸大宣传行为。"虚假宣传是不负责任的行为，对于虚假宣传，我的主张是一定要让企业受到重创，不仅要接受法律的制裁，最好让这些企业倾家荡产。"卫爱民说。

资料来源：《佳洁士等牙膏品牌遭虚假宣传质疑》http：//jiaju. ppsj. com. cn/2013 - 12 - 6/4495261839. html

（五）对各类广告发布标准的管理

广告发布标准为广告管理者、广告经营者、广告管理者、广告发布者提供了共同的客观依据，有利于识别、确认、审查、监督广告内容是否真实可靠。广告发布标准包括以下5个要素：（1）广告主的资格合法；（2）广告内容合法；（3）广告中涉及的技术、质量、数据、荣誉、承诺、产权、专利、商标等符合国家有关法律和行业标准的规定；（4）广告证明合法；（5）广告内容经过审查、验证程序。

（六）对广告收费的管理

广告服务费是广告经营者为广告客户提供广告代理或广告发布服务所收取的费用。一般来说，广告服务费由广告调查费、策划费、设计制作费、广告发布费及广告活动的其他费用构成。其中，广告发布费占全部广告费用的75%左右。

广告收费管理是广告管理机关会同有关职能部门依照广告管理法规的有关规定，对广告经营者、广告发布者在设计、制作、代理、发布等广告业务活动中的收费行为的合法性进行的管理。目前，我国对广告收费管理主要实行国家定价管理和备案价格管理相结合的原则。

广告收费管理包括对广告经营者收费的管理和对广告发布者收费管理两个方面。

1. 对广告经营者的收费管理

《广告管理条例》第14条规定："广告收费标准，由广告经营者制定，报当地工商行政管理机关和物价管理机关备案。"上述规定表明，我国对广告经营者收取的广告设计、制作等收费的管理，主要实行备案价格管理。《广告管理条例》第15条规定："广告业务代理费标准，由国家工商行政管理部门会同国家物价管理机关制定。"《广告管理条例实施细则》第16条规定："承办国内广告业务的代理费，为广告费的10%；承办外商来华广告付给外商的代理费，为广告费的15%。"上述规定表明，我国对代理费主要实行国家定价管理。

2. 对广告发布者的收费管理

《广告服务收费管理暂行办法》第8条规定，"广告经营者、广告发布者制定的广告服务收费标准及收费办法，应当依法向政府价格主管部门和工商行政管理部门备案。"因此，我国对广告发布者收费的管理，也主要实行备案价格管理，即广告发布者根据自身的覆盖范围、收听（收视）率、发行量等指标，制定自己的收费标准，然后报相关职能部门备案。

（七）对广告行业发展规划的管理

广告行业发展规划是对广告行业发展战略、发展目标、发展总量、行业结构等进行的总体安排，是广告业发展的蓝图和依据。根据广告行业发展规划进行管理，使广告发展与经济发展水平相适应，对于加强广告的宏观管理、保证广告的健康发展具有重要意义。

2012年5月，国家工商行政管理局发布了《广告产业发展"十二五"规划》，提出"十二五"期间我国广告业发展的战略目标是："广告创意、策划、设计、制作水平全面提升，广告业集约化、专业化和国际化水平大幅提高，规模速度与结构质量协调发展，整体实力与核心竞争力显著增强，对经济社会和文化发展的贡献度不断加大，努力实现由传统广告业向现代广告业、由以国内市场为主向国际市场延伸、由粗放型向集约型、由布局相对分散向合理集聚、由低技术水平和低附加值向高技术和高附加值的转变。"并在市场准入、财政投入、金融支持、税收优惠等方面提出了推进广告业健康发展的措施。

（八）对户外广告的管理

户外广告的管理，是由县级以上人民政府组织广告监督管理、城建、环保等有关部门，依据广告管理的有关法规及户外广告的管理办法，对户外广告进行的规范化管理。一般来说，户外广告必须与社会人文环境、自然环境相适应、相和谐，并符合安全性要求。我国《广告法》第42条规定："有下列情形之一的，不得设置户外广告：（1）利用交通安全设施、交通标志的；（2）影响市政公共设施、交通安全设施、交通标志、消防设施、消防安全标志使用的；（3）妨碍生产或者人民生活，损害市容市貌的；（4）在国家机关、文物保护单位、风景名胜区等的建筑控制地带，或者县级以上地方人民政府禁止设置户外广告的区域设置的。"随着网络广告的快速发展，隐性广告繁多、虚假广告充斥、不正当竞争行为广告丛生、垃圾邮件和强迫广告不期而遇等诸多问题也不断侵害着网络用户及广大消费者的权益。因此，加强对网络广告管理的迫切性就显得十分突出。《广告法》第14条规定："利用互联网发布、发送广告，不得影响用户正常使用网络。在互联网页面以弹出等形式发布的广告，应当显著标明关闭标志，确保一键关闭。"鉴于网络广告形态的多样性和技术的复杂性，国家工商总局将出台《互联网广告管理办法》，以加强对网络广告的管理。

（九）对国际广告的管理

国际广告管理，是广告管理机关依照广告法规对国际广告进行的规范化管理，包括对外商来华广告的管理和对出口广告的管理两方面。

我国对外商来华广告的管理包括两方面，其一是对外商来华广告经营的管理。根据《广告管理条例实施细则》第17条的规定，"外国企业（组织）、外籍人员承揽和发布广告，应当委托具有经营外商广告权的广告经营者办理"。其二是对外商来华广告宣传的管理。主要包括：外商在我国开展的广告宣传活动，其内容和形式必须符合我国的规定；其广告的商品必须具有进口许可证等。

我国的出口广告，是我国的企业或个人在国外进行的广告宣传和广告代理活动。我国对出口广告的管理主要表现在：（1）进行对外广告宣传的出口商品，必须符合商品检验的要求；（2）出口广告宣传，不仅要遵守我国的广告法规的规定，也要遵守东道国的法律、法规；（3）我国企业（组织）、个人应当委托具有外商广告经营权的中国广告经营者代为办理出口广告的宣传业务，而不能自行去国外进行广告宣传；等等。

（十）对广告违法行为的管理

广告违法行为，是广告活动中的广告主、广告经营者和广告发布者违反广告管理的各项法规的行为，如无证经营广告业务、发布违禁广告、发布虚假广告等。对广告违法行为的管理，即通过立法，对广告违法行为的界限、处罚方式、处罚力度等作出明确规定，对广告违法行为进行查处，追究违法者的行政、民事，甚至刑事责任；接受当事人的复议申请，对案件及时进行复议，并作出裁决。

三、广告管理中的重要制度

加强广告管理，必须强化广告活动中的制度建设。下述制度是广告活动中必须遵守的一些重要制度：

（一）广告合同制度

广告合同，是指广告主与广告经营者之间，广告经营者与发布者之间为实现一定的经济目的，明确相互权利义务关系，确立、变更、终止广告代理、发布关系的协议。广告合同一经成立，就具有法律约束力，当事人各方必须认真按约履行，否则，就要承担相应的法律责任。

与一般经济合同相比，广告合同具有自己的特点：（1）合同一方当事人是特定的，即必须是在工商行政管理部门登记注册的广告经营者，否则，合同无效。（2）广告合同的标的是特定的。广告合同的标的有两类：一是完成一定工作成果；二是代理广告发布业务。（3）广告合同的形式必须是书面的。（4）订立广告合同必须按照法律规定的程序办理。

根据广告业务活动的内容，广告合同应具有下列主要条款：

（1）标的。广告标的，是指承办代理的广告项目，或约定的媒介版面、时间段，或是拍摄广告照片，或是设计、制作橱窗、展台等；

（2）数量、质量。数量是指完成广告项目的多少，如委托广告公司搞市场调查（多大范围内、样本量多少）。质量是指对广告项目在制作画面、文稿、图像、清晰度、色彩搭配、模特选用、表演、拍摄方面满足规定要求特征的总和；

（3）广告费用。广告代理收费标准为广告费的15%。广告场地占用的收费标准应当根据广告的设置方式与地段及占用建筑物或空间的情况确定，原则上不超过广告费的30%；

（4）广告项目完成的期限、地点和方式；

（5）违约责任及合同纠纷的解决方式。规定违约责任的目的在于督促当事人严格履行广告合同规定的义务，保护当事人的合法权益。违约责任通常采用支付违约金、赔偿金、继续履行等方式解决，在合同中要明确约定。

《广告法》第30条规定，"广告主、广告经营者、广告发布者之间在广告活动中应当依法订立书面合同"。为完善广告合同管理制度，保护当事人的合法权益，一般应使用国家工商行政管理局推行的广告发布业务合同示范文本。

（二）广告代理制度

广告代理制度是伴随着广告经营活动规模扩大和专业化分工而形成的制度，是国际上通行的一种广告经营机制，即由广告主委托广告公司实施广告宣传计划，广告媒介通过广告公司承揽广告业务，广告公司处于中间地位，为广告客户和广告媒介双向提供服务。

为适应经济国际化的需要，我国于1993年引入了广告代理制度，主要内容包括：

（1）广告主必须委托有相应经营资格的广告公司代理广告业务，不得直接通过广告媒体发布广告；

（2）广告公司为广告客户提供以策划为主导，市场调查为基础，创意为中心，媒介选择为实施手段的全方位、立体化的广告服务，为广告媒介承揽广告业务，并有与媒介发布水平相适应的广告设计和制作能力；

（3）广告媒介必须通过有相应经营资格的广告公司代理，方可发布广告。并主动向广告公司提供必要的媒介动态、刊播计划和收视率等统计报告。

广告代理制规定了广告主、广告公司和广告媒介三者的权限和责任，理顺了三者的关系，对推动广告业的健康发展具有重要的作用。

尽管我国从1993年引入广告代理制度，广告代理制实施之初曾被普遍看好，中国广告界人士曾视之为通往规范化和成熟化发展路径的标志。但在实践中，广告代理制在中国的执行情况并不尽如人意。其中一个重要表现就是客户代理与媒体代理并存，媒体代理仍占主导地位。据《2010年中国广告生态调查报告》显示，到2010年，我国媒体直接与广告主接触投放的广告量占到媒体总广告额比例的43.2%。可见，我国广告行业中广告主、广告公司和广告媒体这三者的关系还没有完全理顺，将广告代理制落到实处仍是任重而道远。

（三）广告审查制度

广告审查制度是指广告在交付承办（设计、制作、发布等）之前，对广告内容的合法性进行的审查。审查的主体包括国家有关行政主管部门、广告经营者和广告发布者，广告审查的客体是广告内容的合法性。

1. 广告审查制度的基本形式

（1）广告管理机关的审查。《广告法》第46条规定："发布医疗、药品、医疗器械、农药、兽药和保健食品广告，以及法律、行政法规规定应当进行审查的其他广告，应当在发布前由有关部门（以下称广告审查机关）对广告内容进行审查；未经审查，不得发布。"

（2）广告经营者、广告发布者的审查。《广告法》第34条规定："广告经营者、广告发布者依据法律、行政法规查验有关证明文件，核对广告内容。对内容不符或者证明文件不全的广告，广告经营者不得提供设计、制作、代理服务，广告发布者不得发布。"国家工商局 1996 年制定的《广告审查员管理办法》规定广告审查员的职责是：查验各类广告证明文件的真实性、合法性、有效性，对证明文件不全的，提出补充收取证明文件的意见；核实广告内容的真实性、合法性；检查广告形式是否符合有关规定；审查广告整体效果，确认其不致引起消费者的误解；检查广告是否符合社会主义精神文明建设的要求；签署对该广告同意、不同意或者要求修改的书面意见。对于已经广告审查机关审查的广告中存在的违反广告管理法规的问题，广告审查员可以向该机关提出，并可以同时向工商行政管理机关报告。

从以上规定可以看出，对广告审查的内容，主要包括三方面：一是审查广告客户的主体资格是否合法，也就是察看广告客户有无做某项广告的权利能力和行为能力。这一般依靠客户提交的主体资格证明来判断；二是审查广告内容是否真实、客观，是否会对人们产生错觉和误解；三是审查广告内容及其表现形式是否符合我国法律、法规和政策的有关规定。

2. 广告审查的程序

广告审查的程序可分为四个阶段：①承接登记。将广告主的基本情况和广告内容、提交和交验的广告证明记录在案；②审查人员初审，提出意见；③广告业务负责人终审；④建立审查档案。

（四）广告业务档案制度

广告业务档案是指广告经营者和广告发布者在承办广告业务中形成的，供分类保存、备查的各种广告文字、图像、样本、证明、文件、审查记录及其他有关的原始材料。广告档案主要有两个作用：一是凭证作用。可以作为查考、研究和处理纠纷的依据；二是参考作用。可以为了解广告经营情况，提高广告经营管理水平提供第一手的资料。

《广告法》第 34 条规定："广告经营者、广告发布者应当按照国家有关规定，建立、健全广告业务的承接登记、审核、档案管理制度。"由此可见，广告业务的档案制度成为广告管理的一个重要方面。

1. 广告业务档案的主要内容

广告经营者和广告发布者保存的档案主要有以下内容：①广告合同；②承办广告中产生的图片、照片、广告脚本等；③收取和查验的广告证明及查验记录；④广告审查的情况记录；⑤其他应当保存的资料。

2. 广告业务档案的保存时间

《广告管理条例实施细则》规定，广告业务档案的保存时间不得少于一年。其计算方法是，从最后一次发布该则广告开始计算满一年。

（五）广告业务员证制度

为了加强对广告宣传和广告经营活动的监督管理，国家工商局于 1991 年开始在全国广告行业中统一实行《广告业务员证》制度，主要包括以下内容：

第一，《广告业务员证》是专职从事承揽、代理广告业务的人员（以下简称广告业务员）外出开展广告业务的有效凭证。凡经批准经营广告业务的单位和个体工商户，其广告业务人员都必须按照本规定领取《广告业务员证》后，方可从事广告业务活动。

第二，广告业务人员申请办理《广告业务员证》应向所在地工商行政管理机关提出书面申请，并提交单位证明文件和有关材料，经省、自治区、直辖市或其授权的省辖市工商行政管理机关审核批准后，发给《广告业务员证》。

第三，广告业务员应当具备以下条件：①广告经营单位中专职从事广告业务的正式职工；②通过省辖市以上工商行政管理机关专业培训和考核并且获得《结业证书》；③具备良好的职业道德，经营作风正派。

《广告业务员证》由国家工商行政管理局统一印制，以省、自治区、直辖市为单位自行编号并加盖钢印。《广告业务员证》的发放、使用要加强管理，任何单位、个人不擅自复制、伪造、转让、出售。未经取得《广告业务员证》，擅自承揽、代理广告业务或利用《广告业务员证》超越经营范围为其他单位承揽、代理广告业务，属非法经营广告，按照《广告管理条例实施细则》第 21 条处理。

（六）广告专业技术人员职业资格制度

为了使广告从业人员能够比较全面、系统地掌握从事广告业务所需的基本理论和工作技能，逐步建立起与国际惯例相接轨的专业技术资格认证制度，适应广告业发展需要，人力资源社会保障部、国家工商行政管理总局于 2014 年 3 月 27 日发布了《广告专业技术人员职业资格制度规定》和《助理广告师、广告师职业资格考试实施办法》。制度规定：国家设立广告专业技术人员水平评价类职业资格制度，纳入全国专业技术人员职业资格证书制度统一规划；广告专业技术人员职业资格分为助理广告师、广告师和高级广告师 3 个级别；广告专业技术人员职业资格制度面向全社会广告专业技术人员提供能力水平评价服务，为用人单位科学使用广告专业技术人才提供依据；广告专业职业资格证书实行登记服务制度，登记服务的具体工作由中国广告协会负责。

四、广告违法行为处罚

广告违法行为，是指广告活动主体在广告经营活动、发布活动中，其广告内容、表现形式或经营过程违反国家相关法律、法规的规定，造成某种危害社会的行为。

（一）广告违法行为的构成要件

广告违法行为的构成要件就是广告管理法规对构成广告违法行为的各种条件的概括和说明。主要包括以下四个方面：（1）违法行为的主体，是实施了广告违法行为的具有责任能力和行为能力的自然人、法人及其他经济组织；（2）违法行为的客体，是被广告管理法规所保护的广告秩序，也就是广告法律所调整和保护的社会关系。广告法律法规所调整和保护的社会关系主要分为三种，即国家广告行政管理秩序、民事法律关系和刑事法律关系；（3）广告违法行为与危害后果之间存在因果关系；（4）违法行为的主观方面，就是指广告违法行为人在主观上有过错，这种过错是出于故意或者过失。

（二）广告违法行为的类型

广告违法行为大体可分为以下几类：（1）违反广告发布的标准发布广告；（2）未经工商行政管理部门登记注册或超出核准范围经营广告业务；（3）违反广告管理的广

告证明、广告业务档案保存等制度；（4）广告经营中的垄断和不正当竞争行为；（5）广告管理法规认定的其他广告违法行为。

（三）广告违法行为的危害性

广告违法行为的危害性主要表现在以下几个方面：（1）扰乱社会主义广告市场秩序，干扰社会主义市场经济的健康发展；（2）欺骗、误导消费者，损害消费者的合法权益；（3）损害其经营者的经济利益，使其处于不利的竞争地位；（4）严重破坏广告行政管理秩序。

（四）广告违法行为的法律责任

《广告法》对广告违法行为规定了行政、民事和刑事三种法律责任。

1. 行政法律责任

广告违法行为的行政责任，是工商行政管理部门依法对违法的广告行为主体，视其情节轻重分别给予的不同的行政处罚。根据《广告管理条例》第 18 条规定，广告管理的行政处罚方式主要有：①责令改正，是指广告监管机关对违反有关规定发布的情节轻微的违法广告，监督其予以修改，使该广告符合法律规定后，再准予发布；②停止发布广告，指广告监督管理机关对违反广告法律法规的广告，采取行政措施，强制广告活动的主体取消该广告的发布；③责令公开更正，是指广告监督管理机关对违反广告法律法规的广告，强制违法当事人在相应的范围内作公开澄清，以消除该广告的消极影响；④没收非法所得，是指广告监督管理机关对发布违法广告的当事人，依法将其所收取的广告费用或经营收入予以没收的处罚措施；⑤罚款，是指广告监督管理机关通过罚款的方式对违法的广告主体进行处罚。《广告法》第 55 条规定："发布虚假广告的，由工商行政管理部门责令停止发布广告，责令广告主在相应范围内消除影响，处广告费用三倍以上五倍以下的罚款，广告费用无法计算或者明显偏低的，处二十万元以上一百万元以下的罚款；两年内有三次以上违法行为或者有其他严重情节的，处广告费用五倍以上十倍以下的罚款，广告费用无法计算或者明显偏低的，处一百万元以上二百万元以下的罚款。"⑥停止广告业务，是指广告监督管理机关对违法情节严重，造成一定社会危害后果的广告活动主体，依法取消其广告经营资格的处罚；⑦停业整顿，是指广告监督管理机关对违法情节比较严重的广告行为主体强制其在一定时期内停止从事经营活动的处罚；⑧吊销营业执照或者广告经营许可证。吊销营业执照或者广告经营许可是指广告监督管理机关对违法情节恶劣、已不适宜继续从事广告活动的企业法人或者其他经济组织，依法剥夺其经营资格的处罚。这是对广告违法行为情节恶劣、后果严重的广告行为主体采取的最严厉的处罚措施。

根据《广告法》的规定，违法当事人对广告监督管理机关的处罚决定不服，认为行政处罚认定事实不清，适用法律错误的，可以向上一级广告监督管理机关申请行政复议或者向人民法院提起诉讼。在复议期限（15 个工作日）内，当事人既不申请复议也不向人民法院起诉，又不履行行政处罚决定的，作出行政处罚的广告监督管理机关可以申请人民法院强制执行。

2. 民事法律责任

民事法律责任是指广告行为主体在广告活动中的违法行为致使消费者或用户遭到损害时所应承担的赔偿责任。根据责任发生的原因，民事法律责任分为违反合同的民事责任和侵权的民事责任。

《广告法》第 69 条规定："广告主、广告经营者、广告发布者违反本法规定，有下列侵权行为之一的，依法承担民事责任：① 在广告中损害未成年人或者残疾人的身心健康的；②假冒他人专利的；③贬低其他生产经营者的商品、服务的；④在广告中未经同意使用他人名义或者形象的；⑤其他侵犯他人合法民事权益的。"另外，发布虚假广告，欺骗和误导消费者，致使消费者合法权益受到损害的，广告主应当依法承担民事责任；对明知或者应知广告虚假仍设计、制作、发布的，广告经营者、广告发布者应当依法承担连带责任；对不能提供广告主的真实名称、地址的，广告经营者、广告发布者应当依法承担全部民事责任。

根据《民法通则》第 134 条的规定，承担民事责任的方式有 10 种，即防止侵害；排除妨碍；消除危险；返还财产；恢复原状；修理、重作、更换、赔偿损失、支付违约金；消除影响、恢复名誉；赔礼道歉。

广告违法行为的民事责任以财产责任为主。广告违法行为主体必须对民事权利受到侵害的当事人进行广告损害赔偿。广告损害赔偿一般坚持全部赔偿和公平合理的原则，要求广告违法行为责任人向受害人支付赔偿金或违约金。

3. 刑事法律责任

广告违法行为的刑事责任，是广告行为主体在广告活动中的违法行为性质恶劣，后果严重，非法所得数额较大，触犯了刑法，构成犯罪所应承担的法律后果。

有下列行为之一的，追究广告违法行为人的刑事责任：①利用广告对商品或者服务作虚假宣传，构成犯罪的，追究刑事责任。《广告法》第 55 条规定，广告经营者、广告发布者明知或者应知广告虚假仍设计、制作、代理、发布，构成犯罪的，追究其刑事责任。根据《中华人民共和国刑法》第 222 条规定，广告主、广告经营者、广告发布者违反国家规定，利用广告对商品或者服务作虚假宣传，情节严重的，处 2 年以下有期徒刑或者拘役，并处或单处罚金；② 违反《广告法》的相关规定，拒绝、阻挠工商行政管理部门监督检查，构成犯罪的，依法追究刑事责任；③利用广告传播淫秽的书刊、影片、音像、图片或者其他淫秽物品的，构成制作、贩卖、传播淫秽物品罪；④广告审查机关对违法的广告内容作出审查批准决定的，对负有责任的主管人员和直接责任人员构成犯罪的，依法追究刑事责任。

应该注意的是，刑事责任只限于自然人。对于作为法人的广告主、广告经营者和广告发布者，只适用于行政责任和民事责任，不适用于刑事责任。

第四节　广告管理的国际借鉴

他山之石，可以攻玉。与相对发达的广告水平相伴随的是相对发达的广告管理水平。西方的广告管理无论在管理思想、管理体系还是管理手段等方面，都有许多值得我们借鉴的地方。吸收和借鉴西方广告管理的经验，是提高我国广告管理水平的重要途径。西方的广告管理主要有以下做法：

1. 使广告管理建立在法制化的基础之上

在西方，为加强对广告的管理，各国政府都颁布了比较完善的广告法规，使广告行为有章可循。例如，英国1907年颁布了管理户外广告的《广告法》，这被认为是世界上第一部广告管理法规。1973年，英国独立广播局制定了《独立广播局广告标准和实务法》，成为英国最重要的专门的广告管理法规。此外，英国涉及广告的关联法规还有40多种。再如美国，自1906年颁布了最早的广告管理法令《食品及药品法》开始，陆续颁布了一系列的广告法案：《普令泰因克广告法案》（1911年）、《联邦贸易委员会法》（1914年）、《罗宾逊—帕特曼法案》（1936年）、《食品、药品与化妆品法案》（1938年）、《联邦公路美化法案》（1965年）等。其他西方国家，如日本、德国、法国、澳大利亚等，都颁布了比较完备的广告管理的法律体系。

2. 建立专门的广告管理机构

西方各国都有管理广告的专门机构。美国广告管理的官方机构是联邦贸易委员会，它是美国最具权威性的综合性广告管理机构；在英国，政府管理广告的官方机构是独立广播局、广告标准局和各地方政府，它们各司其职：独立广播局负责管理广播电视广告；广告标准局负责管理路牌、印刷和剧院广告；各地方政府负责管理户外广告。此外，法国、德国、澳大利亚等西方国家都有各自的官方广告管理机构。尽管各国广告管理官方机构的名称和设置不一样，但它们都承担着相似的职责：（1）制定有关广告管理的法律和规章；（2）审查重要的商品及服务广告；（3）规定处理违法广告的原则及程序；等等。

3. 建立多层次的广告审查制度

为防止虚假广告危害消费者，西方各国都建立了严格的广告审查制度，对广告进行包括广告管理机关的审查、广告行业协会的审查、广告主的自我审查、广告公司及广告媒体的审查在内的多层次的审查。如美国，乔治·伊·贝尔齐在《广告与促销——整合营销传播展望》一书中介绍了美国广告审查的基本情况："假设你是一名消费品公司的广告经理……在你批准这个商业广告之前，你已经批准你公司的法律部门和你的代理机构把它复查了一遍。如果两者的复查结果都同意采纳该广告，这则广告将被送到主要的广播电视中心，由新闻检查官再对它进行检查，它们可能要求更多的信息或者会把广告送回修改。若未经广播电视网的标准与实务部门的批准，任何广告都无法播出。即使在广告获准播出以后，你的商业广告受到来自象州司法主管办公室和联邦贸易委员会这样的州和联邦管理机构的详细审查。"[①] 其他西方国家也都建立了类似的广告审查体系。由于采取了多种途径对广告进行播出前的审查和播出后的监督，西方各国有效地减少了虚假广告。

4. 充分发挥广告行业自律的作用

西方各国都建立了广告行业的自律组织，作为对政府广告管理的补充。美国有全国广告审查委员会（NARB）及其下属的全国广告部（NAD），日本有全日本广告联盟，英国建立了广告标准局（ASA）等。各国广告自律组织的基本职责为：制定广告行业自律准则；建立广告审查机构，并对重要商品或服务的广告进行审查和监督；协调行业内部关系；对广告违法行为进行行业内部处理。

---

① 乔治·E. 贝尔齐，麦克尔·A. 贝尔齐. 广告与促销——整合营销传播展望［M］. 沈阳：东北财经大学出版社，2000：959.

5. 充分发挥消费者保护组织的事后监督作用

美国消费者监督广告活动的最主要团体是商务改善协会（BBB），日本的主妇联合会和消费者协会在广告监督管理方面发挥了重要作用。其他西方国家也都建立了类似的组织。消费者保护组织主要站在消费者的立场上对广告进行日常的监督，对虚假广告进行举报和投诉，并对广告管理中存在的问题向有关部门提出改进建议。

6. 严厉处罚违法广告

西方各国对虚假广告等违法广告都规定了严厉的处罚标准。例如，在美国，广告主发布虚假广告，将受到如下处罚：其一，停止此商标的广告1~2年；其二，判处该公司以此商标的商品全年广告费的20%~30%用于更正广告。法国的《商业、手工业引导法》专门设立了虚假广告罪，对于犯罪的公民个人可以处3个月至2年的监禁或1 000法郎至250 000法郎的罚金。

相对于西方各国的广告管理水平，我国的广告管理还存在较大差距。因此，我们要取人之长，补己之短，创造性地学习和借鉴西方广告管理的经验，吸取它们的成功做法，使我国的广告管理跨上一个新的台阶。

本 章 小 结

广告管理是国家、社会和广告业内部对广告活动全过程的计划、协调、控制和服务。广告管理的必要性在于维护广告的真实性；维护市场竞争秩序；提高广告活动主体的经济效益和维护消费者的合法权益、促进广告业的健康发展和美化环境。

广告管理体制是一个国家广告管理的总体框架。我国的广告管理体制主要由政府行政管理、广告行业自律、广告主的自我管理、广告经营者和广告发布者的内部管理和消费者的社会监督管理等构成。

广告微观管理是广告行业内部各主体对广告活动的各方面所进行的自我管理，主要包括广告主的自我管理、广告公司的自我管理和广告媒体的自我管理三个方面。

广告宏观管理是工商行政管理部门依据广告法规对广告活动进行监督、检查、控制和指导。法律方法、行政方法、经济方法、行业自律方法和社会监督方法是广告宏观管理的基本方法；对广告主、广告经营者、广告发布者、广告内容、广告发布标准、广告收费对广告行业发展规划、广告经营活动和户外广告的管理构成了广告宏观管理的主要内容；广告中的合同制度、代理制度、审查制度、业务档案制度、业务员证制度、专业技术岗位资格培训制度等是广告活动中必须遵守的基本制度。广告违法行为，是广告活动主体在广告活动中违反国家相关法律、法规的规定，造成某种危害社会的行为。广告活动中出现违法行为，必须承担相应的行政、民事和刑事法律责任。

重要术语和理论

广告管理、广告风险、广告管理体制、行业自律、广告微观管理、影响力、影响

力营销、广告宏观管理、关于加快广告业发展的规划纲要

复习思考题

1. 联系实际，说明广告管理的主要作用。
2. 简要分析我国的广告管理体制。
3. 广告主的广告管理包括哪些内容？
4. 如何提高广告公司的管理水平，提高竞争能力？
5. 广告宏观管理的主要内容、主要方法有哪些？
6. 广告活动中必须遵循哪些基本的制度？
7. 广告违法行为的构成要件有哪些？出现广告违法行为要承担哪些法律责任？

【案例分析】

三九医药的"广告量化管理"

过往合作回顾

三九医药股份有限公司是由国资委直接管理的国有大型中央企业，组建于 1991 年。目前，公司主要从事医药产品的研发、生产、销售及相关健康服务。三九以 OTC、中药处方药、免煎中药、抗生素及普药为四大制药业务模块，辅以包装印刷、医疗服务等相关业务，旗下拥有三九胃泰系列、三九感冒灵系列、三九皮炎平软膏、参麦注射液等一批享誉全国的名牌产品，其中，闻名国内外的"999"品牌，品牌价值达 83.06 亿元，位居药品行业第一位。

2005 年 6 月 1 日，经过前期的充分沟通，三九的领导层和管理层，一行 5 人，来到了广州，与夸克正式签订《顾问合作合同书》。在 2005 年的合作中，夸克以量化管理模式指导了 999 感冒灵品牌的日常管理，并顺利实现了年度营销目标，夸克还协助三九完成了感冒类产品的品类规划及战略发展规划，并帮助三九把合作过程中的知识和宝贵经验进行了沉淀，撰写了三九市场部的品类及品牌量化管理手册。

2006 年，为了更有效地提高品牌的市场占有率，确保产品销量稳步增长，完成年度销售目标，三九医贸公司毅然决定全面导入新的品牌管理机制，以市场为导向，对品牌发展进行战略规划。夸克在 2006 年的合作中，对三九进行了"999 皮炎平"和"999 胃泰"的品牌规划和品牌量化管理的工作，帮助企业建立起品牌量化管理的标准工作方法，同时为三九培养了一批优秀的品牌经理及专业市场管理人员。

2007 年，国务院批准了华润（集团）有限公司成为三九集团的战略投资者，三九成为由国资委直接管理的国有大型中央企业。在此机遇与挑战并存的时刻，三九希望通过进一步精细化、标准化、过程化的管理，把三九的整体管理水平推上一个新的台阶。在此背景下，夸克在 2007 年度在三九的 OTC 事业部进行了"量化管理"模式的导入工作，帮助三九建立起了项目管理与人力资源量化管理的标准工作方法，同时还将为三九培养一批优秀的专业管理人才。

2008 年，由于三九旗下产品一直共用"999"品牌，而新品开发工作长期缺乏以"999"品牌定位为核心的产品规划体系，导致销售增长出现了瓶颈，部分地区甚至出现了销售额的下滑。为了重建以品牌为核心的营销管理体系，在 2008 年度，夸克协助三九以调研为基础，重新规划了"999"的品牌定位，并帮助企业搭建以提升品牌资产为目的的品牌提升路径，包括产品、营销方面的工作原则。

三九的品牌调研

时间追溯到 2006 年，当时的三九医药中，三九感冒灵系列产品虽在全国感冒药市场中稳居第一

位，但旗下三九胃泰系列、三九皮炎平软膏等产品却出现销售瓶颈，加之药品市场竞争日渐激烈，几大知名品牌都纷纷开始建立品类策略，想要在市场上占据一席之地。三九医药的领导层在这一年感受到了前所未有的压力，为了更有效地提高三九胃泰和皮炎平的市场占有率，经过深入探讨，最终三九接受了夸克公司的建议：在 2006 年首先对三九医药进行品牌调研和需求调研，找到消费者的重要未满足需求，并结合三九的品牌定位制定宣传策略。同时建议三九切莫盲目决策，要始终把满足消费者需求作为营销工作的指导原则。

3 月 7 日，三九市场部的曾经理带领着项目组同事来到夸克，将最新出炉的三九胃泰新广告片展示给夸克，并请夸克给予意见。新广告以卡通人物生动形象来诠释服用三九胃泰后的疗效。夸克首先充分肯定了广告片的制作质量，但也提出几点顾虑，首先，卡通形象对胃病患者的说服力不强；其次，广告在打动消费者方面尚有不足；最后，三九胃泰作为冲剂类胃药的特点没有在该条广告片中得到体现。夸克的意见令三九的同事们陷入了沉思，他们开始进行换位思考，把自己当作一名患者重新省视此广告的不足处……

当日下午，三九、夸克和现代国际调研公司针对广告片中出现的问题达成共识：①明确此次调研的目的是挖掘三九胃泰忠诚消费者的特点，以准确有效地为三九胃泰定位；②根据定位进行广告开发，强化消费者对三九品牌的理解。最后决定重新设计调研问卷，由夸克协助调研公司进行问卷设计。

一个月后，曾经理再次来到夸克，随身还携带着厚厚一打过往的调研的问卷与数据，这次会议，夸克将针对三九胃泰提炼出可执行性的调研方案。这次会议历经了 3 个多小时，除了大量回顾过往调研数据外，双方还对很多实际问题提出了解决办法。最终，夸克从调研数据和深访数据中提炼出了消费者的初步需求，夸克认为消费者对胃病问题的处理习惯，多为治疗性需求，预防类需求较小。最后根据品牌调研模型，夸克为三九设计了一整套品牌调研问卷、需求调研问卷和访谈大纲。

4 月 14 日调研正式执行，由三九的项目督导、夸克公司项目总监 Lilac 女士与调研公司访问员共同组成的调研小组在广州东山区、海珠区开始了随机入户式的深访调研……

一周后，调研分析报告出炉了。根据夸克消费者态度 A 值调研模型分析，我们发现 G2 组（知道三九品牌，但不在选择购买集合）的人数最多列居其他分组首位。调研显示，G2 组消费者认为三九胃泰药效强，更适合重病患者使用。同时，报告还显示出一个关键问题：多数有胃病的人都觉得自己的病症并不严重，偶尔才犯病，只有在胃痛的时候才会有所选择用药。这次调研结果正与夸克之前提出的消费者初步需求不谋而合，调研再次验证了消费者"认为是小胃病"的观点。

胃泰的广告开发

5 月 30 日，在三九胃泰广告概念讨论过程中，根据前期品牌调研数据和品牌联想（尤其是对药效强度的联想）的结果，夸克认为，三九胃泰过去"修复胃黏膜"等宣传点与消费者对该品牌的认识并不一致，消费者对胃泰的认识是适合偏轻度，保养型的，而"修复胃黏膜"在消费者看来却是针对较重症状的。因此建议：从目标人群来讲，针对刚刚患上胃病，并对胃药了解不够深的人群。从患病的状态来讲，针对"小胃病"、"隐痛"和"轻度胃部不适"较合适。从长期效果方面，针对"调理"、"温和"、"标本兼治"。

三天后，双方又一次进行了广告概念的讨论，经过对品牌的系统分析，并从消费者实际的需求出发：消费者出现胃部不适时，首先是定性（轻度/重度），再下一层的定性就需要对胃病的知识。目前的市场机会在于没有竞争对手从消费者定性的第一层去开发宣传点。最后，大家讨论确定了品牌宣传的策略方向为：提高 G2 组（知道三九品牌，但不在购买选择集合）人群的增加尝试率，并从"小胃病"的广告概念进行广告开发，改变消费者对三九胃泰的品牌联想。

6 月 7 日，三九会议室里，市场部的同事们与夸克顾问同事们开始了广告概念卡的撰写，通过大家的集思广益，对"小胃病"这一广告概念，给出了数十条概念的描述。针对三九胃泰调理为主，副作用小的特点，夸克和三九共同筛选了三个概念卡。这些概念卡通过一个个生动的故事强化了三九胃泰中药、止痛和调理的品牌联想，较好地诠释了三九胃泰"小胃病"的定位。在最终概念的确定过程中，大家结合三九的品牌战略，为三九胃泰最终确定下了标语："小胃病，用三九胃泰。"

确定广告创意之后，夸克协助三九完成了广告脚本与最终广告片的制作。在广告拍摄过程中，为弥补"现代生活篇"的平淡，并清晰地阐述了"小胃病"的逻辑，我们选择了当下影视明星胡军先生作为品牌代言。在拍摄现场，三九的数十名员工有的帮助广告公司运送道具，有的帮助进行布置场景，有的协助进行脚本剪接……每个人的热情都很高，并且积极投入其中。广告拍摄结束后，大家纷纷和胡军进行了合影，胡军坦言自己平时也会经常胃痛，对胃药没有品牌观念，通过对三九胃泰的尝试和治疗效果的亲身体验，感受到了来自三九的温暖，所以好的东西要大家一起分享！

小胃病，用三九胃泰

很快，广告片剪辑制作完成，摆在眼前的就是广告片的媒介投放问题了。关于媒介投放策略，夸克从三九的现状考虑，从全国媒介报告来看，胃药广告投放量没变，但投放广告的品牌数量却减少了50%，说明主要品牌已加大广告投放的力度；而三九胃泰计划用于广告投放的资源是有限的，于是我们建议三九集中投放重点城市，巩固强势地区，而其他地区则利用央视（以跟栏目或电视剧的形式）进行覆盖。

在广告投放后短短3个月的时间内，我们从终端销售监控数据上获知，三九胃泰的销量提高了30%，广告效果得到了三九一致的认可。三九看到了此次合作的成效，随后旗下的皮炎平等其他产品也纷纷导入夸克提供的广告量化管理标准流程系统。

三九胃泰广告开发管理项目结束后，三九邀约夸克一起召开了总结会，会议上，三九项目组对双方合作成果给予了充分的肯定，市场部的曾总表示：夸克提供了比广告公司更科学、更系统、更贴近实际的一整套操作方法和流程，三九收获的不仅仅是销售额的增长，更多的是一整套思维与管理方式的转变。

夸克的思考

广告是企业营销活动中的一种重要组成部分，广告的成败直接影响着整体企业战略目标的实现。广告成败的关键在于是否有效地以客户的逻辑传递产品及品牌的价值，从而改变客户的态度。

三九胃泰的广告成功，首先，在于对广告概念进行了充分细致的研究，因为广告概念是广告开发的灵魂，概念的好坏可以决定广告的成败。其次，三九医药通过调研明确了品牌定位，为广告开发指明了方向。最后，按照项目管理的流程完成的广告开发提高了成功的概率。

在本次顾问项目中，夸克项目组从市场调研入手，运用营销模型，系统的将广告开发的工作方法教于企业，并且为三九培养出了一批优秀的品牌管理者。未来，要想三九品牌发展得更稳定，还需要在品牌定位的基础上，梳理好产品结构，同时加强内部优秀人才的培养，让企业员工时刻以品牌的思想指导日常工作。只有这样，才能使得三九真正实现从"经营产品"到"经营品牌"的转变。

资料来源：广州夸克企业顾问有限公司：《中国制药大王的"广告量化管理"》，http://www.quatech.com.cn/gsnews331.html

思考题

1. 请依据三九胃泰广告开发的过程，说明三九制药公司是如何进行"广告量化管理"的，这对其他广告主的自我管理有哪些启发？

2. 三九胃泰广告成功的主要原因有哪些？

3. 依据三九胃泰广告开发的过程，说明在广告活动中应该如何处理广告主与广告代理公司的关系。

参考文献

1. 彭湘蓉，成茹．广告管理与法规［M］．西安：陕西人民教育出版社，2004.

2. 赵洁编．广告管理实务［M］．上海：东方出版社，2001.

3. ［美］巴特拉．广告管理（第5版）［M］．赵平译．北京：清华大学出版社，1999.

4. 周茂君．广告管理学［M］．武汉：武汉大学出版社，2002.

5. ［美］乔治·E. 贝尔齐等．广告与促销——整合营销传播展望［M］．张红霞，李志宏译．大连：东北财经大学出版社，2000.

6. ［美］德尔·L. 霍金斯等．消费者行为学［M］．北京：机械工业出版，2009.

7. ［美］托马斯·C. 奥奎因等．广告学（第5版）［M］．兰天译．大连：东北财经大学出版社，2010.

8. ［美］威廉·威尔斯等．广告学原理与实务［M］．桂世河等译．北京：中国人民大学出版，2009.

9. ［美］特伦斯·A. 辛普．整合营销传播广告、促销与拓展［M］．廉晓红等译．北京：北京大学出版社，2009.

10. ［美］J. 保罗·彼得等．消费者行为与营销战略［M］．徐瑾等译．大连：东北财经大学出版社，2010.

11. ［美］威廉·阿伦斯等．广告学［M］．丁俊杰等译．北京：中国人民大学出版社，2014.

12. 雷鸣，现代广告学［M］．广州：广东高教出版社，2007.

13. 余明阳，陈先红．广告学［M］．合肥：安徽人民出版社，2000.

14. 覃彦玲．广告学［M］．成都：西南财经大学出版社，2009.

15. 杨明刚．现代广告学［M］．上海：华东理工大学出版社，2009.

16. 印富贵等．广告学概论［M］．成都：电子工业出版社，2006.

17. 许云斐．现代广告理论与实务［M］．北京：经济科学出版社，2013.

18. 张建设等．广告学概论［M］．北京：北京大学出版社，2012.

19. 金立其等．广告学——理论、实务、案例、实训［M］．北京：高等教育出版社，2010.

20. 罗子明等．现代广告学［M］．北京：清华大学出版社，2005.

21. 周立公．现代广告学——理论、策略、技巧［M］．上海：上海财经大学出版社，2010.

22. 汪涛．现代广告学［M］．武汉：武汉大学出版社，1998.

23. 韩光军．现代广告学［M］．北京：北京经济学院出版社，1996.

24. 张金海．广告学教程［M］．上海：上海人民出版社，2003.

25. 何辉．当代广告学教程［M］．北京：北京广播学院出版社，2004.

26. 黄述富. 广告学〔M〕. 成都：西南财经大学出版社，1999.

27. 王健. 广告创意教程〔M〕. 北京：北京大学出版社，2004.

28. 范云峰，王珏. 营销广告策划〔M〕. 北京：中国经济出版社，2004.

29. 舒咏平. 广告心理学教程〔M〕. 北京：北京大学出版社，2010.

30. 田明华等. 广告学〔M〕. 北京：清华大学出版社，2013.

31. 李宝元. 广告学教程〔M〕. 北京：人民邮电出版社，2010.

32. 〔美〕詹姆斯·特威切尔，屈晓丽译. 美国的广告〔M〕. 南京：江苏人民出版社，2006.

33. 〔美〕杰克逊·李尔斯. 丰裕的寓言：美国广告文化史〔M〕. 任海龙译. 上海：上海人民出版社，2005.

34. 丁俊杰，康瑾. 现代广告通论〔M〕. 北京：中国传媒大学出版社，2013.

35. 林升梁. 美国伟大广告人〔M〕. 北京：中国经济出版社，2008.

36. 傅根清. 广告学原理〔M〕. 济南：山东教育出版社，2002.

37. 〔美〕W. Ronald Lane. Advertising a Framework〔M〕. 北京：清华大学出版社，2004.

38. 〔美〕William. F. Arens. Essentials of Contemporary Advertising〔M〕. 大连：东北财经大学出版社，2008.

39. 吕尚彬等. 广告文案教程〔M〕. 北京：北京大学出版社，2007.

40. 吕巍. 广告学〔M〕. 北京：北京师范大学出版社，2006.

41. 〔美〕奥格威. 一个广告人的自白〔M〕. 林桦译. 北京：中国物价出版社，2003.

42. 〔美〕杰克·特劳特等. 定位〔M〕. 谢伟山等译. 北京：机械工业出版社，2011.

43. 〔美〕乔治·路易斯. 蔚蓝诡计〔M〕. 何辉译. 北京：华文出版社，2010.

44. 〔美〕霍普金斯. 我的科学的广告＋我的广告生涯〔M〕. 邱凯生译. 北京：华文出版社，2010.

45. 张国良. 20世纪传播学经典文本〔M〕. 上海：复旦大学出版社，2003.

46. 〔美〕戴维·波普诺. 社会学（第10版）〔M〕. 北京：中国人民大学出版社，1999.

47. 叶茂中. 广告人手记〔M〕. 北京：企业管理出版社，1999.

48. 〔美〕莱恩等. 克莱普纳广告教程（第17版）〔M〕. 李东贤等译. 北京：清华大学出版社，2008.

49. 〔美〕菲利普·科特勒等. 营销管理（第14版）〔M〕. 王永贵等译. 上海：格致出版社，2012.

50. 〔美〕格雷厄姆·胡利等. 营销战略与竞争定位〔M〕. 楼尊译. 北京：中国人民大学出版社，2014.

51. 〔美〕罗伯特·西奥迪尼. 影响力〔M〕. 陈叙译. 北京：中国人民大学出版社，2006.

52. 〔美〕斯蒂芬·罗宾斯等. 管理学. 原理与实践（第7版）〔M〕. 毛蕴诗译. 北京：机械工业出版社，2010.

53. ［美］小卡尔·迈克丹尼尔等. 当代市场调研（第4版）［M］. 范秀成等译. 北京：机械工业出版社，2000.

54. 吴海浩. 广告文案写作［M］. 杭州：浙江大学出版社，2013.

55. 李颖杰. 与受众互动——广告策划从思维到行动［M］. 长春：吉林人民出版社，2014.

56. 王晓华. 广告效果［M］. 北京：高等教育出版社，2012.

57. 艾进. 广告管理［M］. 成都：西南财经大学出版社，2014.

58. 陈俊良. 传播媒体策略［M］. 北京：北京大学出版，2010.

59. 冯章等. 广告创意与策划. 方法·技巧·案例［M］. 北京：经济管理出版社，2009.

60. 蔡嘉清. 广告学教程［M］. 北京：北京大学出版社，2004.

61. 陈培爱. 20世纪中国广告学理论的发展［J］，厦门大学学报：哲学社会科学版1999，04.

62. 杨海军. 论广告学的学科归属［J］，河南大学学报：社会科学版，2001，01.

63. 姚曦. 发展广告学的理论源流及研究维度［J］，广告大观（理论版），2012，02.

64. 周蕾. 微信广告传播力研究［J］，东南传播，2012，01.

65. 张金海，陈玥. 未曾超越的超越. 中国广告研究的整体回顾——基于期刊论文的实证分析［J］，中国传媒大学学报：现代传播，2012，11.

66. 许正林，黄泠莐. 2012年中国广告学术研究综述［J］，中国广告，2013，01.

67. 郑欢. 论中国广告创意思想的研究框架［J］，上海师范大学学报：哲学社会科学版，2012，02.

68. 许正林，赵艺. 2013年中国广告学术研究综述［J］，中国广告，2014，05.

69. 吴辉. 时髦话题的理性思索——我国新媒体广告研究综述［J］，东南传播，2007，12.

70. 倪宁，王芳菲. 新媒体环境下中国广告产业结构的变革［J］，当代传播，2014，01.